VICTORIA FORNER

STORIA PROSCRITTA
Il ruolo degli agenti ebrei nella storia contemporanea

II

LA STORIA SEGRETA
DEL PERIODO INTERBELLICO

OMNIA VERITAS.

VICTORIA FORNER

STORIA PROSCRITTA
Il ruolo degli agenti ebrei
nella storia contemporanea
II
LA STORIA SEGRETA DEL PERIODO INTERBELLICO

Illustrazione di copertina:
"Unser täglich Brot" (*Il nostro pane quotidiano*) 1946
Dipinto da Ulrich Leman (1885-1988)
Düsseldorf, Stadtmuseum

HISTORIA PROSCRITA II
La actuación de agentes judíos en la Hª Contemporánea
La historia silenciada de entreguerras
Pubblicato per la prima volta da Omnia Veritas nel 2017

Tradotto dallo spagnolo e pubblicato da
OMNIA VERITAS LTD
OMNIAVERITAS.
www.omnia-veritas.com

© Omnia Veritas Ltd - Victoria Forner - 2025

CAPITOLO VIII

LA STORIA TACIUTA DI TRA LE DUE GUERRE

PARTE 1
LA CONFERENZA DI PACE

Dal 28 al 30 giugno 1917, quasi tre mesi dopo la dichiarazione di guerra degli Stati Uniti alla Germania, nella sede del Grande Oriente di Parigi, al numero 2 di rue Cadet, si tenne un'importantissima conferenza massonica internazionale. Il visconte Léon de Poncins, uno dei più autorevoli studiosi di Massoneria, afferma che si trattò di "un incontro top-secret di importanza storica assolutamente vitale". Erano presenti quasi tutte le logge dei Paesi alleati e neutrali. Lo scopo dell'incontro era quello di gettare le basi di un trattato di pace e di preparare la creazione di una futura Società delle Nazioni. Una commissione presentò il risultato del suo lavoro attraverso il fratello Lebey, che lesse ad alta voce una risoluzione composta da tredici articoli. Sei mesi dopo, il Fratello Woodrow Wilson, sostenuto dal Fratello Mandell House e dai suoi consiglieri ebrei Baruch e Brandeis, presentò al Congresso degli Stati Uniti i suoi famosi quattordici punti, tredici dei quali ripetevano alla lettera il testo letto al Congresso massonico di Parigi. Questo fatto, sconosciuto o ignorato dagli storici, è dimostrato da Léon de Poncins come una verità innegabile nel suo libro *Société des Nations, super-état maçonnique*, pubblicato nel 1936. Il libro cita la mozione presentata dal fratello Peigné, che divenne la risoluzione che il Congresso indirizzò al Presidente Wilson, che nel 1919 avrebbe ricevuto il Premio Nobel per la Pace per aver promosso la Società delle Nazioni:

> "Questo Congresso invia al signor Wilson, Presidente degli Stati Uniti, il tributo della sua ammirazione e il tributo del suo apprezzamento per i grandi servizi che ha reso all'umanità; dichiara di essere felice di collaborare con il Presidente Wilson in quest'opera di giustizia internazionale e di fratellanza democratica, che è l'ideale stesso della Massoneria; e afferma che i principi eterni della Massoneria sono interamente in armonia con quelli proclamati dal Presidente Wilson in difesa della civiltà e della libertà dei popoli".

In assenza dei rappresentanti dei Paesi sconfitti, ai quali furono presentati gli accordi per la firma, la Conferenza di pace iniziò a Parigi il 18 gennaio 1919, con la partecipazione di trentadue Paesi. Si protrasse fino al 20 gennaio 1920. La creazione della Società delle Nazioni era in cima all'agenda dei vincitori. Le sessioni furono guidate da Wilson, Lloyd George e Clemenceau. Vittorio Emanuele Orlando, a capo della delegazione italiana, ebbe un ruolo molto marginale e alla fine si dimise nel giugno 1919.

In realtà, come è stato spiegato, questi uomini erano solo strumenti del potere occulto che dominava completamente la Conferenza. Questi politici erano circondati da consiglieri ebrei la cui influenza era preponderante nei dibattiti. Il consigliere privato di George Lloyd era l'ebreo Sir Philip Sassoon. I Sassoon, arricchitisi con il commercio illecito dell'oppio, sono imparentati con i Rothschild e controllano le banche in India e in Cina. Naturalmente Lord Milner, il superagente britannico dei Rothschild, faceva parte della delegazione britannica e, insieme a Bonar Law e George Lloyd, firmò il Trattato di Versailles. L'ebreo britannico Edwin Samuel Montague partecipò alla Conferenza come Segretario di Stato per l'India. Per quanto riguarda i francesi, lo stesso Georges Clemenceau era un massone vicino ai Rothschild. Il suo inseparabile consigliere era George Mandel, un ebreo che era il suo segretario privato e il cui vero nome era Louis Georges Rothschild, figlio naturale di un Rothschild. Anche l'interprete di Clemanceau, Paul Mantoux, era ebreo. Un altro firmatario ebreo francese dei Trattati fu Louis-Lucien Klotz. Anche il ministro degli Esteri italiano, il barone Sidney Sonnino, che firmò il Trattato di Versailles, era figlio di un ebreo. Sonnino era anche un uomo del trust Olivetti, fondato nel 1908 da Camillo Olivetti, un socialista ebreo che aveva previsto che le macchine da scrivere sarebbero state un mercato all'avanguardia.

Il contingente di ebrei nella delegazione americana era scandaloso. A capo c'era Paul Warburg, l'architetto del Federal Reserve System. Quattro uomini circondavano Woodrow Wilson: Edward Mandell House, un agente illuminato del cartello Rothschild-Warburg-Rockefeller, che il presidente considerava il suo "alter ego", Bernard Mannes Baruch, "proconsole di Giuda in America", il giudice della Corte Suprema Louis Dembitz Brandeis, campione del sionismo in America, e Henry Morgenthau. La delegazione comprendeva anche nove membri dell'American Jewish Committee, il cui presidente, Louis Marshall, era anche vicepresidente dell'American Jewish Congress. Al seguito di Marshall c'erano il rabbino Stephen Wise, il rabbino B. L. Levinthal, il giudice Julian Mack, Harry Cutler, Jacob de Haas, Jacob Syrkin, Joseph Barondess e Leopold Benedict.

La delegazione tedesca comprendeva il fratello di Paul Warburg, Max Warburg, che come capo dei servizi segreti tedeschi aveva finanziato Trotsky e Lenin. Quasi tutti i membri della rappresentanza tedesca che esaminarono il Trattato di Versailles e accettarono i termini della pace erano ebrei. I più importanti erano Walter Rathenau, ministro degli Esteri della

Repubblica di Weimar; Edgar Jaffé, un comunista bavarese che era stato ministro delle Finanze della Repubblica sovietica di Baviera ed era amico di Kurt Eisner; il professor Albrecht Mendelssohn-Bartholdy, nipote del compositore Felix Mendelssohn; il professor Jacob Wassermann, autore di diversi romanzi di argomento ebraico; Oscar Oppenheimer e altri.

Come se tutto ciò non bastasse, gli ebrei delle varie rappresentanze diplomatiche formarono il "Comité des Delegacions Juives". Le loro rivendicazioni riguardavano i diritti delle minoranze, che riuscirono a mettere in pratica in un Trattato sulle minoranze nazionali firmato il 28 giugno 1919, che fu applicato fondamentalmente nei Paesi in cui esistevano minoranze ebraiche. L'artefice fu Lucien Wolf, che partecipò alla Conferenza di pace come parte della delegazione britannica. Wolf, che si diceva avesse tutti i segreti del Foreign Office e il cui segretario era anch'egli un ebreo, David Mowshowitch, mise in gioco i suoi contatti diplomatici per ottenere il Trattato, che permetteva agli ebrei di appellarsi alla Società delle Nazioni ogni volta che ritenevano che i loro privilegi fossero stati violati da uno Stato sovrano[1]. L'Organizzazione sionista, oltre ad avere i suoi agenti alle spalle dei leader alleati, aveva anche una propria rappresentanza alla Conferenza. Il suo capo, l'onnipresente Chaim Weizmann, aveva appena firmato un accordo con Amir Feisal Ibn Hussein sulla Palestina il 3 gennaio 1919, che non fu mai attuato. Un altro sionista degno di nota presente a Parigi era Felix Frankfurter, giudice e confidente del suo collega Louis Brandeis, che guidava la delegazione sionista americana. Frankfurter sarebbe poi diventato consigliere di Franklin D. Roosevelt.

Il 13 maggio 1919, mentre l'elemento ebraico predominava in tutte le delegazioni alla Conferenza di Pace, il senatore Adrien Gaudin de Villaine denunciò con parole inequivocabili al Senato francese la sovversione in cui erano impegnati gli ebrei. Tra le altre accuse preveggenti, egli disse: "la Rivoluzione russa e la Grande Guerra non sono che fasi della mobilitazione suprema delle potenze cosmopolite del denaro, e questa crociata culminante del denaro contro la Croce non è altro che la furiosa aspirazione dell'ebreo al dominio del nostro mondo. È l'Alta Banca ebraica che ha provocato in Russia la rivoluzione preparata dai Kerensky e infine perpetrata dai Lenin, dai Trotsky e dagli Zinoviev, come il colpo di Stato comunista di ieri in Ungheria, perché il bolscevismo è una rivolta talmudica".

---

[1] L'articolo VI del Trattato permetteva agli ebrei di essere rappresentati nei parlamenti nazionali e nei consigli comunali, oltre che nelle istituzioni di autogoverno. Qualsiasi misura ritenuta una violazione dei loro privilegi dava loro il diritto di presentare un reclamo alla Società delle Nazioni, che doveva interferire con lo Stato presunto sovrano. In Polonia, in particolare, la minoranza ebraica riuscì a vietare che le elezioni si tenessero il sabato, il loro giorno festivo. Non potevano nemmeno essere convocati in tribunale di sabato, né potevano essere obbligati a pagare i loro debiti o i salari dei loro dipendenti.

RIIA, CFR, DPI

Si può dire che erano tutti a Parigi. Si trattava di approfittare dei risultati della guerra per portare avanti le pretese internazionaliste dei banchieri illuminati, vincitori finali del conflitto mondiale che avevano sponsorizzato e finanziato. Oltre alla negoziazione e alla stesura dei trattati, la Conferenza di pace offrì ai partecipanti l'opportunità di tenere parallelamente molteplici incontri e contatti di altissimo livello. Il 19 maggio 1919, Edward Mandell House convocò alcuni delegati britannici e americani per una riunione di lavoro all'Hotel Majestic di Parigi. Il 30 maggio 1919, nello stesso hotel, si tenne una seconda riunione per discutere la creazione del Royal Institute of International Affairs (RIIA), noto anche come Chattan House Study Group, poiché la sua sede era inizialmente situata in questo quartier generale di proprietà degli Astor, una delle grandi famiglie degli Illuminati. Lionel Curtis era stato precedentemente incaricato dal Round Table Group, la società segreta fondata da Lord Milner, di riunire uno staff di esperti per preparare la fondazione del RIIA.

A Parigi, gli uomini di Alfred Milner stabilirono ottimi rapporti con i tecnici inviati da Morgan e Rockefeller, tra cui Georges Louis Beer e Thomas Lamont, uno dei due rappresentanti del Tesoro alla Conferenza, già noto per le sue attività a favore del comunismo. Entrambi erano tra gli organizzatori del "Council on Foreign Relations" (CFR), l'equivalente del RIIA negli Stati Uniti, che era previsto anche a Parigi. Fu in una riunione del 5 giugno 1919 che venne decisa la formula delle organizzazioni separate che avrebbero dovuto collaborare tra loro. Nonostante l'accordo iniziale raggiunto a Parigi, la CFR, con sede a New York, fu costituita ufficialmente solo il 29 luglio 1921. Un altro organismo sussidiario della RIIA concepito dall'élite finanziaria durante gli incontri di Parigi fu l'Institute of Pacific Relations (IPR), fondato per occuparsi esclusivamente degli affari dell'Estremo Oriente.

Queste organizzazioni globaliste, fin dalla loro nascita, hanno agito come "think tank" il cui scopo, in teoria, sarebbe quello di consigliare i rispettivi governi sulle questioni internazionali. In pratica, sono strumenti di controllo del Potere nascosto che si muove costantemente nell'ombra e che, attraverso queste organizzazioni, detta o impone alle nazioni le politiche da adottare in campo internazionale. In breve, gli internazionalisti, mundialisti o globalisti, e oggi sta diventando chiarissimo, intendevano togliere la sovranità agli Stati nazionali e consegnarla a una cricca di tecnici al servizio dei banchieri internazionali. Il sostegno finanziario della RIIA proveniva inizialmente dagli Astor. In segno di riconoscimento, Waldorf Astor, figlio di John Jacob Astor, fu nominato socio onorario del Royal Institute of International Affairs. Un altro importante finanziere coinvolto nella creazione del RIIA fu il barone francese Edmond de Rothschild, che ebbe un ruolo importante nella Conferenza di pace di Parigi. Edmond de Rothschild diede la sua personale approvazione a ciascuno dei membri fondatori. Dalla RIIA nacquero poi nuovi organismi di controllo come il Tavistock Institute e il Club di Roma.

Il denaro per la fondazione del Council on Foreign Relations è stato fornito da J. P. Morgan, Paul Warburg, Bernard Baruch, Jacob Schiff, Otto Kahn e John D. Rockefeller, tra gli altri. In altre parole, gli stessi banchieri ebrei che erano dietro la creazione della Federal Reserve. Il primo consiglio di amministrazione del CFR comprendeva Paul Warburg, Otto Kahn, Isaiah Bowman, William Shepard, Whitney Shepardson, Stephen Duggan, John W. Davis, Norman H. Davis e Archibald Coolidge. Questa istituzione sarebbe diventata il governo ombra dell'America. Ecco i nomi di alcuni famosi politici che sono stati direttori del CFR: Zbigniew Brzezinski, Paul Volker, George H. W. Bush, David Rockefeller, Henry Kissinger, Alan Greenspan, George Shultz, Jeane Kirkpatrick, Richard B. Cheney, ecc. Per molto tempo l'uomo più potente del CFR è stato David Rockefeller, nipote di John D. Rockefeller, che è stato presidente del Consiglio di amministrazione del Consiglio dal 1970 al 1985. David Rockefeller è stato per trentasei anni uno dei direttori del Consiglio, posizione che ha completato con la presidenza della Chase Manhattan Bank.

I banchieri internazionali e i loro agenti dominano ora questi organismi, che lavorano per un monopolio bancario globale, indipendentemente dal tipo di potere che alla fine assumerà il controllo di un governo mondiale. Da Adam Weishaupt e dalla Massoneria illuminata, l'espressione Nuovo Ordine Mondiale indica l'avvento di un unico governo per tutto il mondo, uno dei cui simboli, la piramide con l'occhio di Osiride (l'occhio che tutto vede) e la scritta "Novus Ordo Seclorum", è stato posto sulla banconota del dollaro statunitense da Franklin Delano Roosevelt. L'esistenza di questi organismi è generalmente sconosciuta anche alle persone con una formazione universitaria. La segretezza, come ai tempi di Weishaupt, è considerata essenziale. Per questo motivo non si sa mai quando e dove si tengono le riunioni in cui vengono prese le decisioni più importanti per l'intera umanità.

L'Istituto per le Relazioni con il Pacifico, anch'esso emanazione del Gruppo Milner, cioè della Tavola Rotonda, pur essendo stato concepito a Parigi, nacque infine nel 1925. Più avanti, nelle pagine del capitolo undici, si avrà modo di approfondire la lotta che il malvisto senatore McCarthy condusse quasi da solo per smantellare la cospirazione comunista negli Stati Uniti, di cui l'IPR era uno dei principali baluardi. Il professor Carroll Quigley ammette che l'IPR si dedicava alla diffusione dell'ideologia comunista, che divenne di dominio pubblico grazie alle indagini del Senato degli Stati Uniti. Ciò che spesso non è noto, tuttavia, è la sponsorizzazione di Wall Street. L'IPR, un'associazione privata esente da imposte, era governata da un corpo di dieci Consigli nazionali. Le nazioni costituenti erano Stati Uniti, Gran Bretagna, URSS, Cina, Australia, Nuova Zelanda,

Canada, Paesi Bassi, Filippine e Francia. Il Consiglio americano della DPI aveva sede a New York. I suoi principali finanziatori erano la Fondazione Carnegie e la Fondazione Rockefeller. Entrambe le fondazioni erano legate a Wall Street attraverso l'alleanza tra Morgan e Rockefeller. Il resto dei contributi proveniva da aziende associate a questi banchieri ebrei, come Standard Oil, International Telephone and Telegraph (ITT), International General Electric, National City Bank e Chase National Bank. L'Institute of Pacific Relations arrivò probabilmente a controllare le politiche statunitensi in Estremo Oriente. Tra le mosse dell'IPR poco conosciute c'è il ruolo svolto nella caduta della Cina in mano al comunismo. Ma ora passiamo cronologicamente ad altri aspetti della Conferenza di pace, perché tutto questo verrà trattato a tempo debito.

Il Trattato di Versailles

All'inizio di questa sezione, è opportuno ricordare le parole pronunciate da Adolphe Isaac Crémieux nel 1861: "Al posto dei Papi e dei Cesari, sorgerà un nuovo regno, una nuova Gerusalemme. E i nostri bravi massoni, bendati, assistono gli Ebrei nella 'Grande Opera' di costruire quel nuovo Tempio di Salomone, quel nuovo Regno cesareo-papista dei cabalisti!". Cinque anni dopo, nel 1866, anche il rabbino Isaac M. Wise aveva confermato il controllo assoluto che essi esercitavano sulla Massoneria: "La Massoneria è un'istituzione ebraica, la cui storia, i gradi, i costi e le illuminazioni sono ebraici dall'inizio alla fine". Versailles fu quindi l'incarnazione di un trionfo a lungo cercato: le monarchie più potenti d'Europa erano state rovesciate, la Russia era nella morsa del comunismo e i sionisti potevano finalmente gettare le basi dello Stato ebraico in Palestina. Leon Motzkine, in un articolo pubblicato nel settembre 1933 sulla rivista *Les Juifs. Témoignages de notre temps,* lo riconosce con queste parole: "A Versailles tutto era stato meticolosamente preparato e nulla era stato lasciato al caso. Fu un momento di trionfo assaporato in silenzio". Le parole di questi ideologi ebrei confermano quindi che il Trattato di Versailles fu l'incarnazione di una vittoria ottenuta con la collaborazione di i "buoni massoni", che fin dalla loro illuminazione da parte della setta di Adam Weishaupt erano stati il miglior strumento della cospirazione.

Se Lord Curzon riconobbe che il Trattato di Versailles "non era un trattato di pace, ma una rottura delle ostilità", Ezra Pound lo definì a Radio Roma con questa schietta affermazione: "Il vero crimine è porre fine a una guerra per rendere inevitabile la prossima". Le pretese spettrali di una pace senza vincitori né vinti, cioè sulla base del programma del Presidente Wilson, non solo si spensero drammaticamente a Parigi, ma si trasformarono in condizioni umilianti che punirono crudelmente il popolo tedesco. Ciò che stupisce, tuttavia, è che le speranze di una pace negoziata potessero essere concepite dopo aver assistito alla campagna antitedesca prodotta dalla stampa internazionale e dopo aver visto chi e come aveva spinto gli Stati Uniti a entrare in guerra contro la Germania. Persino Stalin dichiarò che il Trattato di Versailles era "un dettato d'odio e di furto". A Parigi fu adottato un sistema operativo a tre livelli. Il primo era la conferenza pubblica, tenuta sotto gli occhi di tutti, che veniva mostrata allo sciame di giornalisti di tutto il mondo venuti a coprire ampiamente i lavori e tutto l'armamentario messo in scena apertamente. Il secondo livello erano le conferenze segrete dei presidenti alleati, i politici cooptati, che si riunivano in privato e confrontavano gli appunti e le istruzioni passate loro dai loro padroni occulti. Il terzo livello era costituito dalle conferenze notturne dei leader ebrei e dei loro bravi massoni, note solo a un gruppo selezionato di prescelti, in cui si discuteva e si decideva la vera agenda.

Dopo la firma dell'armistizio di Compiègne l'11 novembre 1918, gli Alleati concessero alla Germania trentasei giorni per firmare il trattato di pace. Sprofondata nel caos a causa della smobilitazione dell'esercito e della rivoluzione comunista, la Germania fu in grado di comprare la proroga dell'armistizio solo con forniture di materie prime, brevetti, macchinari e persino generi alimentari. In queste circostanze, Gran Bretagna e Francia imposero un blocco per fame per sostenere le loro richieste. Il 3 marzo 1919 Winston Churchill dichiarò davanti alla Camera dei Comuni: "Continueremo a praticare il blocco della fame con tutto il rigore possibile. La Germania è sul punto di morire di fame. Tra pochissimi giorni sarà al collasso totale. Allora sarà il momento di trattare con lei". Il conte Brockdorff-Rantzau, l'ambasciatore a Copenaghen che nel 1917 era caduto nella trappola di Alexander Parvus e lo aveva raccomandato ai servizi segreti del suo Paese, arrivò a Parigi il 29 aprile a capo della delegazione tedesca che aspirava a negoziare la pace. Il 7 maggio iniziò la prima sessione e Clemenceau, nominato presidente della Conferenza, senza ricordare i discorsi incendiari e guerrafondai di Poincaré a favore della guerra a San Pietroburgo, accusò la Germania di essere l'unica responsabile. Brockdorff-Rantzau sostenne, ovviamente, che ciò non era vero. Un testo contenente 440 articoli fu quindi sottoposto alla delegazione tedesca, alla quale fu chiesto di rispondere entro una settimana. Nessuno volle sapere nulla dei quattordici punti di Wilson che il rappresentante tedesco aveva proposto per i negoziati di pace e della richiesta di un'unione tra Austria e Germania.

Il 9 maggio Walter Rathenau, che da ebreo amava la Germania e si sentiva tedesco, scrisse su *Die Zukunft* che se non si fosse riusciti a migliorare le condizioni del Trattato, il conte Brockdorf-Rantzau avrebbe dovuto presentare ai governi nemici il decreto di scioglimento del Parlamento, le dimissioni collettive del Presidente del Reich e dei suoi ministri e l'invito agli Alleati a prendere il potere in Germania. In questo modo", disse Rathenau, "il nemico si assumerà la responsabilità della pace e di tutte le azioni della Germania, e avrà, di fronte al mondo, alla storia e al proprio popolo, il dovere di farsi carico del destino di sessanta milioni di persone. Sarebbe un evento senza precedenti, la caduta senza precedenti di uno Stato, ma, allo stesso tempo, una decisione compatibile con l'onore e la coscienza". Il 12 maggio, il Cancelliere Scheidemann ottenne una maggioranza schiacciante nell'Assemblea contro la firma del Trattato. Vennero quindi presentate delle controproposte. Il testo della lettera diplomatica inviata ricordava all'Assemblea quanto segue:

"Con lo scambio di note tra il presidente Wilson e il governo tedesco nel corso dell'ottobre 1918, fu raggiunto un compromesso valido dal punto di vista del diritto internazionale. In base a questo compromesso, la Germania depose le armi l'11 novembre sulla base dei quattordici punti definiti dal presidente Wilson nel suo messaggio al Congresso americano dell'8 gennaio 1918 e nelle sue dichiarazioni successive, in particolare nel suo discorso del 27 settembre 1918.... Secondo i principi enunciati in questi vari discorsi, la pace doveva essere stabilita sulla base del libero diritto dei popoli di disporre di se stessi e i trattati dovevano essere discussi da tutti, senza discriminazioni tra vincitori e vinti. Imporre alla Germania un trattato diverso dai principi accettati da entrambe le parti equivarrebbe quindi a una violazione del patto stipulato prima dell'armistizio. Tuttavia, non c'è, per così dire, una sola clausola che sia in accordo con i principi precedentemente concordati".

Molto più importante di questa lettera diplomatica, praticamente sottovalutata, fu il famoso telegramma che Jacob Schiff inviò da New York a Woodrow Wilson il 28 maggio, un testo passato alla storia come "il cablogramma di duemila parole". Sia Cyrus Adler, biografo del banchiere, sia il conte de Saint-Aulaire a *Ginevra contro la Pace* ne commentano il contenuto. Quest'ultimo si riferisce alle istruzioni di Schiff al Presidente degli Stati Uniti sul Mandato di Palestina, sulle riparazioni tedesche in relazione all'Alta Slesia, alla Saar e al corridoio di Danzica, e su Fiume. Wilson cambiò immediatamente la direzione dei negoziati e cedette in tutto alle richieste del banchiere che finanziava Trotsky. È amaramente sarcastico notare che colui che era più interessato alla vittoria della dittatura comunista in Russia e all'immediato riconoscimento del governo dei Soviet inviò il cablogramma a nome dell'"Associazione della Lega delle Nazioni Libere", guidata dallo stesso Jacob Schiff e finanziata da cinque banchieri americani.

Si è già notato nel capitolo precedente che l'articolo 231 del Trattato di Versailles obbligava la Germania ad assumersi la piena responsabilità della guerra, e si è anche visto che il 16 giugno 1919 ci fu persino una nota di estensione a questo articolo, in cui la Germania veniva accusata direttamente di aver pianificato e iniziato la guerra. Inoltre, si aggiungeva che il popolo tedesco era responsabile delle azioni del suo governo. Si trattava di una condanna morale di un intero popolo, storicamente senza precedenti. Il 16 giugno stesso fu consegnata alla delegazione tedesca la risposta alleata alla lettera diplomatica. Quando il Cancelliere Scheidemann vide che le argomentazioni avanzate dal governo tedesco erano state ignorate, si rifiutò di firmare la lettera e si dimise. Il 21 luglio si formò un nuovo governo sotto la guida di Gustav Bauer, che riuscì a far approvare al Reichstag la firma del Trattato. Le condizioni dichiaravano: "Il governo del Reich tedesco è disposto a firmare il trattato di pace, senza tuttavia riconoscere che il popolo tedesco è responsabile della guerra".

Il conte Brockdorff-Rantzau, sostenendo che il suo concetto di onore gli impediva di firmare il documento, si dimise e lasciò Parigi. Francia e Gran Bretagna minacciarono di riprendere il blocco se il trattato non fosse stato firmato. In queste circostanze uno sconosciuto di nome von Haniel, il cui nome non compare in nessun altro evento storico, sostituì Brockdorff-Rantzau e annunciò il 23 giugno che il governo tedesco si sarebbe piegato a tutte le richieste dei suoi nemici. Alcune clausole del trattato", si leggeva nel testo di accettazione, "sono state inserite solo per umiliare il popolo tedesco. Ci inchiniamo di fronte alla violenza a cui siamo sottoposti perché, dopo tutto quello che abbiamo subito, non abbiamo più alcun mezzo per reagire. Ma questo abuso di forza non può offuscare l'onore del popolo tedesco". Due giorni prima, nella base di Scapa Flow, dove si trovava la flotta da guerra tedesca, l'ammiraglio tedesco von Reuter, approfittando del fatto che la squadra di sorveglianza britannica era uscita in mare per le esercitazioni di tiro, aveva ordinato di aprire i portelli, i boccaporti e i tubi lanciasiluri di tutte le navi, ordinando poi di ammainare la bandiera tedesca dagli alberi. Mentre le imbarcazioni venivano calate, le sirene suonavano e i campanelli d'allarme suonavano. Settanta navi affondarono lentamente in fondo al mare.

Il 28 giugno 1919, nella Sala degli Specchi del Palazzo di Versailles, la Germania firmò il Trattato, il "Diktat", che conteneva tre tipi di clausole: territoriali, militari e finanziarie. In base alla prima, la Germania perse 88.000 km2 e otto milioni di abitanti: La Francia annesse l'Alsazia-Lorena e il territorio della Saar fu posto sotto la sua amministrazione, consentendole di sfruttare la regione mineraria per quattordici anni. Il Belgio acquisisce le contee di Eupen e Malmedy. Il territorio di Memel, la parte settentrionale della Prussia orientale sul Baltico, passò sotto l'amministrazione francese e nel 1924 la Società delle Nazioni lo assegnò alla Lituania senza un plebiscito. La Danimarca annette lo Schleswig settentrionale. La Polonia, che non esisteva come Stato dal 1795, ricevette Posen e parte della Prussia occidentale per avere uno sbocco sul mare. Si creò così il Corridoio di Danzica, che separava la Prussia orientale dal resto della Germania. Danzica, una città abitata quasi esclusivamente da tedeschi, divenne una cosiddetta "città libera" sotto la protezione teorica della Società delle Nazioni. Anche la parte meridionale dell'Alta Slesia, una regione mineraria molto importante, divenne parte del nuovo Stato polacco. A queste perdite va aggiunto il territorio dei Sudeti, che con il Trattato di Saint-Germain fu consegnato alla Cecoslovacchia, un Paese di nuova creazione la cui coesione morale, sociale e politica era inesistente. Quanto alle colonie tedesche, furono trasformate in mandati e assegnate, sotto la tutela della Società delle Nazioni, a Francia, Gran Bretagna e Paesi del Commonwealth come Australia, Nuova Zelanda e Unione Sudafricana.

Le clausole militari imponevano: il sequestro delle flotte mercantili e da guerra, la riduzione dell'esercito tedesco a 100.000 soldati, l'abolizione delle scuole militari, dello Stato Maggiore, dell'artiglieria pesante, dei carri armati e dell'aviazione. La produzione di materiale bellico era vietata. Per quanto riguarda le clausole finanziarie, la Germania doveva pagare la ricostruzione delle regioni occupate militarmente in Francia, Belgio e Romania. Doveva inoltre riparare i danni causati dalle truppe francesi in Alsazia-Lorena e pagare i danni di guerra subiti dalla popolazione civile nelle regioni non occupate. Dovette inoltre sostenere i costi delle truppe di occupazione sul proprio territorio. La Germania fu costretta ad accettare il controllo della navigazione interna sui suoi fiumi principali, il che significava l'internazionalizzazione dei suoi corsi d'acqua. Fu richiesto il pagamento di 20 miliardi di marchi d'oro entro il 1° maggio 1921 e fu istituita una commissione per le riparazioni per calcolare l'importo finale da richiedere alla Germania. Alla fine, il 27 aprile 1921, questa commissione, presieduta dall'ineffabile Raymond Poincaré, stabilì che la Germania avrebbe dovuto pagare 132 miliardi di marchi d'oro. La Germania rifiutò di accettare questa somma impossibile, che equivaleva al patrimonio totale del Paese nel 1914. Il 5 maggio 1921 fu lanciato un ultimatum: se il debito non fosse stato riconosciuto, la flotta anglo-francese avrebbe ripreso il blocco della Germania e avrebbe occupato la Ruhr, il cuore minerario e industriale della Germania, cosa che le truppe franco-belghe fecero l'11 gennaio 1923.

La creazione della Società delle Nazioni e il suo fallimento

Il Presidente Wilson, grande promotore della Società delle Nazioni, riuscì a far adottare il Patto della Società delle Nazioni dalla Conferenza di Pace del 25 aprile 1919 e ad allegarlo ai vari trattati di pace. La Società delle Nazioni entrò effettivamente in vigore il 28 giugno, data della firma del Trattato di Versailles, sebbene fosse stata fondata a Ginevra il 10 marzo 1920. Questo progetto di "giustizia universale e fraternità democratica" fu un esempio lampante dell'ipocrisia dei suoi promotori, che perseguivano solo i propri fini e gli obiettivi di coloro che aspiravano a un governo mondiale. Dopo aver smembrato quattro imperi, gli internazionalisti intendevano la Società delle Nazioni come un organismo sovranazionale che avrebbe neutralizzato tutti i problemi derivanti dal molteplice spostamento dei confini e dalla dislocazione delle popolazioni all'interno dei nuovi Stati.

D'altra parte, mentre secondo il Trattato sulle Minoranze Nazionali la minoranza ebraica doveva essere pienamente rispettata in tutti i Paesi, Francia e Inghilterra, che avevano ampliato i loro domini coloniali, ignorarono le aspirazioni dei popoli colonizzati di Africa e Asia. Mentre i sionisti imponevano le loro rivendicazioni sulla Palestina, i diritti del popolo palestinese, che aveva abitato quella terra per migliaia di anni prima di Cristo, venivano ignorati. Mentre in Polonia gli ebrei potevano costringere l'intera popolazione a rispettare il loro sabato, negli Stati Uniti i diritti della minoranza nera venivano continuamente violati. Nonostante tutte queste contraddizioni, i rabbini di Francia affermarono: "Questa Società delle Nazioni è la prima applicazione nell'ordine politico dei principi di pace e fraternità che l'ebraismo ha proclamato fin dai profeti nel mondo civilizzato". Da parte sua il rabbino Simon Tor Yacal ha chiesto la liberazione di Gerusalemme e ha affermato che "la Società delle Nazioni, una creatura casta nata dallo spirito di Israele, deve vivere e respirare l'aria di suo padre. La Lega deve avere la sua sede a Gerusalemme". Con tutto ciò, quindi, non sorprende che alcuni detrattori del nuovo organismo si riferissero ad esso come alla Lega delle Nazioni Aluci. Il primo presidente del Consiglio della Società delle Nazioni fu un famoso massone, Léon Bourgeois, che nel 1895 aveva presieduto un governo in Francia in cui otto dei dieci ministri erano anche massoni. Se nel 1919 il Fratello Wilson aveva ricevuto il Premio Nobel per la Pace, nel 1920 fu la volta del Fratello Bourgeois. Il secondo presidente della Società delle Nazioni fu Paul Hymans, un ebreo che aveva rappresentato il Belgio alla Conferenza della Pace e che era membro della loggia *Les Amis Philantropes* del Grande Oriente del Belgio.

Quando Woodrow Wilson tornò negli Stati Uniti, aveva con sé gemme preziose e doni per un valore di un milione di dollari in oro, offerti dai suoi confratelli massoni e da altri "amici" per assicurarsi i suoi sforzi a favore della Società delle Nazioni, l'organismo che avrebbe dovuto garantire la pace mondiale e stabilire un nuovo ordine. Clemenceau aveva chiesto a Wilson di creare una forza internazionale che fosse sotto il controllo esecutivo della Società delle Nazioni, ma il presidente americano aveva rifiutato sostenendo che la costituzione del suo Paese non permetteva una simile cessione di sovranità. In ogni caso, tutto sembrava ben avviato fino alla sorpresa: il Senato ricordò a Wilson che la firma dei trattati richiedeva l'approvazione della Camera con una maggioranza di due terzi. Con la sua amministrazione democratica che conviveva con una maggioranza repubblicana al Senato, era necessario trovare un accordo. Forse sarebbe stato più saggio presentarsi alla Conferenza di pace con una forte rappresentanza repubblicana per evitare una simile battuta d'arresto. In ogni caso, in Europa c'era la convinzione che il Presidente Wilson avrebbe superato l'ostacolo.

Tuttavia, la richiesta del Presidente di adesione degli Stati Uniti alla Società delle Nazioni non fu approvata. Il rifiuto da parte del Senato del Trattato di Versailles e del Patto della Società delle Nazioni mise a repentaglio l'intero schema delineato a Parigi. I repubblicani non accettavano, tra l'altro, che gli Stati Uniti cedessero la loro sovranità nazionale a un organismo internazionale, né erano disposti a impegnare la forza militare o navale per intervenire in conflitti tra nazioni senza l'autorizzazione del Congresso. Non ritenevano ammissibile che gli Stati Uniti potessero essere soggetti ad arbitrati o indagini da parte dell'Assemblea della Società delle Nazioni, né che fossero obbligati a contribuire alle spese di tale organismo. Nonostante l'impasse, Wilson era deciso a giocare un'ultima carta e partì per un tour del Paese per cercare di vendere l'idea della Società delle Nazioni direttamente al popolo americano. In 22 giorni percorse 8.000 miglia e la sua salute cominciò a cedere. Alla fine di settembre, dopo aver sofferto di continui mal di testa, collassò per la stanchezza a Pueblo, in Colorado, e dovette tornare a Washington, dove il 2 ottobre fu colpito da un ictus che quasi lo uccise e lo lasciò paralizzato. Quando si riprese, cercò di riprendere la campagna elettorale, che si concluse con una sconfitta alle elezioni del 1920. Warren Harding giurò nel marzo 1921 e iniziò un mandato repubblicano che sarebbe durato fino al 1933, quando i democratici insediarono Franklin D. Roosevelt alla Casa Bianca. Thomas Woodrow Wilson morì il 3 febbraio 1924. Il suo alter ego, Edward Mandell House, finì solo e dimenticato nel suo appartamento di New York. Entrambi non erano stati altro che burattini al servizio dei potenti banchieri che li avevano usati fino a renderli utili.

Nel 1922, due anni dopo la sua rumorosa fondazione a Ginevra, si riunì la prima Assemblea generale della Società delle Nazioni. Nonostante la delusione per il ritiro degli Stati Uniti, si proclamò che si trattava di un'internazionale dei popoli che avrebbe dovuto portare alla costituzione di un Super-Stato con tutti i poteri, cioè esecutivo, legislativo e giudiziario. Fu anche apertamente dichiarato che quanto più si sarebbe appoggiata ai raggruppamenti massonici di tutto il mondo, tanto maggiore sarebbe stata la sua forza morale e reale. È chiaro che l'idea del governo mondiale, opposta al principio dell'esistenza degli Stati nazionali, fu perseguita in due modi formalmente diversi. Mentre la Società delle Nazioni, "un'idea ebraica", secondo il leader sionista Nahum Sokolov, aspirava a un'internazionale dei popoli, a un Super-Stato; i comunisti, per i quali la borghesia non faceva parte del popolo, proclamavano la dittatura internazionale del proletariato. La cospirazione aveva messo in moto due sistemi per raggiungere lo stesso obiettivo e i banchieri ebrei internazionali erano pronti a usare l'uno o l'altro per rimodellare il mondo secondo i loro interessi. L'esperimento comunista sarebbe costato oltre cento milioni di vite in tutto il mondo. Dopo la mancata partecipazione degli Stati Uniti, la Società delle Nazioni era destinata a fallire: non riuscì a esercitare alcuna autorità e lottò per sopravvivere fino a quando, nel 1946, fu sostituita dall'ONU.

Conferenza di San Remo, *Dichiarazione Balfour* e Mandato britannico

Oltre al Trattato di Versailles, la Conferenza di pace diede vita ad altri trattati. I confini dell'Austria, che divenne un Paese di 84.000 chilometri quadrati con una popolazione di sei milioni e mezzo di abitanti, furono definiti nel Trattato di Saint-Germain, firmato il 10 settembre 1919, che riordinava l'Europa centrale e orientale. Il Trattato di Trianon, firmato il 4 giugno 1920, stabilì i confini ungheresi. Il nuovo Stato fu ridotto a 92.000 km2 per una popolazione di otto milioni di abitanti. Il Trattato di Sèvres, firmato il 10 agosto 1920, non fu mai ratificato dalla Turchia, che perse la Tracia orientale e Smirne a favore della Grecia, così come l'Armenia e il Kurdistan, che ottenero l'indipendenza. Gli Stretti del Bosforo e i Dardanelli furono trasferiti a una commissione internazionale. L'accettazione di questi termini di pace da parte del Sultano provocò la reazione dei Giovani Turchi, che dichiararono guerra alla Grecia. Mustafa Kemal Ataturk e molti dei suoi seguaci erano ebrei apostati, "doenmes", che approfittarono della situazione per rovesciare Mehmet VI e instaurare la Repubblica il 29 ottobre 1923. In precedenza, il 23 luglio 1923, il Trattato di Losanna aveva annullato le clausole del Trattato di Sèvres relative ai suddetti territori, che furono restituiti alla Turchia. Nel 1936, con l'accordo internazionale di Montreaux, la Turchia riprese il controllo degli stretti.

La necessità inderogabile di limitare ragionevolmente la lunghezza di questo lavoro ci impedisce di dilungarci sugli eventi rilevanti avvenuti nell'Impero Ottomano, nonché di soffermarci sul silenzioso genocidio di un milione e mezzo di cristiani armeni, avvenuto tra il 1915 e il 1923 sotto il governo dei Giovani Turchi che, attraverso il Comitato per l'Unione e il Progresso, avevano organizzato un colpo di Stato contro il sultano Abdul Hamid II nel 1908 e si erano impadroniti del potere. Ecco alcuni fatti. Il fondatore del movimento dei Giovani Turchi era un massone ebreo di nome Emmanuel Carasso, leader a Salonicco della loggia italiana *Macedonia Risorta*, alla quale appartenevano tutti i membri del movimento. Carasso condivise con il suo correligionario Alexander Parvus il lucroso business delle forniture agli Ottomani durante la guerra mondiale. Oltre a varie pubblicazioni e numerosi opuscoli, Carasso finanziò il giornale *Il giovane turco*, diretto dal sionista Vladimir Jabotinsky. Uno dei suoi soci nell'impresa giornalistica era ancora Alexander Parvus, che era il direttore finanziario di un altro giornale dei Giovani Turchi, *La Patria Turca*. Emmanuel Carasso era un protetto del banchiere veneziano Volpi de Misurata, di cui era anche socio. Questo banchiere era strettamente legato alla City di Londra. Di conseguenza, nel 1909 Sir Ernest Cassel, un ebreo ashkenazita che era il banchiere della famiglia reale britannica, fondò e diresse la Banca Nazionale di Turchia e il comando della flotta ottomana fu affidato a un ammiraglio britannico. I Giovani Turchi si affrettarono a bloccare la costruzione dell'Orient Express, che avrebbe dovuto collegare Berlino a Baghdad. Il controllo dell'Impero Ottomano era stato pianificato nelle logge massoniche di Salonicco, Parigi e Vienna. Il Comitato di Salonicco, oltre a Carasso, comprendeva gli ebrei Salem, Sassun, Fardji, Meslah e Doenmes o cripto-ebrei come David Bey e la famiglia Baldji. Si può dire che la cosiddetta Rivoluzione dei Giovani Turchi fu equivalente, nell'Impero Ottomano, alla Rivoluzione giudeo-bolscevica dell'Impero russo. David Bey, che era Ministro delle Finanze circondato da numerosi consiglieri britannici, e altri Doenmes di Salonicco che attuarono la rivoluzione erano discendenti dei seguaci di un culto ebraico del XVIII secolo, il cui leader era il falso messia Baruchyah Russo, nel quale si credeva si fosse reincarnata l'anima di Shabbetay Zeví attraverso il processo di metempsicosi. Sembra chiaro che la responsabilità del genocidio armeno debba essere attribuita, con tutte le connotazioni del caso, a coloro che detenevano il potere, ossia i Giovani Turchi.

Per quanto riguarda lo smembramento dell'impero ottomano, progettato nel 1916 negli accordi segreti Sykes-Picot, e la divisione dei suoi territori in Medio Oriente tra Francia e Gran Bretagna, ci interessa la Risoluzione di San Remo per la Palestina, firmata il 25 aprile 1920 e basata sulla *Dichiarazione Balfour* del 1917. Questa risoluzione è il documento fondamentale che ha reso possibile l'istituzione del Mandato britannico per la Palestina. Il 24 luglio 1922 il Consiglio della Società delle Nazioni confermò la Risoluzione, firmata da cinquantuno Stati. Come conseguenza della Risoluzione di San Remo, tutti gli accordi precedenti che riguardavano la regione, compreso l'accordo Sykes-Picot, furono aboliti. Il sionismo ha sempre considerato decisive le implicazioni legali di questa Risoluzione, poiché, secondo i sionisti, essa concedeva al popolo ebraico la sovranità de jure sulla Palestina e obbligava la Gran Bretagna a onorare le promesse della *Dichiarazione Balfour* alla nazione mandataria. Tuttavia, Lord Curzon, il Segretario di Stato del Ministero degli Esteri che con Lloyd George guidò la delegazione britannica a San Remo, interpretò *la Dichiarazione Balfour* con più cautela e meno euforia. Inizialmente, la Conferenza stabilì un focolare nazionale per il popolo ebraico in Palestina, il cui territorio comprendeva entrambe le sponde del fiume Giordano, ossia la Transgiordania (l'attuale Giordania) e la Striscia di Gaza. Tuttavia, nel 1922 gli inglesi spartirono la Transgiordania e crearono un emirato che fu affidato ad Abdullah I, membro della famiglia hashemita che era stata espulsa da Ibn Saud dall'Arabia Saudita.

I verbali della riunione sulla Palestina del Consiglio Supremo delle Forze Alleate del 24 aprile 1920 dimostrano che la *Dichiarazione Balfour* non era un documento così enfatico e definitivo come sostenevano i sionisti, che a San Remo cercarono di ampliarla e migliorarla. Lord Curzon resistette alle pressioni e rifiutò assolutamente di andare oltre il testo originale. "La cosa più giusta da fare è attenersi rigorosamente ai termini originali", disse, "oltre i quali il governo britannico non era disposto ad andare". Va chiarito che Lord Curzon era uno dei membri del gabinetto britannico che si era opposto al progetto sionista quando si discutevano i termini della Dichiarazione. Egli sosteneva che le risorse della Palestina erano troppo limitate per sostenere uno Stato ebraico e che qualsiasi mossa in questa direzione avrebbe provocato una reazione antagonista da parte degli arabi della regione. Secondo i verbali, Lord Curzon era convinto che la delegazione francese non avrebbe rifiutato di aderire al testo nella sua stesura originaria.

Tuttavia, Philippe Berthelot, alto rappresentante del Ministero degli Esteri francese, non era d'accordo e suggerì che la proposta avrebbe dovuto essere sottoposta alla Società delle Nazioni. Berthelot chiese se la *Dichiarazione Balfour* a favore dei sionisti fosse stata generalmente accettata dagli Alleati. Dopo aver precisato di non voler offendere il governo britannico, riferì che, per quanto ricordasse, "non c'era mai stata alcuna accettazione ufficiale della Dichiarazione da parte degli Alleati del governo britannico". A fronte di queste parole, Lord Curzon sostenne che Berthelot non conosceva bene la storia della questione e gli ricordò che nel febbraio 1918 Nahum Sokolov aveva comunicato i termini della Dichiarazione all'allora Ministro degli Esteri francese, Stéphen Pichon. Lord Curzon ha sottolineato che la Dichiarazione prevedeva, in primo luogo, la creazione di un focolare nazionale per gli ebrei, i cui privilegi e diritti dovevano essere salvaguardati da una potenza militare; in secondo luogo, era della massima importanza garantire i diritti delle minoranze, in primo luogo gli arabi e poi le comunità cristiane, come affermato nella seconda parte del testo. Ha quindi sostenuto che, nell'interesse di queste comunità, a cui Berthelot aveva fatto riferimento, non era saggio cancellare la seconda parte della Dichiarazione. Berthelot chiese quindi la lettura del testo e aggiunse che, per quanto ne sapeva, Pichon aveva accettato di istituire la casa tradizionale per gli ebrei, ma non era chiaro se avesse accettato la Dichiarazione in toto. Lord Curzon respinse le argomentazioni di Berthelot e gli disse che difficilmente avrebbe potuto sostenere che Pichon non fosse a conoscenza del testo completo del documento e del suo significato. Curzon gli ricordò che Pichon non solo aveva approvato la *Dichiarazione Balfour* a nome del suo governo, ma aveva scritto nella sua lettera di risposta a Sokolov che "l'accordo tra i governi francese e britannico sulla questione era completo".

Quando in Palestina non c'erano praticamente ebrei e quelli che c'erano non condividevano le idee sioniste, è sconcertante che gli inglesi e i francesi parlassero di "minoranze" per riferirsi agli abitanti nativi, il popolo palestinese, che possedeva il cento per cento della terra e la abitava da tempo immemorabile. Sondando o esplorando la possibilità di cancellare la seconda parte della *Dichiarazione Balfour,* quella che si riferiva alla popolazione araba, appare chiaro che Berthelot rappresentava gli interessi dei sionisti, per i quali i palestinesi non esistevano. Le pressioni a San Remo per modificare il testo della Dichiarazione a favore del sionismo non ebbero quindi successo. Questo piccolo battibecco diplomatico tra Lord Curzon e Philippe Berthelot serve da preambolo per tornare a spiegare con qualche dettaglio come nacque questo famoso documento e come fu preparato il Mandato britannico per la Palestina.

Fin dall'inizio i sionisti capirono che per sottrarre la terra al popolo che la abitava avevano bisogno della protezione di una grande potenza e del suo esercito. Già nel 1915 il dottor Weizmann lo aveva previsto con queste parole: "La presa di possesso del Paese da parte degli ebrei, su cui poggia tutto il peso dell'organizzazione, dovrà avvenire nei prossimi dieci o quindici anni sotto un protettorato britannico temporaneo". Quando il governo britannico si rese conto delle intenzioni del sionismo, si allarmò alla prospettiva di agire come unico protettore degli ebrei sionisti in Palestina e guardò agli Stati Uniti per condividere l'occupazione del Paese. Per sollevare la questione, Lord Balfour attraversò l'Atlantico. Prima di partire, Balfour ebbe una lunga conversazione con Weizmann, che apprese in prima persona che gli inglesi erano ansiosi di accettare un protettorato anglo-americano. Poiché i sionisti temevano la reazione dell'opinione pubblica americana, decisero di rifiutare questo approccio. L'8 aprile 1917, Weizmann scrisse al giudice Brandeis chiedendogli di opporsi al piano e di adoperarsi affinché il governo statunitense sostenesse la proposta di un unico protettorato britannico. Erano passati diciotto giorni dall'entrata in guerra della Gran Bretagna quando Lord Balfour arrivò a Washington. Il Presidente Wilson decise di lasciare la questione nelle mani dei sionisti che lo circondavano, ossia Brandeis, Mandell House e il rabbino Wise. A quest'ultimo disse espressamente: "Quando lei e il giudice Brandeis riterrete che la questione sia matura per un mio intervento, sarò pronto". Sembra che il Segretario del Ministero degli Esteri non abbia nemmeno incontrato Woodrow Wilson, poiché accettò senza lamentarsi i desideri dei sionisti per l'amministrazione britannica della Palestina. Il suo biografo scrive che "si impegnò a sostenere personalmente il sionismo".

Di primissimo piano fu il ruolo dei Rothschild sia nella vicenda del Mandato che nella stesura e ricezione della *Dichiarazione Balfour*. L'affare di Damasco segnò l'inizio del progressivo coinvolgimento dei Rothschild francesi e britannici nel compito di fare della Palestina il futuro Stato ebraico. Fu la casa francese che, attraverso il barone Edmond de Rothschild, figlio minore di James de Rothschild, si impegnò direttamente nei progetti di colonizzazione della Palestina. Nel 1882 Edmond sponsorizzò la creazione della prima colonia a Rishon LeZion e acquistò terreni dai proprietari terrieri ottomani. Oggi il volto di Edmond de Rothschild compare sulla banconota da 500 shekel, diverse città in Israele portano il suo nome e a Tel Aviv c'è un Rothschild Boulevard. Suo figlio James Armand, Jimmy per gli amici, ha finanziato l'edificio della Knesset (Parlamento). La moglie di Jimmy, Dorothy de Rothschild, Dolly, ha donato l'edificio più significativo dello

Stato sionista, la Corte Suprema di Giustizia a Gerusalemme, dove si può ammirare un'esposizione architettonica di tutti i simboli dell'Illuminismo massonico, dominata da un'enorme piramide verde con l'Occhio che Vede, simbolo del Nuovo Ordine Mondiale.

Il 9 novembre 2004, un ebreo di nome Jerry Golden ha pubblicato su Internet (goldenisraelreport.com/EvilRoots.htm) un rapporto intitolato *Le radici del male a Gerusalemme* in cui, dopo aver accettato di essere bollato come antisemita, espone l'esistenza di una forza diabolica con sede a Gerusalemme, che da lì si è diffusa in tutto Israele. In questo rapporto, illustrato con fotografie sorprendenti, denuncia il progetto architettonico della Corte Suprema di Giustizia, un edificio progettato e finanziato dai Rothschild, come prova visibile del complotto diabolico della massoneria illuminata e di coloro che cercano di stabilire il Nuovo Ordine Mondiale. Il rapporto spiega in dettaglio il significato di tutti gli elementi massonici architettonicamente esposti all'interno della Corte Suprema. Due fotografie mostrano da posizioni diverse un'enorme piramide verde, uguale a quella che si trova sulla banconota da un dollaro statunitense, con l'Occhio Onniveggente in cima. Nella prima foto la piramide è vista dall'interno dell'edificio. Una delle facce con l'Occhio di Osiride è ritagliata perfettamente centrata dietro il vetro di una grande finestra a forma rettangolare che si apre alla luce in una stanza buia. La seconda è una fotografia aerea del palazzo nel suo complesso. È chiaramente visibile la cima della piramide quadrilatera con il famoso Occhio, che sporge sopra l'edificio attraverso un grande cerchio. L'intero percorso all'interno del palazzo di giustizia è inteso come un viaggio dall'oscurità all'illuminazione. C'è un'area poco illuminata con una scala che conduce a una luminosità totalizzante. I gradini sono 30 e formano tre gruppi di dieci separati da due pianerottoli. In cima alla scala si trova un bovindo vetrato che si affaccia su Gerusalemme. Da lì si accede alla grande biblioteca, che ha tre piani o livelli, il numero necessario per raggiungere il 33°, l'alto grado riservato agli illuminati nella Massoneria di rito scozzese. Il primo livello della biblioteca è riservato agli avvocati; il secondo, ai giudici in servizio; il terzo, ai giudici in pensione. L'esposizione dei simboli è costante in tutto il tempio massonico. Perfettamente assemblati, che fanno parte dell'ingegnoso disegno architettonico dell'edificio, sono tutti gli elementi abituali della Massoneria: croci rovesciate su cui si cammina, un obelisco egiziano, combinazioni di cifre che sommano a sei, il quadrato e il compasso che fanno parte del pavimento di un grande cortile interno, la lettera "G", e così via.

Oltre ai Rothschild sopra citati, Niall Ferguson osserva che dopo la morte di Nathaniel (Natty) nel 1915, i suoi due figli, Walter e Charles, condivisero il fervore sionista con i loro parenti francesi. La moglie di quest'ultimo, Rozsika von Wertheimstein, fu presentata da Jimmy al leader sionista Chaim Weizmann nel luglio 1915. Tramite lei Weizmann entrò in contatto con persone influenti come Lord Robert Cecil, sottosegretario agli

Esteri, e il generale Allenby, il futuro "liberatore" di Gerusalemme. Tuttavia, lo stesso Weizmann dichiarò che il modo migliore per "associare il nome della casa più importante dell'ebraismo alla concessione della Magna Charta della liberazione ebraica" era quello di assicurarsi l'appoggio di Walter, l'erede di Nathaniel e nuovo capo della Nuova Corte, considerato un re dall'ebraismo mondiale. Poco prima di morire, nel gennaio 1915 Nathaniel aveva approvato il memorandum del sionista Herbert Samuel, che nel 1920 sarebbe stato nominato Alto Commissario per la Palestina. Il titolo del documento era *Il futuro della Palestina* e chiedeva un protettorato britannico "in cui gli ebrei dispersi si sarebbero gradualmente concentrati in massa dai quattro angoli del globo e a tempo debito avrebbero raggiunto l'autonomia". L'idea che la Gran Bretagna condividesse il potere in Palestina con la Francia fu respinta dallo stesso Walter, che scrisse una lettera a Weizmann opponendosi all'idea: "L'Inghilterra deve avere il controllo esclusivo", furono le sue parole. I Rothschild inglesi non erano disposti a vedere ripetuto in Palestina l'esperimento del controllo condiviso del Canale di Suez in Egitto.

Nel 1917 arrivò il momento della decisione. L'esito finale dipendeva logicamente dall'equilibrio di potere all'interno del governo. Walter Rothschild aveva dalla sua parte i membri più influenti: il Primo Ministro David Lloyd George, Alfred Milner e Arthur Balfour, il Segretario del Ministero degli Esteri, che chiese a Lord Rothschild di inviargli un testo che potesse servire come proposta di dichiarazione. Il 18 luglio 1917 Lord Rothschild scrisse una lettera a Lord Balfour, citata da B. Jensen nel suo *The Palestine Plot*, che recitava come segue:

> "Caro signor Balfour,
> Finalmente posso inviarle la formula che mi ha chiesto. Se il Governo di Sua Maestà mi inviasse un messaggio sulla falsariga di questa formula, e se voi e loro lo approvaste, lo presenterei alla Federazione Sionista in occasione di una conferenza convocata a questo scopo.
> Il progetto di dichiarazione dei redditi è il seguente:
> (1) Il governo di Sua Maestà accetta il principio che la Palestina debba essere ricostituita come patria nazionale per il popolo ebraico.
> (2) Il Governo di Sua Maestà farà del suo meglio per assicurare il raggiungimento di tale obiettivo e discuterà i metodi e i mezzi necessari con l'Organizzazione sionista".

La riunione cruciale del governo britannico ebbe luogo il 17 ottobre 1917. Secondo Niall Ferguson, fu proprio Lord Rothschild a fare pressioni e a sollecitare Lloyd George, tramite Lord Milner, suo agente nel Gabinetto di Guerra, a mettere all'ordine del giorno la questione della Palestina, perché se la decisione fosse stata ritardata, i tedeschi avrebbero potuto anticipare la decisione e rilasciare una propria dichiarazione filo-sionista per ottenere il sostegno degli ebrei negli Stati Uniti e in Russia. Infine, il 2 novembre 1917, il governo britannico inviò a Sir Walter Lionel Rothschild, presidente delle comunità ebraiche in Gran Bretagna, la famosa *Dichiarazione Balfour*, redatta dall'ebreo Leopold Amery, segretario aggiunto al Gabinetto di Guerra, che nel 1925 si recò in Palestina come segretario coloniale del governo britannico. Il lettore può confrontare analogie e differenze con il testo sopra riportato:

> "Il Governo di Sua Maestà vede con simpatia l'istituzione in Palestina di un focolare nazionale per il popolo ebraico e farà del suo meglio per facilitare il raggiungimento di tale obiettivo, restando chiaramente inteso che nulla sarà fatto che possa pregiudicare i diritti civili e religiosi delle comunità non ebraiche esistenti in Palestina, o i diritti e lo status politico di cui godono gli ebrei in un altro Paese".

Questo testo è considerato uno dei documenti più importanti del XX secolo. Per sottolineare il contributo dei Rothschild a questo risultato storico, il 2 dicembre si è tenuta una grande festa al Covent Garden Opera House, durante la quale Walter e Jimmy hanno parlato al pubblico. Lord Rothschild ha detto al pubblico entusiasta che questo era "il più grande evento della storia ebraica degli ultimi milleduecento anni". Da parte sua, Jimmy dichiarò che il governo britannico aveva "ratificato il piano sionista".

La *Dichiarazione Balfour* ricevette un sostegno quasi totale da parte della comunità internazionale; tuttavia, un confronto tra i testi citati permette ora di comprendere meglio il dialogo tenutosi a San Remo il 24 aprile 1920 tra Lord Curzon e il diplomatico francese Philippe Berthelot. Nel testo inizialmente proposto da Lord Rothschild, gli arabi o le "comunità non ebraiche" non meritavano alcuna considerazione; ma la Dichiarazione *Balfour* parlava di "diritti civili e religiosi delle comunità non ebraiche in Palestina". Appare chiaro che le tesi di Lord Curzon e dei membri non sionisti del Gabinetto erano riuscite a trovare espressione nel testo della *Dichiarazione Balfour*. Colpisce anche il riferimento ai "diritti e allo status politico di cui godono gli ebrei in un altro Paese", che fa sorgere il sospetto che l'intenzione fosse quella di salvaguardare gli ebrei non sionisti da qualsiasi pressione migratoria. È quindi comprensibile che alla Conferenza di San Remo i sionisti abbiano cercato di migliorare o modificare il documento a loro favore.

I fatti sul campo dovevano dimostrare gli obiettivi del sionismo internazionale. Prima dell'inizio della Conferenza di pace, con il pretesto di fare da tramite tra l'Amministrazione militare britannica e gli ebrei, fu inviata in Palestina una Commissione sionista, che arrivò all'inizio di marzo 1918. Le sue vere intenzioni erano quelle di "consigliare" al generale Clayton che la sua amministrazione avrebbe dovuto collaborare con loro in tutto. Prevedibilmente, Chaim Weizmann viaggiò con la Commissione. James de Rothschild, Jimmy, figlio di Edmond de Rothschild, era un altro membro di spicco. A lui si unirono Israel Sieff e il maggiore Ormsby-Gore, il futuro

Lord Harlich, che era direttore della Midland Bank e che, come direttore della Standard Bank of South Africa, aveva contribuito alla guerra boera per il controllo dell'oro e dei diamanti del Sudafrica. Israel Sieff era direttore di Marks & Spencers e socio di diversi banchieri internazionali. Sieff fu nominato presidente del Comitato di pianificazione economica e politica e fu un membro permanente del gruppo di cervelli che consigliava i successivi governi britannici. Come ricompensa per i suoi servizi alle banche ebraiche internazionali, fu nominato capo dell'Ordine dei Maccabei. Leon Simon, in seguito nominato cavaliere, era a capo del General Post Office britannico e controllava tutte le comunicazioni telegrafiche e telefoniche. La propaganda era nelle mani di Edwin Samuel, che durante la Seconda Guerra Mondiale agì come capo censore per il governo britannico. Quando nel 1948 fu proclamato lo Stato di Israele, Samuel fu nominato direttore capo delle trasmissioni.

In *Palestine, The Reality* (1939) J. M. N. Jeffries racconta un episodio che dà un'idea della portata dell'arroganza sionista in Palestina prima dell'istituzione del Mandato. Nel 1919 la sfilata dei leader era continua. Uno di quelli che viaggiarono dagli Stati Uniti fu Louis Dembitz Brandeis, il giudice imposto al Presidente Wilson nella Corte Suprema. Giunto a Gerusalemme, Brandeis si recò alla caserma militare britannica sul Monte degli Ulivi e disse al generale Money che le ordinanze delle autorità militari dovevano essere subordinate alla Commissione sionista. Il generale rimase sbalordito da una richiesta così arrogante, ma il suo aiutante argomentò con forza: "Per un governo fare questo significherebbe abdicare alla propria posizione. Come avvocato, lei se ne rende conto". Brandeis replicò: "Bisogna capire che il governo britannico è impegnato a sostenere la causa sionista. Se questo non viene accettato come principio guida, dovrò informare il Foreign Office". Poche ore dopo il Ministero degli Esteri, attraverso il War Office, annullò il parere dei militari. Diversi ufficiali chiesero il trasferimento e il colonnello Meinertzhagen, un importante sionista, fu inviato in Palestina.

Nel decennio successivo, nonostante i tentativi di incoraggiare con ogni mezzo l'immigrazione clandestina in Palestina e di acquistare terre dagli arabi attraverso il Fondo Nazionale Ebraico, divenne chiaro che la visione di Weizmann di occupare il Paese in dieci o quindici anni non era realizzabile. Si cominciò allora a pensare che sarebbe stata necessaria una nuova guerra per sottrarre il Paese ai palestinesi e per convincere o costringere centinaia di migliaia di ebrei di tutto il mondo a migrare verso la Terra Promessa. Alla fine di agosto del 1929, gravi disordini tra ebrei e palestinesi portarono alla nomina di una commissione d'inchiesta, la Commissione Hope-Simpson, i cui risultati denunciarono le attività dell'Agenzia ebraica e dell'Histadrut (Federazione generale del lavoro) come dannose per lo sviluppo economico della popolazione araba.

Nel 1930 Lord Passfield, segretario coloniale britannico, pubblicò il "Libro bianco di Passfield", un rapporto ufficiale sulla politica britannica in Palestina, in cui proponeva di sospendere l'immigrazione ebraica e di limitare l'autorità dell'Agenzia ebraica. Chaim Weizmann chiese immediatamente udienza al Primo Ministro britannico, l'allora Ramsay Macdonald, che, intimorito dai rimproveri del leader sionista, si comportò come se fosse stato minacciato con una pistola: non solo annullò il Libro Bianco di Passfield, ma chiese umilmente a Weizmann chi volesse che fosse nominato nuovo Alto Commissario per la Palestina. Nonostante il fiasco sempre più evidente del progetto del focolare nazionale ebraico e nonostante la consapevolezza che, come molti avevano previsto su, gli ebrei non sarebbero andati in massa in Palestina, né i politici americani né quelli britannici osarono disobbedire al dottor Weizmann, l'emissario del sionismo internazionale.

PARTE 2
DEPREDAZIONE, GUERRA CIVILE E TERRORE IN RUSSIA.
LA MORTE DI LENIN E LA SCONFITTA DI TROTSKY

"Qual è la cosa più difficile di tutte?", si chiedeva Goethe. Egli stesso diede la risposta: "ciò che sembra più semplice: vedere con i nostri occhi ciò che sta davanti a loro". Forse è questo il motivo per cui tanti storici miopi non riescono a spiegare o ignorano che i banchieri ebrei internazionali hanno cospirato con i marxisti per rovesciare il capitalismo tradizionale e sostituirlo con il comunismo. Nonostante tutte le prove, bisogna ammettere che non è facile accettare che i Rothschild, i Morgan, i Warburg, i Rockefeller, gli Schiff, i Guggenheim..., gli uomini più potenti del mondo, abbiano sostenuto i rivoluzionari professionisti che avrebbero dovuto combatterli. Può sembrare contraddittorio, ma è esattamente quello che è successo con l'instaurazione del comunismo in mezzo mondo.

Sia il dottor Quigley, l'"insider" che nel suo sorprendente *Tragedy in Hope* ha offerto le chiavi della cospirazione, sia W. Cleon Skousen in *The Naked Capitalist* chiariscono che la contraddizione è solo apparente. Quigley confessa apertamente: "i banchieri internazionali che si sono messi in testa di rifare il mondo erano assolutamente certi di poter usare il loro denaro per ottenere la cooperazione e il controllo dei gruppi cospiratori comunisti e socialisti". L'obiettivo di questi internazionalisti, gli stessi che oggi sono globalisti, era quello di appropriarsi di tutte le ricchezze e le risorse del pianeta. Per raggiungere questo obiettivo utilizzavano il marxismo come ideologia e migliaia di agenti come cospiratori politici per rovesciare i governi esistenti e sostituirli con una dittatura mondiale socialista. John Ruskin, Cecil Rhodes e Alfred Milner erano convinti che attraverso i modelli socialisti il mondo intero potesse essere federato. Questi agenti scelti dei grandi finanzieri fondarono la Tavola Rotonda, la società segreta che era in coalizione con la cospirazione comunista. Entrambi i gruppi lavoravano per un mondo gestito da leader politici scelti che, consigliati e sostenuti finanziariamente, avrebbero dovuto assumere il controllo di tutte le proprietà, dell'industria, dell'agricoltura, dell'istruzione e della politica in generale. L'apostolo della rivoluzione mondiale per eccellenza, Adam Weishaupt, lo aveva già annunciato da tempo: "È necessario stabilire un regime di dominio universale, una forma di governo che abbracci tutto il mondo".

Come si è visto, i gruppi di finanzieri che gestivano la cospirazione da Wall Street e dalla City di Londra destinarono ingenti somme di denaro per finanziare i rivoluzionari marxisti. Si vedrà in seguito che a loro non importava minimamente che, una volta al potere, i comunisti avrebbero imposto una feroce dittatura e commesso crimini contro l'umanità su una scala senza precedenti nella storia. Gli studi hanno dimostrato che i giudeo-bolscevichi, criminali malati se mai ce ne sono stati, non sarebbero mai stati in grado di prendere e mantenere il potere in Russia senza il sostegno finanziario ricevuto dai banchieri. Ricordiamo ancora una volta che nel 1917 il maggior aiuto finanziario fu organizzato da Sir George Buchanan e Lord Alfred Milner, il fondatore della Round Table che lavorava come agente della confederazione Morgan-Rothschild-Rhodes. Trotsky avrebbe sposato la figlia del ricco banchiere Givotovsky e sarebbe stato finanziato da Jacob Schiff della Kuhn Loeb & Company. Altri banchieri ebrei chiave della cospirazione erano i Warburg. Felix Warburg era sposato con Frieda Schiff, figlia di Jacob Schiff; Paul Warburg sposò Nina Loeb, figlia di Salomon Loeb. Max Warburg finanziò la rivoluzione russa dalla Germania, il che non gli impedì di collaborare con i nazisti nella Reichsbank fino al 1938.

A nostro avviso, l'impunità di cui i giudeo-bolscevichi hanno sempre goduto agli occhi della storia è la prova che essi erano agenti del potere occulto, degli Illuminati, cioè dei banchieri internazionali. Mentre i crimini del nazismo vengono continuamente amplificati da Hollywood e dai media, il mondo sta ancora aspettando il primo film dell'industria cinematografica, in mano a magnati ebrei, che denunci il terrore rosso e gli innumerevoli crimini del comunismo in Russia, in Cina e in tanti altri Paesi. Mentre Himmler o Eichmann sono identificati come grandi criminali, Dzerzhinsky, Yagoda, Yezhov o Beria sono sconosciuti al grande pubblico. Mentre Hitler, Goebbels o Goering simboleggiano il peggio dell'umanità, Lenin e Trotsky sono ancora venerati da ampie fasce dell'opinione pubblica come prestigiosi leader della classe operaia. Mentre i campi di concentramento nazisti sono visitati da milioni di persone e gli studenti in Germania e in Inghilterra si recano annualmente in pellegrinaggio ad Auschwitz, il Gulag sovietico rimane perso nell'oblio come se non fosse mai esistito. Mentre persone di novant'anni vengono ancora processate per presunti crimini commessi contro gli ebrei durante la guerra, i criminali comunisti hanno vissuto senza essere perseguiti dai tribunali.

Settant'anni dopo la fine della Seconda Guerra Mondiale, la Germania imprigiona ancora persone per il loro passato nazionalsocialista[2]. Al

---

[2] Nel 2009, gli Stati Uniti hanno estradato in Germania John Demjanjuk, un uomo di 89 anni che era stato processato in Israele e assolto nel 1993. Un tribunale di Monaco di Baviera si era dichiarato competente a processarlo perché nel 1952 aveva vissuto vicino alla capitale bavarese. Il 2 maggio 2011, Demjanjuk, oggi 91enne, è stato condannato per complicità nell'omicidio di ebrei a Sobibor e condannato a cinque anni di carcere. Infine, a causa della sua salute cagionevole, è stato ricoverato in una casa di cura e il 17 marzo 2012 è morto. Il 22 dicembre 2010, un procuratore tedesco della città di Dortmund ha presentato un'accusa contro un novantenne, Samuel Kunz, ex guardia del campo di concentramento di Belzec, accusandolo di aver contribuito all'uccisione di centinaia di migliaia di ebrei. Il 1° agosto 2012 la stampa ungherese ha riferito che Laszlo Csatary, un novantasettenne accusato dal Centro Simon Wiesenthal di aver supervisionato la

contrario, quasi nessuno sa, perché non è mai stato reso pubblico, che i campi di concentramento sovietici, chiamati colonie o campi di lavoro, erano gestiti da ebrei che non sono mai stati accusati di nulla, nonostante il fatto che, secondo i dati di Robert Conquest in *The Great Terror*, dodici milioni di persone che nessuno ricorda siano morte nei Gulag. Tra questi ebrei spicca Naftaly Frenkel, che propose a Stalin la costruzione di un canale che collegasse il Mar Baltico al Mar Bianco. L'ingegnere capo era l'ebreo Gregory Davidsohn Afanasjew e i supervisori del progetto erano gli ebrei Aron Solts e Jacob Rappoport. Questo progetto faraonico costò la vita a 250.000 prigionieri. Nel secondo volume di *Arcipelago Gulag*, Alexander Solzhenitsyn fornisce preziose informazioni, illustrate con foto e disegni, sulla costruzione del canale, su Naftaly Frenkel e sui suoi "sicari". Tra i criminali ebrei più importanti dell'amministrazione generale dei campi di concentramento denunciati da Solzhenitsyn ci sono Matvei Davidovich Berman, direttore dei campi di concentramento; Semion Firin e Abraham Appeter, direttori delle prigioni; Lazarus Josephsohn Kagan, capo dei campi del Mar Baltico; Abraham Isaaksohn Rottenberg, responsabile dei prigionieri in isolamento e allo stesso tempo capo della Lega d'Azione Atea; Samuel Kwazenskij, istruttore politico. Ce ne sono molti altri non menzionati dall'autore di *Arcipelago Gulag*, di cui abbiamo risparmiato i nomi.

Anche il saccheggio economico della Russia regna nel silenzio. L'opposto è quando si tratta di denunciare il male intrinseco del nazionalsocialismo in questo senso. A metà degli anni Novanta, è apparsa una serie di notizie sensazionalistiche sul riciclaggio del denaro rubato dai nazisti in Svizzera. Una campagna mondiale fu scatenata da una causa intentata dal Congresso ebraico mondiale. Presunti sopravvissuti all'Olocausto, rappresentati dal senatore statunitense Alphonse D'Amato, intentarono una causa contro le banche svizzere. L'oro di i nazisti fece notizia in tutto il mondo. La BBC l'ha definita "la più grande rapina della storia". La campagna è stata sostenuta dalla pubblicazione di libri come quello di Adam Lebor, che stato immediatamente tradotto in diverse lingue. In Spagna è stato pubblicato nel 1998 con il titolo *Hitler's Secret Bankers: How Swiss Bankers Profited from Nazi Geonocide*. Secondo Lebor, i nazisti hanno saccheggiato 289 milioni di dollari dalle banche centrali dei Paesi occupati.

---

deportazione di migliaia di ebrei, è stato arrestato su richiesta del Ministro degli Esteri francese. Il 7 agosto 2012, la Reuters ha riferito che Nadja Drygalla, un'atleta tedesca che intendeva partecipare alle Olimpiadi di Londra, aveva un fidanzato neonazista, inducendo la Germania a prendere in considerazione la possibilità di obbligare tutti gli atleti a impegnarsi per la democrazia. Il 27 gennaio 2013, il cancelliere Angela Merkel ha dichiarato: "La Germania è eternamente responsabile dei crimini del nazionalsocialismo, delle vittime della Seconda guerra mondiale e soprattutto dell'Olocausto". Sei mesi dopo, il 13 giugno 2013, il Parlamento tedesco ha approvato una risoluzione per combattere l'antisemitismo, proteggere la vita ebraica in Germania e approfondire le relazioni con lo Stato razzista di Israele, i cui crimini godono di impunità sin dalla sua fondazione.

Il saccheggio della Russia da parte dei bolscevichi è il tema del libro del 2008 del professor Sean McMeekin, *History's Greatest Heist. Il saccheggio della Russia da parte dei bolscevichi.* Secondo McMeekin, che suggerisce di moltiplicare per cento le cifre del 1918 per calcolare l'equivalenza delle cifre del 1918 con quelle di oggi, le vendite di oro rubato dai bolscevichi in soli diciotto mesi superano di gran lunga la cifra indicata da Lebor. Il motivo per cui non ci sono campagne di denuncia del saccheggio e del massacro dei gentili in Russia è che i criminali e i ladri erano ebrei al servizio del potere segreto che li aveva finanziati. "Non è lontano il giorno in cui tutte le ricchezze e i tesori del mondo saranno proprietà dei figli di Israele", aveva annunciato Adolphe Crémieux nel manifesto di fondazione dell'Alleanza Israelita Universale.

La più grande rapina della storia

A differenza dei banchieri svizzeri che nascosero la loro collaborazione con i nazisti, i principali finanziatori del genocidio in Russia non si preoccuparono affatto di nascondere il loro contributo alla causa della rivoluzione, ma addirittura, come nel caso di Jacob Schiff e J. P. Morgan, lo proclamarono con orgoglio al mondo intero. Questi stessi banchieri hanno più che recuperato il loro investimento, perché, una volta al potere, i loro agenti si sono occupati di riciclare l'oro, l'argento, il platino e le pietre preziose rubate in modo compulsivo dai giudeo-bolscevichi. Per loro c'erano i futuri contratti e lo sfruttamento delle enormi ricchezze e risorse della Russia, che avevano sempre bramato. Senza questa collaborazione egoistica sarebbe stato impossibile per i comunisti rimanere al potere, poiché alla rovina economica di un Paese improduttivo si aggiungeva la guerra civile. La Banca di Stato della Russia deteneva le più grandi riserve auree del mondo, ma c'erano anche le banche private, concorrenti delle banche ebraiche internazionali, oltre ai patrimoni dei privati e della Chiesa. Pertanto, alle riserve auree imperiali, si dovevano aggiungere contanti, obbligazioni, orologi, platino, gioielli, diamanti e altre gemme, posate, dipinti, icone, incisioni, libri. In altre parole, tutta la ricchezza di un continente accumulata nel corso dei secoli.

Sean McMeekin racconta nell'opera citata i problemi che Lenin, Trotsky e i loro scagnozzi avevano nel gestire le banche senza la collaborazione di impiegati esperti in tecniche finanziarie e metodi contabili. Anthony C. Sutton scrive in *Wall Street and the Bolshevik Revolution* che in questo contesto Trotsky si ricordò del suo buon amico Bernard Baruch e disse: "Quello che ci serve qui è un organizzatore come Bernard Baruch". Una settimana dopo il colpo di Stato, le banche private, che sapevano delle intenzioni nazionalizzatrici di Lenin, chiusero i battenti. La Banca di Stato e il Tesoro rimasero aperti, ma per tutto il mese di novembre si rifiutarono di accogliere la richiesta di fondi avanzata a nome del Consiglio dei commissari del popolo (Sovnarkom). Il Consiglio emise quindi un decreto che minacciava di arrestare i direttori delle banche che si fossero rifiutati di facilitare il ritiro dei fondi. I. P. Shipov, direttore della Banca di Stato, convinse i suoi colleghi a non cedere e informò il Sovnarkom che la Banca di Stato aveva stanziato 600 milioni di rubli per le paghe dell'esercito e per la beneficenza pubblica, che manteneva le cucine per i poveri.

Il 23 novembre i dipendenti della Banca di Stato entrano in sciopero. Il 24 novembre, dopo tentativi infruttuosi di ottenere denaro, Lenin inviò al nuovo Commissario alle Finanze, Vyacheslav Menzhinsky, un ultimatum: se Shipov non avesse ceduto, tutti i dipendenti della banca sarebbero stati licenziati, avrebbero perso la pensione e i più giovani sarebbero stati arruolati. Di fronte al nuovo rifiuto, Shipov fu licenziato e sostituito da una squadra finanziaria di bolscevichi che, pur conoscendo i libri e i manuali del sistema bancario, non conoscevano le procedure tecniche della Banca di Stato della Russia, i cui interminabili corridoi e complicati macchinari erano per loro inaccessibili. Avevano bisogno di sapere quante cassette di contanti c'erano, quante cassette di sicurezza e dove erano nascoste le chiavi. Optarono per la presa di ostaggi: il direttore della filiale di Pietrogrado, il cassiere capo, il contabile capo e il custode del caveau furono costretti a collaborare sotto la minaccia delle armi.

Nel dicembre 1917 quasi tutti i funzionari statali si rifiutarono di collaborare con il governo bolscevico, considerato illegale: insegnanti, impiegati del telegrafo e della telefonia, addetti al trasporto acqueo, funzionari comunali di Pietrogrado e Mosca scioperarono contro il cosiddetto governo dei lavoratori. Lenin scelse allora Felix Dzerzhinsky a capo della Cheka (Commissione straordinaria per la lotta alla controrivoluzione e al sabotaggio), istituita il 20 dicembre con il compito di liquidare praticamente senza limiti legali qualsiasi atto controrivoluzionario. Non va dimenticato che a novembre, diciotto giorni dopo il colpo di Stato, si erano tenute le elezioni per l'Assemblea Costituente e i bolscevichi erano rimasti in minoranza. La costituzione del Parlamento era prevista per il 18 gennaio 1918. Era naturale, quindi, che i dirigenti delle banche e l'intero Paese si aspettassero che da queste elezioni scaturisse la formazione di un governo legale. Come se non bastasse, il 27 dicembre 1917, l'ebreo Grigory Sokolnikov (Girsh Yankelovich Brilliant), nominato nuovo direttore della Banca di Stato, abolì per decreto le banche private e i bolscevichi richiesero tutti i depositi bancari superiori a 5.000 rubli. Il decreto stabiliva che, una volta ricevuta la notifica, i proprietari di casseforti avevano tre giorni di tempo per presentarsi in banca con le chiavi delle loro casseforti. Non sorprende che tutti ignorassero il decreto di un governo che voleva palesemente rubare i beni dei cittadini, poiché c'era la convinzione che i giorni dei bolscevichi fossero contati. Nessuno si aspettava che il 18 gennaio ci sarebbe stato un secondo colpo di Stato e che i parlamentari sarebbero stati sciolti dalle Guardie Rosse e dai reggimenti lettoni che agivano come truppe d'assalto del governo sovietico. Lo stesso giorno, migliaia di persone che manifestavano davanti a Palazzo Tauride, dove si riuniva l'Assemblea Costituente, furono disperse a colpi di arma da fuoco e circa 20 furono uccise.

Il sistema messo in atto da Sokolnikov per procedere al saccheggio consisteva nel chiamare in ordine alfabetico tutti i proprietari delle casseforti. I nomi di coloro che non si presentavano o si rifiutavano di collaborare venivano contrassegnati come "nemici del popolo". Già nel febbraio 1918, la lettera "L" era stata raggiunta a Pietrogrado. Max Laserson, direttore commerciale della Shuvalov Mining Company, si presentò con le chiavi della sua cassaforte e divenne un collaboratore dei comunisti. Laserson descrisse in seguito come l'operazione fu condotta per rubare oggetti di valore: lingotti e monete d'oro, platino, argento, pietre preziose e valuta estera. Secondo Laserson, "l'argento, l'oro, le pietre preziose e le perle confiscate... erano accumulate in quantità così enormi che difficilmente possono essere concepite.... Ho attraversato grandi stanze piene fino al soffitto di ogni sorta di stivali, valigie, scatole, cesti, borse, ecc. In realtà questa era la parte più semplice del saccheggio generale che si intendeva compiere. Le banche, oltre alle riserve auree, ai gioielli e ai contanti, avevano obbligazioni di deposito, azioni e titoli di Stato. Ma non si trattava solo di attività: prendere il controllo delle banche significava anche rilevare le passività. In ogni caso, molti proprietari di casseforti erano fuggiti all'estero o si nascondevano, così il 10 novembre 1918 il trotzkista Nikolai Krestinskij, un altro ebreo da poco nominato Commissario alle Finanze, emanò un decreto che concedeva alcuni vantaggi a chi si fosse presentato e avesse collaborato con il governo.

Nello stesso mese di novembre del 1918 fu costituita un'agenzia per la registrazione di tutti i tipi di oggetti d'arte. Leonid Krasin e Maxim Gorky furono i due uomini incaricati di svolgere questo compito. Lo scrittore e Maria Andreeva, sua moglie comune, credevano ingenuamente che si trattasse di salvare il patrimonio culturale russo e che gli oggetti confiscati fossero destinati a essere esposti nei "musei proletari". Ben presto si resero conto del vero scopo dell'operazione. Nel febbraio 1919, l'agenzia di Gorky fu subordinata al Commissariato per il Commercio, in particolare alla sua Commissione per il Commercio Estero (Narkomvneshtorg), al fine di preparare le antichità e le opere d'arte più preziose per una possibile esportazione. Krasin (Goldgelb), l'ex compagno Nikitich, il giudeo-bolscevico legato a Olof Aschberg (Obadiah Asch) che come direttore della Siemens-Schuckert a San Pietroburgo aveva stabilito importanti contatti a Stoccolma e Berlino, fu incaricato da Lenin di supervisionare il progetto e di esplorare la possibilità di fare affari con le imprese svedesi e tedesche. La ricerca delle antichità e degli oggetti di valore confiscati ha permesso a ricercatori come Sean McMeekin di fornire uno studio completo dell'operazione, oggetto del terzo capitolo del suo libro. I dati che seguono sono quindi tratti da *History's Greatest Heist. Il saccheggio della Russia da parte dei bolscevichi.*

La maggior parte dei tesori rubati dai bolscevichi lasciò la Russia attraverso il porto estone di Tallinn. Leonid Krasin stesso redasse personalmente i termini del Trattato di pace di Tartu, che l'Estonia ratificò il 2 febbraio 1920. Il trattato concedeva ai comunisti un uso quasi illimitato delle linee ferroviarie e dei porti estoni. Il giorno successivo, il 3 febbraio, un decreto del Consiglio dei Commissari firmato da Lenin nominò l'ebreo trotzkista Nikolai Krestinsky direttore del "Gokhran" (Tesoreria di Stato per la conservazione degli oggetti di valore), la cui responsabilità era di centralizzare e registrare in registri tutti gli oggetti di valore sul territorio sovietico. Il professor McMeekin scrive: "Dalla Siberia al confine polacco, dal Mar Nero al Baltico, l'enorme ricchezza della Russia doveva essere accumulata e preparata per l'esportazione". Due settimane dopo la firma del Trattato di Tartu, Krasin ordinò alla commissione Gorky-Andreeva di iniziare a raccogliere nelle vicinanze di Pietrogrado gli oggetti più preziosi per una possibile esportazione. Nel suo mandato sottolineava "gli articoli in oro, argento e platino, così come le pietre preziose e le perle".

Il 16 marzo 1920, Krestinsky ordinò agli operai di Gokhran di iniziare a preparare i metalli preziosi in pile di platino, iridio, oro e argento. I gioielli dovevano essere accatastati in perle e pietre preziose che, allo stesso tempo, dovevano essere separate per dimensione. I diamanti dovevano essere smontati dagli oggetti che li contenevano e suddivisi per caratura. A metà luglio, il "raccolto" accumulato a Gokhran ammontava a 21.563 carati di diamanti, 20.305 carati di perle, tremila orologi d'oro, d'argento e di platino, duecento chili di gioielli artistici, un centinaio di chili di lingotti e pepite d'oro, trenta tonnellate d'argento, circa ottomila oggetti artistici placcati d'oro, mezza tonnellata di frammenti d'oro e 41.845 pezzi d'argento il cui peso non è specificato. Sui mercati mondiali il valore di tutto questo ammontava a 225 milioni di rubli, circa 112,5 milioni di dollari. Alla fine di novembre del 1920, il valore degli oggetti d'arte accumulati a Gokhram aveva superato i 490 milioni di rubli o 245 milioni di dollari, ovvero circa 25 miliardi di dollari attuali. È stato detto che per calcolare il valore attuale approssimativo delle cifre è necessario moltiplicare per cento.

Krestinsky aveva il mandato di accumulare il bottino dell'intero continente eurasiatico, ma per i primi sei mesi il Gokhran si concentrò sui caveau delle banche di Mosca e Pietrogrado rimasti aperti. Nell'estate del 1918 ne vennero aperti trentacinquemila, ma il ritmo del saccheggio ristagnò. Rimanevano circa cinquantunmila casse confiscate dai comunisti, i cui proprietari non si erano fatti vivi. Due anni dopo, nel settembre 1920, solo circa dodicimilasettecento erano state svuotate, altre quattordicimilanovecento erano state aperte con la forza, ma rimanevano circa ventitremilatrecento che avevano resistito a tutti gli sforzi. Vista la lentezza del processo, Krestinskij decise di istituire un altro organismo, la

Seifovaia Komissiia, subordinato al Commissariato delle Finanze, che iniziò le sue attività nell'agosto 1920, sotto la supervisione della Cheka. Nel tentativo di strutturare la logistica dei saccheggi, fu creato un altro apparato burocratico, l'Ispettorato finanziario (Finninspektsiia).

Il massiccio scarico di diamanti russi sui mercati di Tallinn, Stoccolma e Copenaghen divenne un problema, poiché minacciava di distruggere il tetto di prezzo artificiale fissato dalla famiglia Oppenheimer, che dominava il mercato mondiale dopo aver preso il controllo dei diamanti sudafricani. Nel 1920, Krasin stesso vendette a Londra diamanti per un valore di 40.000 sterline. Tutto questo portò i comunisti a corteggiare il consorzio De Beers, con l'intenzione di vendere loro i diamanti immagazzinati dai Gokhran in blocco. In generale, l'inondazione dei mercati con i metalli e le pietre preziose che i comunisti cercavano di vendere distorse i prezzi, che crollarono.

La confisca di massa delle ricchezze della Chiesa, i cui beni e beni mobili erano stati nazionalizzati nel gennaio 1918, iniziò solo all'inizio del 1922. Fu nel contesto della guerra civile contro i contadini e della grande carestia del 1921, che causò cinque milioni di morti, che i comunisti organizzarono una campagna per giustificare il furto agli occhi della popolazione, per lo più unita alla Chiesa ortodossa. Nell'estate del 1921, la carestia nella regione del Volga cominciò ad allarmare il governo sovietico, che ammise pubblicamente che 25 milioni di russi erano sull'orlo della fame. Con l'arrivo dell'inverno, Trotskij si pose al centro della scena, mentre Lenin fu costretto a ritirarsi dalle luci della ribalta a causa di problemi di salute che, due anni dopo, lo avrebbero portato alla morte definitiva. Nel gennaio 1922 Trotsky scrisse un articolo che ebbe ampia diffusione sulla stampa sovietica. In esso accusava la Chiesa ortodossa di non offrire assistenza ai bisognosi. Le fu chiesto di vendere i suoi oggetti d'oro e d'argento per aiutare gli affamati. La campagna fu integrata da migliaia di lettere di presunti lettori di *Izvestia e Pravda, che* sostenevano la confisca delle proprietà della Chiesa. Molte di queste lettere erano scritte da chierici che collaboravano con il regime, i cosiddetti "rinnovatori", che si lasciarono persino sfuggire che il Patriarca Tichon minacciava di scomunica i generosi donatori cristiani che avessero cercato di aiutare. "Trasforma l'oro in pane" era lo slogan coniato da Trotsky per la sua campagna di "agitprop", che invitava le masse a rubare nelle chiese con la motivazione che i chierici reazionari stavano sabotando gli sforzi di soccorso delle autorità.

Sean McMeekin descrive queste argomentazioni come "una menzogna dall'inizio alla fine" e sostiene che nel 1921 i comunisti avevano venduto oro e altri metalli preziosi per un valore di 200 milioni di dollari dell'epoca, denaro che non era stato utilizzato per alleviare la fame della popolazione, ma per importazioni strategiche, soprattutto nel campo degli armamenti. McMeekin aggiunge che nel contesto della carestia, invece di acquistare grano e sementi per le regioni colpite, vennero effettuate importazioni di articoli considerati lussi per i membri del partito, ad esempio cioccolato acquistato a Londra per un valore di 30 milioni di rubli zaristi; frutta, tabacco e oppio dalla Persia per un valore di 63 milioni di rubli; e migliaia di tonnellate di aringhe svedesi, pesce stagionato finlandese, pancetta tedesca e grasso di maiale francese. Georg Solomon scrive in *Unter den Roten Machthabern* (*Tra i governanti rossi*) che, "mentre la gente moriva di fame", le élite sovietiche consumavano prelibatezze come "tartufi, ananas, arance mandarine, mandarini, banane, noci, sardine e Dio sa cos'altro".

Nel gennaio 1922 Leonid Krasin pagò a Londra 16.400 rubli d'oro per i pezzi di ricambio della flotta di Rolls-Royce con cui viaggiavano i pezzi grossi del Partito Comunista. L'impudenza e l'arroganza dei leader giudeo-bolscevichi era tale che non si preoccupavano nemmeno di salvare le apparenze. Trotsky, Lenin, Dzerzhinsky e compagnia percorrevano le strade di Pietrogrado e Mosca in lussuose Rolls-Royce. Lenin rivendicò per sé il godimento di tre auto di lusso dal garage del palazzo di Alessandro a Tsarkoye Seló, due Rolls-Royce e la vecchia limousine Delauney-Belville di Nicola II. All'inizio Lenin si spostava da un luogo all'altro con questa vettura. Il professor McMeekin spiega in modo divertente che nel marzo del 1918 la limousine gli fu rubata sotto la minaccia di una pistola, un'ironia sulla frase "saccheggiare i saccheggiatori", coniata da Lenin per giustificare una rapina diffusa. Da allora Lenin utilizzò una Rolls-Royce del 1915 appartenuta a Mikhail Romanov. Già in precedenza Kerensky aveva dato un esempio di come comportarsi quando si è al potere. Nel luglio 1917, insediato nel Palazzo d'Inverno, decise di utilizzare la camera da letto dello zar Alessandro III. Kerensky requisì anche una Rolls-Royce da un ricco straniero e la utilizzò per i suoi viaggi.

Nel giugno 1921 il Patriarca Tichon aveva organizzato un comitato per aiutare gli affamati. Il 7 luglio, Tichon lanciò un angoscioso appello ai suoi parrocchiani attraverso una pastorale letta in tutte le chiese, chiedendo loro di prendere rapidamente in braccio i sofferenti "con i cuori pieni di amore e di desiderio di salvare i vostri fratelli affamati". Ecco uno stralcio significativo: "La carogna è diventata il piatto forte della popolazione affamata, e anche questo piatto è difficile da trovare. Le grida e i lamenti si sentono ovunque. Si è già arrivati al cannibalismo? Date una mano ai vostri fratelli e sorelle! Con il consenso dei fedeli potete utilizzare i tesori delle chiese che non hanno valore sacramentale per aiutare gli affamati, come anelli, catene e braccialetti, così come gli ornamenti che adornano le sacre icone...". Oltre duecentomila copie di questo appello furono distribuite in tutta la nazione. Il 22 agosto 1921 il patriarca scrisse alle autorità sovietiche. Chiese il permesso alla Chiesa ortodossa di acquistare direttamente i rifornimenti e di organizzare cucine di soccorso nelle zone colpite dalla carestia. Non solo la richiesta fu negata, ma nel settembre 1921 i comunisti sciolsero anche il comitato di soccorso e ne arrestarono i leader. Il 23 febbraio 1922 fu ordinato per decreto l'esproprio dei beni della Chiesa ortodossa. L'arcivescovo di Pietrogrado, Veniamin, e il patriarca Tikhon furono arrestati e dichiarati "nemici del popolo".

Furono gli americani ad essere autorizzati ad aiutare. Il 13 luglio 1921 il governo sovietico fece appello agli aiuti internazionali attraverso Maxim Gorky. L'American Relief Administration (ARA) del futuro presidente Hoover inviò aiuti consistenti alla Russia a partire dal 20 agosto. Fu stanziato un totale di 45 milioni di dollari e iniziò la distribuzione di cibo. L'ARA e le sue organizzazioni partner sfamarono circa 12,5 milioni di bocche. L'American Commission on Russian Relief, di cui Stalin supervisionava gli sforzi di soccorso, stimò che nel 1922 c'erano circa tre milioni di bambini senza casa e che altri due milioni erano sull'orlo della fame in patria. In *The Harvest of Sorrow* Robert Conquest accusa il governo di Mosca di non aver deliberatamente informato le organizzazioni umanitarie americane sulle zone colpite dalla carestia in Ucraina e di aver ostacolato i contatti con le aree bisognose. La cosa più vergognosa, che dimostra ancora una volta la natura criminale dei leader comunisti e il loro disprezzo per la vita umana, è che tra il 1° agosto 1921 e il 1° agosto 1922 circa 500.000 tonnellate di grano furono esportate dall'Ucraina per essere distribuite all'estero.

Per comprendere adeguatamente l'assalto sistematico alle proprietà della Chiesa, bisogna considerare che dopo quattro anni di continui pagamenti in oro, i comunisti avevano esaurito le riserve della Russia imperiale. L'ultimo carico d'oro, quaranta tonnellate, lasciò il porto di Tallinn il 6 febbraio 1922 a bordo del piroscafo *Gladiator*. L'urgente bisogno di altro oro fu decisivo per la campagna di rapine alla Chiesa, diretta da Trotsky e affidata alla Cheka, che all'inizio dell'anno era stata ribattezzata GPU (Amministrazione Politica dello Stato). Sotto il pieno comando di Trotsky, l'offensiva fu pianificata in una serie di sessioni del Sovnarkom, del Politburo e del Comitato Centrale del Partito Comunista, tenutesi nei mesi di dicembre e gennaio 1921-22. Una risoluzione del Comitato esecutivo centrale del 2 gennaio 1922, che non conteneva una sola parola per le vittime della carestia, affermava esplicitamente che gli oggetti di valore della chiesa che potevano essere venduti sarebbero andati al Gokhran. Altri due decreti successivi, emessi il 14 e il 23 gennaio, ordinarono che le spedizioni da tutte le regioni fossero consegnate al Gokhran senza indugio. Tutti i treni in cui veniva trasportato il bottino della Chiesa erano scortati da ufficiali dell'Armata Rossa.

Nella strategia di Trotsky la propaganda che giustificava la confisca era essenziale, poiché doveva essere presentata come un'ondata di rabbia popolare contro la Chiesa. La prevista difesa di molte chiese e monasteri da parte dei parrocchiani doveva servire allo stesso tempo come giustificazione per l'Armata Rossa per schiacciare la resistenza. In una lettera del 19 marzo 1922 ai membri del Politburo, da cui è tratto il seguente estratto del libro di Sean McMeekin, Lenin si espresse in questi termini:

"Con così tanti morti di fame che si nutrono di carne umana, con le strade congestionate da centinaia e migliaia di cadaveri, ora e solo ora possiamo (e di conseguenza dobbiamo) confiscare le proprietà della Chiesa con feroce e spietata energia. Proprio ora e solo ora la stragrande maggioranza delle masse contadine può sostenerci, o, più precisamente, non può essere in grado di sostenere quel manipolo di clericali dei Cento Neri e di piccoli borghesi reazionari.... Possiamo così dotarci di un tesoro di diverse centinaia di milioni di rubli d'oro. Senza questo tesoro non è concepibile nessuna attività statale in generale, nessuna realizzazione economica in particolare e nessuna difesa delle nostre posizioni. Dobbiamo a tutti i costi impadronirci di questo tesoro di diverse centinaia di milioni di rubli (forse di diversi miliardi di rubli!). Tutto questo può essere realizzato con successo solo ora".

A metà aprile del 1922 *Izvestia* riportò più di quattrocento "eccessi sanguinosi" come risultato degli scontri tra i sostenitori della Chiesa e la GPU. In realtà, ogni nuovo scontro era perfettamente in linea con i piani di Trotsky e con le sue accuse alla Chiesa di impedire gli aiuti agli affamati. Il 28 marzo 1922 l'*Izvestia* aveva pubblicato istruzioni su cosa avrebbero dovuto fare gli operai e i contadini se avessero voluto evitare la morte di milioni di persone in fin di vita: "Disprezzate questa banda di 'solenni' preti rabbiosi. Bruciate la controrivoluzione più sacra con il ferro rovente. Prendete l'oro dalle chiese. Scambiate l'oro con il pane". Le stime del numero di vittime di questa particolare campagna di terrore variano. Le cifre ufficiali riconoscono che furono uccisi ventotto vescovi e 1.215 sacerdoti. Fonti ecclesiastiche parlano di 2.691 sacerdoti, 1.962 monaci e 3.447 suore. "Altri ventimila parrocchiani", scrive McMeekin, "persero la vita, la maggior parte dei quali erano vecchi fedeli che difendevano le loro amate chiese con i forconi e venivano uccisi con le mitragliatrici".

Solo a Mosca c'erano settecentosessantaquattro chiese ortodosse e altre settantaquattro cappelle. In esse erano conservati pezzi d'arte e tesori di mille anni di storia russa. A ciascuno dei sette distretti della città fu assegnata una commissione di saccheggio. Più di venti uomini armati fino ai denti, metà dei quali erano Guardie Rosse o membri della GPU, componevano queste commissioni. Al 5 aprile 1922, avevano fatto irruzione in quarantatré chiese e monasteri ortodossi, dai quali avevano rubato circa sei tonnellate e mezzo di tesori. Nella sua ricerca, il professor McMeekin sostiene che in soli tre giorni le incursioni si moltiplicarono e osserva che tra il 5 e l'8 aprile "furono saccheggiate non meno di centosei chiese moscovite e fu ottenuto un bottino di tredici tonnellate di oggetti di valore". Tra il 24 e il 26 aprile "furono assaltate centotrenta chiese e tre cappelle e furono portate via tredici tonnellate di argento e circa venticinque chili d'oro, oltre a quantità imprecisate di vasi e recipienti". A Pietrogrado i comitati di saccheggio avevano accumulato alla fine di aprile trenta tonnellate d'argento, circa settanta chili d'oro, tremilaseicentonovanta diamanti e trecentosessantasette altre pietre preziose. Anche le preziose icone ortodosse, le più antiche delle quali risalgono al XV e XVI secolo, furono confiscate in grandi quantità. Molte finirono in bazar e negozi di antiquariato dove furono vendute a prezzi stracciati. Il banchiere Olof Aschberg ne comprò personalmente circa 280. Il Gokhran di Mosca ricevette quasi tutto l'oro e l'argento. All'inizio del 1923 l'argento accumulato nel Gokhran era così tanto, circa cinquecentocinquanta tonnellate, che fu necessario svuotare un edificio vicino per immagazzinarlo.

Oltre al saccheggio sistematico, decine di migliaia di chiese cristiane furono distrutte in tutta la Russia. Molte furono trasformate in orinatoi pubblici, magazzini e depositi. Nella Cattedrale di San Basilio fu allestito un museo anti-Dio. Tuttavia, nemmeno una sinagoga subì il minimo danno. Mentre i sacerdoti ortodossi venivano imprigionati, torturati e persino crocifissi, i rabbini non avevano nulla da temere. In contrasto con le numerose misure anticristiane, i comunisti approvarono una legge contro l'antisemitismo che poteva portare alla morte dell'accusato. Anche il possesso di una copia dei *Protocolli degli Anziani di Sion* poteva portare all'incarcerazione e persino alla morte. Robert Wilton denuncia il carattere di vendetta talmudica alla base di molte azioni perpetrate dai giudeo-bolscevichi. Forse l'atto più significativo fu l'erezione di un monumento a Giuda Iscariota, un atto simbolicamente carico, realizzato nel 1918 su iniziativa di Trotsky. Nell'*Enciclopedia ortodossa*, padre Alexey Uminskiy riferisce che Trotsky volle essere presente all'inaugurazione della statua. Prima del suo arrivo, il vescovo Ambrogio fu frettolosamente assassinato. Il motivo della commemorazione della figura di Giuda era che egli era considerato il "primo rivoluzionario". L'immagine, descritta da testimoni oculari, raffigurava un uomo con il volto distorto dalla rabbia, che guardava verso il cielo con un pugno chiuso.

I giudeo-bolscevichi hanno più che compensato i loro padroni, i banchieri ebrei internazionali. Si è già detto che nel 1918, dopo la firma del Trattato di Brest Litovsk, la Germania e le potenze dell'Intesa si contendevano le concessioni commerciali in Russia: miniere, ferrovie, elettrificazione erano i contratti più ambiti. Nel maggio 1918 un rapporto interno del Ministero degli Esteri tedesco descriveva i leader bolscevichi come "uomini d'affari ebrei". Agenti della Deutsche Bank e della banca ebraica Mendelssohn corteggiavano Krasin e Joffe, ai quali il Ministero degli Esteri tedesco aveva concesso delle buste diplomatiche. Il governo svedese, da dove operava Olof Aschberg, l'uomo dietro la Guaranty Trust di J.P. Morgan, aveva facilitato l'uso di un codice diplomatico per gli agenti sovietici nelle loro comunicazioni con Mosca. La Svezia, pur non riconoscendo formalmente i bolscevichi, agì come alleato di fatto. Ancora una volta Olof Aschberg divenne il genio finanziario che incanalò il traffico illegale di oro russo all'estero. Gli stessi comunisti fecero trapelare un rapporto nell'estate del 1919 in cui riconoscevano che l'esperienza bancaria di Aschberg consentiva loro di inviare l'oro russo, così a lungo bramato da Morgan, Schiff, Warburg, Rothschild e compagnia, ovunque volessero. Un altro esperto finanziario ebreo che lavorò come consulente del governo sovietico fu Aaron Sheinman, che lavorò in stretta collaborazione con Aschberg, Krasin, Litvinov e Sokolnikov, tutti ebrei correligionari. Sheinman era un esperto dei mercati dell'oro e del platino. Nel 1918 fu inviato a Stoccolma con 17 milioni di rubli d'oro e nel 1920 si recò a Tiflis con diversi milioni di franchi francesi per acquistare cinquanta aerei con motori Fiat.

Il traffico di lingotti d'oro imperiali russi passava attraverso il porto estone di Tallinn, dove gli agenti dei banchieri venivano a comprarli a prezzi stracciati prima che venissero rifusi dalle zecche svedesi. A supervisionare le vendite di questo oro erano gli ebrei Isidor Emmanuilovich Gukovsky e Georg Solomon, che dirigevano la missione commerciale sovietica a Tallinn. Il primo era stato Commissario alle Finanze dopo la rivoluzione. Il secondo era un ex collega di Krasin alla Siemens-Schukert. Il professor McMeekin rivela che Leonid Krasin, il commissario al commercio, diede a Solomon il curioso titolo di "ministro del contrabbando di Stato". In *Unter den Roten Machthabern* Georg Salomon descrive cinicamente il proprio lavoro in una frase: "Ho lavorato quindi come saccheggiatore e ladro" ("Ich arbeitete also für Plünderer und Diebe"). Gukovsky aveva stabilito il suo quartier generale nell'Hotel Petersburg, le cui stanze erano state tutte affittate a basso costo per gentile concessione del governo estone. Solomon aveva sede all'Hotel Goldener Löewe (Leone d'Oro), dove riceveva i fornitori. Georg Solomon stesso riferisce dei suoi loschi affari. Solomon riconosce di aver ricevuto laute "mance" e ammette anche le abitudini corrotte del suo collega Gukovsky, che a volte vendeva l'oro russo al 30% del prezzo di mercato alla G. Scheel and Company, la più grande banca privata di Tallinn, allora gestita da Paul Heinrich Scheel.

L'uomo accreditato come "rappresentante finanziario" della missione sovietica era Olof Aschberg, un vecchio amico di Georg Solomon e Leonid Krasin dai tempi della Siemens-Schukert a Stoccolma. Lo stesso Aschberg spiega come funzionava il contrabbando d'oro in collaborazione con gli svedesi: "Accumulavano l'oro russo, mettevano un altro timbro sui lingotti e fondevano le monete. La zecca reale lavorava sotto pressione. Poi l'oro con il timbro svedese poteva essere venduto con un profitto fantastico". Vale la pena notare che il governo svedese fu presieduto per tre volte (1920, 1921-1923 e 1924-1925) dal massone socialdemocratico Hjalmar Branting, che era già stato ministro delle Finanze nel 1917-1918. Le transazioni venivano condotte attraverso la banca di Aschberg, che nel 1918 aveva cambiato nome da Nya Banken a Svensk Economiebolaget. Era qui che venivano ricevuti gli ordini degli acquirenti. Gukovsky consegnava l'oro sovietico o altri metalli preziosi ad Aschberg o ad altri intermediari, che dietro compenso trasportavano la merce attraverso il Baltico.

Aschberg era solito imbarcarsi sulla *Kalewipoeg* e in un viaggio fece passare un carico d'oro del valore di molti milioni di corone. A Stoccolma l'oro fu fuso e le vecchie insegne zariste furono scambiate con quelle svedesi. L'oro fu poi venduto principalmente negli Stati Uniti, in particolare alla Guaranty Trust di J.P. Morgan. Nello stesso anno, il 1918, Aschberg aprì una filiale della Svensk Economiebolaget di fronte all'ambasciata sovietica a Berlino, al numero 69 di Unter den Linden, il viale più famoso della città. Isaak Steinberg, detto "l'ingegnere", un altro ebreo bolscevico, uno in più, che era stato commissario di giustizia fino al marzo 1918, era uno dei direttori della banca. A Londra, si è già detto nel capitolo precedente, l'agente della nuova banca di Aschberg era Earl Grey, un ex socio di Cecil Rhodes che presiedeva la British Bank of North Commerce. Il professor McMeekin riferisce che nell'autunno del 1920 l'audacia di Olof Ascheberg arrivò a tal punto da promettere a Maksim Litvinov di poter inviare l'oro direttamente alla zecca statunitense, evitando gli alti premi pagati a Stoccolma. L'offerta fu fatta prima che il governo statunitense desse un giro di vite, in novembre, alla circolazione dell'oro russo, che veniva venduto alla Federal Reserve senza i dovuti certificati di proprietà.

In *Wall Street and the Boshevik Revolution*, il professor Sutton riferisce della partenza da Tallinn per gli Stati Uniti di tre navi che trasportavano oro sovietico: la *S.S. Gauthod*, con un carico di duecentosedici casse d'oro, supervisionata dal massone Yuri Lomonosov[3]; la *S. S. Carl Line*, anch'essa carica di altre duecentosedici casse d'oro; e la *S. S. Ruheleva*, con centotto casse. Il contenuto di ogni cassa era valutato in sessantamila rubli d'oro. Sutton cita ancora il nome di una quarta nave, la *S. S. Wheeling Mold*, ma non fornisce cifre. Depositato dal Guaranty Trust di New York, l'oro arrivò all'Ufficio di valutazione. Il Guaranty Trust si informò quindi presso la Federal Reserve in merito all'accettazione. La Federal Reserve a sua volta chiese al Tesoro. Il sovrintendente dell'Ufficio di valutazione di New York informò il Tesoro che circa sette milioni di dollari di oro non avevano segni di riconoscimento e che i lingotti depositati erano già stati fusi negli Stati Uniti.

---

[3] Yuri Lomonosov, ingegnere ferroviario, era stato il braccio destro del Ministro delle Comunicazioni nel governo provvisorio massonico. Tra il 1918 e il 1919 Lomonosov visse negli Stati Uniti, ma dopo il trionfo della rivoluzione tornò in Russia e collaborò con i bolscevichi. Con l'aiuto di Kuhn, Loeb & Company, lavorò in Svezia con Olof Aschberg per l'esportazione dell'oro russo negli Stati Uniti. Nel novembre 1920 il Consiglio dei Commissari del Popolo lo nominò responsabile dell'acquisto di attrezzature ferroviarie. A Berlino organizzò l'acquisto di locomotive tedesche e svedesi per i bolscevichi, che avevano rovinato l'infrastruttura ferroviaria russa, un tempo stupenda e vitale, nel bel mezzo della guerra civile. Prima della rivoluzione, la Russia non importava né locomotive né vagoni, poiché la sua industria provvedeva al proprio fabbisogno. La Russia produceva il 56% del manganese mondiale, il minerale necessario per produrre acciaio.

Il 17 novembre 1920 il Sovrintendente del Tesoro spiegò a James Hecksher della Irving National Bank di New York che erano state segnalate spedizioni di oro da alcuni paesi baltici e che si sospettava che tutte le spedizioni fossero di oro russo, e che quindi avrebbe dovuto inoltrare al Tesoro tutte le richieste di informazioni sull'oro di origine russa o bolscevica per ricevere istruzioni prima che venisse introdotto sul mercato da chi lo offriva o desiderava effettuare pagamenti con esso. Kunh, Loeb & Company, apparentemente per conto della Guaranty Trust, si informò presso il Dipartimento di Stato sulla posizione ufficiale in merito alla ricezione dell'oro sovietico. Il 26 novembre, S. P. Gilbert, Assistente Segretario del Tesoro, avvertì senza mezzi termini i banchieri di che cercavano di rifondere l'oro russo in stile svedese: "Tutto l'oro di origine sovietica sarà rifiutato dalla Zecca degli Stati Uniti, indipendentemente da chi lo offre".

All'inizio del 1919 il governo sovietico aveva aperto a New York il "Soviet Bureau", diretto da Ludwig Martens, un bolscevico di origine tedesca che agiva di fatto come ambasciatore e il cui segretario era Santeri Nuorteva (Alexander Nyberg). Già nel 1919 un rapporto di Scotland Yard, citato da Anthony Sutton, associava Martens alla Guaranty Trust Company: "Martens è sotto i riflettori. Non ci sono dubbi sul suo legame con la Guaranty Trust Company, anche se è sorprendente che un'azienda così influente faccia affari con i bolscevichi". A metà giugno 1919 una commissione presieduta dal senatore Clayton R. Lusk, la "commissione Lusk", che indagava sulle attività sediziose, ottenne un mandato di perquisizione per gli uffici di Manhattan del Soviet Bureau e sequestrò importanti documenti. Martens fu convocato per testimoniare davanti al Comitato, ma si rifiutò di presentarsi, sostenendo l'immunità diplomatica. Alla fine ammise di aver ricevuto 90.000 dollari per finanziare le attività comuniste negli Stati Uniti, e risultò anche che il Guaranty Trust sosteneva finanziariamente i comunisti.

Con il fallimento di Woodrow Wilson nei confronti della Società delle Nazioni e dopo la sua paralisi dovuta a un ictus, i piani dei complottisti subirono una leggera battuta d'arresto, accentuata dall'arrivo in carica del repubblicano Warren Harding. Mandell House scomparve gradualmente dalla scena e i comunisti persero importanti sostenitori nel governo. Tuttavia, anche se solo con l'arrivo del democratico Franklin D. Roosevelt nel 1933 gli Stati Uniti riconobbero ufficialmente l'URSS, nulla impedì ai banchieri ebrei di Wall Street di continuare a lavorare a stretto contatto con i comunisti, come dimostra il fatto che nel novembre 1922 Olof Aschberg aprì una banca a Mosca per gestire i bonifici.

Nell'ambito della NEP (Nuova Politica Economica), i comunisti autorizzarono l'apertura di alcune banche private e Aschberg fondò la Ruskombank (Banca del Commercio Estero), di cui la Banca d'Inghilterra deteneva una partecipazione importante. Il suo direttore operativo era Max May, vicepresidente della Guaranty Trust Company, un uomo di J. P.

Morgan che aveva già lavorato con Aschberg nell'importazione di oro russo per la Guaranty Trust. Grazie ai contatti di Aschberg a Berlino e Stoccolma e di May a Wall Street, la Ruskombank attirò a Mosca molti miliardi di dollari di capitali stranieri. I comunisti ottenevano credito dalla Ruskombak depositando oro, platino, diamanti, perle e altre pietre preziose dal Gokhran, che venivano poi vendute all'estero o direttamente ad acquirenti a Mosca. In breve, conclude Anthony Sutton, "un sindacato di banchieri di Wall Street espanse i propri orizzonti su scala globale". Il gigantesco mercato russo sarebbe diventato un mercato vincolato, tecnicamente una colonia da sfruttare da parte di un gruppo di potenti finanzieri e delle società da loro controllate".

Una volta che il sistema di riciclaggio dell'oro fu al suo apice, i comunisti furono in grado di pagare tutte le importazioni di cui avevano bisogno. Le banconote erano state fortemente svalutate, tanto che avevano perso il 96% del loro valore rispetto al rublo d'oro. Logicamente, se potevano essere pagati in oro o platino, di cui la Russia produceva il 95% della valuta mondiale, nessuno era disposto ad accettare carta. Pagare i fornitori in oro aprì quasi tutte le porte ai comunisti, che in quattro anni dilapidarono le enormi riserve della Russia zarista. L'oro stava scomparendo a un ritmo tale che nel febbraio 1921 il Politburo incaricò Krasin di esplorare la possibilità di vendere diamanti e gioielli per finanziare l'acquisto di armi all'estero. Tuttavia, il mancato riconoscimento da parte dei bolscevichi dei debiti e degli impegni assunti dai governi precedenti provocò un'ondata di proteste e fu inizialmente un ostacolo nelle relazioni commerciali con i Paesi europei. I banchieri olandesi, ad esempio, nell'aprile 1918 chiesero perché i capitali che la "neutrale Olanda" aveva investito in Russia fossero stati confiscati. Krestinsky, il nuovo Commissario alle Finanze, rispose che le partecipazioni bancarie "venivano nazionalizzate, non liquidate".

L'uomo incaricato di gestire la collaborazione del governo Lloyd George con i comunisti a Londra era ancora una volta l'onnipresente Leonid Krasin. La quota britannica del debito contratto dalla Russia zarista, soprattutto tra il 1914 e il 1917, era maggiore di quella francese, pari a oltre 600 milioni di sterline. Alexandre Millerand, primo ministro francese, disse a Lloyd George nel giugno 1920 che i negoziati del governo britannico con Krasin davano ai bolscevichi un prestigio e un'autorità che non meritavano. Lloyd George rispose ipocritamente che stava negoziando con i rappresentanti del regime sovietico "non come governo, ma come controllori di fatto". Lloyd George si preoccupò poco delle obiezioni morali, sollevate il 7 giugno anche da diversi parlamentari dei Comuni, che mettevano in guardia sulla natura aberrante del regime sovietico, le cui pretese commerciali si basavano sull'oro rubato.

Allo stesso tempo, Louis Delavaud, ambasciatore francese a Stoccolma, protestò indignato con il ministro degli Esteri svedese, il barone Erik de Palmstierna, al quale fece presente che la Francia considerava le riserve auree russe come garanzia per i creditori del suo Paese e che l'oro "sarebbe stato legalmente confiscato" nei Paesi occidentali se fosse stato riesportato dalla Svezia. Gli svedesi fecero finta di niente e il primo ministro, il socialista Hjalmar Branting, rimproverò addirittura i francesi per essersi rifiutati di partecipare ai negoziati di Londra. La verità è che in Europa tutti aspettavano l'esito dei cruciali negoziati anglo-sovietici, che avrebbero dovuto decidere lo status legale dell'oro russo nelle capitali del continente. A Londra, i principali oppositori dei negoziati erano Lord Curzon e Winston Churchill, che non erano ancora stati conquistati dai cospiratori internazionali. Churchill, allora ministro della Guerra, arrivò a minacciare di dimettersi se fosse stato firmato un accordo con Krasin. L'accordo commerciale anglo-sovietico fu infine firmato il 16 marzo 1921 e fu tanto favorevole agli interessi dei comunisti quanto lo era stato il Trattato di Tartu con l'Estonia. Sulla questione cruciale del debito, Krasin accettò la possibilità che il governo sovietico dichiarasse di "essere responsabile del pagamento di un indennizzo ai privati che avevano fornito beni o servizi alla Russia che non erano stati saldati". Tuttavia, questa probabilità si riferiva a un trattato di pace generale che avrebbe dovuto essere negoziato in seguito, dopo la fine della guerra civile in cui Gran Bretagna, Francia e Stati Uniti avevano una posizione più che ambigua, come si vedrà nella prossima sezione.

Una volta che i comunisti potevano vendere l'oro in Inghilterra, potevano venderlo ovunque. Non va dimenticato che un Rothschild fissava quotidianamente il prezzo dell'oro nella City di Londra, allora come oggi. Sean McMeekin scrive: "Cedendo il diritto di sequestrare oro, fondi, titoli o merci dalla Russia sovietica, il governo britannico minava la propria tesi sulla responsabilità dei bolscevichi di risarcire i privati che avevano espropriato, poiché riconosceva come proprietà legale sovietica il bottino ottenuto con l'esproprio. Sorprendentemente, l'oro sovietico importato ricevette condizioni migliori per la riesportazione rispetto all'oro che entrava in Gran Bretagna dal Sudafrica, che era un membro del Commonwealth. Al primo fu concessa una licenza di esportazione valida per sei mesi, contro i quarantadue giorni del secondo".

Lloyd George insistette alla Camera dei Comuni che l'accordo anglo-sovietico non concedeva a Mosca il riconoscimento diplomatico, ma era "solo un accordo commerciale". In realtà, l'accordo prevedeva l'uso di codici e cifrari, oltre a buste diplomatiche e al riconoscimento di passaporti validi. Nel maggio 1921 la Corte d'Appello britannica, sollecitata dallo stesso Lloyd George, annullò una precedente decisione dell'Alta Corte che aveva permesso ai creditori della Russia zarista di sequestrare i beni bolscevichi. La stessa Alta Corte stabilì in luglio che l'oro sovietico importato nel Regno Unito era legalmente inviolabile. Da questo momento in poi, gli unici grandi Paesi riluttanti a cedere come aveva fatto la Gran Bretagna furono la Francia, gli Stati Uniti e il Giappone. Nelle parole del professor McMeekin, "l'accordo anglo-sovietico significò la trasformazione del regime bolscevico da una cospirazione assediata da attivisti politici in un'oligarchia criminale miliardaria che poteva attingere ai mercati dei capitali occidentali per finanziare la guerra contro il proprio popolo".

Dopo l'accordo, il governo sovietico si è rimpinzato di importazioni e le riserve auree sono scomparse a un ritmo sempre più rapido. In sei mesi furono spedite all'estero centocinquanta tonnellate d'oro. Durante l'estate del 1921, molte spedizioni di oro sovietico non erano più in lingotti, ma in monete. Naturalmente, c'era sempre il Gokhran. Olof Aschberg stima che tra il 1921 e il 1924 egli da solo abbia trattato platino, oro, diamanti e perle provenienti dal Gokhran per un valore di 200 milioni di corone svedesi, circa 50 milioni di dollari. Nella loro ricerca di accumulare ulteriori ricchezze, nel 1922 i giudeo-bolscevichi osarono persino profanare la tomba di Caterina la Grande per rubare una famosa collana. Sempre nel marzo 1922, dopo una frenetica ricerca, scoprirono le corone imperiali dei Romanov nascoste nell'armeria del Cremlino ed erano pronti a venderle al miglior offerente. L'intenzione dei comunisti di contrabbandare la collana di Caterina e le corone imperiali fu così ampiamente pubblicizzata che una nave passeggeri russa, la *White Star,* al suo arrivo nel porto di New York fu accuratamente perquisita dagli agenti del Tesoro. Una soffiata che si rivelò falsa mise i gioielli imperiali a bordo della nave.

Con l'esaurirsi delle riserve auree, i leader sovietici decisero che dovevano ripartire a credito e pensarono di offrire diritti minerari e di esplorazione petrolifera. Guggenheim Exploration, General Electric, Standard Oil si aggiudicarono contratti lucrosi. La General Electric Company, una multinazionale controllata da Morgan, elettrificò l'URSS per due decenni, realizzando così il dettame di Lenin secondo cui socialismo equivaleva a elettrificazione. La Standard Oil, una società del clan Rockefeller, ha rilevato il 50% dei giacimenti petroliferi del Caucaso, che sarebbero stati nazionalizzati. La Chase Manhattan Bank dei Rockefeller, dopo essersi assicurata un accordo nel 1927 per la distribuzione del petrolio sovietico ai mercati europei, concesse ai comunisti un prestito di 75 milioni di dollari. Non stupisce quindi che Frank Vanderlip, presidente della National City Bank di New York e rappresentante di Rockefeller alla riunione di Jekill Island che portò alla creazione della Federal Reserve, abbia paragonato Lenin a George Washington. È anche comprensibile che il pubblicitario Ivy Lee, braccio destro di John D. Rockefeller nelle comunicazioni, abbia lanciato una campagna pubblicitaria spiegando che i comunisti erano in realtà "idealisti incompresi" che dovevano essere aiutati "per il bene dell'umanità".

Dopo l'accordo anglo-sovietico, si cercò di ritardare il più possibile il pagamento dei debiti. In preparazione della Conferenza di Genova, che si sarebbe dovuta tenere nell'aprile del 1922, Georgi Chicherin, un commissario degli esteri considerato russo, ma che Jüri Lina considerava ebreo perché sua madre, di nome Meierdorf, era ebrea, il 28 ottobre 1921 inviò a Londra e Parigi una proposta,, in cui suggeriva di pagare i debiti precedenti al 1914, ma non i grandi prestiti contratti durante la guerra. Le condizioni finali presentate dal Politburo alla Conferenza prevedevano il rimborso del debito dopo quindici anni in cambio di un grande prestito di mille miliardi di dollari. Sean McMeekin scrive che "il problema diplomatico che Chicherin e Krasin si trovarono ad affrontare era come frustrare educatamente le aspettative dell'Intesa senza dare uno schiaffo stridente a Lloyd George". Per attutire il colpo al premier britannico, Trotsky fece ai suoi colleghi del Politburo una proposta sfacciata: "Dovremmo annunciare che nel caso in cui le potenze dell'Intesa confiscassero tutto il denaro dei capitalisti russi all'estero, lo considereremmo un atto di reciprocità e ci impegneremmo a non protestare". Come dice il proverbio, il ladro crede che tutti siano della sua stessa razza. In altre parole, Trotsky invitava gli obbligazionisti e i detentori di obbligazioni, essendo stati derubati dai bolscevichi, a derubarsi a loro volta. Il disprezzo con cui il governo sovietico trattò la Conferenza di Genova era così evidente che nemmeno Lloyd George riuscì a impedirne il fallimento. Il primo incontro internazionale dopo la guerra mondiale, a cui parteciparono trentaquattro Paesi, si concluse senza alcun accordo.

La guerra civile contro i bianchi

Sono pochi i libri tradotti in inglese che trattano monograficamente la guerra civile russa, un disastro storico poco conosciuto. Circa due milioni di russi hanno perso la vita nella Prima guerra mondiale, ma la guerra civile ha causato quasi tredici milioni di morti. Sebbene le cifre varino a seconda delle fonti, B. T. Urlanis, citato da Robert Conquest in *The Harvest of Sorrow* come un'autorità in materia, fornisce la cifra di 300.000 combattenti uccisi da entrambe le parti. Se questo è vero, il resto sarebbe costituito dalle vittime della repressione nella guerra civile contro la borghesia, i contadini, gli operai e i cosacchi che si opponevano alla dittatura comunista. Questa cifra include cinque milioni di persone morte a causa della carestia del 1921-22. La guerra civile, più che una guerra di grandi operazioni militari, fu una guerra di retroguardia in cui i bianchi e i rossi inseguirono gli avversari nelle aree da loro controllate.

Detto questo, i crimini dell'uno e dell'altro non reggono il confronto, poiché la politica comunista del terrore predicava apertamente lo sterminio dei nemici di classe. Nicolas Werth ne *Il libro nero del comunismo* afferma che "la politica comunista del terrore era sistematica, organizzata e messa in atto molto prima della guerra contro interi gruppi della società". Quando presero il potere, i bolscevichi avevano tra i 100.000 e i 200.000 membri in un Paese di 175 milioni di persone. Questo partito, i cui leader non erano nemmeno russi, ma rivoluzionari professionisti di origine ebraica finanziati dall'estero, perseguitava tutti i suoi avversari politici, dagli anarchici ai monarchici. Si tende a credere che la borghesia fosse l'unico nemico di classe che si voleva sradicare; tuttavia, come si vedrà, le vittime comprendevano anche gli operai e i soldati che chiedevano pane e lavoro; i contadini che si opponevano alle requisizioni e alla collettivizzazione; i cosacchi, un gruppo etnico e sociale considerato ostile; e, in breve, chiunque si opponesse alle loro politiche. Chi non accettava la sua dittatura veniva etichettato come "nemico del popolo", che i leader comunisti ebrei sostenevano di rappresentare.

La guerra civile era stata un'aspirazione sia di Trotsky che di Lenin. Nel 1914, in una lettera a Schliapnikov già citata, Lenin scrisse che la guerra doveva essere trasformata in una guerra civile. Completiamo ora la citazione dal testo: "Quando questo avverrà è un'altra questione, e non è ancora chiaro. Dobbiamo lasciare che il momento maturi e costringerlo a maturare sistematicamente..... Non possiamo né promettere la guerra civile né decretarla, ma abbiamo il dovere di agire - per tutto il tempo necessario - in questa direzione". Nel settembre 1916, in piena guerra mondiale, Lenin scrisse di nuovo sulla stessa linea: "Chiunque accetti la lotta di classe deve accettare la guerra civile, che in ogni società di classe rappresenta la continuazione, lo sviluppo e l'accentuazione della guerra di classe". Nel 1918 Trotsky insistette davanti al Comitato esecutivo centrale sul fatto che il partito era favorevole alla guerra civile. In altre parole, la ricetta di questi due "amici" del proletariato era più guerra e più sofferenza per il popolo russo. Con totale disprezzo per le vite dei lavoratori e del popolo, dopo la terribile conflagrazione mondiale che era costata milioni di morti, essi intendevano apertamente che i russi si facessero a pezzi a vicenda, in modo da poter eliminare più facilmente coloro che si opponevano a loro.

A causa dei dubbi e delle lotte interne tra sostenitori e oppositori del riconoscimento dei comunisti, l'intervento degli Alleati in Russia, soprattutto britannici e americani, fu caratterizzato dall'ambiguità. Gli agenti della cospirazione cercarono in tutti i modi di convincere i loro governi a riconoscere il governo di Lenin. Se Lord Milner, come desiderava, fosse riuscito a entrare nel Ministero degli Esteri, è certo che avrebbe spinto per il riconoscimento. I disaccordi tra il Foreign Office e il Gabinetto di Guerra sono confermati da Bruce Lockhart, che in *Memoirs of a British Agent* scrive che Lord Milner, deluso dalla mancanza di iniziativa di Lord Balfour, "un innocuo vecchio gentiluomo", desiderava essere a capo del Foreign Office per sei mesi. Mandell House, l'agente dei banchieri che avevano creato la Federal Reserve e finanziato la rivoluzione in Russia, fece pressioni su Wilson fino all'ultimo perché il Presidente riconoscesse i comunisti. Ricordiamo che il rabbino Judas Magnes, convinto dell'imminente trionfo delle tesi degli amici di Trotsky, dichiarò nell'aprile 1918 che il Presidente Wilson intendeva convocare una Conferenza di Pace per realizzare una pace generale basata sulle posizioni dei bolscevichi.

Ottenere una pace generale piuttosto che una pace separata era il piano di coloro che volevano i bolscevichi a Versailles. Come sappiamo, uno degli obiettivi della missione di Lockhart a Mosca era, secondo le sue stesse parole, "mettere i bastoni tra le ruote a un possibile negoziato di pace separata". Trotsky, il commissario di guerra, voleva che gli Stati Uniti e la Gran Bretagna intervenissero in Russia come alleati contro la Germania e propose agli inglesi di assisterlo nella riorganizzazione delle flotte. Tuttavia, l'incertezza sull'esito delle lotte bolsceviche, apparentemente culminate nel 1918 con il tentato assassinio di Lenin, portò all'ambiguità e ostacolò il processo decisionale. Lockhart, vittima della mancanza di una chiara linea d'azione, lamentava l'assenza di una politica britannica, "a meno che sette politiche diverse non possano essere considerate una sola politica". In effetti, alla Camera dei Comuni, i parlamentari infuriati, in nome della decenza, chiesero spiegazioni al governo per la continua presenza a Mosca di un agente britannico "davanti a un governo di criminali che si vantavano della loro intenzione di distruggere la civiltà cristiana".

Alla fine di aprile del 1918, le contraddizioni e le indecisioni degli Alleati erano evidenti. Mentre la Francia sosteneva chiaramente il sostegno alle forze antibolsceviche, gli Stati Uniti e la Gran Bretagna sembravano propendere per i sovietici: il presidente Wilson si opponeva all'intervento senza il consenso dei comunisti, mentre i britannici facevano pressione sui loro agenti affinché i sovietici accettassero l'aiuto militare con il presunto impegno a non interferire nei loro affari interni. Inizialmente, su richiesta di Trotsky, soldati britannici, francesi e americani sbarcarono piccoli contingenti a Murmansk, Arcangelo e Vladivostock per impedire ai tedeschi di catturare i rifornimenti immagazzinati in questi porti. Alla fine di maggio, i giapponesi erano decisi a intervenire, ma il presidente Wilson era assolutamente contrario a tale intervento. A giugno i britannici erano ancora indecisi, anche se i generali bianchi stavano cercando di organizzarsi e speravano nel sostegno, finanziario e/o militare, dei loro ex alleati, che consideravano decisivo. Si attendeva lo sbarco di due divisioni britanniche ad Arcangelo e di diverse divisioni giapponesi in Siberia.

Bruce Lockhart, uomo di Lord Milner, scrive che il 4 agosto si diffuse la voce che gli Alleati avevano sbarcato una potente forza ad Arcangelo, che alcuni stimavano in 100.000 uomini e altri in due divisioni. I giapponesi avrebbero inviato sette divisioni per aiutare i cechi [4]. Nonostante la grande

---

[4] Le azioni dei cechi richiedono una breve spiegazione, anche se se ci fosse spazio potrebbe essere lunga, perché i fatti sono complessi. Ci limitiamo a dire che allo scoppio della guerra lo zar accettò la richiesta di un gruppo di immigrati cechi che volevano combattere con l'esercito imperiale. Nacque così la Compagnia cecoslovacca, che ben presto si ingrandì grazie all'incorporazione durante la guerra di disertori e prigionieri dell'esercito austro-ungarico. Alla fine del 1917 era diventata un corpo di circa 60.000 soldati. I bolscevichi accettarono di evacuare la Legione Ceca in Francia, ma ciò doveva avvenire attraverso Vladivostock. Pertanto, i cechi dovettero viaggiare con la ferrovia

confusione, si capì che lo sbarco ad Arcangelo era di carattere antibolscevico. Il 10 agosto 1918, la stampa sovietica pubblicò titoli shoccanti in prima pagina, riportando una grande vittoria navale sugli Alleati ad Arcangelo. Lockhart racconta di essersi recato da Lev Karachan (Karakhanyan), un altro ebreo che era vice ministro degli Esteri. Karakhanyan, che insieme ai suoi correligionari Joffe e Trotsky era stato segretario della delegazione che aveva negoziato a Brest-Litovsk, disse immediatamente a Lockhart tutta la verità. La situazione non è grave", gli disse, "gli Alleati hanno sbarcato solo poche centinaia di uomini. La grande vittoria navale non era quindi altro che pura propaganda dei comunisti per incoraggiare i loro seguaci. In realtà, il generale F. C. Poole, che comandava le truppe sbarcate, aveva ancora una volta l'ordine di resistere all'influenza e alla penetrazione tedesca. Lockhart ammette che la parodia dello sbarco a nord ha portato alla perdita della linea del Volga e al temporaneo collasso del movimento antibolscevico nella Russia europea. Inoltre, la percezione che gli Alleati non fossero disposti a impegnarsi seriamente provocò dissensi e aspri litigi tra i gruppi di opposizione.

Boris Brasol si chiede in *The World at the Crossroads* quali fossero le reali intenzioni dei piccoli contingenti alleati, dal momento che nessuno in Russia riusciva a capire quali fossero le loro intenzioni. Una delle spedizioni britanniche per le quali sono disponibili informazioni dettagliate è quella del colonnello John Ward, il cui 25° battaglione del Middlesex Regiment fu inviato nel luglio 1918 da Honk-Kong a Vladivostok (Siberia), originariamente per compiti di guarnigione. Nel 1920 Ward pubblicò *With the "Die-Hards" in Siberia*, un libro in cui racconta in 24 capitoli le sue esperienze durante la guerra civile russa. Particolarmente significativo è il 22° capitolo, intitolato *La politica americana e i suoi risultati*. In esso, John Ward fornisce alcuni indizi per comprendere alcune azioni. Ward scrive che l'ammiraglio Kolchak, nominato capo del governo provvisorio di Omsk, espresse la convinzione che le truppe americane fossero utilizzate per scopi diversi da quelli previsti e che la forza di spedizione americana comandata dal generale William Graves stesse collaborando con i comunisti. Ecco alcuni estratti del capitolo:

"I suoi agenti (di Kolchak) lo avevano informato che su sessanta ufficiali di collegamento e traduttori, cinquanta erano ebrei russi o parenti di ebrei russi, alcuni dei quali erano stati esiliati dalla Russia per crimini politici o di altro tipo ed erano tornati come cittadini americani, in grado di influenzare la politica in una direzione contraria a quella desiderata dal popolo americano. Gli assicurai che questo non poteva essere..., ma lui

---

transiberiana. Appena iniziato il trasferimento, i sovietici si rimangiarono la parola data e cercarono di arrestare i disertori dell'esercito austriaco per rimpatriarli in Austria. Infine, Trotsky ordinò il disarmo della Legione Ceca, che portò i cechi a prendere le armi contro i bolscevichi nel maggio 1918 dopo aver conquistato la città di Chelyabinsk.

rispose che i rapporti erano così voluminosi e così categorici che riteneva che io, in quanto rappresentante del popolo inglese e ufficiale dell'esercito di Sua Maestà, dovessi essere a conoscenza della situazione".

Il colonnello Ward scrive che qualche tempo dopo aver ricevuto la denuncia di Kolchak, un punto ferroviario chiave alla stazione di Kraevesk fu sequestrato da un distaccamento di Guardie Rosse, che entrarono silenziosamente nella stazione e arrestarono i soldati americani che la sorvegliavano. Sospettando una collaborazione, Ward decise di indagare personalmente sulle accuse di Kolchak e fece diversi colloqui con ufficiali e soldati americani. Scoprì che molti ritenevano di stare semplicemente aiutando i bolscevichi, ai quali era stato persino concesso un territorio in cui poter fare propaganda per conquistare la popolazione:

"Ho appreso da queste truppe americane che i loro ufficiali e i loro funzionari, dal generale Graves in giù, erano in costante contatto con gli ufficiali delle Guardie Rosse, con i quali avevano raggiunto più di un'intesa; che anche i soldati comuni pensavano che l'intesa tra le due forze fosse di carattere così generale e amichevole da non contemplare future ostilità tra loro.... L'affare Kraevesk sembrava essere solo il sintomo di una politica più ampia e non l'atto sciocco di un ufficiale negligente".

Attraverso le sue indagini, il colonnello Ward riuscì a entrare in possesso di una lettera di un capitano americano indirizzata a un ufficiale dell'Armata Rossa che operava nel distretto di Svagena, che parlava chiaramente di fraternizzazione tra le due truppe. Ward considera la lettera una chiara prova dell'intesa che esisteva da mesi tra le autorità americane e i comunisti nelle Province Marittime. Il colonnello Ward denuncia nel suo libro che "la presenza delle forze americane in Siberia veniva utilizzata da qualcuno per scopi diversi da quelli puramente americani". Egli ritiene abbastanza ovvio che "questa sinistra influenza sotterranea abbia deviato la politica americana dal suo corso rettilineo e onesto". Ward afferma senza mezzi termini che la politica americana ha prodotto "uno stato di indecisione tra gli alleati e di disordine e anarchia tra la popolazione delle province del Transbaikal e dell'Ussurie". Ecco un altro estratto:

"Contrariamente all'opinione generale, il comando americano dichiarò neutrale una zona nel distretto di Suchan. All'interno di questa zona erano vietate le operazioni armate dei russi dell'ammiraglio Kolchak o dell'Armata Rossa. Gli ufficiali di Lenin e Trotsky non rispettarono l'ordine e iniziarono immediatamente a radunare le loro forze sparse. Nel giro di tre settimane issarono la bandiera rossa nelle loro caserme, sotto la protezione della bandiera americana. Da questa zona neutrale americana i bolscevichi organizzarono le loro forze per attaccare i giapponesi nella provincia dell'Amur, per distruggere i treni di rifornimento britannici sulla linea di Ussurie, e infine scambiarono il fuoco con le sentinelle russe vicino a Vladivostock, fuggendo sempre nella zona americana quando venivano attaccati dalle forze del governatore".

La reazione del comando statunitense alle lamentele degli Alleati fu l'opposto di quanto auspicato. Invece di sradicare il male e di estirpare i comunisti dalla zona, si concluse che, per evitare il ripetersi di atti deplorevoli in futuro, era necessario un accordo più ampio e vincolante tra le forze americane e i comunisti. Si apprese allora che il generale Graves aveva organizzato una conferenza con i comandanti dell'Armata Rossa. Di fronte alla reazione indignata del governatore di Vladivostock, che disse a Graves che il governo russo avrebbe considerato tale incontro un atto ostile, il generale americano rinunciò ai suoi sforzi. La rottura dei negoziati provocò l'ira del governo sovietico di Mosca, che ordinò ai suoi commissari in Ussurie di utilizzare le forze organizzate sotto la protezione americana per attaccare i loro protettori.

In breve, si può affermare che in nessun momento del 1918 i governi dell'Intesa avevano l'intenzione di rovesciare i bolscevichi. A parte questo contingente americano infiltrato da agenti ebrei amici dei bolscevichi, l'intervento alleato fu una delusione. Quattordici Paesi inviarono truppe in Russia; ma, ad eccezione dei sessantamila cechi che, come spiegato nella nota precedente, erano già sul terreno, essi schierarono sul territorio sovietico solo centotrentamila soldati, di cui la metà erano giapponesi. L'intervento giapponese, inoltre, era nel loro stesso interesse, poiché, dopo il Trattato di Brest-Litovsk, erano convinti della vittoria della Germania nella guerra mondiale. In ogni caso, 130.000 soldati sono una cifra ridicola se si considerano le enormi dimensioni di un Paese che si estende su due continenti.

Al contrario, Trotsky reclutò un esercito di cinque milioni di uomini in due anni. Sulla natura del comando nell'Armata Rossa, diversi autori fanno riferimento a una citazione del giornale *The Communist*, pubblicato a Kharkov, che nell'edizione del 12 aprile 1919 pubblicò un articolo di M. Cohen in cui si vantava che la rivoluzione era opera degli ebrei. A proposito dell'esercito, Cohen scrive: "È vero che nelle file dell'Armata Rossa ci sono soldati che non sono ebrei, per quanto riguarda i ranghi e le file dei soldati, ma nei comitati e nelle organizzazioni sociali, come con i commissari, gli ebrei guidano coraggiosamente le masse dei proletari russi verso la vittoria.... Il simbolo dell'ebraismo è diventato anche il simbolo del proletariato russo, come si può vedere dalla sua adozione della stella rossa a cinque punte, che in tempi precedenti era il simbolo del sionismo e dell'ebraismo". Secondo la *Jewish Virtual Library,* a Kharkov, che tra il 1919 e il 1934 fu la capitale dell'Ucraina e divenne un importante centro ebraico, all'epoca si pubblicavano numerose pubblicazioni in yiddish e in ebraico, per cui si può supporre che se *Il comunista* non era scritto in russo, doveva essere in una di queste due lingue.

La composizione dell'Armata Rossa è studiata da Jüri Lina, che cita il mensile *Molodaya Gvardiya*, fondato nel 1922 a Mosca. Nel numero 11 del 1990, questa storica pubblicazione riportava che quasi tutti i comandanti dell'esercito erano ebrei, così come l'80% dei commissari del Commissariato per gli Affari Militari. Vengono citati ben cento nomi. Eccone alcuni, alcuni dei quali ricompariranno in seguito quando esamineremo le purghe di Stalin contro i trotskisti. Il vice commissario del popolo per gli affari militari era Yefraim Shchlyansky, che aveva viaggiato con Lenin dalla Svizzera sul famoso treno. Tra i suoi collaboratori c'erano Semyon Nakhimson e Yemelyan Yarovslaski (Minei Izrailevich Gubelman), direttore del giornale satirico *Bezbozhnik* (*L'ateo*) e presidente del Comitato antireligioso del Comitato centrale. In seguito Yaroslavsky fu anche uno storico ufficiale del partito. Tra i membri del Consiglio militare *Molodaya Gvardiya* cita altri dodici ebrei. Tre nomi spiccano: Arkady Rosengoltz, uno stretto collaboratore di Trotsky, che dopo la guerra civile lavorò nei Commissariati dei Trasporti, delle Finanze e nella Direzione dell'Aviazione dell'Armata Rossa. Tra il 1925 e il 1927 fu ambasciatore nel Regno Unito, incarico dal quale supervisionò lo spionaggio sovietico. Rosengoltz, come molti altri trotzkisti, fu giustiziato nel 1938. Mikhail Lashevich, secondo l'*Enciclopedia Ebraica della Russia* noto anche come Gaskovich, un altro trotskista perseguitato da Stalin che scomparve (suicidio o incidente stradale) nel 1928. Joseph Unschlicht, insieme a Rosa Luxemburg e Leo Jogiches, membro del Partito Socialdemocratico Polacco e Lituano. Ebreo di origine polacca, Unschlicht fu uno dei criminali di massa più attivi nell'eliminazione degli oppositori politici. Anche lui fu liquidato da Stalin nel 1938. Tra i più importanti comandanti militari vi erano Naum Zorkin; Iona Yakir; Boris Feldman, che nel luglio 1934 divenne capo dell'Amministrazione del Personale dell'Esercito e che, insieme a Yakir, fu anch'egli fucilato nel giugno 1937; Vladimir Lazarevich, comandante in capo della Quarta Armata tra il dicembre 1918 e il marzo 1919 e successivamente comandante della Terza Armata tra il giugno e l'ottobre 1920. Lazarevich fu a capo dell'Accademia Aeronautica dal 1925 al 1927. Sulla base delle informazioni contenute nella suddetta rivista, Jüri Lina fornisce un resoconto di oltre cinquanta ebrei che furono importanti leader dell'Armata Rossa, metà dei quali comandarono una divisione. Nel periodo tra le due guerre il potere degli ebrei nell'Armata Rossa non diminuì. Secondo Andrei Sverdlov, figlio del responsabile dell'assassinio della famiglia imperiale, durante la Seconda guerra mondiale c'erano trecentocinque generali ebrei nell'Armata Rossa.

Sebbene tutte le forze politiche si fossero schierate contro la dittatura bolscevica, all'inizio del 1920 il dado era già tratto e la sconfitta dei bianchi era inevitabile, anche se la guerra durò fino al 1922. Ancora una volta, la lotta partigiana è una delle chiavi per comprendere gli eventi che portarono alla vittoria dei comunisti. Da una parte c'erano i socialisti rivoluzionari di sinistra, la cui leader, Maria Spiridonova, imprigionata dopo il tentativo di colpo di Stato del luglio 1918, era rimasta in carcere fino all'amnistia di novembre. Nel dicembre 1918 presiedette un congresso del partito tollerato dai bolscevichi, in cui condannò il terrore sistematico della Cheka. Arrestata nuovamente il 10 febbraio 1919 insieme ad altri 210 membri del partito, fu giudicata isterica da un tribunale rivoluzionario, che ne ordinò l'internamento in un sanatorio per malati di mente. Nel corso del 1919 furono arrestati circa duemila SR e furono soppresse circa sessanta organizzazioni dei socialisti di sinistra. D'altra parte, i socialisti rivoluzionari di destra si riunirono nel settembre 1918 con tutte le forze antisovietiche e si accordarono per formare un nuovo governo provvisorio a Omsk, guidato da un direttorio di cinque membri: Avksentiev, Boldyrev e Zenzinov del Partito social-rivoluzionario e Vinogradov e Volgogodski del Partito democratico costituzionale (Kadets).

Il libro del colonnello John Ward è ancora una volta una fonte preziosa per i resoconti di prima mano sugli eventi di Omsk. Ward racconta che quando arrivò con il suo battaglione di 800 uomini il 18 ottobre 1918, la città era decorata con le bandiere di tutte le nazioni. In quell'ottobre l'obiettivo era quello di unire le forze del Direttorio dei Cinque e quelle del governo siberiano dell'ammiraglio Kolchak. Il Direttorio, composto da socialisti rivoluzionari moderati e da "intellettuali" del partito Kadet, aveva ricevuto la sua autorità dall'Assemblea Costituente riunitasi a Ufa ed era riconosciuto come il governo di tutte le Russie. Il governo di Kolchak era il risultato delle circoscrizioni siberiane della Duma ed era considerato reazionario, poiché era realista ed era sostenuto e sorvegliato dai cosacchi zaristi. Sia i militari che i cosacchi incolpavano i primi per la distruzione dell'esercito e li accusavano anche di aver consegnato il Paese alle forze dell'anarchia e del bolscevismo attraverso Kerensky. Il colonnello Ward conferma che i russi di tutte le classi erano generalmente d'accordo nel considerare Kerenskij come la causa di tutti i mali, e riconosce che "unire questi elementi ostili e divergenti in una forza unita per la resurrezione della Russia gli sembrava impossibile". Tuttavia, nonostante lo scetticismo, riuscì a formare un governo unitario di cui Kolchak fu nominato Ministro della Guerra. Ben presto gli eventi avrebbero dimostrato che si trattava di un miraggio.

Una grave complicazione sorse durante i negoziati per la formazione del governo. Il generale Boldyrev, attraverso il quale i socialisti rivoluzionari avrebbero dovuto controllare il nuovo esercito, e il suo collega Avksentiev chiesero che un membro del loro partito fosse a capo di una milizia di nuova creazione che avrebbe dovuto agire come una sorta di polizia sotto il nuovo regime: essi aspiravano ad avere il controllo rivoluzionario e sociale di tutte le forze del nuovo governo. Solo le pressioni dei rappresentanti alleati riuscirono a far accettare la richiesta e a superare l'ostacolo. Il 6 novembre si tenne un banchetto in onore del nuovo governo omnichannel. I rappresentanti delle forze alleate presenti a Omsk erano tutti invitati, compreso il colonnello Ward, che non manca di ricordare nella sua cronaca che la temperatura esterna era di sessanta gradi sotto zero. La cerimonia è stata presieduta da Avksentiev, il nuovo Presidente del Consiglio dei Ministri. Al momento dei discorsi, il generale Knox, capo della missione militare britannica, ha parlato chiedendo ai russi di lavorare insieme per formare un esercito e un governo in grado di stabilire la legge e l'ordine. Intervennero poi il generale Boldyrev, membro del Direttorio di Ufa, nominato comandante in capo del nuovo esercito russo, e l'ammiraglio Kolchak, che pronunciò solo alcune brevi frasi, accolte con scarso entusiasmo.

Secondo Ward, mentre la carenza di armi e di equipaggiamento era una triste realtà al fronte, la milizia controllata dai socialisti rivoluzionari era perfettamente equipaggiata. Le proteste dei generali a Boldyrev costrinsero il ministro della Guerra Kolchak a sostenere le loro richieste e a presentare le loro rimostranze al comandante in capo. La risposta di Boldyrev fu che le lamentele dal fronte erano fittizie e che la questione non lo riguardava. Nel corso della discussione, Boldyrev gli disse francamente che era stato accettato nel governo su pressione degli Alleati e che se avesse continuato a interferire ne sarebbe stato escluso. Kolchak si dimise immediatamente, ma gli Alleati occidentali lo convinsero a rimanere nel governo. A quanto pare, per allontanarlo da Omsk, fu autorizzato a fare una visita d'ispezione al fronte. L'ammiraglio Kolchak venne a sapere che anche il colonnello Ward aveva ricevuto l'ordine di recarsi al fronte, così gli chiese se poteva agganciare la sua carrozza al treno. Così, all'inizio del novembre 1918,, i due soldati viaggiarono insieme sullo stesso treno. Della presenza di Kolchak al fronte, il colonnello Ward scrive: "La presenza dell'ammiraglio Kolchak sembrava galvanizzare l'intero esercito con vita ed energia. I soldati russi, i cui stivali erano scomparsi da tempo e i cui piedi erano stati fasciati con sacchi per proteggerli dalla neve, sentivano la certezza che dopo la visita del ministro avrebbero ricevuto stivali e abiti adatti".

Durante la permanenza al fronte, giunsero notizie che rendevano consigliabile un rientro urgente a Omsk. In una delle stazioni si apprese che il generale Boldyrev, che aveva lasciato la città ed era diretto al fronte di Ufa, aveva chiesto all'ammiraglio Kolchak di aspettarlo per incontrarlo. Ward scrive di essere stato invitato da Kolchak nella sua carrozza e di avergli spiegato che la situazione a Omsk era critica, poiché i due gruppi governativi erano ai ferri corti e pronti a distruggersi a vicenda. Il 6 novembre, il treno del comandante in capo Bordyrev si fermò alla stazione di Ekaterinburg. A mezzogiorno Kolchak salì sul treno di Boldyrev e iniziò un colloquio che durò fino alle cinque del pomeriggio. Cosa sia successo tra i due soldati lo sanno solo loro. In cinque ore di conversazione si possono dire molte cose.

Il 17 novembre, il treno che trasportava l'ammiraglio Kolchak e il colonnello Ward arrivò a Omsk. Il colonnello Ward descrive lo stato della città come "indescrivibile": "Ogni notte, non appena arrivava l'oscurità, si sentivano ovunque grida e colpi di fucile e di rivoltella. Al mattino, i carri sanitari raccoglievano da cinque a venti corpi di soldati morti".

Il colpo di Stato era imminente e avvenne il 18 novembre. Il Direttorio fu arrestato e l'autorità assoluta fu offerta all'ammiraglio Kolchak che, pur avendo inizialmente rifiutato l'incarico, fu nominato Governatore Supremo di tutte le Russie, con un Consiglio dei Ministri di quattordici membri che doveva rendergli conto delle sue responsabilità. Kolchak convocò il rappresentante francese a Omsk, Eugene Renault, e il colonnello John Ward, all'epoca massimo rappresentante britannico in città. Fu l'ammiraglio stesso a recarsi al quartier generale britannico dove, oltre al colonnello Ward, fu ricevuto dal tenente colonnello J. F. Neilson, dal capitano Stephani, dal colonnello R. Frank, un ufficiale dell'esercito russo che era il collegamento di Ward, e dal signor Frazer, il corrispondente del *Times*. Davanti a tutti loro l'ammiraglio, che parlava perfettamente inglese, spiegò le ragioni e le circostanze che lo avevano portato ad assumere l'autorità suprema su tutta la Russia. Interrogato sulla sorte dei rivoluzionari socialisti e degli altri membri del Direttorio che erano stati arrestati, l'ammiraglio rispose di non avere informazioni sulla loro sorte.

Il giorno successivo, 19 novembre, il colonnello Ward scrisse il seguente testo all'ammiraglio Kolchak: "Dopo il nostro colloquio di ieri sera le ho inviato una nota in cui le chiedevo informazioni e qualche assicurazione per i membri del Consiglio arrestati. Finora non ho ricevuto alcuna notizia al riguardo. Le ho già detto che sono certo che il mio Paese guarderà con grande preoccupazione a qualsiasi danno arrecato senza un regolare processo a questi prigionieri di Stato. Le sarei grato se potesse fornirmi informazioni al riguardo". Lo stesso giorno il cosacco Ataman Krasilnikov, il colonnello Volkov e il tenente colonnello Katanaev si presentarono al quartier generale britannico e riferirono che la responsabilità dell'arresto dei membri del governo era interamente loro, che non avevano subito il minimo danno e che erano pronti a consegnare i prigionieri alle autorità, insieme ai documenti intercettati e a diversi milioni di rubli che si supponeva fossero stati rubati. I tre ufficiali assicurarono che l'ammiraglio Kolchak era responsabile della loro sicurezza e aggiunsero che intendeva portarli fuori dal Paese alla prima occasione.

Per avere un quadro completo di ciò che accadde durante la guerra civile, bisogna considerare che, oltre alle dispute, agli scontri e ai tradimenti tra i russi, gli interessi divergenti degli Alleati e la diffidenza tra loro impedirono il coordinamento con i generali bianchi. La nomina del generale Maurice Janin a capo delle forze alleate e russe in Siberia fu causa di gravi controversie con l'ammiraglio Kolchak, che non accettava che le truppe russe fossero sotto il comando di un ufficiale militare straniero. Il 16 dicembre 1918 Janin arrivò a Omsk. Questo generale francese credeva che gli inglesi avessero insediato Kolchak al potere per servire i loro interessi. Già il 19 scrisse un rapporto sul governo di Omsk in cui affermava che un ammiraglio di grande prestigio aveva sostituito il governo di coalizione "grazie alla compiacenza di un inglese che voleva mantenere una salda presa sulla sua staffa". Oltre agli americani del generale Graves, infiltrati dai giudeo-bolscevichi, altri a fare la guerra da soli erano i giapponesi, il cui atteggiamento erratico era dovuto agli errori di calcolo iniziali. Il governo giapponese, che disponeva di quasi 60.000 truppe sul campo, pensava che una vittoria tedesca nella guerra gli avrebbe permesso di guadagnare territori nella Russia asiatica.

Quando Bóldyrev tornò a Omsk da Ufa, l'ammiraglio Kolchak, che aveva dichiarato che non appena l'ordine fosse stato ristabilito nel Paese intendeva convocare un'assemblea nazionale eletta a suffragio universale, gli offrì un posto nel suo governo, ma egli rifiutò. Boldyrev dichiarò di voler lasciare il Paese, in quanto non credeva che un governo dittatoriale avrebbe potuto risollevare la Russia dalle sue difficoltà. La sua richiesta fu accolta. Il rappresentante giapponese a Omsk chiese poco dopo di sapere se il generale Bóldyrev fosse stato costretto a lasciare il Paese o se lo avesse fatto volontariamente. Voleva anche sapere se i britannici avessero fornito il treno e la guardia che avevano condotto in esilio i membri del Direttorio, che avevano lasciato il Paese attraverso Chang-Chun, un posto di frontiera cinese. Curiosamente, l'unico generale che si rifiutò di obbedire agli ordini del governo di Kolchak fu l'atamano G. M. Semyonov, il cui quartier generale si trovava accanto a quello dei giapponesi a Chita, da dove rifiutava insolentemente di riconoscere l'autorità di Kolchak. Quando Kolchak si preparò ad agire contro l'avventurismo del generale ammutinato, i giapponesi glielo impedirono e lo informarono che Semyonov era sotto la loro protezione e che non avrebbero tollerato interferenze da parte del governo di Omsk. Il generale Semyonov divenne famoso per la sua crudeltà: eseguì esecuzioni indiscriminate di lavoratori e imprigionò e fustigò numerose persone nel suo distretto. Lo scandalo e l'allarme tra la popolazione raggiunsero un livello tale che gli Alleati furono costretti a chiedere al Giappone di spiegare il suo comportamento inaccettabile.

Ben presto, tuttavia, i giapponesi riuscirono a riorientare le loro relazioni con il governo di Omsk. L'atteggiamento ambiguo e ipocrita degli Alleati culminò in una dichiarazione rilasciata a Parigi dal Consiglio alleato a metà gennaio 1919. In essa si affermava di non poter aiutare né riconoscere nessuna delle due parti e che i vari governi esistenti avrebbero dovuto raggiungere un armistizio e inviare dei rappresentanti all'"Isola dei cani", vicino a Costantinopoli, per raggiungere un compromesso reciproco. La notizia colpì la Russia come una bomba. Equivaleva a dimenticare più di un anno di crimini e saccheggi comunisti e ad accettarne la legittimità. Approfittando dello sconcerto e della rabbia, i giapponesi si affrettarono a dichiarare che l'unico Paese in grado di aiutare la Russia era il Giappone, poiché gli altri Paesi erano stanchi di guerra, incapaci di combattere i bolscevichi e chiedevano a gran voce la smobilitazione. Nella loro propaganda offrirono di liquidare l'esercito bolscevico in due mesi e di instaurare una monarchia in Russia in cambio di un accordo ragionevole con il governo di Omsk. Queste erano le circostanze che dovevano essere affrontate all'inizio dell'anno decisivo 1919.

Abbiamo tralasciato una questione di grande importanza per una corretta comprensione della figura dell'ammiraglio Aleksander Kolchak. Si tratta del famoso "oro dell'ammiraglio Kolchak", di cui ora riassumeremo brevemente la storia. Nel 1915, di fronte alla possibilità che i tedeschi prendessero Pietrogrado, metà delle riserve auree imperiali russe, circa cinquecento tonnellate d'oro, furono messe nelle cantine blindate della banca di Kazan. Altro oro conservato nelle filiali della Banca di Stato a Mosca, Samara e Tambov fu trasferito a Kazan. Nell'estate del 1918 i bolscevichi, che avevano incaricato la Cheka di sorvegliare la tesoreria, tentarono di spostare le riserve della città, ma riuscirono a portare via solo circa 100 casse d'oro. All'inizio di agosto del 1918 Kazan cadde nelle mani della Legione Ceca e dell'Esercito del KOMUCH (Esercito Popolare del Comitato dei Membri dell'Assemblea Costituente), comandato dal generale Vladimir Kappel. Il 2 agosto la città di Kazan fu assediata e le navi risalirono il Volga. Le Guardie Rosse furono attaccate anche dai socialisti rivoluzionari che, come i cechi, volevano continuare la guerra contro la Germania. Il 6 agosto l'Armata Bianca sequestrò ottomilaquattrocento casse di lingotti d'oro e altre con lingotti di platino, nonché circa duemilacinquecento sacchi d'argento e altri con pezzi d'oro. Il 13 ottobre, seguendo le istruzioni di Kolchak, la maggior parte del tesoro fu trasportata in treno a Omsk. Non sorprende quindi che siano sorte tensioni per il controllo di queste imponenti risorse. Un carico d'oro inviato in treno da Omnsk a Vladivostock fu catturato dal generale Semyonov. L'Atamano utilizzò i lingotti per sostenere le sue truppe, depositò 13 milioni di rubli d'oro in banche giapponesi e cercò persino di convincere i mongoli a combattere contro la Terza Internazionale. A tal fine inviò il barone R. F. Ungern in Mongolia con diversi milioni di rubli d'oro.

La notizia che parte del tesoro imperiale era caduto nelle mani dei bianchi stuzzicò l'insaziabile appetito dei banchieri che, come al solito, non ebbero problemi a finanziare entrambe le parti, soprattutto quando i prestiti erano garantiti dall'oro. Anthony Sutton rivela che gli stessi banchieri che avevano finanziato la rivoluzione contattarono il Segretario di Stato Robert Lansing nell'agosto 1919, che ricevette una lettera dalla National City Bank di New York (Rockefeller) in cui si chiedeva un parere su un prestito di 5 milioni di dollari all'ammiraglio Kolchak. Anche J. P. Morgan & Co. comunicò al Segretario di Stato la propria disponibilità a offrire a Kolchak un ulteriore credito di dieci milioni di sterline attraverso un consorzio di banchieri britannici e americani. Il prestito era garantito dall'oro di Kolchak che, secondo Sutton, fu inviato per nave a San Francisco. La mancanza di equipaggiamento tra i soldati bianchi, di cui solo due su dieci avevano un fucile, costrinse l'ammiraglio a spendere tutto il necessario per equipaggiare adeguatamente il suo esercito. Due ditte americane, Remington Arms e Union Metallic Cartridge, vendettero armamenti per un valore di 125 milioni di rubli d'oro.

Oltre ad Aleksander Kolchak, il cui esercito operava in Siberia, tra i principali generali bianchi c'era Anton Denikin, che avanzò da sud con un esercito di volontari, sostenuto dai cosacchi del Don e rinforzato dall'esercito caucasico di Pëtr Wrangel, barone di Wrangel. Nell'agosto 1919 questo esercito meridionale scatenò un'offensiva che iniziò con importanti vittorie e riuscì persino a sfondare il perimetro di sicurezza bolscevico. Tra settembre e ottobre 1919 furono conquistate le città di Kiev, Kursk e Orel, quest'ultima situata a 250 miglia da Mosca. La fabbrica di munizioni di Tula cadde quasi nelle loro mani. Il capitano George Pitt-Rivers[5], antropologo inglese che tornò in Inghilterra dopo essere stato gravemente ferito durante la Prima guerra mondiale, scrisse diversi testi sulla guerra civile. Ne riproduciamo uno particolarmente significativo sull'avanzata di Denikin, citato da Boris Brasol in *The World at the Cross Roads*:

> "Le Armate Bianche furono sconfitte perché erano inefficienti, erano inefficienti perché ai traditori politici fu permesso di cospirare per garantire la loro inefficienza..... I Bianchi non poterono unirsi in una politica perché non avevano una politica comune, perché tutti i loro sforzi furono vanificati da intrighi, cospirazioni e sabotaggi, e infine perché nessun movimento composto da un guazzabuglio di elementi

---

[5] Il capitano George Pitt-Rivers era cugino di Clementine Churchill, moglie di Winston Churchill, che ne ordinò l'arresto e la detenzione il 27 giugno 1940 per le sue dichiarate simpatie per il nazionalsocialismo. Recentemente sono stati resi disponibili i "Pitt-Rivers Papers" negli archivi del Churchill College dell'Università di Cambridge. Si tratta di una raccolta di lettere e scritti che offrono nuovi spunti di riflessione su questo antropologo, che negli anni Venti-Trenta era considerato uno scienziato eminente e rispettato, apprezzato per il suo lavoro e le sue pubblicazioni. Dopo la sua morte, avvenuta nel 1966, Pitt-Rivers è stato completamente dimenticato dagli storici. Considerato un antisemita, il fatto di essere stato dalla "parte sbagliata" della guerra lo fece scomparire. Già nei suoi scritti sulla Prima guerra mondiale, Pitt-Rivers denunciò pubblicamente la doppiezza e l'ipocrisia del suo Paese nei confronti della Russia zarista. "È in Inghilterra", scrisse Pitt-Rivers, "la patria degli ebrei, che il governo dello Zar è stato sistematicamente denigrato, reso per anni il centro della tirannia più nera e oppressiva del mondo". Bradley W. Hart, un giovane studioso che nel corso della sua ricerca di dottorato ha contattato la famiglia nel 2009, ha avuto accesso a migliaia di documenti personali trovati nella soffitta della casa di famiglia nel Dorset. Con il permesso della famiglia, Hart ha riferito l'importanza delle carte al personale del Churchill Archives Centre e oggi i documenti di Pitt-Rivers, che gettano nuova luce sulle relazioni anglo-tedesche, possono essere consultati in questo archivio, che egli trova affascinante.

incompatibili e contraddittori può sconfiggere un altro movimento che in ogni momento sa quello che vuole e non accetta compromessi. Anche i contadini russi lo capiscono meglio degli statisti e dei politici alleati. Quando Denikin avanzò rapidamente verso Mosca, l'entusiasmo dei contadini dei territori liberati fu incontenibile. Uscirono in massa per dare il benvenuto ai loro liberatori, portando sul capo le icone sacre e l'immagine dello zar. Immaginate il loro sconcerto e la loro tristezza quando gli ufficiali dell'entourage di Denikin dissero loro di seppellire i gingilli e che la loro lotta contro i bolscevichi non aveva nulla a che fare con lo zar".

Denikin non rappresentava certo gli zaristi ma i costituzionalisti democratici, ma l'assenza di unità nelle file dei bianchi, come giustamente sottolinea Pitt-Rivers, permetteva di fare qualsiasi ipotesi sulle loro intenzioni finali. Né si poteva parlare di uniformità tra gli ucraini, che anni dopo avrebbero culminato le loro disgrazie con la carestia del 1932-33 (Holodomor), diventando le maggiori vittime della catastrofe scatenata dalla Rivoluzione. Sul suolo ucraino, la tragedia della guerra civile assunse i peggiori livelli di repressione, poiché nel giro di due anni questa repubblica fu ripetutamente sequestrata da entrambe le parti. [6]L'11 ottobre 1919, quasi contemporaneamente all'offensiva di Denikin, l'Armata del Nord-Ovest,

---

[6] Alle elezioni dell'Assemblea Costituente del novembre 1917, i bolscevichi ottennero solo il 10% dei voti in Ucraina. Al Congresso dei Soviet convocato a Kiev il 16-18 dicembre 1917, i loro delegati ottennero l'11% dei voti e si precipitarono a Kharkov, una città nell'est del Paese che era stata occupata dall'Armata Rossa. Il 25 dicembre 1917 proclamarono un governo sovietico (Repubblica Popolare Ucraina), ma il 22 gennaio 1918 la Rada (Consiglio Supremo o Parlamento) dichiarò l'indipendenza dell'Ucraina e inviò una delegazione a Brest-Litovsk per chiedere sostegno alla Germania contro i bolscevichi. Il 12 febbraio il governo fantoccio di Kharkov entrò a Kiev scortato dall'Armata Rossa. Seguendo le istruzioni di Lenin, i bolscevichi sequestrarono il grano nei villaggi e lo spedirono in Russia. Secondo Robert Conquest, tra il 18 febbraio e il 9 marzo 1918 circa 1100 vagoni ferroviari carichi di grano furono inviati in Russia dalla sola provincia di Kherson. Questo primo governo sovietico, che soppresse tutte le scuole e le istituzioni culturali ucraine, durò solo poche settimane. L'ebreo Latsis, capo della Cheka, fucilava le persone che parlavano semplicemente in ucraino nelle strade. Con l'avanzata dei tedeschi e degli austriaci, il governo sovietico fu sciolto. Il 29 aprile 1918, i tedeschi misero al potere il generale Pavel Skoropadsky, che rimase al potere come "Hetman" fino a dicembre. Dopo l'armistizio di Compiègne, Skoropadsky perse il sostegno tedesco e i bianchi non riuscirono a impedire la sua caduta. Il 5 febbraio 1919, i sovietici lanciarono un attacco e il governo ucraino fu costretto ad abbandonare Kiev. Si instaurò un secondo regime comunista che durò circa otto mesi, prima di essere sciolto il 2 ottobre 1919 per ordine di Lenin di fronte all'imminente arrivo dei Bianchi di Denikin. Infine, nel marzo 1920, i sovietici occuparono l'Ucraina per la terza volta. L'occupazione fu temporaneamente interrotta a maggio dalla conquista della parte occidentale del Paese, compresa Kiev, da parte dei polacchi. Non è difficile immaginare cosa significasse tutto questo tira e molla in termini di repressione per la popolazione ucraina, da tempo sofferente.

comandata da Nikolai Yudenich, tentò di conquistare Pietrogrado. Yudenich raggiunse il palazzo estivo Tsarkoye Seló e alcuni sobborghi della città. La sua ritirata forzata dalle porte dell'ex capitale zarista diede un altro colpo alle speranze dei bianchi, che pensavano che se fossero riusciti a ottenere il controllo delle grandi città avrebbero seminato il panico tra i sostenitori dei bolscevichi. Nell'ansia di raggiungere questo obiettivo, sia Denikin che Yudenich avevano allungato troppo le loro linee e trascurato i fianchi. L'attacco rosso li costrinse a ritirarsi in fretta e furia a novembre, una ritirata in completo disordine che lasciava presagire un disastro.

A combattere contro i comunisti nei pressi di Pietrogrado, alla fine del 1919, c'erano anche gli estoni del generale Johan Laidoner, che stavano conducendo una propria guerra di liberazione e si erano rifiutati di fornire a Yudenich i rifornimenti per la sua offensiva autunnale. Il 31 dicembre 1919, due giornali estoni pubblicarono un testo trovato in possesso di un comandante ebreo di nome Shunderev, caduto in battaglia mentre comandava un battaglione bolscevico. *Lo* scrittore estone Jüri Lina riproduce in *Sotto il segno dello scorpione* alcuni stralci del documento apparso integralmente sul giornale di Tartu *Postimees*. Si tratta di una lettera circolare contenente un appello a tutti i leader ebrei per la formazione di una società segreta sionista. La lettera, scritta in russo dal comitato centrale del dipartimento dell'Unione Mondiale Israeliana di Pietrogrado, è datata 18 marzo 1918. Il testo è in linea con le idee abituali:

"Figli di Israele! Il tempo della nostra vittoria finale è vicino. Siamo all'inizio della nostra dominazione mondiale e del nostro prestigio. Ciò che avevamo sognato è diventato quasi una realtà.... Nonostante la Russia sia stata sottomessa e giaccia sotto il castigo del nostro piede, dobbiamo comunque stare attenti. Abbiamo trasformato la Russia in uno schiavo economico, abbiamo preso praticamente tutte le sue ricchezze e il suo oro e l'abbiamo costretta a inginocchiarsi davanti a noi. Ma dobbiamo stare attenti a mantenere il nostro segreto. Non dobbiamo avere pietà per i nostri nemici. Dobbiamo eliminare i loro individui migliori e di maggior talento, in modo che la Russia soggiogata rimanga senza i suoi leader. In questo modo distruggeremo ogni possibile ribellione contro di noi. Dobbiamo provocare la lotta di classe e la discordia tra i contadini e gli operai ciechi. La guerra civile e la lotta di classe annienteranno i valori culturali che i popoli cristiani hanno acquisito.... Trotsky-Bronstein, Zinoviev-Radomyslsky, Uritsky, Kamenev-Rosenfeld, Steinberg, questi e molti altri fedeli figli di Israele occupano le più alte cariche della nazione e governano sugli slavi asserviti. Sconfiggeremo completamente la Russia. Il nostro popolo occupa posizioni di primo piano nei comitati cittadini, nei commissariati, nei comitati di vettovagliamento e in altre istituzioni, ma non lasciate che la vittoria vi dia alla testa!".

La possibilità che la lettera sia un falso deve essere esclusa. Juri Lina aggiunge che nel febbraio 1994 è stata pubblicata in Russia la notizia del risultato di un'indagine sui materiali del trotskista Uritsky. Tra le sue carte è stato trovato un documento segreto copiato il 17 maggio 1918 che riproduceva il testo stesso della circolare che Shunderev portava con sé.

Le battaglie decisive di Denikin e Yudenich coincisero con una dichiarazione del premier britannico Lloyd George, il fantoccio usato più volte dal sionismo e dagli sponsor della cospirazione comunista. L'8 novembre 1919 Lloyd George tenne un discorso alla Guildhall di Londra in cui annunciò un cambiamento di politica nei confronti della Russia. La Gran Bretagna stava uscendo dal gioco perché, secondo le sue parole, la Russia era "una palude" che in passato aveva inghiottito gli eserciti stranieri. Era giunto il momento di ammettere che "la Gran Bretagna non poteva permettersi il lusso di un intervento così costoso in una guerra civile senza fine". Il Primo Ministro ha detto di sperare che i mesi invernali diano a tutte le parti la possibilità di riflettere e riconsiderare la situazione. In *History's Greatest Heist*, il professor McMeekin cita un giornalista inglese che accompagnava l'esercito di Denikin e afferma che l'effetto di questo discorso sul morale dei bianchi "fu elettrico". I volontari bianchi avevano creduto di combattere le ultime battaglie della guerra mondiale con la Gran Bretagna come potente alleato. Improvvisamente", scrive Meekin, "si resero conto con orrore che la Gran Bretagna considerava la guerra finita e che i combattimenti in Russia erano semplicemente un conflitto civile.... L'atmosfera nella Russia meridionale cambiò completamente. L'opinione di George Lloyd, secondo cui la causa dei volontari era destinata al fallimento, contribuì a certificare la disfatta. Nel dicembre 1919 il porto di Novorossijsk, sul Mar Nero, fu teatro di scene disperate: folle di civili e soldati bianchi, temendo di essere catturati dai rossi, cercavano di salire a bordo delle ultime navi francesi e britanniche che lasciavano il porto.

Tuttavia, il 4 aprile 1920 il generale Wrangel, che all'inizio dell'anno era stato accusato di aver complottato contro Denikin, accettò l'incarico di comandante in capo di un nuovo esercito in Crimea, offerto da un nuovo Stato Maggiore. Sembra che Wrangel abbia ingenuamente cercato di accattivarsi il favore di alcuni influenti ebrei negli Stati Uniti, in Inghilterra e in Francia. Ben presto ne fece installare alcuni nella sua retroguardia. In Crimea, ad esempio, il rappresentante francese, il conte Damien de Martel, era sposato con un'ebrea di Odessa. Uno degli ufficiali di collegamento del conte de Martel con Wrangel era un certo Peshkov, il cui vero nome era Sverdlov, un figlio adottivo di Gorky che era il fratello dell'ebreo che aveva ordinato l'assassinio della famiglia imperiale. Completamente equipaggiati con abiti di lana, stivali, elmetti, cappotti e tutti gli armamenti ricevuti durante l'anno, nel novembre 1920 i rossi intensificarono la loro campagna per cacciare Wrangel dalla Crimea. Durante l'evacuazione delle ultime unità bianche e dei civili in fuga, si verificò un massacro su larga scala, che culminò nell'esecuzione sommaria di non meno di cinquantamila civili, secondo le cifre ufficiali, che furono fucilati o impiccati tra la metà di novembre e la fine di dicembre. Si è già detto nel capitolo precedente che alcune fonti indicano un numero di vittime pari a 120.000 e che il commissario politico dell'Armata Rossa che guidò il massacro fu Bela Kun, affiancato da altri due ebrei, Roza Zemlyachka e Boris Feldman.

In Siberia, dopo i combattimenti invernali, l'ammiraglio Kolchak iniziò un'offensiva su tre fronti nel marzo 1919. Aiutato dalle diserzioni e dalle rivolte antibolsceviche in diverse città, avanzò di oltre 300 chilometri in tre mesi; ma all'inizio dell'estate iniziò la controffensiva sovietica e a luglio le truppe dell'ammiraglio si erano ritirate al punto di partenza. Il 29 ottobre il generale Mikhail Dieterichs, che dal gennaio al luglio 1919 aveva supervisionato personalmente le indagini del giudice Sokolov sull'assassinio della famiglia reale, ordinò l'evacuazione di Omsk, ma Kolchak revocò l'ordine e optò per una difesa impossibile della città. Le missioni diplomatiche degli alleati di lasciarono Omsk il 7 novembre e lo stesso Kolchak partì nella notte del 13 novembre. Cinque treni che trasportavano le riserve auree degli zar lasciarono la città con lui per Irkutsk, dove intendeva incontrare i suoi ministri. Durante il viaggio apprese che i comandanti della Legione Ceca avevano deciso di abbandonare le loro attività a favore del governo di Omsk e di lasciare la Russia. Poco dopo venne anche a conoscenza della rivolta social-rivoluzionaria di Vladivostock, che fu repressa.

Il comportamento del generale francese Maurice Janin e della Legione Ceca, che era sotto il suo comando e che sosteneva le rivolte del Partito Socialista Rivoluzionario in Siberia, fu la chiave della tragica fine di Kolchak. I cechi chiesero a Janin di dare priorità alla loro evacuazione e il generale Janin accettò le loro condizioni. Nel giro di pochi giorni i cechi presero il controllo della Transiberiana e imposero il loro ordine di evacuazione ai capistazione russi, il che significava priorità rispetto alle truppe dell'ammiraglio, che viaggiavano lentamente verso Irkutsk con l'intenzione di raggiungere il porto di Vladivostock. Più di 120 treni di rifugiati rimasero bloccati sui binari nel bel mezzo dell'inverno siberiano e furono catturati dai sovietici. Il convoglio di Kolchak, di fronte al rifiuto di Janin di dare la precedenza ai suoi treni, fu bloccato a Krasnoiarsk dal 17 al 21 dicembre. Dopo lunghe trattative e con l'impegno di Janin a garantire la sua libertà e la sua sicurezza, l'ammiraglio Kolchak poté lasciare la città e procedere verso Nizhneudinsk, dove arrivò con il suo carico d'oro il 27 dicembre. Sembra che lì sia stato detenuto e protetto dai cechi, accusati dagli investigatori di entrambe le parti di aver rubato parte del tesoro russo.

Quando Kolchak arrivò a Irkutsk il 15 gennaio 1920, la città era in mano ai socialisti rivoluzionari. Il 16, due ufficiali cechi salirono sul treno, parcheggiato alla periferia della città, e arrestarono Kolchak. Sebbene il salvacondotto dell'ammiraglio fosse garantito dagli Alleati, cioè Gran

Bretagna, Francia, Italia e Giappone, i militari cechi, che erano sotto il comando del generale francese, consegnarono l'ammiraglio alle autorità locali di menscevichi e socialisti rivoluzionari, che lo consegnarono ai bolscevichi il 21 gennaio. Nelle prime ore del mattino del 7 febbraio 1920 Aleksander Kolchak fu giustiziato sulle rive del fiume Angara per decisione del Comitato provinciale bolscevico. I boia gettarono il suo corpo nelle acque gelate del fiume attraverso un foro praticato nel ghiaccio. Oggi sul luogo dell'esecuzione si trova un monumento, eretto alcuni anni fa.

Quando il governo francese ottenne informazioni sull'accaduto, sollevò il generale Janin dal suo comando e ordinò il suo immediato ritorno in Francia. Janin lasciò la Russia attraverso il porto di Kharbin, vicino a Vladivostock, nell'aprile del 1920. Quando arrivò a Parigi, fu ricevuto al Ministero degli Affari Esteri, dove dovette ricevere gravi rimproveri per il suo operato, che ne macchiarono la carriera, dato che alla fine fu assegnato a un incarico minore.. Come si è detto nella nota 55 del capitolo precedente, prima di lasciare la Russia, il generale Janin incontrò il giudice Sokolov e Pierre Gilliard, l'insegnante francese delle figlie dello zar, sul suo treno parcheggiato sulle banchine del porto di Kharbin, vicino a Vladivostock, I due riuscirono a consegnargli i fascicoli d'inchiesta e tre preziosi forzieri contenenti circa trecento cimeli imperiali, documenti e fotografie della famiglia di Nicola II che Gilliard e il generale Dieterichs avevano salvato dalla casa di Ipátiev.

La leggenda sul cosiddetto "oro dell'ammiraglio Kochak" è cresciuta nel corso degli anni. Libri, film, documentari e articoli di ricerca offrono diverse versioni sul destino finale del tesoro. Le informazioni più attendibili sono le seguenti. Il professor Meekin, il cui studio sulla sorte delle immense ricchezze russe merita la massima credibilità, ritiene che la maggior parte del tesoro sia finita nelle mani dei sovietici e scrive che le riserve auree dei bolscevichi aumentarono di 210 milioni di dollari (21 miliardi di dollari di oggi) dopo la cattura di Kolchak a Irkutsk nel febbraio 1920. Secondo altre fonti, tra Nizhneundinsk e Irkutsk, i sovietici si impadronirono di 333 tonnellate d'oro e platino, anche se i cechi, come è stato detto, si appropriarono di una parte del bottino. Tutto lascia pensare, come hanno suggerito diversi ricercatori, che i cechi abbiano spedito a Vladivostock un gran numero di casse d'oro, che furono utilizzate per fondare una banca che pose le basi per lo sviluppo economico della Cecoslovacchia, Paese nato dopo il Trattato di Versailles. Naturalmente non ci sono documenti che lo dimostrino, ma questo è l'unico modo per spiegare perché il valore della corona ceca salì immediatamente dopo la fondazione della banca e perché la moneta cecoslovacca divenne una delle più forti d'Europa fino al 1939.

Pavel Nokilov, esperto di storia del Movimento Bianco, fa riferimento a un curioso documento del capo del servizio di controspionaggio di Kolchak conservato nell'Archivio di Stato della Federazione Russa. Si tratta di un rapporto datato 14 agosto 1919 sulla spedizione di oro in Francia per pagare l'acquisto di aerei. Secondo il documento, il governo francese trattenne l'oro come pagamento per il debito contratto dal governo provvisorio russo. Oleg Budnitskii, ricercatore presso l'Accademia russa delle scienze di Mosca, oltre a sminuire l'ammontare del tesoro, cerca di dimostrare che tutto l'oro finì nelle banche all'estero, perché fu utilizzato per pagare i prestiti e l'acquisto di carri armati, aerei, locomotive e tutte le necessità delle armate bianche. Infine, si ritiene che una parte dell'oro giaccia sul fondo del lago Baikal, il lago più profondo del mondo con una profondità di oltre 1.600 metri. Sarebbe finito lì in seguito a un deragliamento causato dal brillamento di un tunnel nelle montagne che circondano il lago vicino a Irkutsk. Nel 2010, l'agenzia di stampa russa Interfax ha riferito che parte del tesoro imperiale di Kolchak era stato trovato nelle profondità del lago. I batiscafi Mir-1 e Mir-2, nell'ambito di una spedizione scientifica della Fondazione per la protezione del Baikal, avrebbero scoperto lingotti d'oro a circa 400 metri di profondità.

Guerra civile contro i contadini

In teoria, la guerra civile tanto auspicata da Lenin e Trotsky aveva come nemico fondamentale la borghesia, la classe sociale che nel 1789 era stata utilizzata dalla cospirazione mondiale con due obiettivi: porre fine a tutti i troni e a tutte le religioni e introdurre il liberalismo in sostituzione del mercantilismo. Come è noto, l'intervento dello Stato nell'economia, il protezionismo della propria produzione e il rafforzamento delle nazioni erano le caratteristiche del mercantilismo, che doveva essere sostituito da un nuovo sistema economico e politico che propugnasse il "laissez faire, laissez passer" che prevale oggi sotto forma di neoliberismo selvaggio. Nel 1917, il proletariato era la nuova classe sociale che doveva essere utilizzata per eliminare la borghesia e la proprietà privata, con l'obiettivo finale di appropriarsi di tutte le risorse del pianeta e di instaurare la dittatura del proletariato. Era un secondo modo per assumere il controllo di tutte le ricchezze. Si trattava di un sistema più rapido del liberalismo, in quanto propugnava la rapina su larga scala. Le basi del comunismo, come è stato spiegato, erano già state poste alla morte di Adam Weishaupt nel 1830. *Il Manifesto comunista* riproduce sostanzialmente la dottrina dell'illuminismo. In Russia, per sostituire la borghesia con il proletariato, Lenin si appellava allegramente allo sterminio. Il 31 agosto 1918 sulla *Pravda* pubblicò un appello in tal senso: "Operai, è giunto il momento di annientare la borghesia, altrimenti sarete annientati da essa. Le città devono essere spietatamente ripulite da tutto il marciume borghese. Tutti questi signori saranno denunciati e coloro che rappresentano un pericolo per la causa rivoluzionaria saranno sterminati". Ben presto, però, i dittatori comunisti si resero conto di essere osteggiati non solo dalla borghesia, ma anche dall'ottanta per cento della popolazione, che comprendeva tutti gli strati della società russa.

Più terribile della guerra contro le armate bianche fu quella contro la popolazione civile, soprattutto contro i contadini russi, le cui rivolte e insurrezioni nelle retrovie delle armate rosse erano state una costante fin dalla primavera del 1918. Già allora Lenin definì i kulaki "sanguisughe e parassiti" perché si rifiutavano di consegnare le derrate alimentari e proclamò una "guerra spietata contro i kulaki". Per ragioni tattiche, l'8 novembre 1917 i bolscevichi, su pressione dei socialisti rivoluzionari, avevano emanato un decreto destinato a conquistare il sostegno dei contadini. In esso si affermava che tutta la terra, compresa quella di proprietà dello Stato, doveva essere "per il coltivatore" e che le "forme di occupazione della terra dovevano essere libere". Tuttavia, affermava che ogni decisione finale sarebbe stata presa dall'Assemblea Costituente, che fu notoriamente sciolta con un colpo di pistola. Lenin ammette che i bolscevichi all'epoca firmarono una legge che non volevano "perché non volevano opporsi alla volontà della maggioranza dei contadini". Il 19 febbraio 1918 ci fu un nuovo decreto sulla distribuzione della terra che era collegato al precedente; ma già parlava di "socializzazione" della terra e delle virtù della "collettivizzazione". La situazione precedente alle riforme di Stolypin fu quindi ribaltata e le comuni riapparvero. In *The Harvest of Sorrow* Robert Conquest afferma che nel maggio 1918 "i bolscevichi decisero che la fase iniziale dell'alleanza con i contadini nel loro complesso era terminata e che la rivoluzione socialista poteva ora iniziare sul serio".

La nuova costituzione sovietica del 1918 significava una retrocessione dei contadini a favore degli operai. Il confronto del proletariato dei villaggi contro i kulaki era la formula della nuova fase del socialismo. In altre parole, l'alleanza con i contadini più poveri doveva servire a neutralizzare i contadini della classe media. Tuttavia, il partito era estremamente debole nei villaggi. Conquest scrive che "prima della rivoluzione solo quattrocentonovantaquattro contadini appartenevano al Partito bolscevico e c'erano solo quattro cellule rurali". Aggiunge che i leader bolscevichi ammisero francamente la necessità di scatenare la guerra di classe nei villaggi e riproduce il discorso di Sverdlov al Comitato esecutivo centrale nel maggio 1918: "Dobbiamo porci seriamente il problema di dividere i villaggi in classi, di creare in essi due campi ostili contrapposti, contrapponendo gli elementi più poveri della popolazione agli elementi kulak. Solo se riusciremo a dividere i villaggi in due campi, a scatenare in essi la stessa lotta di classe che nelle città, otterremo nei villaggi ciò che abbiamo ottenuto nelle città".

Anche se la maggior parte dei contadini poveri rimase in disparte, il regime riuscì a creare una sorta di base nelle aree rurali. Man mano che l'antagonismo cresceva nei villaggi, piccole bande che accettavano il patrocinio comunista, con l'aiuto di intrusi armati provenienti dalle città, iniziarono a derubare e uccidere più o meno impunemente. Il risultato fu una rivolta diffusa. Nel corso del 1918 ci furono duecentoquarantacinque ribellioni antisovietiche in venti regioni della Russia centrale. Secondo le cifre ufficiali, tra luglio e novembre 1918 ci furono centotto "ribellioni kulak", come le chiamava il regime, alle quali parteciparono interi villaggi senza distinzione di classe sociale. Il 10 agosto 1918, nelle direttive al Soviet di Penza, Lenin ordinò: "Compagni! L'insurrezione kulak nei vostri cinque distretti deve essere schiacciata senza pietà". Le istruzioni specifiche prevedevano l'impiccagione pubblica di almeno 100 kulaki, la pubblicazione dei loro nomi, il sequestro di tutto il grano e la selezione di ostaggi. Gli archivi della Cheka, aperti ai ricercatori dal 1991, confermano che tra il 15 ottobre e il 30 novembre 1918 quarantaquattro esplosioni si trasformarono in rivolte contadine. Quasi mille persone furono fucilate e altre seicentoventi persero la vita a causa della repressione.

Nicolas Werth nel primo capitolo de *Il libro nero del comunismo*, intitolato *Uno Stato contro il suo popolo*, sostiene che all'inizio del 1919 il sistema di requisizione era già centralizzato e ben pianificato. Ogni provincia, distretto, cantone o comunità di villaggio doveva consegnare allo Stato una quota fissata in anticipo sulla base dei raccolti stimati. Queste quote comprendevano una serie di prodotti: patate, miele, uova, burro, carne, latte, ecc. Un'altra ragione delle rivolte contadine fu la coscrizione forzata ordinata da Trotsky. Almeno tre milioni di contadini disertarono tra il 1919 e il 1920. La repressione governativa non si limitò a sparare a migliaia di loro, ma anche a prendere in ostaggio le loro famiglie. Un decreto firmato da Lenin il 15 febbraio 1919 ordinò ai chekas locali di prendere in ostaggio i contadini per costringerli a togliere la neve dalle ferrovie. In caso di rifiuto, gli ostaggi dovevano essere "presi con la forza delle armi".

Nel 1919 c'erano in Ucraina veri e propri eserciti contadini di decine di migliaia di uomini, le cui richieste erano: "terra per i contadini, libertà di commercio e soviet liberamente eletti senza moscoviti ed ebrei". Werth commenta le grandi rivolte di aprile in Ucraina contro i distaccamenti di requisizione bolscevichi e fornisce i dati della Cheka sui primi venti giorni di luglio, che fanno riferimento a più di duecento rivoluzioni, "che implicano circa centomila combattenti armati e diverse centinaia di migliaia di contadini". Le armate contadine di Grigoriev, composte da unità ammutinate dell'Armata Rossa con cinquanta cannoni e settecento mitragliatrici, si impadronirono delle città dell'Ucraina meridionale nell'aprile-maggio 1919, gridando i seguenti slogan: "Tutto il potere ai soviet del popolo ucraino!", "L'Ucraina per gli ucraini senza bolscevichi ed ebrei!", "Distribuzione delle terre!", "Libertà di impresa e di commercio!". Tra le città occupate vi erano Cherkassy, Kherson, Nikolayev e Odessa. Alcuni storici sostengono che questa rivolta rese impossibile la prevista invasione della Romania da parte dell'Armata Rossa,, che voleva venire in aiuto della Repubblica Sovietica Ungherese di Bela Kun. Un altro esercito, comandato da un certo Zeleny, con lo slogan "Viva il potere sovietico, abbasso i bolscevichi e gli ebrei!"

arrivò a controllare la provincia di Kiev, tranne le grandi città. La ribellione in Ucraina e in alcune zone del Volga può dirsi diffusa.

Nei mesi di febbraio e marzo 1920, a Kazan, Simbirsk e Ufa, province sottoposte a insopportabili requisizioni, ebbe luogo la cosiddetta "insurrezione della forca", in cui si sollevarono circa trentamila contadini. La ribellione crebbe di forza e fu formato un esercito contadino di 50.000 uomini per combattere le unità regolari dell'Armata Rossa armate di cannoni e mitragliatrici con attrezzi agricoli. In pochi giorni migliaia di contadini furono uccisi e centinaia di villaggi bruciati. Nell'autunno e nell'inverno del 1920, dopo che gli ultimi contingenti di truppe straniere avevano lasciato la Russia, scoppiarono le più feroci ribellioni contadine contro la dittatura di Lenin e Trotsky. Nell'Ucraina orientale, l'esercito di Nestor Makhnov raccolse quindicimila uomini e duemila e cinquecento cavalieri, armati con un centinaio di mitragliatrici, una ventina di cannoni e due carri armati. Nella Siberia occidentale si formò un esercito di oltre 60.000 uomini. Nel Caucaso settentrionale altri trentamila contadini si sollevarono contro il governo comunista.

Il presidente del Comitato rivoluzionario del Caucaso settentrionale, Serge Ordzhonikidze, un trotskista di origine georgiana che durante le purghe staliniane finì per "suicidarsi" nel 1937, il 23 ottobre 1920 ordinò che tutti gli abitanti di Ermolovskaia, Romanovskaia, Samachinskaia e Mikhailovskaia fossero espulsi dalle loro case e che le case e le terre fossero ridistribuite ai contadini poveri. Tutti gli uomini di età compresa tra i diciotto e i cinquant'anni furono deportati al Nord e condannati ai lavori forzati. Gli scagnozzi della Cheka sequestrarono le proprietà delle città citate e tutto il bestiame. A metà novembre due delle città furono completamente svuotate dei loro abitanti e una di esse fu rasa al suolo. Inoltre, il Caucaso fu ripulito da diecimila "nemici di classe" e più di cinquemila erano in attesa di essere deportati. Lenin giustificò le misure sostenendo che i contadini erano "molto più pericolosi di tutti i Denikin, gli Yudenich e i Kolchak messi insieme, poiché abbiamo a che fare con un Paese in cui il proletariato (intendeva il proletariato industriale) rappresenta una minoranza". Questa affermazione non è priva di aberrazioni, poiché implica l'ammissione che la dittatura di una minoranza era destinata a essere imposta

La rivolta più lunga fu quella della provincia di Tambov, scoppiata già nel 1918 e durata fino alla fine del 1920. Tambov, una provincia densamente popolata a circa 500 chilometri a sud-est di Mosca e controllata dai socialisti rivoluzionari, era il granaio della nuova capitale del regime. Dall'autunno del 1918, le requisizioni avevano provocato numerose rivolte, che erano state spietatamente represse. Se le quote venivano cedute, la popolazione era condannata a morire di fame. Nell'agosto 1920, nel villaggio di Jitovo, dove i distaccamenti di requisizione commettevano ogni tipo di abuso, uno dei quali era il pestaggio di vecchi i cui figli avevano disertato e si erano nascosti nei boschi, si verificarono gravi incidenti che si diffusero in tutta la provincia. All'inizio di settembre, tutti i rappresentanti del governo di tre distretti di Tambov che non riuscirono a fuggire furono uccisi da un esercito di oltre 14.000 uomini, per lo più disertori, armati di fucili, forconi e falci.

Questa rivolta si sviluppò in un movimento insurrezionale organizzato da un leader militare social-rivoluzionario di nome Aleksandr Stepanovich Antonov. Vennero formate milizie contadine e fu creato un servizio di informazione che riuscì a infiltrarsi nella Cheka di Tambov. Antonov lanciò una campagna di propaganda denunciando il "commissariato bolscevico". Oltre ai ferrovieri e ad altri lavoratori, migliaia e migliaia di disertori si unirono al suo esercito. Secondo Richard Pipes in *A Concise History of the Russian Revolution*, Antonov si servì di non meno di centodiecimila disertori, di cui riuscì ad armarne cinquantamila, che divise in diciotto o venti reggimenti. Il 19 ottobre 1920 Lenin ordinò a Dzerzhinsky di "stroncare rapidamente e in modo esemplare questo movimento". In ottobre il governo controllava solo il capoluogo di provincia e alcuni centri urbani; ma entro la fine dell'anno, con truppe speciali provenienti dalla Crimea e altri distaccamenti dell'Armata Rossa, fu in grado di radunare una forza di 100.000 soldati. Il generale Mikhail Tukhachevsky era responsabile delle "operazioni per liquidare le bande Antonov nella provincia di Tambov". Tukhachevsky utilizzò distaccamenti speciali della Cheka equipaggiati con artiglieria pesante e aerei. Eseguì gli ordini di Lenin con una repressione spietata, utilizzando anche gas asfissianti per sterminare i ribelli che continuavano a radunarsi nelle foreste.

Queste guerre contadine raggiunsero il loro apice nei primi mesi del 1921. A febbraio la Cheka riferì che erano in corso centodiciotto rivolte. I comunisti controllavano solo le città e le campagne erano lasciate alla mercé di bande o eserciti di contadini affamati. Vladimir Antonov Ovseenko, comandante dell'Armata Rossa, ammise nel gennaio 1921 che la metà dei contadini stava morendo di fame. Il 12 febbraio il comandante dell'esercito del Volga riferì che nella provincia di Samara l'esercito aveva sparato su diverse migliaia di contadini affamati che assediavano gli hangar dove era stato immagazzinato il grano. A Saratov i contadini pesantemente armati si impadronirono delle scorte nei magazzini statali. Tra gennaio e marzo 1921 fu perso il controllo delle province di Tyumen, Omsk, Chelyabinsk ed Ekaterinburg. La città di Tobolsk fu presa da un esercito popolare di contadini e poté essere riconquistata dalle unità dell'esercito solo il 30 marzo. Nelle due grandi città, Pietrogrado e Mosca, un decreto governativo aveva imposto il razionamento del pane a gennaio.

La situazione era così esplosiva che il Decimo Congresso del Partito, nel contesto della NEP (Nuova Politica Economica) che iniziò ad essere attuata dal marzo 1921, propose di porre fine alle requisizioni e di sostituirle con una tassa in natura. Questa misura non pose fine alle rivolte, che si placarono solo a seguito della carestia del 1921-1922. Per quanto riguarda la

NEP, si trattava di un riconoscimento del fatto che i piani di socializzazione e collettivizzazione delle campagne stavano portando il Paese alla rovina e mettendo in pericolo il regime stesso. Lenin definì questa nuova politica, che mirava a prevenire il crollo della produzione industriale e faceva alcune concessioni al capitalismo, come "respiro". Nelle sue stesse parole, si trattava di "una ritirata strategica che ci permetterà di avanzare su un fronte più ampio nel prossimo futuro". Robert Conquest trascrive queste righe da una lettera di Lenin a Kamenev datata 3 marzo 1922, ma divenuta nota solo nel 1959: "È un grande errore pensare che la NEP ponga fine al terrore; ricorreremo di nuovo al terrore e al terrore economico".

Guerra civile contro gli operai e i marittimi di Kronstadt

Il regime sovietico adottò l'etichetta di "banditi" per tutti coloro che si opponevano alla sua dittatura. Il termine fu adottato dopo l'operazione contro gli anarchici condotta nella notte tra l'11 e il 12 aprile 1918. Bruce Lockhart, testimone oculare degli eventi, racconta che Trotsky decise di ripulire Mosca dagli anarchici che, seguendo l'esempio dei bolscevichi, avevano occupato le case dei ricchi e applicato il consiglio di Lenin di "saccheggiare i saccheggiatori". Il raid iniziò alle 3 del mattino e consistette in un attacco simultaneo a ventisei case sequestrate dagli anarchici. Lockhart descrive il raid come un completo successo, nonostante il fatto che, per sgomberare gli edifici, i cecchini di Dzerzhinsky e Peters uccisero un centinaio di anarchici e altri cinquecento furono arrestati, di cui ventotto furono giustiziati con l'accusa di essere "banditi". Più tardi nella mattinata, Bruce Lockhart e Raymond Robins, il collega americano che considerava Trotsky il più importante ebreo dopo Cristo, furono invitati a un macabro giro turistico, guidato da Yacov Peters. Lockhart descrive uno degli scenari:

"Nella lussuosa sala principale di casa Gracheva, gli anarchici erano stati sorpresi nel bel mezzo di un'orgia; il lungo tavolo che era servito per il banchetto giaceva piatto, e piatti, bicchieri e bottiglie di champagne rotti erano sgradevoli isole in una pozza di sangue e vino versato. Una giovane donna giaceva con la faccia sul pavimento. Peters la girò. I suoi capelli erano scompigliati. Le avevano sparato al collo e il sangue si era coagulato in un sinistro grumo viola. Non poteva avere più di vent'anni. Peters alzò le spalle. 'Prostituta', disse, 'Forse è stato meglio così'. Fu una scena indimenticabile".

Da quel momento in poi gli operai potevano diventare banditi se si opponevano al governo. I soviet controllati dagli oppositori menscevichi e dai socialisti rivoluzionari furono sciolti il 14 luglio 1918. Proteste e scioperi ebbero luogo in numerose città. A Kolpino, vicino a Pietrogrado, un distaccamento della Cheka aprì il fuoco su una manifestazione di operai che protestavano contro la fame e dieci lavoratori furono uccisi. Lo stesso giorno a Ekaterinburg, nella fabbrica Berezovsky, quindici persone furono uccise dalle Guardie Rosse durante una manifestazione di protesta contro i commissari bolscevichi. Il giorno successivo fu decretata la legge marziale e la Cheka locale fucilò quattordici persone. Nicholas Werth osserva che Mosca non fu nemmeno informata di queste esecuzioni e aggiunge che nell'estate del 1918 numerose manifestazioni in varie città industriali furono represse a costo del sangue dei lavoratori. Secondo questo autore, "uno degli episodi di repressione più accuratamente nascosti dal nuovo regime fu la violenza esercitata sul mondo operaio, in nome del quale i bolscevichi avevano preso il potere".

Nel 1919, l'ondata di proteste operaie nelle fabbriche era in aumento. Secondo il Centro russo per la conservazione e lo studio della documentazione storica contemporanea (CRCEDHC), una fonte citata più volte dalla mezza dozzina di autori de *Il libro nero del comunismo*, il 10 marzo 1919, diecimila operai della fabbrica Putilov riuniti in assemblea generale emisero un proclama che denunciava il governo come nient'altro che "la dittatura del Comitato centrale del Partito comunista, che governa con la Cheka e i tribunali rivoluzionari". Chiedeva la liberazione dei prigionieri politici dei "veri partiti rivoluzionari". Lenin si recò a Pietrogrado e il 12 e 13 marzo cercò di parlare nelle fabbriche, ma lui e Zinoviev furono fischiati dagli operai, che gridarono "Abbasso gli ebrei e i commissari!". Il 16 marzo, distaccamenti della Cheka fecero irruzione nella fabbrica Putilov e arrestarono circa mille operai. Nei giorni successivi, duecento scioperanti furono giustiziati senza processo nella fortezza di Schüsselbourg. Nella primavera del 1919 si susseguirono scioperi in varie città russe, tutti duramente repressi. Gli operai chiedevano le stesse razioni di pane dei soldati, l'abolizione dei privilegi per i comunisti, la fine della coscrizione forzata, libere elezioni del comitato di fabbrica, libertà di associazione, di parola e di stampa.

All'inizio di marzo 1919, gli operai della città di Astrakhan, vicino alla foce del Volga, entrarono in sciopero. Il 10 marzo il 45° reggimento si rifiutò di sparare contro gli operai in marcia per la città e i soldati si unirono agli scioperanti. Dopo il saccheggio della sede del Partito Comunista e l'assassinio dei suoi leader, Astrakhan cadde nelle mani degli operai e dei disertori. La città, considerata una chiave per impedire il collegamento tra gli eserciti di Kolchak e Denikin, fu presto riconquistata. Sergei Kirov, presidente del Comitato militare rivoluzionario della regione "ordinò lo sterminio senza pietà delle sporche Guardie Bianche con ogni mezzo". Le truppe rimaste fedeli e i distaccamenti della Cheka bloccarono Astrakhan e la riconquistarono. Le prigioni si riempirono di soldati ammutinati e di scioperanti.

Il metodo di Carrier, il famoso inventore degli annegamenti della Loira, fu quindi messo in pratica. I crimini di questo criminale fanatico sono già stati descritti nel secondo capitolo di quest'opera, ed è stato osservato che i cecoslovacchi giudeo-bolscevichi hanno imitato il suo metodo ad Astrakhan. Ricordiamo, poi, che scioperanti e soldati venivano gettati dalle chiatte nel Volga con una pietra al collo. Tra il 12 e il 14 marzo furono annegati o fucilati tra i due e i quattromila prigionieri. Dal 15 iniziò la persecuzione della borghesia cittadina, accusata di aver istigato una cospirazione che si era servita degli operai e dei disertori. Le case dei commercianti di Astrakhan furono saccheggiate e i loro proprietari fucilati. Le cifre relative al numero di vittime considerate borghesi si avvicinano al migliaio. Il 18 marzo, anniversario della Comune di Parigi, come sottolineato dalle autorità, i quarantasette morti dei comunisti furono sepolti con grande pompa e cerimonia.

Nel marzo 1920 Trotsky lanciò una campagna per la militarizzazione del lavoro. Ecco una citazione dello storico E. H. Carr in *La rivoluzione bolscevica 1917-1923*, uno dei volumi della sua *Storia della Russia sovietica*: "La militarizzazione è impensabile senza la militarizzazione dei sindacati in quanto tali, senza l'instaurazione di un regime in cui ogni lavoratore si senta un soldato del lavoro, che non può disporre liberamente di se stesso; se gli viene dato l'ordine di muoversi, deve eseguirlo; se non lo esegue, è un disertore che viene punito. Chi se ne occupa? Il sindacato, che crea il nuovo regime. Questa è la militarizzazione della classe operaia". Queste idee avevano lo scopo di convincere i lavoratori che il comunismo era l'ideologia che li avrebbe liberati dalla loro presunta schiavitù.

All'inizio del 1921 ebbe luogo la ribellione di Kronstadt, uno degli episodi più noti della guerra civile contro operai e soldati. Il 21 gennaio un decreto governativo ordinò la riduzione di un terzo delle razioni di pane in diverse città, tra cui la base navale di Kronstadt. Alla fine di febbraio si susseguirono marce della fame, scioperi e occupazioni di fabbriche, che raggiunsero il culmine nei grandi centri urbani, soprattutto a Pietrogrado e Mosca. Nella prima capitale, gli operai cercarono di entrare nelle caserme per fraternizzare con i soldati e ci furono pesanti scontri con le unità della Cheka in cui persero la vita diversi operai e centinaia di feriti. A Pietrogrado gli operai delle grandi fabbriche, riuniti in assemblee, chiesero l'abolizione della dittatura comunista. Diversi reggimenti di Pietrogrado si riunirono e adottarono dichiarazioni di sostegno agli operai. Il 23-25 febbraio, migliaia di operai marciarono per le strade di Pietrogrado per protestare contro la dittatura. Il 24 distaccamenti della Cheka aprirono il fuoco su una manifestazione e uccisero dodici persone. Lo stesso giorno furono arrestati circa mille militanti socialisti, il che non impedì a migliaia di soldati di disertare per unirsi agli operai.

Il 28 febbraio, la *Sevastopol* e la *Petropavlosk, le* due corazzate della base di Kronstadt sull'isola di Kotlin, si ammutinarono definitivamente. I marinai lanciarono un ultimatum a cui dovevano rispondere entro 24 ore. Le richieste erano contenute in un programma in quindici punti. Tra le altre cose, si chiedevano: elezioni segrete dei soviet, poiché quelli attuali "non rappresentavano la volontà degli operai e dei contadini"; libertà di parola, di stampa e di organizzazione; fine della supremazia del Partito Comunista; razionamento uguale per tutti; liberazione dei prigionieri politici, compresi i membri delle SR, gli operai, i contadini, i soldati e i marinai. Il documento chiedeva inoltre l'abolizione delle requisizioni, l'abolizione dei distaccamenti della Cheka e l'espulsione degli ebrei da tutte le alte cariche che ricoprivano. Secondo Alexander Berkman, scrittore anarchico di origine ebraica, quest'ultima richiesta era considerata tra le più importanti.[7]

Il 1° marzo si tenne una riunione di massa a Kronstadt, alla quale parteciparono quindicimila persone. La metà dei duemila bolscevichi presenti a Kronstadt si unì agli insorti. Mikhail Kalinin, presidente del Comitato esecutivo centrale dei Soviet, si recò alla base navale per cercare di calmare gli animi, ma venne fischiato. Durante la prima settimana di marzo la Cheka emise rapporti quotidiani sulla situazione, temendo una rivolta generale a Pietrogrado, poiché gli ammutinati avevano contattato le assemblee dei lavoratori in un gran numero di fabbriche. Uno dei capi visibili della ribellione fu il primo ufficiale della *Petropavlosk*, di nome Perichenko, che imprigionò il comitato locale del Partito Comunista. Il 6 gennaio Trotsky aveva dichiarato che tutti coloro che chiedevano libertà di parola e di stampa dovevano essere fucilati "come anatre in uno stagno" o "come cani". Il 7 marzo la Cheka ricevette l'ordine di agire contro gli operai e più di duemila simpatizzanti di orientamento socialista o anarchico furono arrestati per schiacciare la retroguardia della ribellione.

Le operazioni contro gli ammutinati, organizzate dallo stesso Trotsky e guidate dal generale Tukhachevsky, iniziarono l'8 marzo 1921. Trotsky ordinò di prendere in ostaggio le donne e i bambini dei ribelli e promise agli ammutinati che sarebbero stati "fucilati come pernici". L'isola fu bombardata con aerei e artiglieria da terra prima che il 561° reggimento di fanteria lanciasse l'attacco. Alcune unità si rifiutarono di attaccare e quasi tutti i membri del 2° Battaglione passarono ai Marines ammutinati. I combattimenti furono aspri e causarono migliaia di morti da entrambe le parti. Le acque ghiacciate del Golfo di Finlandia erano piene di cadaveri e il governo finlandese chiese che venissero rimossi, temendo che lo scongelamento dei ghiacci avrebbe portato sulle coste finlandesi un pericolo per la salute. Diecimila soldati rossi persero la vita nell'assalto. Mikhail Tukhachevsky dichiarò in seguito di non aver mai visto un combattimento come quello di Kronstadt: "I marinai hanno combattuto come bestie. Non

---

[7] Alexander Berkman, lituano di origine ebraica, guidò il movimento anarchico negli Stati Uniti insieme a Emma Goldman, che come lui era lituana ed ebrea. Dopo la repressione di Kronstadt, Berkman lasciò la Russia in preda all'orrore e pubblicò diversi libri in cui denunciava il mito del bolscevismo. Secondo le sue stesse parole, "il terrore e il dispotismo avevano schiacciato la speranza nata nell'ottobre 1917". Si suicidò infine il 28 giugno 1936.

riesco a capire dove abbiano trovato la forza per la loro furia. Ogni casa doveva essere fatta saltare in aria".

Nei giorni successivi alla caduta di Kronstadt, si scatenò una spietata repressione e furono eseguite esecuzioni su larga scala. Nel corso di due mesi si tennero processi sommari che, secondo le cifre ufficiali, condannarono a morte più di 2.100 persone. Secondo i documenti di Kronstadt citati da Nicolas Werth, circa 6.500 persone furono internate in prigioni e campi di concentramento. Prima della caduta della base navale, circa 8.000 persone riuscirono a fuggire attraverso il Golfo di Finlandia e finirono nei campi di concentramento. Cinquemila di questi prigionieri finirono a Jolmogory, un campo vicino ad Arcangelo, e nel giro di un anno tremila e mezzo di loro erano morti. A Jolmogory, come ad Astrakhan, si usava il metodo Carrier: i prigionieri venivano caricati su chiatte, legati per le braccia e con una pietra al collo, e gettati nelle acque del fiume Dvina. Un chekista ebreo, uno psicopatico di nome Mikhail Kedrov (Zederbaum), aveva inaugurato questo crudele sistema di omicidio di massa nel giugno 1920. La barbarie e la crudeltà di Kedrov sono descritte da Donald Rayfield nel libro *Stalin and the Executioners*, pubblicato in inglese nel 2003. Egli spiega che nella Russia settentrionale Kedrov "massacrò scolari e ufficiali dell'esercito in modo così feroce che dovette essere internato in un ospedale psichiatrico". Il malato di mente fu presto rilasciato e gli fu nuovamente affidato il comando di un'unità della Cheka nel Mar Caspio. Diverse testimonianze confermano che molti ammutinati di Kronstadt, così come un gran numero di cosacchi e contadini della provincia di Tambov deportati a Khomolgory, furono annegati nel fiume nel 1922. Circa 2.500 civili di Kronstadt furono deportati in Siberia solo per essere rimasti nella base al momento degli eventi.

Guerra civile contro i cosacchi

L'eliminazione dei cosacchi del Don e del Kuban era l'obiettivo della guerra civile contro questo gruppo etnico, un popolo di guerrieri amanti della libertà. Gli stessi leader bolscevichi chiamarono le loro azioni volte allo sterminio e alla deportazione dell'intera popolazione di questi territori "Vandea sovietica". Il precedente storico della Vandea francese, uno dei più brutali massacri della storia contemporanea, fu quindi il modello per i comunisti. Si è visto nel secondo capitolo che i rivoluzionari giacobini ottennero un proclama della Convenzione che in termini inequivocabili dichiarava che si trattava di "sterminare i banditi della Vandea per epurare completamente il suolo della libertà da quella razza maledetta". La stessa volontà genocida animava i leader sovietici, che già nella primavera del 1918 pianificarono la guerra contro i cosacchi, considerati nemici di classe.

Il 24 gennaio 1919, una risoluzione segreta del Comitato Centrale del Partito Comunista prevedeva una serie di misure contro i cosacchi, tra cui la confisca delle loro terre, che venivano ridistribuite, l'obbligo di consegnare le armi pena la morte e lo scioglimento dei loro distretti amministrativi. Isak Reingold, un ebreo trotskista che presiedeva il Comitato rivoluzionario del Don e che anni dopo sarebbe stato eliminato da Stalin, si occupò della repressione in queste terre cosacche. In poche settimane, tra febbraio e marzo 1919, distaccamenti di bolscevichi giustiziarono più di 8.000 persone. Nei villaggi cosacchi, ai tribunali rivoluzionari bastavano pochi minuti per condannare a morte per "comportamento controrivoluzionario". Nel giugno 1919 Reingold riconobbe: "Abbiamo avuto la tendenza ad attuare una politica di sterminio di massa dei cosacchi senza la minima distinzione". Di fronte all'evidenza delle fucilazioni di massa, i cosacchi decretarono la mobilitazione generale di tutti gli uomini di età compresa tra i sedici e i cinquantacinque anni e invitarono alla rivolta in tutta la regione contro i comunisti. Il testo dell'appello alla ribellione spiegava che erano "per le libere elezioni e contro i comunisti, le comuni e gli ebrei. Siamo contro le requisizioni, le rapine e le esecuzioni effettuate dai chekas". All'inizio di giugno, i cosacchi del Don e del Kuban si erano uniti al grosso delle armate bianche di Denikin.

La sconfitta dei bianchi portò a una seconda occupazione militare delle terre cosacche, che furono nuovamente sottoposte al terrore rosso. Un altro ebreo, Karl Lander, uno dei principali leader della Cheka, fu nominato plenipotenziario nel Caucaso settentrionale e nel Don. Lander istituì speciali tribunali di tre membri (troike) per effettuare la decostituzionalizzazione. Solo nell'ottobre 1920, queste troike condannarono a morte più di 6.000 persone. I membri delle famiglie cosacche che non erano stati catturati furono presi in ostaggio e molti finirono i loro giorni nei campi di concentramento, veri e propri campi di sterminio, come ha riconosciuto Martin Latsis, un altro ebreo di origine lettone come il suo collega Karl Lander. Latsis, il cui vero cognome era Sudrabs, fu presidente della Cheka ucraina nel 1919 e membro del Presidium della Cheka dal 1918 al 1921. In un rapporto del CRCEDHC (Centro russo per la conservazione e lo studio dei documenti di storia contemporanea) citato da Nicolas Werth, Martin Latsis scrisse che donne, bambini e anziani, in condizioni terribili, nel fango e nel freddo, "morivano come mosche", aggiungendo: "le donne sono pronte a tutto pur di sfuggire alla morte". I soldati che sorvegliano il campo approfittano della situazione per avere rapporti con loro". Anche Latsis, individuato come trotzkista da Stalin, fu giustiziato nel 1938. In *Uno Stato contro il suo popolo,* Werth stima che tra 300.000 e mezzo milione di persone provenienti dalle regioni cosacche del Don e del Kuban siano state uccise o deportate durante il 1919 e il 1920. Spiega che uno dei mezzi più efficaci per la de-cosakizzazione fu la distruzione dei villaggi e la deportazione di tutti i loro abitanti.

Tuttavia, l'episodio più straziante per i cosacchi avvenne 25 anni dopo quando, dopo essersi arresi agli inglesi nell'Austria meridionale, questi ultimi, sapendo che sarebbero stati mandati a morte o internati nei Gulag sovietici, rimpatriarono 50.000 cosacchi in URSS. Gli ufficiali furono giustiziati e gli altri furono condannati a campi di concentramento o di lavoro. Si stima che la metà di loro sia morta durante l'internamento. Il libro che racconta gli eventi in dettaglio è *The Last Secret di* Nicholas Bethell, pubblicato nel 1974. Dagli archivi ufficiali aperti ai ricercatori nel 1972, Lord Bethell rivela che i 50.000 cosacchi erano tra i due milioni di persone, uomini, donne e bambini, che erano in mano agli Alleati e rimpatriati in Unione Sovietica contro la loro volontà. Molti avevano lasciato la Russia nel 1917 ed erano esuli, dissidenti che quindi non avevano il passaporto sovietico.

I nostri paladini della libertà e della democrazia, pur conoscendo bene la natura sanguinaria della dittatura comunista, che ormai aveva ucciso più di 20 milioni di persone, non avevano alcun problema morale a collaborare ancora una volta con il comunismo. Alexander Solzhenitsyn, che considera Churchill e Roosevelt dei criminali che hanno rispedito i rifugiati politici in Russia per essere perseguitati e giustiziati, definisce questo fatto poco noto "l'ultimo segreto della Seconda Guerra Mondiale". Certo, i cosacchi avevano combattuto con i tedeschi, ma le loro mogli e i loro figli no. Inoltre, va notato che dopo la vittoria dei comunisti nella guerra civile e la successiva ondata di terrore scatenata contro di loro, decine di migliaia di cosacchi fuggirono in Europa occidentale e non erano cittadini sovietici, in quanto erano già una generazione di emigrati che non aveva mai riconosciuto la legittimità dello Stato sovietico. Secondo i termini del Trattato di Yalta, la maggior parte di loro non doveva essere rimpatriata. Hugh Trevor-Roper, autore dell'introduzione al libro di Bethell, è più moderato di Solzhenitsyn nelle sue critiche e accusa di "un eccesso di zelo filosovietico da parte delle autorità britanniche responsabili del rimpatrio".

Terrore rosso e terrore ebraico

La Cheka (Commissione straordinaria per la lotta contro la controrivoluzione e il sabotaggio), in seguito conosciuta con vari acronimi (GPU, OGPU, NKVD, MVD e KGB) fu creata il 20 dicembre 1917 con un decreto di Lenin. Lenin mise a capo di questa polizia politica Felix Dzerzhinsky, un ebreo polacco il cui vero nome era Rufin. "Non abbiamo bisogno di giustizia", dichiarò una volta Dzerzhinsky, un sadico tossicodipendente che Zinoviev considerava "il santo della rivoluzione". Nell'ottobre del 1918 i disturbi mentali di Dzerzhinsky raggiunsero un livello così estremo che dovette essere inviato in incognito in un sanatorio in Svizzera, dove rimase per un mese per un trattamento psichiatrico. Proprio nell'ottobre 1918, dopo il tentato assassinio di Lenin, la Cheka ordinò tra le 10.000 e le 15.000 esecuzioni sommarie senza processo. Così, in poche settimane, la Cheka raddoppiò il numero di condanne a morte eseguite nell'impero zarista durante novantadue anni.

Un altro ebreo di nome Gleb Boky, il principale organizzatore del Gulag, sembrava destinato a succedere a Dzerzhinsky dopo la sua morte alla fine del 1926. Boky era il suo protetto e il suo più fidato confidente. Tuttavia, fu uno stalinista di nome Vyacheslav Menzhinsky a prendere il suo posto. Ad eccezione del già citato Menzhinsky, i capi comunisti che presiedevano la Cheka erano ebrei o avevano una moglie ebrea. Tra questi, come si vedrà più avanti, c'erano Yagoda, Yezhov (sposato con una donna ebrea) e Beria, tre dei più grandi criminali della storia contemporanea. Lo storico ebreo Leonard Shapiro scrive che "chiunque fosse abbastanza sfortunato da cadere nelle mani della Cheka aveva buone probabilità di essere affrontato, e forse ucciso, da un investigatore ebreo". W. Bruce Lincoln, professore americano di storia russa, conferma che in Ucraina "gli ebrei costituivano l'80% degli agenti regolari della Cheka". Anche la metà dei membri della polizia segreta che operavano agli ordini dei direttori ebrei della Cheka erano ebrei, anche se molti di loro, come era consuetudine, nascondevano questo fatto adottando nomi russi. Gli altri erano reclutati dalla feccia della società. Quest'ultimo fatto fu denunciato persino da due bolscevichi veterani, Olminskij e Petrovskij, i quali, constatando che la Cheka agiva "con pieni poteri sui Soviet e sul partito stesso", chiesero misure per "limitare gli eccessi di zelo di un'organizzazione piena di criminali e sadici, di elementi degenerati del lumpen-proletariat".

Werth si basa sui documenti del Comitato Centrale per confermare che i chekas locali erano nelle mani di elementi degenerati, tiranni sanguinari, incontrollati e incontrollabili. Egli cita un rapporto del segretario organizzativo regionale del partito a Yaroslavl, datato 26 settembre 1919, in cui si legge: "I cekisti saccheggiano e arrestano chiunque. Sapendo che resteranno impuniti, hanno trasformato la sede della Cheka in un enorme bordello dove portano le 'donne borghesi'. L'ubriachezza è generale. I capi fanno largo uso di cocaina". Un altro rapporto arrivato il 16 ottobre 1919 da Astrakhan conferma quanto sopra: "Ubriachezza e orge sono all'ordine del giorno. Quasi tutti i cecisti consumano molta cocaina. Questo permette loro, dicono, di sopportare meglio la vista quotidiana del sangue. Ubriachi di violenza e di sangue, i cecisti fanno il loro dovere, ma sono elementi incontrollati che devono essere tenuti sotto stretta sorveglianza".

L'intenzione di utilizzare il terrore come strumento fondamentale per sbarazzarsi degli oppositori e mantenere il potere fu annunciata per la prima volta da Trotsky il 13 dicembre 1917 davanti ai delegati del Comitato esecutivo centrale dei Soviet: "Tra meno di un mese il terrore assumerà forme molto violente, sull'esempio di ciò che accadde durante la grande Rivoluzione francese. Non sarà più solo la prigione, ma la ghigliottina, quella straordinaria invenzione il cui vantaggio riconosciuto è quello di tagliare la testa di un uomo, che sarà a disposizione dei nostri nemici". Giorni dopo Lenin, in un comizio davanti a un'assemblea di lavoratori, alludeva all'uso del terrore come "giustizia rivoluzionaria di classe". Le prime vittime del terrore furono gli intellettuali, i pensatori indipendenti che erano attivi nel denunciare la dittatura comunista. L'"intellighenzia", l'élite intellettuale custode della cultura russa, è stata indicata come bersaglio nella lettera circolare della società segreta sionista citata in precedenza: "Dobbiamo eliminare i suoi individui migliori e di maggior talento, in modo che la Russia soggiogata rimanga senza i suoi leader. In questo modo distruggeremo ogni possibile ribellione contro di noi".

Dopo la caduta del comunismo, in Russia cominciarono ad apparire numerose opere che, non essendo inizialmente tradotte in inglese o in altre lingue occidentali, potevano essere lette solo in russo. Il ricercatore estone Jüri Lina ha attinto a molte di queste fonti e le cita in *Sotto il segno dello scorpione*. Una di queste opere, pubblicata a Mosca nel 1992, è *In the Light of the Day*. Il suo autore, Vladimir Soloukhin, morto nel 1997, è stato un poeta e scrittore di spicco del gruppo "Prosa di villaggio", un movimento letterario interessato alla vita tradizionale delle comunità rurali. Nella sua ultima opera, Soloukhin denuncia che, oltre a perseguitare gli intellettuali, i cecisti arrestarono anche i giovani che indossavano il berretto da studente e alcuni di loro furono liquidati perché Lenin pensava che anche i futuri intellettuali potessero essere una minaccia per il regime sovietico. L'autore rivela che i cecisti erano interessati a ragazze e ragazzi di bell'aspetto: guidati dalla strana convinzione che tra le persone attraenti ci sarebbero stati più intellettuali, li consideravano un potenziale pericolo per la società.

Nel 1924 fu pubblicato a Berlino uno dei primi libri apparsi in Occidente sul terrore comunista, *Terrore rosso in Russia (1918-1923)*, del socialista rivoluzionario S. P. Melgunov. Quest'opera è diventata un classico consultato da quasi tutti i ricercatori e ora può essere letta in inglese su Internet in una traduzione del 2014 di Terri Fabre (Kuznetsoff). Questo libro pionieristico fornisce un resoconto delle principali uccisioni ed esecuzioni di massa perpetrate dai comunisti. Le citazioni di Melgunov dal rapporto della Commissione Rohrberg, che entrò a Kiev alla fine di agosto del 1919 dopo la presa della città da parte dei bianchi, sono ben note. Nella sala delle esecuzioni della Cechia Provinciale di Kiev, un grande garage, "l'intero pavimento era inondato di sangue, che non scorreva, ma formava uno strato di pochi centimetri. Era un orribile miscuglio di sangue, cervelli, pezzi di cranio, ciocche di capelli e altri resti umani. Tutte le pareti trafitte da migliaia di proiettili erano schizzate di sangue, e pezzi di cervello e scalpi vi erano attaccati". Un altro estratto del rapporto descrive una fossa comune trovata in un angolo del giardino, contenente circa ottanta corpi che mostrano la crudeltà degli assassini: "Vi giacevano cadaveri sventrati; ad altri erano stati amputati diversi arti; alcuni erano stati squartati; altri avevano gli occhi cavati e la testa, il viso, il collo e il tronco coperti da profonde ferite... altri non avevano la lingua".

La Cheka di Kiev aveva pubblicato il primo numero del suo giornale *Krasnyi Mech* (*La Spada Rossa*) nell'agosto 1919. Nicholas Werth riporta un estratto del suo editoriale, in cui gli eccessi criminali descritti nel paragrafo precedente sono giustificati ideologicamente:

"Rifiutiamo i vecchi sistemi di moralità e di "umanità" inventati dalla borghesia per opprimere e sfruttare le "classi inferiori". La nostra morale è senza precedenti, la nostra umanità è assoluta perché poggia su un nuovo ideale: distruggere ogni forma di oppressione e di violenza. Per noi tutto è permesso perché siamo i primi al mondo ad alzare la spada non per opprimere e ridurre in schiavitù, ma per liberare l'umanità dalle sue catene.... Che il sangue scorra a fiumi! Perché solo il sangue può colorare per sempre la bandiera nera della borghesia pirata in un vessillo rosso, il vessillo della Rivoluzione, perché solo la morte definitiva del vecchio mondo può liberarci per sempre dal ritorno degli sciacalli!".

Ricordiamo che il presidente della Cheka per tutta l'Ucraina tra il 2 aprile e il 16 agosto 1919 era il già citato Martin Latsis, uno stretto collaboratore di Dzerzhinsky che aveva sostituito un altro ebreo di nome Isaak Izrailevitch Schvarts. Latsis pubblicò nel 1920 un libro in cui sosteneva la violenza illimitata contro i nemici di classe. Secondo la sua tesi, le sentenze non dovrebbero essere emesse sulla base della colpevolezza o dell'innocenza, ma sulla base della classe sociale. Ecco come Latsis spiega il Terrore Rosso: "Siamo impegnati nello sterminio della borghesia come classe. Non è necessario provare che un uomo abbia agito contro il potere sovietico. La prima cosa da chiedere quando una persona viene arrestata è a quale classe appartiene, qual è la sua origine, la sua istruzione, la sua professione". Melgunov riprende un testo del Comitato Centrale del Partito Comunista in cui si riconosce apertamente che le Commissioni Straordinarie "non sono organi di giustizia, ma di sterminio senza pietà". Il Comitato Centrale definisce la Cheka come "un organo di combattimento che opera sul fronte interno della guerra civile. Non giudica il nemico, ma lo stermina, né risparmia chi sta dall'altra parte della barricata, ma lo schiaccia".

Con queste linee guida come sfondo, le atrocità erano all'ordine del giorno. Lo stupro e ogni altro tipo di abuso, come si può facilmente immaginare, erano all'ordine del giorno; anche se, stupro a parte, una delle torture più crudeli per le donne era l'infilare carboni ardenti nelle loro vagine. Per quanto riguarda i religiosi, sacerdoti, monaci e suore, i metodi erano vari. Uno di questi consisteva nel versare piombo fuso in gola prima di essere bruciati vivi. Le crocifissioni erano comuni. In un recente documentario intitolato *La Russia che abbiamo perso*, il regista Stanislav Govorukhin racconta come venivano crocifissi i sacerdoti di Kherson. A Pern, l'arcivescovo Andronnikov fu orribilmente torturato: gli furono cavati gli occhi e tagliati orecchie, naso e lingua. Il vescovo di Voronezh fu bollito vivo in un grande calderone e poi i monaci furono costretti a bere il brodo sotto la minaccia delle armi.

Uno dei metodi più crudeli riguardava i ratti: le vittime venivano messe in bare piene di ratti affamati, oppure i voraci ratti venivano rinchiusi in una gabbia senza fondo sul ventre sanguinante del detenuto per vedere i roditori divorare i suoi intestini. Diverse fonti descrivono una tortura chiamata "skin-pulling", praticata dai cecisti di Kharkov. I detenuti venivano messi in fila e le loro mani venivano inchiodate a una tavola, poi i loro polsi venivano tagliati con un coltello, veniva versata acqua bollente sulle mani e la pelle veniva tirata via. Un'altra crudeltà dei cecisti consisteva nello schiacciare i crani delle vittime con viti o nel trapanarli con strumenti da dentista. Una volta tagliata o segata la parte superiore, il successivo era costretto a mangiare il cervello. Spesso venivano arrestate intere famiglie e i bambini venivano torturati davanti ai genitori e le mogli davanti ai mariti. Jüri Lina fa riferimento al libro *Nomenklatura*, pubblicato a Stoccolma nel 1982 da Mikhail Voslensky, un ex funzionario sovietico. Le vittime immerse nell'olio bollente o nel catrame, impalate, arrostite vive nei forni, immerse nell'acqua in pieno inverno e lasciate nella neve per diventare cubetti di ghiaccio umani, e altri metodi che possiamo risparmiarvi sono descritti nel libro.

Lina, che nelle sue ricerche è assidua nel consultare gli archivi dei giornali, cita un giornale russo-ebraico, *Yevreyskaya Tribuna*, che nell'edizione del 24 agosto 1922 riporta che Lenin aveva chiesto ai rabbini se fossero soddisfatti delle crudeli esecuzioni. L'autore estone denuncia un retroterra ideologico che va oltre la lotta di classe e cita un passo biblico, modificato in alcune bibbie europee dopo la Seconda guerra mondiale. Si trova nel secondo libro di Salomone e si riferisce alla "vittoria sugli Ammoniti". La versione originale narra il massacro del re Davide in tutte le città abitate dai figli di Ammon. Il testo originale recita: "le fece a pezzi con seghe e picconi di ferro e le gettò nella fornace". Nel passo modificato si legge: "fece uscire gli abitanti della città e li mise al lavoro con seghe, tracce e picconi di ferro". Certo, è molto facile trovare nei libri del Pentateuco e nei libri storici testi in cui Yahweh, il Dio di Israele, oltre alla distruzione delle altre religioni, ordina lo sterminio e la pulizia etnica, a volte con la sola eccezione delle ragazze vergini. D'altra parte, si è già visto che nel *Talmud*, oltre a promuovere un odio patologico nei confronti del cristianesimo, solo gli ebrei sono considerati esseri umani.

Nonostante l'esposizione sotto gli occhi di tutto il mondo di questo odio viscerale per la civiltà cristiana e di un terrore senza precedenti basato sul totale disprezzo per la vita umana, alcuni leader delle nazioni che avrebbero dovuto necessariamente difendere questi valori, sottomessi agli interessi di coloro che avevano finanziato il comunismo, collaborarono spudoratamente con i criminali giudeo-bolscevichi. Sebbene la guerra contro i bianchi fosse stata vinta all'inizio del 1920 e il cessate il fuoco con la Polonia fosse stato firmato nell'ottobre dello stesso anno, la nuova predisposizione britannica dopo la dichiarazione di Lloyd George permise definitivamente ai comunisti di fare ogni sorta di acquisti dalle loro ancora abbondanti riserve d'oro. Il 1920 fu l'anno dei massicci acquisti di materiale bellico, che venne utilizzato dai sovietici per massacrare il proprio popolo di fronte all'indifferenza e alla consueta ipocrisia delle famose democrazie.

Morte di Lenin. Trotsky e Stalin si contendono il potere.

Il 6 febbraio 1922 la Cheka fu abolita per decreto e sostituita dalla GPU (Direzione politica dello Stato). Il nome fu cambiato, ma gli autori e i metodi rimasero gli stessi. Il 20 maggio Lenin propose per lettera a Dzerzhinsky un piano di espulsione di scrittori e insegnanti considerati controrivoluzionari. Il 22 maggio fu istituita una commissione per individuare un certo numero di intellettuali da arrestare. Il 1° giugno entrò in vigore un nuovo codice penale che legalizzava la violenza contro i nemici politici. Queste furono probabilmente le ultime azioni sotto la guida di Lenin, che il 25 maggio 1922 ebbe il primo ictus. Anche se fu sollevato da ogni responsabilità solo il 10 marzo 1923, la lotta per il potere iniziò da quel momento in poi.

A giugno la salute di Lenin migliorò e, pur non tornando al Cremlino, cercò di scrivere lettere e di partecipare ad alcune manifestazioni pubbliche, finché il 13 dicembre 1922 fu colpito da altri due ictus, che resero opportuna una riduzione delle sue attività. Stalin era stato nominato segretario generale del Comitato centrale del Partito comunista russo il 3 aprile, e forse per questo il 18 dicembre il Comitato centrale lo nominò responsabile della supervisione medica di Lenin. La carica di segretario generale era allora considerata una carica minore. Alcuni si riferivano a Stalin addirittura come al "compagno archivista". Ma si dà il caso che Stalin controllasse anche l'Orgburo (Ufficio organizzativo del Comitato centrale del Partito). La combinazione di queste due posizioni gli permise di collocare i suoi alleati in posizioni chiave del partito. Tutto questo coincise con i gravi problemi di salute di Lenin e colse di sorpresa Trotsky e i suoi collaboratori, che cercarono di reagire prima della morte del leader.

Il 22 dicembre, il giorno in cui Lenin ebbe un nuovo attacco, Stalin, che doveva già meditare la sua strategia per affermarsi come leader, apprese che Lenin aveva scritto a Trotsky per congratularsi della sua vittoria sul monopolio commerciale. Il giorno dopo Stalin chiamò Nadezhda Krupskaya, la moglie ebrea di Lenin che stava lavorando nell'ombra per fare di Trotsky il successore del marito, e la maltrattò verbalmente per aver lasciato scrivere Lenin nel suo delicato stato di salute. Invece di lamentarsi con il marito, la Krupskaya scrisse a Kamenev e spiegò di aver subito una tempesta di imprecazioni per aver scritto una lettera a Trotsky, dettata da Lenin con il permesso del medico. Chiedeva protezione contro le interferenze nella sua vita privata. Stalin aveva minacciato di portarla davanti alla Commissione di controllo del Partito. Sebbene fosse sicura dell'appoggio unanime della

Commissione, disse a Kamenev che non aveva tempo per una simile "farsa" e che i suoi nervi erano "sul punto di spezzarsi". Robert Conquest conferma che, tra le altre parole volgari, Stalin chiamò la Krupskaya "puttana sifilitica". Un'altra fonte sull'incidente è Maria, la sorella di Lenin che rimase con lui fino alla fine. Secondo lei, "Krúpskaya era completamente distrutta dopo la conversazione con Stalin; non era in sé, piangeva e si rotolava sul pavimento".

Il 29 dicembre 1922 viene approvata la creazione dell'URSS e il 30 dicembre viene firmato il trattato che fa della Russia l'Unione delle Repubbliche Socialiste Sovietiche. Il 4 gennaio 1923 Lenin aggiunse un poscritto al suo testamento, proponendo le dimissioni di Stalin:

> "Stalin è troppo rozzo e questo difetto, benché accettabile nel nostro ambiente e nei rapporti tra noi comunisti, è intollerabile in un segretario generale. Suggerisco quindi ai compagni di pensare a un modo per rimuovere Stalin da questa carica e nominare un altro uomo che sotto ogni aspetto si differenzi dal compagno Stalin per la sua superiorità, cioè più leale, più educato e più attento ai compagni, meno capriccioso, e così via. Questa circostanza può sembrare una sciocchezza; ma io credo che, dal punto di vista della prevenzione di una scissione e dal punto di vista di ciò che ho scritto prima sui rapporti tra Trotsky e Stalin, non sia una sciocchezza, o sia una sciocchezza che può acquisire un'importanza decisiva".

Il testamento con il suo poscritto, consegnato alla Krúpskaya in una busta sigillata per essere aperto e consegnato al partito alla sua morte, non fu conosciuto fino alla scomparsa di Lenin. In queste circostanze, Lenin dettò nelle settimane successive diversi articoli per la *Pravda*, uno dei quali, scritto il 10 febbraio e infine pubblicato il 4 marzo, attaccava Stalin. La maggioranza del Politburo si oppose alla sua pubblicazione e si pensò addirittura di stampare l'articolo in un'unica copia del giornale per ingannare Lenin. Alla fine Trotsky convinse Zinoviev e Kamenev a far pubblicare il testo *alla Pravda*. Nel febbraio 1923 Stalin aveva detto al Politburo che Lenin aveva chiesto del veleno. Trotsky rispose che il medico di Lenin, che era anche il suo, riteneva che potesse riprendersi con lievi menomazioni. Stalin insistette che il veleno doveva essere tenuto a portata di mano solo nel caso in cui i dolori fossero diventati intollerabili; ma la sua richiesta non fu accolta.

All'inizio di marzo del 1923, Lenin scrisse una lettera a Stalin, che inviò in copia a Zinoviev e Kamenev. L'intera lettera faceva riferimento alla conversazione telefonica in cui aveva insultato pesantemente la moglie. Robert Conquest, sovietologo e autore di numerose opere sull'URSS, riproduce il testo nella sua biografia *Stalin, Breaker of Nations*, pubblicata nel 1991:

"Rispettabilissimo compagno Stalin,
Ti sei permesso di essere così scortese da chiamare mia moglie al telefono e insultarla. Lei ha accettato di dimenticare ciò che lei ha detto. Tuttavia, ha informato Zinoviev e Kamenev dell'incidente. Non ho intenzione di dimenticare ciò che è stato fatto contro di me, e naturalmente ritengo che qualsiasi cosa sia stata fatta contro mia moglie sia stata fatta contro di me. Le chiedo quindi di valutare se è disposto a rimangiarsi quanto ha detto e a scusarsi, o se preferisce interrompere i rapporti con noi.
Rispettosamente vostro,
Lenin".

Una delle segretarie di Lenin, Maria Volodicheva, consegnò personalmente la lettera a Stalin, che la aprì davanti a lei. La donna reagì con calma e disse lentamente che "non era Lenin a parlare, ma la sua malattia", anche se accettò di scusarsi con la Krúpskaya se Lenin avesse insistito. La Volodicheva tornò con le scuse orali.

Conquest racconta che uno dei segretari di Lenin disse a Trotsky che Lenin stava preparando "una bomba" contro Stalin. Inoltre, Kamenev apprese da un secondo segretario che Lenin aveva deciso di "schiacciare politicamente Stalin". Appare chiaro che la Krupskaya e Trotsky stavano giocando le loro carte per sbarazzarsi di Stalin. È quasi certo che ci sarebbero riusciti se il 7 marzo 1923 Lenin non fosse stato colpito dall'ultimo ictus che lo privò definitivamente della capacità di parlare. Il 17 aprile 1923, poche settimane dopo la definitiva incapacità di Lenin, si tenne il Dodicesimo Congresso del Partito. Trotsky sembrava ben piazzato e molti pensavano che sarebbe stato il nuovo leader. Il 23 aprile, i medici decisero di operare Lenin per rimuovere il proiettile che era rimasto conficcato a tre millimetri dalla sua carotide dal tentativo di assassinio di Dora Kaplan nel 1918. L'agonia durò fino al 21 gennaio 1924. Sebbene si sia diffusa la voce che Lenin fosse stato avvelenato, è poco probabile che ciò sia avvenuto.

Le prove e i fatti raccontati in quest'opera non lasciano spazio a dubbi: Trotsky, oltre a portare alla Russia denaro e potenti aiuti internazionali, aveva radunato l'intera sinistra rivoluzionaria attorno all'insignificante partito bolscevico grazie alla sua autorità sul Bund. Era l'uomo che i finanziatori ebrei della rivoluzione avevano voluto fin dall'inizio alla guida della Russia. Con la scomparsa di Lenin era finalmente giunto il momento. Il suo prestigio negli Stati Uniti e in Europa era ben consolidato e nell'URSS era la figura di spicco del Politburo. Commissario di guerra e Generalissimo delle forze armate, aveva al suo comando l'Armata Rossa che aveva vinto la guerra civile e che lui stesso aveva creato. Una donna ebrea che conosceva bene le idee di Trotsky, Nadezhda Krupskaya, era rimasta al fianco di Lenin fino alla fine ed era riuscita a far scrivere nel suo testamento un post scriptum che rifiutava Stalin come suo successore. La mancata presa del potere da parte di Trotsky fu sorprendente e di importanza storica decisiva, poiché anni dopo i suoi sostenitori internazionali, di fronte all'evidenza che Stalin stava liquidando senza pietà tutti gli ebrei trotskisti, escogitarono un modo per riprendere il controllo dello Stato sovietico.

In *La mia vita* Trotsky stesso spiega perché nel momento della lotta decisiva era invalido per la febbre, incapace di partecipare ai dibattiti che avrebbero deciso il futuro. Nel tardo autunno del 1923, pochi mesi prima della morte di Lenin, Trotsky stava cacciando anatre nelle paludi con calzature inadatte:

"Non appena ho messo piede a terra, indossando le ciabatte di feltro, i miei piedi si sono inzuppati d'acqua. Prima ancora di poter saltare in macchina, i miei piedi erano completamente congelati. Mi sono seduto accanto all'autista, mi sono tolto le scarpe e ho scaldato le gambe nel motore. Ma il freddo ha avuto la meglio su di me e sono dovuto andare a letto. All'influenza seguì una febbre criptogenetica. I medici mi vietarono di lasciare il letto, che dovetti tenere per il resto dell'autunno e per tutto l'inverno. In altre parole, mentre si discuteva di trotskismo, dovevo essere legato al letto. Si possono prevedere rivoluzioni e guerre. D'altra parte, non è così facile prevedere le conseguenze di una battuta di caccia alle anatre in autunno".

La fine della citazione è significativa: le guerre o le rivoluzioni possono essere previste, soprattutto se le si provoca o si sa come provocarle; ma il caso o la fortuna possono condizionare gli eventi. Un evento imprevisto, un incidente o, se si vuole, il destino costrinse Trotsky a scomparire dalla scena politica proprio mentre si svolgeva la lotta per il potere. La somma di risorse che aveva in mano era sufficiente per ottenere questo risultato. Una volta insediatosi come dittatore, la lettera di Lenin redatta dalla Krupskaya gli avrebbe permesso di eliminare subito Stalin con facilità. La discussione sul trotskismo a cui si fa riferimento nel testo era stata sollecitata da Stalin, che rimproverava a Trotsky una serie di "errori". Da parte loro, i trotskisti si difesero accusando Stalin di voler intimidire il partito, al che egli rispose che stava solo cercando di intimidire le fazioni.

Dopo la morte di Lenin, Pietrogrado fu ribattezzata Leningrado su suggerimento di Stalin, il quale telegrafò a Trotsky, che dopo mesi di malattia si trovava in convalescenza nel Caucaso, annunciandogli che i funerali si sarebbero svolti prima che potesse raggiungere Mosca e consigliandogli di continuare la convalescenza. Tuttavia, i funerali si tennero sei giorni dopo, il 27 gennaio 1924; in altre parole, Trotsky sarebbe potuto arrivare in tempo per essere presente a un momento così importante, che vide Stalin protagonista. Oltre a essere l'organizzatore delle grandiose cerimonie, pronunciò un discorso in cui giurava eterna fedeltà a Lenin. Trotsky dichiarò in seguito che Stalin lo aveva deliberatamente ingannato.

Nel maggio 1924 si tenne il Tredicesimo Congresso del Partito Comunista. Pochi giorni prima, la Krupskaya aveva inviato a Kamenev, sposato con Olga, una sorella di Trotsky che era stata fucilata per ordine di

Stalin l'11 settembre 1941 insieme a Maria Spiridonova, il testamento segreto di Lenin con una lettera in cui si affermava che il marito aveva espresso il desiderio che dopo la sua morte fosse presentato al congresso del partito per informazione. Ancora una volta Robert Conquest rivela le vere parole pronunciate da Stalin quando lesse il documento. Si riferì ancora una volta alla Krupskaya come a una "vecchia puttana" e maledisse persino Lenin, di cui disse: "Mi caga addosso e si caga addosso". Prima dell'inizio del Congresso, il Comitato Centrale si riunì per esaminare i documenti. Kamenev lesse il testo. La situazione era imbarazzante, ma Stalin, seduto su uno dei banchi del rostro del Presidium, seppe controllarsi e mantenere la calma. Trotsky, con un ghigno sul volto, rimase in silenzio. Quando Stalin prese la parola, disse che Lenin non era in sé quando scrisse il testo, ma "un uomo malato circondato da donne".

Oleg Agranyants, agente sovietico che ha disertato nel 1986, condivide l'idea di Stalin e attribuisce a Nadezhda Krupskaya la paternità dei documenti da presentare al Tredicesimo Congresso. Secondo Agranyants, nel periodo in cui furono scritti, la salute di Lenin era così cagionevole che a volte non ricordava nemmeno il proprio nome, noto ai membri del Politburo. Inoltre, Agranyants sostiene che un confronto del testo con gli altri scritti di Lenin mostra che il linguaggio è notevolmente diverso. Infine, il Comitato Centrale decise che il testamento non doveva essere letto prima del Congresso né pubblicato. Fu permesso, con commenti da parte del Comitato sul fatto che Stalin aveva dimostrato le sue capacità e Lenin era malato, di essere letto solo in riunioni ristrette nelle delegazioni provinciali. Stalin presentò le sue dimissioni da Segretario generale, che furono respinte all'unanimità.

Rendendosi conto di non poter prevalere per il momento, i trotskisti optarono per la tattica della formazione di gruppi. Così Zinoviev e Kamenev inizialmente finsero di sostenere Stalin per mantenere una lotta sotterranea permanente, fino a quando non trovarono la possibilità di minare la sua leadership dall'interno. Il triumvirato che si formò fu generalmente accettato come il nucleo del Politburo. L'ordine in cui vennero nominati metteva al primo posto Zinoviev, che controllava la macchina del partito a Leningrado; al secondo Kamenev, che presumibilmente dominava a Mosca; al terzo posto si presumeva ci fosse Stalin, anche se nulla poteva essere più lontano dalla verità. Ben presto Zinoviev e Kamenev si resero conto che la tattica della scissione favoriva solo Stalin, che approfittò della situazione per mettere l'uno contro l'altro e dimostrare così la sua lealtà.

Ancora una volta le circostanze giocarono a sfavore di Trotsky. In un momento in cui la lotta ideologica e le discussioni erano accese e Stalin aveva scatenato una campagna per indebolirlo, la febbre tornò e nell'autunno del 1924 fu di nuovo fuori combattimento. In ottobre Stalin iniziò a denigrarlo pubblicamente. Tra le altre cose, si alludeva ai suoi disaccordi con Lenin, si criticava il suo opportunismo politico e si ricordava che solo alla fine si era unito ai bolscevichi. Il 17 dicembre 1924 arrivò uno dei momenti decisivi. Stalin rifiutò l'idea di Trotsky di "rivoluzione permanente" e sostenne la costruzione del "socialismo in un solo Paese" sul principio. Ciò lasciò perplessi i trotskisti, poiché si scontrava con i loro piani internazionalisti. Essi ritenevano che la rivoluzione in una Russia arretrata e non proletaria potesse essere consolidata solo con il sostegno delle rivoluzioni in Europa occidentale, dove esistevano le condizioni per un'insurrezione proletaria che avrebbe permesso un governo mondiale e la dittatura del proletariato. La realtà, tuttavia, dimostrò che i ripetuti tentativi dei partiti comunisti in Austria, Ungheria e, soprattutto, in Germania erano falliti e che l'unico obiettivo raggiunto dai bolscevichi era stato quello di mantenere il potere a costo della completa rovina della Russia.

Stalin intendeva in realtà mettere l'Internazionale al servizio dell'URSS e sottoposta ai suoi ordini. Quando alla fine del 1924 si pose la scelta tra il comunismo nazionale di Stalin e il comunismo internazionale, Zinoviev e Kamenev decisero di lottare contro il socialismo in un solo Paese. Divenne così chiaro che erano trotskisti. Nel gennaio 1925 Trotsky perse la sua posizione chiave nel Commissariato del popolo per la guerra a favore di Mikhail Frunze, un fidato confidente di Zinoviev. Frunze ebbe vita breve come commissario. In ottobre Stalin gli chiese, a nome del Politburo, di sottoporsi a un intervento chirurgico per un'ulcera allo stomaco. Morì durante l'operazione, presumibilmente per un'overdose di cloroformio. Poiché l'operazione sembrava inutile, si diffuse la voce che fosse stato assassinato, anche se nulla fu mai provato. Al suo posto Stalin mise un uomo di cui si fidava molto, Kliment Voroshilov. L'apparizione in Occidente di *Since Lenin Died* dello scrittore americano Max Eastman, che pubblicava il testamento di Lenin, provocò un'altra prova di forza da parte di Stalin. Il Politburo chiese a Trotsky di rendere un servizio al partito. Si trattava di ripudiare Eastman e di negare anche l'esistenza del testamento. Il testo fu imposto a Trotsky che, umiliato, dovette solo firmarlo.

Il XIV Congresso si tenne nel dicembre 1925. Prima dell'inizio, il fidato confidente di Kamenev, Nikolai Uglanov, segretario organizzativo del partito a Mosca, disertò con tutto il suo staff e si schierò con Stalin. Il trucco fece infuriare Kamenev, che durante le sessioni del congresso pronunciò un discorso molto critico che si concludeva con queste parole: "Sono giunto alla convinzione che il compagno Stalin non può svolgere la funzione di unire l'intero partito". Durante il discorso il clamore era aumentato. Alla fine si sono levate grida di disapprovazione come: "Bugie!", "Stronzate!", "Stronzate!". Dal posto occupato dalla delegazione zinovieviana di Leningrado si è levato un debole grido di sostegno. Ma subito i delegati si alzarono in piedi e acclamarono il compagno Stalin con applausi scroscianti e grida di "Viva il compagno Stalin!". La strategia di Zinoviev e Kamenev era fallita e la loro sconfitta era stata messa in scena pubblicamente.

Nella primavera del 1926 Trotsky si reca a Berlino con la moglie Natalia Sedova. I medici di Mosca non riuscivano a spiegare le forti febbri di cui soffriva e decise di consultare i medici tedeschi. Appena rientrato in URSS, riprese apertamente i rapporti con Zinoviev e Kamenev. Nelle loro riunioni criticano spesso Stalin, di cui fanno la parodia: lo prendono in giro imitando il suo comportamento e il suo modo di parlare. Ma allo stesso tempo, convinti della durezza e del temperamento implacabile del georgiano, temevano che potesse essere tentato di toglierli di mezzo, come alla fine fece durante le purghe. I tre ebrei denunciarono a Mosca le campagne antisemite degli stalinisti contro di loro. Nell'estate del 1926, il trio formò un gruppo di opposizione unito.

Un quarto ebreo, Nikolai Bukharin, che stava svolgendo davanti a Stalin lo stesso ruolo che avevano svolto Zinoviev e Kamenev, cercò di far capire a Trotsky che i suoi compagni di opposizione non erano più un'opzione per il partito. Trotsky rispose che Stalin lo era meno. I tre intervennero formalmente davanti al plenum del Comitato Centrale nel luglio 1926 e Zinoviev fu immediatamente rimosso dal Politburo. In ottobre, sotto la minaccia di espulsione dal partito, furono costretti a cessare le loro attività dissidenti. Poche settimane dopo, però, durante le burrascose sedute del Politburo a cui parteciparono molti membri del Comitato Centrale, Trotsky non riuscì a trattenersi e lanciò un terribile attacco a Stalin. In particolare, disse: "Il Primo Segretario offre la sua candidatura al posto di becchino della Rivoluzione". Stalin, pallido, si alzò in piedi. All'inizio sembrava che stesse per perdere la calma e replicare in modo intempestivo, ma non lo fece. Dopo essere rimasto in silenzio per qualche secondo, uscì dalla stanza sbattendo la porta. Il giorno dopo il Comitato Centrale votò l'espulsione di Trotsky dal Politburo. Fu l'inizio della fine messicana scritta con la piccozza da Ramon Mercader nel 1940.

Da questo momento in poi la situazione per Trotsky divenne insostenibile. L'episodio che precipitò la sua espulsione dal partito e il suo confino ad Alma Ata fu il fallimento dei comunisti cinesi nell'iniziare la guerra in quel Paese. Il 12 aprile 1927, Chian Kai-Shek, dopo averli accusati di agire socialmente ed economicamente contro gli interessi della Cina, fece giustiziare migliaia di membri dell'ancora nascente PCC (Partito Comunista Cinese), fondato nel 1921. Esportare e impiantare il comunismo in Cina era per gli internazionalisti una questione di primissimo piano. L'opposizione trotskista non poteva rimanere in silenzio e approfittò della situazione per incolpare la leadership staliniana della disfatta in Cina, che aveva portato alla dispersione del Partito Comunista. Stalin costrinse Trotsky e Zinoviev a comparire davanti alla Commissione di Controllo del Comitato Centrale con l'intenzione di preparare la loro espulsione. Gli oppositori prepararono poi una piattaforma per il successivo congresso del partito, che si sarebbe dovuto tenere nel dicembre 1927. Stalin la vietò. Essi ricorsero alle vecchie tattiche propagandistiche di stampa illegale di opuscoli e stampati vari, che agli occhi di Stalin costituivano una vera e propria cospirazione clandestina.

Il 7 novembre, nel decimo anniversario della Rivoluzione, trotskisti e zinovievisti si unirono alla manifestazione ufficiale, ma dispiegarono i propri striscioni e gridarono i propri slogan. Stalin, informato in anticipo delle intenzioni dei suoi nemici, aveva preparato la risposta. La polizia, aiutata da gruppi di stalinisti e di altri simpatizzanti mobilitati per l'occasione, ha represso duramente i dissidenti. Alla fine, Trotsky e Zinoviev furono espulsi dal partito e Kamenev e altri oppositori furono espulsi dal Comitato Centrale. Zinoviev e i suoi sostenitori si arresero e, senza essere riammessi, furono autorizzati a cantare la Palinodia al XV Congresso, tenutosi tra il 2 e il 19 dicembre 1927, dove riconobbero pubblicamente di essere antileninisti e di aver sbagliato. Trotsky, da parte sua, rifiutò qualsiasi compromesso e fu confinato nel 1928 nella capitale del Kazakistan, Alma Ata. I suoi più convinti sostenitori furono deportati in Siberia e in Asia centrale.

Con Trotsky e Zinoviev fuori combattimento e Kamenev gravemente ferito, Stalin puntò su Bukharin e sui suoi alleati, Mikhail Tomsky (Honigberg), che si suicidò nel 1935 prima di essere arrestato dall'NKVD, e Aleksei Rykov, giustiziato nel 1938 con l'accusa di aver cospirato con Trotsky contro Stalin. Tutti e tre erano a capo di una sezione moderata, definita da alcuni l'ala destra del partito. Nell'agosto del 1928 Bukharin cominciò a dare segni di nervosismo e di disagio e incontrò Kamenev e Sokolnikov (Brilliant), che, come lui, sarebbero stati in seguito tra i trotskisti ebrei epurati da Stalin. Bukharin si rammaricava del fatto che né Zinoviev né Kamenev facessero più parte del Comitato Centrale e ammetteva che solo lui, Tomsky e Rykov resistevano in un Politburo totalmente dominato da Stalin, che paragonava a Gengis Khan. Bukharin concordò con i suoi interlocutori che la linea di Stalin era negativa per la rivoluzione. Robert Conquest sostiene che Bukharin temeva per la sua vita, poiché disse testualmente ai suoi interlocutori che Stalin, la cui tattica consisteva nel prendere impegni verbali, li avrebbe uccisi ("ci ucciderà"). Questo riavvicinamento con Kamenev e Sokolnikov, che fino al suo richiamo a Londra come ambasciatore nel 1929 stava negoziando contratti con le compagnie petrolifere occidentali, non servì a nulla se non a segnare Bukharin, che aveva cercato di stabilire alleanze con i suoi correligionari in vista di una possibile lotta futura. Nonostante l'insistenza di Bukharin affinché l'incontro fosse tenuto segreto, esso divenne noto quasi subito alla polizia segreta di Stalin, che si sarebbe affermato come uno dei grandi geni della polizia della storia, forse paragonabile solo a Joseph Fouché.

PARTE 3
IL FALLIMENTO DEL COMUNISMO INTERNAZIONALE IN GERMANIA E IL TRIONFO DEL NAZIONALISMO

Quando Lord Curzon avvertì che il Trattato di Versailles era una dichiarazione di guerra, non sottolineò che la guerra poteva essere civile. Abbiamo già visto che sia Trotsky che Lenin concepirono la guerra civile in Russia come il modo migliore per risolvere la lotta di classe. Le loro intenzioni in Germania erano le stesse, come si vedrà più avanti. Le assurde limitazioni economiche imposte alla Germania e le impossibili riparazioni di guerra richieste alla nuova Repubblica di Weimar, che costringevano a cedere la produzione di tutta la manodopera nazionale, non potevano che far sprofondare il Paese nella miseria e nel disordine sociale permanente, cioè creare le condizioni per diffondere la rivoluzione in Germania. Carestia, miseria, disoccupazione e continui colpi di Stato erano conseguenze prevedibili dello sciagurato Trattato di Versallles.

Il 18 novembre 1919 Hindenburg si presentò davanti a una commissione parlamentare d'inchiesta sulle cause della guerra e del crollo. Il vecchio maresciallo lesse una dichiarazione preparata insieme a Karl Helfferich e Ludendorff in cui ribadiva la sua convinzione di tradimento. Paul von Hindemburg sostenne che l'esercito avrebbe potuto concludere positivamente la guerra se non fosse stato disintegrato nelle retrovie e citò un generale britannico che riconobbe che l'esercito tedesco era stato "pugnalato alle spalle". Il generale, di cui non fece il nome, era Sir Frederick Maurier, i cui articoli del London *Daily News* erano stati tradotti nella *Neue Zürcher Zeitung*. Nei suoi testi compariva la parola "Dolchstoss", che significa "pugnalata alle spalle".

Forse questa dichiarazione, che provocò tumulti e grida all'interno della commissione parlamentare, contribuì a scatenare il cosiddetto "Kapp Putsch", che ebbe luogo tra il 13 e il 17 marzo 1920. Si trattò di un tentativo disperato di respingere il Trattato di Versailles con un colpo di Stato quasi del tutto imprevisto e quindi destinato a fallire. Wolfgang Kapp, un nazionalista conservatore, e il generale Walther von Lüttwitz, che aveva scarso sostegno nell'esercito, erano i capi visibili del tentativo. Kapp era nato a New York e sua madre era ebrea, secondo le memorie di Heinrich Brüning, cancelliere dal 1930 al 1932. Inizialmente i golpisti presero facilmente il potere a Berlino, ma il presidente socialdemocratico Friedrich Ebert chiamò i sindacati allo sciopero generale e questi furono costretti a cedere nel giro di due giorni.

Immediatamente i comunisti, che stavano ancora aspettando il momento giusto, colsero l'occasione e chiamarono alla lotta armata. Attraverso i comitati rivoluzionari di presero il potere politico a Essen,

Duisburg, Düsseldorf e Mülheim. Iniziò così un'insurrezione che durò due settimane, soprattutto nelle aree metallurgiche e carbonifere della regione della Ruhr, dove si verificarono sanguinosi scontri tra le milizie rivoluzionarie e l'esercito, che alla fine dovette intervenire per ristabilire l'ordine costituzionale. I media filocomunisti affermarono con orgoglio che nella Ruhr si era formata una "Armata Rossa" di cinquantamila uomini. Secondo questi media, gli operai erano armati perché avevano sotterrato le armi dopo le rivolte del 1919. Centinaia di persone persero la vita negli scontri. Tutto ciò provocò un sentimento di antagonismo che per tutto il 1920 prese la forma di continui scioperi e feroci battaglie di strada nelle città industriali.

La Germania, protagonista della rivoluzione internazionale

Per due volte i comunisti tentarono di prendere il potere in Germania: la prima volta nel marzo 1921, la seconda nell'ottobre 1923. Trotsky e altri teorici del comunismo concordano sul fatto che il fallimento della rivoluzione tedesca del 1923 fu decisivo per le aspirazioni degli internazionalisti, che aspiravano alla rivoluzione permanente per realizzare la dittatura mondiale del proletariato. Nell'agosto del 1920 Trotsky cercò di guidare l'Armata Rossa fino ai confini della Germania che, con il suo grande proletariato industriale, era il Paese ideale in cui espandere la rivoluzione. Dopo aver sconfitto l'esercito di Jósef Pilsudski, comandante in capo delle forze polacche, i sovietici inseguirono i polacchi in ritirata per ottenere il sospirato confine comune con la nuova Repubblica di Weimar. Tuttavia, una sconfitta cruciale nei pressi di Varsavia fece crollare le speranze di Trotsky. Nel 1921 il comunismo era ancora bloccato in un solo Paese e la caduta della Germania era considerata vitale.

Dopo il fallimento della rivoluzione del novembre 1918 e dell'insurrezione spartachista del gennaio 1919, un ebreo figlio di banchieri, Paul Levi, succedette a Rosa Luxemburg. Il suo primo obiettivo fu quello di trasformare il KPD in un partito di massa. A tal fine, come abbiamo detto nel capitolo precedente, iniziò a ricevere abbondanti finanziamenti dalla Russia attraverso Jacob Reich, il compagno Thomas. Con il denaro si organizzarono "secoli proletari", che dovevano essere l'embrione di una futura Armata Rossa dopo la presa del potere attraverso la guerriglia. L'amministratore dei dollari che affluivano da Mosca all'ambasciata russa a Berlino era l'ebreo Leo Flieg, un impiegato di banca che passava per l'eminenza grigia del partito. Flieg, che era stato il braccio destro di Leo Jogiches (Tischa), fu segretario dell'ufficio organizzativo del Comitato centrale del KPD fino al 1932. Inoltre, agì come collegamento clandestino con l'OMS (il servizio segreto del Comintern). Il suo lavoro cospirativo deve aver giocato un ruolo importante nella preparazione del tentativo di colpo di Stato del 1921.

Nel gennaio 1921, ventiquattro esperti russi si recarono in Germania per organizzare una rivolta militare. Erano presumibilmente esperti di guerra civile. Alla loro testa c'era una vecchia conoscenza, Bela Kun. Come al solito, i suoi principali compagni erano ebrei. Tra loro spiccavano: Joseph Pogány e Samuel Guralsky. Il primo, noto come il "Napoleone rosso", aveva fatto parte del gruppo che aveva assassinato il conte Tisza. Sotto il regime di Bela Kun in Ungheria, Pogány era stato successivamente, nel corso di tre mesi, Commissario per gli Affari Esteri, Comandante in Capo dell'Armata Rossa e Commissario per l'Istruzione della Repubblica Sovietica Ungherese. Il secondo era un ebreo polacco di nome Abraham Heifetz, appartenente ai sionisti di Poale Zion. In *Antisemitismo, bolscevismo ed ebraismo* Rogalla von Bieberstein osserva che Guralski, che era molto piccolo e per questo soprannominato "le petit" dagli agenti del Comintern, doveva dirigere lo Stato Maggiore del Comitato Rivoluzionario. Il 18 marzo 1921 Bela Kun sottolineò la necessità della guerra civile in *Rote Fahne* (*Bandiera Rossa*), il giornale del partito controllato permanentemente da intellettuali e propagandisti ebrei. La rivoluzione proletaria", disse, "implica l'armamento del proletariato e il disarmo della borghesia". Kun dichiarò apertamente che la legge non doveva essere un impedimento per il proletariato.

Pochi giorni prima dell'inizio della rivolta, Zinoviev autorizzò l'assassinio del capo dell'esercito, il generale Seeckt, da lui definito "il Kolchak tedesco e il più grande pericolo per i lavoratori". I sicari del Comintern tentarono di ucciderlo mentre era a cavallo nello zoo di Berlino, ma non ci riuscirono. L'uomo che si assunse la responsabilità di preparare l'assassinio del generale Seeckt fu Skoblewsky, un trotskista che era stato inviato in Germania per preparare l'insurrezione e che a Berlino era conosciuto come generale Wolf e Helmuth; ad Amburgo era Hermann; a Dresda, Goresoski. Quando fu arrestato disse di chiamarsi Alexander Skoblewsky. Durante la guerra civile spagnola, come si vedrà, era il famoso generale Gorev, che insieme a Miaja guidò la difesa di Madrid nel novembre 1936. In *La notte è stata lasciata alle spalle*, Jan Valtin, pseudonimo di Richard Krebs, racconta questo periodo in cui lavorò per lui e sostiene che Skoblewsky aveva anche pianificato l'assassinio di Hugo Stinnes, uno dei grandi industriali tedeschi.

Bela Kun era convinto che il trionfo della rivoluzione in Germania avrebbe avuto conseguenze in Ungheria e nei Paesi dell'Europa orientale. Sostenuto da Zinoviev e da Ernst Meyer, che a febbraio aveva sostituito il dissenziente Paul Levi alla guida del KPD, Kun presentò la sua "Teoria dell'offensiva", secondo la quale un partito comunista doveva sempre essere all'offensiva contro la borghesia. Quando fu chiaro che il movimento insurrezionale intendeva rovesciare il sistema parlamentare, il presidente Ebert dichiarò lo stato d'assedio su 24 marzo. L'insurrezione, non sufficientemente preparata, rimase isolata in alcune aree industriali del Paese. Tuttavia, il 27 marzo il Partito Comunista decise di lanciare l'offensiva rivoluzionaria a sostegno dei minatori della Germania centrale. Nelle grandi fabbriche di Leuna, in Sassonia-Anhalt, a sud di Lipsia, circa 4.000 operai armati di mitragliatrici inscenarono la rivolta. Non lontano da Weimar, altre città di questa zona industriale della Germania centrale si unirono alla ribellione. Merseburg, Halle e Mansfeld, dove i minatori di carbone erano ai ferri corti con le autorità da metà marzo, furono i principali centri dell'insurrezione. Il 29 marzo la polizia antisommossa prussiana e una batteria dell'esercito schiacciarono i 4.000 lavoratori di Leuna. Trentacinque poliziotti e circa 150 operai persero la vita durante gli scontri. L'impazienza, la mancanza di coordinamento e l'improvvisazione portarono l'"azione di marzo" (Märzaktion) al disastro.

Paul Levi, sostenitore della politica del fronte unito, non era d'accordo con la strategia di Bela Kun, il che portò alla sua espulsione per indisciplina. Levi, che definiva la teoria dell'offensiva permanente "un'assurdità", definì l'"Azione di marzo" un tentativo di colpo di Stato, trovandosi così d'accordo con il giornale socialdemocratico *Hamburger Echo*, che denunciava l'accaduto come un "tentativo di colpo di Stato comunista". Nel giugno 1921 si tenne a Mosca il Terzo Congresso dell'Internazionale. Victor Serge scrive nelle sue memorie che Lenin era furioso per la performance di Bela Kun, che chiamò ripetutamente "stupido" durante il suo discorso. Non va dimenticato, tuttavia, che sia Zinoviev, che era a capo del Comintern, sia Bukharin e Radek, quest'ultimo rappresentante dell'Internazionale in Germania, avevano sostenuto la "Märzaktion", nonostante il fatto che, come concludeva l'analisi del Congresso, non vi fosse alcuna situazione rivoluzionaria.

Reinhard Kühnl, autore de *La Repubblica di Weimar*, che abbiamo verificato con le nostre fonti, presenta ciò che accadde nel marzo 1921 e nell'ottobre 1923 senza scrivere una sola parola sul ruolo di Mosca. Insiste, come fanno in genere gli storici marxisti, sul fatto che gli operai "lottavano per realizzare trasformazioni sociali sul modello della rivoluzione in Russia". Kühnl trascura il fatto che contemporaneamente, nello stesso mese di marzo, mentre Bela Kun, Zinoviev e compagnia usavano gli operai tedeschi come carne da cannone per raggiungere i loro obiettivi, gli operai russi delle grandi fabbriche di Pietrogrado sfilavano per le strade della città chiedendo la fine della dittatura comunista. La Cheka, temendo un'insurrezione generale, aveva arrestato più di duemila lavoratori socialisti che sostenevano i marinai di Kronstadt. Allo stesso tempo, Trotsky disse che tutti coloro che chiedevano la libertà di parola dovevano essere fucilati e minacciò gli ammutinati di uccidere le loro mogli e i loro figli, che aveva preso in ostaggio. Naturalmente, Kühnl preferisce ignorare il fatto che le trasformazioni sociali proposte come modello da avevano portato a una carestia in Russia nel 1921, che causò cinque milioni di morti.

L'"Ottobre tedesco" fu deciso il 28 agosto 1923 in una riunione segreta del Politburo al Cremlino. Già il nome indica quali fossero i suoi obiettivi. La rivoluzione d'ottobre in Germania doveva essere l'innesco della rivoluzione in Europa centrale e occidentale, che avrebbe reso possibile la continuazione della rivoluzione mondiale. Si trattava quindi di un'operazione su larga scala, una rievocazione della Rivoluzione d'Ottobre russa. In *Das Scheitern des Kommunismus in deutschen Oktober* (*Il fallimento del comunismo nell'ottobre tedesco*), Karsten Rudolph scrive che in Russia furono stampati manifesti per i giovani con lo slogan: "Gioventù russa, imparate il tedesco, l'ottobre tedesco sta arrivando! Il 10 ottobre 1923 fu riprodotta su *Rote Fahne* una lettera di Stalin ad August Thalheimer, il leader ebreo del KPD, che era stato il principale ideologo del giornale dopo la morte di Rosa Luxemburg. In esso scriveva: "L'imminente rivoluzione in Germania è l'evento mondiale più importante del nostro tempo. Il trionfo della rivoluzione avrà per il proletariato d'Europa e d'America un significato maggiore del trionfo della rivoluzione russa di sei anni fa. La vittoria del proletariato tedesco sposterà senza dubbio il centro della rivoluzione mondiale da Mosca a Berlino".

Il contesto politico dell'Ottobre tedesco in URSS non può essere trascurato. Nell'aprile del 1923 Lenin era stato messo fuori combattimento. Trotsky e Stalin si stavano preparando a combattere la battaglia per la sua successione. Un trionfo della rivoluzione in Germania avrebbe avallato la teoria trotskista della rivoluzione permanente e Stalin non avrebbe mai potuto, come fece nel dicembre 1924, sostenere il comunismo nazionale e propugnare l'instaurazione iniziale del socialismo in un solo Paese. In generale, le decisioni prese sulla Germania nell'estate del 1923 furono condizionate dalle lotte interne al partito sovietico. Poco prima di mettere in moto i meccanismi per scatenare la rivoluzione, ad esempio, fu proposto a Stalin che i membri più anziani del Politburo, forse Zinoviev, Stalin e Trotsky, esercitassero congiuntamente la responsabilità del Segretariato, la cui importanza cominciava ad essere correttamente apprezzata dai trotskisti. Robert Conquest sottolinea che Stalin rispose proponendo che Trotsky, Zinoviev e Bukharin entrassero nell'Orgburo. Conquest aggiunge che in una riunione del Comitato Centrale, tenutasi poco prima dell'Ottobre tedesco, si verificò "una scena ridicola": Trotsky, in preda al panico, si offrì di dimettersi da tutti i suoi incarichi e di andare in Germania a combattere nella rivoluzione. Zinoviev, da parte sua, disse che avrebbe fatto lo stesso. Naturalmente, nessuno dei due incontrò l'approvazione del Comitato Centrale. Molte delle discussioni e delle posizioni dei leader sovietici furono rese note in seguito nelle *Lezioni di ottobre*, un testo in cui Trotsky fece la sua "analisi critica" di quanto era accaduto. Nonostante il culto dei comunisti di tutto il mondo, si tratta di un testo poco obiettivo e di valore relativo, perché, come al solito, Trotsky dà la versione degli eventi che gli interessa.

L'anno 1923 era iniziato con l'occupazione francese della Ruhr, che portò al caos e a una crisi economica e politica che era un terreno ideale per la rivoluzione. L'11 gennaio 1923, cinque divisioni francesi e una belga, dotate di artiglieria pesante e carri armati, fecero irruzione nella Ruhr, un territorio di 3.300 chilometri quadrati e tre milioni di abitanti, la più grande regione industriale della Germania e dell'Europa. Essen e Gelsenkirchen furono i primi centri urbani ad essere occupati. Le mitragliatrici furono piazzate in punti strategici delle città, come le stazioni e sui tetti delle case che si affacciavano sulle piazze. Furono confiscate miniere, carbone e riserve di carburante. Dogane, ferrovie, navi e mezzi di trasporto in generale furono presi in consegna dagli occupanti e centinaia di ufficiali tedeschi furono imprigionati. Il governo revanscista di Poincaré giustificò l'occupazione militare con il fatto che la Germania era in ritardo nel pagamento delle riparazioni di guerra. Il governo guidato dal liberale Wilhelm Cuno, in carica dal 23 novembre 1922, optò per una politica di resistenza passiva e di disobbedienza civile alle autorità di occupazione, che prevedeva la chiusura di tutti gli impianti produttivi. Anche importanti industriali come Thyssen, Krupp, Stinnes, Kirdorf e Kloeckner contribuirono a organizzare la resistenza passiva nelle fabbriche. Fritz Thyssen e altri imprenditori del carbone furono arrestati dalle autorità francesi e imprigionati a Magonza. Accusato al processo di aver indotto gli operai a disobbedire alle autorità di occupazione sotto la legge marziale, Thyssen dichiarò senza timore: "Sono un tedesco e mi rifiuto di obbedire agli ordini francesi sul suolo tedesco". Invece di condannarlo a cinque anni di reclusione, la corte marziale preferì multarlo con 300.000 marchi d'oro.

Walter Krivitsky (Samuel G. Ginsberg), un trotskista ebreo assassinato a New York nel 1941, rivela in *I, Chief of the Soviet Military Secret Service* che nel 1923 lui e altri agenti furono immediatamente inviati in Germania per "mobilitare gli agitatori nella regione della Ruhr e raccogliere le armi per una rivolta quando i tempi fossero stati maturi". Krivitsky spiega che essi crearono tre organizzazioni nel Partito Comunista Tedesco: "il Servizio Segreto del Partito, sotto la direzione del quarto dipartimento dell'Armata Rossa; le formazioni militari, nuclei della futura Armata Rossa Tedesca; e il 'Zersetzungsdienst' (Servizio di Corruzione), la cui missione era quella di demoralizzare l'esercito e la polizia". Krivitsky aggiunge che i comunisti tedeschi formarono piccoli gruppi terroristici, chiamati unità "T", la cui missione era l'assassinio di militari e poliziotti. Queste unità criminali, secondo Krivitsky, "erano composte da fanatici ferocemente coraggiosi".

Il 13 maggio 1923 iniziò uno sciopero nel centro industriale di Dortmund che si estese a tutti i centri minerari e metallurgici della Ruhr e coinvolse circa 300.000 lavoratori. Ci furono intensi scontri tra la polizia e le "centurie proletarie", che presero il controllo dei mercati e dei negozi. Il governo Cuno cadde in agosto a causa dell'ondata di scioperi. Il socialdemocratico Gustav Stresemann, che dichiarò che il suo sarebbe stato "l'ultimo governo parlamentare borghese", formò allora un esecutivo unitario senza il KPD, che aveva registrato un forte aumento di iscritti e propugnava una politica di fronte unito, adottata dopo il fallimento della

"Märzaktion". In autunno la disoccupazione si aggirava intorno al 30%, la produzione industriale era solo il 20% di quella del 1913 e l'inflazione era assolutamente fuori controllo. Esiste persino una medaglia commemorativa dell'inflazione di quell'anno che recita: "Il 1° novembre 1923 una libbra di pane costava tre milioni di marchi, una libbra di carne trentasei milioni di marchi e un bicchiere di birra quattro milioni di marchi". Per comprare un dollaro occorreva una quantità astronomica di marchi. In altre parole, la cartamoneta aveva perso tutto il suo valore. In questo modo le classi medie furono derubate dei risparmi di una vita.

Il leader del KPD all'epoca era Heinrich Brandler, il primo grande leader del Partito Comunista che non fosse ebreo. Brandler era tornato in Germania da Mosca nell'agosto 1922. All'ottavo congresso del KDP, tenutosi a Lipsia il 28 gennaio 1923, la fazione rappresentata da Brandler e August Thalheimer fu sostenuta da Karl Rádek e prevalse così sulla fazione più radicale guidata da Ruth Fischer, Arkadi Maslow ed Ernst Thälmann. Nell'agosto 1923 Trotsky decise che in Germania esisteva una situazione rivoluzionaria. Radek e Zinoviev, che nonostante il fallimento della "Märzaktion" erano ancora a capo del Comintern, esitavano. Stalin era favorevole ad aspettare e a contenere il KPD; ma sapeva di non potersi opporre alla rivoluzione tedesca e non lo fece. Fu Trotsky, quindi, a chiedere che l'Internazionale Comunista e il Partito Comunista Tedesco organizzassero la presa del potere. A settembre, vista la presunta idoneità della situazione a rilanciare la rivoluzione, Brandler e due leader ebrei della fazione radicale, Ruth Fischer e Arkadi Maslow, furono convocati a Mosca per consultazioni. Su proposta di Trotsky, il Politburo aveva deciso che l'insurrezione tedesca avrebbe avuto luogo il 7 novembre 1923, sesto anniversario della Rivoluzione bolscevica. Brandler, tuttavia, propose che i comunisti tedeschi fissassero la data nel momento più opportuno. Brandler apparentemente disse di non essere Lenin e chiese a Trotsky di andare in Germania per guidare personalmente la rivoluzione. Fu concordato l'invio di aiuti tecnici e militari e numerosi agenti e specialisti si recarono clandestinamente in Germania per preparare l'insurrezione.

Brandler tornò in Germania e Zinoviev, con l'approvazione di Trotsky, sostenne il KPD nella formazione di governi di coalizione con i socialdemocratici di sinistra della SPD in Sassonia e Turingia, che ebbero luogo all'inizio di ottobre. Il 1° ottobre Zinoviev inviò un telegramma al Comitato nazionale del Partito comunista tedesco in cui affermava che secondo le stime dell'Internazionale comunista (Comintern) "il momento decisivo arriverà tra quattro, cinque o sei settimane". I comunisti sono stati esortati a "procedere immediatamente all'armamento di circa sessantamila uomini". L'esercito proletario della Sassonia doveva muoversi verso Berlino e quello della Turingia verso Monaco. Trotsky difese pubblicamente in diversi discorsi l'ingresso nei governi di Sassonia e Turingia, poiché, secondo lui, avrebbe permesso un "campo di addestramento" fino a quando i principali battaglioni del proletariato non sarebbero stati pronti a rompere decisamente con l'ordine borghese e a iniziare l'insurrezione sotto la guida comunista. In due relazioni, il 19 ottobre all'Unione dei metalmeccanici di Russia e il 21 ottobre alla Conferenza dei lavoratori politici dell'Armata Rossa e della Marina Rossa, Trotsky insistette su questo approccio.

Inaspettatamente, a metà ottobre, il governo della Repubblica di Weimar aveva dichiarato lo stato d'assedio in tutto il Paese, ed era già in corso il conflitto con il governo sassone che, su istruzioni di Zinoviev, stava armando frettolosamente i secoli proletari. In risposta alla richiesta di scioglimento dei secoli, il Ministro degli Interni del governo sassone dichiarò, durante una riunione dei consigli operai di Lepizig, che bisognava scegliere tra la dittatura rossa e la dittatura bianca, aggiungendo che i secoli proletari erano organizzazioni operaie che si preparavano alla lotta. Durante la seduta del Parlamento sassone del 17 ottobre, fu letta una lettera del governatore militare della Sassonia. Il generale von Müller chiese se il governo fosse d'accordo con il Ministro degli Interni o se accettasse lo scioglimento dei secoli. Il presidente del Consiglio dei ministri sassone dichiarò che il governo non era responsabile nei confronti del governatore militare e chiese che il governo della Repubblica scavalcasse il generale. Müller, tuttavia, ricevette l'appoggio del governo Stresemann, per cui furono vietate le manifestazioni di piazza, fu sospesa la pubblicazione di giornali comunisti e la Reichswehr (esercito) entrò in Sassonia.

In queste circostanze, la strategia del fronte unito perseguita da Heinrich Brandler, delineata dal suo predecessore Paul Levi e sostenuta dalla leadership del Cremlino, non funzionò, poiché l'ala sinistra della socialdemocrazia non appoggiò i comunisti nel momento cruciale. Il 21 ottobre si tenne a Chemnitz una conferenza dei comitati di fabbrica in cui si dava per scontato che il Congresso dei consigli operai di tutto il Paese avrebbe proclamato lo sciopero generale e la dittatura del proletariato. Quando Brandler presentò una mozione per lo sciopero generale, i delegati della SPD si opposero e questo fece esitare il leader comunista, che optò per un rinvio della convocazione, poiché a suo avviso era impossibile tentare l'insurrezione senza l'appoggio incondizionato dell'ala sinistra della SPD. L'ordine di stand-by fu quindi dato; ma ad Amburgo, presumibilmente per un problema di comunicazione, il contrordine fu ignorato e nelle prime ore del 23 ottobre i secoli proletari iniziarono l'insurrezione armata. Il loro comandante militare era un brigadiere sovietico di origine ebraica, Manfred (Moses) Stern, che anni dopo sarebbe stato inviato in Spagna, dove si fece un nome durante la guerra civile come comandante della Brigata XL.

Il trotskista Victor Serge racconta con toni eroici la presa di Amburgo in *Memorie di mondi scomparsi (1901-1941)*, dove non risparmia elogi per i leader ebrei del KPD: Ruth Fischer, Arkadi Maslow, Heinz Neumann e Arthur Rosenberg, "gli unici leader possibili - secondo lui - di una rivoluzione tedesca". Il suo racconto inizia così: "Il contrordine non arriva ad Amburgo, dove trecento comunisti iniziano la rivoluzione. La città è glaciale per il silenzio e l'attesa concentrata; essi si precipitano con terribile entusiasmo, organizzati metodicamente. Le stazioni di polizia cadono una dopo l'altra, i tiratori scelti si installano nelle garitte che si affacciano sugli incroci, Amburgo è presa, quei trecento l'hanno presa". Meno romantiche sono le informazioni fornite da Rogalla von Bieberstein, che spiega che i comunisti avevano eretto barricate e trappole per autoblindo e che l'assalto alle stazioni di polizia aveva lo scopo di impossessarsi di altre armi. Durante gli scontri persero la vita diciassette poliziotti e ventiquattro rivoluzionari. Ventisei poliziotti furono feriti e numerosi insorti furono feriti o arrestati prima della loro ritirata. L'autore rivela che gli archivi segreti aperti in Russia confermano che la maggior parte degli strateghi dell'Ottobre tedesco erano rivoluzionari ebrei internazionali. Tra questi cita Radek, che si recò espressamente in Germania per assumere il comando della rivoluzione; Joseph Unslichlicht, "che occupava posizioni di rilievo sia nell'Armata Rossa che nella Cheka e doveva supervisionare la formazione di un'Armata Rossa in Germania"; Lazar Stern, "che doveva comandare le operazioni militari"; e ancora Samuel Guralski, "le petit", che, come nel 1921, doveva guidare il Comitato Rivoluzionario (REVCOM). Tra gli esperti militari sovietici di origine ebraica Victor Serge aggiunge Solomon Abramovich Losovsky.

Il cancelliere Stresemann lanciò un ultimatum al primo ministro della Sassonia, il socialdemocratico di sinistra Erich Zeigner, chiedendogli di licenziare tutti i ministri comunisti dal suo gabinetto. Zeigner si rifiutò di capitolare, così il 27 ottobre, in base all'articolo 48 della Costituzione di Weimar, il Presidente della Repubblica, Friedrich Ebert, ordinò la sua sostituzione. Il 30 ottobre 1923 si formò un governo socialdemocratico senza comunisti. L'Ottobre tedesco era fallito e non c'era stata quasi nessuna lotta. Con la sconfitta dei comunisti tedeschi, la rivoluzione mondiale era stata colpita a morte. L'impossibilità di mettere in pratica le proposte degli internazionalisti avrebbe permesso a Stalin di formulare il suo piano per instaurare il socialismo in un solo Paese e per stabilire il comunismo nazionale in URSS.

Zinoviev e Trotsky, pur essendo d'accordo con la strategia del fronte unito e avendo autorizzato l'ingresso del KPD nei governi della Sassonia e della Turingia, incolparono Brandler e il suo collega Thalheimer della disfatta. Nel gennaio 1924 Brandler fu richiamato a Mosca e si decise di inviarlo in Kazakistan, in Asia centrale. Anche al congresso del Partito Comunista Tedesco, tenutosi a Francoforte nell'aprile 1924, furono individuati gli stessi colpevoli che, con l'aiuto di Mosca, furono sostituiti. La nuova leadership del KDP era guidata da Ruth Fischer, Arkadi Maslow, Werner Scholem, Ivan Katz, Paul Schlecht ed Ernst Thälmann. Solo gli ultimi due non erano ebrei. I veri leader erano infatti i primi due. Il capo dell'Agitprop (agitazione e propaganda) era Alexander Emel, un altro ebreo il cui vero nome era Moses Lurje. Un sostenitore di Fischer, Arthur Rosenberg, un ebreo cristiano battezzato, divenne l'intellettuale più prestigioso del comunismo radicale tedesco. Rosenberg, che nel luglio 1924 divenne membro del Presidium del Comintern, in un discorso al Parlamento tedesco insistette sul fatto che i comunisti avrebbero dovuto porre fine alla repubblica borghese. Nel 1925, quando i trotskisti persero il potere in URSS, questi leader furono progressivamente allontanati dalla leadership. La maggior parte di loro finì nelle mani di Stalin e fu giustiziata durante le purghe.

Il Trattato di Rapallo e l'assassinio di Rathenau

Nell'intervallo tra gli episodi rivoluzionari del 1921 e del 1923 si verificarono due eventi di grande importanza e complessità che richiedono questa breve sezione, in quanto entrambi significativi. Ci riferiamo allo sconcertante Trattato di Rapallo e all'assassinio di Walter Rathenau, uno dei suoi architetti. Il 16 aprile 1922, due ebrei, Georgi Chicherin (Ornatsky) e Walter Rathenau, entrambi ministri degli Esteri dei rispettivi Paesi, furono protagonisti di uno storico accordo firmato nella città italiana di Rapallo. Il suo essere ebreo non impedì a Rathenau di essere un convinto nazionalista tedesco. Oswald Hesnard, un germanista francese che lo conobbe personalmente, osserva con ammirazione che "la sua persona non rivelava altro che saggezza, moderazione e modestia". Rathenau dichiarò apertamente che gli ebrei avrebbero dovuto opporsi sia al sionismo che al comunismo e integrarsi normalmente nella società tedesca. Charles Sarolea, professore all'Università di Edimburgo, in *Impressioni sulla Russia sovietica*, un'opera magistrale, scrive che una sera, conversando con Rathenau sul ruolo dominante degli ebrei nella Rivoluzione bolscevica, gli chiese cosa pensasse che sarebbe stata la fine della tragedia russa. La sua risposta fu: "Non c'è dubbio che la fine della tragedia russa sarà il più terribile pogrom che la razza ebraica abbia mai subito". Convinto dell'aberrazione del Trattato di Versailles, Rathenau sostenne invano con Francia e Gran Bretagna che solo se al suo Paese fosse stato permesso di svilupparsi economicamente sarebbe stato possibile pagare le riparazioni richieste. Le materie prime tedesche furono saccheggiate e la Gran Bretagna impose una tassa del 26% sulle merci per impedirne il recupero. Oltre alla flotta e alle altre risorse, come già detto, la Germania fu costretta a cedere cinquemila locomotive, centocinquantamila carri e i suoi mezzi di trasporto. I macchinari industriali erano stati smantellati e trasportati in Francia e in Inghilterra. In breve, era un Paese asservito.

Pertanto, nonostante fosse profondamente anticomunista, Rathenau si rese conto che l'unica alternativa era quella di raggiungere accordi commerciali con l'altro Paese che non aveva firmato il Trattato di Versailles. Prima della firma di Rapallo si erano svolti dei negoziati segreti preliminari.

Già nel 1920 e nel 1921 la Russia sovietica aveva mostrato interesse ad acquistare equipaggiamenti militari di fabbricazione tedesca e aveva piazzato ordini a lungo termine per centinaia di milioni di rubli d'oro. Tuttavia, il coinvolgimento di agenti moscoviti nell'"Azione di marzo" del 1921 fece esitare i tedeschi, che proposero quindi che ogni trattativa commerciale avvenisse su base strettamente privata. "I sovietici", scrive McMeekin, "accettarono a patto che ciò avvenisse attraverso la S.E.A. (Svenska Ekonomie Aktiebolaget) di Olof Aschberg. La Reichbank, quando seppe che la banca di Aschberg era disposta a vendere l'oro sovietico - per un totale di 38 tonnellate - come credito all'importazione, colse al volo l'occasione di ottenere l'oro, che stava diventando sempre più scarso nella Germania inflazionata". Il professor McMeekin sottolinea che il governo tedesco era più disperato e aveva più bisogno dei russi di un ampio accordo. "Per questo motivo", scrive ancora, "la Wilhelmstrasse (sede del Ministero degli Esteri) era disposta a trascurare i ripetuti tentativi dei comunisti nel 1919 e nel 1921 di rovesciare il governo della Repubblica di Weimar con un colpo di Stato, apparentemente in base al principio paradossale che solo un accordo a lungo termine con i bolscevichi avrebbe potuto salvare la Germania dal bolscevismo".

La necessità della Germania di trovare una via d'uscita dall'isolamento era talmente grande che il Trattato di Rapallo era straordinariamente vantaggioso per la Russia. La bozza, rivista a Mosca da esperti tedeschi nell'inverno del 1922, ricevette l'approvazione di Rathenau quasi senza modifiche. È una crudele ironia che colui che era stato il più grande scettico del Ministero degli Esteri tedesco sulle relazioni con i sovietici sia stato costretto a stringere un patto con loro e a stabilire relazioni diplomatiche. I tedeschi furono così generosi che, oltre a cancellare l'intero debito della Russia, fornirono ai comunisti una linea di credito quasi illimitata per acquistare armi in Germania. "Le disposizioni commerciali nell'articolo 5 del Trattato di Rapallo", spiega Sean McMeekin, "in cui Berlino prometteva i suoi migliori sforzi per onorare i contratti, rivelavano la dura realtà: i tedeschi erano così disperati per gli affari con i bolscevichi che non si preoccupavano nemmeno di chiedere come sarebbero stati pagati". C'era tuttavia una clausola segreta nel trattato che soddisfaceva le richieste dei militari, poiché prevedeva l'addestramento delle truppe tedesche e la fabbricazione di armi in territorio sovietico. L'occasione per approvare la bozza invernale e firmare il testo definitivo del Trattato si presentò alla Conferenza di Genova, tenutasi tra il 10 aprile e il 22 maggio 1922. Vi parteciparono una trentina di Paesi, come già detto. I negoziatori sovietici e tedeschi si recarono da Genova alla vicina località balneare di Rapallo e firmarono il Trattato.

Inglesi, francesi e americani furono sconvolti dalla notizia dell'accordo tedesco-sovietico e si indignarono per Walter Rathenau. John Coleman, autore di *The Conspirator's Hierarchy: The Committee of 300*, ritiene che non vi siano dubbi sul fatto che Rathenau sia stato assassinato da agenti del SIS (British Secret Intelligence Service). Secondo lui, Rathenau ha ostacolato i piani dell'élite al potere e ha anteposto il suo nazionalismo agli interessi del cosiddetto Comitato dei 300. Coleman sottolinea che Rathenau è stato per un certo periodo consigliere dei Rothschild e questo potrebbe avergli fatto pensare di essere al sicuro da rappresaglie contro di loro. Inoltre, apparteneva alla gerarchia tedesca. Suo padre, Emil Rathenau, aveva fondato il gigante AEG (Allgemeine Elektricitäts-Gesellschaft) e gli era succeduto come presidente della società nel 1915. Rathenau, che era stato consigliere finanziario del Kaiser Guglielmo II, era così ben informato sulla natura del potere che il 24 dicembre 1921 aveva pubblicato un articolo sulla *Wiener Freie Presse* da cui diversi ricercatori hanno tratto queste parole: "Solo trecento uomini, ognuno dei quali conosce tutti gli altri, governano il destino dell'Europa. Essi scelgono i loro successori tra il proprio entourage. Questi uomini hanno nelle loro mani i mezzi per porre fine alla forma di uno Stato che ritengono inaccettabile". Secondo Coleman, Rathenau ha commesso l'errore di porre dei limiti alla malvagità degli uomini che possono scuotere il mondo.

Due mesi dopo la firma del Trattato, la mattina di sabato 24 giugno 1922, Walter Rathenau, che aveva rifiutato come ostentata la protezione offertagli da tre poliziotti, fu assassinato mentre viaggiava in un'auto aperta dalla sua casa di Grunewald al Ministero degli Esteri. Un veicolo occupato da tre uomini lo ha sorpassato. L'autista era Ernst Werner Techow e sul sedile posteriore sedevano Erwin Kern e Hermann Fischer. Kern gli sparò da vicino con una pistola automatica e poi Fischer lanciò una bomba a mano che esplose sul sedile posteriore dove era seduto Rathenau. Un lavoro da veri professionisti che, secondo la storia ufficiale, appartenevano alla Consul Organisation, un'organizzazione clandestina ultranazionalista. Techow fu arrestato il 29 giugno, ma i due assassini cercarono di fuggire in Svezia. Tre settimane dopo l'attentato, Kern fu liquidato dalla polizia quando fu circondato nel suo nascondiglio. Fischer si sarebbe suicidato. In questo modo non poterono essere né interrogati né portati davanti a un tribunale, il che è molto significativo.

La madre di Walter, Rathenau, dimostrò in una lettera alla madre di Techow che i valori suoi e del figlio erano più cristiani che ebraici. Queste le sue parole, trascritte in *Walter Rathenau* da Hans Lamm: "È con indescrivibile dolore che le tendo la mano. Dica a suo figlio che, in nome dello spirito della vittima, lo perdono, come Dio sicuramente lo perdonerà, se confesserà pienamente davanti a un tribunale terreno e si pentirà davanti a Dio. Se avessi conosciuto mio figlio, la persona più nobile della terra, avrei diretto l'arma del delitto contro se stesso piuttosto che contro di lui. Che queste parole portino pace alla sua anima. Mathilde Rathenau.

La disinformazione che spesso circonda i commenti su Walter Rathenau, che in alcuni media viene condannato con assoluta leggerezza, senza sapere nulla di lui, per il fatto di essere ebreo, ci spinge a scrivere qualche riga di contenuto biografico che gli renda giustizia. Walter era il maggiore dei tre figli di Emil Rathenau e Mathilde Nachmann. Emil Rathenau fondò nel 1883, con un capitale relativamente modesto di cinque milioni di marchi, la Allgemeine Electricitäts-Gesellschaft, che nel 1914 era diventata una delle aziende più importanti del mondo. Pur condividendo la passione della madre per la musica e le arti, studiò matematica, fisica, chimica e filosofia con i più eminenti studiosi del suo tempo. Le sue capacità comprendevano la letteratura, la pittura, la scienza, la filosofia, la politica e la metafisica. Emil Ludwig scrisse che Walter Rathenau era in grado di dipingere un ritratto, progettare una casa, costruire turbine e fabbriche, scrivere poesie, scrivere trattati o suonare una sonata. Poco noto è il fatto che Robert Musil, autore di *Der Man ohne Eigenschaften* (*L'uomo senza attributi*), un romanzo monumentale rimasto incompiuto alla morte di Musil, si ispirò a Walter Rathenau per creare Arnheim, il suo personaggio principale. Thomas Edison fu un'altra delle personalità che rimasero stupite dalle sue molteplici capacità.

Eugene Davidson, autore di *The Making of Adolf Hitler*, lo definisce un uomo dalle percezioni e dalle contraddizioni straordinarie. Rathenau scriveva delle razze settentrionali dagli occhi azzurri, che chiamava "Mut-Menschen", persone di coraggio, di prodezza, di animo profondo, in contrapposizione ai "Furcht Menschen", le razze meridionali dai capelli scuri, timorose e più intelligenti, che erano gli artisti e i pensatori classici. Davidson vede entrambi i tipi come proiezioni delle sue due anime e aggiunge che ammirava i tedeschi, per il loro coraggio, per le loro virtù, per la loro integrità; anche se erano i popoli del sud ad aver lasciato in eredità la cultura, le religioni e la decadenza del mondo.

Rathenau si sentiva profondamente tedesco e amava il suo Paese senza ritegno. Hans Lamm, autore del libro *Walther Rathenau*, sottolinea queste sue parole: "Non ho altro sangue che quello tedesco, nessun'altra tribù e nessun altro popolo". Sebbene si identificasse come ebreo e non volesse convertirsi al cristianesimo, credeva nella rivelazione di Cristo, tanto che al funerale del padre citò un testo con parole di Gesù. In una lettera a un amico espresse il desiderio di recarsi a Siviglia, "la nostra casa", scrisse, alludendo alle sue radici sefardite. Nel maggio 1921, il cancelliere Joseph Wirth gli offrì il posto di Ministro della Ricostruzione. Sua madre, alla quale era particolarmente affezionato, lo pregò di rifiutare l'offerta. Accettare significava rinunciare alle sue posizioni nell'industria, alle sue molteplici sfaccettature di scrittore, ai suoi interessi personali e ai suoi affari, e alla possibilità di ritirarsi nelle sue tenute di campagna. Inizialmente promise alla madre che avrebbe rifiutato l'offerta, ma il suo impegno personale nei confronti della Germania lo portò a riflettere sulla necessità di accettare la nomina. Rathenau si dimise da presidente della società elettrica e da membro di diversi consigli di amministrazione, ma ricoprì la carica di Ministro della

Ricostruzione solo per tre o quattro mesi: nonostante i due terzi della popolazione dell'Alta Slesia avessero espresso il desiderio di rimanere tedeschi in un referendum, il 20 ottobre 1921 il Consiglio della Società delle Nazioni decise che l'Alta Slesia doveva passare alla Polonia, il che portò al crollo del governo a causa del ritiro dei ministri del Partito di Centro, tra cui Rathenau.

In seguito, come sappiamo, sarebbe stato nominato ministro degli Esteri. Poche settimane prima di essere assassinato, pur avendo solo cinquantaquattro anni, scrisse: "In realtà non mi resta molto, la fiamma si sta spegnendo". Il fatto che un giorno dopo la sua morte un milione di persone si sia radunato al Lustgarten di Berlino e centinaia di migliaia ad Amburgo, Lipsia e in altre città tedesche dà un'idea dell'emozione e dello shock del popolo. A proposito della morte, Walther Rathenau fece la seguente riflessione, che riprendiamo dall'opera *Walter Rathenau, sein Leben und sein Werk* (*Walther Rathenau, la sua vita e la sua opera*), scritta pochi anni dopo la sua morte dal conte Harry Graf Kessler: "La morte è un'apparenza, la subiamo perché guardiamo solo una parte, e non l'intera struttura della vita. Le foglie muoiono, ma l'albero vive, l'albero muore, ma la foresta vive, la foresta muore, ma la terra che nutre e consuma le sue creature è verde. Se il pianeta muore, migliaia di altri come lui nascono sotto i raggi di nuovi soli. In tutto il mondo visibile non conosciamo la morte. Niente di essenziale sulla terra muore. Solo le apparenze cambiano.

Hitler e il "Putsch di Monaco".

Non appena il complotto comunista per rovesciare la Repubblica di Weimar fu sconfitto, ebbe luogo un altro tentativo di colpo di Stato, questa volta di natura diametralmente opposta, guidato da Adolf Hitler, assistito da Hermann Göring, Rudolf Hess e Alfred Rosenberg, membri del Partito Nazionalsocialista dei Lavoratori di Germania (NSDAP). I golpisti erano inoltre sostenuti dal generale Erich Ludendorff. Tra le turbolenze e i pericoli che incombevano sulla giovane Repubblica c'erano le tendenze separatiste. Da questa considerazione, il "Putsch di Monaco" può essere compreso meglio, poiché ebbe luogo quando il governo conservatore della Baviera, guidato da Gustav von Kahr, intendeva dichiarare l'indipendenza della Baviera. In questo contesto, Hitler progettò di anticipare i separatisti e di organizzare un proprio colpo di stato; non per separare la Baviera dal resto del Paese, ma per usarla come piattaforma per rovesciare il governo della Repubblica.

Alle otto di sera dell'8 novembre 1923, von Kahr stava tenendo un discorso a tremila persone nella grande sala del Bürgerbräu, una grande birreria alla periferia di Monaco. Hitler entrò nella sala accompagnato dai membri del partito, ordinò alcune birre e sopportò per mezz'ora il noioso discorso dell'oratore. Nel frattempo, seicento membri delle SA

(Sturmabteilung), le truppe d'assalto del partito, circondarono l'edificio. Quando alle 20.30 Göring irruppe nella birreria e piazzò una mitragliatrice all'ingresso, Hitler approfittò del tumulto, salì su una sedia e dopo aver sparato al soffitto gridò: "La rivoluzione nazionale è iniziata!". Hitler invitò immediatamente von Kahr, il generale Otto von Lossow, responsabile dell'esercito in Baviera, e il colonnello Seisser, capo della polizia, a entrare con lui in una stanza adiacente per discutere i piani per rovesciare il governo di Berlino. Tutti e tre pretesero la presenza del generale Ludendorff, il cui prestigio nell'esercito era indiscusso. Una volta chiarito che Ludendorff appoggiava il colpo di Stato, tornarono tutti nella birreria e tennero brevi discorsi, accolti dagli applausi di un pubblico eccitato.

Dall'estero giunse la notizia che le SA avevano difficoltà con le truppe dell'esercito. Hitler decise di partire e incaricò Ludendorff di controllare la birreria. Il generale chiese a von Kahr, Lossow e Seisser di dargli la loro parola d'onore di essere fedeli a Hitler. Una volta ricevuta la promessa, disse loro ingenuamente che erano liberi e liberi di andare. Nessuno di loro aveva la minima intenzione di appoggiare il colpo di Stato e si affrettarono a chiedere rinforzi. Durante la notte le truppe iniziarono a manovrare e i golpisti non riuscirono a occupare i centri strategici della città. All'alba Hitler capì che erano stati traditi da von Kahr e compagnia. Allora Ludendorff, convinto che la sua presenza sarebbe stata sufficiente a impedire a soldati e poliziotti di sparare contro di loro, propose a Hitler una marcia pubblica nel centro della città per conquistarlo. Circa 2.000 uomini, con Hitler e Ludendorff in testa, iniziarono la marcia dal Bürgerbräu lungo il fiume Isar fino alla Marienplatz, dove si trova il Municipio, alle undici del mattino.

La gente è uscita in massa per assistere al passaggio della colonna e alcuni si sono uniti alla marcia in segno di sostegno. L'intenzione era di dirigersi verso il Ministero della Difesa, dove erano parcheggiati i furgoni delle SA con 150 uomini al comando di Gregor Strasser. Un cordone di polizia bloccò la strada che portava a Odeon Square. Dopo un po' di tempo di silenziosa contemplazione reciproca, si udì uno sparo. La polizia sparò immediatamente una pioggia di proiettili. Sedici nazisti caddero a terra morti, tra cui il medico ingegnere Max Erwin von Scheuber-Richter, amico personale del generale Ludendorff che aveva finanziato il partito con ingenti somme di denaro. Ludendorff continuò a camminare in linea retta attraverso la grandine di fuoco fino a raggiungere intatti i ranghi della polizia. Göring fu gravemente ferito all'inguine e Hitler si fratturò la testa dell'omero nella spalla sinistra. Anche quattro poliziotti rimasero uccisi nello scontro a fuoco.

Il generale Ludendorff fu assolto, ma Hitler, accusato di alto tradimento, fu condannato a cinque anni di carcere, di cui dovette scontare solo nove mesi. Gli uffici del partito furono chiusi e il suo giornale, il *Völkischer Beobachter* (*l'Osservatore del Popolo*), fu sequestrato e messo al bando. Göring riuscì a fuggire, ma le pesanti cure ricevute per la ferita lo trasformarono temporaneamente in morfinomane. I leader che non furono arrestati si rifugiarono in Austria. Tutto lasciava pensare che, dopo il fallimento del colpo di Stato, le possibilità politiche di Adolf Hitler e del NSDAP fossero svanite. Non era così, perché dopo aver scritto il *Mein Kampf* in prigione, Hitler si convinse che per prendere il potere era necessario trasformare il NSDAP in un partito di massa e vincere le elezioni.

Hitler aveva iniziato la sua carriera politica nel 1919, un anno dopo essere stato ricoverato all'ospedale di Passewalk, vicino a Berlino, per l'inalazione di gas al fronte. Lì rimase sbalordito dalla notizia che il suo Paese aveva perso la guerra senza essere stato sconfitto sul campo di battaglia. Come molti tedeschi, aderì alla teoria secondo cui la Germania era stata "pugnalata alle spalle" da una banda di comunisti guidati da ebrei. Quando fu congedato, rimase legato all'esercito, per il quale svolgeva attività di informazione. Il 12 settembre 1919 fu incaricato di partecipare a Monaco di Baviera a una riunione politica del DAP "Deutsche Arbeitpartei" (Partito Tedesco dei Lavoratori), fondato nove mesi prima da un ferroviere di nome Anton Drexler sotto il patrocinio della Thule-Gesellschaft (Società Thule). Il programma di questo piccolo partito era nazionalista e antisemita. All'evento parteciparono appena cinquanta persone, tra cui Gottfried Feder, che parlò delle nefandezze dell'interesse. Hitler stava per andarsene quando si alzò un altro oratore, un professore di nome Baumann,, che fece un discorso in cui sosteneva la separazione della Baviera dalla Germania e la sua unione con l'Austria per fondare un nuovo Stato germanico nel sud. Eccitato e in totale disaccordo con queste idee separatiste, Hitler decise di intervenire e tenne un discorso infuocato e improvvisato in cui confutò le argomentazioni del professore e si dichiarò a favore dell'unione di tutti i tedeschi. Una volta terminato il discorso, uscì in strada senza dire una parola. Drexler lo rincorse e dichiarò di essere d'accordo con quanto aveva detto. Qualche giorno dopo gli chiese di entrare nel partito e Hitler accettò l'invito.

Dopo aver aderito al DAP, Hitler lavorò duramente per quattro anni alla ricerca di adesioni e finanziamenti. Dal 24 febbraio 1920, quel piccolo gruppo di ferrovieri era diventato il NSDAP, un partito i cui benefattori o finanziatori includevano i Bechstein, Helene e Carl Bechstein, il famoso produttore di pianoforti ebreo, e Fritz Thyssen, il magnate dell'acciaio. Hitler godeva anche delle simpatie di Henry Ford che, secondo un articolo del *New York Times* del 20 dicembre 1922, finanziava il movimento nazionalista e antisemita di Hitler a Monaco.

Numerosi ebrei "antisemiti" nell'entourage di Hitler

Molto è stato scritto su Hitler, ma gli aspetti che verranno discussi nelle pagine seguenti sono in gran parte ignorati. In questa sezione si vedrà che gli ebrei, a volte sionisti, presumibilmente antisemiti, appaiono ripetutamente intorno a lui, sia nel suo background familiare, sia nella sua formazione ideologica da giovane, sia nella sua carriera politica. In una seconda sezione vedremo che, prima di arrivare al potere, Hitler fu finanziato dagli stessi banchieri ebrei internazionali che avevano finanziato la Rivoluzione bolscevica e che avevano messo Franklin Delano Roosevelt alla Casa Bianca. In terzo luogo, discuteremo dell'*Accordo di Haavara*, un accordo "nazista", firmato il 25 agosto 1933 tra nazisti e sionisti, che promuoveva l'emigrazione degli ebrei tedeschi in Palestina. Se si considera che il razzismo di entrambe le parti contribuì al perseguimento di obiettivi sovrapposti, i fatti hanno una logica innegabile. In realtà, il nazionalismo e l'antisemitismo di Hitler furono gli strumenti utilizzati dal sionismo internazionale per giungere infine alla fondazione dello Stato di Israele, impossibile senza "spingere" le grandi masse di ebrei ashkenaziti, quindi non semiti, in Palestina.

Un libro fondamentale per affrontare il primo punto è *Bevor Hitler kam* (*Prima che Hitler arrivasse*), pubblicato nel 1964 da Dietrich Bronder, un professore tedesco di origine ebraica che nel 1952, dopo aver studiato legge, economia, medicina, teologia e filosofia tra il 1940 e il 1950, presentò la sua tesi di dottorato in storia all'Università di Göttigen sul tema *Leadership e organizzazione del movimento operaio socialista in l'Impero tedesco dal 1890 al 1944*. Per quanto ne sappiamo, non esiste un'edizione inglese di quest'opera, ma alcune copie si possono ancora trovare in vecchie librerie in Germania. Chi scrive ha trascorso l'agosto 2011 a Berlino e ha potuto scoprire da una collega, professoressa di latino, che nella biblioteca della sua università era conservata una sola copia dell'opera di Bronder, che non poteva essere presa in prestito e quindi doveva essere consultata in biblioteca. Leruditissimo *Bevor Hitler kam* esamina il bagaglio intellettuale e ideologico che ha gettato le basi del nazionalismo razziale prussiano, che già prima della Prima guerra mondiale ha influenzato un'élite intellettuale e militare e che in seguito è stato un fattore chiave del pensiero nazionalsocialista. Il professor Bronder inizia il suo lavoro con una significativa citazione di Engelbert Pernstorfer, cofondatore del partito socialdemocratico austriaco morto nel 1918, che merita di essere riprodotta perché rilevante nel contesto in esame:

"Ogni cultura è nazionale... Socialismo e pensiero nazionale non solo non sono in contraddizione, ma vanno necessariamente insieme. Ogni tentativo di indebolire il pensiero nazionale deve, se ha successo, ridurre la ricchezza dell'umanità..... Il nazionalismo deve quindi essere qualcosa di più di un fenomeno atavico, come un riprovevole sciovinismo; le sue radici devono penetrare in profondità nel suolo degli esseri umani. La storia non è altro che la storia dei popoli e degli Stati, in cui essi vivono la loro vita. Il popolo è il movente e l'innesco di tutti gli eventi umani. Chiunque cerchi di trascurare questo fatto o di superarlo teoricamente, naufragherà sempre".

Pubblicata nel 1974 in Svizzera, un'altra interessante opera che può essere letta online in formato PDF è *Adolf Hitler - Founder of Israel. Israele in guerra con gli ebrei*, il cui autore Hennecke Kardel, anch'egli di origine ebraica, è stato assolto nel 1982 da una causa intentata contro di lui nel 1979 dallo Stato tedesco, che gli ha anche confiscato i beni. Nel 1998, insieme ad Anneliese Kappler, Kardel ha pubblicato *Marcel Reich -Ranicki: der Eichmann von Kattowitz* (*Marcel Reic-Ranicki: l'Eichmann di Katowice*), per il quale è stato citato in giudizio per diffamazione, presumibilmente dallo stesso Reich-Ranicki, un ebreo polacco noto come il "Papa della letteratura tedesca" per le sue critiche letterarie. Il 9 marzo 1999, Hennecke Kardel è stato informato dalla Procura della Repubblica del Tribunale distrettuale di Amburgo che le indagini a suo carico per sospetta ingiuria o diffamazione non avevano avuto esito positivo e che quindi il caso era stato archiviato. Kardel, che sembra essere stato perseguitato per tutta la vita, attinge a piene mani dal libro di Dietrich Bronder, la fonte citata nel paragrafo precedente. Molte delle informazioni che seguono sono tratte da entrambe le opere.

Sulla base delle sue ricerche, Bronder elenca una serie di gerarchi nazionalsocialisti di origine ebraica, tra i quali mette al primo posto il Führer e Cancelliere del Reich Adolf Hitler. All'epoca furono fabbricati molti falsi certificati di purezza razziale su per nascondere una parentela indesiderata. Kardel sostiene che nel caso di Hitler, sebbene i documenti non siano disponibili perché fatti sparire, c'è un'altissima probabilità che il nonno paterno del Führer fosse un ricco ebreo di nome Frankenberger. Alcuni autori, in particolare Greg Hallett, autore di *Hitler Was a British Agent*, *sottolineano* che questo Frankenberger era solo un intermediario che nascondeva l'identità del vero nonno di Hitler. Il padre di Hitler, Alois, figlio unico nato nel 1837, era quindi un bastardo concepito all'età di quarantadue anni da Maria Anna Schicklgruber. Il 10 maggio 1842, cinque anni dopo la nascita del figlio illegittimo, Maria Anna Schicklgruber sposò Johan Georg Hiedler. Il piccolo Alois, che portò il nome della madre per quarant'anni, andò a vivere con lo zio Johan Nepomuk Hüttler. L'autore di *The Making of Adolf Hitler*, Eugene Davidson, ritiene improbabile che il nonno di Adolf Hitler fosse l'ebreo Frankenberger e ritiene che la tesi più plausibile sia che il padre di Hitler, Alois, fosse in realtà figlio di Johan Nepomuk, un agricoltore benestante con cui Alois Hitler visse fino all'età di sedici anni.

Nel 1847 Schicklgruber morì e dieci anni dopo la seguì il marito. Nel gennaio 1877, tre persone illetterate che firmarono la loro dichiarazione con la lettera "X" giurarono davanti al parroco Zahnschirm che Johan Georg Hiedler aveva detto prima di morire di voler adottare Alois come figlio. Dopo aver ascoltato questa testimonianza, il parroco della parrocchia di Döllersheim modificò la registrazione del 7 giugno 1837. Da quel giorno, Alois Schicklgruber fu ufficialmente chiamato Alois Hitler. Alois cambiò così il suo patronimico da Hiedler a Hitler, un cognome ebraico che compare anche in altre tre forme: Hütler, Hüttler e Hittler. La madre di Adolf Hitler,

Klara Pölzl, era la terza moglie di Alois Hitler, che lei chiamava "Onkel Alois" (zio Alois), essendo sua nipote. Konrad Heiden, giornalista e storico ebreo che a volte scriveva con lo pseudonimo di Klaus Bredow, è l'autore di una biografia in due volumi di Adolf Hitler pubblicata a Zurigo nel 1936-37. In essa rivela che un antenato di Adolf Hitler era stato ucciso da una donna. In essa rivela che un antenato di Klara Hitler era Johann Salomon e conferma che Hitler è un cognome comune sulle tombe ebraiche in alcune zone dell'Austria.

Un'altra testimonianza dell'origine ebraica del Führer viene da Hans Frank, governatore generale della Polonia occupata e avvocato di Hitler durante la guerra. Frank, che secondo Bronder e Kardel era anche mezzo ebreo, fu condannato all'impiccagione a Norimberga. Prima di morire ammise di conoscere le origini di Hitler. Lo conferma nelle sue memorie, *In the Face of the Gallows*, scritte poco prima di finire al patibolo. Kardel scrive che Hans Frank fu incaricato da Hitler di rintracciare documenti che potessero collegarlo al suo nonno ebreo. Si dice che Frank abbia scoperto anni di corrispondenza tra i Frankenberger e la nonna di Hitler, Maria Anna Schicklgruber.

In *I Paid Hitler*, un libro di Fritz Thyssen pubblicato nel 1941 e presumibilmente scritto da lui stesso, anche se in seguito negò la sua paternità, si dice che nonna Schicklgruber fosse una cameriera nella casa della famiglia Rothschild a Vienna, dove rimase incinta. Eugene Davidson, tuttavia, cita la famiglia Frankenberger e non la famiglia Rothschild. Se Fritz Thyssen ha ragione nel collocare nonna Schicklgruber come domestica nella casa viennese di Salomon Rothschild, l'ebreo Frankenberger potrebbe essere l'intermediario nominato dagli stessi Rothschild, confermando così la tesi di Greg Hallett. A questo proposito, Niall Ferguson, autorevole biografo della famiglia Rothschild, conferma gli eccessi e le perversioni sessuali di Salomon Rothschild a Vienna: "Aveva una passione lasciva per 'ragazze molto giovani' e i suoi 'affari' con loro dovevano essere coperti dalla polizia". Le virgolette all'interno della citazione indicano ovviamente gli eufemismi utilizzati da Ferguson per evitare due parole: ragazze e scandali.

Secondo Kardel, Hitler venne a conoscenza dell'esistenza del nonno ebreo grazie alla madre che, temendo per la sua vita dopo un'operazione per un cancro al seno, ne parlò al figlio pochi mesi prima di morire. Klara Hitler gli diede un indirizzo a Vienna, nel caso ne avesse avuto bisogno, e gli spiegò che la nonna paterna era rimasta incinta mentre lavorava per il signor Frankenberger a Graz. Klara disse al figlio che suo padre, Alois, aveva ricevuto un sostegno finanziario dalla famiglia Frankenberger fino all'età di 14 anni. Il 21 dicembre 1907 Klara Hitler morì e all'inizio del 1908 il giovane Adolf, che non aveva superato l'esame di ammissione all'Accademia di Belle Arti di Vienna, decise di recarsi dai Frankenberger nella speranza che potessero aiutarlo a entrare in quell'istituzione. Incontrò un uomo sulla sessantina, che gli confessò che la sua famiglia aveva aiutato finanziariamente il padre, anche se non era provato che il padre fosse stato uno di loro. Oltre a essere deluso, Hitler, che all'epoca aveva diciotto anni, uscì dal colloquio umiliato. Da quel momento in poi, il suo interesse per la cultura ebraica e i suoi contatti con gli ebrei di Vienna, dove vivevano circa 200.000 ebrei, assunsero una nuova dimensione.

Nell'autunno del 1908 Hitler era già un assiduo lettore della rivista *Ostara*, fondata nel 1905 da Adolf Josef Lanz, un ex monaco cistercense che era stato espulso dall'ordine nel 1899 a causa della sua interpretazione razzista della storia sacra e per aver fatto parte di un movimento che predicava la separazione da Roma. Lanz, che dal 1908 era stato redattore e unico scrittore della rivista, giustificava le sue teorie razziali con punti di vista gnostici e cabalistici modificati per adattarsi ai suoi scopi razziali. Nel 1909 Hitler visitò l'abbazia cistercense della Santa Croce a Wienerwald per scoprire l'indirizzo del creatore della rivista *Ostara*, un nome che evocava un'antica divinità germanica della primavera. Hitler avrebbe voluto che acquistasse da lui i numeri arretrati, e Lanz glieli diede. Da quel momento nacque l'amicizia tra i due.

Fratello Jörg, come era conosciuto nel monastero, nonostante la sua predicazione della purezza razziale ariana e l'antisemitismo, si era messo con una donna ebrea di nome Liebenfels e da allora si fece chiamare Dr. Georg Lanz von Liebenfels. In seguito decise di diventare un nobile e affermò di essere figlio del barone Johann Lancz e di Katharina Skala. Il padre, Johann Lanz, non era in realtà un nobile, ma un professore di Vienna, mentre il vero cognome della madre era Hoffenreich, figlia di un commerciante slovacco di origine ebraica di nome Abraham Hoffenreich. È chiaro che questo ideologo nazista, che non era né medico né barone, cercò di nascondere le sue origini.

Nel 1907 il presunto Barone von Liebenfels formò l'ONT (Ordine dei Nuovi Templari). Dietrich Bronder afferma che l'idea gli venne dopo aver assistito alla rappresentazione dell'opera romantica *Der Templer und die Jüdin (Il templare e l'ebrea)* di Heinrich Marschner. L'Ordine dei Nuovi Templari aveva sede nel castello di Werfenstein, dove la bandiera con la svastica fu issata per la prima volta in Germania. Si trattava di una bandiera con una svastica rossa su sfondo oro. Bronder aggiunge che la cosa più sorprendente è che "dopo che von Lanz aveva prestato loro il castello di Werfenstein, anche la comunità ebraica di Vienna vi celebrava la festa dei Tabernacoli, in ricordo della peregrinazione dei figli di Israele nel deserto". L'alleanza fu stretta con il rabbino Moritz Altschüler, uno degli amici ebrei dei maestri dell'Ordine, noto come co-editore *dei Monumenta Judaica*, ai quali collaborò anche l'antisemita Lanz!". Evidentemente, il fatto che la citazione si concluda con un'esclamazione indica lo stupore di Bronder per la mancanza di logica nel comportamento del sinistro von Liebenfels, che in realtà era un sionista che concedeva agli ebrei pieni diritti sulla Palestina.

Hennecke Kardel cita il testo di una lettera di Lanz von Liebensfels a un confratello dell'ONT, Fratel Aemilius, scritta il 22 febbraio 1932, un anno prima che Hitler salisse al potere: "Sai che Hitler è il nostro più grande studente? Vedrai che lui e attraverso di lui anche noi trionferemo e susciteremo un movimento che scuoterà il mondo. Heil!". L'influenza di Lanz su Hitler è oggetto di un articolo di decine di pagine intitolato "L'uomo che diede a Hitler le idee" ("Der Mann, der Hitler die Ideen gab. Jörg Lanz von Liebenfels"), pubblicato nel 1958 da Wilfried Daim. Il testo tedesco può essere letto in formato PDF su Internet. Lanz von Liebenfels apparteneva anche al Thule-Gesellsachft, di cui era maestro.

Di particolare importanza per il lancio del NSDAP fu l'acquisizione del giornale *Völkischer Beobachter* (*Osservatore del Popolo*), i cui principali azionisti erano membri della Società Thule (Thule- Gesellschaft), un ordine segreto che inizialmente rivendicava l'antichità germanica, a cui appartenevano importanti leader nazisti. Il giorno di Natale del 1920, sul giornale apparve un piccolo annuncio che informava che il partito nazista aveva acquisito il giornale con grandi sacrifici "per trasformarlo in un'arma spietata del germanesimo". Dietrich Bronder e Hennecke Kardel confermano che furono due amici ebrei di Hitler a rendere possibile l'acquisto: Moses Pinkeles, alias Trebitsch-Lincoln, uno degli uomini più misteriosi del XX secolo[8], ed Ernst Hanfstängl.

Kardel spiega che Hitler incontrò Ignaz Trebitsch-Lincoln tramite Dietrich Eckart, ideologo del partito e membro dell'Ordine di Thule, morto prematuramente nel 1923. Secondo il suo racconto, l'incontro era stato organizzato per esplorare le possibilità di un contributo di Trebitsch per

---

[8] Il mistero di Ignaz Trebitsch-Lincoln ha suscitato l'interesse di molti ricercatori. René Guenon, specialista di esoterismo, ritiene che Trebitsch-Lincoln, nato in Ungheria nel 1879 da una famiglia ebrea ortodossa, fosse un agente di forze occulte. Jean Robin, un altro scrittore di argomenti occulti, pone Trebtisch-Lincoln al servizio di un'élite che chiama i Superiori Sconosciuti, legati alla Società del Drago Verde. Lo storico Guido Preparata, invece, ritiene che, come Parvus (Alexander Helphand), fosse uno specialista dell'arte della sovversione al servizio della Gran Bretagna. Bernard Wasserstein, in *The Secret Lives of Trebitsch-Lincoln*, sostiene che fosse già impegnato nello spionaggio prima della Prima guerra mondiale. La tesi che fosse una doppia o addirittura tripla spia è sostenuta da altri ricercatori. Donald McCormick in *Peddler of Death: The Life and times of Sir Basil Zaharoff* lo collega al "Mercante di morte", l'ebreo Basil Zaharoff, di cui era intimo amico, e aggiunge che lavorò come consigliere segreto di David Lloyd George. McCormick ritiene che ci fosse una collaborazione triangolare tra Zaharoff, Lloyd George e Trebitch-Lincoln, basata sul fatto che "ognuno conosceva un segreto dell'altro". Preparata scrive che quando arrivò a Berlino nell'estate del 1919, aveva perso la nazionalità inglese ed era stato espulso dall'Inghilterra. Questo storico ritiene che vi sia la possibilità che fosse un agente comunista al servizio dei bolscevichi. In definitiva, né i fatti noti né le speculazioni su questo personaggio ci permettono di svelare l'enigma della sua vera personalità. Due ulteriori fatti, sui quali concordano diverse fonti: nel 1930 Moses Pinkeles, alias Ignaz Trebitsch-Lincoln, fu iniziato, presumibilmente in Tibet, e divenne il venerabile Chao Kung. È stato ufficialmente dato per disperso a Shanghai nel 1943, ma anche questo non è certo. Si ritiene che sia morto il 6 ottobre, ma alcune fonti parlano di suicidio e omicidio. Dopo la guerra, il *Times of Ceylon* ha riportato che era stato visto in India, nelle vicinanze del Tibet, e che viveva tranquillamente.

l'acquisto del giornale e si svolse in una birreria. Hitler chiese a Trebitsch-Lincoln che cosa ne pensasse della Palestina come soluzione all'intero racket dell'antisemitismo. Il suo interlocutore espresse la sua opinione sui meriti dell'unione dei nazionalsocialisti e dei sionisti. Aggiunse che i britannici avrebbero dovuto consegnare loro la Palestina e che loro avrebbero portato lì la popolazione. Kardel racconta che a un certo punto della conversazione sugli ebrei Trebitsch-Lincoln mise una mano sull'avambraccio di Hitler e gli disse testualmente: "So chi sei, Frankenberger". Hitler ritirò con forza il braccio e guardandolo con aria di sfida rispose: "Non dire mai Frankenberger o parlerò ad alta voce di te, Moses Pinkeles! Moses Pinkeles d'Ungheria!" Alla domanda di quanti soldi avesse bisogno, Hitler rispose 100.000 marchi. Pinkeles tirò fuori dalla tasca tre mazzette di banconote per un totale di 30.000 marchi e le pose sul tavolo. Dietrich Bronder sostiene che i restanti 70.000 marchi furono versati da Ernst Hanfstängl, "Putzi" per i suoi amici intimi, tra cui Hitler, per il quale talvolta suonava il pianoforte.

Il fatto che Hanfstängl, figlio di un ricco editore d'arte tedesco e di una donna ebrea americana di nome Katharine Heine, avesse la nazionalità americana e fosse ebreo non gli impedì di rimanere per vent'anni nella cerchia dell'élite hitleriana. Fino al 1937, Hanfstängl fu a capo del Dipartimento della Stampa Estera del NSDAP, ma nel 1941 deve essere successo qualcosa, perché perse la fiducia del Führer e gli fu chiesto di lasciare il Paese. Dopo l'intervento degli Stati Uniti nella guerra mondiale, questo amico di Hitler divenne consigliere del Presidente degli Stati Uniti, anch'egli ebreo, Franklin Delano Roosevelt, che aveva già conosciuto quando entrambi studiavano ad Harvard. Putzi era un agente posto al fianco di Hitler fin dall'inizio?

Il fatto che i massimi dirigenti del NSDAP fossero imparentati con famiglie di origine ebraica è davvero una rivelazione sorprendente, dal momento che tutti si dichiaravano antisemiti. Come sottolinea Dietrich Bronder, la contraddizione di questa circostanza con le teorie "völkisch" (razziali) sembra insormontabile. Bronder insiste sul fatto che i dati che offre nel suo libro sono il risultato delle sue ricerche sui leader nazionalsocialisti. Dei 4.000 leader da lui studiati, Bronder ha scoperto che 120 erano stranieri per nascita, e in molti casi entrambi i genitori erano stranieri. Una percentuale", aggiunge, "era addirittura di origine ebraica, quindi 'intollerabile' ai fini delle leggi razziali del nazionalsocialismo".

Tra i nomi presenti nell'elenco di *Bevor Hitler kam*, oltre allo stesso Hitler, figurano i seguenti: Karl Haushofer, considerato uno degli architetti delle teorie spirituali del nazionalsocialismo e l'ideatore della geopolitica, materia in cui fu professore all'Università di Monaco. Leader di spicco della Società del Vril o Loggia Luminosa e dell'Ordine di Thule, Haushofer, pur essendo un pio cattolico e un entusiasta sostenitore delle teorie razziali ariane, era di origine ebraica e sposato con un'ebrea. Rudolf Hess fu suo assistente all'Università e fu anche iniziato alla Società Vril. Anche Hess, segretario del Führer, ministro del Reich e membro di spicco della Thule-Gesellschaft, il cui Gran Maestro era il barone Rudolf von Sebottendorf, aveva, secondo Bronder, antenati di origine ebraica. Tra i nomi più importanti citati in *Bevor Hitler kam* ci sono: Hermann Göring, Maresciallo del Reich; il leader del Reich e del NSDAP Gregor Strasser; il dott. Josef Goebbels; Alfred Rosenberg; Hans Frank e Heinrich Himler; il ministro del Reich von Ribbentrop (che si impegnò a stringere amicizia con il leader sionista Chaim Weizmann, primo capo dello Stato di Israele, morto nel 1952); l'alto comandante delle SS Reinhard Heydrich; Erich von Bach-Zelkewski; i banchieri Ritter von Stauss e von Stein, potenti sostenitori di Hitler prima del 1933; il feldmaresciallo e segretario di Stato Erhard Milch; il sottosegretario di Stato Friedrich Gauss; i fisici ed ex membri del partito Philipp von Lenard e Abraham Robert Esau...

Un commento a parte merita il già citato R. Heydrich, una delle peggiori figure del regime, in quanto capo degli Einsatzgruppen (Gruppi d'azione o operativi), che fucilarono migliaia di ebrei in Polonia e in URSS. Sia Kardel che Bronder alludono all'origine prevalentemente ebraica di Reinhard Tristan Eugen Heydrich, ma in questo caso abbiamo ulteriori informazioni dallo scrittore ebreo Henry Makow (Henrymakow.com, 4 ottobre 2009), che conferma che il padre di Heydrich era l'ebreo Bruno Suess, figlio dell'ebreo Robert Suess e di Ernestine Linder. Bruno cambiò il suo cognome in Reinhard, che in tedesco significa "purezza impeccabile". Graf Kessler, in *Die Familennamen der Juden in Deutschland (I cognomi degli ebrei in Germania)*, spiega che molti ebrei tedeschi di cognome Goldman cambiarono il loro nome in Reinhard, che era il preferito. Così Bruno Suess divenne Bruno Reinhard, un cantante d'opera e compositore wagneriano che voleva essere accettato come non ebreo. Makow sostiene che Bruno Reinhard, che sposò la figlia del suo insegnante e aprì una scuola di musica ad Halle, era un massone e un frankista. Aggiunge che Reinhard Heydrich prestò il servizio militare in marina e fu chiamato il Mosè biondo dai suoi compagni. Felix Kersten, medico di Himmler, scrive in *The Kersten Memoirs* (1957) che Hitler sapeva che Heydrich era mezzo ebreo. Il fatto che Heydrich sia stato uno dei nazisti più feroci contro gli ebrei potrebbe forse spiegarsi con la sua necessità di assicurarsi che, nonostante le sue origini, non si potesse dubitare di lui. In Spagna, il domenicano Tomás de Torquemada è un caso simile. Questo ebreo convertito, confessore della regina Isabella e primo inquisitore generale di Castiglia e Aragona, si distinse per il suo zelo implacabile nel perseguitare i fratelli della sua razza. Torquemada fu uno dei principali sostenitori dell'espulsione degli ebrei dalla Spagna.

Anche Julius Streicher, capo del distretto, capo delle SA, membro di spicco dell'Ordine di Thule e famoso direttore del celebre giornale *Der Stürmer*, viene individuato da Kardel per le sue origini ebraiche. Fondato nel 1923, il giornale fu intransigente per vent'anni nel denunciare le peggiori aberrazioni attribuite agli ebrei, compresi i crimini rituali e alcune perversioni sessuali. Il vignettista del giornale, i cui disegni erano estremamente aggressivi e feroci, era l'ebreo Jonas Wolk, alias Fritz Brandt. Sebbene non potesse essere accusato di crimini di sangue, Streicher fu condannato a morte a Norimberga. Ogni giorno sempre più giuristi denunciano quanto accaduto a Norimberga come l'antitesi della legge. Il caso di Streicher è esemplificativo a questo proposito. È noto, grazie a una nota che il suo avvocato Hans Marx riuscì a trasmettere, che neri ed ebrei lo torturarono orribilmente nella sua cella: fu persino fotografato nudo con segni neri e blu e con un cartello al collo che recitava "Julius Streicher, re degli ebrei". Quando l'avvocato denunciò l'accaduto alla corte, i giudici respinsero con indignazione la protesta e ordinarono che non comparisse negli appunti e nelle registrazioni del processo in quanto "grossolanamente inappropriata".

Il boia che impiccò i gerarchi nazisti era l'ebreo John Clarence Woods, un sergente dell'esercito americano che si dilettava a prolungare le sofferenze dei condannati sulla forca. L'agonia di Rosenberg fu la più breve e durò dieci minuti. Ribbentrop impiegò diciotto minuti per morire e il generale Keitel ventiquattro. Quando fu il turno di Streicher, gli fu chiesto come si chiamava e lui rispose: "Lo sapete già". Mentre saliva i gradini del patibolo, gridò "Heil Hitler! Lo strangolamento di Streicher durò quattordici minuti. Kardel nota che la cassa in cui fu posto il suo corpo recava la scritta Abraham Goldberg, secondo lui il suo vero nome. D'altra parte, Giles MacDonogh, autore di *After the Reich* (2010), un'opera recentemente tradotta in spagnolo e pubblicata a Barcellona, conferma che il nome di Abraham Goldberg era scritto anche nel registro del crematorio dove furono cremati i resti di Streicher. Secondo MacDonogh, si trattava di un nome falso. Se così fosse, perché fu apposto il cartello "Re degli ebrei"? Perché gli fu chiesto il suo nome quando era sul patibolo? A che scopo cambiare il suo nome? Le esecuzioni avvennero "casualmente" il 16 ottobre, giorno della festa ebraica di Hoshanah Rabbah, il settimo giorno di Sukkot, considerato dallo Zohar un giorno di giudizio per le nazioni del mondo. Pertanto, furono presentati alla comunità ebraica come un atto di vendetta talmudica.

I banchieri ebrei finanziano Hitler

Un libro passato alla storia come il *Sidney Warburg* è la prova inconfutabile che Hitler fu usato come strumento dai banchieri ebrei internazionali: i Rockefeller, i Warburg, i Morgan, cioè gli stessi cospiratori che avevano finanziato la rivoluzione bolscevica. Antony Sutton, autore di *Wall Street and the Rise of Hitler*, dedica un capitolo di quest'opera allo studio della questione. Sutton, che ritiene che il libro sia autentico e che Sidney Warburg sia in realtà James Paul Warburg, figlio di Paul Warburg, cita le *Memorie* di Franz von Papen, pubblicate nel 1953, in cui lo statista considera il libro in questione autentico. Von Papen scrive: "La spiegazione meglio documentata dell'improvvisa acquisizione di fondi nazionalsocialisti si trova in un libro pubblicato in Olanda nel 1933 dalla prestigiosa casa editrice Van Holkema & Warendorf, intitolato *De Geldbronnen van Het Nationaal-Socialisme (Drie Gesprekken Met Hitler), sotto il* nome di Sidney Warburg".

Il libro rimase nelle librerie olandesi solo per pochi giorni, poiché fu presto soppresso. Sutton sostiene che tre copie sopravvissero all'epurazione, una delle quali fu tradotta in inglese con il titolo *The Financial Sources of National Socialism (Three conversations with Hitler)* e successivamente depositata al Britsh Museum, anche se attualmente non è disponibile al pubblico e quindi non può essere utilizzata dai ricercatori. Una seconda copia apparteneva al cancelliere austriaco Schuschnigg e non è più nota. La terza copia è stata tradotta in tedesco in Svizzera. Sutton chiarisce che il testo in suo possesso è stato tradotto in inglese da una copia autenticata della traduzione tedesca da lui acquistata nel 1971. Non fa però riferimento a un'edizione apparsa in Spagna nel 1955, pubblicata dalla casa editrice NOS di Mauricio Carlavilla con il titolo *El dinero de Hitler*. Questa edizione è quella di cui ci occupiamo. Sorprendentemente, Carlavilla riproduce la copertina dell'edizione olandese e afferma che questa copia originale era in suo possesso da otto anni. Confrontando i testi dell'edizione spagnola con quelli pubblicati in inglese dal professor Sutton, possiamo confermare che, a parte alcune sfumature irrilevanti dovute alla traduzione spagnola, i contenuti sono sostanzialmente gli stessi.

Il 24 novembre 1933 *il New York Times* riportò la notizia della pubblicazione del libro con il titolo "Hoax on Nazis Feared". In un breve articolo si segnalava che un pamphlet era apparso in Olanda e che l'autore non era il figlio di Paul Warburg. Il traduttore era J.G. Shoup, un giornalista belga che viveva in Olanda, e si diceva che i redattori e lo stesso Shoup si stessero "chiedendo se fossero stati vittime di una truffa". A nostro avviso, l'immediato tentativo di screditare il libro attraverso la pubblicazione di un articolo su quel giornale è solo un'ulteriore prova della sua autenticità. Nel capitolo precedente si è già detto che un ebreo di nome Adolph Ochs acquistò *il New York Times* nel 1896. Aggiungiamo ora che Adolph Ochs sposò la figlia di un importante membro dell'ebraismo riformato. Da questo matrimonio nacque una figlia che sposò Arthur Hays Sulzberger, che diresse il giornale. Il giornale è quindi di proprietà del clan Ochs-Sulzberger e serve gli interessi di coloro che finanziarono Hitler e Rossevelt negli anni Trenta.

Poiché disponiamo di una copia di *Hitler's Money*, commenteremo in dettaglio il testo che sarebbe stato scritto da James Paul Warburg con lo pseudonimo di Sidney Warburg. Non conosciamo le ragioni che spinsero il figlio di Paul Warburg,, a consegnare un testo in inglese al famoso pubblicista olandese. Quello che sappiamo è che la sua famiglia disapprovava i suoi capricci e fu in grado di ritirare il libro dalla circolazione.

Grazie alle già citate *Memorie* di von Papen, si sa anche che un socio dei Warburg, che lavorava presso la ditta Warburg & Co. di Amsterdam, segnalò la pubblicazione del libro a Holkema & Warendorf. Gli editori, informati che non esisteva alcuna persona di nome Sidney Warburg, decisero di ritirare l'opera dalla circolazione. Nel libro di von Papen è riportato il testo di una dichiarazione giurata rilasciata da James Paul Warburg nel 1949, in cui affermava che il libro era un falso. In ogni caso, anche ammettendo che Sidney Warburg non fosse il figlio di Paul Warburg, i fatti sono narrati in prima persona con assoluta precisione e dovizia di particolari. Chiunque abbia scritto il testo doveva necessariamente essere una persona molto vicina ai finanzieri che portarono Hitler al potere.

Il libro, che consiste in tre capitoli intitolati con tre date: "1929", "1931" e "1933", inizia con un breve resoconto della conversazione tra "Sidney Warburg" e I. G. Shoup, il traduttore delle conversazioni con Hitler. In essa Warburg giustifica il motivo per cui gli consegna il manoscritto inglese da tradurre in olandese: "Ci sono momenti", dice Warburg, "in cui vorrei fuggire da un mondo così pieno di intrighi, manovre di borsa, inganni e bugie. Di tanto in tanto parlo di queste cose con mio padre. Sapete cosa non sono mai riuscito a capire? Come sia possibile che persone di buon carattere e oneste si impegnino in truffe e inganni sapendo che interesseranno migliaia di persone". Shoup sa perfettamente chi è il suo interlocutore, perché lo definisce "il figlio di uno dei più potenti banchieri degli Stati Uniti, socio della banca newyorkese Kuhn, Loeb & Co.". Il traduttore chiede: "Perché voleva dire al mondo come era stato finanziato il nazionalsocialismo?".

Nel primo capitolo, "1929", Warburg dice cose incredibili, come, ad esempio, che il Trattato di Versailles, pur ispirato da Wilson, non aveva mai avuto la simpatia di Wall Street perché la Francia ne aveva beneficiato e aveva in mano la ricostruzione economica della Germania. Va ricordato che Wilson fu accompagnato a Parigi da banchieri di Wall Street, tra cui Bernard Baruch, Thomas Lamont di J. P. Morgan e lo stesso Paul Warburg. Bernard Baruch, consigliere economico della Conferenza di pace, approvò e fece approvare le durissime riparazioni imposte alla Germania. Non sappiamo chi stia cercando di ingannare "Sidney Warburg", il quale sostiene, con moralismo, come se non fosse un buon affare, che "più la Francia premeva per le sue riparazioni di guerra, più prestiti dovevano essere concessi dagli Stati Uniti e dalla Gran Bretagna affinché la Germania potesse pagare e assicurare la ricostruzione economica del Paese". Dopo alcune riflessioni politiche ed economiche che mirano a "smascherare gli errori di un sistema che governa il mondo", Warburg prosegue raccontando come fu incaricato di recarsi in Germania e incontrare Hitler.

Warburg, che parlava perfettamente il tedesco avendo lavorato per quattro anni consecutivi in una banca di Amburgo, racconta che un certo giorno del giugno 1929 ebbe un colloquio a New York presso gli uffici della

Guaranty Trust con J. H. Carter, presidente commissario della banca. In una seconda riunione, il giorno successivo, alla Guaranty Trust, alla quale parteciparono il giovane Rockefeller, un rappresentante della Royal Dutch di nome Glean, i presidenti delle Federal Reserve Banks e altri cinque banchieri privati, Carter propose il nome del giovane Warburg per la missione presso Hitler: "tutti erano d'accordo sul fatto che io fossi l'uomo di cui avevano bisogno". In quella sede, tutti concordarono che "c'era un solo modo per salvare la Germania dalla tenaglia finanziaria francese, e quel modo era una rivoluzione. Questa poteva essere attuata da due gruppi politici diversi: o il Partito Comunista Tedesco - che significava, in caso di successo della rivoluzione sovietica, il dominio dell'URSS sull'Europa e l'aumento del pericolo comunista in tutto il mondo - o lo scatenamento della rivoluzione da parte del gruppo dei nazionalisti". Gli argomenti giustificativi di "Sidney Warburg" non sembrano né credibili né onesti, anche perché la rivoluzione comunista era già fallita tre volte. Inoltre, è irragionevole che "per salvare la Germania dalla tenaglia finanziaria francese" si sia pensato di scatenare una rivoluzione. I veri motivi, ovviamente, erano diversi e di ben più ampia portata, come avremo modo di discutere in seguito, perché qui interessano gli eventi reali che si svolsero. Fu deciso che Hitler non doveva conoscere lo scopo dell'assistenza economica di Wall Street e che doveva essere lasciato al suo ingegno e al suo ragionamento per scoprire i motivi latenti dietro la proposta.

Warburg partì da New York per Cherbourg a bordo dell'*Ile de France*. "Viaggiavo con un passaporto diplomatico e lettere di presentazione di Carter, Tommy Walker, Rockefeller, Glean e Herbert Hoover". Una volta a Monaco, il console americano fallì nel tentativo di metterlo in contatto con il gruppo nazionalista: "Questo mi costò otto giorni". Alla fine riuscì a raggiungere Hitler grazie agli sforzi delle autorità municipali di Monaco. Il sindaco Deutzberg lo informò che Hitler lo avrebbe ricevuto al Bräukeller. Segue il racconto del primo incontro. In una vecchia stanza rustica dietro la grande sala della birreria, Hitler era seduto tra due uomini dietro un lungo tavolo. "I tre uomini si alzarono quando mi videro arrivare e si presentarono uno per uno. Il cameriere mi portò un grosso boccale di birra e io iniziai a parlare". Warburg ha lasciato intendere che voleva conversare da solo e che preferiva non avere terze persone presenti. "Non è mia abitudine", disse Hitler, "ma se mi mostra i suoi documenti, ci penserò". Mostrate un paio di lettere di presentazione, gli accompagnatori si ritirarono dopo un'indicazione con lo sguardo. "Poi tirai fuori tutte le mie lettere di raccomandazione e le stesi sul tavolo, invitando Hitler a informarsi sul loro contenuto. Dopo averle lette, mi chiese se intendevo pubblicare la mia conversazione con lui su un giornale americano. Risposi negativamente. Con più calma, disse subito: "È solo che non mi fido molto dei giornalisti. Soprattutto dei giornalisti americani". Non gli chiesi il perché, perché non volevo nemmeno saperlo".

Non c'è dubbio che da questo momento Hitler sapeva con chi aveva a che fare, perché i nomi sulle lettere di raccomandazione erano piuttosto significativi. Iniziò quindi un monologo di Hitler, che voleva sapere cosa pensassero del suo Movimento, dato che il suo programma era stato tradotto in inglese. Seguirono denunce delle conseguenze del Trattato di Versailles sulla popolazione, denunce dei marxisti e degli ebrei, dei partiti politici e del loro asservimento, del tradimento e della corruzione. Contro tutto questo si ergeva il suo partito, che mirava a conquistare il cuore del popolo, che prometteva lavoro e pane con un programma tutto tedesco e che cominciava a raccogliere il sostegno di molti disoccupati, della classe media e della gente delle campagne. Egli fece poi riferimento alla necessità di forza e denaro per raggiungere gli obiettivi e denunciò l'atteggiamento delle banche ebraiche. Hitler gli consegnò quindi il programma del partito: "Qui troverà ciò che intendiamo realizzare e ciò che consideriamo il nostro obiettivo". Warburg pensò che fosse giunto il momento di dichiarare il motivo della sua missione, ma "quasi non mi lasciò iniziare". Riprese il plico e cominciò a parlare delle difficoltà e della necessità di portare avanti una grande propaganda, per la quale aveva bisogno di denaro. Warburg dichiara di essere stanco di ascoltare i discorsi e scrive: "Diventava sempre più difficile per me svolgere il mio compito ed esporre l'oggetto del mio colloquio. Hitler sembrava ascoltare se stesso con piacere, e quando cercavo di interporre qualche parola come introduzione per spiegare ciò che volevo, passava a un altro argomento". Quando finalmente arrivò il momento, Warburg lo riflette nel testo con queste parole.

- Il presidente Hindenburg non guarda con simpatia al nostro movimento, ma quando sarà il momento non cercherà di mettere il popolo contro di noi. L'aristocrazia che lo circonda ha paura di vedere il popolo al potere. Potremmo infatti chiamarli a rispondere del loro atteggiamento vile nei confronti dello straniero e della loro indecisione nei confronti del capitalismo ebraico".
Improvvisamente tacque. Mi guardò a lungo e duramente e mi interrogò sgarbatamente.
- Sei forse ebreo?
- No, sono di origine tedesca".
- Sì, certo; il suo nome lo dice chiaramente".
Poi ebbi l'occasione di parlare di nuovo delle difficoltà che si frapponevano al programma di Hitler e riuscii finalmente a parlare del piano di aiuti finanziari che volevo proporgli.
- Se questo fosse vero", interruppe Hitler, "quante cose potremmo realizzare!"".

Quando l'inviato di Wall Street gli chiese quanto denaro gli serviva per i suoi piani, Hitler rimase momentaneamente sorpreso e premette un campanello. Parlò al cameriere e poco dopo entrò un uomo alto e magro sulla quarantina, vestito con un'uniforme marrone. Hitler, senza presentarlo al suo interlocutore, gli chiese senza mezzi termini "quale somma di denaro sarebbe stata necessaria per una propaganda intensiva del Movimento". Warburg indica che in seguito seppe che l'uomo che era entrato era il banchiere von Heydt, che scrisse alcune cifre e le passò al suo capo, che lo ringraziò con un tono che indicava che poteva andarsene. "Vede", disse Hitler, "non è facile fare un calcolo nelle nostre circostanze. Devo prima sapere il massimo che il signore che vi ha mandato è disposto a dare, e anche se sarebbe disposto a fare un'ulteriore donazione se dovessimo avere di nuovo bisogno del suo aiuto". Warburg spiegò che non poteva rispondere. La sua missione era quella di mettersi in contatto con lui, e doveva informare coloro che lo avevano inviato dell'importo massimo che avrebbero messo a sua disposizione. "Non sembrava che la mia risposta gli piacesse molto. Forse pensava che fosse tutto un po' complicato, e con un tono piuttosto secco mi chiese se potevo dargli anche solo un'idea approssimativa di quanto avrebbe potuto contare alla fine. Gli ho ripetuto che non era possibile". Per l'interesse che riveste, segue la citazione completa del dialogo:

- "Quando posso avere i soldi?
Risposi che speravo che ciò avvenisse non appena il mio rapporto telegrafico fosse stato ricevuto a New York, a condizione che ci fosse un accordo sulla somma esatta. Hitler mi prese di nuovo in parola. Non voleva che il denaro fosse inviato in Germania, era troppo pericoloso.
- Non ho fiducia in nessuna banca tedesca. Il denaro deve essere depositato in una banca estera, dalla quale sarà messo a mia disposizione.
Guardò di nuovo la somma che avevano sommato e, come se desse un ordine secco, disse:
- Cento milioni di marchi".
Mi sforzai di non far trasparire il mio stupore per l'entità della somma. Promisi di telegrafare a New York e di fargli sapere prontamente la risposta ricevuta. Mi interruppe:
- Non appena avrete sue notizie, scrivete a von Heydt. Il suo indirizzo è Lützow-Ufer, 18, Berlino. Se necessario, si metterà immediatamente in contatto con voi".
Hitler si alzò. Mi strinse la mano - e lo presi come un buon segno - e me ne andai. Mentre andavo in albergo, stavo valutando mentalmente i numeri. 100 milioni di marchi erano circa 24 milioni di dollari. Cominciai a dubitare che Carter volesse dare una somma così alta a un movimento politico europeo in "fond perdu". Alla fine pensai che New York avrebbe voluto conoscere il risultato dei miei sforzi e inviai segretamente un estratto della conversazione avuta con Hitler.
Il giorno dopo, la sera, andai a una riunione che si teneva nel circolo del Partito Nazionalsocialista; la mattina avevo ricevuto in albergo un invito a partecipare. Hitler parlò di persona; in seguito prese la parola un certo Falkenhayn".

La risposta da New York arrivò tre giorni dopo. "Una risposta breve, e anche in scrittura cifrata. In essa si offrivano a Hitler dieci milioni di dollari. Mi si chiedeva di comunicare a quale banca europea questa somma dovesse essere inviata su un conto a mio nome". In relazione alle somme date, va considerato che l'iperinflazione che tra il 1921-23 aveva distrutto la moneta tedesca aveva potuto essere frenata dalla temporanea sostituzione del Reichsmark con il Rentenmark, sostenuta dalle ipoteche sulle proprietà tedesche e dalla produzione industriale. Warburg racconta poi di aver scritto a von Heydt, che gli telefonò il giorno dopo e si misero d'accordo per incontrarsi nel suo albergo. Von Heydt arrivò accompagnato da un altro uomo, presentato come Frey, e "li informai che New York era pronta a mettere a loro disposizione dieci milioni di dollari da inviare a una banca europea a mio nome. Sarei stato lieto di metterli a disposizione di Hitler. Il pagamento e il trasferimento di questo denaro avrebbero dovuto essere regolati". Due giorni dopo entrambi gli uomini si presentarono nuovamente all'hotel con le istruzioni che il Führer aveva dato loro. La proposta era la seguente:

> "Dovrei telegrafare a New York e dire loro di mettere a mia disposizione i dieci milioni di dollari presso la banca Mendelssohn & Co. di Amsterdam: dovrei andare io stesso a prendere il denaro in quella città e convincere questo banchiere a darmi dieci assegni da un milione di dollari da cambiare in marchi e a piazzarli in dieci diverse città della Germania. Avrei intestato gli assegni a dieci persone diverse, che li avrebbero messi a disposizione di Heydt. Lui sarebbe venuto con me ad Amsterdam. Una volta ad Amsterdam, sarei potuto tornare in America".

Il fatto che la banca scelta da Hitler fosse la Mendelssohn Bank di Amsterdam è significativo, in quanto si trattava di una banca ebraica nell'orbita dei Warburg. I Mendelssohn, inoltre, erano stati i banchieri più favoriti dai Rothschild nel XIX secolo, anche se Samuel Bleichröder aveva cercato di soppiantarli a Berlino. Non sorprende quindi che "Sidney Warburg" sia stato accolto con straordinaria gentilezza dal direttore quando chiese di incontrarlo. Il giovane Warburg si stupì del fatto che von Heydt "fosse trattato da tutti i dipendenti, sia junior che senior, come se lo considerassero uno dei migliori clienti della banca". Ciò indica, ovviamente, che i nazisti, nonostante i discorsi contro le banche ebraiche, trattavano abitualmente con le banche ebraiche senza problemi.

"Sidney Warburg si imbarcò sull'*Olympia* a Southhampton e tornò a New York, dove riferì tutto a J. H. Carter, uomo di Morgan e del Guaranty Trust, che propose di convocare una riunione plenaria per poter riferire nei dettagli. Alla nuova riunione", scrive Warburg, "erano presenti gli stessi signori di luglio; ma questa volta accanto a Glean, che rappresentava la Royal Dutch, sedeva un rappresentante inglese, Angell, uno degli uomini più importanti della Asiatic Petroleum Company.... Tutti trovarono eccessiva la somma di 24 milioni, ma ebbi l'impressione che fosse proprio l'entità della somma a indicare loro che si poteva avere fiducia nella fermezza e nella veridicità delle azioni del Führer". Tra gli altri dettagli, Warburg nota l'"enorme interesse di Rockefeller per le dichiarazioni di Hitler sui comunisti".

Egli nota anche che, a poche settimane dal suo ritorno, alcuni giornali "cominciarono a interessarsi in modo particolare al nuovo partito tedesco" e aggiunge che "giornali come il *New York Times*, il *Chicago Tribune*, il *Sunday Times*, ecc. cominciarono a pubblicare notizie sui discorsi di Hitler".

All'inizio del 1924, il NSDAP aveva 24 deputati. Dopo il fallimento del "Putsch di Monaco", il partito cadde in discredito e alle elezioni di fine anno ottenne 14 rappresentanti. Le cose andarono ancora peggio nel 1928, quando i nazisti ottennero solo 12 seggi. Sorprendentemente, tutto cominciò a cambiare nelle elezioni del 14 settembre 1930, quando il NSDAP decuplicò i suoi risultati e, con quasi sei milioni e mezzo di voti, ottenne 107 seggi. In un attimo il partito di Hitler era diventato la seconda forza politica in Germania, dietro solo al Partito Socialdemocratico, che era il partito con il maggior numero di voti e 143 seggi. I comunisti, nemici giurati dei nazisti, con quasi due milioni di voti in meno, ottennero 77 seggi. Sembra chiaro che l'iniezione di denaro da Wall Street abbia avuto un effetto.

Il secondo capitolo di *Hitler's Money*, intitolato "1931", inizia con una riflessione sulla politica monetaria. Il fatto che nel settembre 1931 la Banca d'Inghilterra avesse abolito il gold standard[9] spinse il governo francese a ritirare parte delle sue riserve auree depositate presso la Federal Reserve: "Enormi quantità d'oro furono spedite", scrive Warburg, "da New York all'Europa, una buona parte delle quali andò in Francia, anche se non posso dirlo con certezza.... Alla fine di settembre 1931 e all'inizio di ottobre abbiamo visto che erano già stati inviati in Europa tra i 650 e i 700 milioni di dollari. I depositi d'oro ancora detenuti dal governo francese presso la Federal Reserve Bank alla fine di ottobre erano valutati in circa 800 milioni di dollari". Warburg attribuisce l'indebolimento della sterlina alla tattica

---

[9] Il gold standard, come è noto, permetteva di scambiare la cartamoneta con l'oro. Così, ad esempio, nel 1930 chiunque poteva ottenere un'oncia d'oro in cambio di una banconota da 20 dollari. A seguito della Grande Depressione causata dal crollo del mercato azionario del 1929, la gente fu presa dal panico al punto che nel 1931 molti scambiarono la loro cartamoneta con l'oro e le riserve della Banca d'Inghilterra iniziarono a diminuire. Montagu Norman, governatore della Banca d'Inghilterra dal 1920 al 1944, accettò di abbandonare il gold standard, nonostante ne fosse sempre stato il più convinto sostenitore. La mossa stimolò uno scambio mondiale di carta contro oro, perché se la City di Londra, il centro mondiale della finanza, poteva fare una mossa del genere, altri potevano seguirne l'esempio. Nel 1933 F. D. Roosevelt pose fine alla convertibilità dell'oro per i cittadini. Da quel momento in poi solo i governi e le banche mondiali poterono cambiare banconote in oro. Arrivò a proibire agli americani di possedere oro. Nel 1934 gli Stati Uniti riaprirono il gold standard, ma non a 20 dollari l'oncia, bensì a 35. T. McFadden critica la politica di Roosevelt in relazione alle sue misure sull'oro.

francese, che avrebbe dovuto logorare Londra dal punto di vista finanziario per impedirle di venire in aiuto della Germania. Viene riportata la visita a Washington di Pierre Laval, Presidente del Consiglio dei Ministri francese, e di due esperti finanziari, Parnier e Lacour-Gayet. "Sidney Warburg" commenta che gli esperti della Federal Reserve e del Tesoro "erano dell'opinione che il governo francese avesse perso alcuni milioni per affossare la sterlina e far crollare il gold standard di Londra".

L'argomento ritorna poi sul finanziamento della NSDAP, poiché "Sidney Warburg" riferisce di aver ricevuto una lettera da Hitler alla fine di ottobre del 1931, dalla quale trascrive il seguente testo nel suo libro:

> "Il nostro Movimento sta crescendo così rapidamente in tutta la Germania che ha bisogno di molti finanziamenti. La somma che mi avete già dato per lo sviluppo del Partito è già esaurita e prevedo che non potrò andare avanti se non riceverò presto altri aiuti. Non ho a disposizione, come i nostri nemici comunisti e socialdemocratici, le grandi fonti finanziarie dei governi, ma devo attenermi strettamente alle somme fornite dai membri del Partito. Della somma che mi avete inviato non è rimasto nulla. Il prossimo mese dovrò intraprendere una grande azione che possa portarci al potere. Ma per questo ho bisogno di molto denaro. Vi sarei grato se mi faceste sapere su quale somma posso contare da parte vostra".

"Sidney Warburg" commenta il tono della lettera e lo considera piuttosto quello di "una persona che pensa di avere più diritto di chiedere che di implorare un favore". Un altro dettaglio che attira la sua attenzione è che, sebbene la lettera fosse datata Berlino, la busta gli era giunta con un timbro postale di un ufficio postale americano, a indicare che Hitler aveva un confidente negli Stati Uniti e probabilmente nella stessa New York. Il documento riferisce poi di un ulteriore incontro presso gli uffici della Guaranty Trust Co, al quale era stato invitato anche un uomo dei Rothschild, Montagu Norman, governatore della Banca d'Inghilterra, che si trovava a New York. "Sidney Warburg" mette in bocca a J. H. Carter le seguenti parole: "Se vuole venire, possiamo rivendicare la vittoria ". Montagu Norman fu informato dell'amministrazione del 1929 e ritenne che i dieci milioni di dollari fossero una somma molto elevata per il finanziamento di un movimento politico; ma alla fine fu deciso che "Sidney Warburg" dovesse tornare in Europa.

Una volta in Germania, il giovane Warburg visitò varie città per valutare la situazione sul campo. Ad Amburgo incontrò un banchiere ebreo sostenitore di Hitler e gli chiese come mai, in quanto ebreo, fosse un sostenitore del nazismo. A Berlino incontrò un industriale che era un entusiasta sostenitore del nazionalsocialismo. Dopo aver visto che il partito si era radicato tra la popolazione, ritenne che fosse giunto il momento di contattare Hitler, al quale scrisse al suo indirizzo di Berlino. Alloggiato all'Hotel Adlon, ricevette nelle sue stanze il banchiere von Heydt e uno sconosciuto che gli fu presentato come Lütgebrunn. Entrambi gli spiegarono il lavoro del partito con i disoccupati, che integravano nelle milizie, che comportava spese elevate, perché nelle case della NSDAP nelle varie città tedesche "gli uomini mangiano lì, dormono lì, e tutto a spese del partito". Dopo aver giustificato le spese per le uniformi, l'acquisto di armi dai contrabbandieri, i mezzi di locomozione, ecc. von Heydt annunciò che Hitler lo avrebbe ricevuto l'indomani nella sua casa di Fasanenstrasse 28. "Sidney Warburg" commenta che, dall'aspetto dell'edificio, ebbe l'impressione di andare a trovare un cittadino comune: "Trovai Hitler piuttosto invecchiato, ma meno nervoso; aveva più portamento, ed era anche vestito meglio. Ho avuto l'impressione che sapesse cosa voleva e chi era".

Il resoconto del secondo colloquio inizia con un intervento di Hitler, che assicura al suo interlocutore: "Se ci concede un anno di attività, il potere cadrà nelle nostre mani". Afferma con orgoglio che "la banda rossa trema di paura" e aggiunge che faranno vedere loro di cosa sono capaci. Spiega che hanno "un piano di mobilitazione che non può fallire", che è "affidato a Göring, uno dei nostri migliori collaboratori. In due ore le nostre formazioni possono essere pronte in tutto il Paese per scendere in piazza. In primo luogo i gruppi d'assalto, la cui missione è quella di occupare gli edifici, catturare i leader politici e anche i membri del governo che non sono dalla nostra parte.... Se il sangue deve scorrere, che scorra. Una rivoluzione non può essere fatta in altro modo; solo con la forza si può insegnare ai traditori cosa sia l'onore".

Dopo averlo ascoltato, Warburg gli chiede quali siano le sue intenzioni in politica internazionale. Hitler allora si alza e comincia a camminare per la stanza e inizia un lungo monologo, nel mezzo del quale "Sidney Warburg" interviene come segue: "Devo chiarire prima di andare avanti che non appena sono tornato in albergo ho scritto questa conversazione alla lettera. Ho i fogli di carta davanti a me, quindi non sono responsabile di nulla di incomprensibile o incoerente. Dovete protestare con Hitler se trovate qualcosa di strano o se siete sorpresi dalle sue idee sulla politica estera". Il discorso di Hitler contiene alcune cose degne di nota. Ad esempio, afferma che imprigionerà ebrei, comunisti e socialdemocratici; che l'esercito del Reich è con loro "fino all'ultimo uomo"; che gli unici due leader mondiali che rispetta sono Mussolini e Stalin, soprattutto il primo, e aggiunge: "Peccato che Stalin sia ebreo". Quando ritenne che il suo lungo discorso avesse risposto alla domanda, Hitler si informò immediatamente su quanto denaro poteva essergli offerto. Poi espose l'esistenza di due piani per la presa del potere. Il primo è il "piano rivoluzionario". Il secondo è la presa di potere legale, cioè il "cambio di governo". Sembra chiaro che all'inizio dell'intervista Hitler avesse cercato di vendergli il primo, che, a suo dire, era una questione di tre mesi, mentre il secondo avrebbe richiesto tre anni. "Quale ritiene sia preferibile?".

"Sidney Warburg" scrive che si limitò a scrollare le spalle in segno di ignoranza. A questo atteggiamento, Hitler disse: "Voi americani non conoscete le circostanze; quindi è molto difficile per voi risolvere questo dilemma; ma cosa pensate che diranno i vostri amici?". Poiché nemmeno Warburg poteva dargli una risposta, Hitler ritenne necessario spiegare ulteriormente la questione: "Vede, né io né i miei collaboratori sappiamo con certezza quale strada prendere. Göring è favorevole alla rivoluzione; gli altri sono piuttosto favorevoli a un cambio di governo. Io sono a favore di entrambi.... C'è una ragione per cui siamo in dubbio sul metodo migliore, ed è che non sappiamo quanto denaro possiamo contare su di voi. Se foste stati più generosi nel 1929, tutto sarebbe stato in ordine già da tempo; ma con dieci milioni di dollari non potremmo realizzare metà del piano". Alla fine, secondo il racconto di Warburg, Hitler si sedette al tavolo, prese un piccolo taccuino e sentenziò: "La rivoluzione costa 500 milioni di marchi; il cambio di governo, circa 200 milioni di marchi. Cosa pensa che decideranno i suoi amici?". Warburg gli promise che avrebbe contattato rapidamente New York e che non appena avesse avuto una risposta glielo avrebbe fatto sapere immediatamente. Allora Hitler si alzò di nuovo, riprese a camminare e disse: "I vostri amici in America hanno un indubbio interesse a che il nostro partito conquisti il potere in Germania; altrimenti non sareste con me ora, né nel 1929 mi avrebbero dato dieci milioni di dollari. Non mi interessa quali motivazioni li spingano ad aiutarmi; ma devono essere ben consapevoli che senza sufficienti mezzi finanziari non posso fare nulla".

Come è stato detto, i banchieri ebrei che finanziarono Hitler intendevano che fosse lui stesso a interpretare le ragioni della loro assistenza finanziaria. Naturalmente, in due anni Hitler aveva avuto il tempo di sapere esattamente chi lo voleva al potere. Se avesse capito le loro vere intenzioni è un'altra questione. A questo proposito è molto significativo che egli riconosca che non gli interessano le ragioni. "Sidney Warburg termina il suo resoconto del colloquio con il Führer con queste parole: "Dal tono delle ultime frasi, sembrava che Hitler si rivolgesse a un vasto pubblico e mi attaccasse come se fossi il suo peggior nemico. Ne avevo abbastanza. Ripetei che avrei parlato con New York e gli avrei dato la risposta non appena l'avessi ricevuta". Ci sono voluti cinque giorni perché New York rispondesse. A quanto pare, la prima risposta non era chiara e "Sidney Warburg" telegrafò di nuovo per ottenere una risposta. Ricevette quindi un lungo cablogramma che trascrive:

"Le somme proposte sono fuori luogo. Non vogliamo e non possiamo farlo. Spiegategli che una tale svolta sconvolgerebbe il mercato europeo. È completamente sconosciuta a livello internazionale. Attendo un rapporto più approfondito prima di prendere una decisione". Continuate lì. Continuare a indagare. Convincete l'uomo dell'impossibilità delle sue richieste. Non dimenticate di includere nel rapporto la vostra opinione sulle possibilità future offerte dall'uomo".

Warburg scrisse una lettera a Hitler e lo informò delle notizie ricevute. Due giorni dopo ricevette nel suo albergo la visita di due persone che non aveva mai incontrato prima: Göring e Streicher. "Il primo, di aspetto elegante, passo deciso, brutale; il secondo aveva un aspetto piuttosto effeminato". L'incontro con Göring fu estremamente sgradevole, perché, nonostante Warburg insistesse sul fatto che era un semplice intermediario le cui opinioni o idee non avevano "nulla a che fare con lo sviluppo delle cose", Göring gli parlò in tono infuriato, al punto da arrivare a dirgli testualmente: "Siete tutti falsi". Queste parole indignarono Warburg: "Mi alzai e indicai la porta a Göring perché se ne andasse; lo fece, in compagnia di Streicher, senza nemmeno salutarmi". Il testo prosegue:

"Scrissi a Hitler una lettera in cui gli chiedevo di trattare con me personalmente d'ora in poi e di non inviare più emissari a me, soprattutto a Göring. Gli spiegai in poche parole cosa era successo e aggiunsi che non desideravo che il mondo incontrasse di nuovo Göring. Non so cosa sia successo tra Hitler e Göring; fatto sta che il giorno dopo ricevetti una lettera di Göring in cui si scusava con me, attribuendo la sua agitazione alla grande tensione che stavano vivendo, dato che dopo Hitler era il secondo in comando del partito".

Tre giorni dopo arrivò finalmente un cablogramma con il seguente testo: "Rapporto ricevuto. Siamo pronti a dare dieci, massimo quindici milioni di dollari. Avverte l'uomo della necessità di aggredire il pericolo straniero". L'ambiguità dell'ultima frase consente ogni sorta di speculazione, perché in essa potrebbe celarsi la chiave dei reali scopi del finanziamento. Dopo aver comunicato la notizia a Hitler in una nuova lettera, Strasser e von Heydt si recarono a Warburg con i pieni poteri di agire per conto del Führer, che, dissero, doveva riposare per due settimane su ordine del medico. Von Heydt accettò la somma di quindici milioni e avvertì che l'opzione rivoluzionaria era fuori questione. Strasser chiese quando il denaro sarebbe potuto arrivare in Germania: "Gli dissi che pensavo che sarebbe stata questione di un paio di giorni al massimo, non appena avessi saputo se Hitler era soddisfatto delle cifre, ma che avrei preso provvedimenti per assicurarmi che il denaro non sarebbe stato inviato finché non avessi parlato con Hitler". Von Heydt rispose che il Führer aveva bisogno di assoluto riposo, ma Warbug insistette che "nulla sarebbe stato organizzato finché non avessi parlato con Hitler".

Il giorno successivo, mentre cenava nelle sue stanze d'albergo, "Sidney Warburg" fu informato che un autista lo stava aspettando all'ingresso. Dopo aver letto una lettera in cui Hitler lo pregava di venire a trovarlo con l'auto a sua disposizione, salì sull'auto e fu condotto alla casa di Fasanenstrasse, dove infine avvenne l'incontro con Hitler. Quest'ultimo confermò di aver accettato i quindici milioni di dollari, ma di aver scelto la via più lunga, quella di un cambio di governo. Von Heydt", annunciò Hitler, "si metterà in contatto con lei per le modalità di trasferimento del denaro". La narrazione continua: "Cercai di fargli capire che non era possibile per coloro che rappresentavo inviare i quindici milioni di dollari in un unico assegno. Avrebbero inviato prima dieci e poi cinque milioni, e che dovevano ricevere le mie istruzioni. Ripetei a Hitler l'importanza delle condizioni poste da Carter nel telegramma per quanto riguarda l'estero. Questa volta non si limitò alle solite frasi sul programma, ma rispose bruscamente: "Lasciate fare a me. Quello che ho già realizzato è una garanzia per quello che posso ancora realizzare". La conversazione si concluse così.

Tre giorni dopo arrivò un contrordine, secondo il quale i quindici milioni dovevano essere consegnati "a una certa banca europea" non appena riscossi. Dopo aver comunicato questa notizia a Hitler, Warburg ricevette di nuovo la visita di von Heydt, che gli chiese di trasferire la somma come segue: Cinque milioni a Warburg, da versare alla Mendelssohn & Co. di Anversa; cinque milioni alla Rotterdam Banking Union di Rotterdam e altri cinque milioni alla Banca Italiana di Roma. Vediamo i dettagli dell'operazione alla lettera:

> "In compagnia di Von Heydt, Gregor Strasser e Göring mi recai in questi tre punti per raccogliere i vaglia. Poi dovemmo inviare un gran numero di assegni a città e paesi della Germania a una serie infinita di nomi presenti in lunghissime liste tenute dai capi nazionalsocialisti. A Roma, Strasser, von Heydt e Göring furono ricevuti nell'edificio principale della banca dal Presidente Commissario. Non eravamo ancora nell'ufficio da cinque minuti quando ci vennero presentati due uomini in uniforme fascista, che a quanto pare dovevano essere anch'essi capi: Rossi e Balbo. Göring prese la parola e parlò loro in italiano. Non ho sentito nulla. Fummo invitati a pranzo a casa di Balbo. Ero l'unico a non indossare l'uniforme. I capi nazionalsocialisti indossavano uniformi marroni, i fascisti nere".

Per quanto riguarda la suddivisione del denaro in numerosi assegni, Anthony Sutton ritiene che si tratti di una pratica comune, il cui scopo era quello di riciclare il denaro per mascherarne l'origine a Wall Street. Giorni dopo il suo tour europeo con i nazisti, "Sydney Warburg" si imbarcò nel porto di Genova e salpò a bordo del *Savoy* per New York. All'arrivo, riferì ampiamente sui colloqui con Hitler e sulle circostanze in Germania. Anche in questo caso, Rockefeller era uno dei più interessati ai dettagli specifici. Volevano anche sapere tutto sui collaboratori del Führer e il giovane Warburg gli raccontò dell'incidente con Göring.

All'inizio del 1932, in Germania imperversava la Grande Depressione iniziata nel 1929 con il crollo della Borsa di New York. Circa sei milioni di lavoratori erano registrati presso gli uffici di collocamento; ma se si includono anche i piccoli lavori part-time e le persone non registrate che cercavano lavoro, la cifra si avvicinava a dieci milioni. Il 3 luglio 1932, il NSDAP ottenne risultati spettacolari e divenne la principale forza politica. I quasi sei milioni e mezzo di voti conquistati nel 1930 divennero quattordici milioni. Da 107 seggi nel Bundestag si passò a 230. Ciò significa che il 37,4% dei voti espressi era andato al partito nazista. Sebbene il successo fosse indiscusso, Hitler non riuscì a realizzare il cambiamento politico desiderato, poiché Hindenburg, Presidente della Repubblica, e il generale Kurt von Schleicher, uno stretto collaboratore del vecchio maresciallo, non lo appoggiarono come cancelliere. Dopo un lungo braccio di ferro tra i vari attori politici, si giunse a un'impasse e furono indette nuove elezioni, che si tennero il 6 novembre 1932. I risultati non furono quelli sperati da Hitler e il NSDAP perse due milioni di voti e trentaquattro deputati, pur rimanendo di gran lunga il partito più votato.

Gli intrighi per il cancellierato ricominciarono. Schleicher convinse Hindenburg che avrebbe potuto dividere i nazisti nominandolo Cancelliere. Il vecchio maresciallo acconsentì alla sua richiesta il 2 dicembre 1932. L'uomo che poteva sfidare Hitler per la leadership del partito era Gregor Strasser. Schleicher, convinto che una sessantina di deputati nazionalsocialisti lo avrebbero seguito, gli offrì il vicecancellierato. Il diario di Göbbels ci dà un'idea dell'umore all'interno del NSDAP. In un'annotazione dell'8 dicembre, egli annota: "Ci sono voci che Strasser stia pianificando una sorta di rivoluzione di palazzo.... A mezzogiorno è esplosa la bomba. Strasser ha scritto una lettera al Führer in cui lo informa che si dimette da tutte le cariche". Durante una riunione tra Göbbels, Himmler, Röhm e Hitler, il Führer minacciò di suicidarsi se il partito si fosse sciolto. In particolare, come scrive Göbbels, disse: "Se mai il partito dovesse andare in pezzi, allora metterò fine a tutto con una pistola in tre minuti".

La lotta all'interno del partito tra Strasser e Hitler si risolse a favore di quest'ultimo e il cancelliere Schleicher non poté rimanere in carica. Il 4 gennaio 1933, sotto gli auspici del banchiere Kurt von Schröder, Hitler si incontrò con von Papen, che apparteneva al partito cattolico di centro e aveva il sostegno del conservatore DNVP (Partito Nazionale Popolare Tedesco). I due raggiunsero un accordo per formare un governo di coalizione in cui Hitler sarebbe stato cancelliere e von Papen vice-cancelliere. Il 28 gennaio 1933 Schleicher si dimise e von Papen propose a Hindenburg un governo con i nazisti. Il 30 gennaio Hitler prestò giuramento davanti a Hindenburg a metà mattina e fu nominato Cancelliere della Germania. Il 1° febbraio 1933, Ludendorff, il generale che aveva partecipato con Hitler al "Beer Hall Putsch", scrisse una lettera a Hindenburg che Eugene Davidson cita in *The Making of Adolf Hitler*. Dal testo si ricava questo estratto: "Nominando Hitler Cancelliere del Reich, avete consegnato la nostra patria a uno dei più grandi demagoghi di tutti i tempi. Vi preannuncio solennemente che quest'uomo maledetto farà precipitare il nostro Reich nell'abisso e condurrà la nostra nazione in una miseria inconcepibile. Per quello che ha fatto, le generazioni a venire lo malediranno nella tomba". Questa era la situazione quando "Sidney Warburg" arrivò a Berlino per incontrare nuovamente Hitler.

Nel terzo capitolo, intitolato "1933", Warburg racconta che la notte stessa dell'incendio del Reichstag, cioè il 27 febbraio 1933, inviò una lettera alla vecchia casa di Hitler a Berlino per annunciare il suo arrivo. Warburg confessa che in quell'occasione fu Carter, l'uomo della Guaranty Trust Co. a ricevere una lettera da Hitler con la richiesta di "inviare immediatamente il suo vecchio confidente per un colloquio", il che dimostra senza ombra di dubbio, come proclama lo stesso "Sidney Warburg", che Hitler sapeva di "avere a che fare con il più potente gruppo finanziario del mondo".

L'ormai cancelliere del Reich lo ricevette nella stessa casa di Fasanenstrasse. Hitler, molto emozionato, gli parlò per mezz'ora dell'incendio del Reichstag, per il quale incolpò i comunisti: "I comunisti si sono giocati il tutto per tutto e hanno perso dando fuoco al Reichstag". Warburg scrive quanto segue a proposito dell'incendio del Reichstag: "Solo più tardi ho potuto leggere in America e altrove di teorie diverse; ora, se è vero che il partito di Hitler ha partecipato all'incendio, bisogna ammettere che Hitler è il miglior comico che abbia mai incontrato nelle cinque parti del mondo. Anche Göring e Göbbels non sono degli sprovveduti; la loro disperazione era così spontanea, o si esprimevano così stupendamente bene, che quando ricordo quelle conversazioni dubito ancora che sia tutto finto". In altre parole, Warburg aveva l'impressione che i leader nazisti fossero sinceri quando gli parlavano dell'incendio.

Ottant'anni dopo, comunisti e nazionalsocialisti si accusano ancora a vicenda di un evento da cui entrambi hanno cercato di ricavare capitale politico. Ora, la storia ufficiale ha concluso senza ombra di dubbio che fu tutta opera dei nazisti, e questo è ciò che viene insegnato nelle istituzioni accademiche di tutto il mondo. Tuttavia, dal momento che la storia ufficiale è falsa, si deve presumere che stia mentendo in questa vicenda come in tante altre. Solo due giorni dopo l'incendio, ad esempio, il *Daily Worker*, l'organo ufficiale del Partito Comunista Britannico, affermò senza alcuna prova che i nazisti avevano dato fuoco al loro stesso Parlamento. Willi Münzenberg, il genio della propaganda comunista in Europa, e l'OGPU fabbricarono false prove che implicavano i nazisti nell'incendio. L'unica cosa chiaramente accertata è che un giovane socialista olandese, Marinus Van der Lubbe, fu arrestato sul posto e ammise di aver appiccato il fuoco. Van der Lubbe dichiarò di aver inteso l'incendio dell'edificio come un segnale per la rivoluzione e di averlo fatto da solo. Più volte ribadì questa versione; ma i comunisti lo accusarono di essere un degenerato, un imbecille che era stato messo sul posto come capro espiatorio, e cominciarono a diffondere la voce che era tutta opera dei nazisti. Van der Lubbe spiegò di aver comprato materiale d'accensione e olio per appiccare il fuoco. La polizia riuscì a dimostrare tutte queste cose. Gli interrogatori non politici pensarono che stesse dicendo la verità. Anche i vigili del fuoco dichiararono che il racconto di Van der Lubbe era coerente con i risultati delle loro indagini sulla scena.

Potremmo scrivere a lungo sulla campagna di propaganda comunista, poiché fu principalmente opera di Otto Katz, l'ebreo di Jistebnice, un triplo o quadruplo agente che, come vedremo a tempo debito, fu impiccato nel 1952. Un'opera su Katz, che ritroveremo in Spagna a dirigere la propaganda della Seconda Repubblica in sintonia con Álvarez del Vayo, è apparsa nel 2010, *Le nove vite di Otto Katz*, che offre una grande quantità di informazioni su questo ebreo errante, che Molotov chiamò "giramondo". Jonathan Miles, l'autore del libro, dedica due capitoli alla discussione dei dettagli della campagna internazionale sull'incendio del Reichstag organizzata da Katz, che, nota Miles, non ebbe mai il minimo scrupolo di mentire con assoluta naturalezza. Nell'aprile del 1933 Münzenberg si recò a Mosca, dove fu decisa la campagna per incolpare i nazisti dell'incendio. Katz, il pupillo di Münzenberg, si recò in Inghilterra, Francia, Olanda, Stati Uniti e ovunque fosse necessario per ottenere informazioni e sostegno per scrivere e redigere il *Braunbuch uber Reichstagsbrand und Hitlerterror* (*Il libro marrone sull'incendio del Reichstag e il terrore di Hitler*), il fulcro della propaganda, che in uno sfoggio di mezzi e finanziamenti fu tradotto in una ventina di lingue, tra cui l'ebraico e lo yiddish. Un'edizione di 135.000 copie fu introdotta clandestinamente in Germania nell'agosto del 1933. La copertina è imperdibile: sullo sfondo del Reichstag in fiamme, appare l'immagine di Göring. La sua testa deforme ricorda quella di un cane rabbioso. Nella mano destra impugna un'enorme ascia insanguinata. Dalla vita in giù indossa un grembiule da macellaio sporco di macchie di sangue. Tra le altre favole, il libro attribuisce al giovane Marinus van der Lubbe un coinvolgimento con un misterioso dottor Bell, presunto protettore di Ernst Röhm. Otto Katz organizzò anche un processo parallelo a Londra, per il quale si formarono comitati di sostegno in numerosi Paesi. Katz attribuì la massima autorità al suo tribunale: dichiarò che "il suo mandato emanava dalla coscienza del mondo".

Con queste premesse, possiamo tornare all'incontro tra Hitler e Warburg, avvenuto pochi giorni prima delle nuove elezioni, indette per il 5 marzo 1933. Nella prima riunione di governo del 30 gennaio, Hitler aveva proposto lo scioglimento del Parlamento e l'indizione di nuove elezioni, convinto di poter ottenere la maggioranza assoluta. Von Papen, suo alleato e vice-cancelliere, aveva accettato a condizione di non cambiare il governo indipendentemente dai risultati[10]. Oltre a spiegare i suoi piani immediati al giovane Warburg, Hitler gli disse che von Heydt non era più con loro e

---

[10] Alle elezioni del 5 marzo 1933 il NSDAP ottenne 17.200.000 voti, che si tradussero in 288 seggi. Il 43,9% dei tedeschi votò per i nazionalsocialisti. Il secondo partito fu la SPD, che con 7.100.000 voti ottenne 120 seggi. I comunisti furono sostenuti da 4.800.000 elettori e ottennero 81 seggi. Il 21 marzo 1933 Hitler riuscì ad approvare la Legge di abilitazione, che lo rese un dittatore costituzionale.

nemmeno von Pleffer. Definì ridicoli i fratelli Gregor e Otto Strasser: "Invece di attaccare, gli Strasser e i loro scagnozzi preparavano tutto nel più grande silenzio, ma io ero al corrente di ogni loro mossa". A disse poi che lo aveva aspettato prima a Berlino, che doveva agire in fretta e gli chiese se i suoi amici volevano aiutarlo ulteriormente".

Il giudizio di Warburg su Hitler in questa occasione è molto negativo: "Ci sono momenti in cui Hitler dà l'impressione di essere malato. Non mi è mai stato possibile tenere con lui una conversazione ordinata e ordinaria. Di tanto in tanto faceva cambiamenti così improvvisi e assurdi che non si poteva far altro che dubitare del suo equilibrio mentale. Sono convinto che sia di natura ipernervosa". A un certo punto dell'intervista Hitler cominciò a parlare del problema ebraico. "Buon Dio! esclama Warburg - ha paragonato il problema tedesco a quello dei negri in America. Questo bastava a darmi un'idea dell'intelligenza di Hitler e del suo modo di pensare. I due problemi non possono essere paragonati. Vi risparmio gli inutili paragoni che Hitler fece". Erano già le tre del mattino quando venne finalmente sollevata la questione dell'ammontare dei nuovi aiuti. Hitler disse che aveva bisogno di "almeno cento milioni di marchi per ottenere tutto e avere la possibilità di una vittoria completa e definitiva ". Warburg gli disse che una somma così elevata era fuori discussione e ricordò che erano già stati inviati 25 milioni di dollari. Promise di telegrafare subito a New York, cosa che fece alle 4.30 del mattino, ora in cui arrivò in albergo.

Carter gli telegrafò che poteva inviargli sette milioni di dollari. "Cinque sarebbero stati spediti da New York in Europa, alle banche da me indicate, e gli altri due milioni mi sarebbero stati consegnati personalmente dalla Rhineland Joint Stock Company di Düsseldorf, la filiale tedesca della Royal Dutch". Dopo aver trasmesso la risposta a Hitler, "Sidney Warburg" ricevette la visita di Göbbels, che lo portò nella Fasanenstrasse. Fu ricevuto da Hitler e Göring. "La conversazione fu molto breve. Ebbi l'impressione che i tre uomini fossero scontenti della somma annunciata e che si sforzassero di non essere scortesi con me; ma tutto finì bene. Hitler mi chiese di far trasferire i cinque milioni di dollari alla Banca italiana di Roma; Göring mi avrebbe accompagnato. Gli altri due milioni dovevano essere consegnati a Göbbels in denaro tedesco, in quindici assegni di uguale valore. Così si concluse il colloquio.

Forse ci siamo dilungati più del necessario in questa sinossi, ma abbiamo scelto di farlo perché questo libro epurato non è disponibile nei Paesi Bassi. In ogni caso, i lettori interessati possono ancora trovare una copia dell'edizione NOS del 1955 in Spagna. Antony Sutton ammette che alcune informazioni sono note oggi, ma aggiunge che bisogna tenere presente che l'edizione olandese è apparsa nel 1933 e che in essa l'autore rivela fatti e nomi che sono diventati noti solo molto più tardi, come, ad esempio, che la banca von der Heydt era un tramite finanziario per Hitler. L'autore, che sia o meno James Paul Warburg, dimostra di avere accesso a dati molto specifici e di conoscere cose che poche persone potrebbero sapere senza essere in una posizione privilegiata.

Le prove del finanziamento del nazismo da parte di Wall Street sono state dimostrate da diversi ricercatori. Il primo nome che appare intimamente legato ai banchieri internazionali è quello di Hjalmar Horace Greeley Schacht, il cosiddetto "mago della finanza". Nelle sue *Memorie* (Barcellona, 1954) Schacht racconta che nel 1903 l'anziano Emil Rathenau gli offrì un posto di lavoro presso l'A.E.G., ma lui preferì una posizione presso la Dresdner Bank, gestita dagli ebrei Eugen Gutmann e Henry Nathan. Schacht rivela che nel 1905 la banca firmò un "accordo molto interessante e vantaggioso per me" con la Morgan & Co. Hjalmar Schacht fu nominato presidente della Reichsbank il 22 dicembre 1923, carica che mantenne fino al 1930. Il suo primo impegno fu a Londra, dove si recò il 29 dicembre 1923 per incontrare Montagu Norman, governatore della Banca d'Inghilterra. Montagu Norman fu il padrino del terzo figlio della figlia di Schacht, Inge, che fu chiamato Norman Schacht in suo onore.

Nel 1932 Schacht, che nelle sue memorie ammette prontamente i suoi buoni rapporti con gli ebrei sionisti, convinse gli industriali a rivendicare il cancellierato per Hitler da Hindenburg, che lo riconfermò presidente della Reichsbank il 17 marzo 1933, carica che mantenne fino al 1939. Tre importanti banchieri ebrei sionisti, Warburg (Max), Mendelssohn e Wasserman, facevano parte del Consiglio generale della banca e firmarono la nomina insieme a Hindenburg e Hitler. Mentre era a capo della banca, gli fu imposto che nessun funzionario che fosse stato massone potesse essere nominato in posizioni di fiducia. Nelle sue memorie, scrive di aver risposto "che non ero in grado di eseguire la disposizione finché un massone fosse stato a capo della Reichsbank. Si trattava di me stesso". Per quanto riguarda la sua appartenenza alla Massoneria, fa riferimento in particolare a una loggia di Berlino, "Urania zur Unsterblichkeit" (Urania verso l'immortalità), e scrive: "Nel 1908 sono diventato membro di una loggia massonica. La massoneria è di casa nella mia famiglia. Mio padre apparteneva a una loggia americana. Il mio bisnonno, Christian Ulrich Detlev von Eggers, era uno dei grandi massoni del suo tempo". In un altro passaggio rivela che nel 1909 si trovava a Salonicco, dove "quasi tutti i leader del movimento dei Giovani Turchi erano massoni e le loro riunioni segrete si svolgevano al riparo della loggia". Non rivela però che, oltre ai massoni, erano anche ebrei convertiti, "doenmés". Hjalmar Schacht, che aveva studiato l'ebraico perché lo riteneva necessario per avanzare nel settore bancario, fu nominato Ministro dell'Economia il 2 agosto 1934 e Hitler lo nominò membro onorario del partito.

Schacht era", scrive Sutton, "un membro dell'élite finanziaria internazionale che esercita il potere dietro le quinte attraverso il sistema politico di una nazione. Era il collegamento chiave tra l'élite di Wall Street e la cerchia ristretta di Hitler". Fu grazie alla fiducia dei creditori in Hjalmar Schacht che furono concepiti i piani Dawes (1924) e Young (1928), entrambi progettati dai banchieri della Federal Reserve. Schacht fu l'uomo che attuò entrambi i piani, agendo come una sorta di controllore che amministrava il debito tedesco per conto dei banchieri di Wall Street. In *Tragedia e speranza* Carroll Quigley sostiene che il piano Dawes fu una creazione di J. P. Morgan. In particolare, vennero concessi prestiti per circa 800 milioni di dollari e i proventi confluirono in Germania sotto forma di investimenti utilizzati per creare e consolidare gigantesche aziende chimiche (I.G. Farben) e siderurgiche (Vereignigte Stahlwerke) che prima aiutarono Hitler a salire al potere e poi produssero la maggior parte dei materiali utilizzati nella Seconda Guerra Mondiale. In *Wall Street e l'ascesa di Hitler* il professor Sutton spiega:

"Tra il 1924 e il 1931, nell'ambito dei piani Dawes e Young, la Germania pagò agli Alleati circa 36 milioni di marchi in riparazioni. Allo stesso tempo, la Germania prese in prestito all'estero, soprattutto negli Stati Uniti, 33 miliardi di marchi, pari a un pagamento netto di tre miliardi di marchi per le riparazioni. Di conseguenza, l'onere delle riparazioni monetarie fu di fatto sostenuto dai sottoscrittori stranieri di obbligazioni tedesche emesse dalle case finanziarie di Wall Street, ovviamente con un notevole profitto. E, per inciso, queste case erano di proprietà degli stessi finanzieri che regolarmente si toglievano il cappello da banchieri per indossare quello da statisti. Come statisti, hanno preparato i piani Dawes e Young per "risolvere" il "problema" delle riparazioni. Come banchieri, hanno emesso i prestiti".

Il Piano Young prende il nome dal suo formulatore, Owen D. Young, un agente di Morgan che era presidente della General Electric Company. In realtà, secondo Sutton, il Piano era il risultato dello scambio di idee e della collaborazione tra Schacht in Germania e Morgan a New York, ovvero la forma di un vasto e ambizioso sistema di cooperazione e alleanza internazionale per il controllo del mondo. L'obiettivo era quello di occupare la Germania con capitali americani e di impegnare i beni tedeschi attraverso una gigantesca ipoteca detenuta dagli Stati Uniti. L'insider Carroll Quigley afferma che l'obiettivo era quello di "creare un sistema globale di controllo finanziario in mani private in grado di dominare il sistema politico di ogni Paese e l'economia mondiale nel suo complesso". L'idea della BRI (Banca dei Regolamenti Internazionali), fondamentale per l'attuazione di questo schema, fu dello stesso Hjalmar Schacht, che prevedeva una nuova guerra mondiale. Egli stesso spiega come la propose in una riunione con i banchieri internazionali. La citazione, tratta da *Wall Street and the Rise of Hitler*, è un documento molto interessante:

"Una banca di questo tipo richiederà una cooperazione finanziaria tra vincitori e vinti che porterà a una comunità di interessi, che a sua volta produrrà fiducia reciproca, comprensione e promuoverà e garantirà la pace.
Ricordo ancora vividamente l'ambiente in cui si svolse questa conversazione. Owen Young era seduto in poltrona a fumare la pipa, con le gambe distese, e i suoi occhi attenti non mi lasciavano mai. Come è mia abitudine quando propongo argomenti di questo tipo, camminavo silenziosamente su e giù per la stanza. Quando ebbi finito ci fu una breve pausa. Poi tutto il suo viso si illuminò e la sua risoluzione si espresse con queste parole: "Dottor Schacht, lei mi ha dato un'idea meravigliosa e io la venderò al mondo".

Con i prestiti dei banchieri della Federal Reserve, cominciarono a nascere i grandi cartelli tedeschi. Il sindacato National City Corporation, guidato da Morgan e Rockefeller, prestò 35.000.000 di dollari alla General Electricity Company (Allgemeine Elektricitäts Gesellschaft). Lo stesso sindacato bancario prestò altri 30.000.000 di dollari alla I.G. Farben, che sarebbe diventata la più grande azienda chimica del mondo. Questo cartello, promosso da Hermann Schmitz con l'assistenza finanziaria di Wall Street, nacque nel 1925 dall'unione di sei grandi aziende chimiche tedesche (Badische Anilin, Bayer, Agfa, Hoechst, Weiler-ter-Meer e Griesheim-Elektron). L'Unione delle Acciaierie (Vereinigte Stahlwerke) ricevette un prestito astronomico di 70.225.000 dollari, emesso da Dillon, Read & Co. un'associazione bancaria il cui principale azionista era Clarence Dillon. Il vero nome di questo banchiere era Lapowski, figlio di Samuel Lapowski, un ebreo polacco emigrato negli Stati Uniti.
La General Electric Company, controllata da Morgan e Rockefeller, che stava facendo grandi affari con l'elettrificazione della Russia sovietica, era l'equivalente statunitense della tedesca A.E.G. (Allgemeine Electricitäts Gesellschaft). Nel 1929 la General Electric rilevò il 25% delle azioni della A.E.G. in un accordo che prevedeva la fornitura di tecnologia e brevetti americani all'azienda tedesca. In questo accordo, tuttavia, si stabiliva che A.E.G. non avrebbe avuto alcuna partecipazione nell'azienda americana. La stampa finanziaria tedesca riportò anche che A.E.G. non sarebbe stata rappresentata nel consiglio di amministrazione della General Electric negli Stati Uniti. Al suo posto, Owen D. Young divenne direttore di A.E.G. e Osram in Germania. Nel 1930 Young, che era già presidente del comitato esecutivo della Radio Corporation of America, fu nominato presidente del consiglio di amministrazione della General Electric di New York. Si può dire che grazie a queste operazioni l'industria elettrica americana aveva conquistato il mercato mondiale.
Nel 1939 l'industria elettrica tedesca era controllata da società americane. Le aziende non legate agli Stati Uniti, come Siemens e Brown Boveri, furono prese di mira per i bombardamenti durante la guerra, ma le

aziende affiliate agli americani non furono quasi mai attaccate. Antony Sutton scrive quanto segue a proposito del finanziamento di Hitler da parte di queste aziende: "Non ci sono prove che la Siemens, senza direttori americani, abbia finanziato Hitler. D'altra parte, abbiamo prove documentali inconfutabili che sia A.E.G. che Osram, entrambe con direttori americani, abbiano finanziato Hitler". Sutton allega le fotocopie di due documenti che provano tale finanziamento. Il primo è un ordine di trasferimento datato 2 marzo 1933. L'A.E.G. incarica la "Delbrück, Schickler Bank" di versare 60.000 marchi nel fondo "Nationale Treuhand". Il secondo documento è datato 9 marzo 1933. Gunther Quandt, principale azionista della Accumulatoren Fabrik e membro della direzione della A.E.G., ordina il versamento di 25.000 marchi allo stesso fondo tramite la stessa banca.

In *Wall Street and the Rise of Hitler* Antony Sutton dimostra che i Warburg, oltre a mandare uno dei loro a offrire denaro a Hitler, finanziarono il NSDAP con una somma molto consistente attraverso la I. G. Farben, una società alla quale erano strettamente legati. In Germania, Max Warburg era un direttore di questo conglomerato chimico, mentre negli Stati Uniti Paul Warburg, il padre di "Sidney Warburg", era un direttore della I.G. Farben americana. Sutton riproduce ancora una volta una fotocopia del trasferimento dalla I.G. Farben alla Delbrück Bank, Schickler di Berlino. Questo documento è datato 27 febbraio 1933 e dà istruzioni di pagamento per 400.000 marchi al "Nationale Treuhand", un fondo gestito da Hjalmar Schacht e Rudolf Hess che fu usato per eleggere Hitler nel marzo 1933. La banca in questione era stata costituita nel 1910 dall'unione di due famiglie di origine ebraica: Gebrüder Schickler & Co. e Delbrück Leo & Co.

Mentre la Giudea dichiara guerra, il sionismo collabora: l'Accordo di Haavara

Nel 1917 i complottisti che aspiravano alla sottomissione delle nazioni attraverso un governo mondiale comunista avevano raggiunto due obiettivi: il trionfo dei giudeo-bolscevichi in Russia e la promessa della Palestina al sionismo internazionale, contenuta *nella Dichiarazione Balfour*. Tuttavia, nel periodo tra le due guerre le cose non erano andate secondo i piani né in Russia, dove Trotsky era stato estromesso dal potere, né in Germania, dove la rivoluzione comunista era ripetutamente fallita, né in Palestina, dove l'immigrazione non soddisfaceva i desideri del sionismo. Il sostegno finanziario dei banchieri ebrei internazionali a Hitler e il trionfo del nazionalismo in Germania dovevano servire, in ultima analisi, a riorientare la situazione in tutti e tre gli scenari attraverso una nuova strategia che portasse a una nuova guerra. Nel 1933, non appena Hitler fu messo al potere, la capacità cospirativa dell'ebraismo internazionale si mise subito in moto: da un lato, le organizzazioni ebraiche talmudiste di tutto il mondo dichiararono guerra alla Germania; dall'altro, quasi contemporaneamente, i sionisti collaborarono fianco a fianco con i nazisti per il trasferimento degli ebrei tedeschi in Palestina. Il risultato di questa collaborazione prese la forma di un accordo di trasferimento (Haavara heskem), passato alla storia come Accordo di Haavara.

Dopo l'elezione di Hitler a cancelliere, si tenne ad Amsterdam una conferenza in cui i leader ebrei di tutto il mondo invitarono a boicottare le merci tedesche e concordarono di fare pressione sulle compagnie di navigazione con collegamenti internazionali affinché si rifiutassero di trasportare le merci tedesche. Allo stesso tempo, chiesero che alla Germania fosse negato l'accesso ai capitali internazionali. Negli Stati Uniti, anche l'Associazione ebraica dei veterani di guerra ha chiesto il boicottaggio. Il 23 marzo, 20.000 ebrei americani si radunarono alla City Hall di New York per sostenere questi appelli. Infine, il giorno successivo, 24 marzo 1933, il London *Daily Express* riportò in prima pagina il seguente titolo a sette colonne: "La Giudea dichiara guerra alla Germania". Secondo il giornale londinese, eminenti leader internazionali, alcuni dei quali erano noti sionisti, avevano chiesto l'unificazione di tutti gli ebrei del mondo contro la Germania e annunciato il boicottaggio delle sue merci. Il testo dell'articolo affermava che il commercio, l'industria e la finanza tedeschi sarebbero stati oggetto di un boicottaggio internazionale e sosteneva che a Londra, Parigi, New York e Varsavia gli uomini d'affari ebrei erano uniti nel condurre una "crociata economica". Anche il giornale ebraico *Natscha Retsch* riferì della conferenza di Amsterdam e incoraggiò a condurre la guerra contro la Germania da parte di tutte le comunità, le conferenze e i congressi, oltre che individualmente, "in questo modo", sosteneva, "la guerra contro la Germania promuoverà ideologicamente e animerà i nostri interessi, che richiedono la completa distruzione della Germania". Uno degli agitatori più in vista fu Samuel Untermayer, il potente avvocato di New York che aveva imposto al Presidente Wilson la nomina del sionista Louis Dembitz Brandeis a giudice della Corte Suprema. Nella sua campagna Untermayer invocò la "guerra santa" auspicata dal *Daily Express*.

Il governo tedesco reagì chiedendo l'immediata sospensione della campagna. Hitler minacciò rappresaglie se il piano contro la Germania non fosse stato interrotto immediatamente e avvertì che avrebbe ordinato il boicottaggio delle imprese ebraiche in tutto il Paese per un giorno. Naturalmente la campagna continuò con la stessa intensità, così il governo annunciò che il 1° aprile ci sarebbe stato un boicottaggio di tutte le aziende gestite da ebrei. Mentre il 1° aprile è descritto dalla maggior parte degli storici come un atto di aggressione contro la comunità ebraica tedesca, la dichiarazione di guerra "giudea" e la campagna di odio contro il popolo tedesco nel suo complesso sono generalmente ignorate dalla storiografia ufficiale. Il 7 agosto 1933 *il New York Times* riprodusse un lungo discorso di Samuel Untermayer, trasmesso via radio alla nazione il giorno precedente, che si appellava all'umanità in nome dell'idealismo e della giustizia:

"Ognuno di voi, ebrei e gentili, che non si è ancora arruolato in questa guerra sacra dovrebbe farlo qui e ora. Non è sufficiente che non compriate prodotti di fabbricazione tedesca. Dovete rifiutarvi di trattare con qualsiasi commerciante o negoziante che venda merci prodotte in Germania o che sponsorizzi trasporti o spedizioni tedesche". Le conseguenze della campagna furono molto negative per l'economia tedesca, che vide le sue esportazioni ridursi del 10%. D'altra parte, però, ebbe effetti positivi, in quanto contribuì a rilanciare il commercio attraverso il "baratto", un sistema di scambio di merci che permetteva di fare a meno del capitale ebraico.

Il boicottaggio alimentò i sentimenti antiebraici tra il popolo tedesco e favorì di fatto l'antisemitismo voluto dai sionisti, che avevano bisogno che le azioni di ritorsione di Hitler fossero sufficientemente severe per convincere gli ebrei tedeschi che il loro posto era in Palestina. Fu in questo contesto che i nazisti iniziarono a collaborare in modo decisivo con la ZVFD, "Zionistische Vereinigung für Deutschland" (Unione Sionista per la Germania) per inviare gli ebrei tedeschi in Palestina. I nazisti si prestarono assurdamente fin dall'inizio a questo schema perverso. Bisogna ricordare che furono i sionisti a tradire la Germania durante la Prima Guerra Mondiale e non i comuni ebrei tedeschi, dodicimila dei quali morirono in guerra combattendo a fianco dei loro compatrioti tedeschi. Fu il sionismo internazionale a proporre la vittoria alla Gran Bretagna in cambio della *Dichiarazione Balfour*. Attraverso Mandell House, il giudice Brandeis, Bernard Baruch e altri agenti che influenzarono il presidente fantoccio alla Casa Bianca, i sionisti americani e britannici fecero pressioni per l'entrata in guerra dell'America e la successiva sconfitta della Germania. I nazisti non potevano e non dovevano ignorarlo.

La ricerca sulla collaborazione nazi-sionista è ancora molto incompleta, poiché la maggior parte dei documenti che vi fanno riferimento, molti dei quali sono chiusi in Israele, non sono accessibili ai ricercatori. Nel 2002 uno scrittore americano di origine ebraica, Lenni Brenner, ha pubblicato *51 Documents: Zionist Collaboration with the Nazis (51 documenti: la collaborazione sionista con i nazisti)* che, secondo l'editore, "contiene informazioni esplosive che gli storici ignorano". Contiene, ad esempio, il testo completo dell'Accordo di Haavara. C'è anche un articolo molto interessante, "The Secret Contacts: Zionism and Nazi Germany, 1933-1941", pubblicato nel 1976 da Klaus Polkehn nel *Journal of Palestine Studies*. Vediamo alcune delle informazioni contenute in queste opere.

Le statistiche mostrano che tra il 1871 e il 1933 la popolazione di origine ebraica in Germania è diminuita dall'1,05% allo 0,76%. Nel 1933 vivevano in Germania 503.000 ebrei, un terzo dei quali risiedeva a Berlino. La maggior parte di questi ebrei non era sionista. Nel 1925, ad esempio, meno di novemila persone erano membri di organizzazioni sioniste. Il CV, "Centralverein deustscher Staatsbürger jüdische Glaubens" (Unione centrale dei cittadini tedeschi di fede ebraica), fondato nel 1893, era l'organizzazione più rappresentativa e dichiarava apertamente il suo rifiuto del sionismo. Una dichiarazione della CV rilasciata il 10 aprile 1921 è piuttosto significativa a questo proposito: "Se l'opera di insediamento in Palestina fosse solo un'opera di aiuto e di assistenza, allora dal punto di vista della CV non si potrebbe dire nulla contro la promozione di quest'opera. Tuttavia, l'insediamento in Palestina è prima di tutto un obiettivo di politica nazionale ebraica, e da qui la sua promozione e assistenza dovrebbero essere respinte". Nonostante la storia dimostri che gli ebrei sono per lo più inassimilabili, la CV combatteva l'antisemitismo, come proposto da Rathenau, sosteneva l'assimilazione e l'integrazione degli ebrei nella società tedesca. Al contrario, la ZVFD rifiutava questi approcci, riprendeva l'argomento talmudico secondo cui gli ebrei non possono essere assimilati e si dichiarava contraria all'integrazione e alla partecipazione degli ebrei tedeschi alla vita pubblica, cioè condivideva pienamente il punto di vista dei nazisti. In effetti, il VC arrivò ad accusare la ZVFD di aver dato "una pugnalata alle spalle" alla sua lotta contro il nazionalismo antisemita.

Nel marzo 1933 il governo di Hitler iniziò ad agire contro le organizzazioni ebraiche non sioniste. I locali della stessa VC furono occupati dalle SA e chiusi. Il 5 marzo la VC in Turingia fu messa al bando dopo essere stata accusata di "intrighi di alto tradimento". Tra i gruppi banditi, due si distinsero per il loro carattere nazionalista: la "Lega dei veterani dell'Impero ebraico" e l'"Unione nazionale degli ebrei tedeschi"[11]. I giornali pubblicati dai comunisti, dalle organizzazioni sindacali di e dai socialdemocratici furono messi al bando e tutte le altre pubblicazioni passarono sotto la supervisione del Ministero della Propaganda. Solo ai sionisti fu permesso di continuare liberamente la loro opera di sensibilizzazione e il loro giornale, *Jüdische Rundschau*, poté apparire senza ostacoli. La libertà d'azione dei sionisti comprendeva anche la pubblicazione di libri: le opere di leader sionisti come Chaim Weizmann, David Ben Gurion e Arthur Ruppin furono pubblicate legalmente. D'altra parte, vale la pena notare che mentre le logge massoniche furono vietate, fino al 1939 il B'nai B'rith fu autorizzato a continuare le sue attività sovversive. Solo allo scoppio della guerra i suoi documenti furono confiscati. In ogni caso, il divieto non deve aver avuto troppa importanza per la Massoneria, perché tradizionalmente Massoni e Illuminati hanno sempre operato senza problemi in clandestinità.

---

[11] L'esistenza di queste organizzazioni può sorprendere alcuni lettori, ma sono solo esempi di una realtà che Dietrich Bronder documenta ampiamente in *Bevor Hitler kam*. Sebbene la lealtà di alcune delle personalità citate nella sua opera sia molto discutibile, Bronder discute un elenco di nomi di origine ebraica che si sono distinti per il loro nazionalismo nel XIX e XX secolo. Molti erano ufficiali militari di alto livello, tra cui numerosi generali. Recentemente, Bryan Mark Rigg, professore di storia presso l'American Military University in Virginia, ha pubblicato un libro in cui sostiene che più di 100.000 soldati di origine ebraica hanno prestato servizio nella Wehrmacht durante la Seconda Guerra Mondiale.

Klaus Polkehn colloca i contatti tra nazisti e sionisti già prima del 1933. Cita un ufficiale sionista, Leo Plaut, che aveva un legame con la polizia politica attraverso Rudolf Diels, un amico personale di Göring che sarebbe stato nominato primo capo della Gestapo nel 1933. Plaut aveva il numero di telefono segreto di Diels e poteva chiamarlo in qualsiasi momento. Sebbene i documenti relativi a questi contatti rimangano segreti negli archivi di Yad Vashem a Gerusalemme, Polkehn ipotizza che attraverso questo collegamento, il 26 marzo 1933, Hermann Göring abbia tenuto un incontro con i leader sionisti, tra cui Kurt Blumenfeld, presidente della ZVFD, che si trasferì in Palestina poco dopo. In questo incontro sarebbero state gettate le basi della collaborazione che portò all'Accordo di Haavara, firmato il 25 agosto 1933.

Un passo precedente all'accordo fu la fondazione in Palestina di una società sionista di piantagione di agrumi, "Hanotea", che fu sostenuta dal Ministero dell'Economia tedesco per il trasferimento di capitali. I primi ebrei tedeschi a migrare in Palestina lo fecero nell'ambito di questo accordo, il cui artefice fu Sam Cohen, un finanziere ebreo di origine polacca, amico di Nahum Goldman, che possedeva un castello in Lussemburgo. L'organizzazione sionista lo sostituì presto con un membro del Comitato esecutivo dell'Agenzia ebraica in Palestina, Chaim Arlozoroff, che insieme a David Ben Gurion e Moshe Sharett faceva parte della troika di comando dell'Agenzia. Era anche un amico intimo di Weizmann, leader del sionismo mondiale e futuro primo presidente di Israele. Arlozoroff, un ebreo russo formatosi in Germania, era l'amante della futura Magda Göbbels, amica della sorella del leader sionista. Arlozoroff fu assassinato il 16 giugno 1933, poco dopo essere tornato a Tel Aviv da un ciclo di negoziati in Germania. Nonostante la confusione che si fa da sé, suggerendo addirittura che dietro l'attentato ci fosse Göbbels, tutto indica che i sicari agirono su ordine del movimento revisionista di Zeev (Vladimir) Jabotinsky. In realtà, questo è stato stabilito dai laburisti.

Il libro che racconta i disaccordi e le lotte intestine tra i sionisti è *The Transfer Agreement: the Untold Story of the Secret Pact Between the Third Reich & Jewish Palestine*, pubblicato nel 1984 dallo storico ebreo Edwin Black. Il suo resoconto suggerisce che c'era un settore miope che non accettava o non capiva il piano a medio e lungo termine definito da Chaim Weizmann e dai grandi strateghi del sionismo, un piano che era sostenuto dalla loggia B'nai B'rith. Questo settore radicale o ultranazionalista, guidato da Jabotinsky, sosteneva con fervore il boicottaggio economico e voleva porre fine al nazionalismo tedesco prima che avesse svolto la funzione per cui era stato portato al potere. I revisionisti stavano manovrando per dare battaglia al 18° Congresso sionista, che si sarebbe tenuto a Praga nell'agosto 1933. In questo contesto avvenne l'assassinio di Arlozoroff, nemico dichiarato di Jabotinsky e del revisionismo.

La sua morte, probabilmente un errore di calcolo, fu ben sfruttata dai laburisti del Mapai per imporsi senza difficoltà. Fu durante le sessioni del Congresso che il 25 agosto la stampa fece trapelare la notizia della firma dell'Accordo di trasferimento, il cui testo fu pubblicato dai nazisti il 31 agosto. Secondo Edwin Black, per mettere a tacere qualsiasi protesta, i laburisti del Mapai, sostenuti da alleati di altri partiti, imposero una risoluzione che "vietava ogni forma di protesta antinazista, compresa la campagna contro il Patto di trasferimento". Secondo la risoluzione, chiunque avesse infranto la disciplina sarebbe stato sospeso e processato da un tribunale speciale, con il potere di espellere la persona o il partito dall'Organizzazione sionista". L'autore ebreo Ralph Schönman conferma in *La storia nascosta del sionismo* che al 18° Congresso dell'Organizzazione sionista mondiale una risoluzione contro Hitler fu bocciata con 240 voti contro 43.

L'Accordo di Haavara, il fulcro della collaborazione "nazista", fu firmato dalla Federazione Sionista di Germania (ZVFD), dalla Banca Anglo-Palestinese, che obbediva agli ordini dell'Agenzia Ebraica, e dal Ministero dell'Economia tedesco. Secondo il testo del decreto, l'obiettivo era quello di "promuovere l'emigrazione ebraica in Palestina sbloccando le somme necessarie, ma senza esercitare una pressione eccessiva sui fondi in valuta estera della Reichsbank, e allo stesso tempo di aumentare le esportazioni tedesche in Palestina". Come conseguenza dell'accordo, furono fondate due società: la società Haavara a Tel Aviv e una società sorella chiamata Paltreu a Berlino. Le modalità operative erano le seguenti: l'emigrante ebreo depositava un minimo di mille sterline in conti tedeschi della società Haavara aperti presso la Wassermann Bank di Berlino o la Warburg Bank di Amburgo. Il denaro veniva utilizzato per l'acquisto di prodotti tedeschi: attrezzi agricoli, materiali da costruzione, fertilizzanti, pompe per l'acqua, ecc. che venivano successivamente esportati in Palestina e venduti dalla compagnia Haavara, di proprietà ebraica, a Tel Aviv. Con il denaro ricavato dalle vendite, l'emigrante riceveva la stessa somma che aveva portato con sé al suo arrivo. Le merci tedesche entrarono in Palestina in massa, ma allo stesso tempo i sionisti portarono coloni ebrei e capitali per lo sviluppo del Paese. Gli ebrei tedeschi più poveri furono esclusi dall'accordo: il fatto che solo i membri della borghesia ebraica potessero contribuire alla somma richiesta implicava una selettività nell'emigrazione. Non è quindi un caso che i progetti più importanti in Israele siano stati fondati o guidati da emigranti tedeschi. Futuri primi ministri di Israele come Ben Gurion, Moshe Sharret (poi Moshe Shertok), Levi Eshkol e Golda Meir furono coinvolti nell'impresa Haavara. Eshkol ne fu il rappresentante a Berlino e Golda Meir la sostenne da New York.

Nel 1934 *Der Angriff* (*L'attacco*), il giornale di Göbbels, pubblicò un rapporto elogiativo intitolato "Un nazista viaggia in Palestina", firmato da LIM, lo pseudonimo di Leopold Itz von Mindelstein, un membro dell'SD, il servizio di sicurezza delle SS (Sicherheitsdienst). Mindelstein, un sionista entusiasta, dirigeva un dipartimento all'interno dei servizi segreti chiamato "Judenreferat" (Ufficio per gli affari ebraici). Per commemorare questo viaggio, Göbbels fece coniare una moneta con la Stella di Davide sul dritto e la svastica sul rovescio. Accanto alla stella, un'iscrizione recitava: "Un nazista si reca in Palestina". Sul lato della svastica il testo recitava: "Ed è pubblicato su *Der Angriff*". Il successo della cooperazione fu tale che i sionisti acquistarono una nave passeggeri tedesca, la *Hohenstein*, la ribattezzarono *Tel Aviv* e crearono una propria compagnia di navigazione. Il primo viaggio da Bremerhaven a Haifa ebbe luogo all'inizio del 1935. Mentre sulla poppa della nave si leggeva il nome in caratteri ebraici, sull'albero maestro sventolava la bandiera con la svastica. In queste circostanze, nell'agosto 1935 il 19° Congresso sionista di Lucerna approvò a larga maggioranza il patto con la Germania di Hitler.

Un altro episodio della buona intesa tra nazisti e sionisti è contenuto in un memorandum del professor Franz Six, membro dei servizi segreti delle SS. Classificato come "Materia segreta per il comando", il documento, citato da Klaus Polkehn, è datato 7 giugno 1937 e si trova negli archivi dell'American Commission for the Study of War Documents. Descrive la visita a Berlino di Feivel Polkes, un sionista che era comandante dell'Haganah, l'esercito clandestino ebraico. Polkes fu a Berlino dal 26 febbraio al 2 marzo 1937 ed ebbe diversi incontri con agenti dei servizi segreti tedeschi. In due di questi incontri il contatto era Adolf Eichmann, che nel dicembre 1961 sarebbe stato processato in Israele e condannato all'impiccagione. Il primo incontro tra Eichmann e Polkes ebbe luogo al ristorante Traube, vicino allo zoo. Polkes si offrì di collaborare e disse a Eichmann che il suo interesse principale era "accelerare l'emigrazione ebraica in Palestina, in modo che gli ebrei raggiungessero una maggioranza sugli arabi". Polkes spiegò che a questo scopo stava lavorando insieme ai servizi segreti britannici e francesi e offrì informazioni sul Medio Oriente che potevano essere di interesse per la Germania. Il comandante dell'Haganah invitò Eichmann in Palestina e questi accettò l'invito.

Il 26 settembre 1937, travestiti da redattori *del Berliner Tageblatt*, Adolf Eichmann e Herbert Hagen, sostituto di Mindelstein all'Ufficio per gli Affari Ebraici (Judenreferat), lasciarono Berlino per Haifa, dove arrivarono il 2 ottobre. Le autorità britanniche impedirono ai due capi delle SS di sbarcare, così si recarono in Egitto, dove contattarono Polkes. Il resoconto del viaggio contiene le conversazioni tenute al Café Groppi del Cairo, annotate da Eichmann e Hagen. Polkes si espresse con assoluta franchezza: "Lo Stato sionista", disse, "deve essere fondato con qualsiasi mezzo e il più presto possibile, in modo da attirare un flusso di emigranti ebrei in Palestina. Quando lo Stato sarà stato fondato secondo le proposte espresse nel rapporto Peel e secondo le promesse parziali dell'Inghilterra, allora le frontiere dovranno essere ampliate secondo i nostri desideri". Polkes ha espresso parole di ringraziamento ai suoi interlocutori per la politica antisemita, che sono state annotate in questi termini: "I circoli nazionalisti hanno espresso la loro gioia per la politica radicale nei confronti degli ebrei, poiché questa politica contribuirà ad aumentare la popolazione ebraica in Palestina, in modo che si possa contare su una maggioranza ebraica in Palestina nell'immediato futuro".

A seguito di questi incontri, emersero ulteriori piani di collaborazione: Il "Mossad Le'aliyah Bet", una divisione dell'Haganah creata per dare impulso all'immigrazione clandestina, si stabilì in Meineckestrasse, 10, nel quartiere di Berlino-Charlottenburg. Due emissari, Pina Ginsburg e Moshe Auerbach, si recarono dalla Palestina in Germania allo scopo di organizzare con la Gestapo tutto ciò che era necessario per promuovere ed espandere l'ingresso illegale di immigrati ebrei senza il permesso dell'autorità britannica. Dopo l'"Anschluss" (unione) di Austria e Germania, fu istituito a Vienna un Ufficio Centrale per l'Emigrazione Ebraica e, all'inizio dell'estate del 1938, Eichmann incontrò nella capitale austriaca Bar-Gilead, un emissario del Mossad, che gli chiese il permesso di creare campi di addestramento per gli emigranti. Eichmann si consultò sulla richiesta e, dopo aver ricevuto una risposta positiva, fornì tutto il necessario per la creazione di questi campi. Alla fine del 1938 circa mille giovani ebrei erano stati addestrati per il loro futuro lavoro in Palestina. Anche in Germania, con l'aiuto delle autorità naziste, Pina Ginsburg istituì campi di addestramento simili a quelli austriaci.

Le prime critiche all'Accordo di Haavara arrivarono in seguito alla rivolta palestinese iniziata nell'aprile 1936. Per protestare contro l'immigrazione illegale di ebrei, i palestinesi intrapresero uno sciopero generale che durò fino a ottobre. Il Ministero degli Esteri cominciò a chiedersi quanto fosse utile per la Germania continuare con l'accordo di trasferimento. Il 22 marzo 1937 il console generale tedesco a Gerusalemme, Hans Döhle, presentò un lungo memorandum in cui esprimeva i suoi timori sulle ripercussioni della politica di sostegno all'immigrazione ebraica. Uomini d'affari tedeschi e arabi lamentavano il monopolio della società Haavara di Tel Aviv sulla vendita di beni tedeschi. Il sostegno ufficiale al sionismo potrebbe portare alla perdita di mercati nel mondo arabo. Anche il Ministero degli Interni emise un memorandum nel dicembre 1937, riconoscendo che l'accordo aveva dato un contributo decisivo allo sviluppo della Palestina; ma concordava con il rapporto del console Döhle, secondo cui gli svantaggi superavano i benefici e dovevano quindi essere interrotti. Alla fine, Hitler riesaminò la situazione e risolse la controversia con la decisione di procedere con l'accordo, poiché l'obiettivo di far uscire gli ebrei dalla Germania giustificava gli svantaggi. Il 12 novembre 1938 un nuovo memorandum del Ministero degli Esteri consigliò la cancellazione dell'Accordo di Haavara; ma ancora una volta Hitler ordinò personalmente di promuovere l'immigrazione di massa in Palestina "con tutti i mezzi possibili".

Tra il 1933 e il 1941 circa sessantamila ebrei tedeschi emigrarono in Palestina in base all'Accordo di Haavara e riuscirono a portare con sé più di 100 milioni di dollari, una somma allora enorme. Edwin Black conferma che molti riuscirono a trasferire il loro patrimonio personale dalla Germania alla Palestina. Secondo questo storico ebreo, l'afflusso di beni e capitali in Palestina grazie all'Accordo di Haavara "portò a un'esplosione economica e fu un fattore indispensabile per la creazione dello Stato di Israele". Forse l'ironia di Hennecke Kardel, che nel titolo del suo libro alludeva a Hitler come uno dei fondatori di Israele, è ora meglio compresa. La persecuzione degli ebrei è stata infatti pre-progettata dal sionismo per essere poi utilizzata nella creazione dello Stato di Israele. Così come concepiti, gli ebrei vessati e perseguitati da Hitler, sfollati in Europa orientale e internati nei campi di lavoro e di concentramento, erano i meno abbienti. Dopo la guerra potevano essere trasferiti in Palestina con relativa facilità.

PARTE 4
ROOSEVELT ALLA CASA BIANCA.
IL DEPUTATO MCFADDEN DENUNCIA LA
COSPIRAZIONE.

Questa quarta parte del capitolo sarà occupata principalmente dai testi di Louis Thomas McFadden, un deputato di quelli che non sono di sinistra, un patriota che denunciò i cospiratori nel posto giusto, alla Camera dei Rappresentanti del popolo americano; ma prima è necessario delineare le circostanze dell'avvento al potere di Franklin Delano Roosevelt, un massone illuminato che il 28 febbraio 1929 aveva acquisito il 32° grado del Rito Scozzese, circostanza che lo rendeva "Principe Sublime del Segreto Reale". Cinque anni dopo fu nominato primo Gran Maestro Onorario dell'Ordine Internazionale di Molay. Roosevelt, l'unico uomo nella storia ad aver vinto quattro elezioni, giura come Presidente degli Stati Uniti il 4 marzo 1933. Hitler vinse l'ultima elezione il 5 marzo con il 44% dei voti. Entrambi salirono al potere contemporaneamente ed entrambi sarebbero rimasti al potere per un periodo di dodici anni. In America, il rabbino William F. Rosenblum definì Roosevelt "un messaggero divino, il favorito del destino, il Messia dell'America di domani". Douglas Reed in *The Controversy of Zion* commenta che un amico ebreo gli disse nel 1937 che il rabbino della sua sinagoga, un vecchio pio che cercava di interpretare gli eventi in termini di profezia levitica, predicava che Hitler era "il Messia ebraico".

Dopo un periodo di tre presidenti repubblicani, l'arrivo di un altro democratico alla Casa Bianca doveva consentire un ritorno alle politiche di Woodrow Wilson. Con *Wall Street e FDR*, Antony Sutton completa la sua trilogia sui banchieri della Federal Reserve. Sutton ripercorre la carriera di Roosevelt, speculatore finanziario fin dai primi anni Venti, e presenta Roosevelt e Delanos come soci storici dei finanzieri di New York. Secondo l'autore, Roosevelt era imparentato con una delle più antiche famiglie bancarie degli Stati Uniti e il suo bisnonno, James Roosevelt, fondò la Banca di New York nel 1784. Alcuni ricercatori fanno risalire le sue origini ebraiche a Claes Rosenfelt, un antenato olandese giunto in America nel 1649. Un altro dei suoi predecessori fu il massone illuminista Clinton Roosevelt, discepolo di Adam Weishaupt introdotto nel capitolo V, autore nel 1841 di un manifesto comunista il cui programma economico era molto simile al New Deal di FDR. Clinton Roosevelt proponeva un governo totalitario guidato da un'élite che avrebbe emanato tutte le leggi.

Da parte sua, John Coleman vede l'elezione di Roosevelt come una chiara prova del controllo dei "300" sulla politica statunitense, anche se, vista la legione di ebrei sionisti che circondava il presidente, potrebbe riferirsi a un nuovo fantoccio dell'ebraismo internazionale e del sionismo. Coleman scrive che la dinastia Delano aveva un'enorme fortuna grazie al commercio dell'oppio con la Cina attraverso la Compagnia delle Indie Orientali, con la quale aveva stretto un accordo nel 1657 per la colonizzazione di Curaçao. Il padre di F. D. Rossevelt aveva sposato Sara Delano, già alla settima generazione, proveniente da una famiglia ebraica di origine sefardita. Come nel caso di Woodrow Wilson, Roosevelt era stato scelto come futuro presidente con largo anticipo. Sua moglie, Eleanor Roosevelt, figlia di un fratello del Presidente Theodore Roosevelt, lontana cugina di Franklin Delano Roosevelt e sionista fino al midollo, lo conferma: "Il signor Baruch era un fidato consigliere di mio marito sia ad Albany che a Washington". Bernard Baruch era solo la punta dell'iceberg, perché Roosevelt era circondato da socialisti ebrei ad Albany, la capitale dello Stato di New York, di cui fu governatore per quattro anni prima di diventare presidente. Anche altri due uomini vicini a Wilson, il giudice Brandeis e il rabbino Stephen Wise, si erano stretti attorno a Roosevelt che, con l'appoggio di socialisti e comunisti, si era presentato alla Casa Bianca con la promessa di porre fine al dominio di Wall Street. Appena insediato, tuttavia, nominò direttore del bilancio un uomo di Wall Street, James Paul Warburg ("Sidney Warburg").

Il numero di ebrei sionisti, socialisti e comunisti che si insediarono al potere durante gli anni di F. D. Roosevelt è scandaloso. Più di settanta posizioni importanti erano occupate da agenti ebrei, la maggior parte dei quali sionisti, che per dodici anni controllarono il governo degli Stati Uniti. Forse uno dei più influenti fu Felix Frankfurter, che svolse con Roosevelt il ruolo che Mandell House aveva svolto con Wilson. Frankfurter, indottrinato dal giudice Louis Brandeis, era stato un delegato sionista alla Conferenza di pace di Parigi del 1919. Più tardi, nel 1939, Roosevelt lo avrebbe nominato alla Corte Suprema in sostituzione di Benjamin Cardozo, un altro giudice ebreo che si muoveva nell'orbita di Bernard Baruch. Tra i membri dell'Amministrazione di origine ebraica alleati di Frankfurter c'erano Herbert Feis, consigliere per gli affari economici e internazionali al Dipartimento di Stato; Benjamin V. Cohen, un avvocato al servizio del Movimento Sionista che nel 1919 si era recato a Parigi con Frankfurter e faceva parte del brain trust di Roosevelt; Jerome Frank, che chiese apertamente a Frankfurter di farlo entrare nell'Amministrazione e finì per essere nominato da Roosevelt giudice della Corte d'Appello; David E. Lilienthal, un giurista raccomandato da Frankfurter, di cui si avrà modo di scrivere nel capitolo XI, in quanto presiedette la Commissione per l'energia atomica dopo la guerra; Charles E. Wyzanski, un altro giudice, allievo di Frankfurter alla Harvard Law School, che fu portato al Dipartimento del Lavoro come consulente legale di; Harold Joseph Laski, un britannico il cui nome ebraico era Frankenstein, membro del Comitato esecutivo della Fabian Society, che divenne amico e consigliere del Presidente Roosevelt attraverso Frankfurter.

Bernard Mannes Baruch ha trascorso quarant'anni all'apice del potere. Mentre sotto Wilson la sua posizione fu sempre dominante e chiave per l'importanza delle cariche che ricopriva, sotto Roosevelt fu considerato da alcuni come il presidente ombra non ufficiale. Baruch consigliò a Roosevelt di prepararsi a una nuova guerra e propose di rafforzare il War Industries Board (WIB), che lui stesso aveva presieduto durante la Prima guerra mondiale. La nuova agenzia ideata da Baruch fu la National Recovery Administration (NRI). Un collaboratore di Bernard Baruch, Gerard Swope, divenne una delle figure chiave dell'amministrazione Roosevelt. Swope, uno dei promotori del New Deal, in qualità di presidente della General Electric Company tra il 1922 e il 1939, ricoprì una mezza dozzina di posizioni importanti in diversi dipartimenti dell'Amministrazione. Altri due ebrei nell'orbita di Baruch furono Mordechai Ezekiel, consigliere economico del Segretario all'Agricoltura, che divenne capitano della FAO (Food and Agriculture Organization) nel 1945, e Adolph J. Sabath, ardente sostenitore della guerra contro la Germania.

Un altro membro di spicco del potente clan ebraico che dominava il Presidente Roosevelt era Henry Morgenthau junior, consigliere del Presidente e Segretario del Tesoro dal 1934 al 1945, posizione dalla quale poté finanziare la guerra emettendo i cosiddetti "titoli di guerra". Morgenthau e Baruch si adoperarono per far entrare gli Stati Uniti in guerra contro la Germania e non smisero di fare pressioni su Roosevelt finché non raggiunsero il loro obiettivo. Come è noto, Morgenthau voleva trasformare la Germania in un Paese di agricoltori e propose il cosiddetto Piano Morgenthau, di cui si avrà occasione di scrivere più avanti. Altri ebrei che si muovevano nella sua sfera di influenza erano: R. S. Hecht, consigliere per le Finanze. Hecht, consigliere alle Finanze; Jacob Viner, un economista dei tassi che lavorò a stretto contatto con Morgenthau come assistente del Segretario del Tesoro e fu uno dei mentori della Scuola di Chicago; Emmanuel Goldenweiser, direttore della Divisione di Ricerca e Statistica del Consiglio dei Governatori della Federal Reserve; David Stern, anch'egli membro del Consiglio della Federal Reserve; Herman Oliphant, un altro esperto di tassi molto influente nella politica del Tesoro che fu anche consigliere di Roosevelt; Harold Glasser, vicedirettore della Monetary Research Division, dove lavorò come agente dello spionaggio sovietico; Solomon Adler, anch'egli infiltrato nel Dipartimento del Tesoro, fu inviato in Cina come rappresentante del Tesoro durante la Seconda Guerra Mondiale e si rivelò una spia che lavorava per il comunismo internazionale; Irving Kaplan e David Weintraub, entrambi membri del Partito Comunista, furono altre spie ebree introdotte nel Dipartimento del Tesoro.

Il giudice Louis Dembitz Brandeis, che aveva detto che per essere un buon americano bisognava essere un buon sionista, pur avendo in Felix Frankfurter un uomo di fiducia accanto al presidente, era spesso in agguato per esercitare pressioni quando necessario. Samuel I. Rosenman, uno dei giudici della Corte Suprema ebrei vicini a Brandeis, fu lo speechwriter di Roosevelt e in seguito scrisse anche i discorsi più importanti di Harry Solomon Truman. Fu lui a proporre e organizzare il gruppo di cervelli che formulò le politiche che poi costituirono il New Deal. Fu in uno dei discorsi di Rosenman che apparve la frase che sarebbe passata alla storia, quella in cui promise "un nuovo accordo per il popolo americano". Rosenman fece parte del Consiglio della Casa Bianca tra il 1943 e il 1946, e fu quindi anche consigliere di Truman, il presidente ebreo e massone scozzese di 32° grado che ordinò i bombardamenti atomici sul Giappone. Sebbene Rosenman sia stato una figura chiave nelle indagini sui crimini di guerra, non vide alcun problema con i genocidi di Hiroshima e Nagasaki. Un altro giudice, in questo caso della Corte Suprema di New York, che aveva legami con Brandeis era Samuel Dickstein, che ebbe un ruolo chiave nella formazione del Comitato per le attività antiamericane, che perseguitava i dissidenti e coloro che erano sospettati di simpatizzare con la Germania. A questi nomi di persone vicine a Brandeis che pullulavano nell'entourage di Roosevelt vanno aggiunti altri due noti sionisti, Samuel Untermayer e il rabbino Stephen Wise.

Un altro consigliere ebreo con grande influenza sul Presidente fu Edward A. Filene, che era stato associato a Franklin D. Roosevelt fin dal 1907. Filene riuscì a far approvare all'amministrazione Roosevelt il Federal Credit Union Act nel 1934, una legge per la regolamentazione del credito che diede vita alla CUNA (Credit Union National Association). Uno dei soci di Filene, Louis Kirstein, fu spesso consigliere del Presidente per gli affari palestinesi. Kirstein, uno dei più importanti sionisti americani, fu presidente del Comitato esecutivo dell'American Jewish Committee, presidente onorario dello United Jewish Appeal e direttore nazionale del Jewish Welfare Board. Lo United Jewish Appeal si dedicava alla raccolta di fondi per promuovere l'immigrazione in Palestina. Il Comitato Kirstein lavorava per cercare la cooperazione di tutti gli ebrei con il sionismo. Un altro sionista che servì prima come aiutante di Roosevelt e poi di Truman fu David Niles, un immigrato di origine russa. I suoi apologeti gli attribuiscono una grande influenza sul Presidente e sostengono che fu in grado di far cedere Roosevelt alle richieste e alle argomentazioni dei sionisti, ai quali fornì un accesso permanente alla Casa Bianca.

Anche le nomine degli ambasciatori presso l'URSS furono molto significative. Il primo di questi fu William C. Bullitt, amico intimo di Roosevelt e membro del brain trust, la cui madre, Louise Gross (Horowitz), figlia di Jonathan Horowitz, era di origine ebraica. Bullitt fu il primo ambasciatore a Mosca e prestò servizio dal 1933 al 1936. Il suo incarico successivo fu all'ambasciata di Parigi, da dove ebbe colloqui quotidiani con il presidente americano. Bullitt divenne una sorta di ambasciatore itinerante che lavorava per conto della guerra mondiale. Il primo Segretario alla Difesa degli Stati Uniti, James Forrestal, il cui "suicidio" sarà raccontato nel capitolo XI, scrisse in *The Forrestal Diaries* (1951) un paragrafo molto famoso su Bullitt e i sostenitori della guerra:

"27 dicembre 1945
Oggi ho giocato a golf con Joe Kennedy (Joseph P. Kennedy, che fu ambasciatore di Roosevelt in Gran Bretagna negli anni precedenti la guerra). Gli ho chiesto delle sue conversazioni con Roosevelt e Neville Chamberlain dal 1938 in poi. Mi disse che la posizione di Chamberlain nel 1938 era che la Gran Bretagna non aveva motivo di combattere e non poteva rischiare una guerra con Hitler. Il punto di Kennedy: Hitler avrebbe impegnato la Russia senza un successivo conflitto con la Gran Bretagna se non fosse stato per le esortazioni di Bullitt a Roosevelt nell'estate del 1939 sulla necessità di affrontare la Germania a favore della Polonia; né i francesi né i britannici avrebbero fatto della Polonia un motivo di guerra se non fosse stato per le continue richieste di Washington. Bullitt, ha detto, insistette con Roosevelt che i tedeschi non avrebbero combattuto. Kennedy disse che l'avrebbero fatto e che avrebbero invaso l'Europa. Chamberlain, dice Kennedy, gli dichiarò che l'America e l'ebraismo mondiale avevano costretto l'Inghilterra alla guerra".

Il successore di Bullit a Stalin fu un sionista legato a Wall Street e anche amico personale di Roosevelt, Joseph E. Davies, un ammiratore dell'URSS che rimase in carica fino al giugno 1938. Il suo sostituto fu ancora una volta un ebreo sionista, Laurence A. Steinhardt. Steinhardt, nipote di Samuel Untermayer e membro della Federazione dei sionisti americani e dell'American Zion Commonwealth.

La sfilza di nomi di agenti ebrei nei vari dipartimenti dell'Amministrazione Roosevelt è particolarmente numerosa nel campo delle relazioni sindacali. Primo fra tutti Sidney Hillman, che organizzò il sostegno dei lavoratori al presidente scelto da Wall Street. Consigliere di Roosevelt, questo ebreo di origine lituana, nipote di un rabbino talmudico, a tredici anni era riuscito a memorizzare diversi volumi del Talmud e si avviava a diventare rabbino; ma le dottrine comuniste di Marx lo spinsero verso la rivoluzione e divenne un attivista del Bund ebraico. Negli Stati Uniti fondò il Congress of Industrial Organisations e fu uno dei leader comunisti infiltrati nell'Amministrazione. Un altro ebreo di origine lituana fu l'economista Isador Lubin, che fu nominato direttore del Bureau of Labor Statistics da Frances Perkins, il Segretario del Lavoro, anch'egli di origine ebraica, anche se ciò non è del tutto confermato, in quanto adottato alla nascita. Isador Lublin fu un importante sionista che lavorò per oltre vent'anni come consulente dell'United Israel Appeal e della Jewish Agency for Israel. Oltre a essere uno stretto collaboratore di Perkins, Lublin divenne un fidato confidente di Roosevelt. Frances Perkins portò al Dipartimento del Lavoro molti immigrati ebrei provenienti dai Paesi dell'Europa orientale, tra cui

David Joseph Saposs (David Saposnik). Nato a Kiev, Saposs fu nel 1935 il capo economista del neonato NLRB (National Labor Relations Board) e in seguito fu assunto da Nelson Rockefeller come consulente per le questioni del lavoro. Altri membri o collaboratori ebrei del Dipartimento del Lavoro di Frances Perkins furono: Max Zaritsky, figlio di un rabbino in Russia, un sionista molto attivo che apparteneva all'Alleanza Nazionale dei Lavoratori Ebrei e fu anche tesoriere del Comitato Nazionale del Lavoro per la Palestina; David Dubinsky (David Isaac Dobniesky), un membro del Bund nato in Bielorussia ed emigrato negli Stati Uniti nel 1911; William M. Leiserson, Benedict Wolf, un membro del National Labor Relations Board (NLRB) e un membro del National Labor Relations Board (NLRB). Leiserson, Benedict Wolf, A. H. Meyers, Frances Jerkowitz, Rose Schneiderman, Leo Wolman, Edward Berman, Jacob Perlman...

Se in Russia i banchieri internazionali volevano assumere il controllo delle ricchezze e delle risorse del Paese attraverso le azioni degli agenti che avevano messo al potere, negli Stati Uniti il socialismo aziendale o imprenditoriale associato a Roosevelt cercava di eliminare la concorrenza e, sotto una facciata sociale filantropica e grazie alla protezione dello Stato, aspirava ad assumere il controllo delle principali aziende del Paese. In altre parole, si trattava di favorire pochi e garantire i loro profitti al massimo attraverso una politica legislativa che consentiva la concentrazione degli affari nelle mani di "socialisti aziendali" che avrebbero fornito servizi pubblici dalle loro aziende private. I loro massimi rappresentanti ideologici erano i "filosofi della finanza" di Wall Street, come Bernard Baruch, i Warburg o Otto Kahn della Kuhn Loeb & Co, gli stessi che avevano finanziato la rivoluzione bolscevica.

Dopo questa breve rassegna su Roosevelt e su chi c'era dietro di lui, è ora il momento di conoscere i testi di Louis Thomas McFadden. Molto di quanto detto finora in questo libro è confermato dai brillanti interventi di un deputato integerrimo e onesto, i cui discorsi sono documenti sensazionali che dovrebbero essere tradotti in diverse lingue e ampiamente diffusi. Le denunce di McFadden sono sorprendenti per il loro coraggio, perché alla fine gli sono costate la vita. Questo deputato repubblicano della Pennsylvania è stato per dieci anni presidente della Commissione bancaria e valutaria del Congresso, quindi era un esperto in materia e sapeva bene di cosa parlava quando denunciava i crimini dei banchieri della Federal Reserve.

Il 14 ottobre 1936, il *Pelley's Weekly* pubblicò un articolo sulla morte di Louis T. McFadden avvenuta il 3 ottobre 1936. Secondo questa pubblicazione, i parenti del deputato riferirono che aveva subito due attentati alla sua vita. Il primo tentativo fu compiuto quando stava scendendo da un taxi davanti a un hotel della capitale. Una persona che si trovava in un'imboscata ha sparato due colpi con un revolver, ma li ha mancati e i proiettili si sono conficcati nella carrozzeria del veicolo. Il secondo tentativo è avvenuto durante un banchetto politico a Washington. Dopo aver mangiato,

McFadden ebbe violente convulsioni. Fortunatamente, un amico medico che si trovava lì per caso riuscì a evitare la morte per avvelenamento e lo salvò con un trattamento d'emergenza. Poco dopo, un improvviso arresto cardiaco ne causò la morte istantanea. Richard C. Cook, esperto di politica ed economia negli Stati Uniti, è convinto che "al terzo tentativo, gli assassini sono riusciti a uccidere il più eloquente critico del Sistema della Federal Reserve".

I discorsi congressuali di McFadden sono raccolti in un libro intitolato *Federal Reserve Exposed. Discorsi collettivi del deputato Louis T. McFadden*. Il 10 giugno 1932, McFadden pronunciò uno storico discorso al Congresso degli Stati Uniti in cui chiedeva un controllo delle Federal Reserve Banks e l'abrogazione del Federal Reserve Act. Di seguito è riportata una sintesi del testo del discorso, pronunciato al culmine della Grande Depressione.

Discorso di McFadden pronunciato il 10 giugno 1932

"Signor Presidente, in queste sessioni del Congresso abbiamo considerato situazioni di emergenza. Abbiamo parlato degli effetti e non delle cause degli eventi. In questo discorso mi occuperò delle cause che ci hanno portato a questa situazione. Ci sono dei principi di fondo che sono responsabili delle condizioni che stiamo vivendo, e ne tratterò uno in particolare che è tremendamente importante per le considerazioni di questa proposta.

Signor Presidente, in questo Paese abbiamo una delle istituzioni più corrotte mai conosciute al mondo. Mi riferisco al Federal Reserve Board e alle Federal Reserve Banks. Il Federal Reserve Board ha truffato il governo degli Stati Uniti e il popolo americano con una quantità di denaro sufficiente a pagare il debito nazionale. Il saccheggio e le iniquità del Federal Reserve Board e delle Federal Reserve Banks, agendo di concerto, sono costati a questo Paese abbastanza denaro da ripagare il debito nazionale più volte. Questa istituzione malvagia ha rovinato e impoverito il popolo degli Stati Uniti, ha causato la propria bancarotta e ha praticamente mandato in bancarotta il nostro governo. Lo ha fatto grazie ai difetti della legge in base alla quale opera, alla disastrosa gestione della legge da parte del Federal Reserve Board e alle pratiche corrotte degli avvoltoi del denaro che la controllano.

Alcuni ritengono che le Federal Reserve Banks siano istituzioni del governo degli Stati Uniti. Non sono istituzioni governative. Sono monopoli creditizi privati che sfruttano il popolo degli Stati Uniti per il proprio beneficio e per quello dei loro procuratori stranieri; speculatori nazionali ed esteri, truffatori e ricchi prestatori predatori. Nell'oscura ciurma dei pirati della finanza c'è chi taglierebbe la gola a un uomo pur di avere un dollaro in tasca; c'è chi invia denaro agli Stati in cambio di voti per controllare la nostra legislazione; e c'è chi sostiene la propaganda internazionale allo scopo di ingannarci e indurci a concedere nuove concessioni che consentano loro di coprire i loro reati e rimettere in moto il loro gigantesco treno del crimine.

Questi dodici monopoli creditizi privati (intende le dodici Federal Reserve Bank) sono stati imposti in modo ingannevole e ingiusto a questo Paese da banchieri che sono venuti qui dall'Europa e hanno ringraziato la nostra ospitalità minando le nostre istituzioni americane. Questi banchieri hanno prelevato denaro da questo Paese per finanziare il Giappone nella sua guerra contro la Russia. Hanno creato il regno del terrore in Russia con il nostro denaro per promuovere la guerra. Hanno indotto una pace separata tra Germania e Russia, favorendo così la divisione tra gli alleati nella guerra mondiale. Hanno finanziato il viaggio di Trotsky da New York alla Russia per contribuire alla distruzione dell'impero russo. Incoraggiarono e istigarono la rivoluzione russa e misero a disposizione di Trotsky un grande fondo di dollari americani in una delle loro filiali bancarie in Svezia, grazie al quale le case russe potevano essere completamente distrutte e i bambini russi sottratti ai loro protettori.

È stato detto che il Presidente Wilson è stato ingannato dagli intrattenimenti di questi banchieri e dalle loro apparenze filantropiche. È stato detto che quando scoprì di essere stato ingannato dal colonnello House, si rivoltò contro questo ficcanaso, questo "santo monaco" dell'impero finanziario, e gli mostrò la porta. Ha avuto l'eleganza di farlo e, a mio parere, merita un elogio per questo. Il Presidente Wilson fu vittima di un inganno. Quando è diventato Presidente, aveva alcune qualità di mente e di animo che lo qualificavano per un posto di rilievo in questa nazione. Ma c'era una cosa che non era e che non ha mai aspirato ad essere. Non era un banchiere. Diceva di saperne molto poco di banche. Fu quindi su consiglio di altri che il perverso Federal Reserve Act - la campana a morto della libertà americana - divenne legge durante il suo mandato.

Nel 1912 la National Monetary Association, sotto la presidenza del senatore Nelson W. Aldrich, presentò e introdusse una legge perversa chiamata National Reserve Association Act. È generalmente nota come legge Aldrich. Era lo strumento, se non il complice, dei banchieri europei che da quasi vent'anni complottavano per fondare una banca centrale in questo Paese e che nel 1912 avevano speso e continuavano a spendere enormi somme di denaro per raggiungere il loro scopo. Ci siamo opposti al progetto di una banca centrale. Gli uomini a capo del Partito Democratico promisero allora al popolo che se fossero tornati al potere non ci sarebbe stata alcuna banca centrale finché avessero tenuto le redini del potere. Tredici mesi dopo questa promessa fu infranta e l'amministrazione Wilson, sotto la tutela di quei sinistri personaggi di Wall Street che si celavano dietro il Colonnello House, istituì qui, nel nostro libero Paese, la putrida istituzione che ci controllerà da cima a fondo e ci incatenerà dalla culla alla tomba.

Una delle grandi battaglie per la protezione della Repubblica fu combattuta qui ai tempi di Jackson, quando fu creata la seconda banca degli Stati Uniti, fondata sugli stessi falsi principi che sono esemplificati nella FED. Successivamente, nel 1837, il Paese fu messo in guardia dai pericoli che sarebbero potuti derivare dal fatto che questi stessi interessi predatori, dopo essere stati banditi, sarebbero tornati sotto mentite spoglie e si sarebbero alleati allo scopo di prendere il controllo del Governo. Questo è ciò che hanno fatto quando sono tornati in veste di ipocrisia e con un falso pretesto hanno ottenuto il testo del Federal Reserve Act. Il pericolo di cui questo Paese era stato avvertito è caduto su di noi ed è dimostrato dalla catena di orrori che hanno a che fare con la perfida e disonesta FED. Guardatevi intorno mentre uscite da quest'Aula e ne vedrete le prove ovunque. Questo è un periodo di miseria e per le condizioni che hanno causato questa miseria il Consiglio della Federal Reserve e le Banche della Federal Reserve sono pienamente responsabili. Questo è un periodo di crimini economici e nel finanziamento dei crimini la FED non svolge il ruolo di spettatore disinteressato.

... Il famigerato Colonnello House, consigliere economico del Presidente Woodrow Wilson, fu in gran parte responsabile non solo della prima Grande Depressione, ma anche dell'indebitamento artificiale, degli sfratti e del crollo ciclico che derivarono dall'ingannevole Federal Reserve Act. House fu il principale responsabile della creazione della Federal Reserve. Secondo quanto riferito, era costantemente al fianco del Presidente, confondendolo sempre con un gergo economico inappropriato. Lo stesso Presidente scherzava sul fatto che House fosse diventato il suo alter ego. In realtà, House dominava il Presidente con le intenzioni nascoste degli autori del Piano Aldrich, senza mettergli a disposizione alcuna scienza certa.... Alla vigilia del 23 dicembre 1913, approvarono il Federal Reserve Act durante l'assenza per Natale di molti legislatori che vi si opponevano. In questo modo la legge non solo fu approvata senza il consenso pubblico, ma in esplicita violazione del mandato pubblico.

Nel frattempo, e a causa di ciò, noi stessi ci troviamo nel mezzo della più grande depressione che abbiamo mai conosciuto. Dall'Atlantico al Pacifico, il nostro Paese è stato devastato dalle pratiche desolanti della Fed e degli interessi che la controllano. In nessun momento della nostra storia il benessere generale del popolo è stato così basso e le menti della gente così piene di disperazione. Recentemente, in uno dei nostri Stati, sessantamila case private e fattorie sono state messe all'asta in un solo giorno. Secondo il reverendo Charles E. Coughlin, che ha recentemente testimoniato davanti a una commissione di questo Parlamento, nella contea di Oakland, nel Michigan, sono state vendute settantunmila case e fattorie e i loro vecchi proprietari sono stati espropriati. Casi simili si sono sicuramente verificati in ogni contea d'America. Le persone che sono state sfrattate sono quindi i rifiuti del Federal Reserve Act. Sono vittime delle disoneste e spietate banche della Fed. I loro figli sono i nuovi schiavi della sala d'asta nella rinascita della schiavitù degli esseri umani".

Il discorso di McFadden continuò con citazioni di dichiarazioni fatte da vari esperti nel 1913 davanti alle commissioni bancarie e valutarie del Senato e del Congresso. Il tono predominante in tutte era la denuncia del Federal Reserve System come un attacco alle libertà e alla sovranità della nazione. Il deputato continuò a criticare la fuga delle riserve delle sue banche all'estero e accusò nuovamente i banchieri della Fed di agire come agenti di banche centrali straniere e di utilizzare il denaro dei depositanti a beneficio delle principali banche europee, il tutto a spese del governo statunitense e a scapito del popolo americano. McFadden ha chiesto che l'America venga salvata per gli americani e ha chiesto che la Fed venga distrutta, poiché le riserve nazionali sono state sequestrate a beneficio degli stranieri. Poiché abbiamo già visto gli investimenti dei banchieri di Wall Street in Germania per prendere il controllo delle aziende tedesche, riproduciamo la parte del discorso che si riferisce a queste operazioni e segue con alcune cifre sull'entità del racket messo in piedi dai "bankster" internazionali che oggi spremono le nazioni con gli stessi metodi.

"Signor Presidente, trilioni e trilioni del nostro denaro sono stati pompati in Germania e continuano ad essere pompati in Germania dal Federal Reserve Board e dalle Federal Reserve Banks. La loro carta senza valore viene ancora scambiata e rinnovata qui con il credito pubblico del governo degli Stati Uniti. Il 27 aprile 1932 la banda della Federal Reserve inviò in Germania 750.000 dollari in oro appartenenti ai depositanti delle banche americane. Una settimana dopo altri 300.000 dollari in oro furono inviati in Germania con le stesse modalità. A metà maggio la FED di inviò in Germania 12.000.000 di dollari in oro. Quasi ogni settimana c'è una spedizione di oro in Germania. Queste rimesse non vengono effettuate per guadagnare sul tasso di cambio, poiché il marco tedesco è sotto la parità con il dollaro.

Signor Presidente, credo che i depositanti americani della Banca Nazionale abbiano il diritto di sapere cosa fanno il Federal Reserve Board e le Federal Reserve Banks con il loro denaro. Ci sono milioni di depositanti in questo Paese che non sanno che una percentuale di ogni dollaro depositato in una banca membro del Federal Reserve System va automaticamente ad agenti americani di banche straniere, e che tutti i loro depositi possono essere versati a stranieri a loro insaputa o senza il loro consenso grazie all'organizzazione fraudolenta del Federal Reserve Act e alle dubbie pratiche delle banche della Federal Reserve.

Signor Presidente, il popolo americano dovrebbe sapere la verità dalla bocca dei suoi funzionari pubblici. Il Federal Reserve Board e le Federal Reserve Banks sono stati banchieri internazionali fin dall'inizio, con il governo degli Stati Uniti come banchiere obbligatorio e fornitore di valuta. Tuttavia, non è straordinario vedere questi dodici monopoli creditizi privati che acquistano continuamente debiti esteri in tutte le parti del mondo e chiedono al governo statunitense nuove emissioni di banconote in cambio di questi debiti. L'entità del racket, così come è stato sviluppato dalle banche della Federal Reserve, dai loro corrispondenti esteri e dai banchieri europei predatori che hanno creato qui l'istituto della Federal Reserve e hanno insegnato ai nostri pirati come derubare il popolo... si stima che l'entità di questo racket si avvicini a 9.000.000.000 (nove trilioni di dollari) all'anno. Negli ultimi dieci anni si dice che sia arrivato a 90.000.000.000.000 (novanta miliardi) di dollari. A questo si aggiunge, per un ammontare di trilioni di dollari, il gioco d'azzardo con i titoli di debito statunitensi, che si svolge nello stesso mercato azionario, un gioco d'azzardo per il quale il Consiglio della Federal Reserve spende oggi 100.000.000 di dollari a settimana. Le banconote della Federal Reserve vengono sottratte al governo degli Stati Uniti in quantità illimitata: c'è da stupirsi che il peso di fornire queste immense somme di denaro alla confraternita del gioco d'azzardo sia diventato un fardello troppo pesante per il popolo americano?".

Lo storico discorso del deputato si concluse con la richiesta di un audit delle Federal Reserve Banks, che a distanza di oltre ottant'anni non è ancora stato effettuato. McFadden accusò il Federal Reserve Board di aver usurpato il governo degli Stati Uniti: "Qui controlla tutto. Controlla le nostre relazioni internazionali e istituisce o smantella governi quando vuole".

I discorsi di McFadden nel 1933

Con Franklin D. Roosevelt alla Casa Bianca, Louis T. McFadden denunciò che il nuovo presidente era agli ordini dei banchieri internazionali, il che avvalora la tesi di Antony Sutton citata all'inizio di questa sezione. Il 23 maggio 1933, Louis T. McFadden accusò formalmente il Consiglio dei Governatori della Federal Reserve, il Comptroller of the Currency e il Segretario del Tesoro di numerosi atti criminali, tra cui cospirazione, frode, illegalità dei tassi di cambio e tradimento. Segue quindi un'ulteriore sintesi dei suoi discorsi più significativi del 1933, a partire dalla denuncia del piano dei banchieri di asservire il mondo.

"Signor Presidente, quando è stata approvata la Fed, il popolo degli Stati Uniti non si è reso conto che qui si stava installando un sistema mondiale.... Che questo Paese stava per fornire potere finanziario a un 'superstato internazionale'. Un superstato controllato da banchieri e industriali internazionali che agiscono di concerto per schiavizzare il mondo a loro piacimento. Gli americani sono stati enormemente danneggiati. Hanno perso il lavoro, sono stati espropriati delle loro case, sono stati sfrattati dai loro alloggi in affitto, hanno perso i loro figli e sono stati lasciati a soffrire e a morire per mancanza di alloggio, cibo, vestiti e medicine. La ricchezza degli Stati Uniti e il capitale del lavoro sono stati rubati e rinchiusi nei caveau di alcune banche e società o esportati in paesi stranieri a beneficio dei clienti stranieri di queste banche o società. Per quanto riguarda il popolo degli Stati Uniti, la dispensa è vuota. È vero che i magazzini, i depositi di carbone e i silos di grano sono pieni, ma sono chiusi con un lucchetto e le grandi banche e società hanno le chiavi. Il saccheggio dell'America da parte della Fed è il più grande crimine della storia".

... Signor Presidente, è necessario un ritorno alla Costituzione degli Stati Uniti. La vecchia battaglia che fu combattuta qui ai tempi di Jackson deve essere ripetuta. Il Tesoro indipendente degli Stati Uniti dovrebbe essere ristabilito e il Governo dovrebbe chiudere il proprio denaro nell'edificio del popolo progettato per questo scopo. La Fed dovrebbe essere abolita e i confini degli Stati dovrebbero essere rispettati. Le riserve bancarie dovrebbero essere mantenute all'interno dei confini degli Stati a cui appartengono, e questo stock di denaro del popolo dovrebbe essere protetto in modo che i banchieri internazionali non possano rubarlo. La FED dovrebbe essere abolita e le sue banche, avendo violato il suo statuto, dovrebbero essere liquidate immediatamente. Gli impiegati statali sleali che hanno violato la loro promessa dovrebbero essere licenziati e processati. Se ciò non verrà fatto, prevedo che il popolo americano, indignato, saccheggiato, insultato e tradito nella propria terra, si solleverà con rabbia e spazzerà via i cambiavalute dal tempio.

Signor Presidente, l'America è in bancarotta: è stata mandata in bancarotta dalla Fed, corrotta e disonesta. Ha ripudiato i debiti verso i propri cittadini. Il suo principale creditore estero è la Gran Bretagna e uno scagnozzo britannico è stato alla Casa Bianca e agenti britannici sono al Tesoro degli Stati Uniti per fare l'inventario e organizzare i tempi dei pagamenti. Signore, Presidente, la Fed si è offerta di soddisfare le richieste britanniche a spese del popolo americano con l'inganno e la corruzione, in cambio dell'aiuto britannico per nascondere i propri crimini. Gli inglesi proteggono i loro agenti alla FED perché non vogliono che il sistema di furto venga distrutto. Vogliono che continui a loro vantaggio. Grazie ad esso, la Gran Bretagna è diventata il direttore finanziario del mondo. Ha riconquistato la posizione che occupava prima della guerra mondiale. Per diversi anni è stata un partner silenzioso negli affari della Fed. Sotto la minaccia del ricatto, della corruzione o del tradimento di cittadini americani nei confronti del popolo degli Stati Uniti, gli agenti a capo della FED hanno incautamente concesso alla Gran Bretagna immensi prestiti d'oro per centinaia di milioni di dollari. Lo hanno fatto contro la legge! Questi prestiti d'oro non erano semplici transazioni. Hanno dato alla Gran Bretagna il potere di prendere in prestito miliardi. La Gran Bretagna sottrae miliardi al Paese attraverso il controllo della FED".

Il passaggio seguente si riferisce all'abbandono del gold standard da parte della Gran Bretagna nel 1931 e alle misure successivamente adottate dal Presidente Roosevelt. Queste misure sono state accennate di sfuggita nella nota 9, e ora possiamo apprezzare la critica di McFadden. Per comprendere correttamente il passaggio seguente, la prima proposta di Roosevelt al Congresso, il 9 marzo 1933, cinque giorni dopo il suo insediamento, fu l'Emergency Banking Act (EBA). Questa legge fu approvata con tale urgenza che una copia del testo non fu nemmeno fatta circolare alla Camera dei Rappresentanti in modo che i membri del Congresso potessero almeno studiarla, se non leggerla. Il testo fu approvato dopo una lettura ad alta voce da parte del presidente della Commissione bancaria Henry Steagall. Quattro giorni prima dell'approvazione dell'Emergency Banking Act, il Presidente Roosevelt aveva decretato la chiusura di tutte le banche, che riaprirono solo il 13 marzo. La chiusura non riguardò, ovviamente, le banche della Federal Reserve, le uniche autorizzate a operare a livello nazionale. È forse interessante aggiungere, per valutare meglio gli interventi di McFadden, che nel luglio 1932 l'indice Dow Jones aveva perso il 90% del suo valore dal 1929, che il PIL americano era sceso del 60% e che più di quattromila banche erano scomparse.

"Signor Presidente, la chiusura delle banche nei vari Stati è stata causata dalla FED, corrotta e disonesta. Questa istituzione ha manipolato il denaro e il credito ed è stata la causa dell'ordine di vacanza bancaria. Questa vacanza bancaria era un'invenzione! Non c'era alcuna emergenza nazionale quando Franklin D. Roosevelt entrò in carica, ad eccezione della bancarotta della FED, una bancarotta che era stata insabbiata per diversi anni e che era stata nascosta al popolo affinché continuasse a permettere che i suoi depositi bancari, le sue riserve bancarie, il suo oro e i fondi del Tesoro degli Stati Uniti fossero sequestrati da queste istituzioni in bancarotta. Protetti, i banchieri internazionali predatori hanno spostato furtivamente il peso dei debiti della Fed sul Tesoro e sul popolo stesso, che paga per la loro truffa. Questa è l'unica emergenza nazionale dall'inizio della depressione. La settimana prima che venisse dichiarata la chiusura delle banche nello Stato di New York, i depositi nelle casse di risparmio di New York erano superiori ai prelievi. Non c'era paura nelle banche di New York. Non c'era bisogno di chiudere le banche né a New York né nel Paese. Roosevelt ha fatto ciò che i banchieri internazionali gli hanno ordinato di fare! Non si lasci ingannare, signor Presidente, e non si lasci ingannare da altri nel credere che il dispotismo di Roosevelt sia in qualche modo destinato a beneficiare il popolo: Roosevelt si sta preparando a firmare sulla linea tratteggiata! Si sta preparando a cancellare i debiti di guerra in modo fraudolento! Si sta preparando a internazionalizzare questo Paese e a distruggere la Costituzione stessa per mantenere intatta la FED come istituzione monetaria per gli stranieri.
Signor Presidente, non vedo perché i cittadini debbano essere terrorizzati e costretti a consegnare le loro proprietà ai banchieri internazionali che possiedono la FED. L'affermazione che l'oro sarà confiscato ai legittimi proprietari se non lo consegneranno volontariamente, per interessi privati,

dimostra che c'è un anarchico nel nostro governo. L'affermazione che è necessario che i cittadini consegnino il loro oro - l'unico vero denaro - alle banche per proteggere la moneta è una dichiarazione di calcolata disonestà! Con questa sleale usurpazione di potere, la notte del 5 marzo 1933, e con la sua proclamazione, che a mio parere è stata una violazione della Costituzione, Roosevelt ha separato la moneta degli Stati Uniti dall'oro, e la moneta degli Stati Uniti non è più protetta dall'oro. È quindi pura disonestà affermare che l'oro del popolo è necessario per proteggere la moneta. Roosevelt ordinò al popolo di consegnare il proprio oro a interessi privati, cioè alle banche, e prese il controllo delle banche in modo che tutto l'oro e i titoli in oro in loro possesso potessero essere consegnati ai banchieri internazionali che possiedono e controllano la FED. Roosevelt lega il suo destino agli usurai. Sceglie di salvare i corrotti e i disonesti a spese del popolo americano. Approfitta della confusione e della stanchezza del popolo e tende un'imboscata in tutto il Paese per accaparrarsi qualsiasi cosa di valore. Fece una grande incursione nei confronti dei banchieri internazionali. Il Primo Ministro della Gran Bretagna (riferendosi al viaggio di Ramsey McDonald) è venuto qui per soldi. È venuto qui per incassare! È venuto qui con la valuta della Fed e altri crediti della Fed che la Gran Bretagna aveva accumulato in tutto il mondo e li ha presentati in cambio di denaro in oro.

Signor Presidente, sono favorevole a costringere la Fed a pagare i propri debiti. Non vedo perché il pubblico debba essere costretto a pagare i debiti di gioco dei banchieri internazionali. Con la sua azione di chiusura delle banche degli Stati Uniti, Roosevelt ha sequestrato depositi bancari in oro per un valore di quarantamila miliardi o più. Questi depositi erano depositi di titoli d'oro. Con questa azione si è imposto di pagare i depositanti solo in carta, se non altro. La cartamoneta che propone di pagare ai depositanti delle banche e al popolo in generale al posto dei loro sudati valori aurei ha un valore trascurabile, perché non si basa su nulla che il popolo possa convertire. È il denaro degli schiavi, non degli uomini liberi.

A mezzogiorno del 4 marzo 1933, FDR, con la mano sulla Bibbia, promise di preservare e proteggere la Costituzione degli Stati Uniti. A mezzanotte del 5 marzo 1933, confiscò le proprietà dei cittadini americani. Respinse il debito interno del governo nei confronti dei suoi stessi cittadini. Ha distrutto il valore del dollaro americano. Ha svincolato, o ha tentato di svincolare, la Fed dalla sua responsabilità contrattuale di regolare la sua moneta in oro o in moneta legale alla parità con l'oro. Ha deprezzato il valore della moneta nazionale. Il popolo degli Stati Uniti sta ora utilizzando come moneta pezzi di carta irredimibili. Il Tesoro non può regolare questa carta in oro o argento. L'oro e l'argento del Tesoro sono stati consegnati illegalmente alla corrotta e disonesta Fed. E l'Amministrazione ha avuto la faccia tosta di saccheggiare il Paese per ottenere più oro per interessi privati, dicendo ai cittadini patriottici che il loro oro è necessario per proteggere la moneta. Non viene usato per proteggere la moneta! Viene usato per proteggere la corrotta e disonesta FED. I direttori di queste istituzioni hanno perpetrato un affronto contro il governo degli Stati Uniti, che deve includere il reato di false registrazioni nei loro libri contabili e il reato ancora più importante di prelievo di fondi dal Tesoro degli Stati Uniti. Il saccheggio dell'oro di Roosevelt ha lo scopo di aiutarli a uscire dalla fossa che si sono scavati quando hanno giocato i risparmi del popolo americano. I banchieri internazionali hanno instaurato qui una dittatura perché vogliono un dittatore che li protegga. Vogliono un dittatore che faccia un proclama che conceda alla FED una libertà incondizionata e assoluta. Roosevelt ha forse sollevato gli altri debitori di questo Paese dalla necessità di pagare i loro debiti? Ha forse fatto un proclama che dice agli agricoltori che non devono pagare i loro mutui? Ha forse annunciato che le madri che hanno figli affamati non devono pagare il latte? Ha forse liberato i proprietari di case dal pagamento dell'affitto? Da certamente no. Ha solo emesso un proclama per rassicurare i banchieri internazionali e i debitori stranieri del governo statunitense.

Signor Presidente, l'oro nelle banche di questo Paese appartiene al popolo americano, che ha stipulato contratti di cartamoneta sotto forma di moneta nazionale. Se la FED non è in grado di onorare i suoi contratti con i cittadini degli Stati Uniti per riscattare la loro cartamoneta in cambio di oro o di denaro legale, allora la FED deve essere sollevata dal governo degli Stati Uniti e i suoi dirigenti devono essere processati. Ci deve essere il giorno della resa dei conti. Se la FED ha rubato al Tesoro, in modo che il Tesoro non possa regolare in oro la moneta di cui è responsabile, allora la FED deve essere espulsa dal Tesoro. Signor Presidente, un certificato d'oro equivale a una ricevuta di deposito nel deposito d'oro del Tesoro, e chi possiede un certificato d'oro è l'attuale proprietario di una quantità d'oro corrispondente accumulata nel Tesoro. Ora arriva Roosevelt che vuole fondere il valore del denaro dichiarando illegalmente che non può più essere convertito in oro per volontà del possessore.

La prossima rapina di Roosevelt ai banchieri internazionali è stata la riduzione degli stipendi dei dipendenti federali. Poi ci sono i veterani di tutte le guerre, molti dei quali sono vecchi e infermi o invalidi..... Non vedo perché questi veterani della guerra civile debbano essere costretti a rinunciare alle loro pensioni per il beneficio finanziario degli avvoltoi internazionali che hanno saccheggiato il Tesoro, mandato in bancarotta il Paese e consegnato a tradimento a un nemico straniero. Ci sono molti modi per aumentare le entrate pubbliche che sono migliori di questo barbaro atto di ingiustizia: perché non riscuotere dalla FED l'importo che deve al Tesoro degli Stati Uniti come interessi su tutto il denaro che ha sottratto al governo? Questo porterebbe al Tesoro trilioni di dollari. Se FDR fosse stato onesto, come pretende, l'avrebbe fatto immediatamente. Inoltre, perché non costringere la Fed a rivelare i suoi profitti e a pagare al governo la sua parte? Finché non si fa questo, è stucchevole e disonesto parlare di mantenere la reputazione del governo".

Il discorso del deputato proseguì denunciando i banchieri internazionali come "nemici del popolo" e continuò con ulteriori accuse a FDR di essere al loro servizio e di aver coperto i loro crimini invece di "costringere gli avvoltoi e i truffatori della Fed a restituire ciò che hanno rubato". Concludeva con una serie di nomi di persone legate a vari crimini, il principale dei quali era l'appropriazione di fondi del Tesoro. Tra le persone accusate da McFadden ci sono funzionari governativi, membri del Consiglio della Federal Reserve e una manciata di agenti alle sue dipendenze. Egli chiese alla Commissione giudiziaria della Camera di indagare e di riferire al Congresso, in modo che i colpevoli potessero essere rimossi dall'incarico e consegnati alla giustizia.

I discorsi del 1934

A seguito dei suoi interventi alla Camera dei Rappresentanti nel 1934, si scatenarono le solite accuse di antisemitismo contro Louis T. McFadden. Come è noto, chi critica le azioni criminali di alcuni ebrei viene bollato come antisemita, il che è spesso un falso. Oggi chi condanna i crimini del sionismo viene addirittura considerato antisemita. Così come esistono diverse lingue semitiche, esistono diversi popoli semitici, tra cui, ovviamente, i palestinesi. Paradossalmente, i sionisti, che non sono semiti, essendo per lo più discendenti ashkenaziti dei khazari, sono i principali antisemiti del mondo, poiché da quasi settant'anni cercano di cancellare un popolo semita in Palestina. McFadden ricevette l'etichetta perché denunciò l'amministrazione Roosevelt come controllata dagli ebrei e perché si oppose all'ebreo Henry Morgenthau come Segretario del Tesoro. Le registrazioni scritte dei discorsi del 1934 mostrano che nei primi mesi McFadden continuò le sue accuse contro Roosevelt, la Federal Reserve e la Gran Bretagna. Il 15 giugno 1934, tuttavia, McFadden pronunciò un discorso su Jacob Schiff che riproduciamo quasi integralmente di seguito, in quanto si tratta di un documento che conferma ancora una volta quanto abbiamo scritto su questo banchiere ebreo e sul suo ruolo di primissimo piano nella distruzione della Russia zarista.

"A quel tempo un uomo di nome Jacob Schiff venne in questo Paese come agente di alcuni finanziatori. La sua missione era quella di prendere il controllo delle ferrovie americane. Quest'uomo era un ebreo. Era figlio di un rabbino ed era nato in una delle case Rothschild di Francoforte, in Germania. Era un tipo piccolo, con un viso gradevole e, se non ricordo male, gli occhi azzurri. In giovane età lasciò Francoforte per fare fortuna e si recò ad Amburgo, in Germania. Ad Amburgo entrò nell'attività bancaria dei Warburg. I Warburg di Amburgo erano banchieri da sempre, con filiali ad Amsterdam e a Svezia..... Qualche tempo prima dell'arrivo di Schiff, a Lafayette, nell'Indiana, esisteva una ditta di commercianti nota come Kuhn & Loeb. Credo che fossero già qui intorno al 1850.

Probabilmente facevano soldi a spese dei nuovi coloni che passavano per l'Indiana nel loro viaggio verso nord-ovest. Questa ditta ebraica si trasferì poi a New York, dove si installarono come banchieri privati e divennero ricchi.

Jacob Schiff sposò Teresa Loeb e divenne il capo della Kuhn Loeb & Co. Schiff fece molti soldi per sé e per gli usurai di Londra. Cominciò a dare ordini ai presidenti quasi regolarmente. Sembra che fosse un uomo che non si sarebbe fermato davanti a nulla per raggiungere i suoi obiettivi. Non gli rimprovero di essere ebreo, ma di essere un provocatore di conflitti. La Russia aveva in Jacob Schiff un nemico potente. Il popolo americano arrivò a credere che la sua inimicizia fosse causata dai torti subiti dagli ebrei russi. Io cercai altrove le motivazioni. Nel 1890 Jacob Schiff era l'agente in questo Paese di Ernest Cassell e di altri prestatori di denaro londinesi. Questi finanziatori erano desiderosi di una guerra tra Inghilterra e Russia e facevano propaganda per sostenere l'Inghilterra negli Stati Uniti. Gli Stati Uniti erano allora un Paese debitore e pagavano annualmente una grossa somma a Schiff e ai suoi capi. Di conseguenza, Schiff si fece carico di influenzare gli Stati Uniti contro la Russia. Lo fece presentando al popolo americano presunte iniquità contro gli ebrei russi. Sulla stampa cominciarono ad apparire storie spiacevoli. Ai bambini di questo Paese veniva raccontato nelle scuole che i soldati russi storpiavano a vita i bambini ebrei con la frusta. L'ostilità tra Russia e Stati Uniti fu fomentata con mezzi infami.

Uno dei progetti di Schiff era l'importazione su larga scala di ebrei russi negli Stati Uniti. Progettò vari modi per il trasferimento temporaneo di questi emigranti ebrei. Disse che non li avrebbe fatti entrare nel Paese attraverso il porto di New York perché avrebbero potuto apprezzare troppo New York e poi non avrebbero voluto andare negli avamposti per i quali erano stati selezionati. Disse che era preferibile farli entrare da New Orleans e lasciarli lì per due settimane, "in modo che potessero imparare un po' di inglese e guadagnare un po' di soldi" prima di partire per quello che lui chiamava "l'interno dell'America". Come dovessero procurarsi il denaro, non lo disse. Aiutati da Schiff e dai suoi collaboratori, molti ebrei russi giunsero in questo Paese in quel periodo e furono naturalizzati. Molti di questi ebrei naturalizzati tornarono poi in Russia. Non appena tornarono in quel Paese, reclamarono immediatamente l'esenzione dalle norme di domicilio imposte agli ebrei, cioè rivendicarono il diritto di vivere ovunque in Russia perché erano cittadini americani, o ebrei "yankee". Ci furono rivolte che furono sfruttate dalla stampa americana. Ci sono state rivolte, attentati e omicidi pagati da qualcuno. Gli autori di queste atrocità sembrano essere stati protetti da potenti interessi finanziari. Mentre in Russia accadeva tutto questo, qui è stata orchestrata una vergognosa campagna di menzogne e sono state spese ingenti somme di denaro per far credere all'opinione pubblica che gli ebrei in Russia fossero un popolo semplice e innocente schiacciato dai russi che aveva bisogno della protezione del grande benefattore del mondo, lo zio Sam.

Vengo ora al momento in cui fu dichiarata la guerra tra Russia e Giappone. La guerra fu provocata dall'abile uso del Giappone per evitare che l'Inghilterra dovesse combattere con la Russia in India. Per l'Inghilterra era più economico e più conveniente lasciare che il Giappone combattesse la Russia piuttosto che farlo lei stessa. Come previsto, Schiff e i suoi soci londinesi finanziarono il Giappone. A questo scopo ottennero dagli Stati Uniti grandi quantità di denaro. L'ambiente per l'emissione dei prestiti era stato abilmente preparato. Le storie commoventi, in cui Schiff era un maestro, toccarono i cuori degli americani solidali. I prestiti furono un grande successo. Milioni di dollari americani furono inviati in Giappone da Schiff e dai suoi soci londinesi. Il dominio dell'Inghilterra in India fu assicurato. Alla Russia fu impedito di entrare attraverso il Khyber Pass e di raggiungere l'India da nord-ovest. Allo stesso tempo, il Giappone si rafforzò e divenne una grande potenza mondiale, che come tale ora ci affronta nel Pacifico. Tutto ciò è stato ottenuto controllando i media americani, che comunicavano che gli ebrei russi e "yankee" venivano perseguitati in Russia, e vendendo titoli di guerra giapponesi ai cittadini americani. Mentre infuriava la guerra russo-giapponese, il presidente Theodore Roosevelt si offrì di fare da mediatore e fu organizzata una conferenza tra i belligeranti a Portsmouth, nel New Hampshire. Alla conferenza partecipò Jacob Schiff, che usò tutta la sua influenza su Theodore Roosevelt per favorire il Giappone a spese della Russia. Il suo obiettivo principale, allora come oggi, era l'umiliazione dei russi, la cui unica colpa era quella di essere russi e non ebrei. Cercò di umiliare i russi, ma il conte Witte, plenipotenziario russo, non lo permise. Il potere di Schiff e della sua propaganda organizzata era ben compreso da Witte. Non fu quindi sorpreso quando il presidente Roosevelt, spesso ingannato, gli chiese per due volte di tenere in particolare considerazione gli ebrei con cittadinanza americana che erano tornati in Russia. Witte portò con sé in Russia una lettera di Roosevelt contenente questa richiesta.

Signor Presidente, le restrizioni sugli ebrei in Russia a quel tempo potevano essere pesanti, ma pesanti o meno, prima che i russi avessero la possibilità di cambiarle, Schiff aveva condannato l'ottantennale trattato di amicizia e buona volontà tra Stati Uniti e Russia. A questo proposito, il conte Witte afferma nella sua biografia: "I russi hanno perso l'amicizia del popolo americano". Signor Presidente, non posso credere che quelle persone, i veri russi, abbiano mai perso l'amicizia del popolo americano. Sono stati spazzati via per soddisfare le ambizioni di coloro che sostengono di essere i padroni finanziari del mondo, e alcuni di noi sono stati ingannati nel credere che, in qualche modo misterioso, la colpa fosse loro. L'abisso che si è improvvisamente aperto tra noi e i nostri vecchi amici e ammiratori in Russia è stato creato da Jacob Schiff, il vendicativo nella sua disumana avidità, e lo ha creato in nome della religione ebraica.

Signor Presidente, il popolo degli Stati Uniti non dovrebbe permettere che interessi finanziari o particolari dettino la politica estera del governo. Ma su questo tema la storia si ripete. Avrete sicuramente sentito parlare delle cosiddette persecuzioni degli ebrei in Germania. Signor Presidente, non esiste una vera e propria persecuzione degli ebrei in Germania. Hitler, i Warburg, i Mendelssohn e i Rothschild sembrano essere in ottimi rapporti. Non c'è una vera e propria persecuzione degli ebrei in Germania, ma c'è stata una finta persecuzione perché ci sono duecentomila ebrei comunisti indesiderati in Germania, per lo più ebrei provenienti dalla Galizia che sono entrati in Germania dopo la guerra mondiale, e la Germania è molto ansiosa di liberarsi di questi particolari ebrei comunisti. I tedeschi vogliono preservare la purezza della loro razza. Sono disposti a tenere ebrei ricchi come Max Warburg e Franz Mendelssohn, le cui famiglie hanno vissuto in Germania per così tanto tempo da aver acquisito alcune delle caratteristiche nazionali. Ma i tedeschi non sono disposti a tenere gli ebrei della Galizia, gli emergenti".

"Sidney Warburg" scrive qualcosa di molto simile quando allude a una conversazione con un amico ebreo, direttore di banca ad Amburgo, sostenitore di Hitler. Gli dice: "Per ebrei, Hitler intende gli ebrei della Galizia, che infestano la Germania. Gli ebrei di origine puramente tedesca sono considerati da Hitler cittadini tedeschi come chiunque altro; vedrai che non li disturberà affatto. Non dimenticate che nei partiti socialdemocratico e comunista sono gli ebrei ad avere il sopravvento. Hitler li attaccherà non perché sono ebrei, ma perché sono comunisti o socialdemocratici". Si dà il caso, come è stato detto, che questi ebrei in Galizia non fossero semiti. Il discorso di McFadden continuò con ulteriori allusioni alle politiche di Roosevelt e si concluse con riferimenti acuti al ruolo dei banchieri ebrei internazionali nella rivoluzione russa.

"Questo grande spettacolo è stato messo in piedi, principalmente dagli stessi ebrei tedeschi, nella speranza che lo zio Sam dimostri di essere ancora pazzo come prima e permetta a questi ebrei comunisti della Galizia di venire qui. Per questo motivo la signorina Perkins è stata messa a capo del Dipartimento del Lavoro. È lì per allentare i divieti di immigrazione. Si ritiene che, essendo una donna, possa placare i critici. È in sintonia con i banchieri internazionali. Altrimenti non farebbe parte di un'amministrazione controllata dagli ebrei. Quando in Germania è stata lanciata la cosiddetta "campagna antisemita" destinata al consumo americano, la Francia si è allarmata perché temeva che gli ebrei della Galizia potessero finire sul suolo francese. I giornali francesi pubblicarono articoli che alludevano a questa minaccia; ma ora che la Francia ha capito che lo scopo della campagna antisemita è quello di scaricare duecentomila ebrei comunisti negli Stati Uniti, non è più preoccupata. Ah, pensate, il vecchio zio Sam pagherà il conto, eccome!

Signor Presidente, considero un peccato che ci siano americani che amano essere servili con gli ebrei ricchi e lodarli. Alcuni di questi disgraziati sono nelle mani degli ebrei usurai e non osano mettersi contro di loro. Avete assistito all'indecente sequestro da parte di Franklin D. Roosevelt delle riserve auree e di altri beni di valore del popolo americano, alla distruzione delle banche, al tentativo di riciclaggio delle Federal Reserve Banks, la cui corruzione Roosevelt aveva ammesso nelle sue arringhe in campagna elettorale, e avrete visto che ciò che è stato confiscato non è nelle mani dell'attuale governo costituzionale, ma nelle mani dei banchieri internazionali che sono il nucleo del nuovo governo che Roosevelt intende instaurare qui. Le azioni di Roosevelt non sono in linea con la Costituzione degli Stati Uniti, ma con i piani della Terza Internazionale. C'è stato un tempo in cui Trotsky era uno dei preferiti di Jacob Schiff. Durante la guerra Trotsky pubblicò *Novy Mir* e tenne riunioni di massa a New York. Quando lasciò gli Stati Uniti per tornare in Russia, è noto che lo fece con i soldi e la protezione di Schiff. Fu catturato dagli inglesi ad Halifax e subito, su consiglio di un personaggio altolocato, fu rilasciato. Appena arrivato in Russia, fu informato di avere un credito in Svezia, nella filiale svedese della banca di Max Warburg ad Amburgo. Questo credito gli permise di finanziare la rivoluzione russa a beneficio dei banchieri ebrei internazionali. Li aiutò a sconvolgerla per i loro scopi.

Oggi l'Unione Sovietica è indebitata. Dal ritorno di Trotsky in Russia, il corso della storia russa è stato certamente influenzato dalle operazioni dei banchieri internazionali. Questi hanno agito attraverso le istituzioni tedesche e britanniche e hanno tenuto la Russia in loro servitù. I loro parenti in Germania hanno prelevato immense somme di denaro dagli Stati Uniti e hanno finanziato uno per uno i loro agenti in Russia con un notevole profitto. I fondi del Tesoro sono stati versati al governo sovietico dalle banche della Federal Reserve, attraverso la Chase Bank, la Guaranrty Trust Co. e altre banche di New York. L'Inghilterra, non meno della Germania, ha preso denaro da noi attraverso le banche della Federal Reserve e lo ha prestato ad alti tassi di interesse al governo sovietico o lo ha usato per sovvenzionare le sue vendite alla Russia sovietica e i suoi lavori di ingegneria sul territorio russo. La diga sul fiume Dnieper è stata costruita con fondi illegalmente sottratti al Tesoro degli Stati Uniti dal corrotto e disonesto Consiglio della Federal Reserve.

Signor Presidente, un'immensa somma di denaro degli Stati Uniti è stata utilizzata all'estero per i preparativi di guerra e per l'approvvigionamento e la produzione di forniture belliche. Si dice che la Germania sia comproprietaria di un grande impianto di produzione di gas a Troitsk, in territorio russo (probabilmente si tratta della I.G. Farben, i cui direttori erano Max Warburg in Germania e Paul Warburg negli Stati Uniti). La Cina è quasi completamente sovietizzata e si pensa che enormi scorte di munizioni siano stoccate in Asia, in attesa del giorno in cui i signori della guerra statunitensi invieranno le truppe americane in Asia.

Signor Presidente, gli Stati Uniti dovrebbero cercare di tenersi fuori da un'altra guerra, in particolare da una guerra in Asia. Dovrebbero decidere se vale la pena di unirsi alla Russia e alla Cina in una guerra contro il Giappone. Io dico e ho detto spesso che l'America dovrebbe ricordare il consiglio di George Washington. Dovrebbe farsi gli affari suoi e restare a casa. Non dovrebbe permettere ai banchieri ebrei internazionali di coinvolgerla in un'altra guerra, in modo che loro e i loro prestanome e sicofanti gentili possano trarne gustosi profitti. Un esercito ha bisogno di tutto, dai sacchetti igienici agli aerei, ai sottomarini, ai carri armati, alle maschere antigas, al gas velenoso, alle munizioni, alle baionette, ai cannoni e ad altri armamentari e strumenti di distruzione".

Louis Thomas McFadden ha combattuto una battaglia impari, poiché doveva sapere che nessuno avrebbe osato sostenerlo. Per questo motivo, il suo atteggiamento può essere considerato eroico. Le accuse da lui mosse pubblicamente al Congresso erano di grande portata e importanza, quindi inaccettabili per gli accusati. Alcuni ricorsero alla solita insinuazione che avesse perso la testa. La sua scomparsa dalla scena politica nel 1936 privò gli americani di un patriota, un deputato irripetibile e degno di entrare nella storia del Paese.

PARTE 5
IL TERRORE IN URSS E IL GENOCIDIO IN UCRAINA

Un decreto della GPU del 18 gennaio 1929 ordinò l'espulsione di Trotsky dall'URSS. In questo modo, la possibilità che l'agente capo dei banchieri ebrei prendesse il potere fu almeno temporaneamente eliminata. Trotsky arrivò in Turchia in febbraio e vi si stabilì fino al luglio 1933, quando optò per trasferirsi in Francia, da dove pensava di poter rilanciare un'offensiva politica su larga scala. Stalin dichiarò in seguito che la sua espulsione era stata un errore, il che sembra ovvio, dal momento che Trotsky era in grado di cospirare dall'estero, come dimostrato durante le purghe, cosa che non avrebbe mai potuto fare quando era in URSS. Un esempio delle sue attività contro Stalin fu il *Bollettino dell'opposizione,* da lui stesso fondato e diretto già nel 1929. Stampato in caratteri cirillici a Berlino, Zurigo, New York o Parigi (a seconda del periodo), nel corso degli anni ne furono pubblicate sessantacinque copie. Il figlio di Trotsky, Leon Sedov, che nel 1929 aveva ventitré anni, fungeva da editore e ne organizzava la distribuzione in URSS. Il primo obiettivo politico di Trotsky era la coesione dell'opposizione a Stalin. Isaac Deutscher, uno dei suoi seguaci, scrive che aveva riposto le sue speranze nella creazione della Quarta Internazionale. In ogni caso, con il loro leader fuori dal Paese, l'opposizione trotskista rimase accucciata e in attesa, tanto che nel 1929 Stalin aveva apparentemente consolidato la sua presa sul potere. Sotto di lui, il comunismo continuò i metodi genocidi praticati da Lenin e Trotsky contro i cosiddetti nemici di classe.

Si tende a pensare che Stalin abbia posto fine alla predominanza ebraica nei quadri dirigenti del partito, il che è falso. L'uomo forte di Stalin era suo cognato, l'ebreo ucraino Lazar Kaganovich, la cui sorella Rosa era moglie o concubina di Stalin. È controverso se Iosif David Vissarionovich Djugaschvili, noto come Joseph Stalin, fosse egli stesso di origine ebraica. Hitler lo considerava ebreo e lo disse a "Sidney Warburg" in una delle sue interviste. Secondo alcune fonti, tra cui il funzionario sovietico Ivan Krylov, il cognome georgiano Djugaschvili significa figlio di un ebreo. È stato anche affermato che il nome Kochba o Koba, uno pseudonimo usato da Stalin all'inizio della sua carriera, allude a Simon bar Kochba, un leader ebreo prima di Cristo. Il ricercatore russo Gregory Klimov sostiene che Stalin fosse mezzo ebreo. Lo scrittore ebreo David Weismann affermò nel 1950 sul *B'nai B'rith Messenger,* una pubblicazione di Los Angeles, che Stalin era completamente ebreo. Un altro pubblicista ebreo, Solomon Schulman, rivelò in Svezia che Stalin parlava yiddish e che questo era uno dei suoi segreti meglio custoditi. Tutto ciò ha un'importanza relativa, poiché ciò che conta è che coloro che detenevano il potere accanto a Stalin erano per lo più ebrei, molti dei quali nascondevano la loro fedeltà a Trotsky.

Denis Fahey in *The Rulers of Russia* cita i nomi dei cinquantanove membri del Comitato Centrale del Partito Comunista dell'URSS nel 1935 e solo tre non erano ebrei, ma erano sposati con donne ebree. Fahey cita anche gli ambasciatori che nel 1935-36 ricoprivano cariche nei principali Paesi del mondo e quasi tutti erano ebrei o sposati con donne ebree. La delegazione sovietica alla Società delle Nazioni, guidata da Litvinov, era composta da otto membri, di cui solo uno non era ebreo. Anche Alfred Rosenberg, il gerarca nazista che aveva lui stesso sangue ebraico, fornisce un elenco nominale di ebrei che nel 1935-36 erano ancora al potere in Russia. Nell'amministrazione dell'industria degli armamenti la percentuale era superiore al 95% e nel Commissariato del Popolo per l'Alimentazione raggiungeva il 96%. Per quanto riguarda i dirigenti del commercio, il 99% erano anch'essi ebrei. Si è già detto che sia il Commissariato del Popolo per gli Affari Interni, la GPU o ex Cheka, sia l'Amministrazione Generale dei Campi di Lavoro erano nelle mani di criminali ebrei. Allo stesso tempo, il Dipartimento della Censura di Mosca era composto da funzionari ebrei. Douglas Reed accompagnò Anthony Eden, Segretario del Ministero degli Esteri, nella sua visita a Mosca come giornalista del *Times*. Nel suo libro *Insanity Fair* scrive:

"Il Dipartimento della Censura, cioè l'intero apparato di controllo della stampa interna e di imbavagliamento della stampa internazionale, era interamente composto da ebrei... Sembrava che non ci fosse un solo funzionario non ebreo in tutto il personale. Erano lo stesso tipo di ebrei che si trovano a New York, Berlino, Vienna e Praga, ben curati, ben nutriti e vestiti con un tocco di "dandy". Mi era stato detto che la percentuale di ebrei nel Governo era esigua, ma in questo dipartimento che avevo occasione di conoscere da vicino sembravano avere il monopolio, e mi chiesi dove fossero i russi".

Jüri Lina sottolinea che generalmente si ignora che i principali assistenti personali di Stalin erano ebrei. Si trattava, ad esempio, del suo segretario personale Leon (Leiba) Mekhlis, che a sua volta, secondo Boris Bazhanov, aveva due assistenti ebrei, Makhover e Yuzhak. Bazhanov, una delle fonti dell'autore estone, fu lui stesso segretario di Stalin tra il 1923 e il 1925 e poi segretario del Politburo fino al gennaio 1928, quando disertò dall'URSS. Bazhanov scrive nelle sue memorie che dei quarantanove segretari di Stalin, quaranta erano ebrei. Secondo Lina, nel 1937 diciassette dei ventidue commissari del popolo erano ebrei. Anche nel Presidium del Soviet Supremo, diciassette dei ventisette membri erano ebrei. Lina presenta uno per uno i membri ebrei del Commissariato per il commercio estero, il cui commissario dal 1930 al 1937 era Arkady Rosengoltz, un trotzkista giustiziato nel 1938. Avremo l'opportunità di conoscere i personaggi che appaiono come protagonisti. Segue un breve resoconto del terrore praticato dallo Stato comunista nella sua lotta contro i contadini, il cui primo episodio ebbe luogo nel 1918-1922.

L'eliminazione dei kulaki

Nel gennaio 1928, temendo una carenza di grano, il Politburo decise all'unanimità di adottare misure d'emergenza che consentivano l'espropriazione del grano dai kulaki, in contraddizione con la NEP, la Nuova Politica Economica adottata nel 1921, che significava la fine teorica delle requisizioni. La NEP, che consentiva un certo funzionamento del mercato, riconosceva quindi che le misure di socializzazione e collettivizzazione erano inapplicabili; anche se Lenin stesso avvertiva che si trattava di una "ritirata strategica". È stata citata una lettera di Lenin scritta il 3 marzo 1922, in cui diceva a Kamenev che non bisognava pensare che la NEP avesse messo fine al terrore: "ricorreremo di nuovo al terrore e al terrore economico". Dieci anni dopo queste parole si rivelarono profetiche. Il sequestro del grano prodotto con la presunta garanzia di poterlo commercializzare e ricavarne denaro fu un segnale inequivocabilmente negativo per i contadini, anche se Stalin dichiarò che si trattava di misure "assolutamente eccezionali". Il Partito Comunista procedette alla mobilitazione dei suoi quadri e trentamila attivisti furono inviati nelle regioni agricole. Nei villaggi furono istituite delle troike con potere sulle autorità locali e ai contadini fu permesso di macinare solo la quantità necessaria per il proprio consumo.

Alla fine del 1928 la Commissione statale per la pianificazione avvertì di una tendenza alla diminuzione del raccolto di grano. Stalin disapprovò l'idea di rendere le "misure eccezionali" un principio permanente; ma il Politburo fece notare che c'erano grandi scorte di grano nelle mani dei kulaki e insistette sulla necessità di aumentare le quote. I plenipotenziari del partito inviati nei villaggi non solo ordinarono la requisizione dei prodotti, ma chiesero che nelle assemblee venissero indicati i kulaki da sottoporre a maggiore pressione. Molti contadini videro il kulak come un esempio e accettarono la sua autorità. L'eliminazione dei kulak era inestricabilmente legata alla fine del mercato, poiché in termini economici significava distruggere l'incentivo dei contadini a produrre. Questo era percepito o compreso nelle città e nei villaggi, dove la gente spesso votava contro le misure proposte dal partito. I leader che facevano un uso smodato della parola venivano denunciati come kulaki, contro i quali venivano prese misure come arresti, perquisizioni domiciliari, multe, confische e talvolta anche fucilazioni.

Il clima si fece sempre più teso e si diffuse la resistenza contro i funzionari, definita dal regime "atti terroristici". Inoltre, nelle città, dove i piccoli negozi e le botteghe artigiane considerate imprese capitalistiche furono chiuse dalle autorità, vennero nuovamente utilizzate le tessere annonarie, che erano scomparse dall'inizio della NEP. Nella primavera del 1929 iniziò anche la raccolta forzata della carne. In Siberia, ad esempio, le forniture di carne passarono da 700 tonnellate nel 1928 a 19.000 tonnellate nel 1929.

Nel maggio 1929 il Consiglio dei Commissari del Popolo (Sovnarkom) definì un kulak come un contadino che forniva lavoro, o che possedeva un mulino o altre strutture, o che affittava macchinari agricoli, o che era in grado di svolgere attività commerciali. All'epoca si disse che non c'era l'intenzione di eliminarli e che non erano nemmeno previste deportazioni di massa; tuttavia, nella primavera del 1929 aumentarono i casi di procedimenti contro i kulaki e in autunno si diffusero gli arresti e le requisizioni, che indussero anche i contadini più poveri a opporre una resistenza sempre più accanita: il grano veniva sotterrato o venduto a basso prezzo; ma a volte veniva addirittura bruciato o gettato nei fiumi, cosa che fu interpretata come un tentativo di minare il regime sovietico da parte dei "capitalisti rurali".

Nell'aprile-maggio 1929 fu adottato il primo Piano quinquennale e il governo annunciò una nuova fase di collettivizzazione di massa. Il Piano prevedeva inizialmente la collettivizzazione di cinque milioni di famiglie, ma nel giugno dello stesso anno la cifra fu aumentata a otto milioni solo nel 1930 e a settembre fu indicata la cifra di tredici milioni di piccole aziende agricole familiari. Stalin, in un articolo pubblicato sulla *Pravda* il 7 novembre 1929, dipinse un quadro idilliaco e annunciò che era avvenuto un cambiamento radicale nell'agricoltura: "Dalla piccola e arretrata agricoltura individuale alla grande agricoltura, all'agricoltura collettiva avanzata, alla coltivazione della terra in comune". Secondo Stalin, i contadini stavano aderendo in massa al sistema delle fattorie collettive: "Non in piccoli gruppi, come era accaduto in precedenza, ma in interi villaggi, in intere regioni, in interi distretti, persino in intere province". E cosa significa questo? - ha chiesto retoricamente - Significa che il contadino medio si è unito al movimento dell'agricoltura collettiva. E questa è la base del cambiamento radicale nello sviluppo dell'agricoltura che rappresenta la più importante conquista del potere sovietico nell'ultimo anno".

Pochi giorni dopo la pubblicazione di questo articolo, il Plenum del Comitato Centrale del partito si riunì per una settimana, dal 10 al 17 novembre 1929. I membri furono informati che si stava procedendo alla collettivizzazione volontaria e Vyacheslav Molotov, Primo Segretario del Partito Comunista di Mosca, che sarebbe stato nominato Presidente del Consiglio dei Commissari nel dicembre 1930, si rivolse al plenum, chiedendo di cogliere il momento per risolvere una volta per tutte la questione agraria. Molotov, che era sposato con un'ebrea sionista di nome

Polina Zhemchúzhina[12], sollecitò l'immediata collettivizzazione nelle province e nelle repubbliche e chiese di dare un nuovo impulso nei mesi successivi. In seguito sarebbe stato incaricato di supervisionare l'intero processo di collettivizzazione dal capo del governo. Per quanto riguarda i kulaki, Molotov mise in guardia contro la loro incorporazione nelle fattorie collettive ("kolkhozes") e chiese che fossero trattati come "i nemici più maligni e non ancora sconfitti". Il 27 dicembre 1929 Lazar Moiseyevich Kaganovich (Kogan), un ebreo ucraino, cognato di Stalin dopo il matrimonio con Rosa Kaganovich, annunciò l'obiettivo di "liquidare i kulaki come classe". La deskulakizzazione e la collettivizzazione agraria furono quindi due processi che si svolsero contemporaneamente.

Sebbene nel corso del 1929 ci fossero già stati numerosi sgomberi e arresti di kulaki nei villaggi ucraini, negli insediamenti cosacchi ("stanitsas") e altrove, la risoluzione ufficiale del partito che segnò l'inizio della distruzione dei kulaki come classe fu nota il 30 gennaio 1930, quando il Politburo approvò le "Misure per l'eliminazione delle case kulaki nei distretti soggetti a collettivizzazione". Il lettore potrebbe pensare che i kulak fossero ricchi agricoltori che gestivano grandi proprietà e vivevano come borghesi benestanti; ma la realtà non è questa. I kulaki nel 1929 erano molto impoveriti e potevano a malapena far fronte alle tasse sempre più pesanti. Solo una minoranza possedeva una mezza dozzina di mucche e due o tre cavalli, e solo l'1% impiegava più di un bracciante per i lavori agricoli.

Una commissione dell'Ufficio Politico presieduta da Molotov definì tre categorie di kulaki: nella prima, quelli "coinvolti in attività controrivoluzionarie" dovevano essere arrestati e trasferiti nei campi di lavoro della GPU o giustiziati in caso di resistenza. Le loro famiglie dovevano essere deportate e le loro proprietà confiscate. La seconda categoria comprendeva coloro che dovevano essere arrestati e deportati con le loro famiglie in regioni remote perché, sebbene meno attivamente contrari, erano "naturalmente inclini ad aiutare la controrivoluzione". La terza categoria kulak era costituita da coloro che erano considerati "leali al regime", che potevano essere tentati di integrare nelle aziende agricole collettivizzate su una base di prova.

---

[12] Polina Zhemchúzhina (Perl Karpovskaya) proveniva da una famiglia di ebrei ucraini. Commissaria di propaganda durante la guerra civile, sposò nel 1921 Vyacheslav Molotov, già membro del Comitato Centrale. Una sua sorella, sionista come lei, emigrò in Palestina negli anni Venti. Secondo lo storico Zhores Medvedev, Stalin fu sempre sospettoso di Polina e in diverse occasioni consigliò a Molotov di divorziare. Quando Golda Meir arrivò a Mosca nel novembre 1948 come ambasciatrice del neonato Stato sionista, Polina strinse subito amicizia con lei, ma nel dicembre dello stesso anno fu arrestata con l'accusa di tradimento. Condannata a cinque anni in un campo di lavoro, fu rilasciata nel 1953 da Lavrenti Beria, l'ebreo che avrebbe sostituito Stalin dopo la sua morte, in quanto agente scelto dai finanziatori della rivoluzione. Come si vedrà in un altro capitolo, c'è un consenso quasi generale sul fatto che Beria sia stato responsabile dell'assassinio di Stalin.

In *The Harvest of Sorrow* Robert Conquest fornisce cifre che mostrano quanto fossero esigue le risorse dei kulaki espropriati nella provincia di Kryvti Rih (Ucraina centrale). Nel gennaio e febbraio del 1930 vi furono espropriate 4.080 fattorie, che apportarono al "kolkhoz" (azienda agricola collettiva) solo 2.367 edifici, 3.750 cavalli, 2.460 capi di bestiame, 1.105 maiali, 446 trebbiatrici, 1.747 aratri, 1.304 seminatrici e 2.021 tonnellate di grano e miglio. La scusa addotta per giustificare tali miseri risultati è che queste fattorie erano già state requisite nell'offensiva del 1928-29, il che dimostra che si stava agendo contro contadini già gravemente rovinati. Conquest riporta la testimonianza di un attivista con la coscienza sporca che assiste all'intervento e alla requisizione di una casa, che serve da esempio per capire la situazione di molti dei kulaki espropriati: "Ha una moglie malata, cinque figli e neanche una briciola di pane in casa. E questo è ciò che chiamiamo kulak! I bambini indossano stracci e cenci. Hanno tutti un aspetto spettrale. Ho visto la pentola sul fornello con qualche patata nell'acqua. Quella era la loro cena". Nicolas Werth fornisce altri esempi e denuncia che i contadini venivano arrestati solo per aver venduto grano al mercato durante l'estate, per aver impiegato un bracciante agricolo per due mesi o per aver macellato un maiale nel settembre 1929 "con lo scopo di consumarlo e sottrarlo così all'appropriazione socialista". Gli umili contadini che vendevano prodotti fatti da loro stessi venivano arrestati per aver "indulso nel commercio". Alcuni furono deportati perché un membro della famiglia era stato un ufficiale zarista, altri perché frequentavano regolarmente la chiesa. In generale, ogni contadino che si opponeva alla collettivizzazione veniva etichettato come kulak.

Nel corso del 1930 circa due milioni e mezzo di contadini parteciparono a circa quattordicimila rivolte, insurrezioni e manifestazioni contro il regime. Ci furono scontri sanguinosi tra distaccamenti della GPU e gruppi di contadini armati di forconi, falci e asce. Centinaia di soviet furono saccheggiati e i comitati contadini presero temporaneamente il controllo di alcuni villaggi. In Ucraina, tra il 1° febbraio e il 15 marzo, la GPU arrestò ventiseimila persone, seicentocinquanta delle quali furono fucilate. Inoltre, alla fine del marzo 1930, più di quindicimila "elementi controrivoluzionari" furono arrestati solo in alcuni distretti dell'Ucraina occidentale. Secondo i dati ufficiali della GPU, solo nel 1930 ventimila persone furono condannate a morte dalle giurisdizioni eccezionali della polizia politica. Conquest scrive che nel febbraio 1931 si decise di procedere con una seconda ondata di deportazioni di kulaki, preparata in modo più approfondito. Secondo Conquest, nel giro di due anni, "nei campi di si svolse una lotta implacabile e spietata che fece milioni di vittime". Conquest riassume le stime di vari ricercatori russi non ufficiali e conclude che circa quindici milioni di esseri umani, uomini, donne e bambini, furono sradicati. Due milioni furono trasferiti in progetti industriali e il resto fu deportato nell'Artico. Un milione di uomini fu direttamente internato nei campi di lavoro.

Ma dietro i freddi e aridi numeri si nascondono milioni di storie di esseri umani che hanno subito ingiustizie e terrore. *The Harvest of Sorrow* racconta alcune di queste storie, testimonianze di prima mano che lasciano intravedere la barbarie in alcuni dettagli. Prendiamo, ad esempio, il caso di un ex contadino che aveva servito nell'Armata Rossa e che nel 1929 possedeva trentacinque acri, due cavalli, una mucca, un maiale, cinque pecore, quaranta galline e una famiglia di sei persone. Nel 1928 doveva pagare una tassa di 2.500 rubli e 7.500 moggi di grano. Non potendo farlo, fu costretto a consegnare la sua casa, valutata circa 2.000 rubli. Un attivista l'ha comprata per 250 e anche i beni sono stati venduti. Gli attrezzi e gli utensili furono inviati al nuovo kolkhoz. Il contadino fu arrestato e imprigionato. Sebbene fosse stato precedentemente etichettato come subkulak, fu accusato di essere un kulak che si rifiutava di pagare le tasse, di incitare contro la collettivizzazione, di appartenere a un'organizzazione controrivoluzionaria, di possedere cinquecento acri, cinque paia di buoi, cinquanta capi di bestiame, di sfruttare i lavoratori e così via. La sua condanna fu di dieci anni di lavori forzati.

Un'altra storia è raccontata da una ragazza ucraina, la cui famiglia aveva un cavallo, una mucca, una giovenca, cinque pecore e alcuni maiali. Suo padre si rifiutò di entrare nel kolkhoz e gli fu richiesta una quantità di grano che non aveva. "Per un'intera settimana - continua a raccontare la giovane donna - non lasciarono dormire mio padre e lo picchiarono con bastoni e rivoltelle finché non divenne nero e blu e finì per gonfiarsi". Infine, un ufficiale della GPU, presidente del Soviet del villaggio, si recò nella casa in compagnia di altre persone e confiscò tutto dopo aver fatto un inventario. Il padre, la madre, il figlio maggiore, le due sorelle minori e un bambino piccolo furono rinchiusi nella chiesa per tutta la notte. Poi furono portati alla stazione e messi in vagoni bestiame. Nei pressi di Kharkov il treno si fermò e una guardia gentile permise alle ragazze di scendere per prendere del latte per il bambino. In una capanna vicina presero del latte e del cibo, ma quando tornarono il treno era già partito. Le due ragazze vagarono per la campagna. La narratrice spiega che, dopo essere stata separata dalla sorella, fu accolta temporaneamente da una famiglia di contadini.

Un'altra descrizione dipinge una linea di deportati nell'oblast' di Sumy (Ucraina settentrionale), che si estende in entrambe le direzioni a perdita d'occhio, gonfiandosi continuamente di persone provenienti da nuovi villaggi, dirette alla stazione per salire su un treno che li porterà negli Urali. Robert Conquest fornisce dettagli specifici su questi treni di deportati. Si riferisce a un treno con sessantuno vagoni che il 26 maggio 1931 partì da Yantsenovo, una piccola stazione nella provincia di Zaporizhia (Ucraina), con a bordo tremila e cinquecento persone, membri di famiglie kulak arrivate in Siberia il 3 giugno. Generalmente in ogni carrozza, con poca aria e poca luce, c'erano circa sessanta persone, che erano mal nutrite. Nicolas Werth in *Uno Stato contro il suo popolo, la* prima delle cinque parti de *Il libro nero* *del comunismo, un'*opera già citata, scritta da diversi autori, scrive che la corrispondenza tra la GPU e il Commissariato del popolo per i trasporti mostra che i convogli potevano essere immobilizzati su una strada secondaria per settimane a temperature di meno 20 gradi. Esistono lettere firmate da collettivi di operai e impiegati delle ferrovie, da cittadini di Rostov, Omsk, Vologda e di altri centri di smistamento, che denunciano la "strage degli innocenti". Secondo vari resoconti, a volte fino al 20% dei passeggeri, per lo più bambini piccoli, moriva durante il viaggio. Alexander Solzhenitsyn fa riferimento a numerose storie nel suo *Arcipelago Gulag*. In una di queste, racconta che una madre cosacca diede alla luce un bambino all'interno di un vagone di deportazione. Il bambino, come al solito, morì e due soldati ne gettarono il corpo fuori dal treno in corsa.

In realtà, l'arrivo nella taiga o nella tundra poteva essere peggiore del viaggio. Conquest fa riferimento ad alcuni casi: in una destinazione per i kulaki vicino a Krasnojarsk, non c'era un centro di accoglienza, solo filo spinato e qualche guardia. Delle quattromila persone deportate lì, circa la metà era morta entro due mesi. In un altro campo vicino al fiume Yenisei, nell'Oceano Artico, i kulaki vivevano in rifugi sotterranei. Un comunista tedesco racconta che in Kazakistan, tra Petropavlovsk e il lago Balkash, i kulaki provenienti dall'Ucraina e dalla Russia centrale camminavano all'aperto fino ad arrivare a dei pali conficcati nel terreno con dei cartelli che riportavano solo il numero dell'insediamento. Fu detto loro di prendersi cura di se stessi e iniziarono a scavare buche nel terreno. Il campo n. 205 nella taiga siberiana vicino a Kopeisk, a sud di Ekaterinburg, consisteva in baracche costruite dai prigionieri. Gli uomini venivano mandati a segare legna o nelle miniere, dove venivano mandate anche le donne senza figli. A novembre, gli anziani, i malati e i bambini sotto i 14 anni furono costretti a costruire capanne per l'inverno. La loro razione consisteva in un quarto di brodo senza sostanze e dieci once di pane al giorno. Quasi tutti i bambini morirono.

Collettivizzazione forzata

Uno dei più importanti intellettuali russi del XIX secolo, Konstantin Leontiev, morto nel 1891, mise in guardia da idee rivoluzionarie catastrofiche che sarebbero entrate in Russia dall'Occidente. Leontiev, che sosteneva un'espansione culturale e territoriale della Russia verso est, profetizzò una sanguinosa rivoluzione in Russia guidata da un anticristo di natura totalitaria che sarebbe stato socialista: "Il socialismo è il feudalesimo del futuro", avvertì Leontiev. In *The Harvest of Sorrow* Conquest afferma che era comune tra i contadini riferirsi al comunismo come a una "seconda servitù della gleba" e allude a rapporti ufficiali che riproducono testualmente le lamentele dei contadini che lamentavano di essere stati trasformati "in qualcosa di peggiore degli schiavi". Conquest fa riferimento a un articolo della *Pravda* che racconta di una riunione silenziosa in un villaggio ucraino dove è stata approvata la collettivizzazione. Una folla di donne ha bloccato la strada e presto sono arrivati i trattori. Tra le altre cose si grida: "Il governo sovietico vuole riportarci alla servitù della gleba". Altri resoconti sovietici contengono la stessa denuncia: "Volete metterci nelle fattorie collettive in modo che siamo i vostri servi della gleba e che percepiamo i capi locali come i padroni".

I contadini medi, o subkulaki, erano quelli che si opponevano più ferocemente; ma anche i contadini poveri, che erano riusciti a migliorare la loro condizione sociale ed economica attraverso il duro lavoro e gli sforzi, erano per lo più contrari all'ingresso forzato nel kolkhoz. I contadini individualisti furono stigmatizzati dalle autorità come se fossero dei criminali. A partire dall'inizio degli anni '30 si intensificarono le minacce, le calunnie e la coercizione. La gamma di misure coercitive era varia: persone camuffate potevano stazionare davanti alle case dei contadini recalcitranti; al postino poteva essere ordinato di non consegnare la posta agli "individualisti"; ai loro parenti potevano essere rifiutate le cure mediche nei centri medici; i loro figli potevano essere espulsi dalla scuola; il loro grano poteva essere rifiutato di essere macinato nei mulini; i fabbri potevano persino essere costretti a rifiutare di lavorare per loro.

Una volta Stalin raccontò a Churchill ciò che accadde tra il 1930-1931 in termini molto simili a quanto riportato nella *Storia del Partito Comunista*. Secondo questa versione ufficiale, "i contadini cacciarono i kulaki dalla terra, la deskulakizzarono, confiscarono il loro bestiame e i loro macchinari e chiesero al potere sovietico di arrestare e deportare i kulaki". Ovviamente questa versione, secondo la quale la collettivizzazione fu una rivoluzione portata avanti dall'alto, ma sostenuta dal basso, non ha nulla a che vedere con quanto accadde. È vero che all'inizio alcuni contadini approfittarono della situazione per vendicarsi e regolare i conti, o semplicemente per dedicarsi al saccheggio; ma in generale la comunità contadina si oppose sia alla deskulakizzazione che alla collettivizzazione. In effetti, fin dai tempi di Stolypin, i contadini medi e piccoli chiedevano un po' di terra per poterla lavorare e progredire, cioè aspiravano a diventare kulaki.

Nei primi mesi del 1930 si moltiplicarono le rivolte comuniste contro le misure di collettivizzazione forzata del governo. Secondo i dati ufficiali della GPU, a gennaio ci furono quattrocentoundici "dimostrazioni di massa"; a febbraio millequarantotto; e a marzo più di seimilacinquecento, di cui più di ottocento dovettero essere "represse con la forza armata". Le misure di collettivizzazione forzata dovevano porre fine per sempre al sogno di milioni di piccoli e medi contadini che non volevano aderire al kolkhoz e che quindi erano sottoposti a espropri e persecuzioni, come era accaduto ai kulaki.

Di fronte a questa massiccia resistenza contadina, accadde qualcosa di inaspettato. Il 2 marzo 1930, la *Pravda* e tutti i giornali sovietici pubblicarono un famoso articolo di Stalin intitolato "La vertigine del successo". In esso condannava "le numerose violazioni del principio di volontarietà nell'adesione dei contadini ai kolchoz". Secondo Stalin, i leader locali, "ubriachi di successo", avevano commesso "eccessi". Sorprendentemente, un passaggio del testo offriva la possibilità che in futuro i contadini potessero lasciare l'azienda agricola collettiva se lo avessero desiderato. Werth sostiene che l'articolo ebbe un impatto immediato e, mentre le rivolte di massa continuavano in Ucraina, nel Caucaso settentrionale e in Kazakistan, circa cinque milioni di contadini lasciarono i kolchoz nello stesso mese di marzo. Da parte sua, Conquest attribuisce l'articolo di Stalin alle proteste dei settori moderati del Politburo e cita Anastas Mikoyan secondo cui gli errori avevano "cominciato a minare la lealtà dei contadini all'alleanza degli operai e dei contadini". Conquest aggiunge che Stalin continuò a denunciare le misure coercitive contro i contadini in vari articoli e discorsi, il che spinse molti comunisti locali, spaventati dai suoi rimproveri, a cercare di sopprimerli e a considerare sbagliato il suo atteggiamento di scaricare la responsabilità degli eccessi sui funzionari locali.

Normalmente, i contadini venivano convinti dei vantaggi delle fattorie collettive attraverso assemblee e raduni di propaganda. Il passo successivo fu l'arrivo di un inviato del partito che chiese chi fosse contrario al kolkhoz e ai piani del governo sovietico, ma i contadini furono anche esortati con frasi imperative: "Dovete entrare immediatamente nel kolkhoz. Chi non lo fa è un nemico del regime sovietico". D'altra parte, più di una volta *la Pravda* aveva riferito della diserzione di comunisti locali scettici che non erano d'accordo con la campagna di collettivizzazione. Il 28 febbraio 1930, solo due giorni prima della pubblicazione dell'articolo di Stalin, la *Pravda* riportò le parole di un giovane esperto di agricoltura che aveva lasciato il partito dopo sette giorni di permanenza in un villaggio: "Non credo nella collettivizzazione. Il ritmo è troppo veloce. Il partito ha preso una strada sbagliata. Che le mie parole servano da monito". Gli attivisti dissenzienti venivano generalmente arrestati e accusati di cospirazione con i kulaki, per cui potevano essere condannati a due o tre anni di prigione.

In aprile sembrava che l'articolo di Stalin avrebbe avuto un effetto positivo. Vennero inviate alle autorità locali lettere che chiedevano un rallentamento della collettivizzazione. Ai contadini collettivizzati fu concesso di avere una mucca, delle pecore e dei maiali di proprietà, oltre a strumenti di lavoro per i propri appezzamenti. In altre parole, come incentivo per i contadini a rimanere nei kolkhoz, fu permesso loro di tenere la propria terra, coltivare frutta e verdura e tenere i propri animali, a patto che rispettassero l'obbligo di lavorare per determinati giorni nell'azienda agricola collettiva. Lasciare il kolkhoz significava perdere questo diritto. Dovevano accettare di lavorare per lo Stato a salari bassi come condizione per mantenere i loro appezzamenti di terreno.

La formula equivaleva a un nuovo tipo di feudalesimo nel senso profetizzato da Leontiev. Al posto dei feudatari dei castelli c'erano i plenipotenziari del partito, dalla cui volontà dipendeva la possibilità o meno per i contadini di lasciare il kolkhoz: una volta sequestrata la terra, non era così facile rimetterla da parte, e le possibilità di interpretazione e applicazione del decreto erano nelle mani dei gerifaltes locali. In generale, le terre migliori furono conservate per l'azienda agricola collettiva e ai contadini poveri furono concesse terre con cespugli, paludi e terreni incolti. Tuttavia, secondo i dati forniti da vari autori, nei mesi di marzo e aprile del 1930 la quantità di terra collettivizzata scese dal 50,3% al 23% e continuò a diminuire fino all'autunno. Complessivamente nove milioni di case coloniche lasciarono le fattorie collettive. Il luogo in cui si verificò il maggiore scioglimento fu l'Ucraina, e di conseguenza le autorità accusarono i responsabili di aver permesso ai contadini di andarsene senza aver fatto sufficienti sforzi per dissuaderli.

Nel corso del 1930, secondo i dati della GPU, circa due milioni e mezzo di contadini parteciparono a circa quattordicimila rivolte, sommosse e dimostrazioni di massa contro il regime. A partire dalla primavera, con l'adozione delle misure sopra citate, l'agitazione diminuì e le rivolte divennero progressivamente meno frequenti. Mentre nell'aprile del 1930 la GPU registrò circa duemila casi di disordini contadini, in giugno ci furono solo circa novecento rivolte, circa seicento in luglio e solo duecentocinquantasei in agosto. Nel settembre del 1930, tuttavia, la pressione sui contadini individualisti aumentò nuovamente e vennero avanzate richieste di grandi quote di grano e altri prodotti. Sulla *Pravda* si affermava apertamente che il modo migliore per forzare la collettivizzazione era quello di rendere non redditizie le piccole aziende agricole individuali. La verità è che, nonostante le condizioni sfavorevoli, le aziende agricole individuali avevano ottenuto risultati migliori rispetto ai kolkhoz nel raccolto del 1930. Pertanto, nel numero del 16 ottobre 1930, il giornale si chiedeva: "Se il contadino può sviluppare la propria economia, perché dovrebbe unirsi al kolkhoz?". Così nell'autunno di si verificò una nuova ondata di deskulakizzazione, diretta principalmente contro i contadini che erano stati i portabandiera dell'abbandono delle fattorie collettive, che vennero nuovamente considerati kulaki contrari alla collettivizzazione.

Secondo i dati ufficiali forniti da Naum Jasny in *The Socialized Agriculture of the USSR. Plans and Performance* (1949), le richieste di grano da parte del governo aumentarono vertiginosamente negli anni considerati: nel 1928-29 ottenne 10,8 milioni di tonnellate; nel 1929-30 aumentò la quota a 16,1; per il raccolto del 1930-31 la cifra salì a 22,1 milioni di tonnellate; nel 1931-32 l'approvvigionamento di grano fu di 22,8 milioni di tonnellate, cioè la quantità raddoppiò in tre anni. A prescindere dalle condizioni, queste quantità dovevano essere consegnate allo Stato, e questo requisito doveva essere soddisfatto indipendentemente dalle esigenze alimentari dei contadini stessi, che non venivano nemmeno prese in considerazione.

Una legge del 16 ottobre 1931 proibì ai kolchoz di mettere da parte il grano per il loro fabbisogno interno fino a quando non fossero state soddisfatte le richieste del governo. Nella seconda metà del 1931 anche la carne iniziò ad essere raccolta con gli stessi metodi. Non solo queste richieste superavano di gran lunga le possibilità dei contadini di ricostituire le proprie scorte, ma, grazie al sistema di contratti con le aziende agricole collettive, i prodotti venivano pagati a prezzi arbitrariamente bassi. Un decreto del 6 maggio 1932 permise il commercio privato di grano una volta raggiunte le quote statali. Poco dopo, altri due decreti, uno del 22 agosto e l'altro del 2 dicembre 1932, stabilirono pene fino a dieci anni nei campi di concentramento per coloro che avessero venduto grano prima di essersi messi in regola con lo Stato. Per avere un'idea della misura in cui i contadini venivano spremuti, è utile sapere che nel 1933 i prezzi di mercato dei prodotti della consegna forzata erano 25 volte superiori a quelli pagati dal governo. Questo fatto, ovviamente, minava gli incentivi delle fattorie collettive a sviluppare la loro produzione socializzata. Il sistema di consegna forzata di carne, latte, burro, formaggio, lana e altri prodotti fu regolato allo stesso modo di quello dei cereali dai decreti del 23 settembre e del 19 dicembre 1932.

Dall'esilio, Leon Trotsky, nonostante la sua irreversibile inimicizia nei confronti di Stalin, si dichiarò un entusiasta sostenitore della collettivizzazione. Nel suo *Problemi dello sviluppo in URSS* (1931) scrisse che la collettivizzazione era "una nuova era nella storia dell'uomo e l'inizio della fine dell'idiozia nelle campagne". Tuttavia, di fronte alle circostanze insopportabili della vita contadina, molti contadini "idioti", anzi disperati, cominciarono a trasferirsi in massa nelle città, causando una perdita di forza lavoro nelle campagne ad un ritmo accelerato. Christian Rakovsky, un ebreo trotskista di origine bulgara deportato in Asia centrale nel 1928, come soluzione al problema della fuga dei contadini, propose in un articolo: "Può il nostro governo proletario emanare una legge che assoggetti i contadini poveri alle fattorie collettive? Questo suggerimento ebbe una risposta immediata sotto forma di "passaporto interno", introdotto nel dicembre 1932, che in pratica vietava ai kulaki e ai contadini di spostarsi in città senza autorizzazione. Una legge del 17 marzo 1933 stabiliva che un contadino non poteva lasciare la fattoria collettiva ed entrare in città senza un contratto di lavoro del datore di lavoro, ratificato dalle autorità del kolkhoz. L'adozione di passaporti interni e l'assoggettamento dei contadini alla terra implicavano una maggiore servitù rispetto a quella precedente all'emancipazione decretata nel 1861 da Alessandro II, lo zar liberatore.

Nuovi attacchi a sacerdoti e chiese

Nel 1918 le proprietà delle Chiese, così come quelle dei proprietari terrieri, furono nazionalizzate senza indennizzo. Gli ecclesiastici e i sacerdoti, considerati "servi della borghesia", furono privati dei diritti civili e delle tessere annonarie. La maggior parte delle terre ecclesiastiche era legata alle parrocchie, i cui parroci davano lavoro ai contadini o li affittavano, anche se c'era chi arava la terra da sé. Quasi tutti i monasteri furono chiusi e le loro proprietà confiscate. Con la NEP, tuttavia, ci fu una tregua e gli attacchi alla religione si ammorbidirono, anche se Lenin aveva più volte mostrato il suo totale disprezzo per la religiosità e l'idea di Dio, che considerava "una nefandezza indescrivibile e abominevole". In una lettera a Maxim Gorky, scritta nel novembre 1913, Lenin aveva dichiarato: "Milioni di peccati, azioni disgustose, atti di violenza... sono molto meno pericolosi della sottile e spirituale idea di Dio".

Dopo la morte del Patriarca Tichon nell'aprile del 1925, i suoi successori temporanei, i Metropoliti Pietro e Sergej, furono inviati in Siberia. Anche altri dieci sostituti temporanei furono imprigionati fino a quando, nel 1927, fu raggiunto un patto che portò al rilascio del metropolita Sergej. Un anno dopo, nell'estate del 1928, iniziò una nuova campagna antireligiosa: i pochi monasteri rimasti furono chiusi e i monaci furono mandati in esilio. Nell'aprile 1929 una legge proibì alle organizzazioni religiose di istituire fondi di assistenza, organizzare incontri con i parrocchiani, condurre escursioni, aprire biblioteche o sale di lettura, fornire assistenza medica o sanitaria e altre attività. Nel maggio 1929 il Commissariato per l'Educazione sostituì la politica di non insegnamento della religione nelle scuole con quella di insegnamento contro la religione. Nel giugno 1929 si tenne un congresso dell'Unione degli atei militanti e poco dopo la campagna fu intensificata in tutto il Paese da. Durante la guerra civile, il saccheggio delle chiese orchestrato da Trotsky e l'assassinio di migliaia di ecclesiastici era stato giustificato con il fatto che le ricchezze della chiesa sarebbero state utilizzate per alleviare la prima carestia che causò cinque milioni di morti. Durante gli anni della deskulakizzazione e della collettivizzazione, la scusa per gli attacchi era la solidarietà e la protezione reciproca tra contadini e sacerdoti. Dal punto di vista del partito, la chiesa organizzava le campagne di agitazione dei kulaki. Per questo motivo, i sacerdoti venivano solitamente deportati insieme ai kulaki.

Tra il 1929 e il 1931 si ripeterono gli stessi schemi d'azione del 1921: l'opposizione del sacerdote alla chiusura o alla distruzione della chiesa, il sostegno dei contadini, l'arresto e la deportazione, se non l'omicidio sul posto, di contadini e sacerdoti. La collettivizzazione di solito comportava la chiusura della chiesa locale. Le icone venivano abitualmente confiscate e poi bruciate insieme ad altri oggetti di culto. Robert Conquest cita una lettera confidenziale di un Comitato Provinciale del 20 febbraio, in cui si parla di soldati ubriachi e konsomols (giovani comunisti) che "chiudono arbitrariamente le chiese nei villaggi, rompono le icone e minacciano i contadini". Alla fine del 1929, con il pretesto che erano necessarie per l'industria, fu lanciata una campagna di requisizione delle campane delle chiese. Nel gennaio 1930, nel solo distretto di Pervomaysk (Ucraina nord-occidentale) erano state smantellate centoquarantotto campane. Un'enorme fattoria collettiva negli Urali riferì con orgoglio l'11 gennaio che tutte le campane della zona erano state demolite e che un gran numero di icone era stato bruciato a Natale. È interessante notare che queste azioni furono criticate anche da Stalin nella famosa lettera del 2 marzo 1930, tanto che settimane dopo una risoluzione del Comitato Centrale parlava di "distorsione" nella lotta per i kolchoz e includeva una condanna "per la chiusura amministrativa delle chiese senza il consenso della maggioranza del popolo". Come per la collettivizzazione, ci fu una moderazione nella campagna contro le chiese, ma la pausa fu utilizzata per organizzare meglio le azioni e dall'autunno in poi continuò inesorabilmente. Alla fine del 1930, l'80% delle chiese dei villaggi era stato chiuso.

L'Accademia delle Scienze di Mosca fu costretta a revocare lo status di protezione a tutti i monumenti che avessero un qualche legame o potessero essere associati a temi religiosi. Gli architetti protestarono quando anche all'interno del Cremlino, sulla Piazza Rossa di Mosca, vennero distrutte le Porte Iversky e la piccola Cappella Iversky di fronte ad esse, ora ricostruita. Kaganovich, sionista appartenente al "Poale Zion" e capo del partito a Mosca, respinse le critiche e proseguì con la distruzione di monasteri e chiese di inestimabile valore artistico e architettonico. Una delle sue più grandi imprese in questo senso fu l'esplosione della Cattedrale di Cristo Salvatore a Mosca il 5 dicembre 1931. Nello stesso luogo Stalin e Kaganóvich avevano progettato di costruire il Palazzo dei Soviet, un progetto faraonico disegnato dall'architetto ebreo Boris Yofan. Il palazzo doveva essere alto 415 metri, sormontato da una statua di Lenin di settanta metri e seimila tonnellate. Il nuovo Salvatore del popolo russo, il Dio alternativo del proletariato internazionale, aveva predicato la guerra civile, il terrore e lo sterminio di una classe sociale; in altre parole, invece di amarsi, uccidersi. Prima della rivoluzione c'erano a Mosca quattrocentosessanta chiese ortodosse, di cui ne rimanevano solo duecentoventiquattro il 1° gennaio 1930 e solo un centinaio il 1° gennaio 1933.

Particolarmente distruttiva fu l'azione in Ucraina, che deve essere intesa come un prologo al genocidio pianificato da Kaganóvich e dai suoi scagnozzi, che avrebbe avuto luogo tra il 1932 e il 1933. A Kiev, una chiesa costruita nel X secolo, la Chiesa delle decime (Desyatynna), la prima chiesa della città, fu distrutta insieme ad altri edifici religiosi eretti tra il XII e il XVIII secolo. La Cattedrale di Santa Sofia a Kiev e altre chiese furono convertite in musei e granai. Delle centinaia di chiese di Kiev, solo due molto piccole rimasero attive nel 1935. A Kharkov, Poltava e in altre città, le chiese vennero utilizzate come magazzini di pezzi di ricambio, cinema, stazioni radio e furono persino convertite in orinatoi pubblici. A livello parrocchiale, furono arrestati circa 2.400 sacerdoti. Si ha notizia di 28 sacerdoti ucraini imprigionati nelle carceri di Poltava (Ucraina centrale), di cui cinque furono fucilati, uno perse la ragione e gli altri finirono nei campi di concentramento. Nel 1931 il Seminario teologico di Mariupol fu trasformato in caserma per i braccianti, ma attorno ad esso fu creato un recinto di filo spinato in cui furono rinchiusi circa 4.000 sacerdoti e alcuni prigionieri laici, costretti ai lavori forzati con poco cibo, e alcuni di loro morivano ogni giorno. Alla fine del 1932 erano state chiuse più di mille chiese in tutta l'Ucraina; ma alla fine del 1936 l'80% di quelle rimaste erano state distrutte. I successivi metropoliti della Chiesa autocefala ucraina morirono per mano della polizia politica. Tra il 1928 e il 1938 quattordici arcivescovi e vescovi ucraini persero la vita nelle prigioni sovietiche. Circa 1.500 sacerdoti e circa 20.000 membri di parrocchie e chiese distrettuali finirono i loro giorni nei campi dell'arcipelago Gulag.

Le misure sarebbero state applicate a tutte le religioni. I decreti ufficiali nella parte europea dell'URSS si riferiscono espressamente a "chiese e sinagoghe". Si trattava, ovviamente, di una fraseologia per salvare la faccia ai giudeo-bolscevichi, tutti presumibilmente atei. I crimini e le persecuzioni colpirono soprattutto i cristiani ortodossi e i cattolici. La persecuzione dei cattolici in URSS dalla Rivoluzione alla Seconda guerra mondiale è ben documentata in *Se il mondo ti odia* (1998) di Irina Osipova. I cristiani protestanti sono stati perseguitati a un altro livello, molto meno distruttivo. Per quanto riguarda l'ebraismo, non sono state trovate prove né della distruzione di sinagoghe né della persecuzione o dell'assassinio di rabbini. Nemmeno il rabbino Marvin S. Antelam, che più volte denuncia ferocemente shabbetaici, massoni, frankisti e comunisti come parte della cospirazione internazionale, offre un solo esempio in *To Eliminate the Opiate,* un'opera il cui titolo allude chiaramente alla frase attribuita a Marx secondo cui la religione è l'oppio dei popoli.

Holodomor: il genocidio ignorato dei contadini ucraini

Nel capitolo precedente, nel riassumere le condizioni della Russia prima della catastrofica rivoluzione finanziata dai banchieri ebrei, è già stato fornito un resoconto abbreviato della morte per fame di sei-sette milioni di persone in Ucraina, cifra che l'*Enciclopedia Britannica* aumenta, stimando tra i sette e gli otto milioni di morti. Un crimine contro l'umanità che è stato finalmente riconosciuto il 23 ottobre 2008 dal Parlamento europeo. Il fatto che nel marzo dello stesso anno il Parlamento ucraino e altri diciannove Paesi avessero denunciato al mondo che il governo sovietico aveva messo in atto un genocidio pianificato, costrinse l'Aula di Strasburgo, l'inefficace Parlamento europeo, a emanare una risoluzione. Da quel momento in poi non se ne sentì più parlare e un muro di silenzio e di oblio si posò sull'Europa e sul mondo.

Nel giugno 2009 le autorità ucraine hanno pubblicato un elenco di nomi di funzionari sovietici legati al genocidio. Quando è emerso che la maggior parte di loro erano ebrei, il leader del Comitato ebraico ucraino, un avvocato di nome Aleksander Feldman, si è affrettato ad avvertire coloro che cercavano di indagare che era una farsa scavare nei fatti e pubblicizzare il caso, poiché tutti gli organizzatori dello sterminio erano già morti. In altre parole, mentre le Nazioni Unite invitano il governo spagnolo a scavare nel passato e a cercare gli eventuali responsabili dei crimini del franchismo, mentre centinaia di libri e film macinano ogni anno l'opinione pubblica internazionale sull'olocausto ebraico, mentre in vari Paesi europei i ricercatori che mettono in dubbio la versione imposta e cercano di rivedere le cifre vengono imprigionati per crimini di pensiero, mentre in Germania i nonagenari vengono perseguitati e imprigionati per il terribile crimine di essere stati guardie nei campi di concentramento o di lavoro, il signor Feldman ritiene ridicolo che il signor Feldman venga ritenuto responsabile dei crimini dei nazisti e dei nazisti. Il signor Feldman trova ridicolo che vengano individuati i colpevoli di un massacro di massa senza precedenti.

Per la sua responsabilità nel genocidio ucraino e nelle atrocità del comunismo, Stalin, uno dei più grandi criminali della storia, deve essere individuato; ma va notato, come si vedrà d'ora in poi su, che esiste un numero enorme di libri che, dalla morte di Lenin, scaricano tutti i crimini del comunismo sulle spalle di Stalin, come se ne fosse l'unico responsabile. La maggior parte di essi sono scritti da trotskisti o da propagandisti pagati che cercano di stabilire differenze morali tra Stalin e gli intoccabili Lenin e Trotsky, martiri dell'internazionalismo da sempre venerati sugli altari della sinistra. Il genocidio dei contadini ucraini è uno di questi crimini solitamente attribuito interamente a Stalin, anche se, in realtà, il principale responsabile fu Lazar Kaganóvich, che, dopo aver aiutato Stalin a tappare la bocca alla Krupskaya e a recuperare attraverso di lei il denaro che Lenin aveva depositato in Svizzera, divenne l'eminenza grigia e fu determinante nella lotta contro Trotsky.

Oltre a sposare Rosa Kaganóvich, anni dopo Stalin rafforzò i suoi legami familiari con questa famiglia ebraica sposando sua figlia Svetlana con Mikhail Kaganóvich, figlio di Lazar Kaganóvich. Il 15 luglio 1951 il *London Sunday Express* e altri giornali londinesi riportarono la notizia, citando come fonte l'Associated Press internazionale. Uno dei titoli era "Le nozze della figlia del dittatore sono costate 900.000 dollari". Altri due ebrei svolsero un ruolo chiave accanto a Kaganóvich nell'organizzazione della carestia. Il primo era Yakov Yakovlev (Epstein), che nel 1922/23 era stato a capo della sezione Agitazione e Propaganda (Agit-Prop) del Comitato Centrale Russo. Dal 1929 Yakovlev fu Commissario dell'Agricoltura, carica dalla quale promosse la collettivizzazione forzata. Il secondo, Grigorij Kaminskij, ucraino come Kaganovich, divenne segretario del Comitato di Stato di Mosca nel 1930.

Prima di iniziare il resoconto degli eventi, è necessario ricordare lo sfondo dell'animosità anti-ucraina. Gli attacchi all'Ucraina e alla sua cultura nazionale sono stati brevemente discussi nella nota 6 di questo capitolo. Il fatto che il 28 gennaio 1918 la Rada (Parlamento ucraino) avesse dichiarato l'indipendenza provocò uno scontro tra gli internazionalisti bolscevichi e i nazionalisti ucraini. Anche allora Lenin requisì tutto il grano e lo inviò in Russia. Come spiega la nota, la repressione della lingua e della cultura portò i bolscevichi a chiudere scuole e istituzioni culturali, e persino il capo della Cheka, l'ebreo Latsis, arrivò a fucilare le persone che parlavano ucraino. I continui cambi di colore politico durante la guerra civile scatenarono in Ucraina una repressione continua che fece sprofondare la sofferente popolazione ucraina in un terrore permanente.

La fobia di Lenin e Trotsky per l'Ucraina fu pienamente ereditata da Stalin e Kaganóvich, che già nell'aprile 1929 lanciarono una campagna attraverso l'OGPU contro accademici e intellettuali nazionalisti. A luglio furono arrestati circa 5.000 membri dell'Unione clandestina di liberazione ucraina e, tra il 9 marzo e il 20 aprile 1930, nel Teatro dell'Opera di Kharkov fu inscenato un processo pubblico contro 40 presunti membri dell'organizzazione. Un linguista e lessicografo, Serhiy Yefremov, un socialista federalista che negli ultimi giorni dello zarismo aveva rivendicato l'identità ucraina, era la figura principale tra gli imputati. Nel febbraio 1931 ci fu una nuova ondata di arresti di intellettuali, per lo più ex socialisti rivoluzionari, accusati di aver creato il Centro nazionale ucraino. Questa volta non ci fu alcun processo e quasi tutti furono inviati nei campi di prigionia. Alcuni autori considerano queste mosse per schiacciare l'intellighenzia ucraina come il primo assalto che precede l'attacco totale ai contadini.

Fu ufficialmente riconosciuto che uno degli obiettivi della collettivizzazione in Ucraina era la "distruzione delle basi sociali del nazionalismo ucraino". L'Unione per la Liberazione dell'Ucraina era diffusa nei villaggi e molti insegnanti e professori furono fucilati per i loro legami con essa. Furono giustiziati anche medici e persino alcuni contadini, accusati di appartenere all'organizzazione. Stanislas Kossior, il presunto trotzkista fucilato nel 1939 e che nel luglio 1928 aveva sostituito Lazar Kaganóvich alla guida del Partito Comunista Ucraino, dichiarò dopo il genocidio che "la deviazione nazionalista nel partito aveva giocato un ruolo eccezionale nell'origine e nell'approfondimento della crisi dell'agricoltura". Allo stesso modo, il capo della polizia politica di Kossior, Vsevolod Balitsky, un altro trotskista anch'egli giustiziato nel contesto della Grande Purga il 27 novembre 1937, dichiarò nel 1933 che "il pugno dell'OGPU colpiva in due direzioni. In primo luogo, contro gli elementi kulaki nei villaggi e, in secondo luogo, contro i principali centri del nazionalismo". Il fatto che la resistenza alla collettivizzazione fosse maggiore in Ucraina che in Russia fu attribuito al fatto che le idee nazionaliste erano state instillate nei kulaki.

Per capire come sia stato possibile organizzare la morte per fame di così tanti milioni di persone, bisogna tenere presente che la collettivizzazione forzata stabilì nuove relazioni tra i contadini e lo Stato comunista. Sotto la NEP, i contadini commercializzavano solo un massimo del 20% del loro raccolto. Potevano mettere da parte fino al 15% per le sementi e fino al 30% per il bestiame. Il resto era destinato all'autoconsumo. Le fattorie collettive avevano lo scopo di garantire la consegna dei prodotti agricoli allo Stato, che venivano requisiti ogni autunno. Ogni stagione diventava una lotta tra lo Stato e i contadini, che cercavano in tutti i modi di assicurarsi la sopravvivenza tenendo per sé una quota ragionevole del raccolto. Nel 1930 lo Stato richiese il 30% della produzione ucraina, il 38% del raccolto delle pianure del Kuban, nel Caucaso settentrionale, e il 33% del Kazakistan. Nel 1931 la stagione fu molto peggiore e la produzione diminuì, ma le percentuali richieste aumentarono rispettivamente al 41,5%, 47% e 39,5%. Se si tiene conto di come i contadini distribuivano il raccolto quando era in vigore la NEP, è facile capire che le esorbitanti richieste dello Stato nel 1931 avrebbero disorganizzato l'intero ciclo produttivo. Nel 1932, di fronte alla consapevolezza di una possibile carestia, i contadini dei kolkhoz iniziarono a nascondere parte del raccolto. In *Uno Stato contro il suo popolo* Nicolas Werth scrive: "Si formò un vero e proprio 'fronte di resistenza passiva', rafforzato dal tacito e reciproco accordo che spesso andava dal kolkhoz al comandante di brigata, dal comandante di brigata al contabile, dal contabile al capo del kolkhoz, dal capo del kolkhoz al segretario del partito locale. Le autorità centrali hanno dovuto inviare 'brigate d'urto' reclutate in città per sequestrare il grano".

Il 7 agosto 1932, nonostante già allora fossero giunte al Cremlino notizie sull'esistenza di "una reale minaccia di carestia anche nei distretti dove il raccolto era stato eccellente", fu promulgata una legge di infelice memoria per il popolo, che la battezzò "legge delle spighe". Essa prevedeva la pena di morte o condanne fino a dieci anni nei campi di lavoro "per qualsiasi furto o sperpero di beni socialisti". Per quanto possa sembrare incredibile, coloro che avevano promesso di liberare il popolo russo dalla schiavitù erano pronti a condannare a morte una persona per aver rubato qualche spiga di grano o di orzo da un campo del kolkhoz. Questa legge stabiliva che tutte le proprietà delle fattorie collettive, come il bestiame e il grano, erano considerate proprietà "sacre e inviolabili" dello Stato. In applicazione della legge, dall'agosto 1932 al dicembre 1933, furono condannate più di 125.000 persone, 5.400 delle quali ricevettero la pena di morte.

In *The Harvest of Sorrow (Il raccolto del dolore)*, un'opera fondamentale per uno studio approfondito dell'Holodomor, R. Conquest fa riferimento a storie della stampa ucraina che riportano esecuzioni di kulaki che "razionavano sistematicamente il grano". Nella provincia di Kharkov cinque corti di giustizia hanno esaminato cinquanta casi di questo tipo, e nella provincia di Odessa è successo lo stesso. Ecco alcuni casi in breve: Nel villaggio di Kopani, nella provincia di Dniepropetrovsk, una banda di kulaki e subkulaki fece un buco nel pavimento di un granaio e rubò del grano: due di loro furono giustiziati e gli altri imprigionati. A Verbka, un altro villaggio della stessa provincia, sono stati processati il presidente del Soviet locale e un deputato, oltre a tre presidenti di kolchoz e otto kulaki: tre kulaki sono stati condannati a morte. Un contadino di Novoseltytsya (provincia di Zhytomyr) è stato fucilato perché in possesso di dodici chili di grano, raccolti nel campo dalla figlia di dieci anni. Una donna il cui marito era morto di fame due settimane prima è stata condannata a dieci anni per aver tagliato 100 spighe di grano dal proprio campo. Un padre di quattro figli ha ricevuto la stessa condanna per lo stesso reato. Un'altra donna è stata condannata a dieci anni per aver raccolto dieci cipolle da un terreno collettivo. Un'altra condanna a dieci anni è stata giustificata per aver "rubato" delle patate.

Nonostante il terrore, lo Stato non ricevette le quantità di grano richieste, così il 22 ottobre 1932 Vyacheslav Molotov fu inviato in Ucraina e Lazar Kaganóvich nel Caucaso. Entrambi erano a capo di due commissioni straordinarie il cui scopo era quello di accelerare il raccolto. Kaganóvich arrivò a Rostov-on-Don il 2 novembre. Della sua commissione faceva parte Gendrij Yagoda (Hirsh Yehuda), che esercitava di fatto il controllo della polizia segreta (OGPU). Yagoda, Commissario del Popolo per gli Affari Interni dal 10 luglio 1934 al 26 settembre 1936, si era affermato a capo dell'OGPU/NKVD come uno dei più grandi criminali del XX secolo. Kaganóvich convocò tutti i segretari distrettuali del partito nella regione del Caucaso settentrionale. Fu deciso di costringere le organizzazioni di partito locali ad agire contro i "kulaki controrivoluzionari" e di "annientare la resistenza dei comunisti locali e dei presidenti dei kolkhoz che si erano messi a capo del sabotaggio".

Per i distretti inseriti nella "lista nera", N. Werth cita queste misure: "ritiro di tutti i prodotti dai magazzini, soppressione totale del commercio, rimborso immediato di tutti i crediti correnti, imposizione e arresto eccezionale di tutti i 'sabotatori', 'elementi alieni' e 'controrivoluzionari' secondo una procedura accelerata, sotto la direzione della GPU". In caso di ulteriori 'sabotaggi' la popolazione sarebbe stata soggetta a deportazioni di massa". Nel solo novembre 1932 erano già stati arrestati cinquemila comunisti rurali, accusati di "collaborazione al sabotaggio", e quindicimila kolchozsiani. A dicembre iniziarono le deportazioni di massa dei kulaki e di intere popolazioni di cosacchi, i cui villaggi, gli "stanitsas", avevano già subito le stesse misure nel 1920-21. Anche in Ucraina la commissione Molotov stilò una "lista nera" dei distretti che non avevano consegnato le quote di grano richieste e furono prese le stesse misure.

Con il divieto di commercio e in seguito alla requisizione dei beni dai magazzini ordinata da Kaganóvich, compreso il grano conservato come riserva per le sementi, le forniture in Ucraina si esaurirono. Nel novembre 1932 ci furono rivolte contadine e casi di scioglimento dei kolkhoz. Non tutto il grano era stato esportato all'estero o inviato alle città o all'esercito. I granai locali avevano scorte, riserve statali per le emergenze, come la guerra. Tuttavia, era chiaro che la carestia non era considerata un'emergenza. I contadini erano furiosi nell'apprendere che, mentre stavano morendo di fame, c'era del grano che poteva essere utilizzato per il loro sostentamento. Nella provincia di Poltava, ad esempio, si sapeva che i magazzini erano pieni fino a scoppiare. Il latte veniva trasformato in burro in stabilimenti vicini ai villaggi dove la gente moriva di fame. Il burro veniva confezionato e la carta riportava la dicitura in inglese: "USSR butter for export".

C'erano ancora contadini che ricordavano le carestie dell'epoca di Nicola II. Allora le autorità li avevano aiutati. I contadini si recavano nelle città per chiedere aiuto "in nome di Dio". Avevano allestito cucine dove veniva servita una zuppa calda e gli studenti contribuivano con le donazioni ricevute tramite collette. Era incomprensibile che il sedicente governo degli operai e dei contadini avesse la possibilità di aiutare gli affamati e non lo facesse. C'erano, ovviamente, contadini che venticinque anni prima erano a conoscenza del decreto di riforma agraria del novembre 1906, con il quale Stolypin aveva dato ai contadini il titolo di proprietà degli appezzamenti di terra che avevano lavorato nei comuni. Questo storico decreto era diventato legge nel giugno 1910.

Il fatto che il confine ucraino-russo sia stato bloccato per impedire l'ingresso di cibo in Ucraina è una prova inconfutabile che l'Holodomor fu una decisione criminale pianificata. Le truppe sono state dispiegate lungo il confine per impedire agli ucraini di attraversare la Russia. Nelle stazioni e sui treni, gli uomini dell'OGPU controllavano i passeggeri e i loro permessi di viaggio. Mikhaylivka, l'ultima stazione tra Kiev e il confine, fu occupata da distaccamenti armati dell'OGPU. Chi non aveva un pass speciale veniva trattenuto e rispedito a Kiev su treni merci. Tutti in Ucraina sapevano che in Russia le cose erano diverse, così alcune persone hanno rischiato la vita per attraversare il confine. Chi riusciva ad aggirare il blocco e a passare cercava di vendere o scambiare tappeti, biancheria o le proprie pellicce per procurarsi il cibo per le proprie famiglie affamate. Particolarmente crudele fu il ritorno dopo tanti sacrifici: grano e cibo vennero confiscati a chi cercava di portarli in Ucraina.

Robert Conquest cita l'esempio di un contadino ucraino che era stato assunto per lavorare nelle ferrovie di Mosca. Venuto a conoscenza della situazione dei suoi parenti, lasciò la capitale russa con circa trentacinque chili di pane. A Bakhmach, al confine, gliene furono confiscati trentadue chili e, grazie al fatto che era registrato come lavoratore russo, gli fu permesso di tenere il resto. Tuttavia, due contadine ucraine che stavano cercando di contrabbandare pane nel loro Paese sono state arrestate e tutto è stato sequestrato. A volte le persone con il pane si nascondevano in vagoni vuoti che tornavano in Ucraina dopo aver scaricato grano ucraino in Russia; ma anche questi treni venivano controllati, sia da funzionari che confiscavano e arrestavano, sia da personale dipendente che spesso ricattava i malcapitati che erano stati scoperti. Conquest ne trae la seguente conclusione: "La conclusione è che c'erano in effetti ordini chiari di fermare i contadini che entravano in Russia, dove c'era cibo disponibile, e di confiscare il cibo a coloro che erano riusciti a eludere i controlli e a tornare con esso. Questo può essere stato solo un ordine dall'alto: e può avere un solo motivo". Ci sono stati contadini affamati che hanno cercato di entrare nelle zone vicine al confine con la Polonia e la Romania, ma la polizia non ha permesso neanche a loro di farlo. Alcuni dei più disperati che tentarono di attraversare il fiume Dniester verso la Romania furono fucilati dai membri dell'OGPU.

Con l'avvicinarsi dell'inverno, le cose andarono sempre peggio. Il 20 novembre 1932, un decreto del governo ucraino bloccò, fino a quando non fosse stata consegnata la quota di grano richiesta, qualsiasi spedizione di grano ai contadini dei kolkhoz come pagamento per il loro lavoro. Il 6 dicembre il Comitato centrale del Partito comunista ucraino e il governo sovietico dell'Ucraina, con un decreto, individuarono sei villaggi in tre province (due a Odessa, due a Kharkov e due a Dnipropetrovsk) per il sabotaggio delle consegne di grano. Sono stati immediatamente puniti con la sospensione delle forniture, la cancellazione di qualsiasi commercio con lo Stato e la requisizione di tutte le forniture dai magazzini cooperativi e statali. Inoltre, si procedette all'epurazione degli elementi considerati ostili e controrivoluzionari da tutte le fattorie collettive dei villaggi sopra citati. Il passo successivo fu il blocco dei villaggi che non erano stati in grado di consegnare le quote, per impedire l'ingresso dei prodotti provenienti dalle città. Il 15 dicembre 1932 fu addirittura pubblicato un elenco di tutti i distretti che erano stati penalizzati con l'interruzione della consegna dei prodotti commerciali fino a quando non avessero ottenuto un miglioramento sostanziale nell'adempimento dei piani di raccolta del grano. Su trecentocinquantotto distretti in tutta l'Ucraina, ottantotto furono penalizzati e molti dei loro abitanti furono deportati in massa al nord. Nonostante tutte le misure, alla fine del 1932 le tonnellate di grano consegnate erano solo il settanta per cento di quelle previste.

Diverse fonti parlano di grandi spostamenti, fino a tre milioni di persone, che già all'inizio dell'estate del 1932 cercavano di trasferirsi in aree più prospere. Le stazioni erano affollate di persone provenienti dalle campagne che cercavano di entrare nelle città. Victor Serge fornisce questa descrizione:

"Le stazioni sono affollate da una folla lugubre di uomini, donne e bambini che aspettano Dio solo sa quali treni. Vengono cacciati via e ci riprovano senza soldi né biglietti. Salgono sul primo treno possibile e restano dentro finché non vengono fatti scendere. Sono silenziosi e passivi. Dove vanno? Solo in cerca di pane, patate o di lavoro nelle fabbriche dove gli operai sono meglio nutriti? Il pane è il grande mobilitatore di queste masse. Che dire dei furti: la gente ruba ovunque, dappertutto...".

L'ingresso dei contadini affamati nelle città divenne quasi impossibile dopo il 27 dicembre 1932, quando il governo introdusse il passaporto interno e la registrazione obbligatoria degli abitanti delle città per "liquidare il parassitismo sociale" e "combattere l'infiltrazione di elementi kulaki nelle città". Il vero intento del passaporto interno era quello di impedire l'esodo dei contadini affamati che cercavano di salvarsi la vita entrando nelle grandi città.

All'inizio del 1933 furono annunciate nuove esazioni e un nuovo disumano assalto alle già inesistenti riserve ucraine. Il 7 gennaio 1933, un editoriale del quotidiano *Pravda* dichiarò che l'Ucraina aveva fallito nelle consegne di grano perché il Partito Comunista Ucraino aveva permesso l'organizzazione del nemico di classe in Ucraina. In un plenum del Comitato esecutivo centrale, nello stesso mese di gennaio, Stalin disse che le cause delle difficoltà nella raccolta del grano andavano ricercate all'interno del partito stesso. Kaganóvich presentò un rapporto in cui insisteva sul fatto che nei villaggi c'erano ancora rappresentanti della classe kulak che non erano stati deportati e kulak che erano fuggiti dall'esilio ed erano protetti dai loro parenti e, occasionalmente, da "membri del partito simpatici, che in realtà si comportavano come traditori degli interessi dei lavoratori". Denunciò anche che c'erano ancora "rappresentanti della borghesia bianca, dei cosacchi e dell'intellighenzia rurale". A proposito di quest'ultima, ha indicato gli insegnanti, gli ingegneri e i periti agrari, i medici, ecc. come bersaglio di un'epurazione antisovietica. Ancora una volta Kaganóvich esortava alla lotta contro il nemico di classe. In particolare, egli pose l'accento sui kulaki, accusati di "sabotare le semine e le consegne di grano". Secondo il suo rapporto, i kulaki avevano approfittato delle "tendenze piccolo-borghesi dei contadini" e li accusò di "terrorizzare gli onesti lavoratori dei kolchoz".

Il 22 gennaio 1933 fu emanata una circolare firmata da Stalin e Molotov che mise il chiodo finale nella bara di milioni di persone affamate. Essa invitava le autorità locali e l'OGPU a vietare "con tutti i mezzi le marce di massa dei contadini dall'Ucraina e dal Caucaso settentrionale verso le città". Ha inoltre ordinato di arrestare gli elementi controrivoluzionari e di condurre gli altri fuggitivi nei loro luoghi di residenza. Nicolas Werth, che ha parzialmente trascritto il testo, cita i termini utilizzati nella circolare: "Il Comitato Centrale e il governo hanno le prove che questo esodo di massa di contadini è organizzato dai nemici del potere sovietico, dai controrivoluzionari e dagli agenti polacchi a scopo di propaganda contro il sistema dei kolkhoz in particolare e il potere sovietico in generale". In applicazione della circolare, la vendita dei biglietti ferroviari è stata immediatamente sospesa e sono stati istituiti cordoni di polizia controllati dall'OGPU per impedire ai contadini di lasciare i loro distretti.

La mortalità fu molto alta durante tutto l'inverno, ma fu a partire dal marzo 1933 che la mortalità fu su larga scala nei campi. Oltre alla fame, era presente anche il tifo, tanto che c'erano villaggi con migliaia di abitanti in cui sopravvivevano solo poche decine. Sono disponibili numerose testimonianze. Uno storico italiano, Andrea Graziosi, ha pubblicato nel 1989 sui *Cahiers du Monde Russe et Sovietique* una serie di lettere scritte a Kharkov da diplomatici italiani. Si tratta di relazioni scritte tra il 1932 e il 1934. La seguente relazione del console italiano appare in *Il libro nero del comunismo*:

"Da una settimana è stato istituito un servizio di accoglienza per i bambini abbandonati. Infatti, ci sono sempre più contadini che si riversano in città perché non hanno speranza di sopravvivenza in campagna, ci sono bambini che sono stati portati qui e che vengono subito abbandonati dai genitori, che tornano al loro villaggio per morirci. Questi ultimi sperano che in città qualcuno si prenda cura dei loro figli. [...] Da una settimana i "dvorniki" (portieri) in camice bianco sono stati mobilitati per pattugliare la città e portare i bambini alla stazione di polizia più vicina. [Verso mezzanotte iniziano a essere trasportati con un camion alla stazione di Severo Donetz. Qui vengono radunati anche i bambini trovati nelle stazioni o sui treni, le famiglie dei contadini, gli anziani isolati. [...] C'è del personale medico che fa la "selezione". Coloro che non si sono gonfiati e offrono una possibilità di sopravvivenza vengono indirizzati alla caserma Golodnaya Gora, dove negli hangar, sulla paglia, una popolazione di circa 8.000 anime, composta principalmente da bambini, sta morendo in agonia. [...] Le persone gonfie vengono trasportate con treni merci in campagna e abbandonate a cinquanta o sessanta chilometri dalla città, in modo che muoiano senza essere viste. [...] All'arrivo nei luoghi di scarico, vengono scavate grandi fosse e i morti vengono rimossi dai vagoni".

Mentre le élite locali del partito e dell'OGPU sopravvissero ben nutrite alla carestia, i resoconti dell'OGPU stesso riportano casi di cannibalismo, alcuni dei quali sono raccontati nell'opera di Conquest, come famiglie che si nutrivano dei propri morti, o persone affamate che intrappolavano bambini o tendevano agguati agli sconosciuti. Un'attivista del partito che aveva lavorato nella campagna di collettivizzazione in Siberia tornò in Ucraina nel 1933 per scoprire che la popolazione del suo villaggio si era quasi estinta. Suo fratello minore le raccontò che sopravvivevano con corteccia ed erba, ma che la madre aveva detto loro che avrebbero dovuto mangiarla se fosse morta. Questi casi di cannibalismo sono riportati anche da diplomatici italiani in servizio a Kharkov:

"Ogni notte vengono portati a Kharkov circa 250 cadaveri di persone morte di fame o di tifo. Si nota che molti di loro non hanno più il fegato: sembra che sia stato rimosso attraverso un ampio taglio. La polizia alla fine cattura alcuni dei misteriosi 'amputati' che confessano di aver usato questa carne per fare un surrogato dei 'pirozhki' (gnocchi), che vendono immediatamente sul mercato".

L'area geografica della carestia, in cui i corrispondenti della stampa estera non poterono recarsi fino all'autunno del 1933, copriva l'Ucraina, le ricche pianure del Don, il Kuban e il Caucaso settentrionale, oltre a parte del Kazakistan. Come già accennato nella breve rassegna del capitolo precedente, nella primavera del 1933 il bilancio delle vittime raggiunse le venticinquemila persone al giorno. La cosa più aberrante è che mentre milioni di contadini morivano di fame in quell'anno, il governo sovietico continuò a esportare all'estero diciotto milioni di quintali di grano per le "esigenze dell'industrializzazione".

Nell'Ucraina orientale, le pianure dei fiumi Don e Kuban erano abitate da cosacchi e contadini ucraini. I cosacchi del Don erano russi, mentre quelli del Kuban erano di origine ucraina. Si è già visto che durante la guerra civile i cosacchi avevano combattuto soprattutto contro i bolscevichi. Successivamente, ci furono delle rivolte nel 1922 e nel 1928. Già nel novembre 1929, diverse divisioni erano state dispiegate nel Don per rinforzare il Distretto militare del Caucaso settentrionale. A differenza dei villaggi contadini, le "stanitsas" cosacche erano insediamenti che potevano avere più di 40.000 abitanti, quindi non potevano essere controllate da una manciata di poliziotti. La lotta dei cosacchi contro la collettivizzazione fu aspra e gli effetti della carestia si fecero sentire più tardi rispetto ad altre zone. Dopo la visita della commissione Kaganovich e Yagoda nel novembre 1932, il Don e il Kuban furono dichiarati zone speciali di emergenza militare.

A Poltavskaya, una stanitsa nel Delta del Kuban che era stata inserita nella lista nera per sabotaggio, scoppiò una rivolta. I ribelli uccisero attivisti del partito e membri dell'NKVD (che faceva parte dell'OGPU) e controllarono temporaneamente la città, che poté essere riconquistata solo dopo pesanti combattimenti. Nel gennaio 1933 era in funzione una commissione speciale con il potere di imporre il lavoro forzato e di sfrattare, deportare e persino giustiziare chi si fosse opposto. Fu annunciato che la Poltavskaya era caduta nelle mani dei kulaki e che tutti, tranne pochi fedeli, sarebbero stati esiliati. Una volta dichiarato lo stato di guerra, fu condotta un'operazione esemplare e pubblicizzata in modo che tutti sapessero cosa aspettarsi. Azioni simili furono intraprese in Umanskaya, Urupskaya, Medveditskaya, Mishativskaya e così via. Circa 200.000 abitanti di sedici stanitsas furono deportati nell'estremo nord; ma il destino di coloro che non furono deportati fu ancora peggiore, perché dovettero affrontare la fame. Diverse testimonianze riferiscono che nel Kuban c'erano così tanti morti che non potevano più essere seppelliti. Un testimone racconta di gruppi di bambini ammassati agli angoli delle strade, tremanti per la fame e il freddo, che alla fine morirono per strada. La descrizione di un ingegnere che lavorava sulle ferrovie dà un'idea dell'entità del massacro nella zona:

"All'inizio del 1933 due misteriosi treni partivano ogni mattina prima dell'alba dalla stazione di Kavkaz, nel Caucaso settentrionale, in direzione di Mineralny Vodi e Rostov. I treni erano vuoti e avevano da cinque a dieci carrozze ciascuno. Due o quattro ore dopo i treni sarebbero tornati indietro. Si fermavano per un po' in una stazione di sosta e poi proseguivano lungo un binario morto fino a un vecchio sito di scavo. Mentre i treni si fermavano a Kavkazka o su un binario laterale, tutti i vagoni erano chiusi a chiave, sembravano carichi ed erano strettamente sorvegliati dagli agenti dell'NKVD. All'inizio nessuno fece caso ai misteriosi treni e nemmeno io. Ero ancora uno studente dell'Istituto. Ero ancora uno studente dell'Istituto dei trasporti di Mosca e lavoravo lì temporaneamente. Ma un giorno il capotreno Kh., che era comunista, mi chiamò tranquillamente e mi condusse ai treni, dicendomi: "Voglio mostrarti cosa c'è nelle carrozze". Aprì leggermente la porta di una delle carrozze, guardai dentro e quasi svenni per l'orrore che vidi. Era pieno di corpi, ammucchiati in tutti i modi. Più tardi il macchinista mi raccontò la storia: "Il capostazione aveva ordini segreti dai suoi superiori di soddisfare i requisiti dell'NKVD e di avere due treni con vagoni merci vuoti pronti ogni mattina. Gli equipaggi dei treni erano sorvegliati da agenti dell'NKVD. I treni partivano per raccogliere i corpi dei contadini morti per la carestia e portati alle stazioni ferroviarie vicino ai villaggi. I corpi venivano sepolti in aree remote, al di là degli scavi. L'intera area era sorvegliata dall'NKVD e nessuno poteva avvicinarsi".

Le città del Caucaso settentrionale soffrirono gravemente delle conseguenze della carestia. Per Stavropol, una città con una popolazione di 140.000 abitanti, il bilancio è di 50.000 morti. A Krasnodar, con una popolazione di 140.000 abitanti, il bilancio è stato di 40.000 morti. A Starokorsunska, una stanitsa di 14.000 abitanti, dopo la carestia ne rimasero solo un migliaio. Altre due stanitsa, Voronizka e Dinska, avevano cifre simili. Un dispaccio dell'Ambasciata britannica del 27 ottobre 1933 riassumeva la situazione con queste parole: "l'elemento cosacco è stato in gran parte eliminato, o con la morte o con la deportazione".

Nell'opera di R. Conquest, che è una delle fonti principali per questa sezione sul genocidio in Ucraina, un capitolo intitolato *Bambini* è dedicato allo studio degli effetti della carestia sui bambini. Vi si raccontano casi di madri morte per strada con i figli sul petto, o di bambini di sette, otto e nove anni che assistono alla morte dei genitori e devono cercare di sopravvivere da soli. Tuttavia, la norma era il contrario, cioè i bambini morivano per primi. Nel 1933 l'ambasciatore lituano a Mosca denunciò in un rapporto che in

Ucraina non si trovavano cadaveri di bambini perché "gli stessi contadini confessavano di mangiare la carne dei bambini morti". M. Maskudov, un demografo sovietico dissidente, stima che non meno di tre milioni di bambini nati tra il 1932 e il 1934 morirono durante la carestia. I primi a morire furono soprattutto i neonati.

Basandosi sul censimento del 1970, Conquest indica cifre significative. Nel 1970 c'erano 12,4 milioni di persone nate tra il 1929 e il 31; ma i nati tra il 1932 e il 34 erano solo 8,4 milioni. I dati delle aree in cui le privazioni furono più gravi mostrano lo scempio che la carestia fece sui bambini: in alcuni villaggi sopravvisse solo un bambino su dieci. I dati specifici di un distretto della provincia di Poltava mostrano che delle 7.113 persone morte, 3.549 erano bambini sotto i diciotto anni, 2.163 erano uomini e 1.401 erano donne. Conquest assume senza alcun dubbio la cifra di tre milioni di bambini morti e ne aggiunge un altro milione, quelli che hanno perso la vita a causa delle condizioni disumane della deskulakizzazione, così che, secondo le sue stime, sono morti in totale più di quattro milioni di bambini. Egli osserva, inoltre, che questa cifra non comprende molti bambini la cui vita è stata rovinata e che sono sopravvissuti per anni come meglio potevano.

Molti di questi bambini abbandonati ("bezprizornii") formavano bande di piccoli criminali. Alcune fonti confermano che già nel 1932 fu dato l'ordine confidenziale di sparare a chi rubava dai treni in transito fermi nelle stazioni. Il problema dei branchi di bambini selvatici non diminuì dopo la carestia, tanto che la possibilità di eliminarli fisicamente, a volte sparando, continuò ad essere presente dal 1934 in poi. Infine, il 7 aprile 1935, con un decreto firmato da Kalinin e Molotov, fu legalizzata l'esecuzione dei bambini a partire dai dodici anni, ennesima brutalità dei criminali comunisti al potere a Mosca. A volte anche i bambini più piccoli potevano essere giustiziati. Negli orfanotrofi dove venivano internati i piccoli criminali, alcuni medici potevano certificare che i bambini di undici anni erano in realtà più grandi di quanto attestassero i loro documenti presumibilmente falsificati, per cui potevano essere condannati a morte. Nella sua smania di denigrare Stalin, il trotskista Walter Krivitsky lo accusa di aver epurato anche i bambini e conferma che il titolo del decreto alludeva a "misure per combattere la criminalità tra i minori". Krivitsky denuncia che mentre migliaia di bambini e giovani venivano condannati ai lavori forzati e spesso alla pena di morte, Stalin decise di farsi fotografare con i bambini per presentarsi "come il padrino dei bambini della Russia".

Le cifre totali di Conquest sul genocidio sono le seguenti: 11 milioni di contadini morti tra il 1930 e il 1937, a cui si aggiungono 3,5 milioni di persone arrestate in quegli anni e morte successivamente nei campi di lavoro. La sua ripartizione delle circostanze della morte di questi 14,5 milioni di persone è la seguente: Uccisi a causa della brutalità con cui è stata condotta la deskulakizzazione, 6,5 milioni. Uccisi nei processi di deskulakizzazione e collettivizzazione del Kazakistan e nella successiva carestia, 1 milione. Morti per carestia nel 1932-33: 5 milioni in Ucraina; 1 milione nel Caucaso settentrionale; 1 milione altrove. Secondo questo autore, si tratta di una stima conservativa, cioè bassa, che certamente non riflette la verità. Queste cifre provengono da varie opere di studiosi e scrittori sovietici, perché nel 1986, quando fu pubblicato *Il raccolto del dolore*, Mosca non permetteva ancora di indagare sugli atti criminali perpetrati contro milioni di persone.

Consapevoli dei loro crimini, i sovietici cercarono di nascondere ai Paesi occidentali il massacro che stavano compiendo e, una volta perpetrato, negarono persino che fosse avvenuto. Tuttavia, nonostante l'esclusione di potenziali testimoni dalle zone di carestia, la notizia di quanto stava accadendo in URSS si diffuse sia in Europa che in America. Giornali come il *New York Herald Tribune, il Manchester Guardian, il Daily Telegraph, Le Matin, Le Figaro, Neue Züriche Zeitung, Gazette de Laussana, La Stampa* e altri di minore reputazione pubblicarono resoconti più o meno adeguati. Tuttavia, c'erano molti complici che, consapevolmente o meno, collaboravano all'occultamento della verità. Uno di questi casi è quello di Édouard Herriot, un socialista radicale che fu per tre mandati Primo Ministro della Francia. Nei mesi di agosto e settembre del 1933 Herriot visitò l'URSS e trascorse cinque giorni in Ucraina, dove fu invitato a banchetti e altri intrattenimenti. Gli fu fatto visitare le aree precedentemente "riordinate". La sua conclusione fu che non c'era stata alcuna carestia in Ucraina e attribuì le accuse sentite in Francia alla propaganda antisovietica. Il 13 dicembre *la Pravda* pubblicò le sue dichiarazioni, secondo le quali Herriot "smentiva categoricamente le menzogne della stampa borghese sulla carestia in Unione Sovietica".

Le azioni scandalose di Walter Duranty, corrispondente da Mosca *del New York Times*, meritano un paragrafo a parte. Nella sua ansia di nascondere la verità, ha intenzionalmente mentito più e più volte nei suoi reportage da Mosca, diventando così complice del genocidio. Il motivo per cui lo ha fatto è ovvio. Il ruolo svolto dal *New York Times*, il cui proprietario, Adolph Simon Ochs, un ebreo sionista al servizio dei banchieri che hanno imposto la Federal Reserve, aveva sposato la figlia con Arthur Hans Sulzberger, un altro ebreo che nel frattempo è arrivato a controllare il giornale, è già stato discusso più volte. Poiché i banchieri che avevano ideato la Federal Reserve erano gli stessi che avevano finanziato la Rivoluzione bolscevica, è facile capire che Walter Duranty era al servizio dei cospiratori, che avevano appena insediato Franklin Delano Roosevelt alla Casa Bianca e avevano tra le loro priorità quella di far riconoscere al nuovo presidente l'Unione Sovietica il prima possibile.

Un altro giornalista che ebbe il coraggio di raccontare la verità, Malcolm Muggeridge, corrispondente del *Manchester Guardian*, accusò Duranty di essere "il più grande bugiardo tra i giornalisti che ho conosciuto in cinquant'anni di giornalismo". L'impatto dei reportage di Walter Duranty sull'opinione pubblica americana I reportage di Duranty non potevano essere contrastati. Per garantire il prestigio di Duranty, nel 1932 gli fu assegnato il Premio Pullitzer per i suoi articoli elogiativi sull'Unione Sovietica. Nel novembre 1932 riferì che "non c'era carestia né alcun segno che ce ne sarebbe stata una". Il 23 agosto 1933 scrisse: "qualsiasi informazione sulla carestia in Russia oggi è o un'esagerazione o una propaganda maligna". Secondo Duranty, furono gli emigranti che, incoraggiati dall'ascesa al potere di Hitler, "raccontarono false storie di carestie, che furono diffuse a Berlino, Riga, Vienna e in altri luoghi dove i nemici dell'Unione Sovietica, descrivendo l'URSS come un Paese di rovina e disperazione, stavano facendo tentativi dell'ultimo minuto per evitare il riconoscimento da parte degli Stati Uniti".

La cosa curiosa del caso Walter Duranty è che in privato non aveva alcuna remora ad ammettere la verità. Secondo Conquest, Duranty confessò al giornalista ebreo Eugene Lyons, corrispondente dell'UPI (United Press International), di aver stimato il numero delle vittime della carestia in circa sette milioni. Anche Lyons, comunista che inizialmente lavorava per l'agenzia sovietica TASS, inizialmente nascose il terrore della carestia, ma anni dopo, disilluso, riuscì a rettificare la situazione e riconobbe i fatti. Walter Duranty, quindi, scrisse esattamente il contrario di ciò che sapeva, il che dimostra la spavalderia e la doppiezza del fiammeggiante vincitore del Premio Pulitzer. Conquest cita testualmente queste parole scritte il 30 settembre 1933 dall'incaricato d'affari britannico a Mosca: "Secondo il signor Duranty, la popolazione del Caucaso settentrionale e del basso Volga è diminuita di circa tre milioni nell'ultimo anno, e quella dell'Ucraina di quattro o cinque milioni.... Duranty ritiene possibile che nell'ultimo anno siano morte, direttamente o indirettamente, fino a dieci milioni di persone a causa della carenza di cibo in Unione Sovietica".

Ben sapendo che l'Holodomor era stato un evento pianificato e che i criminali a capo dell'Unione Sovietica avevano intenzionalmente sterminato milioni di esseri umani, il 16 novembre 1933, subito dopo che il genocidio era stato perpetrato, Franklin Delano Roosevelt, il massone illuminato che nel 1935 aveva approvato l'introduzione della banconota da un dollaro con i simboli della Massoneria, stabilì relazioni diplomatiche con l'URSS come se nulla fosse accaduto.

PARTE 6
I PROCESSI DI MOSCA E L'EPURAZIONE DEL TROTSKISMO

Mentre i processi di Norimberga sono passati alla storia come un evento necessario e godono di un prestigio imbarazzante, i processi di Mosca sono oggi completamente screditati. La necessità di far ricadere tutte le atrocità del comunismo sulle spalle di Stalin ha portato storici e propagandisti di ogni genere a proclamare che i processi furono uno "show", un macabro spettacolo messo in scena da Stalin. Ciò si spiega con l'obiettivo di nascondere chi fosse Trotsky e con la necessità di mantenere agli occhi della nuova sinistra internazionale l'alone delle figure di Lenin e dello stesso Trotsky, che con i suoi scritti disonesti era riuscito a imporre la sua versione della Rivoluzione a socialisti ingenui o ciechi.

In realtà, il "processo spettacolo" ebbe luogo a Norimberga, dove i vincitori, compreso l'ormai vituperato Stalin, si attribuirono una superiorità morale che non avevano per giudicare i vinti: Dresda, Amburgo, Hiroshima, Nagasaki sono esempi lampanti di crimini di guerra senza precedenti nella storia, per i quali nessuno è mai stato chiamato a rispondere. A Norimberga, le prove furono massicciamente falsificate e il lavoro degli avvocati fu ostacolato ad ogni passo. L'accusa era composta in gran parte da ebrei emigrati dalla Germania e fu impedito ai testimoni che avrebbero potuto favorire gli imputati e compromettere i pubblici ministeri di farsi avanti. Gli avvocati non poterono esaminare le prove dell'accusa e dovettero consegnare i loro documenti ai procuratori. Nel 1948 il procuratore capo britannico, Sir Hartley Shawcross, dichiarò: "Il processo di Norimberga è diventato una farsa, mi vergogno di essere stato un accusatore a Norimberga come collega di questi uomini, i russi". Il giudice americano Wennerstrum, che si è dimesso dall'incarico, ha dichiarato che la sua partecipazione all'infamia di Norimberga è stata una vergogna per lui e per la giustizia americana. La tortura degli imputati, che nel caso dei processi di Mosca viene sempre invocata per screditarli, è stata praticata di routine nel processo tedesco.

Molti scrittori ebrei si sono dedicati a proclamare l'innocenza dei condannati nei processi di Mosca. D'altra parte, storici trotskisti come Pierre Broué e tanti altri ignorano o preferiscono ignorare ciò che Trotsky ha realmente rappresentato. Anche Robert Conquest, il sovietologo che continueremo a citare, non fa la minima allusione ai finanziatori di Trotsky e della rivoluzione bolscevica. Nella sua esposizione e analisi dei fatti, Conquest non tiene conto del fatto che l'Unione Sovietica era stata un'opera dell'ebraismo internazionale. Questo è un problema serio, perché solo considerando chi c'era dietro Trotsky si può avere un quadro corretto del significato delle purghe di Stalin e di altri eventi capitali che alla fine hanno scatenato la Seconda Guerra Mondiale. Non possiamo ignorare questa circostanza fondamentale che abbiamo denunciato in tutto il nostro lavoro e, per questo motivo, continueremo a contemplarla nelle prossime pagine. In altre parole, non si può dimenticare che Trotsky rappresentava i cospiratori internazionali che cercavano il governo mondiale e che Stalin, avendo optato per il comunismo nazionale, era diventato un ostacolo che, inizialmente, doveva essere rimosso ad ogni costo.

Poiché l'Unione Sovietica era opera dell'ebraismo internazionale, migliaia di ebrei occupavano, come sappiamo, i posti di comando. Molti di loro, soprattutto nella finanza, nella diplomazia, nella polizia e nell'esercito, erano trotzkisti che Stalin aveva bisogno di controllare, poiché rappresentavano una minaccia per lui: finché Trotzkij era vivo, la sua restaurazione al potere era l'obiettivo principale. L'esistenza di un'opposizione coordinata da Trotsky dall'estero è ammessa dagli storici e non può essere negata. L'omicidio e il terrore furono gli antidoti usati da Stalin per combattere gli oppositori trotzkisti, ai quali applicò la stessa medicina che Lenin e Trotsky avevano precedentemente prescritto ai nemici di classe, considerati "nemici del popolo". Stalin, come si vedrà, si dimostrò un politico machiavellico e crudele, di un'astuzia senza pari, che esercitava il monopolio della violenza senza alcuno scrupolo o considerazione, in modo assolutamente spietato.

Il fatto che le purghe staliniane stessero gradualmente allontanando gli ebrei e portando più russi al potere portò ad accuse di antisemitismo, ma in realtà Stalin non aveva alcun problema a circondarsi di ebrei, purché lo aiutassero a combattere i suoi nemici politici. Nel 1946, subito dopo la fine della guerra, gli Stati Uniti presentarono a Stalin un nuovo piano per il governo mondiale elaborato da due ebrei, David Lilienthal e il celebre Bernard Baruch. Questa proposta vide la luce sulle pagine del *Bulletin of Atomic Scientists* e si basava sul monopolio della violenza atomica. Gli scienziati ebrei che sostennero il Governo Mondiale: Albert Einstein, Robert Oppenheimer, Leo Szilard, Walter Lippman, Niels Bohr, James Franck, Eugene Rabinovitch, Hy Goldsmith, Hans Bethe e Harold Urey provenivano dal socialismo internazionale e dal sionismo. Stalin rifiutò nuovamente di sottomettersi e per la terza volta nei suoi trent'anni di dittatura fu nuovamente accusato di antisemitismo. Infine, come si vedrà in un altro capitolo, fu assassinato nel 1953.

Per iniziare il resoconto degli eventi che portarono ai processi di Mosca, ricordiamo innanzitutto che l'opposizione trotzkista si frammentò per motivi tattici dopo il fallimento dei tentativi di destituire Stalin, e così si verificarono varie suddivisioni. Si è già visto che nell'autunno del 1927 il blocco di Trotsky e Zinoviev, sconfitto nella lotta interna al partito, cercò di mobilitare le masse, il che rappresentò una sfida per Stalin, che non si accontentò finché non riuscì a espellerli dal partito. Zinoviev fu poi riammesso, ma Trotsky fu infine espulso con i suoi seguaci più fedeli. Solo nel 1930 ci fu un altro tentativo di sfidare Stalin. Martemyan Ryutin, un uomo dell'entourage di Bukharin, fu accusato di aver prodotto un documento di circa 200 pagine, riscoperto e stampato nell'era Gorbaciov. Il testo consisteva in tredici capitoli, quattro dei quali attaccavano Stalin, che, come Trotsky aveva fatto anni prima, veniva accusato di essere "il becchino della Rivoluzione".

Si riteneva che attorno a Ryutin si fosse formato un gruppo ("Piattaforma Ryutin") che complottava contro Stalin. Il 30 settembre Ryutin fu espulso dal partito e poco dopo arrestato. Tuttavia, il 17 gennaio 1931 fu assolto e successivamente fu deciso che sarebbe stato reintegrato. In una riunione del Politburo nella primavera del 1931 Stalin chiese di applicare la pena di morte ai membri del partito. Fino ad allora, ogni tipo di oppositore era stato ucciso a piacimento, ma i bolscevichi non applicavano la pena di morte tra di loro. A quanto pare, per evitare che la rivoluzione divorasse i suoi figli, come nel caso della Rivoluzione francese, Lenin aveva chiesto di non giustiziare i membri del partito.

Invece di accettare la sconfitta delle loro tesi, nel giugno 1932 Ryutin e un gruppo di audaci funzionari convocarono una conferenza dell'Unione dei Marxisti-Leninisti. In questo nuovo documento si sottolineava che Stalin e la sua cricca non si sarebbero arresi volontariamente e che avrebbero dovuto essere rimossi con la forza il prima possibile. Stalin interpretò queste parole come un invito al suo assassinio e il 23 settembre 1932 Ryutin fu nuovamente arrestato. Stalin avrebbe voluto eliminare questo avversario dichiarato senza ulteriori riflessioni; ma la questione fu discussa nel Politburo, dove Sergei Kirov si schierò contro la sua condanna a morte, sostenuto da Ordzhonikidze, Kúibyshev, Kossior, Kalinin e Rudzutak. Molotov esitò e solo Kaganóvich sostenne le richieste di Stalin, che dovette attenersi alla decisione della maggioranza. Ciononostante, la Commissione di controllo del Comitato centrale, riunitasi tra il 28 settembre e il 2 ottobre, decise di espellere il gruppo di Ryutin dal partito. I membri del gruppo furono accusati di essere "degenerati che erano diventati nemici del comunismo e del regime sovietico, traditori del partito e della classe operaia". Ryutin fu condannato a dieci anni di carcere e ventinove membri della sua piattaforma ricevettero pene minori.

Un'altra risoluzione adottata dal plenum fu l'espulsione dal partito di coloro che sapevano dell'esistenza del gruppo controrivoluzionario e non ne avevano dato notizia a. Tra questi c'erano Zinoviev e Kamenev, che furono nuovamente espulsi e deportati negli Urali. Poco dopo anche Ivan Smirnov, da poco riammesso nel partito, fu arrestato e condannato a dieci anni di reclusione. Il professore trotskista Vadim Rogovin, autore di diversi libri su Stalin, ha ammesso in una conferenza all'Università di Melbourne il 28 maggio 1996 che nel 1931 Smirnov aveva stabilito contatti a Berlino con Leon Sedov, figlio di Trotsky, con il quale aveva concordato la necessità di coordinare gli sforzi. Altri due condannati a pene di cinque anni furono Ivar Smilga e Sergei Mrachkovsky. Il 12 gennaio 1933 il Plenum del Comitato Centrale decise di procedere a una severa epurazione all'interno del partito, suggerendo che le ramificazioni dell'affare Ryutin erano gravi e continuavano a preoccupare Stalin. Nel corso del 1933 furono espulsi più di ottocentomila membri e altri trecentoquarantamila furono espulsi nel 1934.

La prova che l'opposizione trotskista era coinvolta in questo complotto per destituire Stalin si trova nel libro del generale Walter Krivitsky, capo del Servizio Segreto Militare in Europa occidentale, che prima del suo assassinio nel 1941 pubblicò a New York *In Stalin's Secret Service* (1939), un libro pubblicato in Spagna da NOS con il titolo *Yo, jefe del Servicio Secreto Militar soviético* (1945). Krivitsky, un ebreo trotskista il cui vero nome era Samuel Gérshevich Ginsberg, scrive nella suddetta opera che il segretario della cellula del Partito all'interno del Dipartimento del Servizio Segreto Militare (un trotskista, ovviamente) lo convocò a "una riunione segreta in cui il nostro capo, il generale Berzin, doveva riferire sull'affare Ryutin". Krivitsky sottolinea che, trattandosi di una questione altamente confidenziale, altri membri della cellula (evidentemente non trotskisti) non parteciparono alla riunione. Krivitsky ammette che Berzin, che sarebbe stato epurato nel 1938, lesse loro alcuni estratti del programma clandestino di Ryutin "in cui Stalin veniva descritto come un grande agente provocatore, un distruttore del partito e un becchino della rivoluzione in Russia". Berzin confermò loro in quell'incontro che "il gruppo di Ryutin intendeva lottare per il rovesciamento di Stalin come capo del Partito e del Governo"[13].

L'assassinio di Kirov

È un fatto universalmente accettato che l'assassinio di Sergei Mironovich Kostrovich, alias Kirov, sia stato l'evento che ha scatenato le purghe di Stalin contro i trotskisti. Ancora una volta Robert Conquest è il principale investigatore dell'accaduto ed è quindi una fonte di informazioni imprescindibile, anche se non sempre convincente. Conquest ha presentato le sue conclusioni in *Stalin and the Kirov Murder* (1989); ma anche in *The*

---

[13] Lo stesso Krivistky riconosce nel suo libro che alla fine del 1938, grazie all'aiuto di Léon Blum, Presidente del Consiglio dei Ministri francese, e del suo Ministro degli Interni, Max Dormoy, entrambi ebrei come lui, riuscì a fuggire dalla Francia, dove era perseguitato dall'NKVD. Una volta negli Stati Uniti, assistito da un altro ebreo, il giornalista Isaac Don Levine, pubblicò il libro di cui abbiamo parlato. Nell'ottobre 1939 si recò a Londra sotto il falso nome di Walter Thomas e nel gennaio 1940 avrebbe rivelato segreti di grande interesse all'MI5. Si ritiene che possa aver rivelato l'identità di due noti agenti sovietici, Donald Maclean e Kim Philby. Dopo l'assassinio di Trotsky, Krivitsky tornò a New York nel novembre 1940, dove fu infine giustiziato da agenti stalinisti il 10 febbraio 1941.

Great Terror. A Reassessment (1990) dedica un capitolo all'analisi del famoso assassinio che, secondo Conquest, "merita di essere chiamato il crimine del secolo", dal momento che nei quattro anni successivi i più importanti leader della Rivoluzione furono fucilati per la loro responsabilità nel crimine e "diversi milioni di persone", afferma Conquest, "furono condannate per la loro complicità nella vasta cospirazione dietro l'assassinio di Kirov".

Il 17° Congresso del Partito Comunista dell'Unione Sovietica si tenne a Mosca dal 26 gennaio al 16 febbraio 1934. Sembra che molti considerassero Kirov il favorito e che alcuni delegati fossero favorevoli alla sua nomina a Segretario generale, ma egli si dimise perché ciò avrebbe messo in discussione la politica del partito. A quanto pare, questo atteggiamento di Kirov denota la sua fedeltà a Stalin. Inoltre, tra i centocinquanta e i trecento delegati dei circa duemila presenti al Congresso votarono contro l'ingresso di Stalin nel Comitato Centrale, anche se ciò non trovò riscontro nel conteggio ufficiale, secondo il quale ci furono solo tre voti contro Stalin e quattro contro Kirov. Considerato il miglior oratore del partito, Kirov controllava l'organizzazione di Leningrado, ma alla fine fu Stalin a essere acclamato leader del partito. Il Comitato centrale, di cui divenne membro Yuri Pyatakov, era composto quasi interamente da veterani stalinisti, anche se tra i candidati figuravano trotzkisti come Sokolnikov, Bukharin, Rykov e Tomsky. Kirov fu eletto non solo nel Politburo, ma anche nella Segreteria, che comprendeva Stalin, Kaganóvich e Zhdánov.

Secondo Conquest, Kirov riteneva che gli oppositori trotzkisti avessero ammesso la sconfitta e accettato definitivamente la situazione, quindi sostenne con Stalin che il modo migliore per disintegrarli fosse quello di realizzare una riconciliazione all'interno del partito. In effetti, al XVII Congresso Bukharin e Rykov, considerati di destra, avevano preso la parola. Anche Zinoviev, Kamenev, Pyatakov e Radek, gli ultimi due dei quali erano presumibilmente ex trotzkisti, si erano rivolti al Congresso. Tutti avevano mostrato la volontà di essere unanimi. Anche uno dei trotzkisti più in vista, Christian Rakovsky, un ebreo internazionalista che, come Trotsky, considerava opportunista e molto dannosa la teoria del socialismo in un solo Paese, annunciò la sua sottomissione al partito in un telegramma pubblicato su *Izvestia* il 23 febbraio 1934. Gli fu così permesso di tornare a Mosca e a marzo fu ricevuto alla stazione da Kaganóvich. In una lettera pubblicata sulla *Pravda* nell'aprile 1934, intitolata "Non ci deve essere pietà", ammise pubblicamente i suoi errori e, sorprendentemente, ritrasse Trotsky e i suoi seguaci come "agenti della Gestapo". Nel 1935 Rakovsky fu addirittura nominato ambasciatore in Giappone.

Apparentemente, quindi, nonostante quanto accaduto al XVII Congresso, Stalin aveva accettato le proposte di Kirov, anche se è molto probabile che in realtà si trattasse solo di uno stratagemma, dal momento che la sua polizia segreta si era infiltrata nell'entourage di Trotsky e di suo figlio

Sedov, e da Berlino e Parigi gli venivano regolarmente inviati rapporti compromettenti per gli oppositori. Nel luglio 1934 l'OGPU fu incorporato in un nuovo organismo, l'NKVD (Commissariato del Popolo per gli Affari Interni), guidato da Génrij Yagoda, il cui vero nome era Enokh Gershevich Yehuda, che a sua volta nominò come suo vicedirettore un altro ebreo, Yakov Saulovich Agranov (Yankel Shmayevich), un cekista della vecchia scuola che aveva guidato la brutale repressione di Trotsky sui ribelli di Kronstadt nel 1921.

Nel settembre 1934, in Kazakistan, Kirov fu coinvolto in un incidente stradale che, secondo alcune fonti, fu considerato un attentato alla sua vita. Due mesi dopo, alle 16.30 del pomeriggio/sera del 1° dicembre, Sergej Kirov fu assassinato nella sede del partito di Leningrado, nel vecchio Istituto Smolny. A quelle latitudini il giorno in inverno ha poche ore di luce e quando Kirov arrivò, alle quattro del pomeriggio, la neve che cadeva contrastava con l'oscurità della notte. Prima di salire nel suo alloggio, si trattenne con Mikhail Chudov, il secondo segretario del Comitato provinciale del Partito di Leningrado, e con i suoi più stretti collaboratori, che consultò per un rapporto. L'assassino, Leonid Nikolayev, dopo aver mostrato il pass alle guardie appostate all'esterno, era entrato prima senza problemi e lo aspettava nascosto nei bagni del terzo piano, da dove aveva osservato il suo arrivo in auto. Nikolayev aveva lavorato lì e conosceva abbastanza bene l'edificio. In teoria, Yuri Borisov, la guardia del corpo che lo aveva scortato fino all'ingresso principale, avrebbe dovuto salire in ufficio con il suo capo, ma non lo fece. Nemmeno le guardie che di solito erano appostate nei corridoi erano al loro posto. Mentre Kirov si dirigeva da solo attraverso i corridoi verso il suo ufficio di lavoro, Nikolayev trovò l'occasione di comparire alle sue spalle e gli sparò al collo con un revolver Nagant. Alcune versioni indicano che il criminale tentò di suicidarsi, poiché si scoprì che c'era un secondo colpo nel soffitto. In ogni caso, Nikolayev svenne e cadde a terra accanto alla sua vittima, e fu presto arrestato.

Naturalmente Borisov, che era ritenuto molto fedele a Kirov, fu immediatamente convocato per un interrogatorio. La mattina del 2 dicembre Agranov chiamò l'NKVD di Leningrado da Mosca e incaricò Volovich di far condurre Borisov a Smolny. Il viaggio fu fatto in un camion. Accanto all'autista sedeva un agente dell'NKVD e sul retro c'era Borisov con un altro poliziotto. Secondo la versione fornita da Conquest, mentre il camion percorreva via Voinov, l'uomo accanto all'autista sbandò e fece schiantare il veicolo contro il muro di un magazzino. In seguito è stato riportato che Borisov è morto a causa dell'incidente, ma in realtà, secondo questa versione, è stato colpito da spranghe di ferro brandite dai due agenti che lo scortavano, che a loro volta sono stati poi liquidati.

In Europa sono circolate diverse versioni dell'assassinio di Kirov e a tutt'oggi nessuna ha stabilito con certezza come si siano svolti i fatti e chi ci fosse o ci fosse dietro. La versione ufficiale, all'epoca accettata dai Paesi occidentali, affermava che Nikolayev aveva agito su ordine di Zinoviev e Kamenev. Nel primo dei tre processi tenutisi a Mosca tra l'agosto 1936 e il 1938, questi vecchi bolscevichi furono accusati di essere coinvolti nel crimine. Il terzo processo, tenutosi tra il 2 e il 13 marzo 1938 e noto come Processo dei Ventuno, stabilì la versione che sarebbe durata fino al 1956, secondo la quale Zinoviev e Kamenev, di concerto con Trotsky, avevano pianificato l'assassinio. Il processo dimostrò che Yagoda, il capo dell'NKVD, aveva incaricato Ivan Zaporozhets, il vicecomandante dell'NKVD di Leningrado, di facilitare il crimine rimuovendo gli ostacoli.

A partire dal 1956 inizia in URSS e nel mondo la campagna di discredito di Stalin, che porterà, tra l'altro, alla riabilitazione di numerosi trotskisti condannati durante le purghe. Il 25 febbraio 1956 Nikita Kruscev pronunciò un discorso, considerato "segreto" perché rivolto al XX Congresso della CPSU in seduta chiusa, che segnò l'inizio della revisione del trentennio staliniano. Il testo completo è stato pubblicato in URSS solo nel 1988, ma ne sono state distribuite copie ai membri regionali del partito e a diversi governi stranieri. Da allora, l'apparizione di nuovi documenti sul caso Kirov ha fatto sì che prendesse piede un'altra versione, secondo la quale fu Stalin a istigare l'eliminazione di Kirov. Conquest, la nostra principale fonte in materia, sostiene la tesi secondo cui Stalin, dopo l'evidente sostegno dimostrato dal XVII Congresso alla figura di Kirov, concepì un piano assolutamente machiavellico e di straordinaria astuzia, che gli permise di eliminare contemporaneamente il suo principale avversario e l'opposizione trotskista. Se così fosse, la sua capacità di intrigo, la sua abilità nel gestire e controllare la situazione e i personaggi, è senza precedenti, e Stalin deve quindi essere collocato nella storia come un genio della perversione.

Una terza possibilità, che a modesto parere di chi scrive è la più plausibile, sarebbe una sintesi delle due precedenti. Vale a dire, Kirov sarebbe stato vittima di due cospirazioni: da un lato, l'opposizione trotskista lo considerava un uomo fedele a Stalin che poteva essere un ostacolo sulla loro strada verso la riconquista del potere in Russia, da qui il loro interesse a liquidarlo; dall'altro, conoscendo le intenzioni dei suoi avversari, Stalin avrebbe deciso di lasciarli agire, di facilitare il crimine, di permettere loro di assassinare il leader che poteva legalmente sfidarlo per il potere, per accusarli in seguito e iniziare una spietata epurazione contro di loro. Per portare a termine questo piano, Stalin aveva indubbiamente bisogno della collaborazione di Yagoda, che doveva necessariamente seguire i suoi ordini segreti. Nel suo discorso del febbraio 1956, Kruscev osservò che le circostanze dell'assassinio di Kirov "nascondevano ancora molte cose inspiegabili e misteriose che richiedevano un attento esame". Cinque anni dopo, in occasione del 22° Congresso dell'ottobre 1961, Kruscev tornò sull'argomento e, questa volta pubblicamente, disse: "Sono ancora necessari grandi sforzi per scoprire di chi è la colpa della morte di Kirov. Più approfondiamo lo studio dei materiali legati alla sua morte, più sorgono domande.... È in corso un'indagine completa sulle circostanze di questo complicato caso". Solo nel 1988 Yagoda è stato ufficialmente coinvolto. La responsabilità di Stalin fu allora accennata. Il rapporto ufficiale vi alludeva con queste parole: "Il coinvolgimento di Stalin nell'assassinio è altamente probabile, ma non ci sono documenti che lo confermino".

Matthew E. Lenoe, in *The Kirov Murder and Soviet History*, riproduce il testo dei confronti tra Nikolayev e quattro degli arrestati: Shatsky, Kotolynov, Yuskin e Sokolov, organizzati dall'NKVD tra il 18 e il 20 dicembre 1934. Qui di seguito è riportato un frammento del confronto tra l'assassino Nikolayev e Kotolynov, dopo aver confermato di conoscersi personalmente:

> "Domanda a Kotolynov: Conferma di essere stato membro di un'organizzazione controrivoluzionaria zinovievista-trotskista?
> Risposta: Sì, confermo che è così. [...]
> Domanda a Nikolayev: Lei apparteneva a un'organizzazione rivoluzionaria controrivoluzionaria zinovievita-trotskista e chi l'ha reclutata?
> Risposta: appartenevo a un'organizzazione controrivoluzionaria zinovieviana-trotskista. Fui reclutato da Kotolynov; ciò avvenne nel settembre 1934 nell'edificio del Politecnico, dove Kotolynov studiava.
> Domanda a Kotolynov: Conferma di aver reclutato Nikolayev per l'organizzazione zinovievista-trotskista?
> Risposta: No, lo nego.
> Domanda a Nikolayev: Kotolynov le propose, a nome dell'organizzazione zinovievista-trotskista, di uccidere il compagno Kirov, lei accettò la proposta e in quali circostanze ebbe luogo?
> Risposta: Sì, la proposta di uccidere Kirov mi è stata fatta da Kotolynov a nome dell'organizzazione controrivoluzionaria zinovieviana-trotskista. Ho accettato la proposta nel settembre 1934, la proposta è stata fatta al Politecnico dove sono andato a incontrare Kotolynov.
> Domanda a Kotolynov: Conferma la dichiarazione di Nikolayev di aver ucciso Kirov su suo ordine?
> Risposta: No, lo nego. [...]"

Al processo Kotolynov ammise i suoi contatti con l'opposizione controrivoluzionaria zinovievievita-trotskista, ma continuò a negare il suo coinvolgimento nell'omicidio di Kirov. Questo confronto fu supervisionato dai due ebrei ucraini Lev G. Mironov e Genrij Samoylovich Lyushkov, accompagnati da un terzo cekista di origine russa di nome Dmitry Dmitriev. Sia Mironov, il cui vero nome era Kagan, sia Lyushkov finirono vittime di Stalin. Il primo, che secondo Conquest era depresso per aver dovuto perseguitare i vecchi bolscevichi, era a capo del Dipartimento economico della Lubyanka e fu liquidato da Yezhov nel 1938. Il secondo, un prepotente con una reputazione di sadismo che era stato un chekista dal 1920, fu nominato nel luglio 1937 capo dell'NKVD nell'Estremo Oriente russo, dove comandò circa 30.000 truppe d'élite. Quando la grande purga era al culmine, Yezhov gli ordinò di tornare a Mosca, ma egli disertò nel giugno 1938 con preziosi documenti segreti e si recò in Giappone, dove ammise agli ufficiali giapponesi di essere un trotskista. Lyushkov organizzò con l'appoggio giapponese un grave complotto per assassinare Stalin, ma fu scoperto. Infine, nel 1945 scomparve senza lasciare traccia.

Per quanto riguarda i cekisti ebrei, sappiamo che dai tempi di Lenin in poi la grande maggioranza dei cekisti erano bolscevichi di origine ebraica. Così come lo erano i principali capi dell'NKVD che hanno condotto le purghe staliniane sotto Yagoda. Molti di loro erano trotzkisti, costretti a fare il doppio gioco. Eccone alcuni. Il capo del Dipartimento Operazioni Speciali dell'NKVD era Karl V. Pauker, un ebreo il cui vero nome non è mai stato determinato con certezza. Pauker, che nel dicembre 1934 arrestò Kamenev su ordine di Yagoda, fu infine denunciato e fucilato nel 1937. A capo del Dipartimento speciale dell'OGPU, che copriva l'esercito, Yagoda mise un altro ebreo, Mark Isayevich (Isaakovich) Gay (Shpoklyand), che fu giustiziato da Yezhov dopo la caduta in disgrazia di Yagoda. Il capo dell'importantissimo Dipartimento degli Esteri di era Abram Aronovich Slutsky, che fu avvelenato nel febbraio 1938 su ordine di Yezhov. Anche i due ufficiali più fidati di Slutsky, Boris Davydovich Berman e Mikhail Spiegelglass, erano ebrei. Georgi A. Molchanov, capo del Dipartimento di politica segreta della Lubyanka, era uno dei pochi russi a ricoprire posizioni importanti nell'NKVD di Yagoda. Tra gli altri funzionari ebrei di alto livello dell'NKVD si ricordano Lev N. Belsky (Abram M. Levin), Lev Borisovich Zalin (Zelman Markovich Levin), Grigory (Izrail) Moiseyevich Leplevsky, Zinovi Borisovich Katsnelson e Pyotr Gavrilovich Rud. Quasi tutti, per un motivo o per l'altro, finirono vittime di Stalin dopo averlo servito nelle purghe.

Il 21 dicembre 1934, dopo diversi giorni di confronti e interrogatori, l'NKVD aveva già evidenziato che, oltre all'assassino Nikolayev, esisteva un "Centro di Leningrado" legato a Zinoviev, già espulso dal partito in diverse occasioni e riammesso dopo aver giurato fedeltà alla linea ufficiale. A capo del gruppo c'era Ivan I. Kotolynov. Il giorno successivo fu pubblicato l'elenco degli arrestati: i nomi più importanti erano quelli di Zinoviev e Kamenev, seguiti da G.E. Evdokimov, che aveva fatto parte della Segreteria, Zalutsky, Fedorov, Kuklin e Safarov. Il 29 dicembre Nikolayev, Kotolynov, Shatsky, Yuskin, Sokolov e altri complici furono condannati a morte e giustiziati. Fu annunciato pubblicamente che al processo avevano ammesso che il movente dell'omicidio di Kirov era la sua sostituzione con Zinoviev e Kamenev. Il 15 e 16 gennaio 1935 Zinoviev, Kamenev, Evdokimov, Bakayev, Kuklin e altre quattordici persone furono processati a Leningrado con l'accusa di aver formato il "Centro di Mosca", dal quale era stato sostenuto politicamente il "Centro di Leningrado" di Kotolynov. Il tribunale, presieduto da V.V. Ulrich e il cui pubblico ministero era Andrei Vyshinsky, che due anni dopo divenne famoso a livello internazionale per il suo lavoro sui processi di Mosca, condannò Zinoviev a dieci anni di reclusione. Evdokimov ricevette otto anni e Kamenev cinque. Le altre sentenze andavano dai cinque ai dieci anni.

Queste convinzioni furono solo il preambolo di una tragedia passata alla storia come il "Grande Terrore". Le manovre di Stalin per preparare la completa epurazione dei trotskisti in tutto il Paese iniziarono subito. Il 1° febbraio 1935 il plenum del Comitato centrale elesse Mikoyan e Chubar ai posti lasciati vacanti nel Politburo dalla morte di Kirov e Kuibyshev. Nei posti chiave del partito Stalin mise gli uomini che sarebbero stati i suoi principali collaboratori durante le purghe: Nikolai Yezhov divenne membro della Segreteria e il 23 febbraio fu anche nominato capo della Commissione di controllo del partito. Pochi giorni dopo, il giovane stalinista Nikita Krusciov, pupillo di Kaganhovich, divenne il primo segretario organizzativo del partito a Mosca. A giugno Andrei Vyshinsky fu nominato alla Procura generale. L'8 luglio 1935 Georgi Malenkov fu nominato vice capo principale di Yezhov e vice direttore del Dipartimento dei quadri del Comitato centrale. Nel Caucaso c'era Lavrenti Beria, un criminale della peggior specie che seppe nascondere le sue carte fino alla fine, come si vedrà a tempo debito.

Mentre questi movimenti si sviluppavano, dal luglio 1935 all'agosto 1936 ci fu un periodo di relativa calma che sembrava indicare che le acque si stessero calmando, anche se in realtà c'era un'ondata di entusiasmo. Nel febbraio 1935 fu istituita una commissione per la stesura di una nuova Costituzione, alla quale parteciparono Bukharin e Radek. Il testo fu pronto nel giugno 1936. Libertà di parola e di stampa, inviolabilità del domicilio e della segretezza della corrispondenza, libertà di riunione e di manifestazione, prevenzione degli arresti ingiustificati, erano alcune delle garanzie contenute nel documento, che rimase lettera morta non appena iniziò il turbine di arresti e omicidi. Questa facciata di apparente normalità permise a Stalin di assumere il controllo della polizia segreta e di altri meccanismi di potere. Infatti, già il 31 marzo diede istruzioni a Yagoda e Vyshinsky, che gli offrirono un'ottantina di nomi. Stalin ordinò loro di preparare un processo contro i trotzkisti e di sottoporgli la proposta concreta. In aprile iniziò l'interrogatorio di Smirnov, Mrachkovsky e Ter-Vaganyan, leader del cosiddetto "Centro trotskista-zinovievista".

Gli arresti che precedettero il primo dei processi di Mosca iniziarono all'inizio del 1936. Valentin Olberg, un ebreo di origine lettone, e alcuni insegnanti dell'Istituto Pedagogico Gorky furono arrestati a gennaio. Alla fine del 1935, un gruppo di studenti della Gioventù comunista (Konsomol) della città di Gorky aveva ammesso l'esistenza di una cospirazione per assassinare Stalin. L'NKVD accusò Olberg di aver reclutato insegnanti e studenti. Per tre giorni, tra il 25 e il 28 gennaio, Olberg fu interrogato e alla fine firmò una dichiarazione in cui ammetteva di essere stato inviato da

Trotsky per organizzare l'attentato. In *The Great Terror. A Reassessment* Conquest, riporta la versione di Alexander Orlov in *Secret History of Stalin's Crimes* (1955), secondo cui Olberg era un agente provocatore dello stesso NKVD.

Orlov racconta che, invocando la disciplina di partito, l'NKVD chiese a Olberg di confessare di essere un collegamento tra Trotsky e il gruppo di Gorky. Gli fu detto che si trattava solo di un incarico e che, qualunque fosse stato il verdetto del tribunale, sarebbe stato successivamente rilasciato e avrebbe ottenuto un incarico in Estremo Oriente. Olberg, secondo questa tesi, firmò tutto ciò che gli fu chiesto; tuttavia, Valentin Olberg non riacquistò mai la libertà e il 24 agosto 1936 fu condannato a morte insieme ad altri trotskisti e giustiziato. A nostro avviso, è probabile che Olberg fosse un doppiogiochista, e non sembra logico che un uomo della sua esperienza fosse così ingenuo da firmare una dichiarazione che avrebbe potuto portarlo alla condanna a morte.

Certamente Stalin riuscì più volte a infiltrarsi nell'entourage di Trotsky e di suo figlio. La prova migliore è che riuscì ad assassinarli entrambi. Vedremo più avanti che l'uomo più fidato di Lev Sedov era l'agente dell'NKVD Mark Zborowski, un ebreo che si faceva chiamare Etienne e che era persino incaricato di redigere il famoso *Bollettino dell'Opposizione*. Anche Valentin Olberg riuscì a entrare nell'entourage di Trotsky e di suo figlio Sedov. Tuttavia, l'affermazione che egli fosse un agente trotskista che lavorava per l'NKVD proviene sempre da fonti trotskiste[14]. Il fatto che Conquest dia piena validità alla tesi di Alexander Orlov non ci impedisce di metterla in discussione, poiché non merita alcuna credibilità. È un esercizio di spudorato cinismo per un criminale come Orlov, egli stesso spietato esecutore degli omicidi ordinati da Stalin, scrivere un'opera sui crimini di Stalin.

La Storia segreta dei crimini di Stalin, la già citata opera di Alexander Orlov, fu pubblicata negli Stati Uniti nel 1953 per fare soldi. In Spagna fu pubblicata a Barcellona due anni dopo, nel 1955. Le storie che Orlov racconta sono di solito conosciute di seconda mano. Una delle sue fonti principali era l'ebreo Abram Slutsky, un presunto trotskista infiltrato nella

---

[14] In un articolo pubblicato nel 1972 su *Studies in Intelligence* Rita T. Kronenbitter, pseudonimo sotto il quale forse si nasconde un trotskista, riferisce delle attività di Valentin Olberg nell'entourage di Trotsky. Kronenbitter colloca Olberg in Germania già nel 1927, dove lavora per *Inprekor* (International Press Correspondence), una pubblicazione del Comintern. Nelle lettere scritte nel 1929 a Trotsky, che si trovava in Turchia, Olberg gli comunica di aver lasciato l'agenzia perché si oppone allo stalinismo e di essersi unito al movimento di Trotsky a Berlino. Nel maggio 1930, sebbene alcuni amici di Trotsky esprimano una certa diffidenza nei confronti di Olberg, sia Trotsky che il figlio Sedov gli affidano già i nomi e gli indirizzi dei loro principali sostenitori a Mosca, nei Paesi baltici e altrove. Kronenbitter ammette che le lettere di Trotsky, ritrovate negli archivi di Harvard, dimostrano che egli ha piena fiducia nell'ebreo lettone e in sua moglie, che aveva anche aderito al movimento.

sezione estera dell'NKVD. Anche Orlov era ebreo, nato in Bielorussia, e il suo vero nome era Leiba Lazarevich Felbing. Commise numerosi crimini in Spagna su ordine di Stalin. Fu incaricato di epurare i leader del POUM e fu lui stesso a dirigere il rapimento e l'assassinio di Andreu Nin. Fu anche uno dei principali artefici del furto di oro dalla Banca di Spagna. Questi fatti saranno oggetto del prossimo capitolo. Nel 1939 avvertì Trotsky in una lettera non firmata che un agente chiamato "Mark", in realtà Zborowski, si era infiltrato nella sua organizzazione a Parigi. Alexander Orlov, Walter Krivitsky, Max Shachtman, Pierre Broué sono esempi di scrittori che presentano nelle loro opere un abisso etico tra Stalin e Trotsky. Il primo è sempre un dittatore, un criminale senza scrupoli, il che non è discutibile; il secondo, invece, è presentato come un uomo integro, che essi propongono come il Messia della classe operaia internazionale.

Nel febbraio 1936 fu arrestato Isak Reingold, un altro ebreo presidente del sindacato del cotone e amico di Sokolnikov (Brilliant). Fu accusato di essere un trotskista e di essere legato a Kamenev. Secondo Orlov, per costringerlo a confessare, fu dato ordine di arrestare la sua famiglia in sua presenza. Va ricordato che l'arresto dei familiari era uno degli espedienti preferiti di Trotsky, che nel marzo 1921 ordinò di prendere in ostaggio le mogli e i figli dei marinai di Kronstadt e minacciò gli ammutinati di ucciderli. A giugno ci furono altri arresti: Moissei Lurje, Nathan Lurje, Fritz David e Berman-Yurin furono arrestati. Gli ultimi due ammisero di aver visitato Trotsky e di aver ricevuto l'ordine di uccidere Stalin. Tutti loro sarebbero stati fucilati, ma Robert Conquest, sempre citando Orlov come fonte primaria e ancora una volta dando credibilità alle sue affermazioni, ammette che gli ultimi due erano agenti dell'NKVD. In *Storia segreta dei crimini di Stalin* Orlov riproduce il resoconto di Mironov (Kagan) a un interlocutore fidato (presumibilmente Abram Slutsky, la fonte principale di Orlov) della sua conversazione con Stalin riguardo al rifiuto di Kamenev di confessare:

"Credi che Kamenev non confesserà?" chiese Stalin, con un'espressione sorniona e infastidita.
Non lo so", ha risposto Mironov. Non cede alla persuasione".
Non lo sai?" chiese Stalin con sorpresa affettata, fissando Mironov. Sai quanto pesa il nostro Stato, con tutte le fabbriche, le macchine, l'esercito, con tutti gli armamenti e la marina?".
Mironov e tutti i presenti guardarono Stalin con sorpresa.
Pensaci e dimmi", chiese Stalin. Mironov sorrise, pensando che Stalin si stesse preparando a raccontare una barzelletta. Ma Stalin non aveva alcuna intenzione di scherzare. Guardò Stalin piuttosto seriamente. Le chiedo: quanto pesa tutto questo?", insistette.
Mironov era confuso. Aspettò, ancora fiducioso che Stalin avrebbe trasformato tutto in uno scherzo; ma Stalin continuò a fissarlo in attesa di una risposta. Mironov scrollò le spalle e, come uno scolaretto alle prese

con un esame, disse con voce esitante: "Nessuno può saperlo, Yosif Vissarionovich. Si tratta di cifre astronomiche".
Ebbene, c'è qualcuno che può resistere alla pressione di un peso astronomico?", chiese severamente Stalin.
No", rispose Mironov.
Allora non mi dica più che Kamenev, o questo o quel prigioniero, è in grado di resistere a questa pressione. Non torni a informarmi", disse Stalin a Mironov, "finché non avrà la confessione di Kamenev su questo caso".

Alla fine sia Zinoviev che Kamenev si arresero, testimoniarono e accettarono il processo. Conquest riferisce che Yagoda li teneva rinchiusi in celle e che le condizioni fisiche di Zinoviev erano pessime. Per quanto riguarda Kamenev, spiega che le minacce contro il figlio, il cui arresto era stato ordinato in sua presenza, cominciarono a indebolirlo. Sempre citando Orlov, Conquest scrive: "A luglio, Zinoviev, dopo un'intera notte di interrogatorio, chiese di parlare con Kamenev, e quando discussero della questione accettarono di andare a processo a condizione che Stalin confermasse loro, davanti al Politburo, le sue promesse che né loro né i loro seguaci sarebbero stati giustiziati. Tuttavia, quando furono portati davanti al cosiddetto Politburo, erano presenti solo Stalin, Voroshilov e Yezhov. Stalin spiegò loro che costituivano una commissione autorizzata dal Politburo a esaminare il caso". Sebbene disturbati dall'assenza di altri membri, sembra che i prigionieri abbiano accettato le condizioni di Stalin e che sia stata loro garantita la vita di loro stessi e delle loro famiglie. La fonte di questa informazione è un altro trotskista ebreo, Walter Krivitsky, che sostiene che un membro della famiglia di Zinoviev gli disse che Zinoviev aveva capitolato per salvare la sua famiglia.

Il processo ai sedici

Prima di passare al primo dei processi contro l'opposizione trotskista, può essere utile per il lettore riassumere in anticipo come era strutturata l'opposizione. L'alto comando combinato dell'opposizione, il "Blocco di destra e trotskista", era costruito su tre diversi strati o livelli. Ciò era dovuto alla convinzione che se uno di essi fosse stato scoperto, gli altri avrebbero potuto continuare a operare in clandestinità. Il primo di questi livelli era il "Centro terroristico trotskista-zinovieviano", diretto da Zinoviev, responsabile dell'organizzazione e della direzione delle attività terroristiche. Al secondo livello c'era il "Centro parallelo trotskista", il cui massimo rappresentante era Pyatakov. L'organizzazione e la direzione delle azioni di sabotaggio spettavano a questo centro parallelo. Il terzo strato, forse il più importante, era il "Blocco trotskista e di destra". Le sue figure principali erano Bukharin e Krestinsky e comprendeva la maggior parte dei membri di alto livello delle forze di opposizione combinate.

Alle 12:10 del 19 agosto 1936 iniziò il primo dei processi, il "Processo dei Sedici". Un resoconto completo delle sessioni davanti al Collegio Militare della Corte Suprema dell'URSS fu pubblicato lo stesso anno dal Commissariato del Popolo per la Giustizia ed è oggi disponibile su Internet. Il tribunale era presieduto da Vassili Ulrich, un giurista dell'esercito. Il procuratore generale dell'URSS, Andrei Vyshinsky, fungeva da pubblico ministero. Gli imputati furono divisi in due gruppi. Nel primo c'erano undici bolscevichi di primo piano che già nel 1926-27, quando Trotsky e Zinoviev furono espulsi dal partito, avevano formato il "blocco unito dell'opposizione". Il secondo gruppo era composto da cinque membri del Partito Comunista di Germania, emigrati in URSS. In questo primo processo, dieci dei sedici imputati erano ebrei, per cui Trotsky accusò Stalin di antisemitismo.

Il presidente del tribunale ha chiesto agli imputati se avessero obiezioni sulla composizione del tribunale o del pubblico ministero. Dopo un rifiuto, ha annunciato che gli imputati avevano rifiutato l'assistenza di avvocati per la loro difesa, e che quindi erano stati personalmente garantiti tutti i diritti, cioè il diritto di porre domande ai testimoni e agli altri imputati, di chiedere alla corte chiarimenti sul procedimento, di fare discorsi in loro difesa.... Hanno anche mantenuto il diritto di appello finale. Il cancelliere A. F. Kostyushko ha quindi letto i capi d'accusa contro gli imputati, che ha nominato nell'ordine: G. E. Zinoviev, L. B. Kamenev, G. E. Evdokimov, I. N. Smirnov, I. P. Bakayev, V. A. Ter-Vaganyan, S. V. Mrachkovsky, E. A. Mrachkovsky e E. A. K. K. Khamenev. A. Dreitzer. E. S. Holtzman, I. I. I. Reingold, R. V. Pickel, V. P. Olberg, K. B. Berman-Yurin, Fritz David, (I. I. Kruglyanski), M. Lurje e N. Lurje.

Dopo aver ricordato che alcuni erano già stati condannati a pene detentive nel gennaio 1935, il segretario Kostyushko ha fatto riferimento a nuove circostanze stabilite da allora e ha delineato le dichiarazioni degli imputati. Riguardo a Zinoviev, ha detto che, sotto il peso delle prove presentate dalle autorità, aveva ammesso che "...L'obiettivo principale perseguito dal centro trotskista-zinovieviano era l'assassinio dei leader del CPSU, e in primo luogo di Stalin e Kirov". Quanto a Reingold, disse che nel luglio 1936 aveva dichiarato che l'obiettivo principale era "... cambiare con la violenza la leadership del CPSU e dell'Unione Sovietica". Le confessioni degli imputati furono presentate una dopo l'altra per sostenere che era stato stabilito che il centro trotskista-zinovievista era un'organizzazione terroristica che cercava di prendere il potere ad ogni costo. Sono seguite nuove testimonianze degli imputati sull'omicidio di Kirov, che hanno portato alla conclusione che lo stesso centro trotskista-zinovievista era responsabile del crimine. L'esposizione del segretario si è conclusa con la lettura di un altro blocco di dichiarazioni che hanno portato alla conclusione che il centro trotskista-zinovievista unito stava lavorando anche all'omicidio di altri membri del partito, come Voroshilov, Zhdanov e Kaganovich.

1) Che tra il 1932-36 un centro unito trotskista-zinovievita organizzato a Mosca cercò di prendere il potere assassinando i leader della CPSU e del governo. 2) Che Zinoviev, Kamenev, Evdokimov e Bakayev si erano uniti ai trotskisti Smirnov, Ter-Vaganyan e Mrachkovsky, formando così il centro unito trotskista-zinovievita. 3) Che nel periodo 1932-36 il centro unito aveva organizzato gruppi terroristici e preparato attentati per assassinare i compagni Stalin, Voroshilov, Zhdanov, Kaganovich, Kirov, ecc. 4) Che uno di questi gruppi, operando su istruzioni di Zinoviev e Trotsky e guidato da Bakayev, aveva assassinato il compagno Kirov il 1° dicembre 1934.

Già alla fine della sua esposizione, il cancelliere del tribunale ha aggiunto: "L. Trotsky e suo figlio L. L. Sedov, che si trovano entrambi all'estero, essendo stati indicati dai materiali del presente caso come coloro che hanno direttamente preparato e personalmente guidato il lavoro di organizzazione nell'URSS di atti terroristici contro i leader del CPSU e dello Stato sovietico, nel caso in cui vengano trovati sul territorio dell'URSS, saranno soggetti ad arresto immediato e saranno giudicati dal Collegio Militare della Corte Suprema dell'URSS". Infine, Kostyushko ha fornito i nomi di alcuni futuri imputati: Gertik, Grinberg, Y. Gaven, Karev, Kuzmichev, Konstant, Matorin, Paul Olberg, Radin, Safonova (moglie di Ivan Smirnov), Faivilovich, D. Shmidt ed Esterman, che, poiché l'indagine nei loro confronti continuava, erano stati accantonati in vista di un processo separato.

Il giudice ha quindi chiesto agli imputati se accettassero le accuse, cosa che tutti hanno fatto. Solo due di loro, Smirnov e Holtzman, hanno fatto delle precisazioni. Il primo ha ammesso la sua appartenenza al Centro unito e i suoi contatti con Trotsky. Ha ammesso di aver ricevuto istruzioni per organizzare attentati e la sua responsabilità per le azioni del Centro unito, ma ha rifiutato di accettare la sua partecipazione personale alla preparazione e all'esecuzione di atti terroristici. Il secondo imputato ha accettato le stesse accuse di Smirnov, ma ha anche negato il coinvolgimento personale in atti terroristici. Dopo l'audizione di questi due imputati, il presidente ha proposto una breve pausa di quindici minuti e ha aggiornato momentaneamente la sessione fino alle 13.45.

Sergei V. Mrachkovsky, stretto collaboratore di Trotsky fin dalla creazione dell'Armata Rossa, fu il primo a testimoniare. Egli descrisse dettagliatamente la storia della formazione del centro trotskista-zinovievista e ammise che, dopo il suo ritorno dall'esilio nel 1929, sembrava aver accettato la linea ufficiale del partito, sebbene le sue intenzioni fossero quelle di continuare la lotta con altri membri dell'opposizione. Il pubblico ministero ha chiesto a chi si riferisse e Mrachkovsky ha fatto i nomi di Smirnov e Ter-Vaganyan. Ha anche ammesso che già nel 1931 il gruppo stava apertamente considerando azioni terroristiche e ha sottolineato che Smirnov, dopo un viaggio a Berlino, aveva portato istruzioni dal figlio di Trotsky, L. Sedov, che aveva detto: "Finché non rimuoviamo Stalin, non ci sarà alcuna possibilità di riconquistare il potere". Vyshinsky gli chiese allora di chiarire questa frase: "Che cosa intende con l'espressione 'finché non rimuoviamo Stalin? Mrachkovsky rispose: "Finché non uccideremo Stalin". In quella riunione, alla presenza di Smirnov, Ter-Vaganyan e Safonova, fui incaricato di formare un gruppo terroristico, cioè di selezionare persone affidabili. Lo stesso incarico fu dato a Dreitzer. Quel periodo, il 1931 e il 1932, fu speso per indurre e preparare le persone a commettere atti terroristici". Mrachkovsky ha specificato che Trotsky inviò un emissario di nome Gaven che comunicò la necessità di formare un centro unito per l'organizzazione di atti terroristici. Il pubblico ministero interruppe l'interrogatorio e si rivolse a Smirnov:

> "Vyshinsky: Una domanda per Smirnov: conferma che nel 1932 ha ricevuto un messaggio da Trotsky attraverso Gaven?
> Smirnov: Ho ricevuto un messaggio da Trotsky tramite Gaven.
> Vyshinsky: Inoltre, ha ricevuto informazioni verbali dalla conversazione con Trotsky?
> Smirnov: Sì, anche la conversazione verbale.
> Vyshinsky: Lei, Smirnov, conferma davanti alla Corte Suprema che nel 1932 ricevette l'ordine di Trotsky da Gaven di commettere atti di terrorismo?
> Smirnov: Sì.
> Vyshinsky: Contro chi?
> Smirnov: contro i leader.
> Vyshinsky: Contro quali?
> Smirnov: Stalin e altri".

Mrachkovsky ha confermato che alla fine del 1932 il blocco di trotskisti e zinovievisti era già formato e ha coinvolto Isak Isayevich Reingold. Ha dichiarato di essersi recato a Mosca nel 1932, dove su ordine di Smirnov contattò Reingold, che era a capo del gruppo terroristico moscovita, con l'obiettivo di raggiungere un accordo con lui per l'unione delle forze. Continuando la sua testimonianza, Mrachkovsky ha dichiarato che nel dicembre 1934, mentre si trovava in Kazakistan, ricevette da Dreitzer una lettera di Trotsky scritta con inchiostro invisibile, in cui si diceva che era urgente affrettare l'assassinio di Stalin e Voroshilov e che in caso di guerra si sarebbe dovuto adottare una posizione disfattista e approfittare della confusione. La lettera era firmata "Starik" (il vecchio). Mrachkovsky affermava di conoscere molto bene la calligrafia di Trotsky, per cui non aveva dubbi sulla sua paternità. Poiché Smirnov ha negato il suo coinvolgimento personale nella preparazione e nell'esecuzione di atti terroristici, il pubblico ministero ha chiesto informazioni sul ruolo di

Smirnov nella centrale terroristica e Mrachkovsky ha ribadito che tutto è stato fatto con la consapevolezza di Smirnov. Mrachkovsky ha anche confermato che Zinoviev, Kamenev, Lominadze (che si era suicidato l'anno precedente), Ter-Vaganyan e altri facevano parte del centro unito, il che ha indotto il pubblico ministero a chiedere conferma a Zinoviev:

> "Vyshinsky: quando è stato organizzato il centro unito?
> Zinoviev: Nell'estate del 1932.
> Vyshinsky: Per quanto tempo ha funzionato?
> Zinoviev: In realtà fino al 1936.
> Vyshinsky: Quali erano le loro attività?
> Zinoviev: Le sue attività principali consistevano nella preparazione di atti terroristici.
> Vyshinsky: Contro chi?
> Zinoviev: Contro i leader.
> Vyshinsky: Contro i compagni Stalin, Voroshilov e Kaganovich, fu il vostro centro ad organizzare l'assassinio del compagno Kirov, l'assassinio di Sergei Mironovich Kirov fu organizzato dal vostro centro o da qualche altra organizzazione?
> Zinoviev: Sì, per il nostro centro.
> Vyshinsky: In questo centro c'eravate lei, Kamenev, Smirnov, Mrachkovsky e Ter-Vaganyan?
> Zinoviev. Sì.
> Vyshinsky: Quindi avete organizzato tutti l'assassinio di Kirov?
> Zinoviev: Sì.
> Vyshinsky: È così che avete ucciso il compagno Kirov?
> Zinoviev: Sì
> Vyshinsky: Siediti".

Il successivo a testimoniare fu Grigory E. Evdokimov, che confessò di essere un membro del centro unito e di aver approvato personalmente gli omicidi. Poiché era già stato condannato a otto anni di reclusione, il pubblico ministero gli ricordò che al processo del 15-16 gennaio 1935 aveva negato di aver avuto a che fare con l'omicidio di Kirov. "Ha mentito allora?", chiese Vyshinsky. "Ho ingannato la corte", ha risposto Evdokimov. L'imputato ha confermato che le istruzioni provenivano da Trotsky e che lui e Smirnov, Mrachkovsky e Ter-Vaganyan si erano accordati nell'estate del 1932. Aggiunse che nella città di Ilyinskaya, dove Zinoviev e Kamenev vivevano quell'estate, si tenne una conferenza alla quale parteciparono anche Bakayev e Karev. In questa conferenza si decise di formare i centri di Mosca e Leningrado per unire i gruppi terroristici. Evdokimov ha dichiarato che, su suggerimento di Zinoviev, Bakayev fu incaricato di organizzare gli atti terroristici.

> "Vyshinsky: Imputato Bakayev, conferma questo?

Bakayev: Durante quella conferenza Zinoviev disse che i trotskisti, su proposta di Trotsky, avevano deciso di lavorare per organizzare l'assassinio di Stalin e che avremmo dovuto prendere l'iniziativa nelle nostre mani.
Vyshinsky: Zinoviev ha detto questo?
Bakayev: Sì.
Vyshinsky: Zinoviev ha detto che lei avrebbe dovuto prendere l'iniziativa?
Bakayev: In quella conferenza mi fu ordinato di organizzare un'azione terroristica contro Stalin.
Vyshinsky: E avete iniziato a prepararlo, vero?
Bakayev: Sì.

Per la prima volta viene fatto il nome di Grigorij Sokolnikov (Girsh Yankelovich Brilliant), l'ebreo trotzkista che nel dicembre 1917 fu nominato direttore della Banca di Stato e avviò il saccheggio di tutti i depositi. Evdokimov ha dichiarato che nell'estate del 1934 Sokolnikov partecipò a una riunione nell'appartamento moscovita di Kamenev, alla quale erano presenti, oltre a lui e a Kamenev, anche Zinoviev, Ter-Vaganyan, Reingold e Bakayev. Evdokimov ha ammesso che in quella conferenza fu deciso di affrettare l'assassinio di Kirov. La sessione mattutina del 19 agosto si concluse con questo interrogatorio:

"Vyshinsky: l'omicidio di Kirov è stato preparato dal centro?
Evdokimov: Sì.
Vyshinsky: Era direttamente coinvolto nei preparativi?
Evdokimov: Sì.
Vyshinsky: Zinoviev e Kamenev parteciparono ai preparativi con voi?
Evdokimov: Sì.
Vyshinsky: Su istruzioni del centro Bakayev si recò a Leningrado per vedere come procedevano i preparativi, è vero?
Evdokimov: Sì.
Vyshinsky (a Bakayev): Ha incontrato Nikolayev a Leningrado?
Bakayev: Sì.
Vyshinsky: Avete riflettuto sulla necessità di un'intesa per assassinare Kirov?
Bakayev: Non c'era bisogno di trovare un accordo con lui, perché le istruzioni per l'assassinio erano già state date da Zinoviev e Kamenev.
Vyshinsky: Ma Nikolayev le disse che aveva deciso di assassinare Kirov, vero?
Bakayev: Lo ha detto lui e lo hanno detto anche altri terroristi. Levin, Maldelstamm, Kotolynov, Rumyantsev.
Vyshinsky: Hanno discusso dell'omicidio di Kirov?
Bakayev: Sì.
Vyshinsky: Ha confermato la sua determinazione, qual è stato il suo atteggiamento al riguardo?

Bakayev: L'ho incoraggiato.

Nella sessione pomeridiana furono interrogati quattro imputati: Dreitzer, Reingold, Bakayev e Pickel. Il primo, Ephraim A. Dreitzer, capo delle guardie del corpo di Trotsky, era stato uno degli organizzatori delle manifestazioni del 1927. Quando Trotsky fu esiliato ad Alma Ata, Dreitzer organizzò le comunicazioni con il centro trotskista di Mosca. Nell'autunno del 1931 approfittò di un viaggio di lavoro ufficiale a Berlino per contattare il figlio di Trotsky, che incontrò due volte in un caffè di via Leipziger. Dreitzer indicò ripetutamente Smirnov come "il direttore dell'orchestra di " e si dichiarò sorpreso che questi negasse l'evidenza. Il procuratore chiese quindi a Zinoviev di confermare il ruolo di Smirnov, cosa che egli fece a lungo: "Smirnov, a mio parere, ha svolto più attività di chiunque altro e lo abbiamo avuto come capo indiscusso del blocco trotskista, come l'uomo meglio informato delle opinioni di Trotsky". Zinoviev ribadì di aver negoziato personalmente con lui due o tre volte. Nell'ottobre 1934 la sorella di Dreitzer gli portò da Varsavia una rivista cinematografica tedesca in cui, come concordato con Lev Sedov, c'era un messaggio di Trotsky scritto con inchiostro invisibile con istruzioni per preparare atti terroristici contro Stalin e Voroshilov.

La caratteristica più notevole e inedita dell'interrogatorio di Isak Isayevich Reingold è stata la menzione di Rykov, Bukharin e Tomsky, che egli ha coinvolto nella cospirazione. Disse che erano stati negoziati con loro come rappresentanti della "deviazione di destra". Come aveva fatto Evdokimov nella sessione mattutina, Reingold citò Sokolnikov come membro del centro trotskista-zinovievista. Con grande disappunto di Bukharin e compagnia, Reingold aggiunse che esistevano due gruppi terroristici guidati da due "destrorsi", Slepkov ed Eismont. Un'altra rivelazione interessante di questo imputato è che Zinoviev e Kamenev avevano un piano per nominare Bakayev a capo dell'NKVD una volta saliti al potere. Secondo Reingold, dopo la presa del potere, Trotsky sarebbe stato riportato dall'estero e con il suo aiuto tutti gli stalinisti sarebbero stati rimossi dal partito e dal governo. Seguirono gli interrogatori di Ivan Petrovich Bakayev e Richard Vitoldovich Pickel, che non aggiunsero nulla di significativo, poiché entrambi ratificarono quanto dichiarato durante la giornata.

La sessione mattutina del 20 agosto iniziò con Lev Kamenev (Leiba Rosenfeld), uno dei due pezzi grossi di questo primo processo, che ammise che la cospirazione terroristica era stata organizzata da lui stesso, Zinoviev e Trotsky. Kamenev, che, secondo R. Conquest, "iniziò la sua dichiarazione con una certa dignità, ma affondò man mano che l'interrogatorio procedeva", non solo confermò il coinvolgimento di Sokolnikov (Brilliant), il cui nome era stato fatto da Reingold, ma coinvolse anche Radek e Serebryakov:

"... Tra i capi della cospirazione va nominata un'altra persona, che era uno dei capi, ma che, in considerazione dei piani speciali che avevamo fatto in relazione ad essa, non era impegnata in lavori di tipo pratico. Mi riferisco a Sokolnikov.
Vyshinsky: Chi era un membro del centro, ma la cui partecipazione era tenuta rigorosamente segreta?
Kamenev: Sì, sapendo che potevamo essere scoperti, abbiamo nominato un piccolo gruppo per continuare le nostre attività terroristiche. A questo scopo abbiamo nominato Sokolnikov. Ci sembrava che da parte dei trotskisti questo lavoro potesse essere svolto in modo soddisfacente da Serebryakov e Radek".

Per quanto riguarda il rapporto degli zinovievisti con altri gruppi rivoluzionari, tra questi c'erano i cosiddetti "destrorsi", ai quali Reingold aveva fatto riferimento nella sessione pomeridiana del giorno precedente e il cui leader principale era Bukharin. Kamenev disse, e cito:

Nel 1932 condussi personalmente i negoziati con il gruppo cosiddetto "di sinistra" di Lominadze e Shatsky. In questo gruppo ho trovato nemici della direzione del partito pronti a ricorrere contro di loro alle misure di lotta più risolute. Allo stesso tempo, Zinoviev e io stesso mantenemmo contatti con l'ex gruppo dell'"opposizione operaia" di Shlyapnikov e Medvedyev. Nel 1932, 1933 e 1934 mantenni personalmente i rapporti con Tomsky e Bukharin e sondai i loro sentimenti politici. Erano solidali con noi. Quando chiesi a Tomsky quale fosse lo stato d'animo di Rykov, mi rispose: "La pensa come me". Alla mia domanda su cosa pensasse Bukharin, disse: "Bukharin la pensa come me, ma segue una tattica un po' diversa: non è d'accordo con la linea del partito, ma segue lo stratagemma di radicarsi costantemente nel partito per conquistare la fiducia della leadership".

Su richiesta del pubblico ministero, la corte ha proceduto all'audizione del professor Yakovlev, un testimone che ha confermato la dichiarazione di Kamenev e ha aggiunto che nel 1934 ebbe una conversazione con lui nel corso della quale gli chiese di organizzare un gruppo terroristico presso l'Accademia delle Scienze. Yakovlev ha ammesso di aver accettato l'incarico e ha detto che Kamenev gli aveva detto all'epoca che c'erano altri gruppi con istruzioni per commettere atti terroristici, in particolare a Mosca contro Stalin e a Leningrado contro Kirov. Yakovlev ha detto che il gruppo Rumyantsev-Kotolynov era stato incaricato di assassinare Kirov.
Poi fu la volta di Grigori Zinoviev (Gerson Radomylsky), l'altro pesce grosso della cospirazione. Ancora una volta, Conquest allude allo stato d'animo di questo imputato: "Appariva vilipeso. L'eloquente oratore era a malapena in grado di parlare. Sembrava gonfio e grigio e respirava come un

asmatico". Zinoviev ha sottolineato che in realtà non ci sono mai state differenze sostanziali tra trotskisti e zinovievisti. Nella sua dichiarazione coinvolse Tomsky e Moissei Lurje (alias Alexander Emel), un inviato di Trotsky. Menzionò anche Ivar Smilga, un veterano che era stato membro del Comitato Centrale ai tempi di Lenin. Zinoviev, come altri imputati, indicò Smirnov come un personaggio chiave. Segue un passaggio significativo della sua dichiarazione:

"... Eravamo convinti che la leadership dovesse essere sostituita ad ogni costo, che dovesse essere sostituita da noi e da Trotsky. In questa situazione ebbi diversi incontri con Smirnov, che mi ha accusato qui di aver detto spesso delle falsità. Sì, ho detto spesso delle falsità. Ho cominciato a farlo nel momento in cui ho iniziato la lotta contro il partito bolscevico. Mentre Smirnov ha intrapreso la strada della lotta contro il partito, anche lui dice bugie. Ma sembra che la differenza tra me e lui sia che io ho deciso fermamente e irrevocabilmente di dire la verità in questa fase avanzata, mentre lui sembra aver preso una decisione diversa".

Il pubblico ministero chiese a Zinoviev di confermare che Smirnov era stato il principale rappresentante di Trotsky in URSS dal 1931, cosa che egli confermò, affermando inoltre che quando lui e Kamenev andarono in esilio dopo il caso Ryutin, Bakayev e Smirnov furono lasciati a capo delle attività terroristiche. Zinoviev, confermando Evdokimov, dichiarò che nel 1934 aveva inviato Bakayev a Leningrado per scoprire come procedevano i preparativi per l'assassinio di Kirov: "Ho mandato Bakayev a Leningrado come persona di nostra fiducia.... Al suo ritorno ha confermato che tutto stava andando bene". Già alla fine della deposizione, Ulrich, il giudice che presiedeva il processo, chiese quale ruolo avesse avuto Zinoviev nella preparazione di atti terroristici contro il compagno Stalin. Egli riconobbe di essere a conoscenza di due attentati alla vita di Stalin a cui avevano preso parte Reingold, Dreitzer e Pickel.

L'ex moglie di Smirnov, Aleksandra Safonova, è stata interrogata come testimone e ha ammesso di essere un membro del centro trotskista. Ha detto che Smirnov aveva trasmesso le istruzioni di Trotsky sul terrorismo e le aveva sostenute. Safonova ha raccontato che un giorno Mrachkovsky, dopo un colloquio con Stalin, raccontò a entrambi la loro conversazione e disse che l'unica via d'uscita era quella di assassinarlo. Safonova ha confermato che Smirnov sosteneva questa conclusione. Dopo aver ascoltato questa testimonianza, Smirnov ha negato di aver trasmesso a Ter-Vaganyan, Mrachkovsky e Safonova istruzioni per adottare il terrorismo e, nonostante le dichiarazioni di tutti e tre in tal senso, ha anche negato che, dopo il colloquio con Stalin, Mrachkovsky avesse parlato della necessità di assassinare Stalin. Per dimostrare che non c'era inimicizia tra Safonova e Smirnov e per stabilire chiaramente il loro rapporto personale in tribunale, il pubblico ministero ha posto queste domande:

"Vyshinsky: Come erano i suoi rapporti con la Safonova?
Smirnov: Buongiorno.
Vyshinsky: C'è altro?
Smirnov: Eravamo intimamente legati.
Vyshinsky: Erano marito e moglie?
Smirnov: Sì.
Vyshinsky: C'erano risentimenti personali tra di voi?
Smirnov: "No".

Durante la sessione pomeridiana sono state raccolte le dichiarazioni di altri tre imputati: Smirnov, Olberg e Berman-Yurin. Il primo, pur essendo un amico personale di Trotsky e uno dei leader dell'organizzazione fin dalla sua formazione, ha rifiutato di ammettere la sua partecipazione diretta alle attività terroristiche. A rischio di essere troppo lunghi, riproduciamo di seguito un interessante e lungo scambio di domande e risposte tra il pubblico ministero e alcuni imputati:

"Vyshinsky: Ha avuto contatti diretti con Trotsky?
Smirnov: Avevo due indirizzi.
Vyshinsky: Le chiedo: c'è stata una comunicazione?
Smirnov: Avevo due indirizzi.
Vyshinsky: Risposta, c'era comunicazione?
Smirnov: Se avere due indirizzi si chiama comunicazione?
Vyshinsky: Come lo chiama?
Smirnov: Ho detto di avere due indirizzi.
Vyshinsky: Ha mantenuto i contatti con Trotsky?
Smirnov: Avevo due indirizzi.
Vyshinsky: Avete avuto comunicazioni personali?
Smirnov: nessuna comunicazione personale.
Vyshinsky: C'erano comunicazioni per posta con Trotsky?
Smirnov: C'era una comunicazione per posta con il figlio di Trotsky.
Vyshinsky: La lettera che avete ricevuto tramite Gaven è stata inviata da Sedov o da Trotsky?
Smirnov: Gaven ha portato una lettera di Trotsky.
Vyshinsky: Questo è ciò che le chiedo: ha avuto contatti con Trotsky, sì o no?
Smirnov: Dico che ho scritto una lettera a Trotsky e ho ricevuto una sua risposta.
Vyshinsky: È una comunicazione o no?
Smirnov: Lo è.
Vyshinsky: Quindi c'era comunicazione?
Smirnov: C'era.
Vyshinsky: Ha dato istruzioni al gruppo?
Smirnov: No, non l'ho fatto.

Vyshinsky (a Mrachkovsky): Mrachkovsky, Smirnov ti ha dato istruzioni?

Mrachkovsky: Sì, le istruzioni mi furono date all'inizio del 1931, al suo ritorno dall'estero.

Vyshinsky: Che cosa ha detto?

Mrachkovsky: Che era necessario iniziare a selezionare persone affidabili, che avevamo un lavoro molto serio davanti a noi, che le persone selezionate dovevano essere persone determinate. Lo disse nel suo appartamento.

Smirnov: Era nel mio appartamento? Dov'è il mio appartamento?

Mrachkovsky: Questo avvenne nel 1931 a Pressnya.

Vyshinsky: È venuto a trovarla a Pressnya?

Smirnov: Non a Pressnya, ma in quel distretto.

Vyshinsky (a Zinoviev): Imputato Zinoviev, lei ha detto che Smirnov le ha parlato di terrorismo in più di un'occasione. Avete parlato della necessità di commettere atti terroristici?

Zinoviev: Esatto.

Vyshinsky: Quindi quello che ha detto Mrachkovsky sul gruppo terroristico è vero?

Zinoviev: Sì.

Vyshinsky: Imputato Smirnov, pensa che Ter-Vaganyan, Mrachkovsky ed Evdokimov stiano mentendo?

Smirnov: (non risponde).

Vyshinsky: Cosa riconosce?

Smirnov: Ammetto di appartenere all'organizzazione trotskista clandestina, di aver incontrato Sedov a Berlino nel 1931, di aver ascoltato le sue opinioni sul terrorismo e di averle trasmesse a Mosca. Ammetto di aver ricevuto le istruzioni di Trotsky sul terrorismo attraverso Gaven e, pur non condividendole, le ho comunicate agli zinovievisti attraverso Ter-Vaganyan.

Vyshinsky: E nonostante il suo disaccordo, è rimasto membro del blocco e ha lavorato nel blocco?

Smirnov: Non ho lasciato ufficialmente il blocco, ma di fatto non ho lavorato.

Vyshinsky: Quindi quando ha passato le istruzioni non ha lavorato?

Smirnov (non risponde).

Vyshinsky: Secondo lei, quando un organizzatore trasmette istruzioni, si tratta di lavoro?

Smirnov: Naturalmente.

Vyshinsky: Ha partecipato al blocco?

Smirnov: Sì.

Vyshinsky: E ammette che il blocco aveva posizioni terroristiche?

Smirnov: Sì.

Vyshinsky: Ammette anche di aver ricoperto questa posizione in relazione alle istruzioni ricevute da Trotsky?

Smirnov: Sì.

Vyshinsky: E fu lei a ricevere queste istruzioni?

Smirnov: Sì.

Vyshinsky: Quindi è stato lei a convincere il blocco ad adottare il terrorismo?

Smirnov: ho trasmesso le istruzioni sul terrorismo.

Vyshinsky: Se lei conferma che, dopo aver ricevuto istruzioni da Trotsky, la posizione del blocco era quella del terrorismo, si deve dire che il blocco ha adottato la posizione del terrorismo dopo che lei ha ricevuto le istruzioni di Trotsky e le ha trasmesse ai membri del blocco?

Smirnov: Ricevetti queste istruzioni, le comunicai ai trotzkisti e agli zinovievisti e loro formarono il centro. Anche se non ero d'accordo, non ho lasciato ufficialmente il blocco, ma di fatto non ero un membro del blocco.

Vyshinsky (a Ter-Vaganyan): Ter-Vaganyan, Smirnov ha lasciato il blocco?

Ter-Vaganyan: No.

Vyshinsky (a Mrackovsky): Mrachkovsky, Smirnov ha lasciato il blocco?

Mrachkovsky: No.

Vyshinsky (a Dreitzer): Dreitzer, sapevi che Smirnov aveva lasciato il blocco?

Dreitzer. Se dare istruzioni per organizzare gruppi terroristici significa lasciare il blocco, allora sì.

Vyshinsky (a Evdokimov): Evdokimov, ha sentito che Smirnov ha lasciato il blocco?

Evdokimov: No, al contrario; rimase un membro del gruppo e vi lavorò attivamente.

Vyshinsky: Condivideva le idee terroristiche?

Evdokimov: Sì, li ha condivisi.

Vyshinsky (a Kamenev): Imputato Kamenev, cosa sa del fatto che Smirnov ha lasciato il blocco?

Kamenev: Confermo che Smirnov è sempre stato un membro del blocco.

Vyshinsky: Imputato Smirnov, questo chiude il ciclo".

Vedendo che tutti dichiaravano contro di lui che era stato il capo dei trotzkisti nella cospirazione, Smirnov si rivolse loro con sarcasmo e disse: "Volete un leader? Bene, prendete me!".

Valentin P. Olberg, indicato come agente provocatore nelle fonti trotskiste, fu il prossimo a testimoniare. Vyshinsky gli chiese di dire da quanto tempo fosse legato al trotskismo e Olberg ammise di essere membro dell'organizzazione dal 1927 e che nel 1930 aveva stabilito un contatto con il figlio di Trotsky attraverso Anton Grilevich, editore degli opuscoli in lingua tedesca di Trotsky. Ha dichiarato che dal maggio 1931 alla fine del 1932 si incontrarono settimanalmente, a volte anche due volte alla settimana. I luoghi di incontro erano un caffè in Nürnbergerplatz o l'appartamento di Sedov. Olberg ha spiegato che Susanna, moglie di Sedov, portò da Copenaghen una lettera di Trotsky indirizzata al figlio, che autorizzava il viaggio di Olberg in URSS. Il pubblico ministero gli chiese cosa sapesse di un certo Friedmann e Olberg rispose che era un trotskista, anch'egli inviato in URSS.

"Vyshinsky: Sa che Friedmann era collegato alla polizia tedesca?
Olberg: Ne ho sentito parlare.
Vyshinsky: Il collegamento con la polizia tedesca era sistematico?
Olberg. Sì, era sistematico. Trotsky lo sapeva e aveva il suo consenso.
Vyshinsky: Come fa a sapere che Trotsky sapeva e ha acconsentito?
Olberg: Una delle linee di collegamento è stata mantenuta da me e l'ho stabilita con l'approvazione di Trotsky".

L'imputato ha poi spiegato i tre viaggi che ha fatto in URSS. La prima volta, nel marzo 1933, entrò con un passaporto falso a nome di Freudigmann e rimase nel Paese fino a luglio. Ammise che lo scopo del viaggio era preparare e realizzare l'assassinio di Stalin. Olberg visse segretamente a Mosca per sei settimane e poi andò a Stalinabad, dove insegnò storia. Non avendo documenti che provassero il suo servizio militare, fu costretto a tornare all'estero e si recò a Praga, dove viveva suo fratello minore, Paul Olberg. Dalla capitale ceca, riferì l'accaduto a Sedov, che promise di procurargli un passaporto migliore. A Praga, secondo la versione ufficiale, Paul Olberg aveva contatti con un certo Tukalevsky, un agente della Gestapo che lavorava come direttore della Libreria Slava del Ministero degli Esteri cecoslovacco. Valentin Olberg ha dichiarato che per 13.000 corone cecoslovacche Tukalevsky gli offrì un passaporto a nome di Lucas Parades, console generale della Repubblica dell'Honduras a Berlino, che era arrivato a Praga. Il denaro gli fu inviato dal figlio di Trotsky e Olberg ottenne così un nuovo passaporto. Vyshinsky presentò il passaporto in tribunale e chiese a Olberg di confermare che si trattava dello stesso documento, cosa che fece. Olberg rientrò così in URSS nel marzo 1935, ma non poté rimanervi a lungo perché aveva un visto turistico. Tornò in Germania e vi rimase per tre mesi, finché non riuscì a ottenere una proroga per il suo passaporto honduregno. Nel luglio dello stesso anno ci ha riprovato. Dopo un breve soggiorno a Minsk, si recò a Gorky, dove entrò in contatto con i trotskisti Yelin e Fedotov e ottenne un lavoro presso l'Istituto pedagogico di Gorky. Lì lavorò all'attentato alla vita di Stalin, che avrebbe avuto luogo il 1° maggio 1936.

"Vyshinsky: Cosa vi ha impedito di attuare il piano?
Olberg: L'arresto.
Vyshinsky: Ha informato Sedov dei preparativi per l'azione terroristica?
Olberg: Sì, scrissi più volte alla direzione di Slomovitz e ricevetti una lettera in cui si annunciava che il nostro vecchio amico insisteva perché la tesi di diploma fosse presentata il 1° maggio.
Vyshinsky: Tesi di diploma? Che cos'è?
Olberg: L'assassinio di Stalin.

Vyshinsky: E chi è il vecchio amico?
Olberg: il vecchio amico è Trotsky".

L'ultimo imputato della giornata è stato Konon Borisovich Berman-Yurin (alias Alexander Fomich), al quale il presidente del tribunale ha chiesto di raccontare le istruzioni ricevute all'estero prima di recarsi in URSS. Berman-Yurin dichiarò che nel 1932 aveva visitato personalmente Trotsky a Copenaghen e aveva ricevuto da lui istruzioni dirette per attaccare Stalin. Anche il primo contatto con Sedov fu stabilito, come nel caso di Olberg, attraverso Anton Grilevich. Le dichiarazioni di questo imputato meritano attenzione, poiché ha spiegato in dettaglio le circostanze dell'incontro e della conversazione con Trotsky a Copenaghen. Ha raccontato di essere arrivato a Copenaghen alla fine di novembre del 1932, dove fu accolto alla stazione da Grilevich, che lo condusse da Trotsky. Su richiesta del leader, Berman-Yurin giustificò a lungo la sua militanza trotskista, dopodiché passò a discutere della situazione in URSS. Trotsky, secondo l'accusato, disse che Stalin doveva essere distrutto fisicamente, che altri metodi di lotta non erano più efficaci, che per portare a termine questo compito storico erano necessarie persone pronte a tutto, pronte al sacrificio personale. Berman-Yurin ha spiegato che la prima conversazione terminò perché Trotsky uscì di casa e lui rimase nell'appartamento in attesa del suo ritorno, che avvenne in serata. La conversazione poi continuò e Trotsky espresse la necessità che anche Kaganóvich e Voroshilov fossero uccisi.

"Vyshinsky: Quali altri temi avete toccato oltre al terrorismo?
Berman-Yurin: Trotsky espresse il suo punto di vista sulla situazione di fronte a un possibile intervento contro l'Unione Sovietica. Adottò chiaramente un atteggiamento disfattista. Disse che i trotskisti avrebbero dovuto arruolarsi nell'esercito, ma che non avrebbero difeso l'Unione Sovietica.
Vyshinsky: L'ha convinta?
Berman-Yurin: Durante la conversazione camminava nervosamente da un lato all'altro della stanza e parlava di Stalin con un odio eccezionale.
Vyshinsky: Ha dato il suo consenso?
Berman-Yurin: Sì.
Vyshinsky: È così che si è conclusa la vostra conversazione?
Berman-Yurin: Ho parlato con Trotsky anche di quanto segue. Dopo avergli dato il mio consenso, mi disse che dovevo prepararmi ad andare a Mosca e, dato che avrei avuto contatti con il Comintern, avrei dovuto preparare l'azione terroristica approfittando di questi contatti.
Vyshinsky: Trotsky non vi diede solo istruzioni in generale, ma formulò concretamente il vostro compito?
Berman-Yurin: Disse che l'azione terroristica, se possibile, doveva essere programmata in modo da avere luogo in occasione del Plenum del Comintern o del Congresso..... Questo avrebbe avuto enormi

ripercussioni internazionali e avrebbe provocato un movimento di massa in tutto il mondo. Sarebbe un evento politico storico di importanza mondiale. Trotsky mi disse che non avrei dovuto contattare nessun trotskista a Mosca e che avrei dovuto svolgere il lavoro in modo indipendente. Risposi che non conoscevo nessuno a Mosca e che mi era difficile immaginare come avrei potuto agire in queste circostanze. Dissi che avevo un conoscente di nome Fritz David e chiesi se non fosse il caso di contattarlo. Trotsky rispose che avrebbe incaricato Sedov di chiarire la questione e che mi avrebbe dato istruzioni in merito".

Berman-Yurin si recò a Mosca nel marzo 1933. Sedov gli ordinò di contattare Fritz David per preparare l'attacco. Entrambi ritenevano possibile compiere l'attentato durante il 13° Plenum dell'Internazionale Comunista (Comintern). Fritz David doveva fornire un ingresso a Berman-Yurin e Berman-Yurin doveva sparare a Stalin. Il piano fallì perché l'ingresso non fu ottenuto. Si decise di rimandare l'attacco al Congresso dell'Internazionale, previsto per il settembre 1934: "Io", dichiarò Berman-Yurin, "diedi a Fritz David una pistola Browning e dei proiettili. Prima dell'apertura del Congresso mi informò che non aveva preso un biglietto per me, ma che sarebbe stato presente al Congresso. Decidemmo che sarebbe stato lui a compiere l'azione terroristica". Il piano fallì ancora una volta, perché, sebbene Fritz David fosse seduto in un palco, non riuscì ad avvicinarsi abbastanza a Stalin per sparargli.

Diverse fonti indicano che nel 1936 Stalin era a conoscenza da anni delle interviste di Berman-Yurin a Trotsky. Rita T. Kronenbitter (vedi nota 14) ha pubblicato su *Studies in Intelligence* un articolo intitolato "Leon Trotsky, Dupe of the NKVD", *un* documento segreto declassificato anni dopo nel "Historical Review Program" della CIA. Questo lavoro rivela fino a che punto gli agenti sovietici avevano Trotsky sotto il loro controllo in ogni momento. "Tutto ciò che sanno dei miei movimenti è quello che apprendono dai giornali", aveva dichiarato scioccamente Trotsky nel 1932. Il fatto è che già nel 1931 l'OGPU si era infiltrato nella cerchia di Trotsky attraverso i fratelli Sobolevicius, due ebrei lituani. Il fatto che gli agenti inviati da Stalin a Trotsky fossero ebrei fa pensare che egli si fidasse di loro, il che facilitò il riavvicinamento. I fratelli Sobolevicius: Jack Soble e il dottor Robert Soblen, conosciuti tra i trotskisti rispettivamente come Adolph Senin e Roman Well, visitarono Trotsky in Turchia tra il 1929 e il 1932, dove si guadagnarono la sua fiducia. Trotsky li considerava dei fedeli sostenitori e probabilmente non sapeva nemmeno che fossero fratelli. Nel dicembre 1932 Jack Soble vide Trotsky per l'ultima volta a Copenaghen. Senin-Soble, dopo aver passato all'NKVD tutte le informazioni sui movimenti di Trotsky nella capitale danese, dove si era recato per tenere una serie di conferenze, lasciò il movimento trotskista e scomparve. [15]

La sessione mattutina del 21 iniziò con Edouard Solomonovich Holtzman, che aveva aderito all'organizzazione trotskista già nel 1926 e aveva un rapporto speciale con Smirnov, che conosceva dal 1918. Il pubblico ministero voleva stabilire che gli incontri tra Smirnov e Holtzman si svolgevano regolarmente nell'appartamento della madre di Smirnov. Holtzman ha ammesso di essersi recato a Berlino, dove ha telefonato a Sedov e si è accordato per incontrarlo allo "Zoologischer Garten". Poiché non si conoscevano, concordarono che avrebbero portato con sé copie del *Berliner Tageblatt* e del *Vorwärts*. Il figlio di Trotsky lo accompagnò in auto in un appartamento, dove Holtzman gli consegnò un rapporto e il codice segreto. Durante i mesi di permanenza a Berlino gli incontri si susseguirono, finché non si incontrarono finalmente a Copenaghen, dove viaggiarono separatamente per motivi di sicurezza. Nella capitale danese incontrò Trotsky, che gli chiese di informarlo sui sentimenti e sull'atteggiamento dei membri del partito nei confronti di Stalin. Anche in questo caso l'imputato ha confermato che durante la conversazione Trotsky gli aveva parlato della necessità di liberarsi di Stalin. Holtzman cercò di sostenere in tribunale che non condivideva le opinioni di Trotsky sul terrorismo; ma il pubblico ministero gli fece confessare di aver comunque continuato a far parte dell'organizzazione trotskista pur sapendo che erano state decise azioni terroristiche.

Poi fu la volta dei due Lurjes, la cui parentela è incerta, poiché sembra che non fossero fratelli. Nathan, il primo a testimoniare, trotzkista dal 1927, ammise di essere giunto in URSS da Berlino con la missione di commettere atti terroristici. Nathan Lurje dichiarò che l'odio verso Stalin e la leadership del CPSU era stato al centro dell'addestramento ricevuto dall'organizzazione in Germania. Durante il processo è stato stabilito che, dopo essere arrivato a Mosca nel 1932, Nathan contattò Konstant e Lipschitz, due trotzkisti che aveva conosciuto in Germania, ai quali trasmise le istruzioni ricevute dall'organizzazione attraverso Moisei Lurje. Konstant gli fece sapere che esisteva già un gruppo terroristico con un ingegnere e architetto tedesco di nome Franz Weitz che, secondo Konstant, era un membro della NSDAP e che nell'agosto del 1932 lo informò della possibilità di un attentato contro il commissario alla Difesa dell'URSS, il compagno

---

[15] I fratelli Sobolevicius erano noti anche come Sobolev e Sobol. Il maggiore, Robert Soblen (Roman Well), fu redattore nel 1927 dell'*Arbeiter Zeitung* e successivamente della *Bolschevistische Einheit*, organi di estrema sinistra in Germania. I nomi Jack Soble e Robert Soblen, con cui questi fratelli ebrei sono conosciuti, erano i nomi che adottarono negli Stati Uniti, dove continuarono a lavorare come agenti sovietici negli anni del dopoguerra. Nel 1957 Jack Soble e sua moglie Myra furono arrestati con l'accusa di far parte di una rete di spionaggio nota come "Mocase". Entrambi furono processati e imprigionati.

Voroshilov. Dal settembre 1932 al marzo 1933, il veicolo su cui viaggiava Voroshilov fu osservato mentre andava e veniva, ma la possibilità di assassinarlo sparando fu alla fine scartata, poiché l'auto si muoveva velocemente. In seguito si pensò a una bomba, ma anche questo attentato non ebbe successo. Nathan Lurje ha testimoniato in tribunale di essere stato inviato a Chelyabinsk, dove ha lavorato come chirurgo, fino al gennaio 1936, quando è andato in missione scientifica a Leningrado. Mentre si trovava a Mosca incontrò Moisei Lurje, che gli diede istruzioni per attaccare il compagno Zhdanov. Moisei Lurje (Michael Larin), economista ebreo e confederato del Comintern, la cui figlia Anna Larina sposò Bukharin nel 1934, confermò nella sua dichiarazione di essere stato in contatto con Nathan dall'aprile 1933 al gennaio 1936 e che entrambi erano trotzkisti incaricati di assassinare la leadership stalinista. La sessione mattutina del 21 agosto si è conclusa con Vagarshak Arutyunovich Ter-Vaganyan, che oltre a coinvolgere nuovamente Smirnov e ad ammettere di aver ricevuto istruzioni da Zinoviev e Kamenev, ha proposto due nuovi nomi, gli storici trotskisti Zeidel e Friedland.

L'ultimo imputato, Fritz David (Ilya-David Israilevich) alias Kruglyansky, è stato interrogato nella sessione pomeridiana del 21 agosto. Entrò in URSS con le istruzioni ricevute da Trotsky per tentare di assassinare Stalin. Fritz David si mise in contatto solo con Berman-Yurin, che stava eseguendo le istruzioni ricevute direttamente da Trotsky. I due elaborarono piani concreti per assassinare Stalin. Il primo scenario scelto fu il 13° Plenum del Comitato esecutivo dell'Internazionale; il secondo, il 7° Congresso dell'Internazionale (Comintern). Entrambi fallirono. Nel primo caso, Stalin non partecipò al plenum. Nell'altro, come si è detto esaminando la dichiarazione di Berman-Yurin, Fritz David, riuscì a entrare nel Congresso, ma non poté avvicinare Stalin. Vyshinsky riassume così la dichiarazione dell'imputato: "Possiamo quindi riassumere. Lei era un membro dell'organizzazione trotskista e ha conosciuto Trotsky personalmente. Trotsky stesso le ha dato istruzioni di andare in URSS per commettere atti terroristici e l'ha avvertita di mantenere uno stretto riserbo. Questo spiega perché non contattò nessuno, tranne Berman-Yurin. Insieme a Berman-Yurin, che aveva ricevuto istruzioni simili, fece i preparativi per un attentato alla vita del compagno Stalin e scelse il Settimo Congresso del 1935 come momento opportuno. Grazie ai contatti che aveva nel Comintern riuscì a entrare nel Congresso con lo scopo di commettere l'atto, ma non riuscì a farlo a causa di circostanze che sfuggono al vostro controllo".

Al termine degli interrogatori, il procuratore Vishinsky ha redatto un rapporto in cui annunciava l'avvio di un ulteriore procedimento:

> "Nelle sedute precedenti alcuni degli imputati (Kamenev, Zinoviev e Reingold) hanno fatto riferimento nelle loro testimonianze a Tomsky, Bukharin, Rykov, Uglanov, Radek, Pyatakov, Serebryakov e Sokolnikov

come coinvolti, in misura minore o maggiore, nelle attività criminali controrivoluzionarie per le quali i coinvolti nel presente caso sono sotto processo. Ritengo necessario informare la Corte che ieri ho dato ordine di avviare un'indagine sulle informazioni degli imputati relative a Tomsky, Rikov, Bukharin, Uglanov, Radek e Pyatakov e che, in base ai risultati di tale indagine, la Procura Generale avvierà un procedimento giudiziario in materia. Per quanto riguarda Serebryakov e Sokolnikov, le autorità sono già in possesso di materiale che implica queste persone in crimini controrivoluzionari e, in considerazione di ciò, si sta avviando un procedimento penale contro Sokolnikov e Serebryakov".

Il giorno successivo, il 22 agosto, questa dichiarazione fu stampata. Lo stesso giorno, dopo averla letta, Mikhail Tomsky (in realtà Honigberg) scrisse una lettera a Stalin negando tutte le accuse e poco dopo si suicidò. Il Comitato Centrale, di cui Tomsky era candidato, denunciò il suo suicidio un giorno dopo, attribuendolo al fatto che era stato incastrato.

Anche la giornata del 22 prevedeva sessioni mattutine e pomeridiane. La sessione mattutina fu interamente dedicata all'accusa. In un lungo discorso, il procuratore ha descritto il centro trotskista-zinovieviano come una banda di spregevoli terroristi e ha accusato Trotsky, Zinoviev e Kamenev di essere nemici giurati dell'Unione Sovietica, i cui metodi principali erano il doppio gioco, l'inganno e la provocazione. Vyshinsky riteneva che le attività terroristiche controrivoluzionarie, tra le quali insisteva nel sottolineare l'assassinio del compagno Kirov, fossero state pienamente provate. Dopo aver fatto cadere le maschere degli accusati, ha concluso: "Chiedo che questi cani pazzi vengano fucilati, tutti quanti". La sessione pomeridiana del 22 e le due sessioni del 23 furono interamente dedicate all'ascolto delle arringhe dei sedici imputati. Quando Fritz David, l'ultimo a parlare, ebbe finito, erano già le 19:00 di sera e la corte si ritirò per esaminare il verdetto. Il 24 agosto, alle 14.30, il presidente del tribunale, Vassili Ulrich, lesse la sentenza che condannava tutti gli imputati alla pena suprema, che comportava la fucilazione e la confisca di tutti i beni.

Se, come sostengono Orlov e Krivitsky, è vero che Stalin aveva promesso a Zinoviev e Kamenev che non sarebbero stati giustiziati, evidentemente si è rimangiato la promessa, dato che ventiquattro ore dopo la pubblicazione della sentenza fu annunciata l'esecuzione. In *Il grande terrore*, Robert Conquest fa nuovamente riferimento al resoconto di Alexander Orlov sugli ultimi momenti di Zinoviev. Secondo quest'ultimo, il 20 dicembre 1936 Stalin diede un piccolo banchetto ai capi dell'NKVD per celebrare l'anniversario della creazione della Cheka. Quando tutti erano già ubriachi, l'ebreo Karl V. Pauker, responsabile della sicurezza del Cremlino, del Politburo e dello stesso Stalin, che sarebbe stato arrestato nel marzo 1937 e giustiziato il 14 agosto dello stesso anno, parodiò servilmente le suppliche di Zinoviev prima di essere fucilato per il divertimento di Stalin. Utilizzando due ufficiali come guardie, interpretò il ruolo di Zinoviev mentre veniva trascinato verso l'esecuzione. Appeso alle braccia delle guardie, gemendo e implorando, Pauker/Zinoviev cadde in ginocchio e si aggrappò agli stivali di una delle guardie gridando: "Per favore, per l'amor di Dio, compagno, telefona a Yosif Vissarionovich!". Stalin rise e Pauker ripeté la sua performance. Con Stalin che rideva a crepapelle, Pauker/Zinoviev propose una nuova scena e alzando le mani e piangendo disse: "Ascolta, Israele, il nostro Dio è l'unico Dio!" Stalin stava soffocando dalle risate e fece segno a Pauker di terminare la sua performance. È significativo, in ogni caso, che Zinoviev, presumibilmente ateo come il resto dei suoi colleghi giudeo-bolscevichi, impegnati a distruggere le chiese cristiane e a uccidere i religiosi di questa fede, abbia invocato il Dio di Israele prima di morire.

Per quanto riguarda l'affermazione secondo cui le accuse mosse agli imputati sarebbero state inventate e l'intera vicenda sarebbe stata una farsa, riteniamo che non regga. Le accuse sono state attentamente esaminate da diversi avvocati britannici, che le hanno ritenute convincenti. Anche i giornalisti internazionali presenti al processo hanno dato piena credibilità al procedimento. Solo in seguito gli scrittori antistalinisti o trotskisti cominciarono a fare di tutto per screditare i processi di Mosca. Lo stesso Trotsky scrisse che "i trotskisti stavano giocando in URSS esattamente lo stesso ruolo che gli ebrei e i comunisti stavano giocando in Germania". Inoltre, negli archivi di Harvard sono stati ritrovati documenti che provano senza ombra di dubbio che Trotsky e suo figlio Sedov erano associati al blocco antistalinista quando era in formazione. Lo scrittore trotskista Vadim Rogovin nel suo libro *1937: Stalin's Year of Terror* ammette che il blocco antistalinista era già formato nel giugno 1932. I contatti di Trotsky e di suo figlio con i rappresentanti dei leader del centro trotskista-zinovievista e l'esistenza della cospirazione sono quindi fatti innegabili. L'infiltrazione dell'entourage di Trotsky e di suo figlio Sedov è pienamente provata e fu così profonda che persino l'edizione del famoso *Bollettino dell'Opposizione* finì nelle mani di Mark Zborowski, Etienne, l'agente dell'NKVD che presentò Sylvia Ageloff a Ramon Mercader, il quale sedusse questo trotskista e fu così in grado di entrare in casa di Trotsky e assassinarlo.

Il processo Pyatakov

I preparativi per il secondo processo annunciato da Vyshinsky iniziarono immediatamente. Sokolnikov fu arrestato il 26 agosto. Due settimane dopo le esecuzioni, l'8 settembre 1936, Bukharin e Rykov si confrontarono con Sokolnikov alla presenza di Kaganovich, Yezhov e Vyshinsky; ma il 10 settembre *la Pravda* riportò in un piccolo paragrafo che le accuse contro Bukharin e Rykov erano state ritirate per mancanza di prove. Bukharin mantenne così la sua posizione di direttore di *Izvestia* ed entrambi rimasero candidati al Comitato centrale. Secondo alcune fonti, il rifiuto di portare avanti il procedimento contro di loro era dovuto alle pressioni di vari membri del Politburo. Il 12 settembre fu arrestato Georgi Pyatakov e il 22 settembre fu la volta di Radek. Durante questi arresti, la posizione di Yagoda vacillava. Secondo Orlov, Yagoda, convinto che Zinoviev e Kamenev non sarebbero stati giustiziati, era stato ingannato da Stalin. In seguito, sarebbe stato accusato di aver protetto alcuni degli imputati e di aver ostacolato gli interrogatori. Il 25 settembre Stalin e Andrei Zhdanov inviarono un telegramma da Sochi a Kaganovich e Molotov in cui ritenevano urgente e necessario porre Yezhov a capo del Commissariato degli Affari Interni, indicando che Yagoda era sfiduciato. Il 26 settembre Nikolai Yezhov divenne il nuovo Commissario per gli Affari Interni e membro del Comitato Centrale.

Il fatto che Yezhov fosse russo non significava, tuttavia, che la predominanza di leader ebrei nell'NKVD fosse terminata. Il 30 settembre, l'ebreo Matvei Davydovich Berman, considerato uno dei padri del Gulag, che era stato responsabile dell'Amministrazione dei campi di lavoro dal 1932, fu nominato vice direttore dell'NKVD. Espulso dal partito nel 1938, Berman fu giustiziato il 7 marzo 1939. Anche suo fratello Boris Davydovich ricoprì una posizione importante nel Dipartimento Esteri della Lubyanka. Altri quattro ebrei: Mikhail Iosifovich Litvin, Isaak Ilich Shapiro, Vladimir Yefimovich Tsesarsky e Semen Borisovich Zhukovsky furono tra le prime nomine di Yezhov. Anche il suo segretario, Yakob Deych, era ebreo, così come Yakov Saulovich Agranov, uno degli uomini di Yagoda che rimase nella NVKD e fu a capo della squadra di interrogatori che iniziò a preparare il nuovo processo. Egli stesso fu infine fucilato il 1° agosto 1938, con l'accusa di essere un trotskista e un nemico del popolo.

Delle diciassette persone comparse in tribunale, accusate di far parte del cosiddetto Centro Trotskista Antisovietico, Pyatakov, Sokolnikov e Radek erano le figure più in vista. Quest'ultimo era stato accusato da Trotsky di aver tradito Yakov Blumkin, il terrorista ebreo che su ordine di Trotsky aveva assassinato l'ambasciatore tedesco Wilhelm Mirbach il 16 giugno 1918. Blumkin, che era stato segretario di Trotsky, si trovava in Turchia nel 1929 e vendeva incunaboli ebraici rubati dalle sinagoghe dell'Ucraina, della Russia meridionale e dai musei statali. Una parte del denaro fu consegnata al suo capo per finanziare una rete di spionaggio in Medio Oriente. Trotsky gli consegnò quindi un messaggio segreto per Radek. La GPU venne a conoscenza dell'intervista e gli tese una trappola. Elizabeth Zarubina (in realtà Lisa Rozensweig), un'agente di origine ebraica che negli Stati Uniti assunse il nome di Lisa Gorskaya, aveva da settimane una relazione con Blumkin, che fu arrestato con lei in un'auto e successivamente giustiziato. Yagoda, che insieme a Menzhinsky dirigeva l'operazione, molto probabilmente avvertì Radek che la GPU ne era a conoscenza. Trotsky accusò Radek di tradimento, ma è quasi certo che Radek denunciò Blumkin come misura di autoprotezione. Per quanto riguarda Sokolnikov, in *Storia segreta dei crimini di Stalin* Orlov riporta un colloquio con Stalin, in cui avrebbe promesso di salvare la vita di Stalin in cambio della sua collaborazione. Robert Conquest non ritiene questa versione molto credibile, poiché Sokolnikov sapeva cosa era successo con Zinoviev e Kamenev. A proposito del terzo uomo, Pyatakov, lo scrittore trotskista Pierre Broué scrive che aveva lasciato l'opposizione nel 1928 ed era considerato un disertore. In *Les Procès de Moscou*, Broué scrive: "Era diventato così odioso per il popolo dell'opposizione trotskista che Sedov, in una riunione a Unter den Linden a Berlino, lo aveva pubblicamente rimproverato". Broué considera quindi irrilevante tutto ciò che Pyatakov ha detto al processo.

Nel dicembre 1936 i detenuti iniziarono a collaborare. Conquest scrive che Stalin visitò personalmente Radek alla Lubyanka e ebbe una lunga conversazione con lui alla presenza di Yezhov. Basandosi ancora una volta su Orlov, Conquest afferma che dopo il colloquio con Stalin, Radek divenne il più prezioso collaboratore degli interrogatori. Alla fine di dicembre, a Bukharin furono consegnate copie delle dichiarazioni di Radek che lo incriminavano di atti terroristici e altri crimini. Da quel momento in poi, a causa delle accuse contro di lui, Bukharin dovette affrontare continui scontri con Radek, Pyatakov, Sokolnikov e altri imputati. Il 16 gennaio 1937 il suo nome cessò di apparire come direttore di *Izvestia*. All'inizio di gennaio l'accusa disponeva già di centinaia di pagine di prove della gravità del complotto, cosicché il 23 gennaio 1937 poté iniziare il processo contro il nuovo gruppo di trotzkisti, designato come "Centro trotzkista antisovietico", che proseguì fino al 30 gennaio.

Otto dei diciassette imputati erano ancora una volta ebrei. Knyazev, Pushin e Arnold erano assistiti da avvocati. Gli altri - Pyatakov, Radek, Sokolnikov, Serebryakov, Livshitz, Muralov, Drobnis, Bogulavsky, Rataichak, Norkin, Shestov, Stroilov, Turok e Hrasche - hanno scelto di difendersi da soli. La lettura dell'atto d'accusa ha occupato la prima ora della sessione di apertura. Riassumendo, il procuratore Vyshinsky ha ricordato che nel precedente processo, attraverso le dichiarazioni di Zinoviev, Kamenev e altri imputati, era stata accertata l'esistenza di un "centro di riserva" organizzato intorno a Pyatakov, Radek, Sokolnikov e Serebryakov, che operava sotto le istruzioni dirette di Trotsky. Il procuratore ha affermato che il compito principale di questo centro era quello di rovesciare il governo dell'URSS e che in questo erano assistiti da Stati stranieri, in particolare Germania e Giappone. Secondo Vyshinsky, l'indagine aveva stabilito che L. D. Trotsky aveva avviato trattative con i leader del NSDAP allo scopo di scatenare una guerra contro l'Unione Sovietica. Tutti gli imputati si dichiararono colpevoli.

L'ambasciatore degli Stati Uniti a Mosca, Joseph E. Davies, che era un avvocato, partecipò a tutte le sessioni dei processi di Mosca. Nella sua opera *Mission To Moscow* è completamente convinto della colpevolezza degli imputati. Il 17 febbraio 1937, in un rapporto confidenziale al Segretario di Stato Cordel Hull, scrisse: "Supporre che questo processo sia stato ideato e messo in scena come un progetto di finzione politica drammatica significherebbe presupporre il genio creativo di uno Shakespeare e il genio della messa in scena di un Belasco". Nello stesso rapporto, l'ambasciatore Davies riferì di aver parlato con quasi tutti i membri del corpo diplomatico e che, con un'unica eccezione, erano dell'opinione "che il procedimento stabilisse chiaramente l'esistenza di un complotto politico e di una cospirazione per rovesciare il governo".

Il primo a testimoniarlo fu Georgi (Yuri) Pyatakov. Sul famoso litigio del 1928, considerato definitivo da P. Broué, Pyatakov ne parlò nel contesto di un colloquio con Sedov nel 1931 e dichiarò: "Sedov disse che Trotsky non aveva mai dubitato che, nonostante il nostro litigio all'inizio del 1928, aveva in me un compagno d'armi affidabile". Il pubblico ministero voleva stabilire che l'incontro del 1931 con il figlio di Trotsky avesse avuto luogo e ha avuto il seguente dialogo con l'imputato Shestov:

"Vyshinsky: Ha incontrato Pyatakov a Berlino nel 1931?
Shestov: Sì.
Vyshinsky: L'imputato Pyatakov l'ha informata del suo incontro con Sedov?
Shestov: Sì, l'ha fatto.
Vyshinsky: Conferma ciò che Pyatakov ha appena detto sulla sua intervista con Sedov?
Shestov: Sì, posso confermarlo.

Pyatakov informò poi il tribunale di aver ricevuto, alla fine di novembre 1931, una lettera personale di Trotsky scritta in tedesco e firmata con le iniziali "L. T." La lettera, ha ricordato l'imputato, iniziava con le seguenti parole: "La missiva insisteva sulla necessità di eliminare Stalin e i suoi collaboratori con ogni mezzo e sull'urgenza di unire nella lotta tutte le forze antistaliniste. Pyatakov fa poi riferimento a un secondo viaggio a Berlino a metà del 1932. Anche in questo caso incontrò il figlio di Trotsky, che espresse l'impazienza del padre per il fatto che tutto procedeva troppo lentamente. Ricorda in particolare le parole di Sedov: "Lei sa che tipo di uomo è Lev Davydovich, che ruggisce e si infervora, brucia di impazienza per vedere le sue istruzioni eseguite al più presto, e io non posso offrirgli nulla di concreto dal suo rapporto". Pyatakov dichiarò che alla fine del 1932 aveva dato a Kamenev il suo consenso a far parte del centro di riserva, che iniziò a operare nel 1933. Vyshinsky chiese allora sotto quale guida operasse il centro parallelo o di riserva. L'accusato rispose: "Da Trotsky".

"Vyshinsky: Quali misure pratiche ha attuato il centro nel 1933 e nel 1934?
Pyatakov: Nel 1933-34 si sviluppò il lavoro organizzativo in Ucraina e nella Siberia occidentale. In seguito si formò il gruppo di Mosca. Si lavorò negli Urali e tutto questo lavoro cominciò a prendere forma nella

realizzazione delle istruzioni di Trotsky.... In Ucraina il lavoro fu portato avanti da Loginov e da un gruppo di persone a lui collegate e si sviluppò soprattutto nell'industria del carbone. Il loro lavoro consisteva principalmente nell'avviare forni per il carbone che non erano ancora in grado di funzionare e nel ritardare la costruzione di parti molto importanti e costose dell'industria chimica e carbonifera...."

Va considerato che l'accusato era nel 1933-34 l'uomo più fidato di Serge Ordzhonikidze, un georgiano amico di Stalin che ricopriva la carica di Commissario del Popolo per l'Industria Pesante. Pyatakov era quindi in una posizione privilegiata per organizzare attività di sabotaggio nell'industria e in altri settori della produzione. Su richiesta del pubblico ministero, l'imputato ha poi raccontato le attività di sabotaggio in tutta l'URSS di cui era venuto a conoscenza, che avevano luogo nelle miniere, nell'industria chimica, nelle centrali elettriche, nell'edilizia, ecc. Man mano che il racconto procedeva, apparivano i nomi delle persone direttamente coinvolte: Drobnis, Shestov, Muralov, Bogulavsky, Rataichak, Norkin. A Kemerovo, la città da cui passava la Transiberiana diretta a Vladivostok, si era sviluppata un'importante industria chimica, di fertilizzanti e manifatturiera. Norkin vi fu inviato su ordine di Piatakov.

"Vyshinsky: Compagno Presidente, permettetemi di fare una domanda a Norkin.
Il Presidente: Imputato Norkin.
Vyshinky: Imputato Norkin, ricorda la conversazione con Pyatakov sull'interruzione del lavoro nell'industria chimica in caso di guerra?
Norkin: È stato detto chiaramente che bisognava prepararsi, in modo che le imprese dell'industria della difesa potessero essere paralizzate da esplosioni e incendi.
Vyshinsky: Si ricorda quando Pyatakov le ha detto questo?
Norkin: Nel 1936, nell'ufficio di Pyatakov al Commissariato del Popolo.
Vyshinsky: Ricorda i dettagli, c'era qualche riferimento al costo delle vite umane?
Norkin: Ricordo che fu detto che la perdita di vite umane era generalmente inevitabile e che certe azioni non potevano impedire la morte dei lavoratori. Fu dato questo ordine.
Vyshinsky: Imputato Pyatakov, ricorda se ha detto questo a Norkin?
Pyatakov: Esatto. Non ricordo le parole esatte, ma l'idea era quella. L'idea era quella di paralizzare il complesso industriale di Kemerovo in caso di guerra; forse abbiamo parlato di modi concreti per farlo e, naturalmente, è stata presa in considerazione la perdita di vite umane. Dissi a Norkin che ci sarebbe stato un costo in vite umane da mettere in conto.
Vyshinsky: Lo considerava inevitabile?
Pyatakov: Naturalmente.

Seguono alcuni passaggi significativi in relazione a una sezione molto importante di questo capitolo: quella del finanziamento di Hitler. Come si vedrà dalle dichiarazioni degli imputati in questo secondo processo, i contatti di Trotsky con i dirigenti nazisti erano finalizzati a una guerra limitata contro l'URSS che, teoricamente, doveva concludersi con un pareggio: doveva servire a rovesciare Stalin e a rimetterlo al potere. In realtà questa tattica non era nuova: già nel 1905 Trotsky, Parvus e compagnia avevano lavorato per la sconfitta della Russia contro il Giappone come mezzo per prendere il potere; e anche Lenin aveva optato per il disfattismo durante la guerra mondiale. Stalin e il nazionalcomunismo stavano sconvolgendo i piani per il governo mondiale; ma questa volta, con il comunismo già stabilito in Russia, l'URSS non doveva essere sconfitta: si trattava solo di riorientare la situazione. I banchieri ebrei internazionali, che fin dall'inizio avevano finanziato Trotsky e il comunismo, non potevano accettare che da un giorno all'altro Stalin, un estraneo, sconvolgesse il piano il cui schema iniziale risaliva alla fondazione degli Illuminati di Adam Weishaupt. I finanzieri di Wall Street avevano concordato che Hitler doveva scoprire da solo gli scopi nascosti dietro l'assistenza finanziaria alla NSDAP. Quando "Sidney Warburg" riferì dei suoi colloqui, Rockefeller era particolarmente interessato alle dichiarazioni di Hitler sui comunisti. Warburg stesso chiese più volte a Hitler quali fossero le sue intenzioni in politica internazionale. In un'occasione il futuro Führer disse al giovane Warburg: "I vostri amici in America hanno un indubbio interesse a che il nostro partito conquisti il potere in Germania.... Non mi interessa quali motivi li spingano ad aiutarmi; ma devono essere ben consapevoli che senza sufficienti mezzi finanziari non posso fare nulla". Ricordando questo, la dichiarazione di Pyatakov può essere meglio compresa:

> "Vyshinsky: I membri della vostra organizzazione erano collegati ai servizi segreti stranieri?
> Pyatakov: Sì, lo erano. Devo tornare alla linea ideata da Trotsky per renderla chiara....
> Cosa chiese allora Trotsky?
> Pyatakov: Chiedeva atti concreti di terrorismo e sabotaggio. Devo dire che tra i seguaci di Trotsky c'era una notevole resistenza alle istruzioni sulle attività di sabotaggio..... Informammo Trotsky dell'esistenza di queste opinioni; ma lui rispose con una lettera molto dura che le istruzioni sul terrorismo e il sabotaggio non erano casuali, non erano solo uno dei metodi intensivi di lotta che proponeva, ma una parte essenziale della sua politica e della sua attuale linea d'azione. Nella stessa direttiva, a metà del 1934, egli affermava che, ora che Hitler era salito al potere, era chiaro che la sua idea sull'impossibilità di costruire il socialismo in un solo paese era completamente giustificata, che la guerra era inevitabile e che, se noi trotskisti volevamo mantenerci come forza politica, avremmo dovuto, dopo aver adottato una posizione disfattista, non solo osservare e

contemplare passivamente, ma anche preparare attivamente le circostanze per questa sconfitta. Per fare questo, però, bisognava formare dei quadri, e questi non potevano essere creati solo parlando. Di conseguenza, è stato necessario svolgere le necessarie attività di sabotaggio".

A pagina 53 del *Rapporto del procedimento giudiziario* nel caso del Centro Trotskista Antisovietico, pubblicato nel 1937 a Mosca dal Collegio Militare della Corte Suprema dell'URSS, si trova il seguente passaggio della dichiarazione:

"Pyatakov: Ricordo che Trotsky aveva detto nella sua direttiva che senza il necessario aiuto degli Stati esteri, un governo di blocco non avrebbe mai potuto salire al potere o conquistarlo. Era quindi necessario stringere accordi preliminari con gli Stati più aggressivi, come la Germania e il Giappone, e che lui stesso, Trotsky, aveva già preso le misure necessarie per stabilire contatti con i governi tedesco e giapponese".

Più tardi, a pagina 55 del *Rapporto sugli Atti del Tribunale*, le sorprendenti rivelazioni di Pyatakov confermano un approccio che dà un senso al passato e al futuro che ne sarebbe seguito:

"...In una conversazione Trotsky mi aveva detto che riteneva assolutamente necessario organizzare azioni terroristiche e di altro tipo, ma che avrebbe dovuto consultarsi con i compagni Rykov e Bukharin, cosa che poi fece e mi diede una risposta a nome di tutti e tre.... Alla fine del 1935 Radek ricevette una lunga lettera con istruzioni da Trotsky. In essa Trotsky avanzava due possibili varianti per arrivare al potere. La prima era la possibilità di raggiungerlo prima della guerra e la seconda durante la guerra. Trotsky vedeva la prima variante come il risultato di un'esplosione concentrata di azioni terroristiche, come diceva lui. Aveva in mente una catena simultanea di attacchi terroristici contro una serie di leader del CPSU e del governo, e naturalmente in primo luogo contro Stalin e i suoi più stretti collaboratori. La seconda variante, che secondo Trotsky era la più probabile, era una sconfitta militare. Poiché, come egli diceva, la guerra era inevitabile, e per di più in un futuro molto prossimo - una guerra innanzitutto con la Germania, e forse anche con il Giappone - l'idea era quella di trovare un accordo con i governi di questi Paesi e fare in modo che essi guardassero con favore all'avvento al potere del blocco. Ciò significava fare una serie di concessioni a questi Paesi a condizioni concordate in anticipo, al fine di ottenere il loro sostegno per mantenerci al potere. Ma poiché la questione del disfattismo, delle attività di sabotaggio nelle retrovie e nell'esercito durante la guerra, ci è stata posta senza mezzi termini, Radek e io eravamo molto inquieti e preoccupati. Ci sembrava che le ragioni per cui Trotsky scommetteva sull'inevitabilità della sconfitta fossero il suo isolamento e la sua ignoranza delle condizioni reali, la sua ignoranza di ciò che stava accadendo qui, la sua ignoranza di come fosse l'Armata Rossa; e quindi si faceva tali illusioni. Sia io che Radek decidemmo quindi che bisognava tentare un incontro con Trotsky".

Questo incontro sarebbe avvenuto in Norvegia nel dicembre 1935; ma da quando Trotsky lo ha negato, una pletora di scrittori trotskisti e antistalinisti, tra cui Robert Conquest, in teoria una fonte relativamente obiettiva, ha minato la credibilità della dichiarazione di Pyatakov sul suo colloquio con Trotsky a Oslo, che occupa sette pagine del *Rapporto sugli atti del Tribunale*. È pienamente accertato che Pyatakov riuscì a recarsi a Berlino nel dicembre 1935, dove avrebbe dovuto condurre affari del governo sovietico. Secondo la sua dichiarazione, dopo aver contattato un agente di Trotsky, Bukhartsev, nel Tiergarten (giardino zoologico) di Berlino, ottenne un passaporto tedesco e volò in Norvegia. Decollò da Tempelhof la mattina del 12 dicembre e atterrò all'aeroporto Kjeller di Oslo alle 15.00, dove lo attendeva un'auto: "Il viaggio durò circa trenta minuti e arrivammo in periferia. Scesi dall'auto, entrammo in una piccola casa ben arredata e lì vidi Trotsky, che non vedevo dal 1928". Durante l'incontro, durato circa due ore, Trotsky gli rivelò di aver avuto colloqui con il leader nazista Rudolf Hess e di aver raggiunto accordi di cooperazione.

Conquest, affidandosi come sempre all'opportunista e inaffidabile Alexander Orlov, accusa Stalin di aver aggiunto personalmente questa storia al copione. A parte la parola di Trotsky, che non ha alcun valore logico, le prove addotte per negare il viaggio di Pyatakov sono due articoli di giornale pubblicati in fretta e furia, per volere di Dio sa chi, un anno dopo i fatti, cioè mentre il processo era in corso, cioè il 25 e il 29 gennaio 1937. Il primo, apparso sul quotidiano *Aftenposten*, riferiva che nessun aereo civile era atterrato all'aeroporto nel dicembre 1935. Il secondo, pubblicato su *Arbeiderbladet*, il giornale del Partito Socialdemocratico Norvegese, affermava che nessun aereo aveva utilizzato l'aeroporto tra il settembre 1935 e il maggio 1936. Da parte sua, Trotsky intervenne personalmente dal Messico e sfidò Stalin a chiedere la sua estradizione presso un tribunale norvegese, "dove la verità potesse essere accertata giudizialmente". Evidentemente, un processo parallelo all'estero era il massimo che Trotsky potesse sperare. Per contrastare le informazioni dell'*Aftenposten*, alla fine della seduta del 27 gennaio il procuratore chiese alla corte il permesso di dire quanto segue:

"Vyshinsky: Ho una richiesta da fare alla Corte. Mi sono interessato a questa vicenda (il volo per Oslo) e ho chiesto al Commissariato per gli Affari Esteri di fare un'indagine, poiché volevo verificare la testimonianza di Pyatakov anche da questo lato. Ho ricevuto una comunicazione ufficiale, che chiedo venga aggiunta agli atti del tribunale.

(Leggi) "Il Dipartimento Consolare del Commissariato del Popolo per gli Affari Esteri informa il Pubblico Ministero dell'URSS che, secondo le informazioni ricevute dall'Ambasciata dell'URSS in Norvegia, il campo di aviazione di Kjeller, nei pressi di Oslo, riceve durante tutto l'anno, in conformità con le norme internazionali, aerei di altri Paesi, e l'arrivo e la partenza di aerei è possibile anche durante i mesi invernali".

Non c'è spazio per una lunga rassegna delle dichiarazioni di Pyatakov sulla sua conversazione con Trotsky a Oslo, durante la quale fu espressa con enfasi la necessità di un colpo di Stato; ma non possiamo fare a meno di citare testualmente alcuni passaggi, tra i quali spicca il famoso contatto con Rudolf Hess:

"Pyatakov:... Mi ha detto di aver raggiunto un accordo assolutamente definitivo con il governo fascista tedesco e con il governo giapponese e che entrambi avrebbero assunto un atteggiamento favorevole nel caso in cui il blocco trotskista-zinovievita fosse andato al potere..... Mi disse che aveva avuto ampie trattative con il vicepresidente del partito nazionalsocialista tedesco, Hess. È vero che non posso dire se c'è un accordo firmato o se si tratta solo di un'intesa, ma Trotsky me lo ha presentato come se l'accordo esistesse..... In che cosa consiste l'accordo, se lo si vuole spiegare brevemente? In primo luogo i fascisti tedeschi promettono al blocco trotskista-zinovievita un atteggiamento favorevole e il loro sostegno nel caso in cui esso salga al potere. In cambio i fascisti otterranno le seguenti contropartite: un atteggiamento generalmente favorevole agli interessi tedeschi e al governo tedesco in tutte le questioni di politica internazionale; alcune concessioni territoriali da fare, in particolare si è parlato velatamente di concessioni territoriali che avrebbero a che fare con la non resistenza alle forze borghesi-nazionaliste ucraine nel caso della loro autodeterminazione.
Vyshinsky: Cosa significa?
Pyatakov: Significa in modo velato ciò che Radek ha affermato qui: se i tedeschi dovessero insediare un governo - non un governo guidato da un governatore generale tedesco, ma un governo guidato forse da un hetman (capo militare ucraino) - sarebbero in ogni caso loro ad autodeterminarsi e il blocco trotskista-zinovievita non si opporrebbe. Questo significherebbe sostanzialmente l'inizio della disgregazione dell'Unione Sovietica. Il punto successivo dell'accordo riguardava il modo in cui il capitale tedesco sarebbe stato messo in grado di sfruttare le risorse di materie prime di cui aveva bisogno dall'URSS. Si trattava dello sfruttamento di miniere d'oro, di petrolio, di manganese, di foreste e così via. In una parola, era stato concordato in linea di principio tra Trotsky e Hess che il capitale tedesco sarebbe stato ammesso e avrebbe ricevuto il necessario supplemento economico, anche se le forme concrete di questa partecipazione sarebbero state oggetto di ulteriori studi".
Vyshinsky: E i casi di deviazione in caso di guerra?

Pyatakov: Questo era l'ultimo punto. Lo ricordo bene. Alla fine è stato il punto più doloroso, che in generale mostra chiaramente il nostro vero volto. Era stato sollevato anche nell'accordo tra Trotsky e Hess.... In caso di attacco militare era necessario coordinare tutte le forze distruttive delle organizzazioni trotskiste che avrebbero agito nel paese sotto la guida del fascismo tedesco. Il lavoro di diversione e di sabotaggio svolto dall'organizzazione trotskista all'interno dell'Unione Sovietica doveva essere portato avanti secondo le istruzioni di Trotsky, che avrebbe agito di concerto con lo Stato Maggiore tedesco....."

Già nell'ultima parte dell'interrogatorio, il pubblico ministero chiese all'imputato di raccontare la sua partecipazione all'organizzazione di atti terroristici. Pyatakov ha mantenuto un atteggiamento di serena collaborazione e ha fornito dettagli sui luoghi in cui erano state compiute le azioni e sui leader da assassinare, tra cui Stalin, Molotov, Yezhov e altri. I nomi dei trotskisti coinvolti nella progettazione, pianificazione ed esecuzione delle azioni: Radek, Sokolnikov e Serebryakov, Norkin, Livshitz, Rataichak, ecc. compaiono ripetutamente nel corso della dichiarazione e gli scontri tra gli accusati si susseguono. Dopo il turno di Pyatakov, fu il turno di Karl Radek.

Quanto detto dal primo dichiarante poté essere contrastato e confermato durante l'interrogatorio di Radek, che si rivelò uno degli imputati più convincenti e collaborativi. Egli ammise di aver ricevuto tre lettere da Trotsky: una nell'aprile 1934, una nel dicembre 1935 e una terza nel gennaio 1936, il cui contenuto coincideva con le dichiarazioni di Pyatakov. Tuttavia, Vladimir Romm, corrispondente della TASS e di *Izvestia* negli Stati Uniti, che si presentò al processo senza essere accusato, aggiunse che nell'agosto del 1933 aveva consegnato a Radek nel suo appartamento di Mosca una lettera di Trotsky nascosta nella copertina di un libro, un romanzo molto popolare intitolato *Tsusima*. Durante il processo Radek ammise che Romm era stato usato come collegamento segreto. Sul contenuto della lettera del 1934, l'imputato ha dichiarato che Trotsky riteneva che l'avvento al potere del fascismo in Germania avesse cambiato l'intera situazione, poiché significava guerra in futuro, guerra inevitabile. Trotsky", ha spiegato Radek, "non aveva dubbi che questa guerra avrebbe portato alla sconfitta dell'Unione Sovietica. Questa sconfitta, scriveva, avrebbe creato le condizioni favorevoli per l'ascesa al potere del blocco". Il procuratore ha cercato la ridondanza per sottolineare la gravità dei concetti e delle responsabilità di Rádek. Ecco la citazione:

"Vyshinsky: Quindi lei era interessato ad accelerare la guerra e voleva che l'URSS fosse sconfitta in questa guerra? Come era scritto nella lettera di Trotsky?

Radek: La sconfitta è inevitabile e creerà le condizioni per la nostra ascesa al potere, quindi siamo interessati a scatenare la guerra. La conclusione è: Siamo interessati alla sconfitta.

Vyshinsky:...La lettera che lei ricevette da Trotsky nell'aprile del 1934 parlava di guerra, che la guerra era inevitabile, che in questa guerra l'URSS, secondo Trotsky, avrebbe subito una sconfitta, che come conseguenza di questa guerra e di questa sconfitta il blocco sarebbe andato al potere. E ora vi chiedo: in queste circostanze, eravate per la sconfitta dell'URSS o per la vittoria dell'URSS?

Rádek: Tutte le mie performance di quegli anni dimostrano che ho lavorato per la sconfitta.

Vyshinsky: Le loro azioni erano deliberate?

Rádek: A parte dormire, nella mia vita non ho mai compiuto azioni involontarie.

Vyshinsky: E questo non era, purtroppo, un sogno?

Rádek: Purtroppo non si trattava di un sogno.

Vyshinsky: Era una realtà?

Rádek: era una triste realtà".

Il procuratore chiese se Pyatakov, Sokolnikov e Serebryakov fossero stati informati della lettera di Trotsky. Radek ha risposto affermativamente e Vyshinsky ha immediatamente chiesto agli imputati di confermarlo, cosa che hanno fatto. Per quanto riguarda la lettera del 1935, il pubblico ministero gli chiese un riassunto e Radek disse, tra le altre cose, che l'inevitabile sconfitta in guerra significava sostituire il potere sovietico con quello che Trotsky chiamava "un governo bonapartista", che, secondo l'imputato, significava servire il capitale finanziario straniero. Radek ha dichiarato che in questa lettera, oltre a riconoscere le condizioni relative all'Ucraina, Trotsky prevedeva la cessione al Giappone della regione dell'Amur e della Provincia Marittima. Veniva anche menzionata la necessità di rifornire il Giappone di petrolio da Sakhalin. Radek ha persino confessato in tribunale di aver avuto talvolta la sensazione che la sua organizzazione stesse diventando il rappresentante diretto dei servizi segreti stranieri. "Non siamo più padroni delle nostre azioni", ha detto.

Il viaggio a Oslo fu confermato anche da Radek, che confermò l'affermazione di Pyatakov secondo cui si erano accordati sulla necessità di visitare Trotsky. Pyatakov l'ha giustificato", ha chiarito Radek, "dicendo che Trotsky aveva perso completamente il senso della realtà e ci stava assegnando compiti che non potevamo portare a termine, quindi era necessario andare a trovarlo con ogni mezzo possibile e parlare con lui". Radek ha raccontato alla corte che quando Pyatakov tornò da Oslo gli fece una serie di domande sulla politica estera. Pyatakov rispose che Trotsky gli aveva assicurato che la guerra non era una questione di cinque anni, ma che si trattava di una guerra nel 1937, una conclusione a cui era giunto attraverso le sue conversazioni con Hess e altre persone semiufficiali in Germania con cui aveva rapporti. Secondo Radek, Trotsky disse a Pyatakov che "i preparativi militari erano stati completati e che ora si trattava di assicurare alla Germania mezzi diplomatici, per i quali sarebbe stato necessario un anno. L'obiettivo di questi sforzi diplomatici era, in primo luogo, quello di garantire la neutralità della Gran Bretagna".

Fu riconosciuto anche tutto ciò che riguardava le attività terroristiche, compreso l'omicidio di Kirov. Il procuratore Vyshsinky, senza dubbio pensando già al terzo e ultimo processo, il Processo dei Ventuno, che si svolse finalmente nel marzo 1938, gli chiese di informare la corte sulle conversazioni con Bukharin, che sarebbe stato il principale protagonista di quel processo. "Se si riferisce ai colloqui sul terrorismo", rispose Radek, "posso elencarli concretamente. Il primo ebbe luogo nel giugno o luglio 1934, dopo che Bukharin era tornato dal lavoro all'*Izvestia*. In quel periodo Bukharin e io stavamo conversando come membri di due centri che erano in contatto. Gli chiesi se avesse intrapreso la strada del terrorismo e mi rispose di sì. Gli chiesi chi dirigesse questa attività e mi rispose che era lui stesso e Uglanov".

Prima di lasciare questo imputato, occorre sottolineare un fatto cruciale della sua dichiarazione: la menzione dei nomi di due militari. Nel corso della sua testimonianza, Radek disse che il comandante di corpo Vitovt Putna, l'addetto militare sovietico in Gran Bretagna che era stato arrestato qualche mese prima, era venuto a trovarlo su richiesta del maresciallo Tukhachevsky. Putna era stato convocato in precedenza, ma non Tukhachevsky. Durante la seduta pomeridiana Radek, in un lungo scambio con Vyshinsky, cercò di scagionare completamente il maresciallo e dichiarò che Tukhachevsky non aveva idea "né delle attività criminali di Putna né delle mie attività criminali". Radek si riferì a Tukhachevsky come a un uomo assolutamente devoto al Partito e al Governo; tuttavia, il danno era già fatto e lo capirono i presenti al processo.

Non è possibile approfondire a lungo le dichiarazioni degli imputati in questo secondo processo, perché dobbiamo essere brevi. Tuttavia, non rinunciamo a selezionare qualche altro passaggio che possa fornire qualcosa di nuovo. Per quanto riguarda la dichiarazione di Yakov Livshitz, il prossimo a testimoniare, va detto che oltre a fornire nuovi dettagli sui rapporti di Pyatakov, Radek e Smirnov con Trotsky, ha fornito dettagli concreti sulle azioni terroristiche in collaborazione con Serebryakov, Knyazev e Turok. La distribuzione del petrolio e le ferrovie erano gli obiettivi principali. Livshitz rivelò di sapere che Knyazev e Turok erano in contatto con i servizi segreti giapponesi. Quest'ultimo ha ammesso al procuratore Vyshinsky di aver ricevuto nel gennaio 1935 35.000 rubli dai servizi segreti giapponesi, di cui ne ha tenuti 20.000 per la sua organizzazione e ha consegnato personalmente il resto a Knyazev nel maggio 1935. "Imputato Knyazev, è corretto?". - Chiese il pubblico ministero. "Sì, l'ho ricevuto", rispose. In *The Great Conspiracy Against Russia* Michael Sayers e Albert E. Kahn notano che

Livshitz stesso era un agente dei servizi segreti militari giapponesi e che passava regolarmente informazioni sulle ferrovie sovietiche al Giappone.

La comparsa di Grigory Yakovlevich Sokolnikov (Brillante) non ha aggiunto nulla di nuovo, anche se è servita a identificare nuovi gruppi coinvolti in attività terroristiche. Sokolnikov, commissario alle Finanze dal 1923 al 26, era stato rimosso da Stalin e nominato ambasciatore a Londra, incarico che ricoprì dal 1929 al 1932. Ha ammesso che nell'autunno del 1934 aveva appreso da Kamenev che esisteva un piano per assassinare Stalin e Kirov e che lo stesso Kamenev gli aveva spiegato le posizioni disfattiste di Trotsky. Riferisce di un colloquio con Pyatakov nel gennaio 1936, nel corso del quale Pyatakov gli fornì i dettagli dell'incontro di Trotsky con Hess, durante il quale fu offerta la posizione disfattista in cambio dell'aiuto tedesco. Esaminiamo due domande specifiche su questioni relative al sistema socio-politico ed economico:

> "Vyshinsky: Avevo ragione quando ho scritto quanto segue nella formulazione delle accuse: 'Il compito principale del centro parallelo era quello di forzare il rovesciamento del governo sovietico con l'obiettivo di cambiare il sistema sociale e politico esistente in URSS...' È corretta questa formulazione?
> Sokolnikov: Sì, esatto.
> Vyshinsky: Più avanti dico nell'imputazione: "L. D. Trotsky, e con le sue istruzioni il centro trotskista parallelo, voleva conquistare il potere con l'aiuto di Stati stranieri per ripristinare il sistema capitalista di relazioni sociali nell'URSS..." È corretta questa formulazione?
> Sokolnikov: Giusto...".

Seguì Alexei Shestov, un ingegnere minerario che fino al 1927 si era occupato di stampare e diffondere la propaganda trotskista. Nel 1931 fu nominato direttore delle miniere di carbone di Kuznets, considerate tra le più grandi del mondo, una posizione che gli permise di recarsi nello stesso anno a Berlino nell'ambito di una missione commerciale guidata da Pyatakov. Lì incontrò il figlio di Trotsky, che lo informò che la propaganda veniva introdotta in URSS attraverso H. Dahlmann della multinazionale Frölich-Klüpfel-Dahlmann, una società che, oltre a finanziare Trotsky, stava lavorando a progetti minerari negli Urali e in Siberia. Shestov, su suggerimento di Sedov, incontrò Dahlmann a Berlino, che gli propose di estendere la sua collaborazione con i trotskisti e gli suggerì di compiere atti di sabotaggio. Shestov divenne membro dei servizi segreti tedeschi con il nome in codice di Alyosha. Tuttavia, R. Conquest, nella sua ansia di screditare i processi e di minarne la credibilità, sostiene che questo trotzkista fosse un agente dell'NKVD.

Interrogato da Vyshinsky, Shestov spiegò che per compiere azioni di sabotaggio reclutò l'ingegnere Stroilov, che accettò di unirsi all'organizzazione e gli presentò un piano: l'obiettivo era interrompere la costruzione di nuove miniere e la ricostruzione di quelle vecchie; ridurre la produzione e causare perdite attraverso incidenti, esplosioni e incendi; intensificare la distruzione dei macchinari e così via. Shestov ha aggiunto che rubavano dinamite e la tenevano in un deposito segreto per avere una propria riserva. Alla domanda su cosa avessero intenzione di fare, l'imputato ha risposto: "Provocare esplosioni nelle miniere". Shestov ha ricordato che nel 1934 in questa miniera si verificò un'esplosione che causò la morte di diversi bambini, figli di minatori che stavano giocando nelle vicinanze. Stroilov ha confermato tutto. Già alla fine dell'interrogatorio, l'imputato ha anche ammesso di aver dato istruzioni per la commissione di una rapina in banca ad Anzherka, alla quale ha partecipato. Il bottino ammontava a 164.000 rubli ed era lui stesso a gestire questo denaro.

La dichiarazione di Leonid Serebryakov, vicedirettore dell'Amministrazione ferroviaria, si è concentrata in particolare sulla spiegazione di come il traffico dei treni merci sia stato interrotto per disturbare la consegna quotidiana delle merci. In risposta a una domanda del presidente del tribunale, ha ammesso di aver addirittura discusso con Livshitz la possibilità di bloccare i principali nodi ferroviari durante i primi giorni di un'ipotetica mobilitazione. Il presidente stesso ha chiesto a Livshitz di confermare questa affermazione e di specificare quando la conversazione ebbe luogo. Livshitz confermò la dichiarazione di Serebryakov e indicò la data del 1935. Entrambi gli imputati hanno ammesso che gli ordini provenivano da Pyatakov.

Le dichiarazioni di Yakov Drobnis, M.S. Bogulavsky, Mikhail Stroilov e Nikolai Muralov hanno ribadito ed elaborato le dichiarazioni di altri imputati. Il complesso chimico di Kemerovo era l'obiettivo principale delle azioni di Drobnis, Stroilov e Norkin. Stroilov ammise che diversi trotskisti, tra cui lui stesso, avevano collaborato con i servizi segreti tedeschi e ammise in tribunale di aver tradito il suo Paese. Muralov, fin dagli esordi membro di spicco della fazione militare di Trotsky, al processo si considerava un fedele soldato di Trotsky. Probabilmente per questo era stato sostituito da Klementi Voroshilov alla guida della strategica guarnigione militare di Mosca,. Muralov ammise che, in collaborazione con Shestov, aveva tentato di assassinare Molotov nel 1934 provocando un incidente d'auto; ma il tentativo fallì perché Valentine Arnold, il trotskista che guidava il veicolo e che avrebbe dovuto dare la vita per la causa, si tirò indietro e rallentò quando avrebbe dovuto schiantarsi in un fosso.

Per quanto riguarda le dichiarazioni di Ivan Knyazev e Yosif Turok, due trotzkisti che, come detto, collaborarono con Livshitz con i servizi segreti giapponesi, la più importante fu la loro informazione sul sabotaggio del sistema ferroviario negli Urali, di cui Knyazev era il capo. Egli raccontò al procuratore di essersi arruolato come agente giapponese nel settembre 1934 e confermò che nei colloqui con Livshitz avevano concordato sulla necessità di unire tutte le forze ostili al Governo e al Partito e che erano decisi a "pugnalarsi alle spalle" per provocare la sconfitta del loro Paese in caso di guerra. Vyshinsky lo ha costretto a ricordare incidenti specifici che avevano causato. L'imputato ne ha raccontati diversi, ricordando anche i numeri dei treni. Ha fatto riferimento a un deragliamento provocato in cui persero la vita ventinove soldati dell'Armata Rossa e altrettanti furono feriti, quindici dei quali rimasero gravemente mutilati. Il procuratore ha fatto riferimento ad altri due incidenti specifici: il primo il 7 febbraio 1936 tra Yedinover-Berdiaush; il secondo il 27 febbraio alla stazione di Christaya Chumlyak. Knyazev era responsabile dell'organizzazione di entrambi. Yosif Turok, che ricopriva una posizione importante nel Dipartimento del Traffico di Perm e nelle Ferrovie degli Urali, ha testimoniato di aver ricevuto ordini diretti da Livshitz per provocare deragliamenti e ha confermato quanto affermato dal collega.

Ivan Hrashe, Gavril Pushin e Stanislav Rataichak, tre trotzkisti legati allo spionaggio tedesco, erano alti dirigenti dell'industria chimica e commisero i loro misfatti in questo campo. Hrashe era entrato in Russia nel 1919 travestito da prigioniero di guerra russo e aveva lavorato inizialmente come spia per la Cecoslovacchia, per poi passare ai servizi segreti tedeschi. Pushin, agente tedesco dal 1935, lavorava presso il complesso chimico di Gorlova, da dove passava informazioni sensibili sulle aziende chimiche e in particolare sulla lavorazione dell'azoto. Stanislav Rataichak era il capo dell'Amministrazione centrale dell'industria chimica. Segue un passaggio in cui il procuratore affronta i tre per chiarire le loro attività di spionaggio:

"Vyshinsky: Era legato allo spionaggio?
Rataichak: Sì, lo ero.
Vyshinsky: Attraverso chi?
Rataichak: attraverso Pushin e Hrashe.
Vyshinsky: Imputato Pushin, è vero che Rataichak era collegato tramite lei a un'organizzazione di spionaggio?
Pushin: Attraverso di me e anche direttamente.
Vyshinsky: Imputato Hrashe, Rataichak era collegato tramite lei con agenti dei servizi segreti tedeschi?
Hrashe: Sì, era in contatto con agenti dei servizi segreti tedeschi.
Vyshinsky: E lei era in contatto con loro?
Hrashe: Sì.
Vyshinsky: Come agente?
Hrashe: Sì.
Vyshinsky: In cosa consisteva la vostra attività?
Hrashe: nella trasmissione di informazioni segrete in relazione all'industria chimica.
Vyshinsky: Questo era noto a Rataichak?
Hrashe: Sì, era il mio capo.
Vyshinsky (a Rataichak): Ha sempre trasmesso ai servizi segreti tedeschi il materiale che possedeva in virtù della sua posizione?

Rataichak: Sì, ero a capo dell'Amministrazione centrale dell'industria chimica.
Vyshinsky: C'erano attività di sabotaggio?
Rataichak: Sì.
Vyshinsky: C'era spionaggio?
Rataichak: Sì.
Vyshinsky: Ha partecipato a organizzazioni terroristiche?
Rataichak: No.
Vyshinsky: Era a conoscenza dell'esistenza di organizzazioni terroristiche?
Rataichak: conoscevo la linea di Trotsky attraverso Pyatakov".

Alle quattro del pomeriggio del 28 gennaio 1937 iniziò l'inclemente discorso dell'accusa. Vyshinsky ricordò che i legami dei trotskisti con la Gestapo erano già stati svelati durante il processo dell'anno scorso, ma che nel presente processo erano stati messi in luce in tutta la loro portata. Ha accusato i trotskisti di aver raggiunto "il limite, l'ultima frontiera del marciume politico e l'abisso della degradazione". Il procuratore disse che "non si poteva parlare di un partito politico, ma di una banda di criminali, semplicemente l'agenzia dei servizi segreti stranieri". Sempre più indignato, Vyshinsky affermò che i trotskisti erano peggio dei bianchi e che erano "caduti più in basso dei peggiori seguaci di Denikin e Kolchak". Il procuratore ha usato il sintagma "Giuda trotskista".

Oltre a Bukharin e Rykov, l'imputato Drobnis aveva coinvolto Christian Rakovsky, un altro importante leader trotskista di origine ebraica. Riferendosi agli eventi del 1918, che culminarono nel tentato assassinio di Lenin, ha descritto nel capitolo precedente in relazione ai disaccordi sul Trattato di Brest-Litovsk, il procuratore ha detto quanto segue:

".... Furono Pyatakov e compagnia che nel 1918, in un periodo di estremo pericolo per il Paese dei Soviet, condussero trattative con i socialisti rivoluzionari per perpetrare un colpo di Stato controrivoluzionario e arrestare Lenin, al fine di porre Pyatakov a capo del Governo e presidente del Consiglio dei Commissari del Popolo. È attraverso l'arresto di Lenin, attraverso un colpo di Stato, che questi avventurieri politici volevano aprirsi la strada verso il potere".

Il pubblico ministero ha concluso affermando che quanto affermato dagli imputati era stato verificato da esperti. Le prove, inoltre, erano state dimostrate da interrogatori preliminari, confessioni e testimonianze, quindi non c'era spazio per i dubbi. Vyshinsky ha affermato che eventuali carenze o fallimenti nel processo sono dovuti al fatto che gli imputati non hanno raccontato tutta la loro conoscenza o tutti i crimini che hanno commesso: "Sono convinto", ha detto, "che non hanno raccontato nemmeno la metà della verità di ciò che costituisce l'orribile storia dei terribili crimini contro il nostro Paese". Dopo aver riassunto i crimini più gravi, concluse con queste parole: "Voi giudici, l'accusa principale del presente processo è quella di tradimento".

Seguirono gli avvocati di coloro che avevano richiesto l'assistenza legale e le arringhe finali dei restanti imputati. Pyatakov ha concluso il suo discorso con queste parole:

> "Cittadini giudici, mi dispiace solo che il principale criminale, il criminale recalcitrante e ostinato, Trotsky, non sia seduto con noi su questo banco degli imputati. Sono profondamente consapevole del mio crimine e non oso chiedere clemenza, non avrò nemmeno la sfrontatezza di appellarmi alla misericordia. Tra poche ore emetterete la sentenza. Sono qui davanti a voi nella sporcizia, schiacciato dai miei stessi crimini, spogliato di tutto per mia colpa, un uomo che ha perso il suo partito, che non ha amici, che ha perso la sua famiglia, che ha perso persino se stesso. Non privatemi di una cosa, giudici cittadini, non privatemi del diritto di sentire che ai vostri occhi ho trovato la forza, anche se troppo tardi, di rompere con il mio passato criminale".

Il verdetto fu emesso alle 3 del mattino del 30 gennaio 1937. Ad eccezione di Sokolnikov, Radek, Arnold e Stroilov, gli altri imputati furono condannati a morte. Il 31 gennaio, la *Pravda* riferì che, dopo l'annuncio della sentenza, 200.000 persone manifestarono contro gli imputati sulla Piazza Rossa, dove, a una temperatura di meno 27 gradi, furono applaudite da Krusciov e Shvernik. Secondo una versione recente, Radek e Sokolnikov furono uccisi nel maggio 1939 da alcuni compagni di cella. Stroilov e Arnold furono infine fucilati nel 1941.

Ci resta da registrare un'ultima morte, quella di Serge Ordzhonikidze, Commissario dell'Industria Pesante, con cui Pyatakov era stato il più stretto collaboratore. Secondo alcune fonti, Ordzhonikidze si era lamentato con l'amico Stalin che l'NKVD arrestava i suoi uomini senza essere informato. Il 17 febbraio 1937 ebbe una conversazione con Stalin che durò diverse ore. Il giorno dopo, alle 17.30, era morto. Alcune fonti parlano di suicidio, altre di omicidio. Un rapporto medico ufficiale firmato da G. Kaminsky, Commissario alla Sanità; I. Khodorovsky, capo dell'Amministrazione medico-sanitaria del Cremlino; L. Levin, consigliere della suddetta Amministrazione; e S. Mets, medico della Clinica del Cremlino, attribuisce la causa della morte a una paralisi del cuore.

Epurazione nell'NKVD e nell'Armata Rossa

Il 9 gennaio 1937, gravemente compromesso dagli eventi in URSS e con la prospettiva dell'imminente processo, Trotsky arrivò in Messico accompagnato dai suoi più stretti collaboratori. Aveva ricevuto un invito da uno dei fondatori del Partito Comunista Messicano, il pittore Diego Rivera, membro del Comitato Centrale. Il 9 febbraio il Comitato americano per la difesa di Trotsky organizzò un comizio a New York a cui parteciparono circa settemila persone. Era stato previsto che egli leggesse un discorso al telefono, ma i collegamenti tra il Messico e New York non funzionarono e il testo dovette essere letto dal trotskista Max Shachtman, uno scrittore ebreo. Si scoprì in seguito che il guasto alle linee telefoniche era stato causato da un operatore stalinista. Nel discorso, Trotsky chiese che una commissione internazionale indagasse sulle accuse mosse contro di lui nei processi di Mosca.

In quest'opera abbiamo più volte denunciato da dove provenisse il potere di Trotsky. Naturalmente, quindi, fu immediatamente avviata una campagna internazionale per screditare i processi e riabilitare la sua figura malconcia. Un fiume di dichiarazioni, volantini, pamphlet e articoli di giornale cominciò a scorrere in Europa e in America. I più famosi media americani, di solito in mano a ricchi ebrei, pubblicarono sulle loro pagine resoconti e contributi di amici e ammiratori di Trotsky, che diffondevano soprattutto la tesi che si trattava solo di una vendetta di Stalin contro Trotsky, il vero rappresentante della classe operaia internazionale. Oltre alle radio, *Foreign Affairs Quarterly, Reader's Digest, The Saturday Evening Post, American Mercury, The New York Times* e altre importanti pubblicazioni erano al servizio di Trotsky.

In relazione a questa campagna internazionale, l'11 marzo 1937 l'ambasciatore Davies scrisse nel suo diario: "...Un altro diplomatico, il ministro --- (rifiuta di nominarlo), mi ha fatto una dichiarazione chiarificatrice ieri. Discutendo del processo, ha detto che gli imputati erano indubbiamente colpevoli, che chi di noi aveva assistito al processo era d'accordo su questo; che il mondo esterno, attraverso i resoconti della stampa, sembrava tuttavia credere che il processo fosse una truffa (una facciata, nelle sue parole), che sebbene noi sapessimo che non lo era, era probabilmente giusto che il mondo lo credesse tale". In altre parole, forze ben note e potenti stavano lavorando per nascondere la verità sulla Quinta Colonna in Unione Sovietica.

Sebbene Stalin stesse decimando senza pietà i cospiratori e tutti coloro che potevano opporsi a lui, il complotto non era stato completamente stroncato e rimaneva latente. Tra la fine di febbraio e l'inizio di marzo si tennero le sessioni del plenum del Comitato Centrale composto da settanta membri. Yezhov riferì sulle questioni di polizia, Zhdanov sull'organizzazione del partito, Molotov sulle questioni economiche e Stalin fece la relazione politica. Stalin ha lamentato le "carenze nei metodi di lavoro del partito per la liquidazione dei trotzkisti e di altre persone dalla doppia faccia". Tra i punti centrali dell'ordine del giorno c'era il destino di Rykov, successore di Lenin come premier sovietico, e di Bukharin, che aveva presieduto l'Internazionale (Comintern). Yezhov li aveva coinvolti nelle cospirazioni di Zinoviev e Pyatakov. Entrambi si presentarono davanti al plenum e cercarono di difendere la loro innocenza. Il 26 febbraio negarono per l'ennesima volta tutte le accuse contro di loro. Bukharin osò persino pronunciare un discorso in cui accusò Stalin e Yezhov di essere gli unici cospiratori e di complottare per installare un regime dell'NKVD che avrebbe dato potere illimitato a Stalin. Entrambi furono insultati e fischiati. Un sottocomitato composto da Stalin, Molotov, Voroshilov, Kaganóvich, Mikoyan e Yezhov preparò una risoluzione in cui si affermava che l'NKVD aveva dimostrato che entrambi erano a conoscenza delle attività controrivoluzionarie del Centro Trotskista e di altri esponenti della destra nella loro stessa cerchia. Arrestati sul posto, furono trasferiti alla Lubyanka. In un'altra seduta, Stalin criticò severamente Yagoda, che fu sottoposto a un duro interrogatorio da parte dei membri del Comitato. Tra le altre cose, gli fu chiesto perché avesse protetto i traditori trotzkisti. Il Plenum del Comitato Centrale ritenne che i fatti avessero dimostrato che "il Commissariato per gli Affari Interni aveva fallito per almeno quattro anni nello smascherare i nemici del popolo". Il 5 marzo un discorso finale di Stalin chiuse il Plenum.

Da questo momento in poi gli eventi precipitarono. Il 18 marzo 1937 Yezhov convocò tutti i capi della NVKD alla Lubyanka e pronunciò un discorso devastante contro Yagoda. Giorni prima quasi tutti i capi dipartimento erano stati licenziati o arrestati, a volte nei loro uffici, a volte nelle loro case di notte o nelle stazioni quando lasciavano Mosca. Solo Abram Aronovich Slutsky, amico e confidente trotzkista di Krivitsky e Orlov, rimase momentaneamente al Dipartimento degli Esteri. Walter Krivitsky racconta una delle scene di questo famoso incontro del 18 marzo, in cui Artur Khristyanovich Artuzov e il suo amico Slutsky ingaggiarono una battaglia di accuse per salvarsi di fronte a Yezhov. Artuzov accusò Slutsky di essere un uomo di Yagoda. La fonte di Krivitsky è evidentemente Slutsky stesso. La citazione, piuttosto lunga, dà un'idea dell'atmosfera dell'incontro:

> "Dopo aver gettato il compagno in pasto alle bestie selvatiche, Artuzov scese trionfalmente dal palco.
> Slutsky, che era a capo della Sezione Esteri, si alzò per difendersi. Anche lui sapeva qual era la posta in gioco. Iniziò con calma, rendendosi conto che tutto era contro di lui.
> - Artuzov ha cercato di dipingermi come il più stretto collaboratore di Yagoda. Io, compagni, ero ovviamente Segretario dell'Organizzazione del Partito all'interno dell'OGPU; ma Artuzov o io eravamo membri del Presidium dell'OGPU? Vi chiedo: poteva qualcuno, a quel tempo, essere membro del massimo organo dell'OGPU senza godere della piena fiducia e approvazione di Yagoda? Artuzov sostiene che per i miei buoni servizi sotto Yagoda e come segretario organizzativo ricevetti un'indennità speciale. Secondo Artuzov, ho usato questa indennità per stabilire contatti tra l'organizzazione di Yagoda e i suoi leader all'estero. Ma io sostengo che questa indennità speciale mi fu concessa su insistenza dello stesso

Artuzov. Per molti anni Artuzov ha mantenuto relazioni amichevoli con Yagoda.
E poi Slutsky ha sferrato il suo colpo principale:
-Ti chiedo, Artuzov, dove abitavi? Chi abitava accanto a te? Bulanov? Non è stato uno dei primi ad essere arrestato? E chi abitava proprio sotto di te? Ostrovsky. E chi abitava accanto a lei, Artuzov? Yagoda! E ora vi chiedo, compagni, chi, nelle circostanze di allora, avrebbe potuto vivere nella stessa casa di Yagoda senza godere della sua assoluta fiducia?".

Conquest offre altri esempi dell'epurazione che ebbe luogo nell'NKVD sotto Yezhov. Chertok", scrive, "l'interrogatore di Kamenev, si gettò dal suo appartamento al dodicesimo piano. Alcuni ufficiali si spararono o si suicidarono gettandosi dalle finestre del loro ufficio. Altri se ne andarono impassibili, tra cui Bulanov, il segretario di Yagoda, arrestato alla fine di marzo". Conquest afferma che nel 1937 furono giustiziati tremila agenti dell'NKVD di Yagoda. Molchanov, Mironov (Kagan) e Shanin, che erano stati capi dipartimento sotto Yagoda, furono denunciati come cospiratori di destra. Altri due capi, Pauker e Gay, entrambi ebrei, furono successivamente accusati di spionaggio. Il 3 aprile fu annunciato l'arresto dello stesso Yagoda, che dopo aver lasciato il suo posto al Commissariato degli Affari Interni era stato nominato Commissario delle Poste e delle Comunicazioni.
La Cheka era stata gestita fin dall'inizio da una mafia ebraica. Quando il suo fondatore, l'ebreo polacco Felix Dzerzhinsky (Rufin), morì nel 1926, Vyacheslav Menzhinsky, anch'egli polacco ma di origine aristocratica, prese il suo posto. Trotsky scrisse nelle sue memorie che Menzhinsky era "l'ombra di un uomo" e lo presenta come un uomo debole, un "nessuno" sotto Stalin. Ufficialmente, nel maggio 1934 morì per un attacco di cuore, ma in realtà era stato assassinato su ordine di Yagoda, suo confidente, che si era unito alla cospirazione nel 1929 ed era un membro segreto del blocco di destra e trotskista.
In *La grande cospirazione contro la Russia* Michael Sayers e Albert E. Kahn spiegano in dettaglio come avvenne l'assassinio. Secondo questi autori, "il ruolo di Yagoda nella cospirazione era inizialmente noto solo ai tre leader del blocco di destra: Bukharin, Rykov e Tomsky. Nel 1932, quando si formò il blocco di destra e trotskista, il ruolo di Yagoda era noto anche a Pyatakov e Krestinsky". Dalla sua posizione di vicepresidente dell'OGPU, Yagoda, oltre a nominare gli ebrei trotzkisti come agenti speciali, proteggeva i cospiratori, cosa che lui stesso confermò al processo del 1938. Yagoda dichiarò che il colpo di Stato doveva coincidere con lo scoppio della guerra. Ci sono momenti", confessò a Bulanov, "in cui si deve agire lentamente e con estrema cautela, e momenti in cui si deve agire rapidamente e improvvisamente". I veleni erano uno dei suoi metodi preferiti. Il suo principale collaboratore era Leo Levin, un medico ebreo che nel 1953 faceva parte del gruppo di medici ebrei arrestati da Stalin prima del suo assassinio. Informato da Yagoda dell'esistenza della cospirazione, Levin, su istruzioni

del suo capo, avvertì Ignati N. Kazakov, il medico che curava l'asma bronchiale di Menzhinsky, che il suo paziente era un morto vivente, che stava perdendo tempo con lui e che non doveva permettergli di tornare al lavoro. Kazakov raccontò questa conversazione al processo del 1938. Le parole di Levin, citate da Sayers e Kahn, furono le seguenti: "... Permettendogli di tornare al lavoro, ti stai facendo un nemico di Yagoda. Menzhinsky è sulla strada di Yagoda e Yagoda ha interesse a toglierlo di mezzo il prima possibile. Yagoda è un uomo che non si ferma davanti a nulla". In breve, Kazakov cedette e disse a Levin che avrebbe eseguito gli ordini. Il 10 maggio 1934 Menzhynsky morì e fu sostituito alla guida dell'OGPU dall'ebreo Génrij Yagoda, che al processo dichiarò: "Nego che nel causare la morte di Menzhinsky ho agito per motivi di natura personale.... Ho aspirato al posto di capo dell'OGPU nell'interesse dell'organizzazione cospirativa". Questo spiega perché nel 1937 c'erano così tanti agenti trotzkisti ed ebrei nell'NKVD.

I primi arresti nell'Armata Rossa erano già avvenuti nel 1936. Il 5 luglio Dimitri Shmidt, un comandante ebreo che comandava un'unità di carri armati nel distretto militare di Kiev, fu arrestato dall'NKVD senza consultare o avvisare il suo superiore, il generale trotzkista Iona Emmanuilovich Yakir, anch'egli ebreo. Yakir si recò a Mosca per protestare e Yezhov gli mostrò del materiale, presumibilmente confessioni di Mrachkovsky, Dreitzer e Reingold, che implicavano Shmidt e B. Kuzmichev, capo di un'unità dell'Aeronautica, in un tentativo di assassinare il Commissario alla Difesa, Kliment Voroshilov. Shmidt e Kuzmichev erano tra le persone citate nel Processo Zinoviev che erano state archiviate in seguito al proseguimento delle indagini. Durante il processo, sia Reingold che Mrachkovsky li avevano collegati a un gruppo militare trotzkista. Entrambi si muovevano nell'orbita del generale Yakir. Il 14 agosto fu arrestato un altro comandante di corpo d'armata, Vitaly Primakov, e sei giorni dopo, il 20 agosto, fu arrestato Vitovt Putna, arrivato a Mosca da Londra, dove era di stanza come addetto militare. Putna ammise l'esistenza di diversi gruppi trotzkisti. Nell'autunno del 1936 si diffuse persino la voce che si sarebbe svolto un processo contro i comandanti dell'esercito trotzkista.

È certo che Stalin sapeva già, quando chiuse il plenum del Comitato Centrale il 5 marzo 1937, che la cospirazione aveva l'appoggio di una parte dell'esercito, al cui interno si annidavano molti militari che dovevano la loro carriera a Trotsky e gli erano fedeli. Il Servizio segreto di informazione militare era riuscito a salvaguardare la propria indipendenza fin dai tempi in cui Trotsky era commissario di guerra e, secondo Krivitsky, "fu uno degli ultimi strumenti a cadere nelle mani della polizia segreta". I generali dell'Armata Rossa erano riusciti a sfuggire all'epurazione che l'opposizione politica aveva subito dal consolidamento del potere di Stalin; tuttavia, dopo l'arresto di Yagoda il 3 aprile, tutto cominciò a muoversi rapidamente. Anatoli Gekker, un altro ebreo trotzkista che nel 1924 era stato commissario politico per le regioni comuniste della Cina e comandante di un corpo d'armata, fu arrestato in aprile (fucilato il 1° luglio). L'Armata Rossa cinese era guidata da altri due ebrei, V. Levichev e Yakov (Yan) Gamarnik. Al momento dell'arresto, Gekker ricopriva importanti incarichi nello spionaggio ed era a capo del collegamento estero dell'Armata Rossa. Nello stesso mese di aprile fu arrestato anche un altro comandante di corpo d'armata, Ilia Garkavi, comandante del Distretto militare degli Urali. Si dava il caso che sia Gekker che Garkavi fossero sposati con due sorelle della moglie del generale ebreo Iona E. Yakir. Yakir e i colleghi ebrei Boris Feldman e Yan Gamarnik erano tra i principali generali trotzkisti della cospirazione. Yakir si recò da Voroshilov e si informò sulla situazione dei suoi cognati. Fu ricevuto anche da Stalin, che gli disse che altri detenuti avevano mosso gravi accuse contro di loro, ma che se fossero stati innocenti sarebbero stati rilasciati.

Tra il 22 e il 25 aprile Mark Isayevich (Isaakovich) Gay (Shpoklyand) e Georgi Prokofyev furono costretti a testimoniare sui legami del maresciallo Tukhachevsky e di altri ufficiali con Yagoda, il loro ex capo, che a quel punto respinse le accuse. Gay, ex capo del Dipartimento speciale dell'NKVD, aveva interrogato Dmitri Shmidt. Il secondo, Prokofyev, ex vice capo dell'NKVD, Yezhov era stato sostituito da Matvei Berman, un altro cekista ebreo. Il 27 aprile A. I. Volovich del Dipartimento Operativo coinvolse anche Tukhachevsky in un complotto per prendere il potere. Gli interrogatori di Yezhov riuscirono anche a far testimoniare Putna e Primakov contro Tukhachevsky, Yakir, Feldman e altri militari. Il 28 aprile 1937 *la Pravda* pubblicò un accorato appello all'Armata Rossa a combattere contro i nemici interni ed esterni. Questo bieco avvertimento fu evidentemente compreso da coloro che ne conoscevano il significato: l'epurazione stava iniziando.

Walter Krivitsky (Samuel Gérshevich Ginsberg), l'ebreo trotzkista che era ancora a capo del Servizio Segreto Militare in Europa Occidentale e che, secondo le sue stesse parole, era "uno dei bracci esecutori dell'intervento di Stalin in Spagna", era stato convocato a Mosca da Yezhov. Lì visse con angoscia gli eventi dall'inizio di marzo al 22 maggio 1937, perché era convinto che sarebbe stato arrestato e non sarebbe tornato all'Aia, dove viveva con la sua famiglia. Nonostante neghi cinicamente di appartenere all'opposizione, la sua opera *I, Chief of the Soviet Military Secret Service* è un'apologia del trotskismo e dei trotskisti, "idealisti che sono l'ultima speranza per un mondo migliore". Contiene resoconti di prima mano dell'atmosfera che si respirava alla parata sulla Piazza Rossa il 1° maggio, giorno in cui vide per l'ultima volta il maresciallo Tukhachevsky. Osservato da tutti", scrive Krivitsky, "Tukhachevsky fu il primo ad arrivare alla tribuna dove erano seduti i militari. Il secondo ad arrivare fu il maresciallo Yegorov, che non osò salutarlo e prese posto accanto a lui. Gamarnik, vice commissario di guerra, arrivò più tardi e non lo guardò nemmeno.... Quando la parata militare finì, i soldati dovevano rimanere al loro posto per guardare la parata civile, ma Tukhachevsky se ne andò senza una parola, con le mani in tasca".

Tukhachevsky, ufficiale dello zar e massone dall'età di diciotto anni, fu fatto prigioniero dai tedeschi nel 1915. Ufficialmente riuscì a fuggire poco prima dell'inizio della rivoluzione, anche se è possibile che sia stato liberato intenzionalmente, visto che cambiò subito schieramento. Nel 1918 si iscrisse al Partito bolscevico e si trovò presto con l'avventuroso intorno a Trotsky, il commissario di guerra, che lo nominò comandante in capo di un esercito all'età di 25 anni. Grazie alla sua preparazione militare, si distinse subito tra gli inesperti comandanti dell'Armata Rossa. Nel marzo 1921, già rinomato eroe della guerra civile, guidò, insieme a Trotsky, il massacro dei marinai a Kronstadt. Di fronte alla feroce resistenza degli ammutinati, "ogni casa doveva essere fatta saltare in aria", dichiarò lo stesso Tukhachevsky. La repressione che ne seguì fu spietata e vennero effettuate fucilazioni di massa. Nel 1922 Trotsky mise Tukhachevsky a capo dell'Accademia militare dell'Armata Rossa. Nello stesso anno partecipò ai negoziati con la Repubblica di Weimar che portarono alla firma del Trattato di Rapallo. Tukhachevsky aveva quindi avuto una serie di rapporti con ufficiali militari tedeschi. Con la progressiva perdita di influenza di Trotsky, i marescialli Budyenny e Voroshilov erano i nuovi uomini di Stalin. Il gruppo di generali vicini a Tukhachevsky, tra cui Yakir, Kork, Feldman Uborevich e Gamarnik, quest'ultimo amico personale dei generali tedeschi Seeckt e Hammerstein, risentì del cambiamento di potere. Un altro uomo vicino al gruppo era Vitovt Putna, addetto militare a Berlino, Tokyo e Londra.

M. Sayers e A. Kahn, basandosi sulle rivelazioni del Processo del Ventuno, discusse nella prossima sezione, scrivono in *La grande cospirazione contro la Russia* che, fin dall'organizzazione del blocco di destra e trotskista, "Trotsky aveva visto Tukhachevsky come la carta migliore dell'intera cospirazione, da giocare solo all'ultimo momento strategico". Secondo le dichiarazioni degli imputati e dei testimoni al processo, Trotsky manteneva i suoi rapporti con Tukhachevsky principalmente attraverso Krestinsky e l'addetto militare Putna. Durante il processo è emersa una conversazione tra Bukharin e Tomsky in cui il primo chiede: "Come vede Tukhachevsky il meccanismo del colpo di Stato? Al che Tomskij risponde: "È una questione che riguarda l'organizzazione militare". Idealmente, il colpo di Stato avrebbe dovuto coincidere con l'inizio del sospirato attacco da parte della Germania. Sembra che fosse stata contemplata anche la possibilità che Tukhachevsky, usando i politici come capri espiatori, cercasse il sostegno popolare e instaurasse una dittatura militare. A questo proposito Bukharin disse a Tomskij: "Potrebbe essere necessario elaborare una procedura che li presenti come colpevoli della sconfitta al fronte, che ci permetta di conquistare le masse attraverso slogan patriottici".

All'inizio del 1936 Tukhachevsky, prima di recarsi a Londra come rappresentante del suo Paese ai funerali di Giorgio V, aveva ricevuto l'ambito titolo di Maresciallo dell'Unione Sovietica. Durante il viaggio verso la Gran Bretagna, fece fiduciosamente tappa a Varsavia e Berlino, dove stabilì contatti con ufficiali militari polacchi e tedeschi. Le cose cominciarono a complicarsi in agosto con il processo al blocco terroristico trotskista-zinovievista e ancor più con i successivi arresti di Pyatakov e Radek. Allarmato, Tukhachevsky contattò Krestinsky. Entrambi si resero conto che l'accelerazione degli eventi di comportava l'adattamento del piano alle nuove e mutevoli circostanze e che poteva essere necessario eseguire prima il colpo di Stato. Krestinsky promise che avrebbe inviato urgentemente un messaggio a Trotsky. Il testo fu inviato in ottobre e diceva: ".... Un gran numero di trotskisti è stato arrestato; ma, nonostante ciò, le forze principali del blocco non sono ancora state colpite. Si può agire, ma per questo è essenziale per il Centro che l'intervento straniero sia affrettato.

Nel novembre 1936, nel contesto dell'ottavo Congresso straordinario dei Soviet, Tukhachevsky e Krestinsky poterono incontrarsi e parlare. Entrambi videro che gli arresti continuavano e il Maresciallo era molto preoccupato: l'arresto di Putna, la caduta di Yagoda e la sua sostituzione con Yezhov dimostravano che Stalin stava andando alle radici del complotto. Tukhachevsky era favorevole ad affrettare gli eventi prima che fosse troppo tardi. Krestinsky incontrò Rosengoltz ed entrambi concordarono che Tukhachevsky aveva ragione. Fu quindi inviato un ulteriore messaggio a Trotsky, spiegando che Tukhachevsky proponeva di agire senza aspettare lo scoppio della guerra. Alla fine di dicembre arrivò la risposta di Trotsky, che si dichiarò d'accordo. In realtà, dopo l'arresto di Pyatakov, Trotsky era giunto alla stessa conclusione e lo aveva scritto in una lettera a Rosengoltz che si intersecava con la lettera ricevuta. Così, con l'acquiescenza del vecchio leader in esilio, fu data carta bianca a Tukhachevsky.

Dalle dichiarazioni degli imputati al processo del marzo 1938, è emerso che nei mesi di marzo e aprile 1937 i preparativi per il colpo di Stato furono accelerati. Sayers e Kahn, utilizzando il processo come principale fonte di informazioni, affermano che alla fine di marzo si svolse un incontro tra Krestinsky, Tukhachevsky e Rosengoltz nell'appartamento moscovita di quest'ultimo. Il maresciallo avrebbe annunciato in quell'occasione che l'azione avrebbe potuto aver luogo a metà maggio e che i cospiratori del colpo di Stato stavano lavorando su una serie di possibili linee d'azione. Secondo Rosengoltz, una delle possibilità previste era che un gruppo di soldati prendesse il controllo della centrale telefonica del Cremlino e uccidesse i leader del Partito e del governo. Secondo questo piano, Gamarnik avrebbe occupato la sede del Commissariato degli Affari Interni e sarebbe stato lui a liquidare Voroshilov e Molotov.

Appena in tempo il governo iniziò a prendere misure che gli permisero di interrompere il complotto. L'8 maggio 1937 un decreto ripristinò il vecchio sistema di comando duale o condiviso, che dava un enorme potere ai commissari politici. Questo sistema era stato messo in atto durante la guerra civile per controllare gli ufficiali militari di cui non ci si fidava perché avevano servito nell'esercito zarista. Il 9 maggio, questi commissari ricevettero l'ordine di aumentare la vigilanza. Nel frattempo, all'inizio di maggio Tukhachevsky fu convocato da Voroshilov. Chi lo ha visto dopo il colloquio con il commissario alla Difesa lo descrive come insolitamente cupo e depresso. Pochi giorni dopo fu nuovamente convocato da Voroshilov, che lo informò freddamente del suo licenziamento come vice del Commissario alla Difesa e del suo trasferimento al Distretto Militare del Volga. Tra il 10 e l'11, questo e altri cambiamenti di incarico furono annunciati ufficialmente. Yakir, la cui posizione in Ucraina doveva essere fondamentale, fu trasferito da Kiev a Leningrado. Il 14 maggio V. Primakov, detenuto dall'agosto dello scorso anno, dopo essere stato picchiato e privato del sonno, ha finalmente denunciato Yakir e successivamente Tukhachevsky e altri. Anche Putna, dopo essere stato torturato, ha coinvolto Tukhachevsky lo stesso giorno, il 14 maggio. Il 15 maggio Boris Feldman fu arrestato e inizialmente negò le accuse. Dopo un duro interrogatorio, firmò una confessione completa sulla cospirazione, denunciando Tukhachevsky, Yakir, Eideman e altri. Il 16 maggio fu arrestato August Ivanovich Kork, un generale che aveva comandato il distretto militare di Mosca e che dal 1935 dirigeva l'Accademia militare di Frunze. Sebbene inizialmente negasse le accuse, il 18 maggio firmò una confessione in cui riconosceva che Avel Yenukidze lo aveva reclutato nella cospirazione di destra, collegata al gruppo trotskista di Putna e Primakov.

Infine, il 24 maggio circa Stalin, dopo essersi consultato con Molotov, Voroshilov e Yezhov, ordinò l'arresto e l'espulsione di Tukhachevsky dal Comitato Centrale. Il 28 maggio si venne a sapere nell'esercito che il caso era stato consegnato agli "organi investigativi". L'interrogatorio di Tukhachevsky fu condotto personalmente da Yezhov, coadiuvato da Z. M. Ushakov, un cekista con una reputazione di sadismo, e da Grigory (Izrail) Moiseyevich Leplevsky, un altro ebreo, uno in più, che era il nuovo capo della Sezione speciale dell'Amministrazione principale della sicurezza dello Stato (GUGB) dell'NKVD. Il 29 il Maresciallo accettò le accuse di spionaggio, di legami con i tedeschi e di essere stato reclutato da Yenukidze per la cospirazione. Lo stesso giorno, al generale Ieronim P. Uborevich, che si trovava a Minsk, fu ordinato di recarsi a Mosca e fu anch'egli arrestato. Confrontato da Kork, negò le accuse, ma alla fine confessò dopo essere stato torturato. La morte del generale Yan Gamarnik è avvenuta il 31 e la sua sorte è stata oggetto di diverse testimonianze. Secondo alcuni resoconti, Gamarnik è stato torturato e ucciso; altri sostengono che si sia sparato a morte. Lo stesso giorno, il 31 maggio, fu arrestato Iona Yakir, l'ultimo dei cospiratori. Conquest rivela che dalla Lubyanka scrisse al Politburo chiedendo il suo immediato rilascio o un colloquio con Stalin, al quale scrisse promettendo la sua innocenza. Conquest trascrive un estratto della lettera: ".... Tutta la mia vita cosciente è stata spesa per lavorare in modo disinteressato e onesto al cospetto del partito e dei suoi dirigenti..... Ogni mia parola è innocente e morirò con parole d'amore per voi, per il partito e per il Paese, con una fede illimitata nella vittoria del comunismo". Il sovietologo aggiunge che Stalin scrisse di questa lettera: "canaglia e prostituta". Voroshilov aggiunge: "una descrizione assolutamente accurata". Molotov firmò questo commento e Kaganóvich aggiunse: "per il traditore e la feccia, una punizione: la pena di morte". Dopo nove giorni di duro interrogatorio, Ushakov ottenne finalmente una confessione dettagliata da Yakir.

Alle undici del mattino dell'11 giugno 1937, gli accusati furono portati davanti a un tribunale militare speciale della Corte Suprema dell'URSS. In una seduta a porte chiuse, tutti i militari coinvolti nel complotto furono condannati a morte. Il verdetto fu annunciato il 12 e la sentenza fu eseguita lo stesso giorno. Nel comunicato ufficiale, pubblicato sulla *Pravda* l'11, si legge che "sono stati accusati di aver violato i loro obblighi militari e la loro promessa di fedeltà, di tradimento contro il loro Paese, di tradimento contro i popoli dell'URSS e di tradimento contro gli operai, i contadini e l'Armata Rossa". Nel rapporto di Voroshilov, pubblicato anche sulla *Pravda* il 15 giugno, i militari giustiziati erano associati a Trotsky ed erano accusati di aver preparato l'assassinio dei leader del Partito e del Governo e di spionaggio.

La repressione scatenata nei mesi successivi contro i parenti dei cospiratori e contro tutto ciò che sembrava essere trotzkista nell'Armata Rossa fu massiccia. Mogli, figli, fratelli, sorelle e parenti dei soldati condannati furono arrestati e internati nei campi di concentramento. Robert Conquest sostiene che le mogli di Yakir, Kork, Gamarnik e Tukhachevsky furono successivamente eliminate, così come i parenti di altri militari giustiziati. Nei giorni e nelle settimane successive al processo, furono giustiziati circa 20 generali delle caserme di Mosca. Più di cinquanta comandanti di corpo e di divisione e circa mille ufficiali furono arrestati. L'epurazione della Scuola Militare del Cremlino e dell'Accademia Frunze fu rigorosa. Nel distretto militare di Kiev, considerato il "nido di Yakir", furono arrestati tra i sei e i settecento ufficiali. Anche i dati di Conquest sulla Marina sono impressionanti: dei nove ammiragli della Flotta, solo uno (Galler) sopravvisse all'epurazione. Anche i suoi familiari e numerosi ufficiali subordinati subirono le conseguenze delle operazioni di pulizia organizzate dall'NKVD. Secondo questo storico, l'epurazione continuò per tutto il 1938. Una seconda epurazione dell'esercito iniziò a gennaio, con una nuova serie di arresti che colpirono comandanti e ufficiali di alto livello, tra cui il maresciallo Yegorov. Una seconda ondata si ebbe alla fine di luglio, quando furono epurati più di una dozzina di generali dell'esercito, dell'aviazione e della marina.

Dati i fatti, resta da contemplare il ruolo della Germania nell'intera vicenda. È un compito difficile, perché alcuni storici sembrano più interessati a nascondere la verità che a cercarla. Purtroppo Robert Conquest, un maestro di scuola, è uno di questi. Conquest considera i processi di Mosca come "processi spettacolo". Nonostante abbia un'impressionante ricchezza di informazioni, insiste a bere da fonti contaminate, alle quali dà credibilità quando gli permettono di sostenere la sua tesi che Stalin ha fabbricato tutto e che non c'è stata alcuna cospirazione trotskista. Andrew Roberts in "*The Holy Fox*" *A Life of Lord Halifax*, opera su cui torneremo in un altro capitolo, liquida l'epurazione dei trotskisti nell'Armata Rossa con queste parole: "Le purghe staliniane del giugno 1937 avevano praticamente decapitato l'intero corpo ufficiali dell'Armata. Cinque dei sette marescialli e la maggior parte dei generali e dei colonnelli furono fucilati in un paranoico spasmo di sangue staliniano". In altre parole, nonostante l'evidenza che Trotsky era stato il creatore dell'Armata Rossa e aveva piazzato i suoi uomini di fiducia, soprattutto ebrei, in posizioni chiave; nonostante la consapevolezza che la lotta interna per il potere si era scatenata dopo l'allontanamento di Trotsky da parte di Stalin, gli storici ufficiali preferiscono ignorare tutto questo e, naturalmente, tacere sui banchieri ebrei che finanziarono Trotsky, la cui figura viene mantenuta intatta. Così l'argomento si riduce alla "paranoia staliniana", alla "sete di sangue" e ai "processi-farsa". Spiegazioni molto accademiche e professionali.

Sui rapporti dei cospiratori con i tedeschi, Conquest accetta come versione più probabile quella offerta da Walter Hagen in un libro pubblicato a Linz nel 1950, il cui titolo tedesco è *Die geheime Front. Organisation, Personen und Aktionen des deutschen Geheimdienstes* (*Il fronte segreto. Organizzazione, persone e azioni dei servizi segreti tedeschi*). Quest'opera fu tradotta in francese nel 1952 con il *titolo Le Front Secret* e un anno dopo *The Secret Front* fu pubblicato in inglese. La versione di Hagen assunta da Conquest è in sintesi la seguente: Reinhard Heydrich alla fine del 1936 propose a Hitler e Himmler di presentare un dossier falsificato sui contatti di Tukhachevsky con le forze armate tedesche per provocare l'epurazione e danneggiare il potenziale dell'Armata Rossa.

Innanzitutto, poiché si tratta di accreditare il valore della fonte, va detto che Walter Hagen è lo pseudonimo di Wilhelm Höttl, un personaggio bugiardo e disonesto che, dopo la sconfitta della Germania, fece tutto ciò che i nemici del suo Paese gli chiesero. Mark Weber, direttore dell'Institute for Historical Review, nell'articolo "Wilhelm Höttl and the Elusive Six Million" (Wilhelm Höttl e l'inafferrabile cifra di sei milioni) fornisce una serie di informazioni interessanti su questo personaggio. Membro del NSDAP, Höttl fu impiegato dal 1939 presso l'Ufficio principale della sicurezza del Reich (RSHA). Nel 1945 gli americani lo arrestarono in Austria e per diversi anni lavorò come agente di intelligence per gli Stati Uniti. Nell'aprile 2001, la CIA ha pubblicato l'ampio dossier su Höttl, che conteneva un rapporto dettagliato su di lui. Il rapporto, intitolato "Analysis of the Name File of Wilhelm Höttl", è stato compilato da Miriam Kleiman e Robery Skwirot, due investigatori governativi dell'IWG (Interagency Working Group). Questi documenti stabiliscono che Höttl era un informatore totalmente inaffidabile che fabbricava abitualmente informazioni per soddisfare coloro che erano disposti a pagarlo. Nel loro rapporto, i due investigatori governativi scrivono: "Il dossier di Höttl è composto da circa seicento pagine, uno dei più grandi mai portati alla luce. Le dimensioni del dossier sono dovute alla carriera di Höttl come trafficante di informazioni del dopoguerra, buone e cattive, a chiunque fosse disposto a pagarlo". I rapporti collegano Höttl a dodici diversi servizi segreti: Stati Uniti, Israele, Unione Sovietica, Gran Bretagna, Francia, Jugoslavia, Austria, Romania, Vaticano, Svizzera, Germania Ovest e Ungheria".

Appena catturato, Höttl iniziò a lavorare per l'OSS (Office of Strategic Services), il predecessore della CIA. Secondo le parole dei due ricercatori, "Höttl servì gli interessi dei suoi rapitori". Fu allora che, mentre era al servizio dell'intelligence statunitense, Höttl, su richiesta del procuratore americano, rilasciò al tribunale di Norimberga una dichiarazione giurata secondo cui Adolf Eichmann gli aveva detto che i nazisti avevano ucciso sei milioni di ebrei. Nel 1949, un ufficiale dell'intelligence statunitense mise in guardia contro l'uso abituale di Höttl per qualsiasi scopo e lo definì "un uomo di bassa natura e con scarsi precedenti politici, il cui impiego in attività di intelligence, per quanto redditizie, costituisce una politica statunitense miope". Nel 1950 un nuovo messaggio della CIA indicava Höttl come un "infame fabbricatore di informazioni". Nell'aprile 1952 i suoi rapporti erano considerati "privi di valore e probabilmente esorbitanti o falsi".

Per completare il quadro di questa fonte impresentabile, esistono numerosi rapporti di intelligence che lo collegano a Simon Wiesenthal, il famoso cacciatore di nazisti. Un rapporto del gennaio 1950 del Counter Intelligence Corps (CIC) dell'Esercito statunitense menziona che Wiesenthal "ha assunto i servizi di Wilhelm Höttl". Infine, nel luglio 1952, l'esercito americano di stanza in Austria interruppe completamente i rapporti con Höttl e in una lettera avvertì: "Il dottor Höttl è noto da tempo a questo quartier generale e ad altre organizzazioni militari alleate in Austria come produttore di informazioni di intelligence. I suoi rapporti consistono di solito in una sottile rete di fatti, esagerati con bugie, inganni, congetture e altri tipi di informazioni false. Questa organizzazione non avrà assolutamente nulla a che fare con il dottor Höttl o con qualsiasi altro membro del suo attuale entourage. Egli è persona non grata per il personale americano, francese e britannico in Austria".

In tutta umiltà, crediamo onestamente che accettare come veri fatti storici che provengono da fonti come questa sia un discredito per coloro che lo fanno. Basandosi su Höttl/Hagen, Conquest scrive che la creazione dei documenti che Hitler inviò a Stalin fu "un'opera d'arte che richiese molto tempo". Secondo la sua versione, nel marzo 1937 Heydrich e Behrens diressero la falsificazione di un fascicolo di trentadue pagine di lettere scambiate nel corso di un anno tra l'alto comando tedesco e Tukhachevsky. L'incisore Franz Putzig, un tecnico della falsificazione dei passaporti, eseguì il lavoro, al quale fu allegata una foto di Trotsky con ufficiali tedeschi. I servizi segreti tedeschi avrebbero ottenuto una firma di Tukhachevsky del 1926 che, opportunamente imitata dai grafologi, sarebbe stata utilizzata per falsificare le lettere. Il dossier sarebbe stato presentato all'inizio di maggio a Hitler e Himmler, che avrebbero approvato l'operazione. Secondo Conquest, una fotocopia di questo documento falsificato fu inviata a Praga e il presidente Edvard Benes confermò l'esistenza del complotto all'ambasciatore sovietico. Inoltre, continua Conquest, "un agente segreto di Heydrich fu messo in contatto con un funzionario dell'ambasciata sovietica, gli mostrò due pagine e chiese denaro per la consegna del resto. Il funzionario volò immediatamente a Mosca e tornò con pieni poteri per condividere l'intero dossier. Fu pagato mezzo milione di marchi (anche se poi si scoprì che erano falsi). A metà maggio i documenti erano nelle mani di Stalin". In altre parole, l'intera faccenda fu un imbroglio di Hitler, una trappola in cui Stalin e i suoi scagnozzi caddero ingenuamente.

Poiché la questione lo richiedeva, siamo riusciti a ottenere una copia di una delle edizioni dell'opera di Hagen/Höttl per esaminare direttamente questa fonte. Abbiamo così *Le Front Secret*, pubblicato nel 1952 a Parigi, tradotto dal tedesco da Albert Thuman. Sotto il titolo "Il più grande colpo di Heydrich: consegna a Stalin il dossier contro Tukhachevsky", Höttl, produttore di storie di intelligence, racconta la bizzarra storia del falso dossier su Tukhachevsky. Inizia rivelando che Heydrich era interessato ai servizi del generale bianco N. Skoblin, pur sapendo che si trattava di un agente doppiogiochista che, in quanto membro dell'Unione Militare All-Russian espatriata (ROVS), lavorava anche per i sovietici. Così Skoblin, che in seguito facilitò il rapimento del generale Miller, il leader dei Bianchi, sarebbe diventato un triplo agente. In un passaggio del resoconto, Höttl scrive: "È grazie a lui (Skoblin) che Heydrich apprese dalla fine del 1936 di un presunto piano di Tukhachevsky per prendere il potere in Russia con l'aiuto dell'Armata Rossa e per eliminare Stalin sopprimendo l'intero sistema sovietico". L'idea che il triplice agente Skoblin fornisse alla Gestapo e all'NKVD informazioni su Tukhachevsky non è originale: Höttl/Hagen la riprende dal trotskista Krivitsky, che già nel 1939 l'aveva esposta in *In Stalin's Secret Service*. In ogni caso, queste parole su Tukhachevsky implicavano l'esistenza del piano. Höttl, che se ne rende conto, dimostra subito la sua abilità e aggiunge: "Questa informazione era fondata? È meglio lasciare la questione aperta". E c'è poca speranza che si possa mai rispondere, dato che il capo della GPU, Nicolai Yezhov, che fornì gli elementi della vicenda a Vyshinsky, fu successivamente sottoposto a un'accusa simile e successe al Napoleone Rosso davanti al plotone d'esecuzione. In altre parole, per rendere ancora più intricato l'intero groviglio, Höttl/Hagen insinua che l'unico che avrebbe potuto rivelare la verità, Yezhov, fu fucilato.

Poi, poiché i fatti sono ostinati, Höttl/Hagen riconosce di nuovo che c'era una spaccatura all'interno dell'Armata Rossa e scrive che, prima che Heydrich gli presentasse il suo piano, "Hitler aveva già intuito che la divisione interna che minacciava di spezzare il regime sovietico era un'opportunità per la Germania. C'era la possibilità di indebolire in modo decisivo l'Unione Sovietica e due modi per raggiungere questo obiettivo: o sostenere Tukhachevsky contro Stalin e quindi contribuire all'eliminazione del bolscevismo, o consegnare Tukhachevsky alla vendetta di Stalin e quindi paralizzare la potenza militare sovietica. Per la Germania era senza dubbio più facile contribuire alla liquidazione di Tukhachevsky che assisterlo in un colpo di Stato contro i padroni del Cremlino". Questo approccio è perfettamente in linea con quanto abbiamo detto, cioè che i trotskisti contavano sull'esercito per prendere il potere e aspiravano a farsi aiutare da Hitler.

Tuttavia, sono necessarie alcune precisazioni. Innanzitutto, va detto che non è vero che si volesse "eliminare il bolscevismo". Erano i vecchi bolscevichi che incoraggiavano il colpo di Stato, la vecchia guardia di rivoluzionari ebrei che si erano stretti attorno a Trotsky da quando quest'ultimo, dopo essere stato liberato dai canadesi grazie all'amico Bernard Baruch, era entrato in Russia da New York. Era il comunismo rappresentato da Trotsky a interessare l'Internazionale finanziaria. I grandi finanzieri volevano il trionfo dell'opposizione e la prova di ciò, come abbiamo visto, era il ruolo svolto dalla stampa negli Stati Uniti e in Europa. Ricordiamo che Radek testimoniò al processo che Trotsky aveva detto a Pyatakov che i preparativi militari erano stati completati e che ora si trattava di "assicurare alla Germania la neutralità della Gran Bretagna con sforzi diplomatici". Per quanto i trotskisti fossero impazienti, è naturale che senza questa assicurazione la Germania non avrebbe rischiato.

Nei piani della cospirazione c'era quello di sbarazzarsi sia di Stalin che di Hitler, che era stato finanziato, tra l'altro, per attaccare Stalin. Trotsky e i suoi sostenitori concepirono una guerra che sarebbe servita a farli cadere entrambi. Il 25 agosto 1939 l'ambasciatore francese a Mosca, R. Coulondre, avrebbe avvertito Hitler che in caso di guerra il vero vincitore sarebbe stato Trotsky. È molto probabile che se Hitler avesse attaccato l'URSS nel 1937, Stati Uniti, Gran Bretagna e Francia, sotto l'egida della Società delle Nazioni, avrebbero dichiarato guerra alla Germania per aver iniziato una guerra di aggressione. In realtà, questo è ciò che accadde due anni dopo: come è noto, quando Germania e Russia spartirono la Polonia nel 1939, Londra e Parigi dichiararono guerra alla Germania, ma non all'URSS. La cosa davvero scandalosa è che Stalin non solo si prese la sua parte di Polonia, ma annesse anche Estonia, Lettonia e Lituania, invase la Finlandia e poi occupò la Bessarabia e la Bucovina settentrionale. Il tutto impunemente. Era quindi logico, e Höttl/Hagen ha ragione, che la Germania optasse per l'opzione meno rischiosa.

Altra cosa è se avesse bisogno di falsificare le prove con una messa in scena spettacolare, come sostengono coloro che insistono sul fatto che i militari non facevano parte della cospirazione trotzkista. Per concludere la nostra confutazione di questa fonte, esaminiamo in sintesi i fatti riportati da Höttl/Hagen, che scrive che la falsificazione iniziò nell'aprile 1937 e che la Gestapo fu assistita da agenti dell'NKVD. Come se non bastasse, Höttl/Hagen aggiunge che Hermann Behrens, assistente di Heydrich, pensava che fossero strumenti della polizia segreta sovietica. In uno scantinato di Prinz-Albrecht Straße, racconta Höttl/Hagen, "veniva prodotta e scaglionata negli anni corrispondenza di ogni tipo". Così, le ricevute dei generali sovietici, le lettere e altri documenti venivano timbrati con i timbri corrispondenti dei generali tedeschi. È interessante notare che Wilhelm Canaris, capo dei servizi segreti tedeschi (Abwehr), un agente britannico, un traditore, come è noto, è tenuto fuori dall'operazione. Höttl/Hagen sostiene che Heydrich, nella sua ansia di coinvolgere Canaris, "fabbricò lettere in cui si potevano leggere i ringraziamenti del capo dell'Abwehr a Tukhachevsky e a diversi generali sovietici per le informazioni ricevute dall'Armata Rossa". Conquest, che usa Höttl/Hagen solo quando fa comodo, sostiene che una copia del dossier fu consegnata ai cechi. Höttl/Hagen, tuttavia, afferma esattamente il contrario. Ammette che inizialmente erano stati presi in considerazione, ma che l'opzione era stata scartata. Secondo la sua versione, "Behrens si recò in Cecoslovacchia sotto falso nome e tenne un colloquio preliminare a Praga; ma alla fine questa strada sembrò a Heydrich troppo incerta. I cechi si rifiutarono, infatti, di dire esattamente quali tappe avrebbe seguito la trasmissione dei documenti; non c'era alcuna garanzia che l'invio non sarebbe stato intercettato da qualche seguace di Tukhachevsky. Heydrich optò quindi per un approccio diretto attraverso l'ambasciata sovietica a Berlino.

Non possiamo soffermarci oltre su questa bizzarra storia. Bernard Fay, storico francese formatosi ad Harvard e direttore della Biblioteca Nazionale durante l'occupazione tedesca della Francia (1940-1944), afferma categoricamente che Hitler fornì a Stalin i documenti che gli permisero di procedere alla grande epurazione militare. L'interesse di Fay come fonte risiede nel fatto che, lavorando per il governo di Vichy e con l'approvazione della Gestapo, egli sequestrò gli archivi segreti del Grande Oriente di Parigi e delle logge massoniche di tutta la Francia. Lo stesso Presidente Petain gli commissionò questo lavoro, che gli permise di pubblicare un mensile, *Les Documents Maçonniques*. Fay apprese, ad esempio, che l'ammiraglio Canaris aveva avvertito lo Stato Maggiore britannico prima che Hitler lanciasse l'offensiva in Francia nel maggio 1940. Lo stesso Robert Conquest nota che nel gennaio 1937 il corrispondente *della Pravda* a Berlino, V. Klimov, riferì che negli ambienti dell'esercito tedesco si parlava di collegamenti con l'Armata Rossa, soprattutto con Tukhachevsky. Il 16 marzo 1937 l'ambasciata sovietica a Parigi inviò un telegramma a Mosca per avvertire dei piani dell'esercito tedesco "per promuovere un colpo di Stato in Unione Sovietica utilizzando persone dell'alto comando dell'Armata Rossa". A nostro avviso, sembra chiaro che la Gestapo fosse a conoscenza del complotto dei generali e avesse interesse ad avvertire Stalin di una vera e propria cospirazione.

Inoltre, Stalin apprese che la Germania non avrebbe attaccato l'URSS poco prima che iniziasse l'epurazione dell'Armata Rossa. Con grande sgomento dei trotzkisti e di coloro che li incoraggiavano, soprattutto negli Stati Uniti e in Gran Bretagna, Stalin e Hitler riuscirono a raggiungere un accordo commerciale forgiato in segreto. Nonostante tutti i tentativi dei trotskisti di impedire il successo degli sforzi, Stalin aveva fiducia in un accordo con la Germania e aveva inviato David Kandelaki all'ambasciata di Berlino come addetto commerciale. Nel dicembre 1936, a suo rischio e pericolo, Kandelaki contattò il dottor Schacht ed esplorò le possibilità dell'accordo. Secondo quanto riferito, Schacht pose come condizione che Mosca smettesse di sostenere le attività dei comunisti in Germania, infestata da trotzkisti che di notte attaccavano manifesti nelle strade di Berlino con gli slogan "Abbasso Hitler e Stalin!" e "Viva Trotzkij!". Il 29 gennaio 1937 Kandelaki si incontrò nuovamente con Schacht e gli formulò verbalmente la proposta di Stalin e Molotov di avviare negoziati diretti.

La prova di quanto l'accordo sia andato male è stata fornita dal capo dei servizi segreti militari in Europa, Krivitsky. Vale la pena di citare le sue parole quando ne venne a conoscenza: "... Una notizia bomba esplose su di me. Era la notizia strettamente segreta che Slutsky mi aveva inviato sulla firma di un accordo tra Stalin e Hitler, portata da Kandelaki". Krivitsky aggiunge che David Kandelaki era arrivato a Mosca in aprile accompagnato da "Rudolf", un subordinato di Slutsky che agiva come rappresentante segreto dell'NKVD al fianco di Kandelaki (a proposito di questo "Rudolf" va detto che si trattava di un ebreo di nome Viliam Guenrijovich Fisher, alias Abel Rudolf, che rimase nei Servizi Segreti fino alla sua cattura da parte dell'FBI nel giugno 1957). Il successo di Kandelaki era talmente importante che fu ricevuto direttamente da Stalin. A riprova del valore che anche i nazisti attribuivano all'accordo, il fatto che anche Hitler avesse ricevuto personalmente Kandelaki. Naturalmente, le potenze straniere e quelle che operavano nell'ombra per rovesciare Stalin si opposero a questo accordo tedesco-sovietico.[16]

---

[16] Sulla missione di Kandelaki a Berlino, Burnett Bolloten, nella sua monumentale opera *The Spanish Civil War: Revolution and Counterrevolution*, spiega in una lunga nota che, oltre all'accordo commerciale, Kandelaki propose un accordo politico che Hitler rifiutò. Il documento "Missione Kandelaki", proveniente dal Ministero degli Esteri tedesco,

Prima di passare al Processo dei Ventuno, possiamo quindi concludere che, dopo il processo a Pyatakov e Radek, non c'è dubbio che l'obiettivo fosse quello di provocare una guerra per eliminare Stalin e mettere Trotsky al potere in URSS. Le dichiarazioni fatte al processo da Sokolnikov e Radek sul "fascismo come forma meglio organizzata di capitalismo" erano indubbiamente concessioni fatte alla strategia di Stalin, il cui machiavellismo e astuzia politica raggiungono i massimi livelli. È evidente che Stalin sapeva che la cospirazione aveva origine nell'alta finanza internazionale, principale beneficiaria del saccheggio della Russia, delle concessioni sulle risorse e degli investimenti nel Paese. Tutto questo era stato realizzato attraverso i suoi agenti, che erano proprio gli uomini che cercavano di riconquistare il potere provocando una guerra con la Germania hitleriana, alla quale veniva permesso di riarmarsi a questo scopo. Stalin, mentre eliminava progressivamente gli oppositori, trovava conveniente presentarli come spie tedesche e giapponesi, anche se in realtà servivano altri interessi.

L'affermazione che il fascismo sia la forma meglio organizzata di capitalismo è una falsità che non regge. Oggi è un fatto indiscutibile che le "democrazie" sono la facciata adottata dal capitalismo internazionale, che utilizza il neoliberismo e la globalizzazione per annullare completamente la sovranità dei Paesi. La Seconda guerra mondiale è servita a criminalizzare per sempre il nazionalismo degli Stati che si dichiaravano sovrani e si opponevano al dominio delle banche ebraiche internazionali. In realtà, Germania, Giappone, Italia e Spagna non volevano svendersi al mercato, rifiutavano di sottostare ai prestiti e cercavano di proteggere le loro economie, le loro industrie e le loro risorse dalla predazione e dal saccheggio dei "bankster", che aspiravano e aspirano a possedere tutto. Ieri come oggi, la forma più avanzata di capitalismo si basa sulla manipolazione del credito perpetrata dai banchieri prestatori, patroni delle cosiddette democrazie di, nelle quali hanno stabilito il sistema dell'usura e del debito come paradiso ideale per le loro operazioni.

Il processo ai ventuno

Poco prima dell'inizio del Processo dei Ventuno a Mosca, la lunga mano di Stalin raggiunse a Parigi Lev Sedov, il figlio di Trotsky e Natalia

---

cadde nelle mani degli Alleati. Il documento dell'11 febbraio 1937, reso finalmente pubblico nel 1983, contiene le parole di Yevgeni Gnedin, membro dell'ambasciata sovietica a Berlino, che nel corso dei negoziati espresse "rammarico per il fatto che i due Paesi... non abbiano potuto giungere a una migliore intesa". Gnedin affermò di essersi recato in Germania "con istruzioni specifiche per studiare le possibilità di un miglioramento" delle loro relazioni. In un altro commento significativo, Gnedin disse che "sebbene il Comintern e l'Unione Sovietica avessero la stessa ideologia, la "Realpolitik" dell'URSS non aveva nulla a che fare con il Comintern".

Sedova, la sua seconda moglie. Un ebreo ucraino che lavorava per l'NKVD, Mark Zborowski, si era guadagnato la sua piena fiducia e tradì Sedov in men che non si dica. Secondo John J. Dziak, autore di *Chekisty: A History of the KGB* e rinomato esperto di difesa e intelligence, Zborowski fu reclutato nel 1933 e fece parte di un gruppo di agenti che assassinarono importanti nemici di Stalin, tra cui Ignace Reiss (1937), ebreo trotskista e amico di Walter Krivitsky, Andreu Nin (1937) e lo stesso Krivistky (1941). Per entrare nella cerchia di Sedov a Parigi, Zborowski, detto "Etienne", fece amicizia con Jeanne Martin, moglie di Sedov. La fiducia che ispirava era tale che divenne segretario del figlio di Trotsky e conservò persino parte dell'archivio di Trotsky nella propria casa. È facile immaginare fino a che punto l'NKVD disponesse di informazioni precise.

Nei suoi rapporti, Zborowski usava nomi in codice: "Vecchio" (Trotsky), "Sonny" (Sedov), "Polecats" (trotskisti). In un rapporto del gennaio 1937 depositato dall'NKVD, Etienne scrisse: "Sonny, durante la nostra conversazione nel suo appartamento sul tema del secondo processo e sul ruolo degli imputati, dichiarò: 'Ora non dobbiamo esitare. Stalin deve essere ucciso". L'8 febbraio 1938 Lev Sedov ebbe un attacco di appendicite ed Etienne lo convinse a recarsi in una piccola clinica di Parigi gestita da emigrati russi. Questi informò immediatamente l'NKVD del luogo in cui si trovava il figlio di Trotsky che, nonostante fosse stato operato con successo il giorno del ricovero, morì con grande dolore il 16 febbraio. Dopo la morte del figlio, Trotsky avviò un'inchiesta. Nel frattempo, Etienne divenne il leader dell'organizzazione a Parigi e continuò a curare *il Bollettino dell'Opposizione* con la trotskista ebrea Lilia Estrin Dallin (Lilya Ginzberg), nome in codice "Neighbour". Alcuni storici considerano Mark Zborowski la più imponente spia sovietica di tutti i tempi.

Per un quadro completo della cospirazione trotskista, non resta che rivedere il famoso Processo del Ventuno, l'ultimo dei processi di Mosca, ufficialmente chiamato "Processo al blocco trotskista-destro". La nuova squadra di Yezhov vi si preparò per quasi un anno. Abram A. Slutsky, il trotskista del Dipartimento degli Esteri, "collaborò" fino al 17 febbraio 1938, quando fu liquidato. Il suo boia, Mikhail Frinovsky, dichiarò prima della sua esecuzione nel 1940 che Yezhov gli aveva ordinato di "eliminarlo tranquillamente". Frinovsky convocò Slutsky nel suo ufficio e, mentre stavano parlando, un ufficiale entrò e applicò una maschera di cloroformio. Gli fu poi iniettato del veleno e in seguito fu annunciato che era morto per un attacco di cuore. Oltre al già citato Frinovsky, l'uomo che fungeva da braccio destro di Yezhov era l'ebreo Isaak Illich Shapiro, capo della Segreteria di Yezhov e della nuova Sezione per le indagini su casi particolarmente importanti. Il terzo assistente di Yezhov era Leonid Mikhailovich Zakovsky (Genrij E. Shtubis), un lettone crudele che usava la frusta.

Il processo iniziò il 2 marzo 1938 e si concluse il 13 marzo. Anche in questo caso, il tribunale fu presieduto da V. V. Ulrich e il pubblico ministero era Vyshinsky. Il *Rapporto dei procedimenti giudiziari nel caso del Blocco dei Diritti e dei Trotskisti Anti Sovietici*, che contiene una traduzione in inglese del testo integrale del procedimento, pubblicato nel 1938 dal Commissariato di Giustizia, è disponibile su "Internet Achive" per i lettori che desiderano leggere il nostro breve riassunto. Le accuse contro il "Blocco Trotskista di Destra" comprendevano: relazioni con Stati stranieri allo scopo di ottenere assistenza armata; attività di spionaggio a beneficio di questi Stati; atti di sabotaggio nell'industria, nelle ferrovie, nell'agricoltura, nella finanza e in altri rami dello Stato socialista; atti di terrorismo contro i dirigenti del Partito e del Governo. Gli accusati erano: Nikolai Bukharin, Alexei Rykov, Nikolai Krestinsky, Christian Rakovsky, Génrij Yagoda, Arkady Rosengoltz, Vladimir Ivanov, Mikhail Chernov, Grigori Grinko, Isaac Zelensky, Sergei Bessonov, Akmal Ikramov, Fayzulla Khodzhayev, Vasily Sharangovich, Pavel Bulanov, Prokopy Zubarev, Lev Levin, Dmitry Pletnev, Ignaty Kazakov, Venyamin Maximov e Peotr Kryuchkov. Ad eccezione di Rykov, i principali leader del Blocco: Bukharin, Krestinsky, Rakovsky, Yagoda, Rosengoltz erano ebrei. Oltre a guidare il Blocco insieme a Rykov, Bukharin fu accusato di aver complottato per prendere il potere nel 1918 e di voler uccidere Lenin.

Arrestato alla fine di maggio del 1937, Nikolai Krestinsky, un ebreo convertito, come rivelato dallo stesso V. Molotov, fu una sorpresa, perché non confermò la confessione fatta nella dichiarazione preliminare e si dichiarò non colpevole. Il presidente Ulrich ha ripetuto la domanda: "Si dichiara colpevole?", alla quale l'imputato ha risposto: "Prima del mio arresto ero un membro del Partito Comunista dell'Unione Sovietica e lo sono ancora". Ulrich lesse nuovamente le accuse, ma Krestinsky insistette: "Non sono mai stato un trotzkista. Non ho mai fatto parte del blocco dei trotskisti e dei destrorsi e non ho mai commesso un solo crimine". Dopo questo intervento dell'accusato, c'è stata una breve pausa.

Questo Krestinsky, va ricordato, fu commissario alle Finanze tra il 1918 e il 1922, fino a quando gli succedette Grigori Sokolnikov (Brilliant). Mentre erano responsabili delle finanze, questi due trotzkisti, insieme all'altro ebreo Leonid Krasin (Goldgelb), morto a Londra nel 1926, lavorarono fianco a fianco con il massimo rappresentante della finanza ebraica internazionale, Olof Aschberg, il banchiere della rivoluzione, che aprì una banca a Mosca per gestire i bonifici bancari e in seguito fondò la Ruskombank, il cui direttore operativo era Max May della Guaranty Trust di J.P. Morgan. Krestinsky fu nominato ambasciatore in Germania, una carica molto importante se si considera che la vittoria del comunismo in Germania dipendeva dal trionfo delle tesi internazionaliste di Trotsky. Come sappiamo, Krestinsky era stato direttore del "Gokhran" (Tesoro di Stato per il deposito di valori), da dove organizzò la logistica del più grande saccheggio della storia. Tutti i bottini confiscati andavano al Gokhran e venivano smistati per la futura esportazione; a questo punto fu coinvolto nuovamente l'onnipresente Olof Aschberg, che tra il 1921 e il 1924 trattò enormi quantità di oro, platino e diamanti dal Gokhran.

Dopo una pausa di venti minuti, la seduta riprese con l'intervento di Bessonov, un socialista rivoluzionario che nel 1918 si era opposto, come Trotsky e Bukharin, alla pace di Brest-Litovsk. Dalla sua posizione di consigliere dell'ambasciata di Berlino, egli fece da tramite tra Sedov e Trotsky. Bessonov, arrestato il 28 febbraio 1937, rilasciò una dichiarazione dettagliata e precisa. Tra le altre cose, allude a un incontro tra Trotsky e Krestinsky nell'ottobre 1933. Interrogato da Vyshinsky sul rifiuto di Krestinsky di riconoscersi trotskista, sorrise: "Perché sorride?", gli chiese il procuratore. La sua risposta fu: "Sto sorridendo perché il motivo per cui sono qui è che Nikolai Nikolayevich Krestinsky mi ha nominato persona di collegamento con Trotsky. A parte lui e Pyatakov, nessuno lo sapeva. Se Krestinsky non me ne avesse parlato nel dicembre 1933, non sarei sul banco degli imputati". Vyshinsky interrogò immediatamente Krestinsky su queste dichiarazioni, il quale insistette che non era un trotskista e che non aveva mai discusso di Trotsky con Bessonov.

> "Vyshinsky: Questo significa che Bessonov non dice la verità e che lei dice la verità. Lei dice sempre la verità?
> Krestinsky: No.
> Vyshinsky: Non sempre. Imputato Krestinsky, lei e io dovremo esaminare domande serie e non c'è motivo di perdere la calma. Di conseguenza, Bessonov non sta dicendo la verità?
> Krestinsky: No.
> Vyshinsky: Ma anche lei non dice sempre la verità, vero?
> Krestinsky: Non ho sempre detto la verità durante l'indagine.
> Vyshinsky: Ma in altre circostanze dice sempre la verità?
> Krestinsky: Sto dicendo la verità.
> Vyshinsky: Perché questa mancanza di rispetto per l'indagine? Perché ha detto delle falsità durante l'indagine? Spiega.
> Krestinsky: (Nessuna risposta).
> Vyshinsky: Non ho sentito la sua risposta. Non ho altre domande.

Quando l'imputato ha insistito sul fatto che Bessonov stava mentendo e che stava dicendo la verità, il pubblico ministero ha chiesto a Bessonov ulteriori dettagli. Egli allude a un'altra conversazione con Krestinskij, quella tenutasi a Mosca nel maggio 1933: "In quali circostanze?", chiede Vyshinskij. Bessonov rispose: "Dopo essere tornato a Mosca dall'Inghilterra con l'intera delegazione commerciale, fui nominato consigliere dell'Ambasciata in Germania. Prima di assumere questo incarico, ebbi una lunga conversazione con Pyatakov e Krestinsky". Il pubblico ministero chiese nuovamente a Krestinsky di confermare questa testimonianza, ma egli ribadì ancora una volta di non aver mai fatto parte del blocco trotzkista. Estratto dall'opera *Le Procès de Moscou*, del trotskista Pierre Broué, le cui parafrasi ci invitano a presupporre che tutti mentano e che l'unico a dire la verità, finché riesce a mantenere la sua posizione recalcitrante, sia Krestinsky, riproduciamo un frammento integrale dell'interrogatorio che ci permette di apprezzare la perizia del procuratore Vishinsky:

"Krestinsky: non facevo parte del centro trotskista perché non ero un trotskista.

Vyshinsky: Non era un trotzkista?

Krestinsky: No.

Vyshinsky: Non è mai stato così?

Krestinsky: Sì, sono stato un trotskista fino al 1927.

Presidente: All'inizio dell'udienza, lei ha risposto a una mia domanda che non è mai stato un trotzkista. Ha dichiarato che.

Krestinsky: Ho dichiarato di non essere un trotskista.

Vyshinsky: Quindi lei è stato un trotskista fino al 1927.

Krestinsky: Sì.

Vyshinsky: E nel 1927 quando ha smesso di essere un trotskista?

Krestinsky: Prima del 15° congresso del partito.

Vyshinsky: Ricordami la data.

Krestinsky: Ho rotto con Trotsky e i trotskisti il 27 novembre 1927, quando, tramite Serebryakov, che era tornato dall'America e si trovava a Mosca, ho inviato una lettera virulenta contenente una dura critica.

Vyshinsky: Non abbiamo quella lettera nel nostro registro. Abbiamo un'altra lettera. La sua lettera a Trotsky.

Krestinsky: La lettera a cui mi riferisco è in possesso del giudice istruttore, poiché è stata sequestrata durante la perquisizione della mia abitazione e chiedo che venga allegata al fascicolo.

Vyshinsky: Nel fascicolo c'è una lettera dell'11 luglio 1927 che è stata trovata in casa sua al momento della perquisizione.

Krestinsky: Ma ce n'è un altro del 27 novembre...

Vyshinsky: Non esiste una lettera del genere.

Krestinsky: Non può essere.

Vyshinsky: Siamo qui all'udienza del tribunale e lei non ha detto la verità durante l'indagine. Nell'indagine preliminare lei ha dichiarato di non essere formalmente parte del centro, ma di farne parte in modo generico. Lo ha riconosciuto durante l'indagine?

Krestinsky: No, non l'ho riconosciuto.

Vyshinsky: Nelle sue dichiarazioni (ff. 9 e 10) ha detto: "formalmente non ne facevo parte..." Quindi si può intendere che ne faceva parte in modo non formale? È corretto?

Krestinsky: Non faceva assolutamente parte del centro trotskista.

Vyshinsky: Si può dire che lei abbia fatto dichiarazioni false?

Krestinsky: Ho appena dichiarato che la testimonianza che ho reso non era accurata.

Vyshinsky: Quando l'ho interrogato durante l'indagine preliminare, non ha detto la verità?

Krestinsky: No.

Vyshinsky: Perché non mi hai detto la verità? Ti ho forse chiesto di non dire la verità?

Krestinsky: No.

Vyshinsky: Le ho chiesto di dire la verità?

Krestinsky: Sì.

Vyshinsky: Perché allora, nonostante le avessi chiesto di dire la verità, ha continuato a dire bugie, le ha fatte registrare dal giudice istruttore e le ha firmate subito? Perché?

Krestinsky: Ho fatto dichiarazioni false in anticipo, prima che mi interrogaste, nell'indagine preliminare.

Vyshinsky: E li ha conservati?

Krestinsky:... poi le ho conservate perché ero convinto, per esperienza personale, che non avrei più potuto, fino all'udienza in tribunale, se ci fosse stato un processo, invalidare le dichiarazioni che avevo fatto.

Vyshinsky: E pensa di essere riuscito a invalidarli?

Krestinsky: No, non è più questo l'importante. L'importante è che io dichiari di non riconoscermi come trotskista. Non sono un trotskista.

Vyshinsky: Lei ha dichiarato di essersi trovato in una situazione cospirativa speciale. Cosa intende per "situazione cospirativa speciale"?

Krestynsky: Lei sa bene che...

Vyshinsky: Non mi chiami come testimone in questa faccenda. Le chiedo cosa significa "situazione cospirativa speciale".

Krestinsky: L'ho detto nella mia dichiarazione.

Vyshinsky: Non vuole rispondere alle mie domande?

Krestinsky: Questa frase in cui dico che mi trovo in una situazione cospirativa speciale è scritta nella mia dichiarazione del 5 o 9 giugno, che è falsa dall'inizio alla fine.

Vyshinsky: Non le sto chiedendo questo, e la prego di non essere precipitoso nelle sue risposte. Le sto chiedendo cosa significa: mi trovo in una situazione cospirativa particolare.

Krestinsky: Questo non corrisponde alla realtà.

Vyshinsky: Questo lo vedremo tra poco. Vorrei approfondire il significato della dichiarazione che lei ha fatto dicendo che si trovava in una situazione cospirativa speciale.

Krestinsky: Se fosse vero, direi che essendo un vero trotskista, prendo tutte le precauzioni per nascondere la mia appartenenza al trotskismo.

Vyshinsky: Perfetto, e per nasconderlo è necessario negare il suo trotskismo.

Krestinsky: Sì.

Vyshinsky: Ora, lei afferma di non essere un trotzkista, ma non è forse per nascondere il fatto che lei è un trotzkista?

Krestinsky (dopo un silenzio): No, dichiaro di non essere un trotzkista".

Il procuratore chiamò quindi Arkady Rosengoltz, un altro ebreo che era stato ufficiale dell'esercito con Trotsky durante la guerra civile. Passò poi ai Commissariati dei Trasporti e delle Finanze. Come ambasciatore in Gran Bretagna tra il 1925 e il 1927, supervisionò lo spionaggio sovietico. Membro del Comitato Centrale del Partito Comunista dell'Unione Sovietica, nel 1930 fu nominato Commissario per il commercio estero, carica che mantenne fino al giugno 1937. Il 7 ottobre fu arrestato. Krestinsky, che non si sentiva bene, si accasciò. Vyshinsky gli chiese di ascoltarlo e lui rispose che dopo aver preso una pillola si sarebbe sentito meglio, ma chiese di non essere interrogato per qualche minuto.

"Vyshinsky (rivolgendosi a Rosengoltz): Imputato Rosengoltz, sapevate che Bessonov era un trotzkista?
Rosengoltz: No, non lo sapevo.
Vyshinsky: Pyatakov glielo ha consigliato?
Rosengoltz: Non ho avuto alcuna conversazione con lui su questo tema.
Vyshinsky: Ma lei sapeva che Bessonov era un trotzkista?
Rosengoltz. L'ho saputo da Krestinsky.
Vyshinsky: Cosa le ha detto Krestinsky di Bessonov?
Rosengoltz: Che era un trotzkista e che lo aiutava nella sua attività trotzkista.
Vyshinsky: Chi te l'ha detto?
Rosengoltz: È stato Krestinsky a dirmelo.
Vyshinsky: Krestinsky personalmente?
Rosengoltz: Sì, Krestinsky personalmente.
Vyshinsky: Si ricorda che anno era?
Rosengoltz: Non posso dirlo con precisione.
Vyshinsky: Verso il 1933?
Rosengoltz: Sì, all'incirca.
Vyshinsky: In quali circostanze e in quale occasione le ha detto questo?
Rosengoltz: Ha parlato dei collaboratori del Commissariato del Popolo per gli Affari Esteri che lo hanno aiutato in questo lavoro, e ha citato tra gli altri Bessonov.
Vyshinsky (a Krestinsky): Imputato Krestinsky, ha sentito questa dichiarazione?
Krestinsky: Lo nego.
Vyshinsky: Negare?
Krestinsky: Nego.
Vyshinsky: Ho sentito bene?
Krestinsky: Avete sentito bene.
Vyshinsky: Non ho altre domande".

Ancora Rosengoltz e poi Grigori F. Grinko fornirono le prove della colpevolezza di Krestinsky, che però rimase fermo nella sua posizione. Grinko fu arrestato il 13 agosto 1937 mentre era Commissario alle Finanze, carica che ricoprì dal 1930 al 1937. Il 5 febbraio 1937 Grinko aveva apposto la sua firma sull'insignificante e inutile ricevuta rilasciata dai sovietici per le 7.800 casse d'oro provenienti dalle riserve del Banco de España. Dopo la sessione mattutina e una pausa di due ore, iniziò la sessione pomeridiana. Un nuovo imputato, Rykov, ha confermato la colpevolezza di Krestinsky, che ha nuovamente negato categoricamente di essere a conoscenza di attività illegali. Infine, la sessione si è conclusa il 2 marzo con la testimonianza di Mikhail A. Chernov, ex commissario del Ministero degli Affari interni della Federazione Russa. Chernov, ex Commissario per l'Agricoltura, il cui referente all'interno del blocco era Rykov, ha sostanzialmente confermato la dichiarazione di Chernov.

Il giorno successivo, 3 marzo, è iniziato con la testimonianza di Vladimir Ivanov, ex commissario per l'industria del legno, la cui testimonianza è molto rilevante. All'inizio dell'interrogatorio Ivanov ha dichiarato che tra il 1913 e il 1916 era stato un agente dell'Ojrana, la polizia segreta zarista, con il nome in codice "Samarin" e il numero di spia 163, e che nel 1915 gli era stato ordinato di infiltrarsi tra i bolscevichi. Dopo il trionfo della rivoluzione, Ivanov prese posto tra i comunisti di sinistra e si legò a Bukharin, che in un'occasione gli disse di avere divergenze con Lenin su questioni fondamentali e che stava lavorando per organizzare quadri che potessero essere pronti ad agire contro Lenin. Le domande successive del procuratore furono:

"Vyshinsky: Come pensava Bukharin di agire contro Lenin, come si preparava ad agire?
Ivanov: Ero in uno stato d'animo piuttosto aggressivo. Stava solo aspettando che arrivasse il momento giusto. Voleva avere i suoi quadri.
Vyshinsky: Perché?
Ivanov: per rovesciare Lenin
Vyshinsky: Come intendeva rovesciarlo?
Ivanov: Anche con metodi fisici".

Ivanov ammise così di essere stato coinvolto nelle attività dei comunisti di sinistra contro Lenin, che operavano in parte, dichiarò, su ordine di agenti britannici, cosa che Bukharin negò di fronte a Ivanov. A proposito di questa dichiarazione di Ivanov, vale la pena ricordare che il capitolo precedente contiene la sezione "Trotsky e il tentativo di assassinio di Lenin", in cui è stato discusso il presunto coinvolgimento di Bruce Lockhart, uomo di Lord Milner, e Sidney Reilly, la famosa spia britannica, nel tentativo di colpo di Stato del 1918. Dopo il controinterrogatorio di Ivanov e Bukharin, la corte ha proceduto al controinterrogatorio di Prokopy Zubarev, che ha concluso la sessione mattutina del 3 marzo.

Infine, alle sei di sera, il presidente propose di riprendere la testimonianza di Krestinsky; ma Vyshinsky intervenne per annunciare che voleva prima porre alcune domande a Christian Rakovsky, l'ebreo bulgaro che era stato presidente del Consiglio dei Commissari dell'Ucraina fino al luglio 1923, e poi ambasciatore a Londra e a Parigi. Internazionalista convinto, Rakovsky, come Trotsky, rifiutava la costruzione del socialismo in un solo Paese. Dopo il suicidio, nel novembre 1927, di Adolph Joffe, il caparbio trotskista ebreo che aveva organizzato la rivoluzione in Germania, e dopo la sconfitta dell'opposizione trotskista nel dicembre dello stesso anno, Rakovsky andò in esilio dopo essere stato espulso dal Comintern, dal Comitato Centrale e dal CPSU. Il pubblico ministero gli chiese immediatamente di spiegare il contenuto di una lettera scrittagli da Krestinsky nel 1929. Rakovsky rispose che gli chiedeva di tornare per preservare i quadri trotskisti all'interno del partito e per continuare le attività. A ciò seguì uno sviluppo inaspettato, poiché Vyshinsky ammise che Krestinsky aveva ragione e che aveva trovato tra i documenti la lettera del 27 novembre 1927 a cui l'imputato aveva fatto riferimento. Il procuratore chiese alla corte il permesso di consegnarne una copia a Krestinsky e un'altra a Rakovsky. "Questa è la lettera", annuì Krestinky. Anche Rakovsky, dopo averla esaminata, la ricordò. Vyshinsky ne lesse alcuni stralci e Rakovsky concordò con il procuratore sul fatto che la lettera conteneva critiche alla leadership scorretta, alla linea politica e alle tattiche utilizzate. Tutto questo, si leggeva nel testo, "doveva essere corretto per ripristinare e riconquistare la fiducia delle masse e l'influenza su di esse".

> "Vyshinsky:...Cosa troviamo qui? A me sembra una valutazione della linea tattica dei trotskisti dal punto di vista degli interessi della lotta politica trotskista all'interno del partito, e non una rottura con il trotskismo.
> Rakovsky: Sì, è vero; lo confermo pienamente.
> Vyshinsky (A Krestinsky): Ha ascoltato la spiegazione dettagliata di Rakovsky di quello che lei chiama l'abbandono del trotskismo? Ritiene che la spiegazione di Rakovsky sia corretta?
> Krestinsky: Quello che dice è corretto.
> Il Presidente: Conferma quanto detto da Rakovsky?
> Krestinsky: Sì, confermo.
> Vyshinsky: Se ciò che dice Rakovsky è vero, continuerà a ingannare la corte e a negare che la testimonianza che ha reso durante le indagini preliminari fosse vera?
> Krestinsky: Confermo pienamente la dichiarazione che ho fatto durante l'indagine preliminare.
> Vyshinsky: Non ho altre domande per Rakovsky. Ho una domanda per Krestinsky: qual è il significato della dichiarazione che ha rilasciato ieri, che può essere considerata solo come una manifestazione di provocazione trotzkista davanti al tribunale?
> Krestinsky: Ieri, sotto l'influenza di un sentimento ansioso di falsa vergogna, a causa dell'atmosfera e del fatto di essere sul banco degli imputati, e anche a causa della dolorosa impressione suscitata in me dalla lettura dell'atto d'accusa, il tutto aggravato dal mio stato di salute, non

riuscivo a dire la verità, non riuscivo a dire che ero colpevole. E invece di dire: sì, sono colpevole, ho detto quasi meccanicamente: no, non sono colpevole.

Vyshinsky: Meccanicamente?

Krestynsky: Di fronte all'opinione pubblica mondiale, non ho avuto il coraggio di ammettere che per tutto il tempo ho condotto una lotta trotskista. Prego la corte di mettere a verbale che mi riconosco assolutamente e senza riserve colpevole di tutte le gravi accuse contro di me, e che ammetto la mia piena responsabilità per il tradimento e il crimine che ho commesso.

Vyshinsky: Per il momento non ci sono altre domande per l'imputato Krestinsky".

Dalla dichiarazione di Alexei Rykov, ex primo ministro alcolizzato, emergono le sue informazioni sulla Piattaforma Ryutin. Egli disse che Tomsky, Bukharin, Vasily Shmidt e Uglanov erano stati responsabili, che Ryutin aveva preso le loro difese e che la protezione di Yagoda aveva salvato i principali colpevoli. Il pubblico ministero gli ha chiesto di approfondire il suo rapporto con Yagoda e li ha affrontati entrambi durante l'interrogatorio. Esaminando questa dichiarazione, va notato che Rykov, Ivanov e Bukharin hanno ammesso in tribunale di aver organizzato e incoraggiato le rivolte dei kulaki. Dopo un'allusione di Rykov a Bukharin, quest'ultimo, su richiesta del pubblico ministero, ha dichiarato di aver inviato nel Caucaso settentrionale un certo Slepkov "allo scopo di sollevare insurrezioni". Il compito era quello di acuire con tutti i mezzi il malcontento dei kulaki nei confronti del potere sovietico, di fomentare questo malcontento, di organizzare i quadri e di organizzare azioni, comprese le insurrezioni armate". Sia Rykov che Bukharin hanno aggiunto che anche in Siberia c'era un agitatore, Yakovenko, che svolgeva lo stesso lavoro di agitazione e insurrezione con l'aiuto dei partigiani della regione. Il ruolo principale nell'interrogatorio è stato assunto in molti momenti da Bukharin, il vero leader del Blocco, che più volte durante i giorni del processo è stato affrontato dagli imputati che lo hanno nominato. Vyshinky chiese a Rykov se conoscesse il terrorista Semyonov e lui ammise: "Un giorno andai a trovare Bukharin nel suo appartamento e vi trovai seduto uno sconosciuto che se ne andò appena arrivai". Il pubblico ministero ha chiesto se quell'uomo fosse Semyonov e la risposta è stata affermativa. Bukharin ammise, su insistenza di Vyshinsky, di essere legato a Semyonov e che Semyonov, su sua indicazione, stava preparando nel 1932 con altri socialisti rivoluzionari attentati contro Stalin e Kaganovich. Per finire con Rykov, resta da aggiungere che, sostenuto da Krestinskij e Rosengoltz, confermò a lungo la partecipazione di Tukhachevsky e di altri generali al blocco. Da queste dichiarazioni derivano i dettagli degli incontri a Mosca e dei contatti epistolari con Trotsky sulla necessità di accelerare il colpo di Stato, che sono stati raccontati sopra.

Il primo a testimoniare il giorno successivo, 4 marzo, fu Vasily Sharangovich, ex primo segretario in Bielorussia. Nella sua dichiarazione ha fornito dettagli sul sabotaggio nelle aree rurali. Ha fatto riferimento a un'anemia provocata intenzionalmente in Bielorussia per eliminare migliaia di cavalli, necessari per le funzioni di difesa. L'imputato ha fornito una cifra di trentamila cavalli uccisi come risultato di queste attività di disturbo nell'agricoltura. Dopo Sharangovich, è stata la volta del leader uzbeko Fayzulla Khodzhayev. La sua confessione di aver ricevuto nel 1936 l'ordine di collaborare con gli inglesi per la secessione dell'Uzbekistan, che sarebbe diventato un "protettorato britannico", è degna di nota per la sua novità:

"Khodzhayev:... Ma in relazione alle repubbliche dell'Asia centrale, il Paese potente più vicino era l'Inghilterra. Dovevamo raggiungere un accordo con lei. Noi di destra, disse Bukharin, parteciperemo a questo, ma voi siete più vicini alla frontiera, quindi dovete stabilire voi stessi delle relazioni.
Vyshinsky: Vicino a quale confine?
Khodzhayev: Afghanistan. Lì c'è una rappresentanza britannica. Bukharin ha detto che, poiché si tratta di aiutare le nazioni capitaliste a raggiungere il potere e voi a ottenere l'indipendenza, dobbiamo promettere qualcosa, dare qualcosa.
Vyshinsky: Dare cosa? Promettere cosa?
Khodzhayev: Dare significa accettare un protettorato britannico, come minimo. Non c'è bisogno di menzionare gli aspetti economici, naturalmente. L'Uzbekistan, con i suoi cinque milioni di abitanti, non può diventare uno Stato indipendente tra due giganti, l'URSS da una parte e la Gran Bretagna dall'altra. Dovremmo avvicinarci a una parte o all'altra. Se ci si allontana da una sponda, si deve andare verso un'altra.
Vyshinsky: È questo che ha detto Bukharin?
Khodzhayev: È così che ho capito.
Vyshinsky: E Bukharin indicò l'Inghilterra come nuova sponda?
Khodzhayev: È così che ho capito".

Dopo questa dichiarazione, il presidente ha aggiornato la seduta alle 18. Il pubblico ministero ha quindi interrogato Arkady Rosengoltz, ex Commissario per il commercio estero. Il pubblico ministero ha poi interrogato Arkady Rosengoltz, ex commissario per il commercio estero, la cui dichiarazione è stata continuamente contrapposta a quella di Krestinsky. Rosengoltz ha rivelato che nel 1925 aveva chiesto a Trotsky di ammettere che la teoria della "rivoluzione permanente" era sbagliata, ma lui si era rifiutato categoricamente di ammetterlo. Dopo aver riferito degli incontri con Lev Sedov nel 1933 a Felden e nel 1934 a Karlsbad, Rosengoltz menzionò immediatamente Krestinsky come portatore di istruzioni. Secondo questo imputato, Trotsky era inizialmente convinto che la guerra sarebbe scoppiata nel 1935 o nel 1936. Quando fu chiaro che non sarebbe successo, si optò per il colpo di Stato. Rosengoltz ha alluso all'incontro nel suo appartamento con Tukhachevsky e Krestinsky alla fine di marzo 1937, già menzionato in precedenza in relazione all'epurazione dell'esercito. Rosengoltz indicava Krestinskij come il politico che stava negoziando con il Maresciallo. Su queste relazioni vediamo un estratto.

"Vyshinsky: Imputato Krestinsky, è vero che lei ha sistematicamente sollecitato Tukhachevsky a compiere il colpo di stato?
Krestinskij: Già nel novembre 1936 ero fortemente favorevole a far precipitare il colpo di Stato. Non dovevo mettere fretta a Tukhachevskij, perché era dello stesso parere e lo aveva spiegato lui stesso ai destri, a me, a Rosengoltz e a Rudzutak, e aveva chiesto la nostra approvazione per portare a termine l'azione senza aspettare un attacco armato. Non c'era quindi bisogno di mettergli fretta. Eravamo completamente d'accordo sulla questione del colpo di Stato".

Vyshinsky chiese a Rosengoltz di approfondire la sua dichiarazione preliminare sul ruolo di Gamarnìk. L'accusato confermò di aver avuto un colloquio in cui il generale era sicuro del suo prestigio politico all'interno dell'esercito ed espresse la convinzione di poter assumere il comando del Commissariato degli Affari Interni durante il colpo di Stato con l'aiuto di alcuni audaci comandanti, tra i quali menzionò Goryachev. Grazie alla sua posizione di commissario per il commercio estero, Rosengoltz, ha spiegato, utilizzò la posta diplomatica per finanziare il movimento trotskista. Tra le operazioni più importanti ha citato quella condotta da Krayevsky, che ha consegnato a Trotsky 300.000 dollari rubati dai fondi del Commissariato. Su questo tema del finanziamento dell'organizzazione trotskista, Krestinsky è stato invitato dal procuratore a fornire ulteriori informazioni.

"Krestinsky: Noi trotzkisti ci eravamo ormai abituati a ricevere regolarmente somme in valuta forte.
Vyshinsky: Erano abituati a ricevere denaro dai servizi segreti stranieri?
Krestinsky: Sì, questi soldi servivano per il lavoro dell'organizzazione in vari Paesi all'estero, per la pubblicazione di letteratura e così via.
Vyshinsky: Che cos'è l'eccetera?
Krestinsky: Per le spese di viaggio, per gli agitatori, per il mantenimento di alcuni professionisti in diversi Paesi...".

Nel corso di questo nuovo intervento, Krestinsky, l'ambasciatore a Berlino, rivelò che tra il 1923 e il 1930 avevano ottenuto 250.000 marchi d'oro all'anno. Ammise di aver ricevuto nel 1928, tramite il sito del Reich, una lettera di Trotsky scritta da Alma Ata, dove era esiliato, in cui gli dava istruzioni per ricevere denaro dai tedeschi. Krestinsky precisò che il suo rapporto era stato con il generale Seeckt, che all'epoca si dimise, per cui dovette stabilire un contatto con il suo successore. Fu lo stesso Seeckt a metterlo in contatto con Hammerstein, Capo di Stato Maggiore della Reichswehr. Poiché il legame era stato stabilito con l'esercito tedesco e non con il governo nel suo complesso, "con l'avvento di Hitler al potere", disse, "e con Hitler che cercava di subordinare l'esercito, e con un certo atteggiamento di sfiducia da parte di alcuni capi dell'esercito nei confronti dei tentativi di Hitler di penetrare nella Reichswehr, il governo tedesco non poteva più essere identificato con l'esercito, e divenne necessario prevedere che non solo la Reichswehr, ma il governo tedesco nel suo complesso diventasse l'altra parte del nostro accordo". Krestinsky ha poi precisato che in cambio di denaro, i tedeschi ricevevano informazioni di spionaggio di cui avrebbero potuto avere bisogno durante un attacco armato.

La sessione serale si è conclusa con la dichiarazione di Christian Rakovsky, il cui intervento meriterebbe uno spazio non più disponibile. Rakovsky ha chiesto il permesso di fare alcune osservazioni introduttive, che si sono trasformate in un discorso ricco di informazioni rilevanti. La sua prima osservazione è stata la seguente: "Trotsky, per così dire, è il principio guida di tutte queste cospirazioni, di tutti questi crimini e tradimenti contro l'Unione Sovietica, contro i leader del Governo e del Partito". Detto questo, divise le sue attività sleali in due periodi, in mezzo ai quali ci fu l'esilio. Rakovsky confessò la sua appartenenza ai servizi segreti britannici e disse che Trotsky era stato associato ai servizi segreti britannici fin dal 1926. Ricordando di essersi recato in Giappone nel settembre 1934 a capo di una delegazione della Croce Rossa, ha fatto riferimento a importanti contatti con l'ambasciatore Yurenev, trotskista da sempre, in relazione ai negoziati per la vendita della East China Railway Company, un affare in cui i trotskisti avevano da guadagnare. A questo punto il presidente Ulrich propose di aggiornare la riunione alle undici del mattino successivo.

Il 5 marzo il Presidente chiese a Rakovsky di concludere le sue osservazioni introduttive, ed egli terminò raccontando un'intervista in cui una persona di, di cui non rivelò il nome, aveva espresso il suo disagio per l'interferenza di Trotsky nella questione cinese. Questa persona iniziò la conversazione dicendo: "Sappiamo che lei è un sostenitore e un amico intimo di Trotsky. Devo chiederle di dirgli che un certo governo è insoddisfatto dei suoi articoli sulla questione cinese e anche del comportamento dei trotskisti cinesi. Abbiamo il diritto di aspettarci un comportamento diverso dal signor Trotsky. Il signor Trotsky dovrebbe capire cosa è necessario per un tale governo". Sappiamo che la questione cinese stava fomentando l'antagonismo tra Giappone e Gran Bretagna. Rakovsky fece notare, senza entrare nei dettagli, che un incidente provocato poteva essere usato come pretesto per l'intervento in Cina, e scrisse a Trotsky in tal senso, dato che i trotskisti erano in contatto con entrambi i servizi segreti. A questo punto il procuratore fece notare che mentre Krestinsky era in contatto con i servizi segreti tedeschi, Rakovsky parlava di collegamenti con i servizi segreti giapponesi e britannici. Su richiesta di Vyshinsky, l'imputato ha spiegato in dettaglio come era stato reclutato dal SIS (Secret Intelligence Service) britannico. Vyshinsky gli chiese anche di informare la corte di ciò che sapeva sul legame di Trotsky con il SIS.

> "Rakovsky: Era poco prima dell'esilio di Trotsky ad Alma Ata. All'inizio doveva essere mandato ad Astrakhan, ma riuscì a far cambiare la decisione in Alma Ata. Quando andai a trovarlo nel suo appartamento in via Granovsky, lo trovai molto soddisfatto del cambiamento. Sono rimasto sorpreso. Dopo tutto, da Frunze ad Alma Ata c'erano diversi giorni di viaggio (allora non c'era la ferrovia). Mi rispose: "Ma è più vicino al confine cinese", e mi indicò alcune mappe. Mi fece capire che intendeva fuggire. Gli chiesi come avrebbe potuto organizzare la fuga attraverso la Cina occidentale, tra deserti e montagne, senza risorse. "I servizi segreti mi aiuteranno", rispose Trotsky. Mi disse poi, in via strettamente confidenziale, che aveva stabilito un contatto criminale con il SIS nel 1926.
> Vyshinsky: Attraverso chi?
> Rakovsky: Attraverso uno dei rappresentanti della concessione mineraria di Lena.
> Vyshinsky: Aveva a che fare con la società concessionaria?
> Rakovsky: All'epoca era il presidente del Main Board of Dealers.
> Vyshinsky: Così, quando era presidente del Consiglio dei concessionari, stabilì un contatto con i servizi segreti britannici attraverso un rappresentante delle miniere d'oro di Lena.
> Rakovsky: Assolutamente corretto....".

Rakoksky dichiarò di aver conosciuto Trotsky nel 1903 e che l'amicizia crebbe fino a diventare un suo intimo amico, sia a livello personale che politico. A un certo punto dell'interrogatorio Rakovsky fece capire a che la Germania e il Giappone erano solo strumenti. Per chiunque fosse in grado di capire, Rakovsky lasciava intendere più di quanto dicesse. La domanda che ha dato il via a questo argomento è stata: "Per quale motivo voi trotskisti state conducendo questa lotta contro lo Stato sovietico? La risposta fu: "Per prendere il potere". Quando il pubblico ministero gli chiese di ammettere che intendevano distruggere l'ordine socialista, Rakovsky non fu d'accordo e sottolineò che non poteva dire apertamente che volevano tornare al sistema capitalista, che non era questo l'obiettivo che avevano in mente. "Su quali premesse e su quale prognosi storica agivano?", chiese Vyshinsky. "Una prognosi molto indefinita, questa era un'avventura, se si riusciva a prendere il potere, molto bene, altrimenti...". Il pubblico ministero non gli permise di concludere la sua arringa e pretese che testimoniasse in modo da favorire la sua tesi, ma Rakovsky insistette:

> "Rakovsky: Non c'era alcuna premessa ideologica.
> Vyshinsky: Non c'era alcuna premessa ideologica?

Rakovsky: No.

Vyshinsky: E l'obiettivo era una lotta furiosa contro lo Stato socialista allo scopo di prendere il potere? E a lungo termine, nell'interesse di chi?

Rakovsky: Cittadino procuratore, se le dicessi che volevamo prendere il potere per consegnarlo ai fascisti, non solo saremmo i criminali che siamo, ma saremmo anche pazzi. Ma...

Vyshinsky: Ma?

Rakovsky: Ma quando pensavamo che fosse possibile prendere il potere e mantenerlo senza consegnarlo ai fascisti era una follia, un'utopia.

Vyshinsky: Di conseguenza, se foste riusciti a prendere il potere, questo sarebbe inevitabilmente caduto nelle mani dei fascisti?

Rakovsky: Condivido pienamente questa opinione.

Vyshinsky: Quindi volevano prendere il potere con l'aiuto dei fascisti?

Rakovsky: Con l'aiuto dei facisti.

Vyshinsky: Se i facisti avessero ottenuto il potere per voi, in che mani sarebbe stato?

Rakovsky: La storia lo sa.

Vyshinsky: No, lascia stare la storia".

Questo frammento è, a nostro avviso, assolutamente significativo. Rakovsky non poteva spingersi oltre nelle sue insinuazioni, perché avrebbe dovuto dire che l'uso dei fascisti era un meccanismo per riconquistare il potere, che a questo scopo avevano finanziato Hitler e stavano permettendo il riarmo della Germania hitleriana, e che ciò che intendevano, a lungo andare, era tornare a servire gli interessi dell'Internazionale finanziaria ebraica, che aveva appoggiato il comunismo per appropriarsi delle risorse della Russia attraverso il lavoro dei suoi "rivoluzionari". Quando il pubblico ministero ha detto di non avere altre domande, Rakovsky ha chiesto il permesso di dire qualche parola e ha ricordato che per otto mesi si era rifiutato di testimoniare e che quando aveva deciso di dichiararsi colpevole era per fare "una dichiarazione piena, completa e franca". Il presidente ha annunciato una sospensione di venti minuti.

Per quanto riguarda il successivo accusato, Isaac Abramovich Zelensky, che dal 1931 era a capo dell'Unione Centrale delle Società dei Consumatori (Tsentrosoyud), diremo solo che ha affermato di essere stato coinvolto nella promozione di agitazioni tra i kulaki e in attività di sabotaggio volte a produrre malcontento tra la popolazione. A tal fine, si è adoperato per de-fornire i negozi e il mercato di beni di prima necessità: sale, burro, uova, zucchero, mais e altri beni di consumo di base. Al termine dell'interrogatorio, il presidente ha sospeso la seduta, che è ripresa alle 18 con la testimonianza di un leader uzbeko, Akmal Ikramov, che dal 1929 era il primo segretario del Comitato centrale del Partito in Uzbekistan. Questo imputato si è confrontato con Bukharin, Zelensky e Khodzhayev sulle attività di sabotaggio e terrorismo, ma risparmieremo la sua testimonianza, poiché non aggiunge nulla di nuovo e dobbiamo dedicare spazio a Nikolai Bukharin, l'imputato più importante del processo.

Oltre alla leadership di Bukharin (Dolgolevskij) nel blocco trotskista-destro, è interessante quanto emerso dal processo sul suo coinvolgimento nel complotto per l'assassinio di Lenin. In questo lavoro, si ricorderà, si sosteneva all'epoca che Trotsky, in disaccordo con la decisione di Lenin di firmare il Trattato di Brest-Litovsk, fosse dietro agli eventi. Vediamo allora alcuni momenti della lunghissima dichiarazione di Bukharin. Dopo che l'imputato aveva accettato le accuse, Vishinsky iniziò l'interrogatorio. Il pubblico ministero si è inizialmente soffermato su aspetti già accertati nei precedenti processi, come ad esempio la disponibilità dei trotzkisti a cedere territori dell'URSS a Germania e Giappone o la partecipazione del Blocco ad attività insurrezionali. Quando gli è stato chiesto di spiegare il suo coinvolgimento nell'omicidio di Kirov, Bukharin ha negato, così come Rykov quando si è confrontato con il primo.

Vyshinsky chiese loro di sedersi e chiese a Yagoda. Sia Rykov che Bukharin", ha detto l'ex capo dell'NKVD, "stanno mentendo. Rykov e Yenukidze erano presenti alla riunione in cui si discusse dell'assassinio di S.M. Kirov". Il procuratore ha quindi finto una risposta laconica e ha insistito nel chiedere: "Gli imputati Rykov e Bukharin avevano qualche legame con l'assassinio?". La risposta è stata: "Un collegamento diretto". Vyshinsky ha colto l'occasione per chiedere a Yagoda: "Lei, come membro del blocco trotskista e di destra, aveva qualche legame con l'omicidio?" Yagoda ha risposto: "Sì". Il pubblico ministero non ha abbandonato il tema del terrorismo e ha continuato a chiedere informazioni sulle linee guida emanate da Trotsky in relazione all'assassinio di personalità di spicco. Alla domanda se, in quanto membro del blocco di destra e trotskista, fosse favorevole agli atti terroristici, Bukharin ammise di esserlo. Improvvisamente Vyshinsky si informò:

"Vyshinsky: Non era favorevole all'assassinio dei leader del nostro partito e del governo nel 1918?
Bukharin: No, non lo ero.
Vyshinsky: Era favorevole all'arresto di Lenin?
Bukharin: Il suo arresto? C'erano due piani. Di uno informai Lenin stesso. Sul secondo ho taciuto per motivi di discrezione, di cui, se vuole, posso fornire i dettagli. L'arresto avvenne.
Vyshinsky: Ha avuto luogo?
Bukharin. Sì.
Vyshinsky: E l'assassinio di Vladimir Ilyich?
Bukharin: La prima volta fu proposto di tenerlo in arresto per ventiquattro ore. C'era questa formula. Ma nel secondo caso...
Vyshinsky: E se Vladimir Ilich avesse opposto resistenza all'arresto?
Bukharin: Vladimir Ilyich, come sapete, non partecipò mai a conflitti armati. Non era un combattente.

Vyshinsky: Quindi lei sperava che quando fosse stato arrestato Vladimir Ilich non avrebbe opposto resistenza?
Bukharin: Vede, posso citare un altro caso. Quando i rivoluzionari socialisti di sinistra arrestarono Dzerzhinsky, nemmeno lui oppose resistenza armata.
Vyshinsky: Dipende sempre dalle circostanze, quindi in questo caso contavate sul fatto che non ci sarebbe stata resistenza?
Bukharin: Sì.

Il pubblico ministero voleva sapere se nel 1918 era previsto anche l'arresto di Stalin. L'imputato ha chiarito che si era parlato di arrestare Stalin e Sverdlov. A questo punto Vyshinsky ha interrotto l'interrogatorio e ha annunciato che alla fine della seduta o durante l'udienza del giorno successivo avrebbe chiesto alla corte di chiamare alcuni testimoni in relazione al piano di arresto e assassinio di Lenin. Ha citato Yakovleva, Ossinsky e Mantsev, membri del cosiddetto gruppo dei "comunisti di sinistra", e Karelin e Kamkov, membri del Comitato centrale dei socialisti rivoluzionari. Dopo aver deliberato, la corte ha deciso di concedere la convocazione di questi testimoni.

Bukharin aveva chiesto all'inizio del suo interrogatorio che, come era stato fatto con Rakovsky, gli fosse permesso di considerare alcune circostanze. Il presidente, dopo averlo avvertito che non doveva approfittare dell'occasione per difendersi, perché avrebbe avuto l'opportunità di fare l'arringa finale, accolse la sua richiesta. L'imputato ha ripercorso gli inizi della sua attività controrivoluzionaria, ha parlato dell'evoluzione dei metodi di lotta e della formazione di gruppi e quadri. In relazione alla gerarchia dell'opposizione da lui guidata, ha spiegato i suoi rapporti con Tomsky (Honigberg), che si era suicidato nell'agosto del 1936, e con Rykov quando entrambi, come lui, erano membri del Politburo e del Comitato Centrale. Ha poi proseguito su spiegando i suoi contatti con Zinoviev, Kamenev e Pyatakov e commentando la portata della cosiddetta Piattaforma Ryutin. Sia il procuratore che il presidente lo hanno interrotto, dicendogli che stava "menando il can per l'aia" e di arrivare al punto. Bukharin diede poi notizia di una conferenza illegale tenutasi a Mosca nel 1932, alla quale parteciparono agitatori e sabotatori come Slepkov o Yakovenko, sparsi in tutto il Paese, per riferire sulle loro attività. La sessione si concluse senza che Bukharin avesse terminato la sua presentazione.

Alle undici del mattino del 7 marzo Bukharin riprese il suo racconto. Si riferì alla formazione di gruppi cospiratori all'interno dell'esercito e menzionò il ruolo di Yenukidze, che nel 1932 gli disse che "nei ranghi più alti dell'Armata Rossa, destrorsi, zinovievisti e trotzkisti si erano già uniti". Tra le persone citate da Yenukidze, l'imputato cita Tukhachevsky, Kork, Primakov e Putna. In relazione al colpo di Stato, ha ammesso che i destri già nel 1929-30 avevano concepito quello che ha definito un "colpo di palazzo", poiché i complottisti si trovavano al Cremlino. Più avanti nella dichiarazione

Vyshinsky chiese: "Imputato Bukharin, ha intrapreso negoziati con Radek sull'Ucraina? L'imputato ha chiarito che non si trattava di negoziati, ma di colloqui. Bukharin ha spiegato che Radek lo informò "dei negoziati di Trotsky con i tedeschi, che prevedevano concessioni territoriali in cambio di aiuti alle organizzazioni controrivoluzionarie". Bukharin si affrettò a precisare di essere contrario alle concessioni territoriali e di non considerarsi vincolato alle istruzioni di Trotsky. Il procuratore non accettò questa dissociazione e iniziò una serie di confronti con Rykov per dimostrare la loro responsabilità nei negoziati. Il negoziatore era stato il massone ebreo Lev M. Karakhan (Karakhanyan), uno dei principali astrologi bolscevichi, che insieme a Ttrotsky e Joffe faceva parte della delegazione sovietica a Brest-Litovsk come segretario. Karakhan fu ambasciatore in Polonia nel 1921, in Cina dal 1923 al 26 e in Turchia dal 1934 in poi, fino a quando fu arrestato e giustiziato il 20 settembre 1937 insieme a Yenukidze e altri, motivo per cui non poté essere presente al processo. Tra il 1927 e il 1934 Karakhan fu vice commissario agli Affari esteri. Anche il commissario era un ebreo e massone, Maksim Litvinov (Meyer Hennokh Wallakh), in teoria un trotzkista, che, sorprendentemente, rimase a capo del Commissariato per nove anni. Fatto questo frettoloso riassunto, segue un passaggio dell'interrogatorio in cui Bukharin fu affrontato da Rykov:

"Vyshinsky: Imputato Rykov, Karakhan ha iniziato i negoziati di sua iniziativa?

Rykov: Li intraprese su istruzione e iniziativa di Tomskij, ma Bukharin e io appoggiammo questa iniziativa quando fummo informati dei negoziati.

Vyshinsky: Hanno sostenuto non solo il negoziato, ma anche l'iniziativa, cioè l'intera faccenda.

Rykov: Nessuno di noi è un bambino. Se non si appoggiano queste cose, bisogna lottare contro di esse. Non si può giocare con la neutralità in questo genere di cose.

Vyshinsky: Quindi si può stabilire che Karakhan ha condotto negoziati con i fascisti tedeschi con la conoscenza di Bukharin. Imputato Rykov, lo conferma?

Rykov: Sì.

Bukharin: Cosa intende per conoscenza di Bukharin? Non è vero che sapevo che sarebbe andato lì.

Vyshinsky: Non sto parlando di andarci. Sa cosa significa iniziativa?

Bukharin: Posso indovinare a distanza.

Vyshinsky: A distanza? Vedo che la sua posizione la costringe a fare ipotesi a distanza che sono molto chiare.

Bukharin: È possibile.

Vyshinsky: L'imputato Rykov ha appena testimoniato davanti a voi che Karakhan iniziò le trattative con i tedeschi non per sua iniziativa, ma per volontà di Tomsky.

Bukharin; Ma né Rykov né io lo sapevamo.

Vyshinsky: Ma l'ha sostenuto in seguito, quando l'ha scoperto?
Bukharin: Rykov ha già dichiarato che in questi casi non ci può essere neutralità. Se non ho posto fine ai negoziati, allora li ho sostenuti. Ma questa è una parafrasi di ciò che ho detto: se non li ho disapprovati, li ho approvati.
Vyshinsky: Quindi, imputato Bukharin, si assume la responsabilità dei negoziati di Karakhan con i tedeschi?
Bukharin: Senza dubbio.

Bukharin dichiarò in seguito che nell'estate del 1934 chiese a Radek di scrivere a Trotsky per dirgli che si stava spingendo troppo oltre nei negoziati. Commentò che temeva che i tedeschi potessero finire per rinnegare qualsiasi accordo preliminare. Esprimeva inoltre dubbi su Tukhachevsky. Temeva che potesse avere tendenze bonapartiste: "Nelle mie conversazioni mi sono sempre riferito a Tukhachevsky come a un potenziale piccolo Napoleone. E lei sa come si comportava Napoleone nei confronti dei cosiddetti idealisti". Vyshinsky rispose: "E lei si considera un idealista?" Continuando a parlare di trattative e piani per un colpo di Stato, l'imputato ha riferito di tre conversazioni tenute nel 1935 dopo l'arrivo di Karakhan a Mosca dalla Turchia: la prima con Tomsky, la seconda con Yenukidze e la terza con lo stesso Karakhan. Del primo, racconta di aver chiesto a Tomsky "come era stato concepito il meccanismo di intervento". La risposta fu: "È una questione di organizzazione militare che aprirà il fronte ai tedeschi". Questa affermazione ha generato uno scambio di domande con il pubblico ministero, che ha chiesto di sapere esattamente cosa significasse "aprire il fronte".
È in questo contesto che è emersa la questione dell'incolpazione dei militari per la sconfitta, aprendo la possibilità ai politici di lanciare una campagna di slogan patriottici per conquistare le masse. Vishinsky ha risposto indignato: "Giocare con gli slogan patriottici, speculare con essi, fingere che qualcuno abbia commesso un tradimento, ma che voi siate patrioti...". Il pubblico ministero gli ha quindi chiesto se avesse toccato l'argomento nei colloqui con Yenukidze e Karakhan. L'imputato ha detto che i tedeschi avevano chiesto a Karakhan un'alleanza militare e l'annullamento dei patti di mutua assistenza dell'URSS con la Cecoslovacchia e la Francia. Karakhan, secondo Bukharin, accettò la seconda richiesta. Vyshinsky insistette sul concetto di "apertura del fronte" e chiese se questo fosse stato contemplato con Karakhan. Il procuratore accusò Bukharin di essere il promotore dell'idea e Rykov confermò: "Ho sentito per la prima volta l'idea dell'apertura del fronte dalla bocca di Bukharin.
Finalmente è arrivato il turno dei testimoni richiesti dal pubblico ministero. Varvara Nikolaevna Yakovleva fu la prima ad entrare. Nel marzo 1918 la Yakovleva lavorava nella Cheka di Mosca. La prima cosa che fece fu accettare di partecipare al gruppo dei "comunisti di sinistra", il cui

organizzatore e leader era Bukharin. Vyshinsky le chiese di raccontare le principali attività antisovietiche del gruppo e lei spiegò che a Mosca si era formato un piccolo Consiglio di cui era segretaria, finché non fu sostituita da Mantsev quando partì per Leningrado. Ha riconosciuto che nelle discussioni del Consiglio di Mosca fu deciso di combattere i sostenitori della pace con la Germania. Ha fatto riferimento a un discorso di Stukov, registrato nel libro dei verbali del Consiglio regionale di Mosca, in cui Stukov diceva che non dovevano tirarsi indietro e indicava già la possibilità di arrivare all'eliminazione fisica di Lenin, Stalin e Sverdlov. Ha aggiunto che lei e Mantsev si resero conto che il gruppo era compromesso dalla documentazione scritta delle attività illegali e scelsero di rimuovere dal libro dei verbali le pagine che registravano l'intervento di Stukov, che in seguito disse loro che il suo intervento era stato approvato da Bukharin. Yakovleva ha dichiarato alla corte che Bukharin stesso le confermò di aver appoggiato Stukov. Poiché la dichiarazione di questa testimone è imperdibile, le diamo la parola:

"Yakovleva:... Allo stesso tempo Bukharin mi disse che lui (Stukov) non era l'unico a pensarla così, che Bukharin aveva avuto una conversazione franca con Trotsky sull'argomento e che anche Trotsky pensava che la lotta politica sulla questione della guerra e della pace fosse appena iniziata, che i comunisti di sinistra dovessero contemplare la possibilità che la lotta si estendesse oltre i limiti del partito e che si dovessero cercare alleati di cui ci si potesse fidare. Trotsky aveva detto a Bukharin che i rivoluzionari socialisti di sinistra, la cui posizione sulla questione era abbastanza chiara, potevano essere tali alleati. Bukharin disse anche che Trotsky riteneva che la lotta dovesse assumere forme più aggressive, che non comportassero solo la sostituzione del governo, ma il suo rovesciamento e l'eliminazione fisica dei leader del partito e del governo. Egli menzionò immediatamente Lenin, Sverdlov e Stalin. Bukharin mi informò che nel corso della conversazione Trotsky gli aveva detto francamente che la sua posizione intermedia sulla questione della firma della pace era solo una manovra tattica, che semplicemente non osava esprimersi attivamente a favore dei comunisti di sinistra, cioè contro la firma della pace, perché era un uomo nuovo nel partito, e se avesse adottato pubblicamente la posizione dei comunisti di sinistra si sarebbe detto che era entrato nel partito per combattere Lenin. Durante questa conversazione, quando mi parlò della posizione di Trotsky e dei possibili alleati, Bukharin fece riferimento anche a Zinoviev e Kamenev. Disse che entrambi mantenevano un atteggiamento vacillante sulla questione della guerra e della pace e che durante la discussione sulla questione gli avevano ripetutamente espresso in conversazioni private di essere a favore dell'approccio dei comunisti di sinistra. Bukharin disse che Zinoviev e Kamenev non osavano dichiararsi apertamente contro Lenin, poiché avevano compromesso la loro posizione sulla questione durante le giornate di ottobre.... Zinoviev e Kamenev, come Bukharin e Trotsky, pensavano che la lotta politica sulla questione della guerra e della pace andasse oltre i confini del partito.....".

La Yakovleva ha poi fornito dettagli precisi su ciò che accadde nel 1918, come il colloquio con Zinoviev all'Hotel Astoria, dove fu portata da Bukharin per ascoltare di persona l'opinione del leader bolscevico. Ha anche accennato all'uscita dal governo dei Socialisti Rivoluzionari di Sinistra a causa della loro opposizione alla firma del trattato di pace. Ha raccontato che nel febbraio 1918 Bukharin e Pyatakov contattarono i Rivoluzionari Socialisti di Sinistra per convincerli ad accettare di formare un governo alternativo con i Comunisti di Sinistra. Alla fine, i rivoluzionari socialisti di sinistra inscenarono la rivolta di luglio con le proprie forze, poiché i comunisti di sinistra avevano praticamente cessato di esistere come organizzazione. Dopo la presentazione di Yakovleva, il pubblico ministero iniziò a contrastare con Bukharin alcune affermazioni del testimone:

"Vyshinsky: Imputato Bukharin, lei è stato l'organizzatore e il leader del gruppo chiamato Comunisti di Sinistra nel 1918?
Bukharin: Ero uno degli organizzatori.
Vyshinsky: Ha parlato apertamente dell'arresto di Lenin, Sverdlov e Stalin?
Bukharin: Si parlava di arresto, ma non di sterminio fisico. Non era il periodo prima di Brest-Litovsk, ma dopo. Prima della pace di Brest-Litovsk l'orientamento principale dei comunisti di sinistra era quello di raggiungere la maggioranza all'interno del partito con mezzi legittimi.
Vyshinsky: Quali mezzi legali?
Bukharin: Dibattiti, votazioni alle riunioni e tutto il resto.
Vyshinsky: E quando è scomparsa questa speranza?
Bukharin: Dopo la pace di Brest-Litovsk. Voglio chiarire questo punto per confutare l'affermazione della Yakovleva. Lei parla di un periodo precedente a Brest-Litovsk, il che non ha senso perché allora noi e i trotskisti avevamo la maggioranza nel Comitato centrale ed eravamo sicuri di ottenere la maggioranza all'interno del partito. Parlare di attività cospiratorie in quel periodo non ha senso. In quel periodo parlai con Pyatakov, quando Karelin e Kamkov proposero di formare un nuovo governo.
Vyshinsky: Quando è successo?
Bukharin: Era prima della pace di Brest-Litovsk. Proposero di formare un governo arrestando Lenin per ventiquattro ore".

Questa risposta permise al pubblico ministero di stabilire che, sebbene Bukharin fingesse di negarlo, prima della pace di Brest-Litovsk c'erano state trattative per rovesciare il governo di Lenin.

"Vyshinsky: Vi chiedo: prima della conclusione di Brest-Litovsk, ci sono state trattative con i socialisti rivoluzionari per arrestare Lenin?

Bukharin: Sì.
Vyshinsky: E ci furono negoziati anche dopo la pace di Brest-Litovsk?
Bukharin: Dopo la pace di Brest-Litovsk ci furono negoziati".

Una volta confermati a Sverdlov e a Stalin i piani per l'arresto di Lenin, Vyshinsky fece un ulteriore passo avanti ed entrò nell'interrogatorio sul tema dell'eliminazione fisica di Lenin, per il quale mise Bukharin a confronto con Yakovleva, la quale affermò che Bukharin le aveva detto che l'eliminazione fisica non era fuori questione. Bukharin ha quindi chiesto il permesso di porre domande al testimone e il presidente lo ha concesso, ma ha immediatamente sospeso la seduta. Quando l'udienza è ripresa nel pomeriggio, Ulrich ha infine impedito a Bukharin di interrogare la Yakovleva, poiché le sue domande non erano correlate al caso e l'imputata aveva violato l'articolo 257 del Codice di procedura penale, il cui testo è stato letto dal presidente Ulrich. L'imputato ha sostenuto che, poiché stava conducendo la propria difesa, doveva porre alcune domande. Gradualmente, il presidente del tribunale e il pubblico ministero divennero più permissivi e Bukharin finì per interrogare tutti i testimoni senza problemi. Valerian V. Ossinsky fu il prossimo a testimoniare e confermò le dichiarazioni di Yakovleva sui piani dei rivoluzionari socialisti di sinistra di prendere il potere attraverso l'azione armata. Ossinsky confermò che esistevano piani per assassinare Lenin, Sverdlov e Stalin.

"Vyshinsky: Come sapeva che il blocco di cospiratori intendeva assassinare Lenin, Sverdlov e Stalin nel 1918?
Ossinsky: Prima da Yakovleva e poi da Bukharin.
Vyshinsky: Bukharin ha confermato personalmente questa intenzione?
Ossinsky: Sì.
Vyshinsky: E qual è stato il suo atteggiamento al riguardo?
Ossinsky: Qual era il mio atteggiamento? Vuole sapere il mio atteggiamento politico o il mio atteggiamento soggettivo? Comunque sia, lascio da parte il mio atteggiamento soggettivo. Poiché non mi sono opposto, di conseguenza ho accettato.
Vyshinsky: E non ha informato nessuno di questo?
Ossinsky: Non ho informato nessuno.
Vyshinsky: Non ho altre domande".

Entrò quindi Vasilij Nikolaevič Mantsev, il terzo testimone del gruppo dei comunisti di sinistra, che era uno dei loro leader. Mantsev dichiarò che Bukharin riteneva che il governo sovietico di Lenin stesse tradendo gli interessi della rivoluzione proletaria e confermò le dichiarazioni dei suoi colleghi. Sulla distruzione dei verbali del Consiglio di Mosca contenenti il discorso in cui Stukov sosteneva l'assassinio di Lenin, ha detto che lui e Yavovleva li hanno strappati dal libro dei verbali su istruzioni di Bukharin: "Egli ha proposto di togliere questi verbali dal libro per nascondere le attività cospiratorie dei comunisti di sinistra. Bukharin rifiutò di accettare le deposizioni dei tre testimoni che lo avevano coinvolto nel complotto per l'assassinio di Lenin e li accusò di mentire. Segue un estratto dell'interrogatorio:

"Vyshinsky: Ha avuto occasione di visitare Trotsky e di parlare con lui di questa questione?
Mantsev: Sì, sono andato a trovare Trotsky e gli ho parlato di questo.
Vyshinsky: Trotsky le parlò della necessità di assassinare Lenin, Stalin e Sverdlov?
Mantsev: Sì, Trotsky ne ha parlato.
Vyshinsky: Di conseguenza, quando Bukharin dichiara che l'iniziativa è venuta anche da Trotsky, dice la verità?
Mantsev: Sì, in questo caso sta dicendo la verità.
Vyshinsky: Questo significa, si può dire, che Trotsky insieme a Bukharin stavano progettando di uccidere Lenin, Stalin e Sverdlov?
Mantsev: Sì, è vero.
Vyshinsky: Come è venuto a conoscenza di questo piano?
Mantsev: Ne ho sentito parlare personalmente da Yakovleva, da Trotsky e da altri.
Vyshinsky: Trotsky parlò della necessità di assassinare Lenin e Stalin?
Mantsev: Sì, l'ha fatto.
Vyshinsky: Bukharin le ha detto di aver incitato lui stesso all'assassinio di Lenin e Stalin?
Mantsev: è stata una decisione".

Il testimone successivo è stato Boris Davidovich Kamkov, membro ebreo del Comitato centrale dei socialisti rivoluzionari nel 1918. Forse il lettore ricorda che questo Kamkov, uno dei socialisti rivoluzionari che presiedevano le sessioni del Quinto Congresso dei Soviet nel luglio 1918, fu responsabile di aver rimproverato pubblicamente l'ambasciatore tedesco durante una delle sessioni del Congresso. Due giorni dopo Mirbach fu assassinato dall'ebreo Yakov Blumkin. Kamkov iniziò la sua dichiarazione riferendosi a un incontro con Bukharin all'Istituto Smolny, dove gli disse che la posizione del Partito bolscevico, a seguito dell'atteggiamento nei confronti della pace di Brest-Litovsk, si stava complicando e aveva raggiunto livelli molto gravi: "disse che stavano discutendo la possibilità di creare un governo anti-Brest composto da comunisti di sinistra e socialisti rivoluzionari di sinistra sotto la presidenza di Pyatakov". Per i socialisti rivoluzionari, ha detto il testimone, la pace era inaccettabile ed erano pronti a renderla impossibile con ogni mezzo. Confermò che avevano l'appoggio dei comunisti di sinistra per l'assassinio dell'ambasciatore Mirbach, eseguito direttamente da Blumkin, il più fidato confidente di Trotsky, al fine di vanificare la pace di Brest-Litovsk. Ecco un estratto dell'interrogatorio:

"Vyshinsky: A proposito, lei, come membro dei rivoluzionari socialisti di sinistra, ha partecipato direttamente all'assassinio di Mirbach?
Kamkov: L'ho fatto.
Vyshinsky: I comunisti di sinistra erano a conoscenza dei preparativi per l'assassinio di Mirbach e della rivolta di luglio?
Kamkov: Sì.
Vyshinsky: Completamente?
Kamkov: Completamente, secondo le informazioni che ho ricevuto da Karelin, come ho dichiarato nell'indagine preliminare.
Vyshinsky: Sì, certo, secondo una o l'altra informazione.
Kamkov: È quello che volevo dire.
Vyshinsky: Questo è abbastanza chiaro. Le chiedo: Bukharin in particolare - in quanto leader dei comunisti di sinistra - era a conoscenza del fatto che i socialisti rivoluzionari stavano preparando una rivolta, che effettivamente scoppiò nel luglio 1918?
Kamkov: Secondo quanto mi ha detto Karelin, ne ero a conoscenza.
Vyshinsky: Era pienamente consapevole?
Kamkov: Probabilmente non parzialmente, ma completamente".

Vladimir Alexandrovich Karelin, che come Kamkov era anch'egli ebreo, come afferma con assoluta certezza Bruce Lockhart in *Memorie di un agente britannico*, fu l'ultimo dei testimoni chiamati dall'accusa. Anch'egli membro del Comitato Centrale del Partito Socialista Rivoluzionario di Sinistra nel 1918, entrò in aula su richiesta del Presidente Ulrich. Karelin ha ammesso che lui, Kamkov e Proshyan avevano negoziato con Bukharin come leader dei comunisti di sinistra. Secondo questo testimone, nel dicembre 1917 c'era la speranza che il gruppo di Bukharin potesse controllare il Comitato centrale del Partito comunista. Ha citato la famosa frase di Trotsky: "Né guerra né pace", che implicava la rottura dei negoziati di Brest-Litovsk. Karelin ha raccontato che nel dicembre/gennaio 1918 la rappresentanza sovietica fu ampliata e che lui stesso era membro della delegazione. Ha citato Marc Nathanson (Isaac Sternberg), un leader ebreo dei socialisti rivoluzionari che faceva parte del governo di Lenin. Nathanson era anche un membro del Comitato Centrale del suo partito e, secondo Karelin, fu lui a informarli che era stato concordato con Bukharin che i negoziati sarebbero falliti e avrebbero portato a una guerra rivoluzionaria. Karelin ha affermato di essere stato lui stesso, insieme a Nathanson e Proshyan, a condurre le trattative con il gruppo di Bukharin, Radek e Pyatakov, il cui risultato avrebbe portato a un governo di coalizione dopo la caduta del governo di Lenin. Questo testimone ha anche confermato che era previsto l'assassinio dei leader del partito e del governo. Vale la pena citare questa parte dell'interrogatorio.

"Vyshinsky: Bukharin ha detto che l'assassinio dell'ambasciatore...

Karelin: Che l'azione terroristica contro l'ambasciatore tedesco Mirbach sarebbe un passo scioccante ed efficace verso la rottura della pace di Brest-Litovsk.

Vyshinsky: L'attentato alla vita di V. I. Lenin del 30 agosto 1918 da parte del socialista rivoluzionario Kaplan era collegato al piano per assassinare Lenin, Stalin e Sverdlov?

Karelin: Sì, la rivolta di luglio dei rivoluzionari socialisti di sinistra doveva comportare contatti immediati con i rivoluzionari socialisti di destra.... Proshyan, che era responsabile dell'organizzazione di combattimento dei Rivoluzionari Socialisti di Sinistra, fece un rapporto al Comitato Centrale in cui diceva che l'insistenza di Bukharin su un atto terroristico era stata accentuata. E devo dire che, sebbene la cosa sia stata nascosta e celata per vent'anni, il Comitato centrale dei rivoluzionari socialisti di sinistra era informato di questi sviluppi.

Vyshinsky: Informato di cosa?

Karelin: Che i socialisti rivoluzionari di destra, attraverso la loro organizzazione di combattimento, stavano preparando un attacco a Vladimir Ilich Lenin.

Vyshinsky: Questo significa che il Comitato Centrale del Partito dei Rivoluzionari Socialisti di Sinistra aveva informazioni sui preparativi per l'assassinio di Lenin?

Karelin: Sì

Vyshinsky: E cosa c'entra Bukharin?

Karelin: Secondo Proshyan, che stava negoziando con Bukharin, Bukharin esortava ad accelerare l'azione terroristica...

Vyshinskij: Conferma che i preparativi dei socialisti rivoluzionari di destra per un attentato alla vita di Lenin furono condotti in collaborazione con Bukharin?

Karelin: con i comunisti di sinistra. Guardavamo a Bukharin come al leader dei comunisti di sinistra".

Naturalmente, queste accuse molto gravi costrinsero il pubblico ministero a chiedere a Bukharin informazioni sulla dichiarazione di Karelin. "Risposta: "Smentisco categoricamente qualsiasi legame". Vyshinsky rispose: "Inoltre, Yakovleva testimonia che nel 1918 lei era d'accordo con il piano per arrestare e assassinare i compagni Lenin, Stalin e Sverdlov. Karelin testimonia lo stesso. Ossinsky testimonia lo stesso e Mantsev testimonia lo stesso. Le chiedo: chi le ha dato istruzioni per organizzare questo crimine; quale servizio di intelligence le ha dato queste istruzioni?". Bukharin ha insistito: "Nego completamente questo fatto". Il pubblico ministero ha detto di non avere altre domande e ha chiesto a Karelin di sedersi, ma Bukharin ha chiesto di interrogarlo. Nella sua ansia di dissociare il gruppo dei comunisti di sinistra dal complotto del luglio 1918, fece la seguente domanda:

"Bukharin: Il cittadino Karelin sa che durante la rivolta moscovita dei rivoluzionari socialisti di sinistra una delle persone più importanti che parteciparono alle operazioni pratiche, dal punto di vista della tecnica di combattimento, contro i rivoluzionari socialisti di sinistra fu il comunista di sinistra Bela Kun?

Karelin: Ne ho sentito parlare personalmente da comunisti di sinistra. Per quanto riguarda Bela Kun, so che all'epoca era un comunista di sinistra, un membro di questo gruppo che partecipò alla repressione della rivolta dei socialisti rivoluzionari di sinistra, e in particolare Bela Kun inviò un distaccamento che combatté vicino all'ufficio del telegrafo, che era stato preso da un distaccamento dei socialisti rivoluzionari. Ma questo avveniva già quando era chiaro il fallimento della rivolta. Così lo interpretammo come un abbandono della nave che stava affondando".

Queste allusioni a Bela Kun sono una scoperta. Da questa dichiarazione, quindi, risulta chiaro che prima di recarsi in Ungheria nell'autunno del 1918, dove sosteneva di essere l'uomo di Lenin per l'Europa centrale e occidentale, durante l'estate aveva preso parte alla cospirazione guidata nell'ombra da Trotsky, il cui scopo era quello di rovesciare il governo di Lenin. Il fatto che abbia cambiato schieramento quando si è reso conto che il colpo di Stato era fallito dimostra ancora una volta quanto fosse criminale. Ricordiamo che lo stesso Trotsky fece qualcosa di simile. In *Memorie di un agente britannico* Bruce Lockhart, con calcolata ambiguità, riferisce che Leiba Bronstein (Trotsky) stava aspettando nei sobborghi di Mosca con due reggimenti di lettoni e autoblindo.

Conoscendo le dichiarazioni di questi cinque testimoni, è necessario trarre una conclusione su fatti che la storiografia ufficiale omette intenzionalmente. Nel capitolo settimo di quest'opera si è notato che Trotsky e i suoi sostenitori persero il voto del Comitato esecutivo centrale del 24 febbraio 1918, che accettava le condizioni della Germania per la pace di Brest-Litovsk. Grazie alle dichiarazioni della Yakovleva, è ora perfettamente comprensibile il motivo per cui Trotsky si chiuse nella sua stanza e si astenne persino dal partecipare alla votazione: "non osava schierarsi attivamente per i comunisti di sinistra... perché era un uomo nuovo nel partito... e si sarebbe detto che vi era entrato per combattere Lenin". Nelle sue circostanze era conveniente utilizzare uno o più prestanome. Le critiche di Lenin agli atteggiamenti di Trotsky, alla sua mancanza di principi, alle sue "continue sbandate", erano condivise da molti all'interno del partito. In realtà Trotsky, il "senza partito", intendeva il marxismo come una cospirazione per la rivoluzione permanente, per ottenere non la dittatura del proletariato, ma la dittatura sul proletariato e su tutte le classi sociali. Egli servì coloro che lo avevano finanziato per tutta la sua carriera di rivoluzionario professionista. Il suo obiettivo era quello dei suoi sponsor: il Governo Mondiale, annunciato nei *Protocolli degli Anziani di Sion*. Trotsky, massone dal 1897, membro dell'Ordine dei B'nai B'rith e illuminato di alto rango, si dimostrò capace di radunare attorno a sé migliaia di ebrei, come dimostra il fatto che poteva contare sul Bund e sui suoi correligionari SR quando necessario. I principali attori del tentativo di colpo di Stato del 1918 e dell'attentato alla vita di Lenin erano quasi tutti ebrei che lavoravano per Trotsky, un falso che per alcuni dei suoi ammiratori era "il più grande ebreo dopo Cristo".

Dopo le sedute del 7 marzo, giornata fondamentale che ha permesso di stabilire il significato profondo di fatti storici rimasti nascosti o taciuti, l'udienza è ripresa l'8 con l'interrogatorio dei medici avvelenatori. Essi furono processati per i seguenti crimini: il primo, già citato, fu quello di Menzhinsky, predecessore di Yagoda, perpetrato nel maggio 1934 da Kamkov, che seguiva le istruzioni di Levin. Nello stesso mese Levin e Pletnev assassinarono il figlio di Gorky, Maxim Peshkov. In seguito, questi due medici uccisero anche Valerian V. Kuibyshev e, infine, lo stesso scrittore Maxim Gorky, uno dei fondatori del realismo socialista, che si era guadagnato l'inimicizia personale di Trotsky. Il dottor Levin confessò in una lunga dichiarazione che lui e Yagoda erano stati gli organizzatori di queste morti. Yagoda cercò di dissociarsi da alcuni eventi specifici, ma la sua resistenza si indebolì gradualmente.

La sessione pomeridiana è iniziata con la deposizione di Pavel P. Bulanov, segretario privato di Yagoda, che lavorava con lui dal 1929. L'imputato ha testimoniato di aver saputo fin dal 1931 che il suo capo era collegato con la destra e i trotzkisti. Tutto ciò che è stato detto nella sessione mattutina sul coinvolgimento di Yagoda nei crimini di avvelenamento è stato confermato dal suo ex segretario. Il pubblico ministero gli chiese di fornire dettagli sull'invio di denaro a Trotsky e Bulanov menzionò che nel 1934 aveva consegnato su ordine di Yagoda 20.000 dollari a un uomo inviato da Trotsky e che fino al 1936 c'erano state quattro o cinque consegne di denaro alla stessa persona. I dettagli rivelati dai dottori Levin e Bulanov sono sostanziali, ma non c'è spazio per una rassegna più estesa.

"Con questa domanda il giudice ha aperto la lunga esposizione del deposto capo dell'NKVD, che ha esordito riconoscendo che la sua appartenenza al blocco Bukharin-Rykov risaliva al 1928 e che pochissime persone ne erano a conoscenza. Il suo compito principale era quello di proteggere la segretezza del blocco da destrorsi e trotzkisti, che gli chiedevano di collocare membri attivi dell'organizzazione in posizioni di rilievo nell'OGPU. Yagoda confermò che essi usavano i kulaki e promuovevano le loro insurrezioni. Per quanto riguarda il cosiddetto "colpo di palazzo", ha riconosciuto che, fino all'avvento di Hitler al potere, era considerato l'opzione migliore e che la sua posizione di vicepresidente dell'OGPU era fondamentale, in quanto disponeva dei mezzi tecnici per eseguire il colpo di stato, ossia la guardia del Cremlino e le unità militari, che erano al centro dell'attenzione. In seguito disse: "Nel 1933 il centro, il blocco dei trotzkisti e degli zinovievisti, fu organizzato e prese forma. Tramite Rykov venni a sapere che il blocco era collegato ai menscevichi e, tramite Bukharin, ai socialisti rivoluzionari. Yenukidze mi teneva informato sulle decisioni del centro. Fu grazie a lui che nel gennaio 1934 venni a sapere che c'erano i preparativi per un colpo di Stato, che prevedeva l'arresto del XVII Congresso del Partito, che era in corso". Yagoda ha ammesso di aver protetto un gruppo di suoi seguaci che lavoravano per i servizi segreti stranieri e che Karakhan lo informò nel 1935 delle sue trattative con i circoli fascisti tedeschi, condotte su istruzioni del blocco di destra e trotskista. Nel suo resoconto davanti al tribunale, ha anche ammesso la sua partecipazione alla copertura di azioni terroristiche, tra cui ha citato l'assassinio di Kirov. Sulla nomina di Yezhov a capo dell'NKVD, ha dichiarato quanto segue:

"Quando Yezhov fu nominato commissario per gli affari interni, divenne chiaro che tutta l'attività del nostro gruppo e del blocco di destra e trotskisti sarebbe stata scoperta. Yezhov aveva già iniziato a fare a pezzi i quadri dei cospiratori e, naturalmente, poteva raggiungere il centro del blocco e me personalmente. Pertanto, per salvare la nostra organizzazione, per salvare Rykov, Bukharin e altri, decidemmo di assassinare Yezhov. L'avvelenamento è stato effettuato da Bulanov, come lui stesso ha confessato al tribunale. Io nego alcune delle sue affermazioni, ma questo non cambia i fatti e l'essenza della questione".

La seduta dell'8 si conclude con la deposizione dell'imputato Peotr Kryuchkov, segretario di Gorky. Kryuchkov ha confermato in pieno la sua dichiarazione preliminare e ha confessato di aver ucciso a tradimento Maxim Gorky e suo figlio Maxim Peshkov su ordine di Yagoda, che gli aveva detto che i grandi capi della cospirazione Kamenev, Zinoviev, Bukharin e Rykov ritenevano "necessario diminuire l'attività di Gorky". L'imputato raccontò di aver fatto in modo che Gorky e suo figlio contraessero gravi malattie respiratorie che, opportunamente curate dai medici Levin e Pletnev, portarono alla morte di entrambi.

Il 9 marzo, il tribunale ha continuato ad ascoltare le dichiarazioni degli altri medici assassini. Il sessantaseienne Dmitrij Pletnev, un cardiologo di grande fama considerato un'eminenza nella sua specialità, è stato il primo imputato a parlare. Ignaty Kazakov ha testimoniato dopo il suo collega. I metodi e le tecniche utilizzati per commettere i loro crimini sono stati spiegati dettagliatamente in tribunale da entrambi i medici. Particolarmente rilevante è stata la dichiarazione di quest'ultimo riguardo all'omicidio di Menzhynsky. Infine è stata la volta dell'ultimo imputato, Venyamin Maximov-Dikovsky, che ha ammesso di essere stato nominato segretario di Kuibyshev da Yenukidze e di aver aiutato i medici da questa posizione. Le dichiarazioni dei testimoni e di diversi scienziati e medici che facevano parte di una commissione di esperti richiesta dalla Procura hanno infine portato alla luce le azioni dei medici avvelenatori.

Quando sembrava che la corte stesse per ritirarsi, il procuratore Vyshinsky ha chiesto il permesso di porre alcune domande a Rosengoltz, che al momento dell'arresto aveva nella tasca posteriore un pezzo di carta con delle preghiere nascoste dentro un pezzo di pane. Il pubblico ministero ha chiesto alla corte il permesso di leggere il testo per chiedere spiegazioni all'imputato. Si trattava di versi tratti dai Salmi LXVIII e XCI. Il primo recitava: "Appaia Dio, siano dispersi i suoi nemici, fuggano davanti a lui coloro che lo odiano. Come fumo che svanisce, allontanateli; e come cera che si scioglie al fuoco, i malvagi siano distrutti davanti alla presenza di Dio". Ecco il secondo salmo: "Chi abita nel luogo segreto dell'Altissimo rimarrà all'ombra dell'Onnipotente. Dirò al Signore: tu sei il mio rifugio e la mia fortezza, in lui confiderò. Egli ti proteggerà dalle insidie dei cacciatori e dalla peste. Ti difenderà sotto le sue ali e sarai al sicuro sotto le sue piume. La sua fedeltà e la sua verità saranno la tua armatura e il tuo scudo. Non avrai paura di alcun terrore nella notte, né della freccia che vola di giorno. Né della pestilenza che si muove nelle tenebre, né della malattia che si diffonde a mezzogiorno".

"Vyshinsky: Come ti è arrivato questo in tasca?
Rosengoltz: Mia moglie me lo mise in tasca un giorno, prima di andare al lavoro. Ha detto che portava fortuna.
Vyshinsky: E quando è successo?
Rosengoltz: Diversi mesi prima del mio arresto.
Vyshinsky: E ha portato questa "fortuna" in tasca per diversi mesi?
Rosegoltz: Non ho nemmeno prestato attenzione.
Vyshinsky: Ma ha visto cosa faceva sua moglie?
Rosengoltz: Avevo fretta.
Vyshinsky: Le ha detto che questo era un talismano di famiglia per la buona sorte?
Rosengoltz: Qualcosa di simile.
Vyshinsky: E lei si è offerto volontario per essere il custode di un talismano? Non ci sono altre domande.

Il procuratore guardò le persone presenti all'udienza pubblica, alcune delle quali scoppiarono in una risata di scherno. Naturalmente, non c'è nulla di discutibile nell'avere fede e speranza in Dio. Ciò che è riprovevole è che Rosengoltz e sua moglie abbiano continuato a pregare il Dio di Israele, colui che li aveva scelti tra tutti i popoli della terra, mentre i loro colleghi ebrei-bolscevichi predicavano l'ateismo, perseguitavano i cristiani e demolivano le chiese. Dopo questo scioccante episodio, il presidente Ulrich sospese la sessione per un'ora e annunciò che sarebbe ripresa a porte chiuse. In questa sessione Rakovsky, Krestinsky, Rosengoltz e Grinko hanno testimoniato sui loro rapporti con l'estero e hanno fornito i nomi dei rappresentanti ufficiali che avevano contattato, che non erano stati rivelati in tribunale su indicazione del presidente del tribunale.

La giornata dell'11 marzo fu dedicata ai discorsi finali e alle suppliche. Vyshinsky trascorse l'intera mattinata in un discorso molto severo, in cui passò in rassegna vari procedimenti dai tempi di Lenin ed esaminò i fatti provati. Ha mostrato senza mezzi termini il suo disprezzo per gli imputati, per i quali non ha risparmiato i peggiori epiteti. Ad eccezione di Rakovsky e Bessonov, chiese la pena di morte per gli altri imputati, che "meritavano di essere fucilati come cani sporchi". Nel pomeriggio, gli avvocati dei medici hanno cercato di scaricare su Yagoda tutta la colpa dei crimini dei loro imputati. Poi sono seguite le arringhe degli altri imputati, che si sono protratte fino alle 21:25 del giorno successivo, 12 marzo. Uno dopo l'altro, dopo aver rivisto il loro passato rivoluzionario, hanno riconosciuto la gravità dei loro crimini. Alle 4.30 del 13 marzo, dopo sette ore di deliberazione sul verdetto, la corte emise la sentenza. Tutti gli imputati furono condannati a morte, tranne Pletnev, che ebbe 25 anni, Rakovsky, condannato a 20 anni, e Bessonov, a 15 anni. Tutti e tre furono infine giustiziati nel settembre 1941.

Come abbiamo visto, una campagna per proteggere la figura di Trotsky, un personaggio storico il cui discredito è fuori discussione, è stata orchestrata durante gli anni in cui si sono svolti i processi di Mosca ed è continuata fino ai giorni nostri. Numerosi articoli della famosa Wikipedia, nel tentativo di falsificare la storia, insistono nel presentare tutto come un'invenzione e negano qualsiasi credibilità ai processi di Mosca. Tuttavia, diplomatici, giornalisti e scrittori hanno assistito alle sessioni, tenutesi nella sala Ottobre della Casa dei Sindacati, che ospitava circa 300 persone, e hanno confermato nei loro rapporti che l'esistenza del complotto non poteva essere messa in dubbio. La Lega Internazionale per i Diritti Umani e l'Associazione di Diritto Internazionale hanno sostenuto pubblicamente i processi. Ambasciatori e parlamentari di diversi Paesi hanno confermato nei loro scritti la plausibilità dei processi. Denis Nowell Pritt, ad esempio, deputato dei Comuni, giudice e profondo conoscitore del diritto processuale, si recò a Mosca come corrispondente del *News Chronicle* di Londra. Nei suoi articoli difese la credibilità dei processi ed espresse la convinzione che la colpevolezza degli imputati fosse stata pienamente accertata. È già stato notato che Joseph E. Davies, ambasciatore degli Stati Uniti, scrisse più volte nei suoi rapporti riservati che l'autenticità della cospirazione era stata provata. Anche l'ambasciatore ceco Zdanek Firlinger ha insistito presso il suo governo sul rigore e sul rispetto delle regole procedurali. Tutto sommato, si deve concludere che l'affermazione che l'intera faccenda era una messinscena è insostenibile e smaschera coloro che la sostengono.

Yezhovschina

Il terrore scatenato in Unione Sovietica a seguito della brutale repressione che seguì ciascuno dei processi è noto come "Yezhovschina", cioè l'era di Yezhov. Robert Conquest e i suoi seguaci stimano che ci furono circa sei milioni di arresti e circa tre milioni di esecuzioni. Altri storici considerano queste cifre esagerate e lontane dalla realtà. Si è già detto che una delle ragioni per mettere in dubbio le cifre di Conquest per questo periodo è il continuo ricorso a fonti trotzkiste, spesso di autori ebrei, evidentemente interessati a ingigantire la repressione. Alexander Orlov, ad esempio, scrive che una settimana dopo l'esecuzione di Zinoviev, Kamenev e compagnia, Stalin ordinò a Yagoda di selezionare e fucilare cinquemila oppositori internati nei campi. In ogni caso, che ciò sia vero o meno, il terrore, già radicato nelle abitudini del comunismo fin dai primi giorni della rivoluzione, fu ampiamente utilizzato prima e dopo l'epoca di Yezhov.

Considerando la durata della cospirazione trotskista, i suoi metodi criminali, i mezzi utilizzati e la portata della sua organizzazione, sembra un miracolo che Stalin sia riuscito a sopravvivere e a rimanere al potere. Non c'è dubbio che i cospiratori abbiano trovato pane per i loro denti, perché è stato solo superando in astuzia, con astuzia e astuzia i suoi nemici che il georgiano è riuscito a sconfiggere coloro che lo volevano morto. Le purghe, il terrore e la repressione di massa furono le misure principali adottate per liquidare qualsiasi opposizione. Il 30 luglio 1937, il Politburo approvò l'Ordine Operativo 00447, che stabiliva quote di persone da arrestare e fucilare. Secondo gli autori de *Il libro nero del comunismo*, negli anni 1937 e 1938 l'NKVD arrestò 1.575.000 persone, l'84% delle quali fu condannato nel corso di questi anni. Di queste persone condannate, il 51%, ovvero 681.692, furono giustiziate. Queste cifre sono, come si può vedere, notevolmente inferiori a quelle fornite da Conquest. Tenendo conto che in genere si basano su dati ufficiali, è probabile che le cifre reali si collochino a metà strada.

L'epurazione dei quadri del partito divenne nota grazie al "rapporto segreto" di Kruscev. Secondo tale rapporto, nel 1937 e nel 1938 Yezhov inviò a Stalin trecentottantatré liste contenenti migliaia di nomi di personalità più o meno importanti del partito, la cui esecuzione richiedeva la sua approvazione. Un articolo pubblicato il 10 gennaio 1989 sulla *Moskovskaya Pravda* affermava che solo il 12 dicembre 1937 Stalin e Molotov approvarono 3.167 condanne a morte. Secondo il rapporto di Krusciov, l'epurazione nel partito riguardò 98 dei 139 membri del Comitato centrale. Un altro dato si riferisce ai delegati che parteciparono al 17° Congresso del Partito nel 1934: dei 1.966 presenti, 1.108 furono epurati. Anche i quadri della Gioventù comunista (Komsomol) furono sottoposti a una dura repressione: dei novantatré membri del loro Comitato centrale, settantadue furono arrestati. In generale, gli apparati regionali e locali del partito e del Komsomol furono revisionati. Rappresentanti del governo, accompagnati da agenti dell'NKVD, arrivarono nelle province con la missione di, secondo le parole della *Pravda*, "stanare e distruggere i nidi di cimici trotzkiste-fasciste" In Ucraina l'epurazione raggiunse livelli molto alti. Con Krusciov alla guida del Partito Comunista Ucraino, nel 1938 furono arrestate più di 100.000 persone e la maggior parte fu giustiziata. Dei duecento membri del Comitato centrale del partito in Ucraina solo tre sopravvissero.

Sul fronte culturale, anche scrittori, giornalisti, attori, teatranti e altri intellettuali furono epurati: circa 2.000 membri dell'Unione degli Scrittori furono arrestati e deportati, se non giustiziati. La repressione si estese nuovamente alle credenze religiose e si decise di agire anche contro "gli ultimi residui clericali". Il censimento del gennaio 1937 rivelò che il 70% della popolazione, contro ogni previsione, rimaneva credente. Delle ventimila chiese e moschee che erano ancora più o meno attive nel 1936, solo un migliaio rimasero aperte al culto nel 1941. Migliaia di sacerdoti e quasi tutti i vescovi furono rinchiusi in campi di concentramento e giustiziati in gran numero.

CAPITOLO IX

REPUBBLICA, RIVOLUZIONE E GUERRA CIVILE IN SPAGNA

PARTE 1
RELIGIONE E CHIESA IN SPAGNA

La persecuzione religiosa scatenata in Spagna tra il 1931-39 è paragonabile solo a quella praticata dai bolscevichi in Russia. Pertanto, prima di affrontare gli eventi specifici che si verificarono durante la Seconda Repubblica e la Guerra Civile, è necessario un breve preambolo sul ruolo della religione e della Chiesa nella storia della Spagna, una nazione che è stata maltrattata per secoli e attaccata con ogni tipo di infamia e calunnia dai suoi numerosi nemici, proprio per il suo ruolo nella difesa del cattolicesimo. Sappiamo che l'anticlericalismo in Europa e nel mondo è stato una parte essenziale della grande cospirazione pianificata da massoni e illuminati contro tutte le religioni. Si è già detto che intellettuali come John Robison e l'abbé Augustin Barruel furono attaccati e screditati per aver denunciato il complotto attraverso le loro opere. Il nuovo ordine basato sul liberalismo economico e politico, instaurato dopo la Rivoluzione francese del 1789, oltre a ipotecare il potere delle nazioni e a consolidare il dominio dei banchieri internazionali, doveva essere il terreno ideale per attaccare tutto ciò che aveva a che fare con i valori tradizionali. Gli effetti di questo nuovo ordine sarebbero stati devastanti per la Spagna.

La civiltà cristiana in Europa ha avuto il suo più grande campione in Spagna. Lo scontro di civiltà che ebbe luogo nella Penisola durante il Medioevo fu decisivo per preservare l'Europa dalla diffusione dell'Islam. L'impulso e la forza fondamentale di tutti i regni durante i secoli della riconquista era la fede in Cristo; ma anche l'idea della Spagna, un fatto ignorato da alcuni separatisti non documentati e/o malintenzionati. Le due cose erano strettamente legate. La Hispania, il toponimo con cui Roma alludeva all'insieme delle sue province peninsulari, era un punto di riferimento per i Goti e continuò a esserlo per i re cristiani successivi, come si evince da innumerevoli testi e documenti medievali.

Isidoro di Siviglia, nella sua opera storica *Varones ilustres de España (Uomini illustri di Spagna)*, considera ispanici tutti gli abitanti della Penisola. I romanzi che trattano dell'ultimo re gotico fanno riferimento a lui come re di Spagna: "Don Rodrigo rey de España/ por la su corona honrar/ un torneo en Toledo/ ha mandado pregonar" (Don Rodrigo re di Spagna/ per l'onore della sua corona/ un torneo a Toledo/ ha ordinato un proclama). Nel *Poema di Mío Cid* si dice che la presa di Castellón "farà parlare tutta la Spagna". Il conte di Barcellona, prigioniero del Cid, rifiuta il cibo che gli viene offerto e assicura che non ne mangerà nemmeno un boccone "per quello che ha in tutta la Spagna". I cronisti catalani rendono omaggio uno dopo l'altro all'idea di Spagna. Pere I di Catalogna-Aragona dice ai crociati stranieri venuti a difendere la fede cristiana nella battaglia di Navas de Tolosa che sono arrivati troppo tardi perché "i re di Spagna" hanno già sconfitto i musulmani. Nel 1283, Pere II chiese a un cavaliere catalano di presentarsi con lui a Bordeaux in un duello contro i francesi, invocando "l'onore nostro, vostro e di tutta la Spagna". Bernat Desclot, autore della più antica delle quattro cronache catalane, di fronte all'invasione della Catalogna da parte dei francesi nel 1285, fa appello all'importanza di avere "totes les osts d'Aspanya hi fossen" (tutte le truppe di Spagna) simbolicamente presenti per difendere la Catalogna. Ramon Muntaner, il più patriottico dei cronisti catalani, scrisse: "Si aquests reys d'Espanya (Castiglia, Aragona, Maiorca e Portogallo) qui son una carn e una sanch, se tenguessen ensemps, poc duptaren tot l'altre poder del mon" (Se questi quattro re di Spagna, che sono una carne e un sangue, si unissero, non dovrebbero temere nessun'altra potenza del mondo). Jaume I il Conquistatore nel suo *Llibre dels feyts* spiega le ragioni per cui aiutò il genero, Alfonso X il Saggio, a reprimere la rivolta dei Mori di Murcia: "La primera cosa per Deu, la segona per salvar Espanya" (La prima cosa per Dio, la seconda per salvare la Spagna). Suo nipote Jaume II, nel 1304, fece riferimento ai danni che la guerra tra Castiglia e Aragona avrebbe arrecato a "tota Espanya". Nella sua *Estoria de Espanna o Prima Cronaca Generale*, Alfonso X il Saggio parla della sua "Estoria de las Españas... de todos los reyes dellas" (*Storia della Spagna... di tutti i re di Spagna*). Il famoso *elogio della Spagna* scritto dal Re Saggio, che conclude: "¡Ay Espanna! non ha lengua nin ingenno que pueda contar tu bien", è ben noto agli ispanisti. Nel 1446 Alfons el Magnànin arrivò a Napoli. Tra le due torri del Castel Nuovo, magnifico edificio militare e residenziale costruito su suo ordine, si trova un arco che ricorda il suo ingresso in grande stile in città, sul quale fece incidere la scritta "Alfonsus Rex Hispanus", anche se per i napoletani fu sempre il re d'Aragona.

Con i Re Cattolici e la scoperta dell'America, la Spagna entra nella storia moderna con una nuova dimensione: l'idea di Spagna, desiderata per secoli dagli uomini più eminenti, è diventata realtà; ma in più, i figli della riconquista, convertiti in conquistatori, con un'energia e uno slancio vitale senza precedenti nella storia, hanno colonizzato le Americhe e vi hanno diffuso il cristianesimo. La fondazione di città e paesi dà un'idea dell'immenso lavoro svolto dagli spagnoli. Solo Roma ha costruito più della Spagna nel corso della storia. I magnifici edifici dell'architettura coloniale in tante città dell'America Latina sono un esempio indelebile degli sforzi edilizi dei conquistadores. Gli indios erano considerati cittadini liberi e gli spagnoli si mescolarono con loro, dando così origine alla caratteristica essenziale della colonizzazione spagnola: il mestizaje (razza mista).

Se guardiamo a ciò che accadde con la colonizzazione britannica, ad esempio, vediamo che gli aborigeni australiani, che vivevano in Oceania da migliaia di anni, furono sterminati. Il genocidio fu condotto sulla base ideologica del darwinismo: si concluse che gli indigeni australiani erano selvaggi ed evolutivamente inferiori. Mentre nell'America colonizzata dagli inglesi non ci sono praticamente più indiani, nell'America spagnola gli indiani costituivano il 63% della popolazione alla fine del XVIII secolo. Oggi, in Perù, Guatemala e Bolivia, gli indiani sono ancora una grande maggioranza. Tuttavia, la Spagna ha sofferto per secoli di una campagna infinita di attacchi e si è trascinata dietro una "leggenda nera". Hollywood, d'altra parte, è stata responsabile di presentare lo sterminio degli indiani del Nord America come un fatto logico: il Settimo Cavalleggeri è sempre ritratto come un reggimento da leggenda i cui soldati liquidavano gli indiani come un fatto ovvio, perché erano selvaggi.

La creazione del Tribunale del Sant'Uffizio dell'Inquisizione è senza dubbio legata all'origine della leggenda nera. L'espulsione degli ebrei dalla Spagna e le guerre di religione contro il protestantesimo in Europa furono gli eventi decisivi che provocarono una campagna propagandistica ben pianificata per screditare l'Inquisizione spagnola e combattere il campione del cattolicesimo. A poco servì che Carlo V e Filippo II fossero di nuovo i principali difensori dell'Europa contro la minaccia dei Turchi e dell'Islam: la vittoria di Lepanto pose fine all'espansionismo turco nel Mediterraneo e costituì una vittoria per tutta la cristianità. Nel 1567 apparve un pamphlet tradotto in francese, tedesco, inglese e fiammingo che scatenò la campagna contro la Spagna in generale e l'Inquisizione in particolare. L'autore, che si firmava con lo pseudonimo di Montanus, affermava di essere stato vittima del Tribunale del Sant'Uffizio e descriveva una serie di torture e pratiche occulte. Oggi si sa che Montanus era un falsario. Ognuno dei casi che l'Inquisizione ha avuto durante i suoi trecentocinquant'anni di esistenza ha un proprio registro, i cui dettagli sono stati registrati su nastri e sono ora a disposizione dei ricercatori nella biblioteca dell'Università di Salamanca.

Nel 1994, quattro storici di fama internazionale hanno sfatato pubblicamente il mito dell'Inquisizione spagnola davanti alle telecamere della BBC: Henry Kamen, professore in università spagnole, britanniche e statunitensi e membro della Royal Historical Society; Jaime Contreras, professore di Storia Moderna all'Università di Alcalá de Henares, specialista mondiale dell'Inquisizione e della Controriforma; José Álvarez-Junco, professore all'Università Complutense di Madrid che ha diretto il seminario di Studi Iberici presso il Centro di Studi Europei dell'Università di Harvard; e Stephen Haliczer, storico americano di origine ebraica, professore all'Università dell'Illinois e specializzato in Spagna, Italia e Chiesa cattolica, protagonista del documentario *The Myth of the Spanish Inquisition*, disponibile online per chiunque sia interessato.

Haliczer afferma quanto segue: "In realtà l'Inquisizione spagnola usava la tortura raramente. A Valencia, per esempio, ho scoperto che su 7.000 casi solo il 2% ha subito una qualche forma di tortura e in generale non più di quindici minuti, e meno dell'1% è stato sottoposto a una seconda sessione di tortura, cioè più di una volta. Non ho trovato nessuno che sia stato torturato più di due volte". Henry Kamen conferma che l'Inquisizione spagnola torturava meno di altri tribunali europei e denuncia che la maggior parte delle immagini dei loro metodi di tortura riprodotte centinaia di volte sono false. Il comportamento degli interrogatori era ben stabilito nelle loro "Istruzioni" e chi non rispettava le procedure veniva allontanato. In tutto il XVI secolo, sostiene l'autore, l'Inquisizione ha giustiziato tra le 40 e le 50 persone nei territori non peninsulari dell'impero spagnolo, compresa l'America. Nello stesso periodo in Inghilterra, dove il danneggiamento dei giardini pubblici poteva comportare la condanna a morte, furono giustiziate più di 400 persone. Kamen afferma che le carceri dell'Inquisizione in Spagna erano le più dignitose, affermazione confermata dal professor Haliczer: "Ho trovato esempi di prigionieri nelle carceri laiche che bestemmiavano per essere trasferiti nelle carceri dell'Inquisizione e sfuggire così ai maltrattamenti ricevuti nelle carceri laiche". I professori Contreras e Kamen concordano nel sottolineare il rigore con cui l'Inquisizione spagnola esaminava il tema della stregoneria. Mentre tra il 1450 e il 1750 migliaia di persone accusate di stregoneria furono bruciate in Europa, in Spagna l'Inquisizione cercava le prove: "Ricordate", sottolinea Kamen, "che gli inquisitori erano spesso avvocati universitari, e gli avvocati esigono prove. Quando non si trovavano prove, l'Inquisizione considerava la stregoneria un crimine immaginario, una bufala per la quale non si poteva essere perseguiti". Kamen afferma che il numero di persone giustiziate per eresia in Spagna, compresi i falsi convertiti, è minimo rispetto ad altri Paesi non cattolici. Infine, sia Contreras che Kamen forniscono cifre devastanti per i falsificatori della realtà e della storia: il numero delle vittime del Tribunale del Sant'Uffizio durante i 350 anni della sua attività variava tra le 3.000 e le 5.000 unità. Nello stesso periodo, in Europa furono bruciate più di 150.000 streghe, un dato che viene raramente riportato. Dato che stiamo per studiare la guerra civile spagnola, si potrebbe fare un altro paragone: nel solo mese di novembre 1936, la Giunta di Difesa di Madrid giustiziò senza processo più persone di quante ne abbia giustiziate l'Inquisizione spagnola in tutta la sua storia.

Fino al XIX secolo la Chiesa in Spagna ha svolto un ruolo unificante, in qualche misura eredità del Medioevo. La conquista e la colonizzazione del Nuovo Mondo furono concepite come una missione evangelizzatrice e il ruolo della Chiesa in America e in Spagna fu rilevante in tutti i settori. In *The Spanish Labyrinth* Gerald Brenan riconosce l'atteggiamento positivo della Chiesa nei confronti delle questioni sociali e parla persino delle sue tendenze socialiste nella Spagna del XVII secolo. Brenan scrive che "tutti i dottori e i teologi erano d'accordo sul fatto che gli affamati avevano il diritto di derubare i ricchi se era stata loro negata la carità" e cita il grande teologo Domingo de Soto, che nel 1545 predicava che "sotto pena di peccato mortale, i ricchi sono obbligati a dare in elemosina tutto ciò di cui non hanno assoluto bisogno". Padre Mariana, uno dei grandi teologi e storici dell'epoca, dichiarò che lo Stato avrebbe dovuto obbligare i ricchi a distribuire le loro terre in eccesso o, se ciò non fosse stato possibile, ad affittarle per poterle coltivare adeguatamente. In altre parole, una volta fusa con lo Stato, la Chiesa cattolica cercò di imporre le sue idee morali.

Molti missionari in America erano entusiasti del fatto che gli indiani assimilassero facilmente le dottrine cristiane. Sembra che in Perù gli indiani lavorassero la terra collettivamente e questo fu considerato da alcuni evangelizzatori come un valido modello applicabile in Spagna. Nella sua *Historia natural y moral de las Indias* (Siviglia 1590), il gesuita José de Acosta descrive il sistema economico degli Inca e lo considera superiore al sistema di concorrenza e proprietà privata che si stava imponendo in Europa. Gerald Brenan riconosce che i tanto vituperati e odiati gesuiti misero in pratica con gli indiani Guaraní le idee di collettivizzazione della terra nelle loro trenta missioni o "riduzioni"[17] in Paraguay, Argentina e Brasile, che, secondo Brenan, "sono il primo esempio storico di organizzazione di uno Stato comunista da parte degli europei". Un altro religioso con idee socialiste lodato da Brenan è il francescano Francisco Martínez de la Mata, considerato un agitatore sociale nel XVII secolo. I suoi *Discursos* furono pubblicati nel 1659 e furono ripubblicati dagli illuminati Campomanes nel 1775 nel *Discurso sobre la educación popular de los artesanos y su fomento (Discorso sull'educazione popolare degli artigiani e sulla sua promozione)*. Martínez de la Mata si proclamò "servitore dei poveri afflitti e procuratore degli schiavi delle galere". Nella sua ricerca di soluzioni alla crisi e alla decadenza del secolo, propose persino la creazione di un istituto di credito bancario per l'agricoltura con filiali in ogni città.

Il dibattito sulla proprietà e sulla produttività della terra era quindi iniziato nel XVI secolo e si era acuito nel corso del XVIII secolo. Sul ruolo della Chiesa nei secoli XVI e XVII, Gerald Brenan scrive quanto segue:

---

[17] Per un secolo e mezzo, circa cinquantamila indiani furono guidati da cinquanta gesuiti in queste "reducciones", comunità in cui esistevano proprietà comuni e private. Gli indiani avevano una vita familiare e potevano possedere proprietà private. Gli orfani e le vedove venivano accolti in una "casa de resguardo". Mentre in Europa la pena di morte era comune a tutti i Paesi, i gesuiti la abolirono nelle loro missioni e proibirono il cannibalismo. L'ordine di espulsione dei gesuiti decretato da Carlo III nel 1768 portò alla graduale dissoluzione di queste comunità.

"La Chiesa spagnola fu un'istituzione livellatrice. Le sue strette relazioni con lo Stato le hanno ispirato un interesse per le questioni sociali e politiche che nessun'altra chiesa della cristianità ha mai avuto, e alla sua influenza si deve in gran parte il sorprendente successo della colonizzazione in America e l'umanità dei metodi con cui, dopo la prima violenza della conquista, sono stati risolti i conflitti tra i colonizzatori e gli indigeni. I loro missionari tornarono in Spagna con una grande esperienza pratica dei problemi sociali. D'altra parte, l'intenso idealismo degli ordini monastici faceva sì che il loro peso fosse generalmente a favore degli umili (in America, gli indiani; in Spagna, i lavoratori) contro i potenti e i ricchi. Non sorprende, quindi, che la Chiesa spagnola si sia spinta più avanti di tutte le chiese protestanti del suo tempo nel fornire una piattaforma per la libera discussione di teorie sociali di un certo carattere comunista".

Tuttavia, nonostante le buone intenzioni e le idee formulate da alcune menti illuminate, l'agricoltura in Spagna era improduttiva e arretrata. La maggior parte delle terre era nelle mani della Chiesa e della nobiltà. I contadini lavoravano terre non loro, che non potevano essere comprate e vendute liberamente a causa del loro legame con la proprietà. Le terre della Chiesa erano completamente svalutate; quelle della nobiltà erano per lo più regolate dal regime di proprietà vincolata. In terzo luogo, c'erano le proprietà dei comuni, che erano beni comuni che potevano essere affittati ai vicini. I rentiers basavano quindi la loro ricchezza sugli affitti che riscuotevano dai contadini che lavoravano le loro terre.

A partire dal Medioevo, la legislazione civile proteggeva i beni della Chiesa, stabilendo che "tutte le cose che sono o sono state date alla Chiesa da re o da altri fedeli cristiani devono essere sempre conservate e mantenute in possesso della Chiesa". Gli ecclesiastici sfruttavano le loro proprietà attraverso la coltivazione diretta o il trasferimento della coltivazione a seconde persone con diversi tipi di contratti. In Galizia esisteva un tipo di affitto chiamato "foro", che era una forma di enfiteusi ereditaria, in quanto il contadino non poteva essere sfrattato. Questa forma di possesso fu introdotta anche in Castiglia nel XIV secolo e fu chiamata "censo". Nelle Asturie, nei Paesi Baschi e in Navarra il sistema prevalente era quello della "mezzadria". Nelle province basche, i contratti erano talvolta orali e si tramandavano di padre in figlio. Durante il XVII e il XVIII secolo, alcuni coloni che avevano affittato terre dalla Chiesa le subaffittavano con un alto tasso di profitto: a volte ricevevano fino a venti volte di più di quanto pagavano. È così che nacquero i "subforados".

Nel XVIII secolo, in alcune province della Castiglia fu ceduto circa il 75% delle proprietà. Al fine di migliorare la produttività, molti ecclesiastici si interessarono all'agronomia per diffondere tra i contadini conoscenze che avrebbero stimolato lo sviluppo agricolo. Tuttavia, gli illuministi, consapevoli dell'arretratezza dell'agricoltura spagnola, concentrarono la loro attenzione sulle proprietà deprezzate che non potevano essere vendute, ipotecate o cedute, in quanto appartenenti alla Chiesa e ai comuni. I maggiori problemi di produttività si riscontravano nelle grandi proprietà dell'Estremadura, dell'Andalusia e della Castiglia meridionale. Figure illuminate come Campomanes, Carrasco, Olavide, Floridablanca e Jovellanos presentarono diverse relazioni agrarie che cercavano di intervenire sull'ammortamento delle terre in mano alla Chiesa. Jovellanos, nella *Relazione della Società Economica*, era convinto che se il re avesse chiesto ai prelati delle sue chiese "di promuovere da soli l'alienazione delle loro proprietà territoriali per restituirle al popolo, sia vendendole e convertendo il ricavato in tributi censuari o in fondi pubblici, sia dandole in tribune o in enfiteusi, essi sarebbero corsi a rendere questo servizio alla patria".

Il ruolo nazionale che la Chiesa aveva storicamente svolto in Spagna fu ancora una volta evidente durante la Guerra d'Indipendenza. Quando il popolo spagnolo prese le armi contro i francesi, lo fece in comunione con i sacerdoti e i frati, che guidarono le Partidas de Cruzada, il nome dato ai gruppi di guerriglieri clericali che iniziarono la lotta contro l'invasore. Il regolamento di queste partidas fu redatto dal carmelitano scalzo Manuel de Santo Tomás. Fu il clero nel suo insieme a combattere la guerra e a sostenerla con i propri beni. L'elenco dei sacerdoti e dei religiosi del clero regolare e secolare che presero le armi contro Napoleone è molto numeroso, tanto che, dalla Galizia alla Catalogna e dall'Andalusia alla Navarra, non c'era regione spagnola che non avesse una guerriglia guidata da canonici, sacerdoti o frati. Mentre molti nobili e borghesi ricchi erano francesizzati, il popolo era guidato dalla Chiesa, i cui rappresentanti facevano parte delle giunte provinciali e locali. Le giunte provinciali di Siviglia, Toledo, Cuenca, Zamora e Santander erano presiedute dai loro vescovi. A Valencia, Cadice, Huesca, Murcia e Galizia i vescovi erano anche membri delle Giunte. Tre vescovi erano membri della Giunta centrale e due cardinali erano presidenti della Reggenza.

I problemi per la Chiesa e l'inizio del suo disimpegno nei confronti del popolo e dei poveri nacquero a seguito delle disastrose politiche agrarie dei liberali e, in particolare, del famoso sequestro Mendizábal del 1836. Questa legge anticlericale e anticarlista sciolse le congregazioni religiose e confiscò le proprietà agricole della Chiesa. Secondo Brenan, "privando il clero e i frati del possesso della terra, li escludeva di fatto dal popolo, costringendoli a pensare ad altri mezzi di arricchimento e spingendoli nelle braccia delle classi più abbienti". Mendizábal, commissario agli approvvigionamenti dal 1817, avrebbe dovuto organizzare nel 1819 gli approvvigionamenti per la flotta che doveva partire da Cadice per sedare la ribellione per l'indipendenza in America; invece si dedicò a preparare la rivoluzione del 1820 con Rafael de Riego, suo fratello massone. Come sappiamo, Mendizabal compare in *Coningsby*, il romanzo di Disraeli il cui protagonista è Lionel Rothschild. Juan de Dios Álvarez Mendizábal, descritto come figlio di un marrano d'Aragona, era un uomo Rothschild, un massone ebreo che adottò un cognome basco per nascondere la sua origine e che si arricchì a Londra speculando sui titoli di credito grazie all'amicizia con Nathan Rothschild. Nel 1835, quando il governo spagnolo conferì a Lionel Rothschild, figlio di Nathan, l'Ordine di Isabella la Cattolica, Mendizabal fu nominato Ministro delle Finanze. Il Duca di Wellington disse all'epoca che Mendizabal non era altro che "un avamposto dei Rothschild".

I liberali giudicavano superate le idee collettiviste del XVI e XVII secolo, che privilegiavano la proprietà statale e un certo grado di gestione comunitaria. Condannarono, ovviamente, le soluzioni basate sulla proprietà terriera nazionale. Uno dei pochi che si oppose alla legge di Mendizábal fu Flórez Estrada, che propose di nazionalizzare i latifondi e le proprietà comunali e di consegnarli a coloro che li lavoravano, il che, nelle sue parole, "avrebbe promosso una soluzione collettivista al problema agrario, in accordo con la tradizione spagnola". Le conseguenze del disconoscimento furono disastrose e causarono gravi danni ai contadini, che furono privati delle terre della Chiesa che avevano coltivato per secoli. Molti di loro, rovinati, caddero nell'indigenza e nella miseria. Le proprietà della Chiesa furono vendute a prezzi ridicoli, così come le terre comunali nei comuni, privando i contadini di pascoli, selvaggina, legna da ardere e carbone. Il risultato del disimpegno fu un aumento del numero e delle dimensioni delle grandi proprietà, che divennero proprietà dei nouveau riche, ricchi borghesi interessati solo al proprio guadagno economico. Ovviamente, la produzione agricola diminuì, poiché i nuovi proprietari, che erano assenteisti e vivevano in città, non avevano alcun interesse ad apportare miglioramenti e in genere si preoccupavano solo di stabilire nuove locazioni. I contadini furono così lasciati alla mercé di questa nuova classe di proprietari terrieri, gli unici favoriti dall'applicazione di dottrine liberali del tutto inadatte alle condizioni e agli interessi della campagna. Iniziò così il terreno di coltura delle dottrine anarchiche e marxiste che anni dopo avrebbero attecchito tra i contadini spagnoli.

I primi a rendersi conto che il liberalismo obbediva agli interessi economici dei banchieri internazionali furono i carlisti, che si opposero radicalmente a una nuova dottrina i cui principali predicatori erano i massoni. Per loro, la politica agraria dei liberali era un attacco ai valori tradizionali e secolari della nazione. I contadini del nord della Spagna lo capirono e si sollevarono all'unanimità a favore di Don Carlos. Nel 1833 la questione religiosa e quella fondiaria erano collegate: mentre i liberali si affidavano ai massoni, i carlisti si affidavano ai gesuiti. La Massoneria, il cui ruolo nella Rivoluzione francese è già stato studiato, penetrò in Spagna attraverso circoli illuminati: il conte di Aranda divenne Gran Maestro. Da allora la sua introduzione fu graduale e si può dire che nel corso del XIX secolo divenne un'internazionale rivoluzionaria delle classi medie, anche se già a partire dal 1848 si parlò di Massoneria rossa.

Molti membri dell'esercito appartenevano a queste società segrete, motivo per cui la maggior parte delle trame e dei pronunciamenti furono orditi nelle logge, che si diffusero enormemente durante il triennio liberale. Dopo la morte di Ferdinando VII, i liberali riuscirono a sconfiggere i carlisti grazie a militari e politici massoni come Espoz y Mina, Espartero, Álava, Toreno, Alcalá Galiano, Argüelles, Mendizábal, Istúriz, tra gli altri. Le macchinazioni dei Rothschild, che avevano ottenuto da Toreno lo sfruttamento delle miniere di mercurio di Almadén, furono decisive per la sconfitta dei carlisti. I Rothschild sapevano che se Don Carlos avesse regnato in Spagna non avrebbero mantenuto i diritti minerari[18]. Ma i Rothschild non ottennero solo il controllo di Almadén: i liberali presero anche il controllo delle miniere di Río Tinto e Peñarroya, dove si estraevano rame, piombo, zinco e altre materie prime necessarie all'industrializzazione dell'Europa.

Quando nel 1873 fu proclamata la Prima Repubblica, che gli stessi massoni chiamarono "Repubblica massonica", i carlisti avevano già preso le armi nel maggio 1872. Per loro la Repubblica indossava un grembiule. Come confermato dal Gran Maestro Miguel Morayta in *Masonería Española*, Figueras e Pi i Margall appartenevano all'Ordine dei Carbonarii, Salmerón simpatizzava per la Massoneria e Castelar apparteneva all'Ordine. Anche i principali generali che insorsero nel 1868 erano massoni: Domingo Dulce, Ramón Nouvillas, Francisco Serrano e l'ammiraglio Bautista Topete, sotto il cui comando era sorta la flotta di Cadice. Serrano, "il bel generale" che vinse la battaglia del Ponte di Alcolea, formò il governo provvisorio e fu reggente del Regno fino all'arrivo di Amedeo I di Savoia, il re massone che era stato portato in Spagna dal generale Prim, anch'egli massone.

I carlisti vedono dietro i liberali la mano di eretici, massoni ed ebrei. Nel 1872, come nella Guerra d'Indipendenza, con un sentimentalismo romantico e donchisciottesco, in qualche misura radicato nell'anima spagnola, migliaia di giovani e contadini dei Paesi Baschi e della Navarra tornarono alla lotta guidati da preti e frati. È famoso il caso del parroco di Hernialde, il famoso prete Santa Cruz, descritto da Pío Baroja nel suo romanzo *Zalacaín l'avventuriero*, la cui crudeltà e il cui coraggio andavano di pari passo. Esiste una tesi secondo cui la Massoneria, di fronte alla

---

[18] Henry Coston denuncia ne *L'Europa dei banchieri* che i massoni liberali spagnoli consegnarono le risorse naturali della Spagna alla famiglia Rothschild. Secondo Coston, Almadén e Indria (Austria) erano gli unici giacimenti in Europa di mercurio, un minerale necessario per raffinare l'argento dalle impurità. I Rothschild sapevano che chi li avesse controllati avrebbe avuto il monopolio del mercato del mercurio. Nathan Rothschild inviò il figlio Lionel a Madrid per rilevare le miniere. Gli offerenti avevano presentato offerte sigillate al Ministero delle Finanze. A nostra insaputa, Lionel venne a sapere che l'offerta migliore era quella della Banca Zulueta e, offrendo solo cinque reales in più, si aggiudicò la gara. Così, il 21 febbraio 1835, Lionel Rothschild e il conte di Toreno firmarono il contratto, che prevedeva un prestito per combattere i carlisti.

possibilità che l'anarchia regnante facilitasse la proclamazione di Carlo VII, decise di appoggiare il colpo di Stato di Pavia contro la Repubblica per evitare un male maggiore. Infatti, il 17 marzo 1875, il generale Pavía dichiarò davanti alle Cortes: "Ah Señores diputados! Se non avessi compiuto quell'atto, il mese di gennaio non sarebbe terminato senza che Don Carlos de Borbón entrasse a Madrid".

Gli apostoli dell'ateismo portano l'Internazionale in Spagna

I disaccordi con Marx sull'organizzazione dell'Internazionale avevano spinto Bakunin a organizzare nel settembre 1868 una società segreta rivoluzionaria, che chiamò Alleanza della socialdemocrazia, al cui vertice c'era l'Internazionale dei Cento Fratelli, un'altra società segreta che aveva fondato in precedenza a Napoli. In ottobre Bakunin, che come Marx, Trotsky e Lenin era massone di alto grado, inviò in Spagna in missione di evangelizzazione un ingegnere italiano di nome Giuseppe Fanelli, un altro massone che aveva conosciuto a Ischia nel 1866 e che apparteneva alla sua Fratellanza Internazionale. Quando, nel dicembre dello stesso anno, l'Alleanza della Democrazia Sociale chiese di essere ammessa all'Internazionale, la sua domanda fu respinta dal Consiglio Generale. Bakunin capì allora che Marx voleva sbarazzarsi di lui e che gli ebrei tedeschi affiliati all'Internazionale stavano cercando di screditarlo, così nel 1869 scrisse la *Polemica contro gli ebrei*, in cui denunciava che Marx era finanziato da banchieri ebrei.

Fanelli, che aveva combattuto contro il Papa sotto Garibaldi ed era un amico intimo di Mazzini, entrambi massoni del 33° grado, arrivò a Barcellona e da lì iniziò la sua missione in Spagna. Uno dei primi anarchici spagnoli fu Tomás González Morago, il cui padre era un carlista. Anselmo Lorenzo, anch'egli massone, racconta che González Morago abbracciò l'anarchismo perché gli sembrava che realizzasse gli insegnamenti del Vangelo. Nella primavera del 1870 fu fondata l'Alleanza della socialdemocrazia spagnola, il cui primo congresso si tenne in giugno all'Ateneo Obrero di Barcellona. A questo congresso parteciparono novanta delegati in rappresentanza di trentasei località. Nasce la Federazione regionale spagnola dell'Internazionale, che in seguito adotterà gli statuti della Federazione del Giura dell'Internazionale, redatti da Bakunin.

I sostenitori di Marx in Spagna, chiamati "autoritari", erano in minoranza e adottarono il nome di "comunisti", mentre i bakuninisti si definirono "collettivisti". La lotta di Bakunin con Marx si trasferì così in Spagna e nel dicembre 1871 inviò il genero Paul Lafargue, che parlava perfettamente lo spagnolo, essendo stato educato a Cuba. Lafargue attaccò immediatamente l'Alleanza della socialdemocrazia, accusandola di essere una società segreta. Il 12 e 13 settembre l'Internazionale aveva tenuto una conferenza a Londra che aveva conferito nuovi poteri al Consiglio Generale, controllato da Marx. Questo Consiglio aveva dettato il diritto di ammissione all'Internazionale e aveva proibito l'esistenza di società segrete all'interno dell'Internazionale. Per indurre la polizia spagnola ad arrestare i leader anarchici, Lafarge pubblicò i nomi dei principali dirigenti spagnoli dell'Internazionale sul giornale dei marxisti di Madrid, *La Emancipation*. I bakuninisti reagirono espellendo gli "autoritari". Infine, al Congresso dell'Aia del settembre 1872, Marx riuscì a far espellere Bakunin dall'Internazionale e trasferì il Consiglio generale a New York per evitare che i suoi nemici gli strappassero il controllo dell'organizzazione. González Morago e Farga Pellicer convocarono un congresso che si tenne il 26 dicembre 1872 nel Teatro Moratín di Córdoba, dove i bakuninisti spagnoli riaffermarono gli obiettivi dell'Internazionale anarchica.

A partire da questi anni gli "apostoli" dell'anarchismo, il cui anticlericalismo era uno dei loro tratti distintivi, iniziarono a diffondere la nuova dottrina di libertà, uguaglianza e giustizia. Il primo sciopero generale in Spagna ebbe luogo nel 1873 ad Alcoy, dove ottomila operai erano impiegati nelle cartiere. Con questa azione rivoluzionaria gli anarchici miravano a ottenere la giornata di otto ore. Il sindaco, che cercò di mediare, si schierò con i padroni, così gruppi di lavoratori si riunirono davanti al municipio. La polizia si scaricò e iniziò una lotta lunga un giorno. La vittoria andò agli operai, che spararono al sindaco, gli tagliarono la testa e quelle delle guardie morte negli scontri e le fecero sfilare per Alcoy. Si può dire che da questo momento in poi la violenza e l'odio fanatico verso la Chiesa divennero una caratteristica costante del movimento anarchico. Nell'ottobre del 1910 nacque a Siviglia la CNT, che sarebbe diventata la principale forza di lotta del sindacalismo spagnolo.

Come aveva giustamente denunciato Bakunin, il fatto che i marxisti avessero l'appoggio delle banche ebraiche internazionali portò alla vittoria del comunismo in Russia, che mise nelle mani dei giudeo-bolscevichi la guida dei movimenti rivoluzionari internazionali. Nel marzo 1919 nacque a Pietrogrado la Terza Internazionale. Il primo obiettivo di Trotsky, come abbiamo visto, era quello di diffondere la rivoluzione in Germania, Ungheria e Austria. Tuttavia, anche le condizioni sociali esistenti in Spagna lo misero nel mirino. Il Partito Comunista Spagnolo fu fondato il 15 aprile 1920. Tra il 19 luglio e il 7 agosto di quell'anno si tenne a Mosca il Secondo Congresso dell'Internazionale Comunista. Fu allora che Lenin profetizzò che la seconda rivoluzione proletaria avrebbe avuto luogo in Spagna e che sarebbe stata sostenuta dal proletariato in armi. Dopo questo annuncio, i rivoluzionari internazionali iniziarono a dedicare attenzione agli eventi nella Penisola. Il primo congresso del PCE, riunitosi a Madrid il 15 marzo 1922, aveva già approvato la politica del fronte unito con i socialisti e gli anarchici, che Isidoro Acevedo, rappresentante spagnolo al IV Congresso dell'Internazionale, cui parteciparono sessantuno Paesi, annunciò nel suo discorso alle sessioni congressuali del novembre 1922. Jules Humbert-Droz, rappresentante svizzero, intervenne il 4 dicembre e sottolineò la necessità che il PCE collaborasse con le organizzazioni anarco-sindacaliste e l'UGT.

Gli anarchici, impressionati dalla rivoluzione bolscevica, erano pronti a collaborare con i comunisti nel 1921. Andreu Nin e Joaquín Maurín si recarono in Russia e senza autorizzazione federarono la CNT alla Terza Internazionale. Si presume che allora non sapessero nulla del massacro degli anarchici dell'aprile 1918 e della responsabilità di Trotsky nella repressione criminale dei marinai di Kronstadt nel marzo 1921. Ben presto Ángel Pestaña, anch'egli recatosi in Russia, riportò le prove di quanto accaduto a Kronstadt e della guerra di sterminio contro gli anarchici russi, cosicché l'azione di Nin e Maurín fu sconfessata. Nel giugno 1922 si tenne a Saragozza un congresso presieduto da Juan Peiró. La CNT ribadì la sua volontà di seguire la strada del comunismo libertario, rifiutò ogni legame con l'Internazionale di Mosca e si recò al congresso dell'Internazionale Sindacalista (IWA) a Berlino. Durante gli anni della dittatura di Primo de Rivera, Nin e Maurín organizzarono un piccolo partito comunista in esilio. Da parte loro, gli anarchici crearono nel 1927 la Federazione anarchica iberica (FAI), una potente associazione segreta, i cui leader costituirono una misteriosa élite politica che divenne parte della leadership della centrale anarcosindacalista.

PARTE 2
VESSAZIONE DELLA MONARCHIA E ROVESCIAMENTO DELLA STESSA

Dopo la caduta di tre grandi monarchie europee a seguito della Prima Guerra Mondiale e della Rivoluzione in Russia, non restava che finire il lavoro in Spagna, un Paese il cui cattolicesimo era stato un ostacolo fin dal XVI secolo. La Spagna non solo aveva espulso gli ebrei, ma aveva anche colonizzato e cristianizzato l'America e per secoli era stata il difensore della fede cattolica in Europa. Per tutto questo, aveva reso più che sufficienti meriti al Movimento rivoluzionario mondiale per preparare contro di essa la battaglia per porre fine una volta per tutte alla monarchia e alla religione. Come si è detto, il processo di scristianizzazione delle classi lavoratrici richiedeva il loro distacco dalla Chiesa, loro tradizionale alleata. Il danno causato dal disconoscimento dei beni ecclesiastici fu irreparabile, poiché portò a una separazione accentuata dalla stupidità e dall'ipocrisia della leadership ecclesiastica. L'atteggiamento esemplare di molti sacerdoti e frati che continuavano umilmente a sostenere i poveri non servì a nulla, poiché la gerarchia, ignorando gli insegnamenti di Gesù Cristo, decise di legarsi ai ricchi per difendere i propri privilegi. Lo scetticismo e il disprezzo crebbero così tra i poveri e le classi medie. Prima dell'avvento della Repubblica, il processo di disaffezione nei confronti di tutto ciò che ha a che fare con la Chiesa riguardava anche i credenti, come dimostra il fatto che la percentuale di frequentatori della chiesa era in calo.

Un intelligente gesuita, padre Vicente Andrade, organizzò nel 1861 i primi sindacati cattolici dei lavoratori, affiliati al Movimento Cattolico Internazionale del Lavoro, ma purtroppo né i vescovi né i datori di lavoro furono in grado di sostenere questa iniziativa. Il pontificato di Leone XIII (1878-1903), tuttavia, permise alle iniziative di padre Andrade di ricevere il riconoscimento che meritavano. Nel 1891 l'enciclica *Rerum novarum* denunciò l'oppressione e la sottomissione dei poveri da parte di "una manciata di persone molto ricche". Oltre a richiedere salari equi, l'enciclica riconosceva il diritto di organizzarsi e auspicava la creazione di sindacati cattolici. La gerarchia spagnola fu incaricata di organizzare centri cattolici e società di assistenza per affrontare i casi di malattia e disoccupazione forzata. La maggior parte delle spese doveva essere coperta dai datori di lavoro. Nel nord della penisola, questi sindacati cattolici divennero operativi e furono raggruppati in un Consiglio Nazionale delle Corporazioni Operaie Cattoliche, presieduto dall'Arcivescovo di Toledo. Queste organizzazioni assistevano i malati, i disoccupati, gli anziani e nei distretti rurali concedevano prestiti senza interessi ai contadini. Altri sindacati cattolici erano associati nella Federación Nacional de Sindicatos Católicos Libres, fondata nel 1912 da due padri domenicani. Il sud e l'est della Spagna di, dove il sentimento antireligioso aveva preso piede e il movimento cattolico era quasi inesistente, era un'altra cosa.

Questi sindacati cattolici furono ovviamente sostenuti durante la dittatura di Primo de Rivera. Inoltre, il generale si assicurò la collaborazione dell'UGT, il cui segretario, Francisco Largo Caballero, ebbe la meglio su Indalecio Prieto e accettò l'offerta del dittatore. Largo divenne consigliere di Stato, carica dalla quale cercò di allargare la sua base a scapito della CNT, che veniva perseguitata. Caballero rimase analfabeta fino all'età di 24 anni ed era già membro del sindacato quando imparò a leggere e scrivere nel 1893. Solo nel 1934, mentre era in carcere per la sua partecipazione alla rivoluzione delle Asturie, iniziò a leggere Marx, Engels, Trotsky, Lenin e Bukharin all'età di sessantasette anni. Sembra che fu allora che Largo Caballero si entusiasmò per la rivoluzione russa, nonostante avesse provocato la guerra civile, la rovina del Paese e quasi venti milioni di morti.

Con l'appoggio dei socialisti dell'UGT, Primo de Rivera estese la legislazione sul lavoro che aveva istituito la giornata di otto ore nel 1919 e creò commissioni miste per regolare i salari, a vantaggio della classe operaia. In questo modo cercò di tenere i lavoratori lontani dall'anarcosindacalismo. La disoccupazione fu praticamente eliminata grazie a una politica di lavori pubblici, ma il debito aumentò. Se il dittatore avesse osato espropriare e parcellizzare i grandi latifondi che sostenevano l'anarchismo rurale, avrebbe potuto disattivare la forza della CNT nel sud della penisola; ma il costo dell'esproprio doveva essere sostenuto e ciò avrebbe significato un maggiore debito pubblico. D'altra parte, la sua dipendenza dalla classe latifondista e dall'esercito non le consentiva di affrontare la questione.

La dittatura contava sull'appoggio della borghesia catalana, terrorizzata dall'anarchia che regnava a Barcellona. Puig i Cadafalch, presidente della Mancomunitat, e altri membri della Lliga Regionalista di Cambó offrirono il loro appoggio a Primo de Rivera in cambio dell'autonomia della Catalogna. Anche se la borghesia conservatrice beneficiò dello sviluppo dell'industria e della finanza catalana, il mancato mantenimento della promessa fu un errore che acuì la tensione ed ebbe gravi conseguenze per la Lliga. Il generale non volle vedere la realtà e sostenne ripetutamente che il problema catalano non esisteva. Il dittatore non solo si rifiutò di avanzare l'idea dell'autonomia, ma vietò anche l'uso del catalano nelle scuole e nelle comunicazioni ufficiali. Non era nemmeno permesso far volare la senyera o ballare la sardana in pubblico. Tutto questo diede la vittoria su un piatto d'argento ai partiti di sinistra a favore della Repubblica.[19]

---

[19] Miguel Primo de Rivera morì a Parigi il 15 marzo 1930 in circostanze che non sono state chiarite, poiché il medico dell'ambasciata spagnola, l'ebreo Alberto Bandelac de Pariente, membro dell'Alleanza Israelitica Universale, non permise di eseguire l'autopsia sul suo corpo. La morte, inaspettata e improvvisa, dato che non era malato e il suo diabete

Quattordici mesi senza tregua

Non appena la dittatura cadde, iniziò una campagna sfrenata di attacchi alla monarchia e al re. Inoltre, sebbene il comunismo non avesse ancora attecchito in modo significativo in Spagna, nelle sale cinematografiche iniziò a comparire una propaganda insidiosa che dipingeva la rivoluzione russa come un trionfo della classe operaia. In queste circostanze Alfonso XIII offrì il potere al generale Dámaso Berenguer, che il 30 gennaio 1930 prestò giuramento come Presidente del Consiglio e assunse anche il portafoglio della Guerra. Il suo obiettivo principale era quello di organizzare al più presto le elezioni parlamentari. La Junta Central del Censo inviò immediatamente una lettera al Governo in cui riteneva essenziale rettificare il censimento. Niceto Alcalá Zamora e Ángel Ossorio y Gallardo hanno appoggiato la richiesta della Giunta con le loro firme. La necessità di procedere a questo aggiornamento ritardò la convocazione di alcuni mesi, il che portò antimonarchici e rivoluzionari a denunciare il fatto che la nazione era ancora sotto un regime di dittatura illegale.

Le agitazioni sindacali promosse da comunisti, anarchici e socialisti aumentarono gradualmente. Nell'aprile del 1930 arrivò a Madrid un nipote di Karl Marx, Jean Longuet, un socialista francese soprannominato "Johnny" che aveva fondato il giornale *Le Populaire*. La sua missione era quella di trasmettere istruzioni per l'azione ai rivoluzionari spagnoli. Questo personaggio, esperto di cospirazioni, era figlio di Jenny Marx e di Charles Longuet, l'agente più fidato di Marx nella Comune di Parigi, che finì per sposarne la figlia. Jean Longuet (Johnny), un uomo sfrontato che, pur dichiarandosi pacifista, aveva appoggiato la concessione di crediti di guerra durante la Prima Guerra Mondiale, era già un sionista convinto quando si recò in Spagna: quattro mesi dopo, il 6 agosto, insieme all'ebreo Léon Blum, sostenne le posizioni sioniste al Congresso dell'Internazionale Socialista di Bruxelles, dove si chiedeva al governo britannico di aiutare l'immigrazione ebraica e la colonizzazione della Palestina.

Gradualmente, le agitazioni sociali e sindacali aumentarono. Il 23 giugno scoppiò uno sciopero generale a Siviglia, che pochi giorni dopo fu sostenuto da a Malaga. Nello stesso mese si verificarono scioperi e scioperi

---

era curato e sotto controllo, lo ha sorpreso nella sua stanza d'albergo mentre leggeva lettere e giornali spagnoli. L'ambasciatore spagnolo nella capitale francese, Quiñones de León, noto massone, era in contatto frequente con lui. Secondo José Luis Jerez Riesco, la sera prima di morire Primo de Rivera cenò con un massone ebreo di origine sefardita di cui non specifica l'identità. Bandelac de Pariente, un ebreo sefardita nato a Tangeri, fu la prima persona in Spagna a iniettare il salvarsan, un preparato di arsenico organico usato nel trattamento della sifilide e della febbre recidivante, chiamato anche 606 (perché frutto di 606 esperimenti). Il suo scopritore, un ebreo di origine tedesca di nome Paul Ehrlich, chiamava questi preparati "proiettili magici". Sembra che in un comunicato interno le logge abbiano considerato "appropriata" la morte dell'ex dittatore.

nel settore edile in diverse capitali. A luglio furono indetti scioperi anche a Santander, Gerona, Langreo, Malaga e in altre città; ma l'evento più importante ebbe luogo il 17 agosto a San Sebastián: i rappresentanti di tutti i partiti repubblicani si riunirono al Circolo Repubblicano e raggiunsero il "Patto di San Sebastián", un accordo per rovesciare Alfonso XIII e proclamare la Repubblica. Non fu redatto alcun verbale delle questioni discusse e degli accordi raggiunti, ma da una nota non ufficiale pubblicata sul quotidiano *El Sol* si apprese che vi era "unanimità" nelle risoluzioni adottate. Il leader socialista Indalecio Prieto aveva partecipato all'incontro a titolo personale e la nota invitava il PSOE e l'UGT ad aggiungere "il loro forte sostegno all'azione che le forze che si oppongono all'attuale regime politico sono determinate a intraprendere insieme". Entrambe le organizzazioni hanno confermato il loro sostegno in ottobre.

Ángel Rizo Bayona, Gran Maestro del Grande Oriente Spagnolo, fu colui che concepì l'idea del patto per rovesciare la Monarchia. Questo secondo César Vidal e José A. Ayala Pérez, biografo di Rizo. Lo stesso Alejandro Lerroux confermò che Rizo era stato l'ideologo del Patto di San Sebastián. Questo massone, che nel 1929 era tenente comandante, concepì anche l'idea delle "logge galleggianti" per ottenere il controllo della Marina. Il Gran Maestro Diego Martínez Barrio lo autorizzò personalmente a fare proselitismo tra il personale della Marina. Nel 1930, Rizo fu promosso al 32° grado e fu incaricato di prevenire qualsiasi reazione contro la proclamazione della Repubblica. A riprova della sua efficacia, basti pensare che il 14 aprile più di tremila membri della Squadriglia di Ferrol che si trovavano a Cartagena manifestarono nelle strade a favore della Repubblica. Alejandro Lerroux, Manuel Azaña, Álvaro Albornoz, Marcelino Domingo, Ángel Galarza, Santiago Casares Quiroga, Eduardo Ortega y Gasset (il fratello del filosofo) e Niceto Alcalá Zamora, tutti presenti a San Sebastián, erano anche massoni. A loro si unirono tre rappresentanti catalani: Jaume Aiguader, anch'egli massone, Macià Mallol e Manuel Carrasco, ai quali fu promesso un trattamento adeguato della questione catalana.

In *Memorias de mi paso por la Dirección General de Seguridad*, pubblicato nel 1932 e nel 1933, il generale Emilio Mola, che fu a capo della Direzione Generale della Sicurezza fino alla proclamazione della Repubblica, racconta di aver vissuto dall'interno quei tempi di cospirazione permanente, di cui la Polizia aveva molte informazioni attraverso i suoi agenti. Nei mesi di settembre e ottobre si scatenò la tempesta. I partiti repubblicani che facevano parte del movimento rivoluzionario erano talmente ossessionati da pensare che anarchici e comunisti avrebbero collaborato con loro in cambio di un semplice riconoscimento, e così li usarono incautamente come strumenti per la loro scalata al potere. Il 3 ottobre Mola inviò una lunga circolare a tutti i governatori, avvertendoli profeticamente del pericolo di questo atteggiamento:

"La massa dei lavoratori, e in particolare le organizzazioni composte da anarchici, anarcosindacalisti, sono il materiale propizio per la rivolta e l'azione, non perché siano interessati a un cambiamento del regime 'monarchico-borghese' con uno 'repubblicano-borghese', ma perché una volta che gli argini che mantengono l'attuale stato sociale sono rotti e la nazione è immersa nel caos della rivoluzione, sanno perfettamente quanto sarà difficile riportare le masse alla disciplina. E poiché, d'altra parte, attraverso la crisi solo le organizzazioni dei lavoratori avrebbero guadagnato forza e prestigio, i tempi sarebbero maturi per instaurare un regime proletario.... Sembra davvero incredibile che uomini di esperienza e cultura siano caduti nella tentazione di cercare l'appoggio della CNT per fare la rivoluzione; ma, purtroppo, le cose stanno così".

In *Lo que yo supe, il* primo dei tre libri che compongono *le Memorie* di Mola, il direttore generale della Sicurezza conferma di aver appreso alla fine di novembre del 1930 che i preparativi per un colpo di Stato rivoluzionario erano già a buon punto: erano state distribuite armi e c'erano ufficiali militari impegnati, tra cui generali, a Madrid, Valencia, Logroño, Huesca e Jaca. L'UGT e alcuni comunisti si erano impegnati a partecipare. Si conoscevano anche i nomi e i portafogli dei membri del futuro governo provvisorio, concordati all'interno del Comitato rivoluzionario. Tra gli altri dettagli relativi ai piani d'azione, si apprese che il capitano Fermín Galán avrebbe agito a Jaca con contadini e truppe armate, per cui Mola, che lo conosceva personalmente, decise il 27 novembre di scrivergli una lettera per farlo desistere. "Mio illustre capitano e amico", sono i termini affettuosi con cui si rivolge a lui. In un passaggio significativo dichiarò che il complotto era stato scoperto: "Il Governo sa e io so delle vostre attività rivoluzionarie e dei vostri piani di rivolta con le truppe di questa guarnigione: la cosa è grave e potrebbe causarvi danni irreparabili". Tra gli altri avvertimenti, Mola gli ricordò anche che il Codice di Giustizia Militare poteva essere applicato nei suoi confronti. Quello che Mola non sapeva è che mesi prima, a metà settembre, Fermín Galán, con la mano destra "sul Vangelo della Luce", aveva prestato giuramento davanti ai suoi fratelli della Loggia Iberica. Juan-Simeón Vidarte, vicesegretario del PSOE tra il 1932 e il 1939, massone di 33° grado il cui nome iniziatico era "Erasmo", riproduce il giuramento di Galán in *No queríamos al Rey*: "Giuro solennemente davanti al Grande Architetto dell'universo e davanti a voi, miei fratelli, che il giorno in cui riceverò ordini dal Comitato Rivoluzionario proclamerò la Repubblica a Jaca e combatterò per essa anche a costo della mia vita".

Nessuno nella Direzione Generale della Sicurezza credeva che Galán sarebbe andato avanti dopo aver saputo che la cospirazione era stata scoperta; ma il giovane capitano non voleva vedere la realtà e pensava di poter imporre la Repubblica alla Spagna. Nelle prime ore di venerdì 12 dicembre 1930, in compagnia di diversi capitani, tra cui Ángel García Hernández e Salvador Sediles, e di compatrioti guidati da leader repubblicani locali, Galán rivoltò la guarnigione di Jaca. Il governatore militare, generale Urruela, e i capi e gli ufficiali che non si unirono alla rivolta furono imprigionati. Due carabineros che rifiutavano di essere disarmati furono fucilati. Anche il sergente che comandava la postazione della Guardia Civil fu ucciso. I ribelli si diressero quindi verso Huesca in due colonne: una salì su un treno militare e l'altra marciò su strada con camion e automobili. Un piccolo distaccamento comandato dal generale Las Heras cercò di impedire l'avanzata e ci furono altre vittime, tra cui il capitano Mínguez della Guardia Civil. Anche il generale rimase ferito nei tafferugli. Infine, a Cillas, lo scontro con le forze governative si concluse con lo scioglimento dei ribelli.

La polizia venne a sapere che, tra gli altri elementi rivoluzionari, due comunisti, un ingegnere di nome Cárdenas e lo studente Pinillos, si trovavano a Jaca. Sembra che giovedì 11 Casares Quiroga fosse a Saragozza, diretto a Jaca. Avrebbe dovuto comunicare a Galán che il Comitato rivoluzionario aveva deciso di rinviare l'azione al 15, ma l'avviso arrivò in ritardo. Anche l'esitazione dell'UGT a Saragozza e le divergenze di opinione all'interno della CNT di Madrid contribuirono al fallimento del tentativo di colpo di stato. Domenica 14, una corte marziale sommaria, in applicazione del Codice di Giustizia Militare, condannò a morte i capitani Fermín Galán Rodríguez e Ángel García Hernández, che furono fucilati lo stesso giorno.

La misura in cui il capitano Fermín Galán era un allucinato è rivelata dagli scritti di suo pugno ritrovati a Jaca. Il generale Mola ne ha pubblicato le fotocopie in *Tempestad, calma, intriga y crisis, il* secondo volume delle sue *Memorias.* In pagine scritte frettolosamente e piene di crocette, il giovane capitano abbozzò diversi decreti e ordini. Ecco un piccolo esempio di alcune delle sue follie:

"Date le circostanze attuali che richiedono una salda e sicura unità di comando senza suddivisioni che possano turbare l'unità di dottrina che ci ispira nello sviluppo razionale delle cose, con la chiara visione che ne abbiamo, vengo a disporre:
Articolo 1 Tutti i poteri della rivoluzione sono concentrati nella mia autorità".

In altri articoli scritti separatamente, il capitano Fermín Galán, in una dimostrazione inconfutabile della sua suprema stupidità, ha dichiarato quanto segue:

"Articolo 1: La pena di morte senza motivo è imposta:
a) chiunque in qualsiasi modo ostacoli, cospiri o si armi contro il regime emergente.
b) chiunque tenti di modificare l'ordine esistente minacciando la vita delle persone e la sicurezza dei beni.
(c) chiunque porti all'estero argento, oro o ricchezze di qualsiasi tipo, compresi i valori specifici o artistici.

Articolo 2 Le Giunte rivoluzionarie istituiranno, sotto la loro superiore istruzione, un Tribunale rivoluzionario che giudicherà e punirà, con l'assistenza della Guardia Nazionale, tutti i reati di cui all'articolo precedente.
Articolo 3° Punirò con tutto il rigore qualsiasi negligenza o indulgenza che riscontrerò nell'adempimento di questo decreto da parte delle autorità rivoluzionarie".

L'imprudenza di Galán, evidentemente un giovane megalomane pronto a liquidare chiunque non accettasse le sue condizioni o il suo "ordine esistente", portò al fallimento del golpe di Cuatro Vientos, che ebbe luogo il lunedì 15. Se il giovane capitano fosse stato paziente, le due insurrezioni avrebbero coinciso, come il Comitato Rivoluzionario aveva sicuramente voluto. Protagonista dell'avventura dell'aerodromo fu Ramón Franco, fratello del generale Franco, uno dei personaggi più coloriti e spericolati del movimento rivoluzionario, che nel gennaio 1926 era diventato un eroe nazionale grazie al suo volo con l'idrovolante *Plus Ultra* da Palos de la Frontera a Buenos Aires. Ramón Franco era anche massone ed era stato iniziato alla loggia Plus Ultra, da cui il nome dell'aereo.

Mola, costantemente informato delle sue peregrinazioni, lo aveva arrestato in ottobre dopo aver scoperto che stava cercando di acquistare armi a Eibar e Saint-Etienne, ma Franco riuscì a fuggire per partecipare al colpo di Stato. Alle sei del mattino, il generale Queipo de Llano, i comandanti Hidalgo de Cisneros, Pastor e Roa, il capitano González Gil, un massone affiliato al PSOE, e altri ufficiali arrivarono in due auto a Cuatro Vientos. Ramón Franco arrivò poco dopo. La guardia non oppose resistenza e le truppe furono svegliate con l'annuncio della proclamazione della Repubblica. Il telegrafista inviò a tutti i campi d'aviazione il seguente dispaccio: "La Repubblica è stata proclamata a Madrid, sveglia". Un tenente marciò con due camion e truppe fino alla polveriera di Retamares, dove due compagnie del Genio si unirono alla ribellione e permisero il trasferimento delle bombe a Cuatro Vientos. Nel frattempo, il maggiore Roa aveva stampato i proclami che sarebbero stati lanciati su Madrid. Ramón Franco doveva bombardare il Palazzo Reale e decollò dalla base con questa intenzione, ma quando sorvolò Madrid e vide che le piazze Oriente e Armería erano piene di bambini che giocavano, rinunciò e tornò al campo d'aviazione.

Dopo quanto accaduto a Jaca, quando il governo apprese nelle prime ore del mattino che gli aviatori di Cuatro Vientos erano insorti, decise di dichiarare lo stato di guerra a Madrid. Quando poi si seppe che in numerose città erano iniziati scioperi generali e atti di violenza, la dichiarazione fu estesa a tutta la Spagna. Fu pianificato uno sciopero generale a Madrid, ma la convocazione fallì a causa del dissenso tra i socialisti dell'UGT. Alle truppe fu immediatamente ordinato di marciare sulla base aerea. I capi dell'attentato si resero conto del fallimento della loro avventurosa avventura e fuggirono in Portogallo senza avvertire i soldati, che respinsero una pattuglia di cavalleria inviata dal generale Orgaz. Poiché i ribelli non desistevano dal loro atteggiamento, vennero sparati colpi di cannone sul campo d'aviazione. Di fronte a questa misura, i contadini fuggirono e i ribelli alzarono bandiera bianca e si arresero senza opporre ulteriore resistenza. Il Comitato Rivoluzionario aveva persino redatto un manifesto che si concludeva al grido di "Viva la Spagna con onore! Viva la Repubblica!" ed era firmato da Niceto Alcalá Zamora, Alejandro Lerroux, Fernando de los Ríos, Manuel Azaña, Santiago Casares Quiroga, Indalecio Prieto, Miguel Maura, Francisco Largo Caballero, Marcelino Domingo, Luis Nicolau d'Olwer, Álvaro de Albornoz e Diego Martínez Barrio, che assunsero tutti le funzioni del Governo Provvisorio.

Nonostante le continue vessazioni a cui era sottoposto, nel gennaio 1931 il governo Berenguer confermò la decisione di indire le elezioni generali e fissò la data del 1° marzo. Il generale, convinto costituzionalista, credeva in buona fede che il ritorno alla legalità avrebbe sedato i disordini e l'instabilità che i nemici della Monarchia stavano incessantemente promuovendo. Il governo era pronto a revocare lo stato di guerra, a ristabilire le garanzie costituzionali, ad abolire la censura sulla stampa e a consentire la propaganda elettorale. Il fiasco avvenne quando i partiti repubblicani annunciarono l'astensione: un'ulteriore battuta d'arresto per il governo, che si rivolse all'opinione pubblica con un comunicato stampa in cui si rifiutava di "penetrare nei retroscena dei motivi della campagna astensionista" e affermava "ancora una volta la propria imparzialità nella competizione elettorale", esprimendo al contempo il "fervido desiderio di garantire un'elezione con voto libero e un risultato accurato". Il 7 febbraio 1931 il governo pubblicò il decreto di convocazione, che fissava la data del 1° marzo per le elezioni dei deputati e del 15 marzo per quelle dei senatori. Fu anche fissata la data del 25 marzo per la riunione delle Cortes a Madrid.

Molti repubblicani ricevettero la notizia all'estero. Dopo le rivolte di Jaca e Cuatro Vientos, i leader rivoluzionari che non erano stati arrestati andarono in esilio. Poiché Parigi era uno dei centri di emigrazione, c'erano spie spagnole che li tenevano d'occhio. Tra i tanti che si trovavano nella capitale francese c'erano Ramón Franco, che entrò nel Grande Oriente attraverso i massoni francesi, Indalecio Prieto, Queipo de Llano, Marcelino Domingo, Martínez Barrio. Quest'ultimo arrivò a febbraio da Gibilterra. Il generale Mola apprese dai suoi agenti che attraverso la massoneria francese erano entrati in contatto con il comunismo russo ed erano in trattative con la delegazione sovietica a Vienna, dove stavano negoziando un credito di quattro milioni di pesetas. Pensavano di depositare un milione e mezzo di pesetas in una banca come fondo di garanzia per assicurare la paga dei militari: "Rischiano la vita, ma non lo spezzatino", avrebbe detto Franco. Gli altri due milioni e mezzo dovevano essere utilizzati per acquistare armi. Anche Cárdenas e Pinillos, i due inseparabili comunisti, vi si presentarono a febbraio. Secondo i rapporti della polizia spagnola, avevano avuto colloqui con i rappresentanti della Giunta Rivoluzionaria Centrale all'Hotel Wien Back di Vienna e si stavano preparando ad agire il giorno delle elezioni.

Così stavano le cose nel pomeriggio di venerdì 13 febbraio, quando Álvaro de Figueroa y Torres, conte di Romanones, e Manuel García Prieto, marchese di Alhucemas, due liberali monarchici, innescarono la crisi che portò alla caduta del Governo. Entrambi intendevano diffondere una nota alla stampa in cui consideravano l'astensione dei partiti repubblicani un precedente disastroso, poiché poteva significare la morte del sistema parlamentare. Annunciarono che avrebbero partecipato alle elezioni di marzo con l'intenzione di recarsi alle Cortes per chiederne lo scioglimento e la convocazione di nuove assemblee costituenti. A proposito del conte di Romanones, Juan -Simeón Vidarte rivelò in *No queríamos al rey* che era un massone, iniziato segretamente da Sagasta, Gran Maestro del Grande Oriente di Spagna e Gran Commendatore del Supremo Consiglio del 33° grado. Vista la situazione, Berenguer chiamò Cambó per conoscere il suo atteggiamento. Il leader della Lliga gli disse che intendeva astenersi. Quando Cambó fu avvertito dal Conte di Romanones del passo che lui e il suo collega stavano per compiere, pubblicò questo comunicato sulla stampa di Barcellona:

"È nota la costante assistenza che io e coloro che condividono con me la guida di un'importante forza politica abbiamo fornito al governo. Di fronte alle elezioni legislative da tempo annunciate, ci siamo limitati a formulare una richiesta di garanzie di sincerità elettorale, che sono state sostanzialmente accolte nei loro punti fondamentali. Nonostante la concessione di queste garanzie, e quasi in concomitanza con esse, iniziarono le dichiarazioni di astensione dalle elezioni che, dopo aver raggiunto tutti i gruppi rivoluzionari, si estesero a note personalità monarchiche e governative. Anche dopo che si era creata una situazione così delicata, capimmo, come capiamo oggi, che non dovevamo astenerci dal partecipare alle elezioni, ma alla luce della dichiarazione dei leader delle uniche due forze del partito liberale che non si erano dichiarate astensioniste, sembra chiaro che il Parlamento che è stato convocato durerà solo per i pochi giorni che il conte di Romanones e il marchese di Alhucemas si prenderanno per mettere in pratica il proposito che esprimono nella loro nota. E in tale situazione è meglio, a mio avviso, affrontare fin d'ora il problema politico con determinazione, evitando gli inconvenienti e i noti pericoli del regime provvisorio a cui il suo rinvio darebbe luogo".

Nessuno capiva perché i leader liberali avessero aspettato fino all'ultimo momento per annunciare una decisione che sicuramente stavano meditando da tempo. Il loro atteggiamento avrebbe dato vita nei giorni successivi a un'inclemente campagna di stampa volta a screditare ancora una volta il re e l'istituzione monarchica. Il 14 marzo la crisi fu superata. Il governo si dimette e, per non compromettere i suoi successori, il generale Berenguer propone al re di firmare un decreto che sospende le scadenze fissate per le elezioni di deputati e senatori e per la convocazione delle Cortes. In alternativa alle elezioni delle Cortes costituenti, coloro che avevano provocato la crisi proposero un governo di concentrazione monarchica presieduto dall'ammiraglio Juan Bautista Aznar, che avrebbe incluso tre ministri catalani proposti da Cambó. Prima di partire per Madrid, Francesc Cambó definì perfettamente la situazione. Secondo la sua analisi, la Spagna si trovava in una situazione pre-rivoluzionaria in cui "tutti gli elementi di dissoluzione politica e sociale agivano con attività sfrenata". Per il leader della Lliga, il governo del generale Berenguer aveva dato sempre più "l'impressione di non prevedere e dirigere gli eventi, ma di essere solo il giocattolo degli uomini che li provocavano e li amministravano".

Il 15 Cambó si incontrò con il re e Berenguer. Lo stesso giorno, il monarca offrì il potere a Santiago Alba, ma quest'ultimo rifiutò. Da parte sua, il conte di Romanones annunciò in conversazioni con i giornalisti che avrebbe cercato di formare un governo di "chiaro e definito significato di sinistra" che avrebbe convocato una Cortes "arcicostituente". Il 15 i comitati esecutivi dell'UGT e del PSOE hanno ribadito la necessità di una rottura con il passato e hanno chiesto la Repubblica. Il 16 le consultazioni continuarono e José Sánchez Guerra, un politico veterano, accettò l'incarico del re. Tra le azioni di Sánchez Guerra vi fu una visita alla prigione del Modelo, dove erano imprigionati i leader del movimento rivoluzionario. Ufficialmente si disse che era andato a chiedere il loro appoggio e a offrire loro posti nel governo che intendeva formare.

Un'altra versione molto diversa è offerta dall'allora Direttore Generale della Sicurezza in *Calma, tempestad, intriga y crisis*. Emilio Mola sostiene che il figlio di Sánchez Guerra, Rafael, non solo era un membro del partito repubblicano,, ma era anche un membro di spicco della cospirazione. Rafael Sánchez Guerra era in macchina con il padre quando si recò al Modelo. Fu lui ad avvertirlo che i leader del movimento rivoluzionario stavano preparando un colpo di Stato per la mattina seguente. In realtà, quindi, lo scopo della visita in carcere era quello di chiedere loro di rimandare l'azione per patriottismo. L'opinione pubblica accettò la prima versione e si divise tra chi protestava per la "consegna del re ai suoi nemici" e chi applaudiva l'iniziativa, anche se i prigionieri politici avrebbero rifiutato l'iniziativa di Sánchez Guerra. Nelle sue *Memorie*, il generale Mola fornisce i dettagli noti al servizio segreto su come si sarebbe svolto il movimento rivoluzionario nella notte tra lunedì 16 e martedì 17.

La durata della crisi era logicamente molto pericolosa, come capirono il generale Berenguer e i suoi più stretti collaboratori. Verso mezzogiorno del 17, Sánchez Guerra arrivò a palazzo, presumibilmente con la lista del nuovo governo che intendeva proporre al re. Mezz'ora dopo annunciò ai giornalisti che stava rifiutando l'incarico, anche se non aveva incontrato alcuna difficoltà nella convocazione delle Cortes costituenti. Il mio consiglio a Sua Maestà", dichiarò, "era di chiamare il signor Melquiades Álvarez, nel caso in cui avesse trovato l'appoggio della sinistra che io non ho trovato". Qualche ora più tardi, anche quest'ultimo si dimostrò incapace di mettere insieme un governo valido e rifiutò la proposta di Alfonso XIII. In queste circostanze di confusione, il ministro degli Interni, Leopoldo Matos, decise lo stesso giorno di ristabilire la censura preventiva sulla stampa. Nel pomeriggio, i principali realisti tennero una riunione al Ministero dell'Esercito in cui i responsabili della crisi imposero i loro criteri. Tra i punti di discussione, la questione delle elezioni fu decisiva. Contrariamente all'opinione del generale Berenguer, che sosteneva che le elezioni alle Cortes non solo avrebbero dato al governo una legittimità costituzionale, ma avrebbero anche fornito una maggioranza monarchica, prevalse l'opinione di coloro che proponevano elezioni municipali per primi.

Sempre grazie a Mola, che visse la crisi in prima fila, apprendiamo che Berenguer propose il Duca d'Alba come Presidente del Governo, ma i liberali si opposero: "Il Conte di Romanones", scrive Mola, "appoggiato dal Marchese di Alhucemas, difese la candidatura del Capitano Generale della Marina, Aznar. Si trattava di un uomo di nessun rilievo in politica e di alta rappresentanza. Quello che il conte non disse, anche se probabilmente lo pensò, fu che Aznar, in mancanza di criteri propri e a causa dell'affetto per lui, sarebbe stato il suo giocattolo". Berenguer cercò in tutti i modi di dissociarsi dal governo, ma alla fine fu convinto ad accettare di continuare a far parte del governo di concentrazione come ministro dell'esercito.

L'ammiraglio Aznar è arrivato a palazzo intorno alle 10 del mattino di mercoledì 18 e ha ricevuto l'incarico di formare un governo. Si è trattato solo di una visita protocollare,, poiché tutto era stato deciso il pomeriggio precedente. Prima di mezzogiorno arrivarono i ministri per prestare giuramento. Il conte di Romanones fu nominato Ministro di Stato e il marchese di Alhucemas Ministro della Giustizia. Il 19 si tenne il primo Consiglio dei Ministri, che emanò una dichiarazione in cui si annunciava il rinnovo totale dei consigli comunali e provinciali come preliminare alla convocazione di elezioni generali. Il governo offrì le massime garanzie di lealtà nelle elezioni e si dichiarò deciso a "non tollerare né lasciare impunito il minimo disturbo dell'ordine pubblico".

Quando l'instabilità causata dalla crisi era ancora nell'aria, il 13 marzo iniziò a Jaca la corte marziale contro il resto delle persone coinvolte nella rivolta di dicembre, sessantatré in tutto. L'occasione fu sfruttata dalla massoneria e dai rivoluzionari di ogni genere per una campagna di agitazione in tutto il Paese. Naturalmente, i capitani giustiziati, Galán e García Hernández, erano già diventati martiri della libertà. Dopo tre giorni di processo e trentadue ore di deliberazione, il tribunale emise sedici condanne, da sei mesi a vent'anni di carcere, un ergastolo e una condanna a morte per il capitano Salvador Sediles, fuggito in Francia e processato "in contumacia".

I dirigenti del Partito Socialista e dell'UGT hanno pubblicato un manifesto per chiedere l'amnistia. Il Comune di Madrid, la Federazione Nazionale degli Studenti, l'Ateneo Científico e altre istituzioni chiesero al Governo di consigliare l'indulto. Gli studenti di medicina marciarono verso la Puerta del Sol dando "vivas" alla Repubblica e "mueras" al Re. Il Governo, senza nemmeno preoccuparsi di consultare il Ministro dell'Esercito, Generale Berenguer, si affrettò a proporre al Re di esercitare il diritto di grazia.

Esattamente una settimana dopo, in piena campagna elettorale municipale, iniziò la corte marziale dei sei firmatari del manifesto di dicembre che non erano fuggiti: Niceto Alcalá Zamora, Miguel Maura, Fernando de los Ríos, Álvaro de Albornoz, Francisco Largo Caballero e Santiago Casares Quiroga. Il governo Aznar, dando prova di una stupidità politica senza precedenti, aveva fissato la data del processo al 20 marzo. Il tentativo di tenere l'udienza nella Corte Suprema fu un'altra follia, poiché il processo si trasformò in una dimostrazione di esaltazione repubblicana. Il pubblico ministero accusò gli imputati di cospirazione alla ribellione militare. Lo spettacolo che si svolse durante i giorni delle sedute fu delirante: gli imputati approfittarono delle loro dichiarazioni per tenere comizi che furono accolti dal pubblico con ovazioni fragorose. A volte scoppiavano grida sovversive e il presidente del tribunale, il generale Burguete, non riusciva a imporre il minimo decoro.

Infine, il 23, fu emessa la sentenza e, sebbene fossero stati richiesti quindici e otto anni di reclusione, furono tutti condannati a sei mesi e un giorno di carcere correzionale militare per "incitamento alla ribellione". Fu applicata loro la legge della sospensione della pena e furono rilasciati alle cinque del pomeriggio del giorno successivo. Fin dal mattino una folla attendeva nelle strade la liberazione dei leader repubblicani, che furono portati in spalla come toreri e acclamati come eroi. Per concludere degnamente il mese di marzo, gli studenti di medicina della Federazione Universitaria Spagnola indissero una manifestazione per il 25. Tra gli studenti c'erano anche lavoratori armati, e i lavoratori della Federazione Universitaria Spagnola. Tra gli studenti c'erano lavoratori armati e i gravi scontri tra i manifestanti e le forze dell'ordine degenerarono in una sparatoria: morirono due persone, uno studente e una guardia civile. Lo sciopero studentesco si diffuse presto in tutto il Paese.

Il colpo di stato incruento

Domenica 12 aprile 1931 era una giornata soleggiata e tranquilla. Le elezioni comunali si svolsero normalmente. Poiché la domenica i giornali non lavorano, il lunedì non c'erano giornali per le strade. Alle due del pomeriggio il Ministero degli Interni annunciò che i monarchici avevano ottenuto 22.150 consiglieri e i repubblicani 5.875. Sebbene i dati fossero incompleti, tutto indicava che nelle zone rurali, nei villaggi e nelle città di medie dimensioni, i candidati monarchici avevano vinto con un ampio margine. Tuttavia, con l'avanzare della giornata, cominciarono ad arrivare i dati delle grandi città, dove i repubblicani avevano chiaramente vinto. Quando il Presidente Aznar è arrivato a metà pomeriggio al Palazzo della Castellana per il Consiglio dei Ministri, è stato avvicinato dai giornalisti che gli hanno chiesto se fosse imminente una crisi. La sua risposta è stata la seguente: "Crisi? Quale crisi più grande volete di un Paese che va a letto monarchico e si sveglia repubblicano?". Questa dichiarazione del tutto incomprensibile e imprudente, inammissibile perché fatta dal Presidente del Governo prima ancora di aver incontrato il suo governo, dimostra che è stato immediatamente adottato un atteggiamento disfattista.

Alla riunione del governo, sembra che ci siano state opinioni diverse. Alcuni ministri si sono appellati alle informazioni ricevute e si sono detti favorevoli a gestire la situazione fino alla convocazione delle elezioni generali. Infine, senza considerare che la natura delle elezioni non era politica, il Consiglio prese la decisione di consegnare al re una nota che presentava le dimissioni del governo affinché il monarca potesse decidere. Don Alfonso, da parte sua, aveva già ricevuto in mattinata il conte di Romanones e il marchese di Alhucemas. Sarebbe senza dubbio di grande interesse conoscere il contenuto di queste conversazioni, poiché secondo Juan -Simeón Vidarte, Romanones sarebbe stato l'istigatore della resa del re. Il generale Mola rivela che Alfonso XIII, all'insaputa del governo di, inviò un emissario al Duca di Maura per fare delle rimostranze al Comitato rivoluzionario. Quali erano queste rimostranze? Il fatto è che ben presto a Madrid cominciarono a circolare voci che il re avrebbe abdicato.

Già lunedì sera, con i primi giornali serali nelle strade, i servizi di intelligence informarono il generale Mola che il Comitato Rivoluzionario aveva chiesto ai suoi correligionari nelle province di far uscire il popolo nelle strade per spaventare il Governo e costringere il Re ad andarsene il prima possibile. Lo stesso agente aggiunse nella sua nota due brevi informazioni: il Ministro dell'Istruzione Pubblica, José Gascón y Marín, era in contatto con i repubblicani. La seconda era che un altro ministro, di cui l'informatore non riuscì a scoprire il nome, aveva chiesto al Comitato di abbandonare l'atteggiamento rivoluzionario. Quella stessa notte, mentre gli esuli si affrettavano a tornare in Spagna, i membri del Comitato rivoluzionario si riunirono a casa di Alcalá Zamora e redassero un manifesto che iniziava così. "La rappresentanza delle forze repubblicane e socialiste in coalizione per un'azione comune sente la necessità imprescindibile di rivolgersi alla Spagna per sottolineare il significato storico della giornata di domenica 12 aprile. Non c'è mai stato nel nostro passato un atto paragonabile a quello di questo giorno...". Il manifesto invitava poi le istituzioni statali, il governo e le forze armate a "sottomettersi alla volontà nazionale" e disprezzava "il voto rurale dei feudi". Il manifesto si concludeva con la dichiarazione di essere pronti ad agire con energia e rapidità per "instaurare la Repubblica". Firmano il testo Niceto Alcalá Zamora, Fernando de los Ríos, Santiago Casares Quiroga, Miguel Maura, Álvaro de Albornoz, Francisco Largo Caballero e Alejandro Lerroux. Con il passare della notte, l'eccitazione a Madrid crebbe e una folla vociante che chiedeva la Repubblica riempì completamente la Puerta del Sol.

Martedì 14 aprile la parola "Repubblica" apparve sulle pagine di tutti i giornali. La pressione aumentò con la conferma della vittoria dei repubblicani praticamente in tutte le principali città. A Eibar, i consiglieri eletti marciarono verso il municipio e davanti a una folla di diecimila persone issarono la bandiera tricolore e proclamarono la Repubblica. A Barcellona si trova un resoconto più dettagliato della proclamazione. L'Arxiu Nacional de Catalunya (Archivio Nazionale della Catalogna) ha recentemente scoperto appunti inediti di Joan Alavedra, segretario di Francesc Macià e Lluís Companys, che forniscono nuove informazioni. La sera del 13, la direzione dell'ERC si riunì sulla terrazza dell'Hotel Colón. Oltre a Companys e Macià, erano presenti Joan Lluhí, Pere Comes, Jaume Aiguader, Joan Casanelles, Joan Casanovas, Josep Dencàs e Ventura Gassol. Discussero per ore sulla strategia da seguire. Macià non era favorevole ad aspettare le elezioni legislative, come alcuni politici di Madrid, ma ad agire.

Il giorno successivo, Companys, Nicolau Battestini, Josep Bertran de Quintana, Ricard Opisso e Amadeu Aragay, che si erano incontrati alla libreria Ariel, il cui proprietario era Casanellas, decisero di recarsi al Municipio, dove si erano dati appuntamento con Macià. Alla porta, un ufficiale del cerimoniale, Puigdomènech, chiese loro dove stessero andando. "Una volta entrati, Companys ordinò a Ribé, il capo del cerimoniale, di chiamare la guardia cittadina. "Ai suoi ordini, signor sindaco", rispose ironicamente il funzionario. "Lo trovo molto freddo", commentò Companys. Allora Battestini disse: "Vediamo se riusciamo a riscaldarlo", e cominciò a gridare: "Viva la Catalogna libera! Abbasso la monarchia! Viva la Repubblica!". Salirono al piano superiore ed entrarono nell'ufficio del sindaco, Antonio Martínez Domingo. Amadeu Aragay i Daví, che come Companys era un importante membro della massoneria, prese il bastone e lo diede a Companys dicendo: "Ecco, Lluís, ora sei sindaco!" Andarono poi a prendere una bandiera repubblicana e verso l'una e mezza del pomeriggio Companys uscì sul balcone per proclamare la Repubblica davanti ad alcuni passanti.

Secondo Josep Tarradellas, Companys agì frettolosamente perché temeva che Aragay lo avrebbe preceduto e avrebbe proclamato la Repubblica. In altre parole, il desiderio di rilevanza e protagonismo guidò i passi di questo avventuriero, le cui azioni politiche furono quasi sempre dominate dall'estasi (rauxa) piuttosto che dalla saggezza e dalla sanità (seny). Lo storico Hilari Raguer racconta che nel 1917, eletto consigliere comunale di Raval, Companys accusò Carrasco i Formiguera, anch'egli eletto consigliere comunale di Barcellona, di essere un separatista e pretese che gridasse "Viva la Spagna". Anche Azaña, nella sua smania di screditare Lluis Companys, ricorda questo fatto nelle sue *Memorias políticas y de guerra*.

Secondo Alavedra, Macià si arrabbiò quando seppe che Companys gli aveva tolto le luci della ribalta che anche lui aveva cercato. Un'ora dopo, Macià arrivò in Municipio e gli disse, testuali parole: "Companys, non ti perdonerò mai per questo". Poi, dallo stesso balcone, si affacciò sulla sempre più affollata Plaça de Sant Jaume e proclamò lo Stato catalano con queste parole: "In nome del popolo catalano, proclamo lo Stato catalano, che, in tutta cordialità, cercheremo di integrare nella Federazione delle Repubbliche iberiche...". La piazza è stata acclamata e la Marsigliese è stata cantata. Macià attraversò quindi la piazza ed entrò nella Diputació Provincial, oggi palazzo della Generalitat, e si rivolse nuovamente alla folla dal balcone: "In nome del popolo catalano, proclamo lo Stato catalano, sotto il regime di una Repubblica catalana, che liberamente e cordialmente desidera e richiede la collaborazione degli altri popoli fratelli della Spagna nella creazione di una Confederazione di popoli iberici, e si offre di liberarli dalla monarchia borbonica. Qui e ora alziamo la nostra voce a tutti gli Stati liberi del mondo, in nome della libertà, della giustizia e della pace delle nazioni". Tutto questo, ovviamente, era un'altra dimostrazione di avventurismo politico, perché non avevano consultato nessuno e non avevano nulla a che fare con quanto concordato nel Patto di San Sebastiano, dove lo Stato federale non era stato nemmeno preso in considerazione. La costruzione di uno Stato federale era un'idea che poteva richiedere decenni per maturare: ancora una volta la "rauxa" caratterizzava le azioni dell'ennesimo politico catalano.

A Madrid la proclamazione della Repubblica non era ancora arrivata, anche se durante la mattinata erano stati compiuti passi molto importanti. Il re incaricò il duca di Maura di redigere un manifesto in cui dichiarava che avrebbe lasciato la Spagna in attesa dell'esito delle deliberazioni di una Cortes costituente, indicando che non aveva perso ogni speranza di tornare. Il monarca chiese al conte di Romanones di sondare le intenzioni di Alcalá Zamora e di chiedere una tregua. La risposta fu che il re doveva partire prima del tramonto, poiché dopo quell'ora non avrebbe potuto rispondere alle masse. Mentre venivano prese queste misure, l'ammiraglio Aznar era fuori gioco, come al solito. Il generale Berenguer, ministro dell'Esercito, stava cercando di capire come stavano le cose nelle principali guarnigioni.

Verso le tre e mezza del pomeriggio, il generale Sanjurjo, direttore generale della Guardia Civil, si incontrò a casa di Miguel Maura con vari membri del Comitato rivoluzionario, segno inequivocabile che voleva l'appoggio della Guardia Civil, garantito da Sanjurjo. Il destino della monarchia era segnato. Frotte di madrileni stavano già invadendo le strade della capitale, tifando per la Repubblica. I manifesti abbondavano di ritratti di Galán e García Hernández, i "martiri della libertà". Dal Palazzo delle Comunicazioni sventolavano grandi bandiere repubblicane. Verso le quattro del pomeriggio, i ministri si riunirono nel palazzo degli Interni e appresero che al re era stato dato un ultimatum, e una delle principali preoccupazioni di alcuni di loro era la necessità di garantire la vita di Alfonso XIII e della sua famiglia. Il conte di Romanones disse di essere personalmente responsabile di questo. E poteva risponderne, dal momento che aveva già concordato con il Comitato le modalità con cui il monarca avrebbe lasciato Madrid.

Al momento di congedarsi dai ministri, il Re lesse loro il manifesto commissionato la mattina al Duca di Maura, nel quale apportò alcune correzioni di suo pugno. Prima delle cinque del pomeriggio, il Governo terminò la riunione e fu allora che si venne a conoscenza degli eventi di Barcellona. Le parole che Alfonso XIII rivolse al popolo spagnolo e che, sorprendentemente, il governo provvisorio permise di pubblicare il 16, furono queste:

"Le elezioni di domenica mi rivelano chiaramente che non ho l'amore del mio popolo. La mia coscienza mi dice che questa deviazione non sarà definitiva, perché ho sempre cercato di servire la Spagna, ponendo il mio unico interesse nell'interesse pubblico anche nelle situazioni più critiche. Un re può sbagliare, e senza dubbio a volte ho sbagliato; ma so bene che il nostro Paese si è sempre dimostrato generoso di fronte alle colpe senza malizia.

Sono il re di tutti gli spagnoli e anche uno spagnolo. Troverei tutti i mezzi per mantenere le mie prerogative reali, in una lotta efficace con coloro che le combattono. Ma desidero decisamente prendere le distanze da tutto ciò che significherebbe mettere un connazionale contro un altro in una guerra civile fratricida. Non rinuncio a nessuno dei miei diritti, perché più che miei sono un deposito accumulato dalla Storia, della cui custodia un giorno mi chiederà di rendere rigorosamente conto.

Per conoscere l'espressione autentica e adeguata della coscienza collettiva, incarico un Governo di consultarla, convocando Corti Costituenti, e mentre la nazione parla sospendo deliberatamente l'esercizio del Potere Reale e mi separo dalla Spagna, riconoscendola così come unica padrona del suo destino.

Ora credo anche di compiere il dovere dettato dall'amore per il mio Paese. Prego Dio che altri spagnoli lo sentano profondamente come me e lo compiano".

"Alfonso R. H."

Il re avrebbe potuto menzionare nel suo discorso di addio che le elezioni erano state municipali, e avrebbe potuto anche alludere all'ampia vittoria dei candidati monarchici; ma scelse di non farlo. In realtà, era stato abbandonato dagli stessi realisti, che avevano acconsentito a un colpo di Stato contro se stessi dopo aver ottenuto una vittoria elettorale. L'obiettivo principale della sua partenza dalla Spagna, evitare una "guerra civile fratricida", era stato per il momento raggiunto. Prima del tramonto, re Alfonso lasciò Madrid in auto per Cartagena, dove arrivò prima dell'alba. Lì si imbarcò per Marsiglia. La Regina e i principi, ad eccezione di Don Juan, che studiava all'Accademia Navale di San Fernando, partirono in treno il giorno seguente da El Escorial.

Alle sette di sera, Eduardo Ortega y Gasset stava già festeggiando con le masse dal balcone del Ministero degli Interni e annunciava che la proclamazione della Repubblica era imminente. Verso la stessa ora Alcalá Zamora, Azaña, Largo Caballero, Albornoz, Lerroux e compagnia lasciarono la casa di Miguel Maura e si diressero verso la Puerta del Sol per prendere il potere. Nelle strade apparvero sempre più bandiere rosse e repubblicane, sventolate da gruppi che cantavano la Marsigliese e davano "vivas" alla Repubblica e "mueras" al re Alfonso. "Que no se ha idoo, que lo hemos echao" e "un, dos, tres, muera Berenguer" furono alcune delle frasi più cantate. Quando i membri del Comitato Rivoluzionario entrarono nel Ministero degli Interni, furono accolti come il Governo, anche se in realtà la presa di potere avvenne il giorno successivo senza negoziati e senza alcuna opposizione. Dopo diversi tentativi di prendere il potere con la forza,, un colpo di Stato incruento aveva trionfato in Spagna.

Il governo provvisorio fu costituito come segue: Presidente del Governo, Niceto Alcalá Zamora; Ministro degli Affari Esteri, Alejandro Lerroux; Ministro della Giustizia, Fernando de los Ríos; Ministro degli Interni, Miguel Maura; Ministro delle Finanze, Indalecio Prieto; Ministro dei Lavori Pubblici, Álvaro de Albornoz; Ministro dell'Istruzione, Marcelino Domingo; Ministro dell'Esercito, Manuel Azaña; Ministro della Marina, Santiago Casares Quiroga; Ministro dell'Economia, Luis Nicolau d'Olwer; Ministro del Lavoro, Francisco Largo Caballero. Tutti erano massoni, ad eccezione di Indalecio Prieto e Miguel Maura. Nicolau d'Olwer, che di solito passa per un non massone, apparteneva alla Gran Loggia d'Inghilterra. Il fatto che Alcalá Zamora fosse cattolico è stato usato per negare la sua appartenenza alla Massoneria. In realtà era un massone che obbediva a una loggia straniera, forse la Gran Loggia d'Inghilterra o la B'nai B'rith. Sia Léon de Poncins in *Histoire secrète de la Revolution Espagnole* che la rivista ebraica *Kipá*, in un rapporto del 16 maggio 1931, rivelano che tre membri del governo provvisorio, Alcalá Zamora, Miguel Maura e Fernando de los Ríos, erano marrani. Il 12 giugno 1931, *L'Universo Israelita* riferisce di un ricevimento con tutti gli onori offerto dal presidente Alcalá Zamora a due ebrei: il dottor Kibrik e il dottor J. Jaén, il grande rabbino shabbetay di Buenos Aires, al quale promise una legge a favore degli ebrei, che avrebbero ottenuto la cittadinanza spagnola. Il rabbino osò persino chiedergli di consegnare Santa María a Toledo per riconvertirla in sinagoga.

Resta da aggiungere un commento sulla partenza dalla Spagna della famiglia reale. Dopo aver tagliato la testa ai re di Francia e aver massacrato i Romanov, è evidente che eliminare per sempre la più antica monarchia d'Europa, la cui storia l'aveva resa una delle più odiate, era per la Massoneria una tentazione difficile da resistere. Quando al conte di Romanones fu detto che se non avessero lasciato la Spagna prima del tramonto, non avrebbero potuto "rispondere per le masse", vi era una chiara allusione al fatto che vi erano personaggi pronti a utilizzare fanatici rivoluzionari per assassinare i re. Tuttavia, un agente segreto che lavorava per la Direzione Generale della Sicurezza, Mauricio Carlavilla, nel gennaio 1931 aveva passato al generale Mola un'informazione che diceva letteralmente: "La Massoneria inglese ha imposto alla Massoneria spagnola il rispetto della vita del re in caso di trionfo della rivoluzione. Questa imposizione ha provocato un profondo malcontento negli strati inferiori della Massoneria spagnola e ha dovuto essere imposta dai disegni degli alti gradi".

Quando il 19 novembre 1931 le Cortes processarono il re "in contumacia", con il conte di Romanones nel ruolo di difensore, il deputato José Antonio Balbontín disse nel suo discorso che "era opinione diffusa che la fuga o la partenza di D. Alfonso de Borbón fosse stata acconsentita, preparata e facilitata dal governo provvisorio della Repubblica". Alcalá Zamora, che non era più Presidente del Governo, chiese di parlare dal suo posto e rivendicò la responsabilità esclusiva di aver salvato la vita del monarca: "Non potevo acconsentire e non potevo volere che la Repubblica nascesse disonorata, prendendo il potere nell'ombra della notte, in cui le folle, di qualsiasi origine o tendenza, sarebbero venute con lo scempio, con l'indignazione, con la tragedia, a macchiare la prima alba della Repubblica spagnola". Il discorso fiorito di Alcalá Zamora si concludeva con l'assunzione di responsabilità per aver permesso la fuga di re Alfonso: "... a questi effetti, come a tutto ciò che è colpa, rimprovero o colpa, l'unico responsabile sono io". Quando sembrava che le cose dovessero rimanere così, Manuel Azaña, ormai già Presidente del Governo, chiese la parola per rivendicare anche per sé e per gli altri membri del Comitato Rivoluzionario la decisione di risparmiare la vita di Alfonso XIII:

"Molto cortese, signor Alcalá Zamora, molto signorile, molto abnegante ciò che ha appena detto, rivendicando per sé la responsabilità esclusiva di ciò che è stato fatto il 14 aprile nei confronti del Re; ma sarebbe una palese ingiustizia e una mancanza di lealtà nei confronti di Vostra Signoria se questo Governo non dichiarasse solennemente che tutto ciò che è stato fatto quel pomeriggio e quella notte è stato fatto di comune accordo, con la partecipazione di tutti alla responsabilità".

... E vorrei anche ricordare che quando eravamo ancora solo un Comitato Rivoluzionario, e si discutevano i mezzi e gli atti che avrebbero potuto portare alla Rivoluzione, il Comitato Rivoluzionario, ora Governo, era unanimemente d'accordo sul fatto che le persone reali non dovevano essere toccate, che l'intera famiglia reale doveva essere risparmiata, e che non dovevamo macchiare la purezza delle nostre intenzioni con l'atto ripugnante di versare sangue che, una volta che la Monarchia era stata rovesciata, non era di alcuna utilità per noi".

PARTE 3
LA SECONDA REPUBBLICA

I passi compiuti in Spagna per rovesciare la monarchia erano molto simili a quelli compiuti in Russia, dove nel febbraio 1917 un Comitato Rivoluzionario Provvisorio divenne da un giorno all'altro il Governo Provvisorio. Prima che i giudeo-bolscevichi organizzassero il loro primo colpo di Stato, c'era stato il colpo di Stato del governo provvisorio massonico di Kerensky, che aveva rovesciato lo zar e costretto ad abdicare. Come in Spagna, quasi tutti i membri del Governo Provvisorio Russo erano massoni, e si impegnarono anche ad eleggere un'Assemblea Costituente che avrebbe redatto una Costituzione. Le elezioni promesse si tennero in Russia a novembre, diciotto giorni dopo il colpo di stato di Lenin, Trotsky e dei loro compari. Quando la nuova Assemblea si riunì nel gennaio 1918, i bolscevichi erano in minoranza, così Lenin dichiarò che i Soviet erano più democratici del Parlamento. Poi fucilarono i parlamentari eletti e organizzarono un altro colpo di Stato, che mise fine all'Assemblea Costituente. Anche in Spagna, quando i risultati delle elezioni furono a loro sfavorevoli, socialisti, anarchici e comunisti tentarono di rovesciare la democrazia con un colpo di Stato rivoluzionario nel 1934, come si vedrà di seguito.

In tutto il mondo, le logge massoniche salutarono con euforia l'avvento della Seconda Repubblica spagnola. *Il Bollettino Ufficiale della Gran Loggia Spagnola* pubblicò un articolo intitolato "Saluto alla Repubblica", in cui si legge: "...Come spagnoli e massoni che contemplano come legge la struttura liberale di un nuovo Stato nato dai principi immortali che risplendono in Oriente (allusione al tempio di Salomone), dobbiamo sentirci soddisfatti.... Ai massoni che compongono il Governo Provvisorio, agli alti funzionari, la maggior parte dei quali sono anche Fratelli, va il nostro incoraggiamento". In un altro editoriale, intitolato "Il nostro saluto alla Repubblica", apparso sul numero 19 del *Bollettino Ufficiale del Grande Oriente di Spagna*, si legge letteralmente: "...Sotto la spinta degli ideali massonici sono state forgiate le nazioni guida del nostro tempo; solo con l'intenso amore per quelle idee insegnate nelle nostre officine, si potrà strutturare una nuova Spagna, capace di un alto destino storico". Nel giugno 1931, *il Bollettino Ufficiale del Supremo Consiglio del Grado 33* per la Spagna e le sue dipendenze pubblicò un articolo intitolato "Il nuovo regime. La Repubblica è la nostra eredità", in cui si legge, alludendo alla Repubblica: "... immagine perfetta, modellata da mani geniali, di tutte le nostre dottrine e principi. Nessun altro fenomeno di rivoluzione politica potrebbe essere più perfettamente massonico di quello spagnolo". In Messico, la rivista *Cronos*, portavoce delle logge, pubblicò un articolo firmato da José L. Oliveros, che affermava quanto segue: "La Spagna è già una loggia massonica che comprende i quattro quinti della penisola iberica. È un tempio della libertà, del bene e della virtù, eretto il memorabile 14 aprile 1931, sotto la presidenza del Maestro Venerabile Alcalá Zamora".

Anche nei Paesi europei diverse pubblicazioni celebrarono il trionfo massonico in Spagna. La rivista viennese *Wiener Freimaurer Zeitung*, ad esempio, confermava: "Un desiderio a lungo coltivato dai Fratelli del Grande Oriente spagnolo è stato appena realizzato.... Noi che conosciamo gli alti dirigenti della Massoneria spagnola non abbiamo dubbi che sapranno trarre il meglio da queste circostanze eccezionali". Il *Bulletin de l'Association Maçonnique Internationale*, nel suo numero trimestrale di luglio-settembre 1931, ha rivelato inequivocabilmente che l'assemblea del Grande Oriente spagnolo, tenutasi il 5 e 6 luglio, "ha eletto i suoi alti dignitari tra i quali si notano i nomi di tre ministri, un governatore civile, un consigliere di Stato, un sindaco, quattro alti funzionari e dieci deputati alle Cortes".

Da parte sua, la Gran Loggia spagnola voleva più potere per i Fratelli e nel numero 8 del suo *Bollettino Ufficiale*, corrispondente alla prima metà del 1931, si rammaricava che i posti nel corpo diplomatico non fossero ancora stati monopolizzati: "...Non è un segreto che la Massoneria domina quasi interamente nel Governo Provvisorio così come nelle alte cariche. Sembrava ragionevole che nel mobilitare il personale dell'ambasciata si scegliessero, date le circostanze, i massoni. Questo avrebbe notevolmente appianato la gestione; eppure non è così inteso.... Veda, allora, il Ministro di Stato, che sa che la Massoneria domina in Europa e in America, se sia nell'interesse della Repubblica prendere una risoluzione in questo senso per il bene del Paese".

La marea di massoni sta affluendo

Una pubblicazione del Consejo Superior de Investigaciones Científicas, *La apostasía de las masas y la persecución religiosa en la provincia de Huelva 1931-1936*, a cura di Juan Ordóñez Márquez, ha fornito nel 1968 dati sorprendenti sull'affiliazione massonica degli uomini della Repubblica. Parte delle informazioni che seguono provengono da quest'opera. Per comprendere l'abbondanza di nomi e di cariche, occorre tenere presente che la Seconda Repubblica vide ben ventisei governi. C'è stato un solo Presidente del Governo non massone, Joaquín Chapaprieta, un indipendente che ha presieduto il Consiglio dei Ministri tra il settembre e il dicembre 1935 e ha guidato due governi.

Undici furono i presidenti massoni del Consiglio dei Ministri che guidarono venticinque governi. Il primo, Niceto Alcalá Zamora, rimase in carica dall'aprile all'ottobre 1931 e fu poi nominato presidente della Repubblica. Gli successe Manuel Azaña, che, secondo Mauricio Carlavilla, aveva fatto parte di una loggia irregolare di azione politica presieduta da Marcelino Domingo, secondo il "cuadro lógico" sequestrato dalla polizia al Círculo Mercantil, dove aveva sede la loggia irregolare. Azaña, che fu ufficialmente iniziato alla Massoneria il 5 marzo 1932 con il nome simbolico di "Plutarco", presiedette tre governi dall'ottobre 1931 al settembre 1933 e altri due dal febbraio al maggio 1936. Quando lasciò la Presidenza del Governo, sostituì Alcalá Zamora come Presidente della Repubblica. Il successivo Alejandro Lerroux, il cui nome simbolico era "Giordano Bruno", succedette ad Azaña e presiedette sei governi: fu presidente del Consiglio dal settembre all'ottobre 1933, dal dicembre 1933 al marzo 1934, dal marzo all'aprile 1934, dall'ottobre 1934 all'aprile 1935, dall'aprile al maggio 1935 e dal maggio al settembre 1935. Ricardo Samper Ibáñez, membro del Rotary Club, sostituì Lerroux da aprile a ottobre 1934. Diego Martínez Barrio, massone di 33° grado e Gran Maestro del Grande Oriente Spagnolo, fu una presenza costante, in una veste o nell'altra, in tutti i gabinetti repubblicani e fu Presidente del Governo dall'ottobre al dicembre 1933. Allo scoppio della guerra civile, il 19 luglio presiedette un gabinetto che durò poco più di un'ora. Fu il governo più breve della storia spagnola. Manuel Portela Valladares, massone di 33° grado, il cui nome simbolico era "Voluntad", presiedette due governi: il primo durò quindici giorni, dal 14 al 30 dicembre 1935; il secondo, dal dicembre al febbraio 1936. Augusto Barcia, massone di 33° grado il cui nome simbolico era "Lasalle", presiedette il Consiglio dal 10 al 13 maggio 1936. Santiago Casares Quiroga, il cui nome simbolico era "Sain Just" e che nel 1929 era già massone di 18° grado, presiedette il Governo dal 13 maggio al 19 luglio 1936.

Tutti i presidenti del governo durante la guerra civile erano anche massoni. Il primo di questi, José Giral, "Nobel", rimase in carica dal 19 luglio al 4 settembre 1936, quando fu sostituito da Francisco Largo Caballero, appartenente al Grande Oriente di Francia: per questo motivo alcune fonti, non individuandolo nelle logge spagnole, non lo considerano un massone. Largo Caballero presiedette due governi: il primo dal 4 settembre al 4 novembre 1936; il secondo dal 4 novembre 1936 al 16 maggio 1937. Infine, abbiamo Juan Negrín. In *Juan Negrín*, Gabriel Jackson scrive che il suo nome compare nel *Diccionario de la Masonería* di Lorenzo Frau e cita Aurelio Martín, che nel suo studio *La Segunda República, Grupo Parlamentario Socialista* afferma che Negrín fu iniziato in Germania durante gli anni di studio, cosa confermata da Juan-Simeón Vidarte in *Todos fuimos culpables*. Questo socialista sostiene che Negrín stesso gli confessò di essere stato iniziato in Germania e che regolarizzò la sua situazione quando fu eletto alle Cortes della Repubblica. Negrín fu a capo di durante gli ultimi due governi della Repubblica: dal 17 maggio 1937 al 5 aprile 1938 e dal 5 aprile 1938 al 6 marzo 1939.

Per quanto riguarda i presidenti della Generalitat de Catalunya: Francesc Macià, Lluis Companys, Josep Irla e Josep Tarradellas, tutti e quattro erano anche massoni. Il primo, Francesc Macià, si recò in URSS alla fine del 1925 per chiedere aiuto alla Terza Internazionale. Non capendo affatto cosa stesse accadendo in quel paese dopo la morte di Lenin, incontrò i trotzkisti Bukharin e Zinoviev. In una lettera a un amico cubano, datata 15 gennaio 1926 a Bois-Colombes, Macià scrive che entrambi si impegnarono "a sottoscrivere finanziariamente tutte le spese di organizzazione, preparazione e propaganda della rivoluzione in Catalogna e in tutta la Spagna". Macià morì il giorno di Natale del 1933 e con uno strano rituale massonico gli fu asportato il cuore, che fu custodito da Tarradelllas in esilio per consegnarlo alla famiglia.

I fratelli massoni si impadronirono di tutti i ministeri. Durante i primi due anni del governo di sinistra, il Ministero della Giustizia fu occupato ininterrottamente da Fernando de los Ríos, che era stato promosso dalla Massoneria al 33° grado nel giugno 1931; Álvaro de Albornoz, che era stato precedentemente Ministro dei Lavori Pubblici; Casares Quiroga e Juan Botella Asensi. Dopo il biennio di destra, nel maggio 1936 i massoni riconquistarono l'importante Ministero della Giustizia nella persona di Manuel Blasco Garzón, il cui nome simbolico nella loggia Fe era "Proudhon". Blasco Garzón era stato Ministro delle Comunicazioni e della Marina Mercantile dal trionfo del Fronte Popolare in febbraio. Il Ministero della Guerra era controllato dai massoni durante il biennio socialista di Azaña. Ad Azaña, che univa alla Presidenza del Governo il portafoglio della Guerra, successe Juan José Rocha García, massone di 33° grado il cui nome simbolico era "Pi y Margall". Successivamente, Rocha fu anche Ministro della Marina, Ministro di Stato e Ministro della Pubblica Istruzione. Il successivo ministro massone della Guerra fu Vicente Iranzo Enguita, che fu anche ministro della Marina e ministro dell'Industria e del Commercio. Il suo sostituto fu il Gran Maestro del Grande Oriente Spagnolo, Martínez Barrio. Successivamente, altri due massoni, Lerroux e Casares Quiroga, ricoprirono la carica. Il Ministero della Marina fu nelle mani di ministri non massoni solo per metà anno durante i cinque anni del periodo repubblicano. Ne facevano parte Casares Quiroga, Giral, Companys, membro della loggia Lealtad di Barcellona, Iranzo, il già citato Rocha e Gerardo Abad Conde, massone della 33a loggia che adottò il nome simbolico di "Justicia" (Giustizia). Abad Conde presiedeva il Consiglio di amministrazione che sequestrò i beni dei gesuiti. Nel Ministero degli Interni, tutti i ministri erano massoni, ad eccezione di Maura. Citiamo solo alcuni dei ministri dell'Interno i cui nomi non sono ancora apparsi in questa rivista: Manuel Rico Avelló, che adottò il nome simbolico di "Roma" e fu anche brevemente Ministro delle Finanze tra il 30 dicembre 1935 e il febbraio 1936; Rafael Salazar Alonso, che oltre ad essere Ministro fu anche Sindaco e Presidente del Consiglio Provinciale di Madrid; Eloy Vaquero Cantillo, alias "Cavour", che sarà anche Ministro del Lavoro, della Sanità e del Welfare; Juan Moles Ormella, Ministro dell'Interno dal 13 maggio al 18 luglio 1936. Il portafoglio dello Stato era nelle mani di almeno cinque ministri massoni: Lerroux, Samper, Rocha, Barcia e Fernando de los Ríos.

Poiché i ministri massoni si circondarono di fratelli massoni, si può dire che l'Ordine riuscì a controllare l'Amministrazione dello Stato, che fu sommersa da una marea inarrestabile. A rischio di stancare il lettore, citeremo in conclusione alcuni nomi di una lista infinita di massoni di alto rango nella Repubblica: Emilio Pardo Aguado, del triangolo degli intellettuali di Danton, massone del 33° grado e membro del Sovrano Consiglio del Grande Oriente Spagnolo, "Desmoulins" per i confratelli, fu governatore civile di Madrid e sottosegretario alle Comunicazioni, ministero di cui divenne ministro per pochi mesi; Pedro Rico López, 33° grado, simbolico "Madrid", fu sindaco della capitale spagnola; Jaume Aiguader Miró, della loggia Rectitud de Barcelona, sindaco di Barcellona; Rodolfo Llopis Ferrándiz della loggia Ibérica de Madrid, fu direttore generale dell'Istruzione primaria, estremamente settario; Mateo Hernández Barroso, 33° grado, "Newton", direttore generale dei telegrafi; Eduardo Ortega y Gasset, simbolico "León", primo governatore civile di Madrid; José Salmerón García, simbolico "d'Alembert", direttore generale dei lavori pubblici; Pedro Armansa Briales, della loggia Pitágoras di Malaga, consigliere di Stato; Dionisio Carreras Fernández, "Sócrates", della loggia Ibérica, Ministro della Cultura; Antonio Pérez Torreblanca, "Diógenes", Direttore generale dell'Agricoltura; Benito Artigas Arpón, "Juliano", Direttore generale del Commercio e della Politica tariffaria; José Domínguez Barbero, "Henri", Ministro della Corte dei Conti; José Jorge Vinaixa, "Vergniaud", Consigliere di Stato; Casimiro Giral Bullich, 18° grado, "Platón", Consigliere della Generalitat de Catalunya; Manuel Torres Campañá, "Juvenal", Sottosegretario agli Interni e alla Presidenza del Consiglio; José Moreno Galvache, "Lucrecio", successivamente sottosegretario all'Agricoltura, all'Industria e all'Istruzione pubblica; Nicolás Sánchez Balástegui, "Pestalozzi", delegato del governo per i servizi idrici del Guadalquivir; Ramón Carrera Pons, commissario generale della Catalogna; Fernando Valera Aparicio, "Plotino", Direttore Generale dell'Agricoltura e Sottosegretario alla Giustizia; Pedro Vargas Gurendiaín, "Pi", 18° grado, Sottosegretario alle Comunicazioni; Sidonio Pintado Arroyo, "Juvenal", Ministro della Cultura; Gabriel González Taltavull, "Schopenhauer", 18° grado, membro del Tribunale delle Garanzie; Rafael Blasco García, "Sigfredo", 13° grado, membro supplente del Tribunal de Garantías; Luis Doporto Machori, "Teruel", governatore civile di Valencia e ministro della Cultura; Clara Campoamor Rodríguez, direttore generale di Beneficencia. Abbiamo tralasciato molti nomi, perché sarebbe inutile continuare.

Anticlericalismo

Dall'avvento del liberalismo nel XIX secolo, in Spagna erano aumentati gli episodi di anticlericalismo, associati fin dall'inizio alla

Massoneria. Nessuno si aspettava, però, che i roghi di chiese e conventi sarebbero ricomparsi solo un mese dopo il colpo di Stato massonico-repubblicano. Il 5 maggio, sul giornale monarchico *ABC* apparvero delle dichiarazioni del Re che fecero scalpore. Il direttore del giornale, Luca de Tena, si era recato a Londra per intervistare il monarca, con il quale aveva un'amicizia personale. Le osservazioni di Alfonso XIII non erano affatto provocatorie o infiammatorie, anzi: "Non metterò la minima difficoltà al governo repubblicano", disse il re con lodevole moderazione. Ecco una citazione di questa intervista tratta da *The Spanish Tragedy 1930-1936*, dell'ispanista Edgar Allison Peers:

> "I monarchici che desiderano seguire il mio consiglio non solo si asterranno dal porre ostacoli al governo, ma lo sosterranno in tutte le sue iniziative patriottiche.... Al di sopra delle idee formali sulla Repubblica o sulla Monarchia sta la Spagna.... Posso aver commesso degli errori, ma ho pensato solo al bene della Spagna.... Ho rifiutato le offerte che mi sono state fatte per mantenermi e regnare con la forza.... Per la Spagna ho fatto il più grande sacrificio della mia vita quando ho scoperto che non mi voleva più".

Allison Peers ritiene che non siano stati i sentimenti espressi nell'intervista ad allarmare l'opinione pubblica repubblicana, ma il fatto che il redattore si fosse recato a Londra per ottenerla e che Luca de Tena avesse espresso la sua fedeltà alla monarchia parlamentare. Quando solo pochi giorni dopo, il 7 maggio, la stampa pubblicò una bellicosa e, secondo alcuni, provocatoria lettera pastorale antigovernativa del cardinale Segura, arcivescovo di Toledo, i sentimenti e le sensazioni anticlericali si acuirono ulteriormente. Il cardinale primate di Spagna, che aveva acquisito un certo prestigio sociale per il suo lavoro umanitario a Las Hurdes, non esitava a lodare il ruolo di re Alfonso come difensore della fede e della tradizione e ad avvertire i fedeli che "i nemici del regno di Cristo stavano avanzando":

> "Se restiamo silenziosi e inattivi, se ci lasciamo cadere nell'apatia e nella timidezza, se lasciamo aperta la strada a coloro che cercano di distruggere la religione o si aspettano benevolenza dai nostri nemici per ottenere il trionfo dei nostri ideali, non avremo il diritto di rammaricarci quando l'amara realtà ci mostrerà che avevamo la vittoria nelle nostre mani, ma non abbiamo saputo combattere come valorosi guerrieri, pronti a perire gloriosamente."

Mentre il giornale *ABC* ha definito la pastorale ineccepibile, il ministro della Giustizia, il socialista Fernando de los Ríos, l'ha condannata duramente e il governo ha chiesto alla Santa Sede di rimuovere il cardinale Segura dall'arcidiocesi. L'atmosfera continuò a scaldarsi giorni dopo. Domenica 10 maggio i membri del neonato Círculo Monárquico

Independiente tennero la loro prima riunione in un appartamento di Calle de Alcalá per eleggere il Comitato. Qualcuno si incaricò di spargere la voce che si stava ordendo una cospirazione contro la Repubblica. Secondo una versione, i passanti si erano indignati sentendo le note della marcia reale; secondo un'altra, i realisti stavano provocando da un balcone dell'edificio. Il risultato fu che una folla iniziò a gridare contro i presenti e, nonostante l'arrivo della Guardia Civil, procedette a incendiare le auto dei membri del Círculo. Quando i monarchici cercarono di uscire in strada, iniziarono i fischi, gli insulti e le aggressioni e rimasero intrappolati all'interno. La situazione è peggiorata a tal punto che il Ministro degli Interni, Miguel Maura, è arrivato sul posto e ha cercato di calmare la folla. Il risultato è stato inaspettato e le imprecazioni si sono rivolte contro di lui: "Finiamolo! Finiamo il figlio di suo padre! Abbasso il figlio del monarchico!

Le masse hanno continuato a riunirsi in Calle de Alcalá e dintorni. Improvvisamente qualcuno ha dato istruzioni alla gente di marciare verso gli uffici della *ABC* in Calle Serrano. Migliaia di persone si unirono alla manifestazione. Durante il tragitto diedero fuoco all'edicola del giornale cattolico *El Debate*. Poi riconobbero Leopoldo Matos, ministro degli Interni del governo Berenguer, lo aggredirono, gli strapparono i vestiti e lo picchiarono. Il linciaggio fu impedito dal servizio di scorta di cui ancora disponeva. Davanti alla sede del giornale, centinaia di persone hanno lanciato pietre contro le finestre e alcuni hanno versato benzina sui muri con l'intenzione di dare fuoco al giornale. Le guardie civili si sono riparate all'interno dell'edificio e da lì hanno sparato in aria, il che è servito a disperdere la folla. Incomprensibilmente, il Ministero degli Interni, per calmare la gente, ancora molto agitata, annunciò in serata che il giornale *ABC* era stato sospeso, i suoi uffici perquisiti e il suo direttore imprigionato. Era una premonizione dell'incapacità o della non volontà del governo di agire.

Il giorno successivo, 11 maggio, iniziarono gli attacchi alla chiesa. Alle dieci e mezza del mattino, un gruppo di uomini appicca il fuoco alla chiesa dei Gesuiti in Calle de la Flor, nel centro della capitale. Quando i pompieri sono arrivati, la folla che assisteva all'incendio ha impedito loro di spegnerlo, finché la chiesa non è stata rasa al suolo. Una folla con bandiere rosse procedette poi a incendiare la chiesa-convento dei Carmelitani, in Plaza de España; la residenza dei Gesuiti, in Calle Alberto Aguilera; il convento dei Mercedari, a Bravo Murillo; la scuola Maravillas, a Cuatro Caminos; la scuola del Sacro Cuore, a Chamartín, e altri edifici più o meno distrutti. Gli attacchi alla Chiesa si diffusero presto in tutto il Paese: Valencia, Alicante, Murcia, Granada, Siviglia, Huelva, Cordoba, Cadice, Malaga e altre città e paesi della Spagna videro bruciare le loro chiese, i loro conventi, le loro scuole, i loro seminari, i loro manicomi e i loro riformatori. A Malaga, gli incendi continuarono per due giorni senza interruzione. Lì furono incendiati il palazzo episcopale, la residenza dei gesuiti e i conventi agostiniani, carmelitani e maristi. Furono distrutte anche diverse chiese che contenevano preziose opere d'arte. Anche negozi ed edifici pubblici andarono in fiamme. È molto difficile accettare che tutti questi eventi siano accaduti simultaneamente in luoghi così lontani senza l'esistenza di una mano nascosta. Gerald Brenan afferma ne *Il labirinto spagnolo* che solo in sei grandi città, Madrid, Siviglia, Valencia, Malaga, Granada e Murcia, centodue chiese e monasteri furono completamente distrutti. Il numero totale di edifici ecclesiastici attaccati in tutto il Paese superava le 200 unità.

Se tutte queste manifestazioni di odio e intolleranza erano estremamente allarmanti, ancora più grave fu la reazione del governo, che non solo fu incapace di prendere misure efficaci per porre fine al terrore scatenato dalle folle manipolate e guidate, ma diede la colpa di tutto ai realisti: "Questi reazionari", si leggeva nel rapporto ufficiale, "hanno deliberatamente scelto di provocare disordini e sfidare il popolo". Nonostante i giornali più fedeli e devoti alla Repubblica contraddicessero nei loro rapporti le accuse del Governo, non ci fu alcuna rettifica, anzi: l'applicazione della legge marziale servì a sospendere *ABC* e il quotidiano cattolico *El Debate*, che fu un incentivo per le masse anticlericali a persistere nei loro atteggiamenti.

Per rafforzare ulteriormente l'anticlericalismo, il 18 maggio il vescovo di Oviedo, Dr. Múgica, fu invitato in maniera contenuta a lasciare la Spagna "a causa del carattere eminentemente politico che il vescovo dava alle sue visite alle città della sua diocesi". E c'è di più: ignorando una lettera datata 3 giugno a Roma e indirizzata al Primo Ministro dai metropoliti spagnoli, in cui si registravano le vessazioni subite, si ordinava l'espulsione del cardinale primate, Pedro Segura. Il 14 giugno, due settimane prima delle elezioni, il cardinale Segura fu arrestato mentre era in visita canonica ai conventi e alle parrocchie di Guadalajara. Portato alla stazione di polizia del Governo Civile, il governatore stesso, León Trejo, lo bandì "per ordine del Governo Provvisorio della Repubblica". Gli furono concessi dieci minuti per scrivere una lettera di protesta ad Alcalá Zamora e fu posto in isolamento nel convento dei Padri Vincenziani a. Il giorno seguente fu portato alla frontiera di Irún.

La Costituzione della Seconda Repubblica

Un decreto del 3 giugno 1931 indisse le elezioni generali per i deputati alle Cortes Constituciones, che si tennero il 28 dello stesso mese. L'età minima per votare fu fissata a 23 anni. Nonostante quanto accaduto a maggio, l'entusiasmo per la Repubblica, in cui tanti spagnoli avevano riposto le loro speranze, si concretizzò in risultati che favorirono i partiti repubblicani e furono una catastrofe per i monarchici. L'UGT e i socialisti avevano 117 deputati in Parlamento, ma i repubblicani di sinistra costituivano il gruppo più numeroso nelle Cortes con 145 seggi. I partiti comprendevano Esquerra Catalana, guidata da Macià e Companys; Acción

Republicana, guidata da Azaña; il Partito Radical-Socialista, che comprendeva Marcelino Domingo e Álvaro de Albornoz; e i Repubblicani di Galizia, il cui leader era Casares Quiroga. Tra i repubblicani di destra, il più importante era il Partito Radicale di Lerroux, con 93 deputati. I partiti che non avevano voluto la Repubblica ottennero circa 50 rappresentanti, di cui solo 19 monarchici. I massoni, attivi in diversi partiti politici e talvolta apparentemente in disaccordo, erano uniti dall'anticlericalismo e dall'ostilità verso la Chiesa cattolica. María Dolores Gómez Molleda osserva che nelle prime Cortes centocinquantuno dei quattrocentosettanta deputati erano massoni.

Nello stesso mese di giugno la CNT tenne un congresso a Madrid e non appena il Parlamento fu costituito, scoppiò uno sciopero dei lavoratori del settore telefonico che durò per settimane e lasciò il Paese senza servizio. Inoltre, i sindacalisti assaltarono con le armi la centrale telefonica della Gran Vía. La polizia a cavallo caricò gli assalitori e il tentativo di prendere possesso dell'edificio fallì. I dipendenti affiliati alla CNT passarono all'UGT a causa della minaccia di licenziamento. Una settimana dopo scoppiarono gravi disordini a Siviglia. Il 20 luglio fu proclamato uno sciopero generale e un uomo morì a causa degli scontri. Durante i funerali ci furono altre sparatorie: altre tre persone furono uccise e molte rimasero ferite. Le autorità chiusero i centri dei sindacalisti e dei comunisti e procedettero all'arresto dei loro leader, il che portò a nuovi scontri. Un centro sindacale dove gli uomini armati avevano costruito una roccaforte è stato distrutto dal fuoco dell'artiglieria. Fu dichiarata la legge marziale e la città fu persino sorvegliata da aerei armati. Alla fine la situazione si calmò, ma alla fine del mese il bilancio delle vittime era salito a trenta e più di duecento feriti. Questi eventi dimostrarono a che una repubblica borghese non era l'obiettivo degli anarcosindacalisti e dei comunisti, ma una tappa sulla strada del trionfo della rivoluzione.

Prima dell'elezione del nuovo Parlamento, il governo provvisorio ha pubblicato un progetto di massima o preliminare di Costituzione che doveva servire come base per la discussione parlamentare. Da luglio a dicembre il dibattito sulla Magna Carta occupò i deputati eletti. Quando il 9 dicembre 1931 il Presidente delle Cortes, Julián Besteiro, promulgò la Costituzione della Seconda Repubblica, il Governo dovette ovviamente provare un'enorme soddisfazione; tuttavia, era chiaro che non poteva essere la Costituzione di tutti gli spagnoli. C'erano troppi massoni, e ai legislatori mancava il coraggio della visione, la volontà di consenso e armonia, e l'intelligenza di capire che tra la Spagna voluta dalla massoneria e quella voluta dalla Chiesa cattolica ce n'era una terza, in cui vivevano milioni di cittadini che aspettavano un patto per uscire dalle trattative. I primi venticinque articoli furono approvati dopo ragionevoli discussioni, ma quando venne il momento di redigere il ventiseiesimo, che trattava della situazione della Chiesa nel nuovo Stato, si verificò la crisi che fece cadere il

Governo. Il Governo provvisorio aveva istituito una commissione giuridica che aveva redatto un articolo in cui si dichiarava che la Chiesa era separata dallo Stato; ma era considerata una corporazione speciale di diritto pubblico che poteva avere le proprie scuole e, a certe condizioni, poteva insegnare religione nelle scuole statali. Il matrimonio canonico sarebbe stato legale e le funzioni ecclesiastiche pubbliche avrebbero potuto essere esercitate dietro giuramento di fedeltà alla Repubblica. La maggior parte dei cattolici avrebbe accettato tutto ciò. Purtroppo, le Cortes considerarono queste concessioni troppo ampie.

José Ortega y Gasset aveva avvertito della necessità di valorizzare adeguatamente l'importanza tradizionale della Chiesa e il ruolo che aveva svolto nella storia spagnola: "nel trattare con un organismo storico e internazionale come la Chiesa, dobbiamo essere generosi in considerazione delle forze del passato che rappresenta, ma dobbiamo anche agire con cautela". Il filosofo concludeva dichiarando che la Costituzione del 1931 era "deplorevole e priva di piedi o di testa o del resto della materia organica che di solito si trova tra i piedi e la testa". Altri intellettuali repubblicani misero in guardia dall'errore. Gregorio Marañón, ad esempio, uno dei più impegnati nella Repubblica, considerava la Costituzione "impraticabile". I deputati massoni agirono in modo unitario e seguirono le istruzioni ricevute dalle logge, di cui esiste un'abbondante documentazione pubblicata. La Massoneria chiese lo scioglimento degli ordini religiosi e la nazionalizzazione dei loro beni. Ecco, come esempio tra i tanti che si possono fornire a questo proposito, un estratto della sessione dell'11 ottobre 1931 *dal Bollettino della Gran Loggia di Spagna*:

> "Il Gran Maestro (Francisco Esteva) ha presentato alla Giunta la necessità che la Gran Loggia contribuisca con la sua azione a far sì che la questione religiosa sia sempre ventilata in Spagna, proponendo a tal fine l'invio di un telegramma al Presidente del Consiglio affinché i deputati massoni siano sollecitati a compiere il loro dovere.... La proposta è stata approvata all'unanimità e si è deciso di inviare il telegramma per la pubblicazione alla stampa quotidiana di tutta la Spagna. Si decise anche di rivolgersi alle logge, informandole di questo accordo e chiedendo loro di sostenere quest'opera, inviando anche telegrammi in tal senso e promuovendo una forte azione anticlericale nella vita laica.

La richiesta di scioglimento degli ordini religiosi era accompagnata da un'altra richiesta irrazionale: la chiusura di tutte le scuole religiose. Se le esigenze educative del Paese fossero state davvero prioritarie rispetto all'anticlericalismo, si sarebbe considerato che lo Stato non poteva eliminare da un giorno all'altro scuole che ospitavano centinaia di migliaia di alunni. Chiudere le scuole religiose equivaleva a privare il Paese di metà delle sue scuole secondarie. Gerald Brenan fornisce i dati sullo stato dell'istruzione primaria nella sola capitale: "A Madrid, per esempio, 37.000 bambini venivano educati nelle scuole statali, 44.000 nelle scuole pubbliche, la maggior parte delle quali gestite da ordini religiosi, e 45.000 non avevano alcuna istruzione. Per colmare il vuoto delle scuole religiose, erano necessarie 2.700 nuove scuole pubbliche". In *Anarquía y Jeraquía,* Salvador de Madariaga descrive le conseguenze catastrofiche dell'inibizione degli ordini religiosi nell'istruzione. Chiunque poteva prevedere che l'attuazione delle rivendicazioni della massoneria anticlericale avrebbe richiesto una grande quantità di denaro e anni di pianificazione. Nonostante la propaganda dei partiti repubblicani, quando il biennio social-azarista o massonico si concluse nel 1933, i risultati nel campo dell'istruzione erano ancora molto scarsi e la nazione mancava delle scuole necessarie. Appare chiaro che la Repubblica massonica cercava lo scontro attaccando così palesemente la Chiesa; ma allo stesso tempo si scavava incautamente la fossa da sola, perché stava perdendo il sostegno delle classi medie, essenziale per evitare il proprio collasso.

Nell'ottobre del 1931 si svolse alle Cortes il dibattito che fece di Manuel Azaña l'uomo del momento. La discussione verteva sull'articolo 26 della Costituzione, che prevedeva lo scioglimento di tutti gli ordini religiosi e la nazionalizzazione dei loro beni. L'8, Fernando de los Ríos, ministro della Giustizia, prese la parola e, onorando il suo status di marrano, chiese "un tributo di rispetto e omaggio agli ebrei in questa prima ora dedicata a parlare del problema religioso". Gil Robles ha avvertito che alla prima occasione avrebbe proposto una riforma costituzionale se l'articolo fosse stato approvato. Nel suo intervento del 10, Alcalá Zamora ha chiesto che si tenga conto del fatto che i cattolici sono la maggioranza in Spagna, che non si legiferi contro di loro, ma che si tenga conto di loro. Minacciò anche una revisione della Costituzione se il testo fosse stato approvato. I socialisti, attraverso Jiménez de Asúa, hanno presentato un voto contrario il 13, proponendo il divieto permanente di qualsiasi ordine religioso in territorio spagnolo, lo scioglimento degli ordini esistenti e la nazionalizzazione dei loro beni.

Il 13, Azaña, nemico dichiarato degli ordini religiosi, tenne uno dei discorsi più spettacolari della storia della Seconda Repubblica. Secondo lui, non si trattava di un problema religioso, ma politico. "La Spagna ha cessato di essere cattolica", disse con flemma britannica, pur riconoscendo subito che nel Paese c'erano milioni di cattolici praticanti. Doveva essere ben consapevole della carica politica ed emotiva contenuta in queste parole che, a suo dire, significavano protezione per la Repubblica. Per Azaña la proscrizione degli ordini religiosi equivaleva a eliminare una paura. Con un certo cinismo, paragonò la riforma degli ordini religiosi a un'operazione chirurgica: "Pensate che stiamo per fare un'operazione chirurgica su un malato che non è anestetizzato e che nell'assalto del proprio dolore può complicare l'operazione e renderla fatale; non so per chi, ma fatale per qualcuno". Poi indicò direttamente i gesuiti come l'ordine che doveva morire senza indugio. Verso la fine del suo discorso, si è espresso con chiarezza cristallina sulla questione dell'educazione: "In nessun momento, in nessuna circostanza, il mio partito o io sottoscriveremo una clausola legislativa in base alla quale il servizio dell'educazione continuerà a essere affidato agli ordini religiosi. Mai. Mi dispiace molto, ma questa è la vera difesa della Repubblica. Non venite a dirmi che questo è contrario alla libertà, perché è una questione di salute pubblica". La discussione dell'articolo si protrasse per tutta la notte e, con poco più della metà dei deputati presenti in aula, fu approvato il 14 alle sette del mattino con 178 voti a favore e 59 contrari.

Come già detto, la vicenda provocò una crisi di governo: Alcalá Zamora e Miguel Maura lasciarono il governo e Azaña divenne il nuovo presidente del secondo governo della Repubblica, che sarebbe durato fino all'approvazione della Costituzione in dicembre. Dopo appena una settimana di presidenza, Azaña presentò alle Cortes la Legge per la Difesa della Repubblica, che fu approvata il 21 ottobre. Questa legge contraddiceva i diritti fondamentali che la Costituzione intendeva riconoscere e garantire e, fino a quando non fu abrogata il 29 agosto 1933 in seguito all'approvazione della Legge sull'Ordine Pubblico, divenne la norma fondamentale per le libertà pubbliche. La legge consentiva al Ministro dell'Interno di vietare manifestazioni o atti pubblici e di sopprimere le associazioni. Qualsiasi attività considerata antirepubblicana poteva essere repressa, multata o punita con l'esilio. Così, ad esempio, la difesa della Monarchia poteva essere considerata un'aggressione alla Repubblica. La legge poteva reprimere non solo scioperi, sommosse o atti violenti, ma anche la diffusione di informazioni o voci sovversive, che potevano portare alla sospensione di qualsiasi mezzo di comunicazione. Naturalmente, abusi di ogni tipo potevano essere commessi dal governo sotto la protezione di questa legge odiosa e antidemocratica, che fu aspramente attaccata da tutte le parti, poiché era chiaro che le misure erano simili a quelle della Dittatura.

Prima di promulgare la Costituzione, le Cortes Constituyentes inscenarono uno spettacolare processo "in absentia" ad Alfonso XIII, che divenne la sensazione dell'autunno. La farsa del processo iniziò all'imbrunire del 19 novembre e durò fino alle 4 del mattino del giorno successivo. Una commissione incaricata di esaminare la presunta colpevolezza del monarca presentò il suo rapporto, secondo il quale il re era colpevole di alto tradimento nei confronti del popolo spagnolo, un crimine per il quale meritava la pena di morte. Essendo la pena capitale esclusa per principio, alle Cortes fu raccomandato di imprigionarlo a vita se fosse tornato in Spagna, e di condannarlo a morte se avesse persistito nei "suoi atti di ribellione". Le principali accuse mosse al re Alfonso erano: 1. Abbandono dei suoi doveri di monarca costituzionale. 2. Accettazione del colpo di Stato del 1923. 3. Lèse majesté nei confronti del popolo. Complicità nella corruzione amministrativa. Forse l'intenzione dell'accusa, che è stata descritta dall'*ABC* monarchico come un "atto di persecuzione dispettoso e non necessario", era quella di infiammare ulteriormente i sentimenti antimonarchici. Il giornale fu sospeso per tre giorni e multato di mille pesetas per aver espresso questa opinione. Nulla si poté fare contro l'opinione del *Times*, che nell'edizione del 27 novembre si espresse in questi termini:

> "Dalla sua ascesa al trono nel 1902 fino al 1923 il re non può essere accusato del primo reato, poiché tutti i decreti di questo periodo furono firmati dai ministri responsabili. Per quanto riguarda il secondo reato, il documento presentato dal conte de Romanones dimostra che, nel settembre del 1923, l'abdicazione - che sarebbe stata una diserzione, dal momento che il re aveva giurato di servire il Paese come soldato - era l'unica alternativa all'accettazione della dittatura militare, che peraltro - e questo è talmente ovvio da non poter essere contestato - godeva all'epoca della simpatia della maggioranza del Paese. Per quanto riguarda il reato di lèse majesté nei confronti del popolo, nessuno sembra capire cosa significhi, e questa accusa non è stata nemmeno sostenuta davanti ai tribunali. Né si è cercato di addurre prove di complicità nella corruzione amministrativa".

Il biennio sociale-azarista o massonico

Una volta approvata la Costituzione il 9 dicembre 1931, le Cortes procedettero all'elezione del Presidente della Repubblica. Furono proposti i nomi di due grandi intellettuali, Manuel Bartolomé Cossío e Rafael Altamira, autore della *Historia de España y de la civilización española*, opera di prestigio internazionale. Alla fine fu scelto Niceto Alcalá Zamora, che entrò in carica l'11 dicembre. Due giorni dopo fu ricevuto il corpo diplomatico. Il decano era il Nunzio del Papa e, sarcasticamente, gli toccò di pronunciare il discorso ufficiale. La situazione non poteva essere più patetica: il governo aveva espulso e deposto il cardinale primate e il Vaticano aveva negato il permesso all'ambasciatore spagnolo presso la Santa Sede. La Chiesa veniva separata dallo Stato e le sue istituzioni attaccate, gli ordini religiosi sciolti e l'espulsione della Compagnia di Gesù era stata annunciata.

Con decreto del 23 gennaio 1932, la Compagnia di Gesù fu sciolta e i suoi beni confiscati dallo Stato. Il sogno a lungo inseguito della Massoneria si era avverato. Pochi giorni prima era stato chiuso sine die *El Debate,* "un giornale", disse Azaña, "che nuoce gravemente alla Repubblica per le sue intenzioni, la sua organizzazione e il catechismo che lo circonda", il che servì da monito al resto della stampa affinché moderasse le sue critiche, cosa che fece. Nel 1935, Salvador de Madariaga, un intellettuale per nulla sospettato di simpatizzare con la Chiesa, nel suo saggio *Anarquía y Hierarquía* scrisse quanto segue a proposito dello scioglimento dei gesuiti: "La Seconda Repubblica ha sciupato una magnifica occasione per indirizzare il problema dell'istruzione secondaria verso una soluzione soddisfacente. Ossessionata dal suo anticlericalismo, ha chiuso senza vergogna l'unico tipo di scuola che, pur con le sue imperfezioni, assomigliava a una scuola secondaria". Al momento del suo scioglimento, la Società aveva circa settanta residenze e trenta collegi in tutta la Spagna. Il collegio di Sarriá aveva vicino a Barcellona una Scuola di Studi Ecclesiastici, un Istituto di Chimica e laboratori di Biologia e Psicologia Sperimentale. Notevoli erano anche gli studi teologici presso il Collegio di Comillas e gli studi di astronomia a Granada. La Chiesa del Sacro Cuore di Barcellona manteneva cinque patronati operai e istruiva circa 1.200 bambini. Anche a Burgos esisteva un patronato con 1.500 membri, che comprendeva alloggi, piani pensionistici, un sistema di assistenza, una cassa di risparmio e corsi diurni e serali. In tutto il Paese i gesuiti avevano organizzato sistemi educativi e sociali.

Il 20 febbraio di quell'anno si riunisce a Madrid l'Assemblea Generale Straordinaria del Grande Oriente di Spagna. Léon de Poncins, autore di numerosi libri che denunciano la strumentalizzazione della Massoneria da parte dell'ebraismo e del comunismo, forze trainanti del Movimento rivoluzionario mondiale, pubblica nel 1938 *Histoire secrète de la révolution espagnole*. In esso riprodusse integralmente la relazione o i verbali del famoso convento straordinario, tenutosi in un momento in cui la morsa sul governo repubblicano era al suo apice. Seguono estratti significativi, molti dei quali si riferiscono alla rigida disciplina massonica dei confratelli che ricoprivano incarichi politici.

"Il Maestro Venerabile di ogni loggia avvertirà i Fratelli massoni che dovranno rinnovare la promessa verbale o scritta di essere pronti in ogni momento a comparire davanti ai rispettivi giudici per spiegare e giustificare la rettitudine della loro coscienza massonica in tutti gli atti della loro vita massonica o profana..... I Fratelli massoni che rifiutano di rinnovare tali promesse o che non rispondono entro il termine che sarà fissato, saranno espulsi dall'Ordine.... I Maestri Venerabili vegliaranno sul giuramento prestato dai Fratelli davanti all'Altare con ogni solennità...".

"Le Logge e i Triangoli istituiranno degli schedari per tutti i Fratelli massoni, indicando la loro occupazione abituale, gli impieghi che ricoprono o hanno ricoperto nello Stato o in aziende private e le ragioni del loro abbandono, e il loro stato di servizio con i meriti del loro lavoro massonico. Questo registro dovrà essere particolarmente completo e dettagliato per quei Massoni che ricoprono cariche politiche per elezione popolare o per nomina governativa.

"Le autorità massoniche hanno l'obbligo di far rispettare con la necessaria frequenza il dovere imposto ai massoni che ricoprono cariche pubbliche, di ripetere il giuramento, di spiegare e giustificare massonicamente la loro condotta pubblica ai loro superiori. E poiché nelle cariche pubbliche si può venir meno ai doveri massonici, sia per azioni che per omissioni, ciò significa che il massone che ricopre tali cariche è tenuto non solo a spiegare e giustificare ogni azione che possa apparire discutibile o dubbia, ma anche a ricevere le direttive massoniche e a tenerne conto".

"I Fratelli massoni che ricoprono cariche pubbliche devono essere richiamati al loro dovere di amore fraterno e di tolleranza, e devono essere attenti a porre questa fraternità massonica al di sopra di tutte le differenze che possono separarli nelle lotte politiche.

È in questo contesto che si inserisce la prima Settimana Santa sotto il governo repubblicano. La maggior parte delle processioni tradizionali furono annullate. Siviglia, dove si svolgevano le più famose, visse quei giorni con tristezza, ma con calma. La campagna di rimozione del crocifisso dalle scuole, dagli ospedali, dagli enti di beneficenza e da tutte le istituzioni ufficiali era già stata scatenata e non si vedeva quasi una croce. Al contrario, le edicole e le librerie esponevano in abbondanza letteratura pornografica e testi marxisti. Questi ultimi venivano spesso venduti davanti alle chiese. Un'altra caratteristica significativa della vita sociale nel primo anniversario della Repubblica è stato il grande aumento dell'accattonaggio. Il corrispondente del *Times* lo riporta il 22 marzo 1932 per i lettori inglesi: "Le strade di Madrid e di molte altre città sono così infestate da mendicanti che è quasi impossibile percorrere cento metri senza essere avvicinati non solo dai soliti ciechi e mutilati, ma da gruppi di due o tre uomini che chiedono la carità con coperte o grandi fazzoletti".

Va ricordato che nel 1929 si era verificato il famoso crollo della Borsa di New York e nel 1932 la depressione mondiale era al culmine. In Spagna, i prezzi dei prodotti agricoli erano crollati a causa della crisi e una grande quantità di terra non era più coltivata. Questo fu uno dei motivi di un aumento senza precedenti della disoccupazione. Tra il 1931 e il 1932 l'anarco-considicalismo creò una situazione rivoluzionaria nelle campagne. Finalmente la tanto sbandierata riforma agraria, attesa da quando l'Illuminismo aveva individuato il problema, cominciò a essere discussa nelle Cortes. Fu approvata in due parti, nel luglio e nel settembre 1932. Dotato di crediti annuali da parte dello Stato, fu creato un Istituto di Riforma Agraria, che prevedeva la possibilità di espropriare qualsiasi azienda agricola di oltre 22 ettari non lavorata. I nobili persero le loro proprietà senza diritto di rivendicazione, anche se furono indennizzati in base alla loro dichiarazione di reddito; ma poiché questa era stata falsificata... Il *Labirinto spagnolo* attribuisce il ritardo nell'affrontare la questione agraria ai diversi approcci di socialisti e repubblicani. I primi sostenevano che le terre espropriate dovessero essere lavorate collettivamente. I secondi volevano dividere la terra in singoli appezzamenti. La differenza", scrive Brenan, "era più di un principio astratto: riguardava il futuro del socialismo spagnolo e del repubblicanesimo borghese". Nel frattempo, l'atmosfera rivoluzionaria nelle campagne impediva l'attuazione pratica dei progetti.

Il 10 agosto si verificarono contemporaneamente due focolai. A Madrid, un gruppo di aristocratici e di ufficiali reali in pensione tentò di catturare l'edificio delle Poste in Plaza de la Cibeles la mattina presto. Non sapevano che erano stati traditi e che li stavano aspettando. Ci fu un breve tafferuglio in via Alcalá, osservato da Azaña da un balcone del Ministero della Guerra, e i ribelli furono arrestati. Lo stesso giorno si svolse a Siviglia la Sanjurjada, anch'essa conosciuta in anticipo. Si trattò di un'insurrezione militare mal riuscita, sostenuta solo da una parte molto minoritaria della destra monarchica. Il generale Sanjurjo, direttore generale della Guardia Civil che un anno prima si era rifiutato di appoggiare il re, pubblicò addirittura un manifesto in cui si pentiva della sua fedeltà alla Repubblica e si proclamava capitano generale. Anarchici e comunisti proclamarono uno sciopero generale e iniziarono a dare fuoco a numerose case di aristocratici e a vari club. Gli uffici del giornale *ABC* furono nuovamente dati alle fiamme. La ribellione fallì con un boato, causando dieci morti, quasi tutti dalla parte dei ribelli. Sanjurjo cercò di fuggire in Portogallo, ma fu arrestato ad Ayamonte.

Il fuoco acceso dal tentativo di colpo di Stato si diffuse in tutta l'Andalusia. Socialisti, comunisti e sindacalisti si affrettarono a proclamare scioperi di protesta nelle grandi città. A Granada i disordini furono particolarmente gravi e nell'Albaicín la chiesa di San Nicolás fu rasa al suolo. Alcuni cercano di equiparare la Sanjurjada a ciò che accadde nelle Asturie e Catalogna nell'ottobre 1934, ma il paragone non regge. In realtà, la sinistra emerse più forte dopo il golpe, che servì a reprimere e smantellare le organizzazioni di destra e a chiudere decine di pubblicazioni: solo a Madrid, otto giornali furono sospesi a tempo indeterminato, tra cui *ABC*, *El Debate* e *Informaciones*. Quando Primo de Rivera vietò i giornali, fu accusato dai repubblicani di non rispettare la libertà di stampa. Il generale Sanjurjo fu poi condannato a morte, ma fu graziato su iniziativa di Alcalá Zamora e condannato all'ergastolo. La Sanjurjada fu principalmente una protesta contro la riforma agraria e contro lo Statuto catalano, che doveva essere approvato dalle Cortes.

Lo Statuto di autonomia della Catalogna, data l'importanza della questione catalana nella storia della Spagna, potrebbe essere discusso più a lungo se avessimo più spazio. Dopo la proclamazione, il 14 aprile 1931, dello Stato catalano, che sarebbe stato incorporato in una Federazione di Repubbliche iberiche, Macià fu avvertito da Madrid che avrebbe dovuto correggere la sua posizione se voleva che la Repubblica fosse vitale in Spagna. Giorni dopo, i ministri Marcelino Domingo, Luis Nicolau d'Olwer e Fernando de los Ríos si recarono a Barcellona e lo convinsero che doveva rinunciare alla Repubblica catalana e presentare alle Cortes un progetto di Statuto per la Catalogna. Il Consiglio di governo della Repubblica catalana avrebbe dovuto adottare il nome storico di Governo della Generalitat. Tuttavia, il 14 le grida di "Visca Macià! Mori Cambó!" erano risuonate per le strade di Barcellona. Le finestre della casa di Cambó furono prese a sassate durante la notte. Il leader della Lliga, costretto a letto dalla febbre, si svegliò spaventato e decise di prendere un treno per andare in esilio a Parigi, dove sarebbe rimasto per due anni e mezzo. Allison Peers, ispanista innamorata della letteratura, della storia e della cultura catalana e traduttrice in inglese di numerose opere di Raimondo Lullo, tra cui *Blanquerna*, nel suo libro *Catalogna Infelix* pone la seguente domanda: "Non potevano ora dimenticare le differenze personali e politiche tra loro e formare un governo di coalizione Macià-Cambó, che avrebbe unito i migliori cervelli della Catalogna? A quanto pare no, ma è stato un peccato". Se il consiglio del professor Allison Peers fosse stato messo in pratica, forse si sarebbe potuto evitare il disastro del 1934; ma il tempo dei moderati era passato.

I movimenti operai e rivoluzionari della Catalogna erano i più forti del Paese. Le previsioni di Lenin sulla Spagna non furono ignorate da anarchici e comunisti, che lottavano per la rivoluzione e non per una Repubblica borghese. Nulla di tutto ciò, tuttavia, preoccupava i nazionalisti catalani, che iniziarono a lavorare con entusiasmo alla stesura dello Statuto di Autonomia. Il 24 maggio si tennero le elezioni tra tutti i consiglieri catalani e fu istituita la Deputazione provvisoria della Generalitat, da cui uscirono gli undici deputati che avrebbero formato il comitato di redazione dello Statuto. Il 20 giugno, otto giorni prima delle elezioni generali per le Cortes, la bozza preliminare dello Statuto di Núria era pronta. Il 2 agosto fu sottoposto a referendum e, con un'affluenza del 75%, fu approvato con il 99% dei voti. Quattrocentomila donne, che all'epoca non avevano diritto di voto, lo sostennero con le loro firme. Il 14 agosto Maciá la portò personalmente a Madrid; ma le Cortes, impegnate nei dibattiti sul testo della Costituzione, la accantonarono fino al 6 maggio 1932, quando iniziò la sua elaborazione.

Durante i nove mesi in cui lo Statuto rimase sospeso a Madrid, i partiti rivoluzionari e i sindacati stavano scaldando i motori. Le elezioni generali del giugno 1931 confermarono l'Esquerra di Macià e Companys come la principale forza politica a Barcellona e in Catalogna. Il fatto che Companys, che aveva lasciato la carica di sindaco di Barcellona per diventare governatore civile, fosse stato un sostenitore di ladri, pistoleri e altri criminali, elementi che non avrebbero potuto aderire a nessun partito o sindacato operaio, ma che erano accettati nella CNT, lo aveva aiutato a stabilire ottime relazioni con gli anarchici. Dalla sua posizione di governatore mantenne la città relativamente calma: "Visto che voi", disse cinicamente ai suoi vecchi amici, "non siete pronti a fare la vostra rivoluzione, perché non ci lasciate fare la nostra e non approfittate della libertà concessa dal nuovo regime per fare la vostra propaganda?". Dimenticava che la propaganda con i fatti era la preferita dagli anarchici. Durante l'estate iniziarono scioperi, sabotaggi e scontri con la polizia, che veniva attaccata dalle finestre e dagli angoli delle strade in una sorta di guerriglia. Al governatore civile fu persino chiesto di disarmare la polizia e di armare il popolo. Nel settembre del 1931 fu proclamato uno sciopero generale di due giorni che bloccò completamente la città.

Mesi dopo, nel gennaio 1932, sindacalisti, comunisti e anarchici inscenarono in Catalogna una rivolta che si sarebbe diffusa in tutta la Spagna. Il movimento era organizzato dalla FAI e sostenuto da un partito trotskista, la Sinistra Comunista, che si era scisso dal Partito Comunista ufficiale e aveva trascinato con sé la maggior parte dei comunisti catalani. I suoi leader erano Andreu Nin, Joaquín Maurín e Juan Andrade. La FAI proclamò il comunismo libertario nell'Alto Llobregat e furono occupati edifici pubblici a Berga e Manresa. In alcuni luoghi vennero divise le proprietà agricole. La rivolta fu sedata con grande spargimento di sangue. Azaña denunciò categoricamente che il movimento rivoluzionario era stato sovvenzionato dall'estero. In realtà, da tempo la propaganda sovietica e il denaro straniero affluivano in Spagna attraverso Barcellona. Più di cento leader rivoluzionari furono arrestati, tra cui Durruti e Ascaso, e deportati senza processo nella Guinea spagnola.

Ma passiamo allo Statuto. Nel testo presentato alle Cortes, la Catalogna veniva definita come uno Stato autonomo all'interno della Repubblica spagnola. Il catalano sarebbe stata la sua lingua ufficiale, anche se era previsto l'uso dello spagnolo come lingua di comunicazione con Madrid. Lo Statuto stabiliva i poteri legislativi ed esecutivi nel campo dell'istruzione. La Generalit rivendicava per sé il potere di stabilire la divisione territoriale della Catalogna e la libertà dei consigli locali. Stabilì inoltre che i giovani catalani avrebbero prestato il servizio militare in Catalogna in tempo di pace. Le questioni principali al centro del dibattito, che durerà fino al settembre 1932, sono la lingua e l'istruzione. La prima battaglia fu sullo status di co-ufficialità del castigliano. Alla fine, i deputati catalani dovettero accettare la seguente formulazione: "La lingua catalana, così come la lingua castigliana, saranno lingue ufficiali in Catalogna".

Il dibattito sull'istruzione ha occupato tutto il mese di luglio e ha dato luogo a discorsi accesi. L'articolo in questione fu seriamente modificato. La formulazione finale dava alla Generalit il controllo sui servizi delle belle arti, sui musei, sulle librerie, sui monumenti e sugli archivi, ad eccezione dell'Archivio della Corona d'Aragona; ma non le concedeva la sua più grande aspirazione: la giurisdizione esclusiva sull'Università. L'autonomia universitaria fu accettata, ma, essendo l'unica università della Catalogna, doveva essere governata da un consiglio che garantisse la parità di diritti tra professori e studenti di entrambe le lingue e culture. I catalani sostennero che ciò andava contro lo spirito dello Statuto, perché distruggeva l'unità del sistema educativo e perché incoraggiava le distinzioni razziali che portavano all'inimicizia. Azaña era d'accordo con loro e cercò di convincere il settore avversario a modificare il suo approccio, ma non ci riuscì. Queste erano le discussioni all'epoca della Sanjurjada. Nella seconda metà di agosto, l'approvazione degli articoli procedette rapidamente e furono approvate le disposizioni relative all'organizzazione comunale e amministrativa. Anche il recupero del vecchio codice civile catalano è stato accettato con grande soddisfazione dei deputati catalani. Il 9 settembre si tenne la votazione e lo Statuto di Autonomia della Catalogna fu approvato a grande maggioranza. L'11 settembre, una data carica di connotazioni storiche, i catalani tornarono. Il 25 il presidente Azaña fu acclamato a Barcellona, dove consegnò formalmente lo Statuto alle autorità catalane. Il 20 novembre 1932 si tennero le prime elezioni per il nuovo Parlamento catalano, vinte da Esquerra Republicana. Il nome storico di Corts fu evitato a causa delle sue connotazioni monarchiche.

Mentre i nazionalisti cercavano di avanzare nella costruzione della loro ritrovata autonomia, il movimento rivoluzionario era ancora determinato a impedire la pace sociale. Nel gennaio 1933 García Oliver, leader della FAI, guidò una nuova rivolta armata a Barcellona, Lérida e Valencia. Tra le altre cose, chiedeva la liberazione dei deportati in Africa dell'anno precedente. Come allora, si tentò di occupare importanti edifici pubblici, ma anche in questo caso fallì e i leader anarchici, ai quali furono confiscate molte armi, furono nuovamente arrestati. A Barcellona furono scoperte grandi quantità di bombe e il governo dichiarò la CNT illegale e ne chiuse le sedi, anche se non ebbe la forza di mantenere l'illegalità.

Ma l'evento che avrebbe segnato seriamente il governo ebbe luogo in un misero villaggio, Casas Viejas, vicino a Jerez de la Frontera. Gli anarchici andalusi avevano indetto uno sciopero generale in Andalusia a sostegno della rivolta in Catalogna, che non si concretizzò. L'11 gennaio, un anziano anarchico soprannominato Seisdedos, consapevole dei piani di sciopero generale, decise di agire da solo. Dopo aver incoraggiato i suoi amici e familiari, tutti parteciparono a un corteo per le strade della città armati di fucili e bastoni. Al centro anarcosindacalista proclamarono il comunismo libertario e poi, dopo aver intimidito il sindaco, assediarono la caserma della Guardia Civil chiedendone la resa. Il brigadiere della postazione ha contattato Cadice e Medina Sidonia per chiedere rinforzi. Il governo, avvisato di quanto si stava preparando in Andalusia e Catalogna, era pronto e ordinò l'invio di truppe. Nel frattempo, i ribelli di Casas Viejas, che avevano accumulato pistole, munizioni ed esplosivi, iniziarono la battaglia e ferirono mortalmente tre guardie. Poco dopo mezzogiorno arrivarono i rinforzi e la città fu addirittura sorvolata dagli aerei. Vista la portata dell'ordigno, Seisdedos e i suoi uomini si ritirarono. Seisdedos e i suoi uomini si ritirarono nelle loro case. Iniziò una perquisizione casa per casa, ma alcune case rifiutarono di arrendersi. Il nucleo della resistenza si organizzò nella casa di Seisdedos, la cui figlia, Libertaria, ricaricava i fucili del padre mentre lui continuava a sparare. Le truppe d'assalto subirono pesanti perdite e il buio calò senza che gli anarchici si arrendessero. Durante la notte le forze dell'ordine fecero scorta di bombe e mitragliatrici con l'intenzione di porre fine ai ribelli, ma non agirono fino a quando non ricevettero il permesso dal Ministero degli Interni, il cui ministro era Casares Quiroga. La casa fu rasa al suolo senza pietà: dopo essere stata bombardata, fu cosparsa di benzina e data alle fiamme. Seisdedos, Libertaria e altre sei persone furono uccise. Le altre case che resistettero subirono la stessa sorte e altre venti persone persero la vita. Alle sette del mattino era tutto finito.

Quando i dettagli di quanto accaduto a Casas Viejas divennero noti, l'indignazione si diffuse in tutto il Paese. La Repubblica fu accusata di aver agito come o peggio della dittatura. Il prestigio del governo crollò e non si riprese più. Anche i socialisti, partner del governo di Azaña, furono duramente colpiti. In primavera la CNT tornò a Barcellona e proclamò un massiccio sciopero edilizio che durò diciotto settimane. In solidarietà con i compagni catalani, furono proclamati scioperi generali a Saragozza, La Coruña, Oviedo e Siviglia. Nelle fonderie di La Felguera (Asturie) duemilaottocento lavoratori della CNT, praticamente l'intera popolazione, iniziarono nella primavera del 1933 un eroico sciopero in solidarietà con il licenziamento senza indennizzo di compagni anziani. Resistettero per nove mesi e i padroni, di fronte alle gravi perdite causate dalla loro ostinazione, alla fine cedettero.

Azaña aveva annunciato che avrebbe indetto le elezioni municipali in aprile con il nuovo censimento, che comprendeva anche le donne; ma, visto il calo di popolarità, si è rimangiato la promessa e il 23 aprile ha indetto solo elezioni suppletive in circa duemila e cinquecento distretti rurali che nell'aprile 1931 erano stati monarchici, per cui la loro rappresentanza era stata annullata. Azaña, che chiamava questi comuni "borghi marci", temeva che i risultati potessero essere intesi come un voto di sfiducia nei confronti della sua amministrazione. E così fu, perché dei sedicimila consiglieri in palio, solo circa cinquemila andarono ai candidati del governo. Si può dire che da quel momento in poi la crisi politica fu in crescendo e gli appelli alle dimissioni del governo si fecero sempre più frequenti nelle Cortes, dove durante il mese di maggio si discusse la Legge sulle Congregazioni e le Denominazioni Religiose, che attuava gli articoli anticlericali della Costituzione.

Il 12 giugno Azaña finì per rimpastare il governo, con l'ingresso di Companys come Ministro della Marina. Sarà l'ultimo governo delle Cortes Constituyentes: a settembre si dimette. L'evento più rilevante di questi mesi fu la creazione del Tribunale delle Garanzie Costituzionali. Per il resto, l'impopolarità del governo non fece che aumentare. Gli scioperi erano continui, la disoccupazione rimaneva alta come sempre e le carceri erano molto più affollate che durante la dittatura: la sola CNT aveva circa 9.000 prigionieri. La Repubblica non era riuscita a risolvere i problemi dei contadini e degli operai e, inoltre, aveva deluso completamente le classi medie, compresi i monarchici, che subirono ogni sorta di oltraggio: persino i postini avevano ricevuto l'ordine di non consegnare agli aristocratici la posta che continuava a giungere loro con i titoli nobiliari, che erano stati aboliti. L'ultima dimostrazione di intolleranza settaria era stata una notevole epurazione all'interno dell'amministrazione civile dello Stato per il reato di "incompatibilità con il regime".

Il centrodestra governa senza CEDA

La caduta di Azaña in settembre diede il via a un governo di breve durata guidato da Lerroux, che durò dal 12 settembre all'8 ottobre 1933. Fu rovesciato da una mozione di fiducia presentata il 2 settembre da Indalecio Prieto. Il Gran Maestro del Grande Oriente Spagnolo, Diego Martínez Barrio, presiedette il governo incaricato di supervisionare il processo elettorale dopo lo scioglimento delle Cortes, annunciato da Alcalá Zamora, Presidente della Repubblica.

Il 19 novembre 1933 si tennero le elezioni generali per le prime Cortes ordinarie della Repubblica, le prime in cui le donne poterono votare. Ventisei partiti politici ottennero la rappresentanza parlamentare. Il partito più votato fu il CEDA di José Mª Gil Robles, con 115 deputati, seguito dal Partito Radicale Repubblicano (PRR) di Lerroux, con 102. La sinistra repubblicana fu un clamoroso fallimento: furono eletti solo una mezza dozzina di deputati. Azaña riuscì a mantenere il suo seggio per miracolo, grazie al fatto che si candidò a Bilbao per il distretto di Indalecio Prieto, il quale, contro le indicazioni del suo partito, mantenne la coalizione con i repubblicani di Azaña. In Catalogna, Esquerra Republicana è scesa da 46 a 17. Molti dei suoi voti sono andati a La Lliga Regionalista, diventata Lliga Catalana dopo il ritorno di Cambó, che ha ottenuto 24 rappresentanti. Sembrava chiaro che la società spagnola stesse optando per la moderazione e la stabilità. Altri partiti di destra con risultati degni di nota furono il Partito Agrario Spagnolo (PAE), con 30 seggi; la Comunione Tradizionalista (CT), con 20; il Partito Repubblicano Conservatore (PRC), con 17; Rinnovamento Spagnolo (RE), con 14; il Partito Nazionalista Basco (PNV), con 11. Il Partito Comunista di Spagna (PCE) e la Falange Spagnola (FE) ottennero entrambi un deputato ed entrarono nelle Cortes per la prima volta. La CNT aveva fatto una campagna per l'astensione.

Prima della pubblicazione dei risultati elettorali, uno sciopero dei trasporti aveva riscaldato l'atmosfera a Barcellona. L'8 dicembre si trasformò in una rivolta e la polizia arrivò a piazzare mitragliatrici in alcune piazze. Rivolte anarco-sindacaliste scoppiarono in varie parti del Paese. Scioperi generali furono proclamati a La Coruña, Saragozza e Huesca. In molte città dell'Aragona e nei vigneti della Rioja fu proclamato il comunismo libertario. A Barbastro e in altre città della zona furono erette barricate e si tentò di occupare edifici pubblici, con conseguenti scontri con la Guardia Civil. A Calatayud e Granada furono incendiati conventi e chiese. Sospetti rivoluzionari causarono un incidente sul treno Barcellona-Siviglia e 19 persone morirono a causa del sabotaggio. Il governo dichiarò lo stato di allarme e nel giro di tre o quattro giorni la situazione si calmò. Questo fu il contesto in cui si formò il primo governo di Lerroux.

Sarebbe stato logico che il partito vincitore, cioè la CEDA, cercasse di formare un governo. Una coalizione tra il Partito Radicale di Lerroux e quello di Gil Robles avrebbe potuto portare stabilità fin dall'inizio della legislatura; ma il Presidente della Repubblica affidò a Lerroux la formazione del governo. Va tenuto presente che Gil Robles era un giovane avvocato di trentacinque anni con pochissima esperienza politica, mentre Lerroux era un vecchio cane esperto in mille battaglie. Inoltre, il fatto che Gil Robles fosse un leader cattolico mise in allarme la Massoneria, che scatenò immediatamente una campagna contro di lui. Fin dall'inizio, furono le logge a bollarlo come fascista. Già durante la campagna elettorale, la Massoneria temeva che le sue vittorie anticlericali potessero essere compromesse. La Gran Loggia spagnola avvertì i "cari fratelli" di essere vigili: "... La vita del nostro Ordine è in gioco in questa lotta. Sono i nostri ideali minacciati che dobbiamo difendere. In loro nome proponiamo alle nostre logge sorelle di unirsi alle organizzazioni locali e di stringere alleanze per combattere ovunque sia necessario contro la reazione che ci minaccia". In una circolare del 22 marzo 1934, il Grande Oriente spagnolo considerò la vittoria cedista come il trionfo del fascismo:

> "In virtù dei principi fondamentali della nostra istituzione, siamo obbligati a respingere tutto ciò che significa dittatura, ed essendo in questo momento il pericolo più grave e imminente in quest'Ordine quello del fascismo, tutti i massoni, individualmente e collettivamente, devono preoccuparsi di impedire lo sviluppo di questa forza, che sotto il suo nome moderno copre in Spagna i nostri nemici tradizionali."

Tuttavia, né la vittoria della CEDA significava dittatura né Gil Robles era un fascista, dal momento che aveva più volte dichiarato di accettare il regime repubblicano. Infatti, il giovane leader di destra era convinto che nell'ambito della Repubblica fosse possibile concordare una Costituzione consensuale che sarebbe stata accettata da tutti i cattolici. I seguaci di Gil Robles criticarono Alcalá Zamora per non aver contato su di lui all'inizio, accusandolo di trattarlo in modo sconsiderato perché aveva un'antipatia personale nei suoi confronti; ma Gil Robles si disse pronto a collaborare con i centristi di Lerroux, che il 16 dicembre presiedettero un governo quasi monocolore che non comprendeva nemmeno un ministro cedista. In ogni caso, l'appoggio della CEDA ha avuto un prezzo da pagare: il governo di Lerroux, nonostante il PRR si fosse caratterizzato per il suo anticlericalismo e avesse votato a favore della secolarizzazione dell'istruzione, ha bloccato la sostituzione delle scuole religiose con quelle laiche. Anche i processi di esproprio delle terre furono rivisti e i proprietari terrieri che erano stati arbitrariamente espropriati recuperarono le loro proprietà. Ciò fece sì che circa diecimila contadini che avevano ricevuto terre perdessero i loro insediamenti.

Nel febbraio 1934 Francisco Largo Caballero, presidente dell'UGT, sindacato che aveva collaborato con la dittatura di Primo de Rivera, iniziò ad assumere posizioni radicali che lo avrebbero reso l'uomo delle masse: "L'unica speranza delle masse", disse in febbraio, "è la rivoluzione sociale. Solo essa può salvare la Spagna dal fascismo". In quattro anni l'UGT era passata da 300.000 a 1.250.000 iscritti ed era l'unico sindacato in grado di competere con la CNT. Da questa posizione di forza sindacale, Largo Caballero cercò di creare un'organizzazione in cui potessero confluire tutti i partiti della classe operaia: l'Alianza Obrera (Alleanza dei Lavoratori).. La CNT si rifiutò di aderire e anche i comunisti, che allora si comportavano come furiosi rivoluzionari, rifiutarono di partecipare. Con questi approcci la posizione dei socialisti nei confronti del governo Lerroux fu di scontro frontale.

All'inizio di marzo iniziarono le crisi di governo che si susseguirono a causa della testardaggine di Alcalá Zamora, che continuava a ignorare il vincitore delle elezioni. Il 23 gennaio 1934 il Gran Maestro Martínez Barrio, membro del PRR, si dimise da Ministro della Guerra e divenne Ministro degli Interni; ma il 3 marzo, in ottemperanza alle istruzioni delle logge, si dimise per protestare contro la deriva del governo, che aveva bisogno dell'appoggio dei deputati della CEDA. Le sue dimissioni portarono alla caduta del governo. Ancora una volta Lerroux fu incaricato dal Presidente della Repubblica di formare un nuovo Consiglio dei Ministri. Gil Robles espresse allora il suo scetticismo: "Dubito che possa sopravvivere un mese". Non si sbagliava di molto, perché il governo fu formato il 3 marzo e cadde il 28 aprile.

La CNT lo accolse con uno sciopero generale a Saragozza che durò quattro settimane, durante le quali la capitale aragonese rimase paralizzata. Un altro sciopero fu indetto a Valencia, ma lì i fondi della CNT per lo sciopero si esaurirono e non poté durare. Tuttavia, non furono gli scioperi a far cadere il nuovo governo, ma il tentativo di aprile di promulgare una legge che ripristinava la pena di morte. Il Ministro della Giustizia, Ramón Álvarez Valdés, del Partito Repubblicano Liberale Democratico, difese il progetto di legge, sostenendo che la reintroduzione della pena capitale era l'unico modo per porre fine ai crimini che si verificavano costantemente nelle principali città del Paese. In concomitanza con il 300° anniversario della Repubblica, il ministro ebbe la temerarietà di sferrare un attacco ai "martiri della Repubblica", gli "eroi di Jaca". Alla Camera scoppiò un enorme scandalo, che si diffuse in tutto il Paese e portò alle dimissioni di Álvarez Valdés. Al suo posto subentrò Salvador de Madariaga, un indipendente che era entrato nel governo come ministro dell'Istruzione pubblica e che accettò incomprensibilmente l'incarico. La goccia che fece traboccare il vaso per il governo fu il progetto di legge sull'amnistia, che proponeva di perdonare coloro che avevano commesso crimini prima del dicembre 1933, tra cui il generale Sanjurjo e i suoi compagni di insurrezione a Siviglia. La legge fu approvata, ma alla fine di aprile si diffuse la voce che il Presidente della Repubblica si rifiutasse di accettarla. Alla fine la firmò, ma pubblicò subito una lettera in cui spiegava a lungo la sua disapprovazione. Lerroux si sentì sconfessato e il 28 aprile si dimise. Erano passati solo cinque mesi dalle elezioni e la sinistra si affrettò a chiedere nuove elezioni. Anche questa volta Alcalá Zamora non volle andare da Gil Robles e affidò la formazione del governo a Ricardo Samper, anch'egli del PRR,. Salvador de Madariaga si affrettò a lasciare l'esecutivo.

Con l'arrivo dell'estate, le tensioni si spostarono in Catalogna, dove il colonnello Maciá era morto il giorno di Natale del 1933 e dal 31 dicembre Lluís Companys era presidente della Generalitat e nuovo uomo forte di Esquerra. Poiché lo Statuto di Autonomia conferiva alla Generalitat poteri in materia di elezioni comunali, il 14 gennaio si tennero le elezioni amministrative, vinte da Esquerra Republicana. Nell'aprile 1934, il Parlamento catalano approvò una nuova legge agraria, la "Llei de Contractes de Conreu", nota a Madrid come Ley de Cultivos. I proprietari terrieri protestarono con veemenza e andarono a cercare il sostegno del governo statale, che affidò la questione al neonato Tribunal de Garanties Constitucionals (Tribunale delle Garanzie Costituzionali). Questo Tribunale, composto da politici che rappresentano tutti i partiti, a giugno ha stabilito che il Parlamento catalano non aveva il potere di legiferare in materia e la Legge sulla coltivazione è stata dichiarata inapplicabile. È iniziata quindi una crisi che si è conclusa con il disastro del 6 ottobre. Il Parlamento catalano sfidò il governo di Madrid e ratificò la legge. I partiti repubblicani di sinistra delle Cortes si schierarono con Esquerra Republicana, ma la Lliga Catalana appoggiò il governo. Il Presidente Companys dichiarò che "non una virgola" della legge sarebbe stata modificata. Il presidente Samper lo sfidò ad applicarla. Le Cortes si chiusero per la pausa estiva.

Affinché il lettore possa comprendere la questione, è necessario spiegare che la maggior parte delle terre in Catalogna era nelle mani di piccoli proprietari terrieri che cedevano le loro terre a contadini chiamati "rabassaires". Nei contratti di mezzadria, le spese e i profitti erano condivisi dal proprietario e dall'affittuario. La maggior parte dei terreni affittati era dedicata alla coltivazione della vite, quindi la durata dei contratti era legata alla vita delle viti. Quando i tre quarti delle viti cessavano di produrre, "rabassa morta", la terra tornava al proprietario, che poteva o meno rinnovare il contratto. Il mancato rinnovo significava l'esproprio della terra. I rabassaires avevano imparato a prolungare la vita delle viti e in passato le facevano durare per cinquant'anni. La peste fillosserica del XIX secolo uccise le vecchie viti e fu introdotto un tipo di pianta che durava circa venticinque anni e richiedeva maggiori cure. Durante la guerra europea i prezzi erano così alti che non c'erano controversie per il rinnovo dei contratti; ma quando arrivarono le cattive vendemmie e il prezzo del vino cominciò a scendere, alcuni rabassaires non poterono rispettare i contratti e furono espropriati. Si organizzarono in un sindacato tra i cui fondatori c'era anche Companys. Protetti da Esquerra Republicana, si impegnarono a votarla alle elezioni. Poiché ogni cosa ha il suo prezzo, Macià, prima di morire a Pasqua nel 1933, aveva rivolto un comizio a quindicimila contadini, promettendo loro una legislazione che aiutasse a risolvere la questione. A giugno iniziarono i disordini nelle campagne e i proprietari terrieri furono accolti da gruppi armati di malcontenti che attaccavano le loro proprietà. Un mese dopo, nel luglio 1933, il progetto di legge che sarebbe stato approvato nell'aprile 1934 entrò in Parlamento. La legge, che piacque più ai contadini che ai proprietari terrieri, anche se osservatori imparziali ammisero che era destinata a risolvere un'ingiustizia, prevedeva tribunali arbitrali e dava agli affittuari la possibilità di acquisire la terra che avevano lavorato per quindici anni.

La decisione della Corte delle Garanzie Costituzionali ha evidenziato il confronto tra Esquerra Republicana e la Lliga Catalana di Cambó, che nel gennaio 1934 aveva lasciato il Parlamento in disaccordo con il modo in cui Companys era stato eletto presidente della Generalitat. La Lliga, pur accettando la necessità di riformare la legge esistente, non era d'accordo sul modo in cui gli affittuari potevano acquistare la terra. Invece di cercare i buoni uffici della Lliga per mediare con i proprietari terrieri, Esquerra Republicana li accusò di aver incoraggiato il presidente Samper a portare la Legge sulla Coltivazione davanti alla Corte delle Garanzie e bollò il loro atteggiamento come reazionario e antipatriottico. Una vittoria politica si è così trasformata in una perdita di prestigio agli occhi dell'opinione pubblica, soprattutto quando il presidente della Generalitat ha definito la sentenza della Corte un attacco all'autonomia della Catalogna.

Prima della fine dell'estate, le passioni scatenate erano più che sufficienti per superare la sanità mentale. Companys non perse occasione per attaccare violentemente il governo della Repubblica. In un comizio tenuto a Gerona il 2 settembre si espresse in questi termini: "Questo governo, che ha il compito di guidare i popoli ispanici, non è più fedele alla Costituzione. Non riesce a scrollarsi di dosso il manto dell'imperialismo e l'educazione ricevuta dalla monarchia. Questi uomini non sono liberali, non riescono a capire l'idea federale. Se a Madrid non riescono a creare l'ideale ispanico, noi procederemo a creare la nazionalità catalana". L'articolo 13 della Costituzione, che Companys era obbligato a rispettare, affermava con chiarezza cristallina: "In nessun caso sarà ammessa la federazione di regioni autonome". È chiaro, quindi, che era il presidente della Generalitat a non essere fedele alla Costituzione. Peggio ancora, Companys non era solo, poiché alcuni socialisti stavano sempre più manifestando la loro minaccia di non rispettare le regole del gioco. Mesi prima, Largo Caballero, in una chiara allusione alla dittatura del proletariato, aveva formulato la famosa domanda di Lenin: "Libertà per cosa? Lo stesso Azaña si esprimeva sempre più spesso come un rivoluzionario nei suoi discorsi. Per Azaña, il governo di Esquerra in Catalogna "era l'unico potere repubblicano" in tutto il Paese e l'unico "bastione" contro il ritorno della tirannia. Tutti loro hanno dimenticato o disprezzato i voti che ha depositato nelle urne. Dopo aver legiferato e governato per due anni e mezzo, nove mesi dopo il trionfo dei loro avversari politici, i "democratici" di sinistra non accettarono il gioco parlamentare e vollero prendere il potere con la rivoluzione.

Come se non ci fossero abbastanza problemi, anche i baschi ne sollevarono di propri. I nazionalisti baschi, indignati dall'anticlericalismo della Costituzione, avevano abbandonato le Cortes, ma con la nuova legislatura sono tornati. Volevano il controllo religioso della loro comunità e aspiravano ad avere propri rappresentanti in Vaticano, perciò molti avevano votato per la CEDA. Tuttavia, si spostarono a sinistra quando si resero conto che il governo di centro-destra non era favorevole alle loro rivendicazioni di autonomia. I baschi decisero di indire le elezioni nei loro consigli locali come segno di protesta contro un'imposizione economica che andava contro le loro rivendicazioni per un accordo economico. Il governo di Madrid vietò le elezioni e cercò di impedirle con la forza durante il loro svolgimento. Tutti i consigli comunali baschi si dimisero e nei Paesi Baschi proliferarono le manifestazioni per chiedere l'autonomia. Infine, i suoi deputati in Parlamento seguirono l'esempio della Esquerra Republicana e abbandonarono le Cortes. Questa era la situazione nel settembre 1934.

Da parte loro, i leader socialisti non erano d'accordo sulla strategia da seguire. I sostenitori di Largo Caballero erano pronti a scatenare una rivoluzione contro il governo della Repubblica, ma questo non era condiviso da Indalecio Prieto, che non vedeva come avrebbe potuto avere successo. Il controllo di Largo Caballero sull'UGT fece pendere la bilancia dalla sua parte. L'approccio rivoluzionario del leader dell'UGT era condiviso anche da Companys, presidente della Generalitat, che era pronto a guidare la rivolta in Catalogna. In relazione a queste voci, fu annunciato che settanta casse di armi erano sbarcate nelle Asturie e il governo riferì di arresti in relazione al ritrovamento di grandi quantità di munizioni[20]. Vista la situazione, fu

---

[20] Per quanto riguarda le armi, sembra che provenissero da arsenali governativi. Echevarrieta, finanziere basco amico di Indalecio Prieto, aveva fatto l'ordine al Consorzio delle Fabbriche Militari nel 1932 con l'intenzione di metterle nelle mani dei rivoluzionari portoghesi. La consegna fu vanificata e le armi rimasero nascoste a Cadice fino al 1934 quando, con il permesso del Ministro della Guerra, quasi certamente il venerabile Fratello Martínez Barrio, furono caricate a bordo de La Turquesa, presumibilmente diretta a Bordeaux. Durante il viaggio, la nave si fermò al largo delle Asturie e li sbarcò. La polizia ne è venuta a conoscenza ed è riuscita a sequestrarne almeno una parte, soprattutto cartucce. Queste armi dovevano finire a Madrid, ma a causa della sorveglianza si decise di distribuirle nelle Asturie. Tra queste c'erano cinquecento fucili Mauser, ventiquattro mitragliatrici e migliaia di bombe a mano. Dato che le cartucce erano finite nelle mani

decretato lo Stato di Allarme in tutta la Spagna. Le elezioni comunali previste per l'autunno furono nuovamente annullate.

Gil Robles, che in più di un'occasione aveva detto ai suoi seguaci che la sua ascesa al potere era solo una questione di tempo, riteneva che fosse arrivato il momento di guidare il governo. L'11 settembre il quotidiano *El Sol* pubblicò queste parole del leader cattolico: "Il cammino è chiaro davanti a noi, non un momento di più! Non vogliamo nulla per noi stessi, ma non tollereremo più la continuazione di questo stato di cose". Sembrava chiaro che Gil Robles avrebbe ritirato il suo appoggio a Samper per recuperare il governo. Questo era l'intendimento del proletariato asturiano, che si preparava allo sciopero generale. Il 1° ottobre il leader della CEDA tenne un discorso in Parlamento in cui condannò i governi che si erano succeduti negli ultimi undici mesi, che non avevano saputo interpretare la volontà popolare: "Abbiamo dato loro il nostro appoggio", dichiarò, "ma sentiamo che non possiamo continuare a farlo. Siamo pronti a fare il nostro dovere". Questa frase, evidenziata da *El Sol* nell'edizione del 2 ottobre, poteva essere intesa solo in un modo dal governo, che si è dimesso. Ancora una volta il Presidente della Repubblica ha avviato le consultazioni e ancora una volta ha rifiutato di affidare la formazione del governo a Gil Robles. La critica dei Cedistas nei confronti di Alcalá Zamora fu clamorosa e l'indignazione monumentale: non solo il loro leader non sarebbe stato presidente, ma non avrebbe nemmeno fatto parte del governo. La persona scelta da Alcalá Zamora fu ancora una volta l'apparentemente indispensabile Alejandro Lerroux, "Don Ale", che diede a tre ministri della CEDA un posto nel governo. Gerald Brenan trova ne *Il labirinto spagnolo* una giustificazione per la decisione di Alcalá Zamora. Secondo Brenan, "i partiti di sinistra avevano avvertito il Presidente della Repubblica che se un membro della CEDA fosse entrato nel governo, lo avrebbero considerato come una dichiarazione di guerra contro di loro". Secondo l'ispanista britannico, i partiti di sinistra fecero pressione su Alcalá Zamora affinché sciogliesse le Cortes.

La sinistra reagì come se ci fosse stato un colpo di Stato, ma in realtà era successo solo che il partito che aveva vinto le elezioni era entrato nel governo con tre ministri, e questo era tutto. Nessun Paese democratico al mondo avrebbe accettato la censura del partito più votato. Era incomprensibile e inaccettabile. In *La tragedia spagnola* Allison Peers fa riferimento a questa circostanza con parole di stupore: "La sinistra sarebbe stata la prima a lamentarsi se, in quanto gruppo di maggioranza, fosse stata esclusa dal potere. Perché, allora, essendo in linea di principio democratici, ed essendo stati rifiutati dagli elettori, avrebbero dovuto fare fuoco e fiamme, e pretendere che ciò che non erano riusciti a conquistare con mezzi legali fosse ottenuto con mezzi ripugnanti?". In realtà, nessuno ha accettato la

---

della polizia, per compensare la perdita fu falsificato un treno di munizioni che fu inviato dall'arsenale di Toledo alle Asturie.

decisione del Presidente della Repubblica, i cui nemici sono aumentati a destra e a sinistra. Miguel Maura, ex ministro degli Interni nell'aprile del 1931, pubblicò uno scritto denunciando Alcalá Zamora come "traditore". Altri ex colleghi criticarono rabbiosamente il suo operato e annunciarono che avrebbero interrotto i rapporti con lui. Anche Azaña decise di lasciare il Parlamento per protestare contro le azioni del Presidente della Repubblica, ma le sue motivazioni erano tutt'altro che chiare.

Il 5 ottobre fu proclamato uno sciopero generale in tutto il Paese, indetto dall'UGT; nelle Asturie raggiunse un'intensità tale che fu proclamata la Legge Marziale e l'esercito fu chiamato a rinforzare la Guardia Civil. In tutte le grandi città lo sciopero fu sentito intensamente. A Madrid i militari fecero funzionare alcuni treni, tram e autobus, ma le comunicazioni di ogni tipo furono interrotte. Solo *El Debate* e *ABC* poterono pubblicare, non essendo controllati dai sindacati. I cittadini sono stati avvertiti di non uscire per strada tra le 20.00 e l'alba. Per il momento non ci sono stati atti di violenza a Madrid.

Il colpo di stato di Companys in Catalogna

Lo sciopero generale a Barcellona si è sviluppato senza violenza e con un seguito disomogeneo. Le autorità municipali e regionali si sono riunite la sera del 4 e il presidente Companys ha annunciato di aver ricevuto assicurazioni da Madrid che non sarebbe stata dichiarata la legge marziale in Catalogna. La Generalitat si era assunta la responsabilità di mantenere l'ordine pubblico. Il 5 passò senza incidenti degni di nota a Barcellona e nel pomeriggio sembrò che lo sciopero cominciasse a spegnersi, dato che la CNT non aveva appoggiato l'appello dei socialisti. Il 6, tuttavia, nelle prime ore del mattino iniziò a essere distribuito un proclama sospetto intitolato "La Repubblica Catalana". In esso si faceva appello al popolo catalano affinché si tenesse pronto. L'opuscolo terminava con le parole: "Alle armi per la Repubblica Catalana!". Un altro evento che non lasciava presagire nulla di buono era l'occupazione del Fomento de Trabajo Nacional alla Puerta del Angel, un evento guidato dall'Alianza Obrera. L'Alianza Obrera era una confluenza di socialisti, trotzkisti e nazionalisti. In quell'occasione fu redatto un proclama che fu affisso per le strade del centro della città. Il testo iniziava così: "Il movimento insurrezionale del proletariato spagnolo contro il colpo di Stato ha acquisito un'estensione e un'intensità straordinarie...". Ancora una volta, platealmente, l'ingresso di tre ministri cattolici nel governo veniva descritto come un colpo di Stato. Il proclama annunciava: "la proclamazione della Repubblica catalana avrà senza dubbio un'enorme influenza, provocherà l'entusiasmo delle masse lavoratrici in tutto il Paese e ne rafforzerà lo spirito combattivo". Il testo si concludeva con le esclamazioni "Viva lo sciopero generale rivoluzionario, viva la Repubblica catalana!".

Alle 9 del mattino del 6, il Presidente della Generalitat aveva già deciso di tradire la Repubblica, poiché mostrò a Josep Dencàs, Ministro degli Interni, due testi opzionali per rivolgersi al popolo catalano: uno, redatto da Joan Lluhí, un massone che era Ministro della Giustizia; l'altro scritto da lui stesso. Dencàs optò per il secondo e chiese a Companys se doveva dare l'ordine di mobilitazione e distribuzione delle armi. Dopo aver ricevuto il permesso del presidente, ordinò a Miquel Badia di distribuire le armi agli "escamots". Dencàs, un altro massone appartenente alla loggia dell'Immortalità di Barcellona, aveva partecipato alla fondazione di Esquerra Republicana de Catalunya nel 1931. Lui e Badia erano i leader di Estat Català, il movimento giovanile di Esquerra Republicana fondato da Macià. Estat Català aveva un'organizzazione militare di circa 3.500 uomini, gli escamots, che indossavano uniformi verdi e rappresentavano un nazionalismo fanatico. Badia, che era anche massone e aveva partecipato a un attentato ad Alfonso XIII nel 1925, era il capo del Commissariato Generale dell'Ordine Pubblico della Generalitat, in altre parole il capo della polizia. I suoi accoliti lo chiamavano "capitá collons". Questi due uomini erano i più stretti collaboratori di Companys.

Secondo un rapporto del generale Domingo Batet, "furono distribuite pubblicamente armi corte e lunghe e cominciarono a circolare gruppi armati". Il Ministro degli Interni ordinò di concentrare circa 400 squadristi presso la Generalitat. Miquel Badia fu messo a capo delle scorte e il commissario generale Coll i Llach aveva ai suoi ordini tremiladuecento guardie d'assalto in caso di necessità. Emissari furono inviati in tutta la Catalogna con ordini di mobilitazione, rivolti soprattutto ai rabassaires. Alle cinque del pomeriggio si tenne una riunione nel palazzo della Generalitat e alle sei e mezza i ministri erano nei loro uffici. Contemporaneamente, gruppi di escamot e di militanti nazionalisti si presentarono in Plaça de Catalunya. Ben presto fu organizzata una manifestazione che si diresse verso la Plaça de Sant Jaume, dove si radunò una folla di persone che si sparse nelle strade adiacenti. Tra grida e applausi esultanti, il Presidente Companys si affacciò al balcone e pronunciò queste parole:

"Catalani!
Le forze monarchiche e fasciste che da tempo cercano di tradire la Repubblica hanno raggiunto il loro obiettivo e hanno preso il potere. I partiti e gli uomini che hanno manifestato pubblicamente contro le scarse libertà della nostra terra, i nuclei politici che predicano costantemente l'odio e la guerra contro la Catalogna, sono oggi il sostegno delle attuali istituzioni. Gli eventi che si sono verificati hanno dato a tutti i cittadini la chiara impressione che la Repubblica, nei suoi principi democratici fondamentali, sia in gravissimo pericolo. Tutte le forze autenticamente repubblicane in Spagna e i settori socialisti avanzati, senza distinzioni o eccezioni, hanno preso le armi contro questo audace passo dei fascisti.

La Catalogna liberale, democratica e repubblicana non può essere assente dalla protesta che sta trionfando in tutto il Paese, né può far tacere la sua voce di solidarietà con chi, come lei, sta combattendo nelle terre ispaniche, a volte fino alla morte, per la libertà e i diritti. La Catalogna alza alta la sua bandiera e invita tutti a fare il proprio dovere e a prestare assoluta obbedienza al Governo della Generalitat, che da questo momento interrompe ogni rapporto con le istituzioni adulterate. In quest'ora solenne, in nome del popolo e del Parlamento, il Governo da me presieduto assume tutti i poteri del potere in Catalogna, proclama lo Stato catalano della Repubblica Federale Spagnola e, ristabilendo e rafforzando le relazioni con coloro che guidano questa protesta generale contro il fascismo, li invita a stabilire in Catalogna il Governo Provvisorio della Repubblica, che troverà nel nostro popolo catalano il più generoso impulso di fratellanza nel comune desiderio di costruire una libera e magnifica Repubblica Federale.

Ci sentiamo forti e invincibili. Terremo a bada chiunque, ma tutti dovranno trattenersi sottomettendosi alla disciplina e alle istruzioni dei leader. Il Governo, d'ora in poi, agirà con implacabile energia per assicurarsi che nessuno cerchi di disturbare o compromettere i suoi obiettivi patriottici.

Catalani! Il momento è serio e glorioso. Lo spirito del Presidente Macià, restauratore della Generalitat, ci accompagna. Ognuno al suo posto e la Catalogna e la Repubblica nel cuore di tutti.

Viva la Repubblica, viva la libertà!".

Dopo il discorso, il Ministro della Cultura Ventura Gassol, un altro massone di Esquerra Republicana, ha incoraggiato tutti ad annunciare la proclamazione in tutta la Catalogna a nome del Governo della Generalitat. La bandiera catalana è stata poi issata tra gli applausi. Un gruppo di Estat Català ha protestato chiedendo la propria bandiera, quella a quattro colori con la stella. Dal balcone è stata chiesta la disciplina e sono stati esortati a seguire gli ordini del presidente. In preda alla rabbia, Companys telefonò al generale Batet e annunciò che aveva appena proclamato lo Stato catalano. Batet rispose: "Come catalano, come spagnolo e come uomo di umanità, sono molto dispiaciuto per quello che è successo, perché è un colpo alla testa. Non posso risolvere una questione così grave in un momento...". Detto questo, ha chiesto tempo per riflettere e ha preteso che l'accordo gli venisse comunicato per iscritto, così Companys gli ha inviato questa dichiarazione attraverso il direttore del Lavoro Joan Tauler: "Eccellenza: come Presidente del Governo della Catalogna, le chiedo che lei, con la forza che comanda, si metta ai miei ordini per servire la Repubblica Federale che ho appena proclamato". Palazzo della Generalitat, 6 ottobre 1934". Tauler gli chiese se ci fosse una risposta e Batet rispose: "Al momento no. In ogni caso, più tardi".

Da qualsiasi punto di vista lo si guardi, Companys, come nel 1931, dimostrò che il buon senso, la sanità mentale e la prudenza (seny) non erano qualità che adornavano la sua persona. Erano sicuramente la follia e l'estasi (rauxa) a presiedere alle sue azioni opportunistiche e avventurose[21]. Nel 1931 era solo un consigliere eletto; ma nel 1934 Lluís Companys non era solo il leader di Esquerra Republicana, ma il presidente dell'intero popolo catalano, che senza dubbio meritava di essere meglio rappresentato. Companys non solo aveva tradito la Repubblica, di cui era il massimo esponente in Catalogna, ma, con il suo stupido atto di ribellione, aveva tradito tutti quei catalani che erano favorevoli al rispetto della legalità della Repubblica e degli statuti. Un'analisi del contenuto del testo dimostra che era pieno di bugie: non c'era altro tradimento della Repubblica che il suo. Quanto all'annuncio che "settori socialisti avanzati, senza distinzioni o eccezioni, hanno preso le armi", indica che Companys era a conoscenza del colpo di Stato progettato dai socialisti e vi partecipava con la sua ribellione. Molto significativo è l'invito "a coloro che guidano questa protesta generale contro il fascismo a stabilire in Catalogna il Governo Provvisorio della

---

[21] È opinione comune che la "seny" sia la migliore delle qualità dei catalani. Paradossalmente, però, in momenti decisivi della loro storia hanno sofferto di leader che si sono lasciati trasportare dalla "rauxa". Si veda il caso del canonico Pau Claris, conseller en cap della Generalitat, che si gettò tra le braccia del cardinale Richelieu e permise alla Francia tutto ciò che la Spagna non voleva fosse permesso. Il 16 gennaio 1641, questo calamitoso personaggio proclamò la Repubblica Catalana sotto la protezione della Francia; ma solo una settimana dopo, lo stesso Pau Claris nominò Luigi XIII conte di Barcellona e sovrano della Catalogna. Luigi XIII occupò militarmente il Paese e i francesi assunsero il controllo politico e amministrativo. I catalani pagarono anche le spese dell'esercito invasore. Il traditore Pau Claris morì un mese dopo, nel febbraio 1641, ma la sua mancanza di senno causò alla Catalogna danni irreparabili.
Anche la storia di ciò che accadde con il tanto bistrattato Filippo V merita un breve commento. Certamente, quando il primo Borbone entrò in Spagna attraverso Irún, si affrettò a nominare un viceré per la Catalogna. Fu subito avvertito che ciò che aveva fatto era illegale, poiché doveva prima giurare sulle leggi catalane. Il re si affrettò allora a riparare al suo errore convocando il Parlamento della Catalogna e in meno di un anno si presentò a Barcellona per giurare le Costituzioni catalane, atto che ebbe luogo nel Saló del Tinell il 14 ottobre 1701. Le sessioni delle Cortes durarono fino al 14 gennaio 1702 e, in conformità con la legge e le consuetudini, i catalani accettarono il loro sovrano. Filippo V non solo li fece giurare, ma concesse anche nuovi privilegi, tra cui un Tribunale dei Contratti, dove le decisioni reali sarebbero state giudicate prima di essere applicate in Catalogna, e il permesso limitato di commerciare con l'America. Il ministro Melchor de Macanaz scrisse: "I catalani hanno ottenuto tutto quello che volevano, perché non c'era più nulla da chiedere, né nulla di speciale da dare al re, e così sono diventati più indipendenti dal re che il Parlamento d'Inghilterra". Nel 1704, un tentativo di sbarco di truppe anglo-olandesi a Barcellona fallì perché nessun catalano si unì agli invasori. Quando nel 1705 lo sbarco dell'arciduca Carlo ebbe successo e Barcellona si arrese il 9 ottobre, le élite catalane, sotto le baionette delle truppe di occupazione, cambiarono schieramento, tradendo il giuramento fatto, e si dichiararono austraciste. Le conseguenze di questo sconsiderato atto di slealtà furono disastrose per il futuro della Catalogna e per l'intera Spagna.

Repubblica ", poiché Manuel Azaña si trovava a Barcellona e molti pensavano all'epoca che fosse la persona designata dai cospiratori a presiedere la Repubblica Federale. In realtà, fu una delle persone arrestate dopo il fallimento del colpo di Stato in tutta la Spagna.

Verso le 22.00 il generale Batet annunciò al presidente della Generalitat di essere a favore della legalità ed emise un proclama che dichiarava lo stato di guerra. Di fronte al rifiuto di Companys di accettare la richiesta di resa, iniziarono i movimenti. La grande piazza della Catalogna fu occupata dalle truppe di Batet, che presto raggiunsero la Plaça de Sant Jaume. Vi confluirono due pezzi di artiglieria, una compagnia di fanteria e una di mitragliatrici. Pérez Farràs, comandante dei Mozos de Escuadra, ordinò di fare fuoco. Un comandante e un soldato furono uccisi e altri sei soldati e un capitano furono feriti dopo questa prima schermaglia. I leader catalani si trincerarono nel palazzo della Generalitat, che era stato fortificato con mitragliatrici, e cercarono di resistere in attesa dei rinforzi. Josep Dencàs lanciò un appello generale e si rivolse in particolare ai rabassaires attraverso Radio Barcellona; ma l'aiuto richiesto non arrivò mai. Alle quattro del mattino, l'aeroporto della Generalitat fu occupato dalle forze fedeli alla Repubblica. La resistenza maggiore si ebbe al Centro Autonomista de Dependientes de Comercio e alla Comandancia General de Somatenes, dove l'artiglieria fu usata per ridurre i ribelli. Poco dopo le 6 del mattino del 7 ottobre, Companys e i ministri che lo accompagnavano, ad eccezione di Dencàs, che fuggì con del denaro attraverso le fogne e riuscì ad andare all'estero, decisero di arrendersi di fronte all'evidenza che il popolo non li sosteneva. Il presidente della Generalitat si rivolse ai catalani e annunciò la loro capitolazione. Quarantasei persone sono state uccise e 117 ferite negli scontri a Barcellona.

Di conseguenza, l'autonomia fu sospesa. A nulla valsero le suppliche di Francesc Cambó, il quale sostenne che non era l'intero popolo catalano ad aver violato lo Statuto, ma Esquerra Republicana. Cambó ribadì che ci si poteva fidare della Lliga per amministrare lealmente i poteri della Catalogna e ricordò l'inimicizia tra i due partiti con queste parole: "Per tre anni ci hanno umiliato e insultato. Quando i documenti del signor Dencàs furono esaminati dalla polizia, fu trovata una lista in cui c'erano ventotto persone che dovevano essere fucilate se la ribellione avesse trionfato. Io ero uno di loro". Senza dubbio, queste rivelazioni di Cambó evidenziano la natura totalitaria dei golpisti.

Sanguinoso colpo di stato e guerra civile nelle Asturie

Ben più catastrofica fu la rivoluzione che scoppiò contemporaneamente nelle Asturie, dove un colpo di Stato organizzato da socialisti, comunisti e anarchici si trasformò in una guerra civile che durò due settimane. Il 6 lo sciopero generale dell'UGT continuò in tutta la Spagna.

Mentre a Madrid si combatteva per le strade, nelle Asturie i minatori si preparavano a conquistare Oviedo. Il quartier generale della rivoluzione d'ottobre era a Madrid, dove Largo Caballero dirigeva le operazioni. Le uscite e le entrate della capitale erano strettamente controllate e le armi previste non potevano arrivare. Molte di esse erano state scoperte e sequestrate settimane prima. C'erano piani per far saltare in aria il Ministero degli Interni e c'erano anche piani per conquistare la Presidenza del Governo e altri centri di potere, ma l'insurrezione a Madrid fallì. Gli obiettivi non furono raggiunti nemmeno nelle province, anche se in alcune ci furono pesanti combattimenti. In Cantabria, ad esempio, lo sciopero insurrezionale durò fino al 16. Ci furono gravi scontri con un morto. Ci furono gravi scontri con un bilancio di undici morti nella regione. Nel nord della Castiglia-León, i combattimenti nelle zone minerarie furono feroci e si fece ricorso all'artiglieria. Dopo le Asturie e la Catalogna, fu nei Paesi Baschi che la rivolta di ottobre fu più virulenta. Lì l'insurrezione durò una settimana e fece 40 vittime, la maggior parte delle quali tra gli insorti. Il 5, l'industriale Dagoberto Rezusta e il deputato tradizionalista Marcelino Oreja Elósegui furono assassinati a Eibar, crimini che suscitarono grande indignazione. Lo stesso giorno viene assassinato a Mondragón anche Carlos Larrañaga, un noto carlista.

Nelle Asturie, le azioni furono di tale portata che si deve parlare di guerra civile. Gerald Brenan considera la rivoluzione asturiana come la prima battaglia della guerra civile. "La rivoluzione d'ottobre, ho detto e scritto molte volte, ha messo fine alla Repubblica". Queste parole scritte nel *Mio testamento storico-politico* da Claudio Sánchez Albornoz, uno dei grandi storici spagnoli e Presidente del Governo della Repubblica in esilio tra il 1962 e il 1971, ci permettono di valutare correttamente il significato storico dell'insurrezione rivoluzionaria. Dal 1912, i minatori di Oviedo, Gijón e delle città circostanti erano affiliati all'UGT e alla CNT. Erano ben organizzati: avevano i loro giornali e le loro cooperative, oltre ad altre società ricreative. A Gijón e La Felguera, con la sua importante fonderia di ferro, la CNT era predominante, mentre a Oviedo e Sama i socialisti dell'UGT erano in maggioranza. I comunisti riuscirono a conquistare uno dei sindacati della CNT e si affermarono anche nelle Asturie. Quando Largo Caballero fondò l'Alianza Obrera, la CNT asturiana, a differenza di quella catalana e di altre regioni, vi aderì. Inoltre, il Comintern incoraggiò il Partito Comunista di Spagna a stringere alleanze con altri partiti per ottenere un fronte unito. Tutto ciò aiutò l'Alianza Obrera delle Asturie a diventare il Frente Único, il prototipo del Fronte Popolare.

Secondo i dati di Brenan, in tutte le Asturie parteciparono in un modo o nell'altro alla rivoluzione circa 70.000 lavoratori, di cui 40.000 appartenenti all'UGT, 20.000 alla CNT e 9.000 comunisti. Esperimenti di comunismo libertario furono messi in pratica a La Felguera (comune di Langreo) e nei quartieri più poveri di Gijón,. L'insurrezione iniziò il 5 a

Mieres, nel cui municipio fu proclamata la Repubblica Socialista, e a Sama de Langreo, dove il 5 i miliziani socialisti agli ordini di Belarmino Tomás assaltarono la caserma della Guardia Civile, uccidendo una settantina di guardie che la difendevano. Da queste città i leader della ribellione hanno coordinato le azioni. Un blackout elettrico a Oviedo nelle prime ore del mattino del 5 fu il segnale concordato per il socialista Ramón González Peña, che presiedeva il primo Comitato rivoluzionario, di entrare in città alla testa dei ribelli. Qualcosa andò storto e l'oscuramento non ebbe luogo, per cui la presa di Oviedo fu ritardata. Il 6 iniziò l'insurrezione armata con attacchi simultanei a trentuno caserme della Guardia Civile. Le comunicazioni telefoniche e telegrafiche furono interrotte e migliaia di uomini, pronti a tutto, si diressero verso Oviedo. Durante la marcia si sparpagliarono per occupare tutti i paesi e le città che attraversarono. A Trubia, a dodici chilometri dalla capitale, i rivoluzionari occuparono una fabbrica di armi e si impadronirono di trentamila fucili, numerose mitragliatrici e alcuni cannoni.

Per tre giorni Oviedo fu teatro di continui combattimenti. Non appena le truppe lealiste furono allontanate dagli edifici che proteggevano, questi furono dati alle fiamme. Il Banco Asturiano, il Teatro Campoamor, l'Instituto de Enseñanaza Secundaria e l'Università furono incendiati e subirono ingenti danni. La distruzione dell'Università fu quasi completa: la biblioteca, che conteneva preziose collezioni bibliografiche, e il Museo di Storia Naturale furono bruciati. Numerosi dipinti e opere d'arte andarono perduti. Rimasero in piedi le mura e le sobrie facciate rinascimentali. Curiosamente, la statua dell'asturiano Fernando de Valdés Salas, il famoso inquisitore generale di Filippo II e fondatore dell'Università, è stata rispettata nonostante il chiostro che presiede sia stato raso al suolo. Anche la cattedrale fu gravemente danneggiata: la famosa camera santa, una magnifica opera romanica iniziata nel IX secolo, fu fatta saltare in aria e importanti reliquie scomparvero. Il 9, la città fu conquistata dagli assalitori. Solo nel palazzo del governatore, dove si erano rifugiati un migliaio di soldati e poliziotti, si oppose resistenza. Non fu possibile aiutarli perché dalle finestre delle case private i cecchini sparavano su chiunque si avvicinasse per cercare di alleviare la situazione degli assediati, il che dimostra che, a differenza di Barcellona, c'era il sostegno popolare.

Il generale Eduardo López Ochoa, che comandava le truppe lealiste nelle Asturie, combatté una feroce battaglia con 400 uomini nei pressi di Avilés. Una volta che la rivolta era sotto controllo, cercò di recarsi a Oviedo per aiutare i suoi uomini, ma la distruzione dei ponti e il blocco delle strade con gli alberi gli resero impossibile l'aiuto. I rinforzi inviati dal governo: regolari e truppe della Legione Straniera comandate dal colonnello Yagüe, sbarcarono nei pressi di Gijón, una città che cadde nelle mani delle forze governative il giorno 10. López Ochoa ricevette anche altri rinforzi che arrivarono in massa nelle Asturie da tutti i punti della bussola. Il 12, le truppe del generale López Ochoa, in marcia verso Oviedo da ovest, si incontrarono con le truppe di Yagüe alla periferia della città. La battaglia per il controllo della capitale asturiana fu feroce e i combattimenti nelle strade durarono tre giorni.

Si formarono tre Comitati Rivoluzionari, che in realtà coordinavano i numerosi comitati che si erano costituiti nelle varie località. Il primo era presieduto dal socialista Ramón González Peña ed era composto da quattro socialisti, due anarchici e due comunisti. González Peña fece saltare le casseforti della Banca di Spagna il 9 ottobre e, quando la situazione cominciò a degenerare, lui e altri membri del Comitato fuggirono portando con sé quattordici milioni di pesetas requisite dalla filiale. Si formò allora un secondo Comitato rivoluzionario, presieduto da Teodomiro Menéndez, anch'egli socialista, anche se la maggior parte dei suoi membri proveniva dal PCE. Questi comunisti denunciarono l'atteggiamento disfattista dei socialisti ed emisero un rapporto in cui denunciavano che li avevano abbandonati e che erano fuggiti "facendo milioni". A questo proposito, la già citata opera di Juan Ordóñez Márquez riporta le parole di Ángel Valverde, deputato radicale che dopo la rivoluzione fu nominato governatore generale delle Asturie. Nel corso di un banchetto offertogli dal suo partito il 13 febbraio 1936, Valverde riferì quanto segue in relazione a González Peña: "... è certo che dei quattordici milioni che sequestrò, ne consegnò solo cinque ai Comitati rivoluzionari e cercò di fuggire con il resto, finché non fu arrestato dagli stessi rivoltosi, che gli sequestrarono il denaro che portava con sé". Il fatto si completa con il dettaglio che quasi tutto il denaro recuperato dalle forze pubbliche fu sottratto alle famiglie dei leader - Graciano Antuña, Amador Fernández, ecc -. Ancora più sporca fu l'azione di un altro leader, Largo Caballero, la cui vigliaccheria lo portò a negare qualsiasi partecipazione al movimento". Il Comitato a maggioranza comunista rimase in carica solo il 12 ottobre, poiché i socialisti formarono immediatamente il terzo Comitato rivoluzionario, presieduto da Belarmino Tomás. Tornati nelle loro caserme nelle zone minerarie di Mieres e Sama, questi leader si resero conto che la rivolta era stata sconfitta e il 18 Belarmino Tomás si incontrò con López Ochoa per concordare la resa, che avvenne il 19. Lo stesso generale racconta i dettagli dell'incontro. Il generale stesso racconta i dettagli degli accordi in *Memorias de un soldado (Memorie di un soldato)*. Belarmino Tomás chiese che "non si permettesse in nessun modo alle truppe indigene moresche di entrare nelle città, poiché le temevano veramente per i loro costumi e per quello che si diceva di loro".

Questo generale fu chiamato dalla propaganda "il boia delle Asturie". Il fatto che fosse un massone diede adito a commenti di ogni tipo. Ordóñez Márquez afferma in *La apostasía de las masas y la persecución religiosa en la provincia de Huelva 1931-1936* che dovette rendere conto delle sue azioni alla testa delle forze antirivoluzionarie davanti al Consiglio dei Sette dell'Associazione Massonica Internazionale a Bruxelles, dove probabilmente fu irradiato. Processato e imprigionato nel marzo successivo alla vittoria del Fronte Popolare,, fu trasferito all'Ospedale Militare di Carabanchel a causa di una malattia. Lì fu insultato e minacciato da pazienti e medici di sinistra. Il 3 aprile 1936, Teresa León, compagna di Rafael Alberti, scrisse su *Ayuda*, il giornale del Socorrro Rojo Internacional: "López Ochoa, avventuriero senza scrupoli, la sua crudeltà era ben nota... responsabile della caccia ai fuggitivi, dello stupro delle donne, dello schiacciamento dei bambini.... Una figura ripugnante... Malato a Carabanchel? Forse per paura di essere giustiziato dalle masse? Il 16 agosto 1936 andarono a cercarlo, lo fecero uscire in pigiama e lo crivellarono di colpi sulla collina di Almodovar. Poi gli tagliarono la testa con un grosso coltello e la conficcarono nella baionetta del fucile di una miliziana. I criminali andarono poi per le strade di Madrid, nello stile della Rivoluzione francese, tenendo in alto la testa infilzata del generale, che, per la loro derisione, fu oggetto di insulti e sputi. Il suo assassinio è considerato una vendetta massonica. La versione ufficiale delle autorità repubblicane, incapaci di arrestare i carnefici, fu che era morto nell'Ospedale Militare di Carabanchel "a causa di una vecchia malattia".

La sconfitta del colpo di Stato guidato dai socialisti, invece di portare al crollo della sinistra, servì a rafforzarla grazie alla campagna che socialisti e comunisti, sostenuti dalla massoneria, organizzarono dentro e fuori la Spagna. Il governo fu accusato di infinita crudeltà nella sua repressione e, come al solito, furono mosse le solite accuse di una Spagna inquisitoria e intollerante. Ancora una volta, Juan -Simeón Vidarte riconosce i fatti: "La Massoneria, la Seconda Internazionale, la Lega dei Diritti dell'Uomo (una creazione massonica) informarono il mondo dei crimini commessi dal fascismo spagnolo. I partiti socialisti e comunisti di tutto il mondo inviarono al governo spagnolo le loro più forti proteste. Il deputato socialista francese Vincent Auriol organizzò, insieme al presidente del Partito socialista belga, Émile Vandervelde, una campagna internazionale". Sia il francese Auriol che il belga Vandervelde erano massoni.

Non si può negare che dopo i crimini commessi dai rivoluzionari ci siano stati brutali episodi di repressione. Lo storico antagonismo dei minatori contro la Guardia Civil diede origine a episodi di odio da entrambe le parti. Il fatto che le Guardie Civili che resistevano nella loro caserma fossero state uccise quando si erano arrese fece nascere una sete di vendetta tra i membri della Benemérita. Ci furono numerose esecuzioni sommarie. Hugh Thomas denuncia in particolare i metodi di Lisardo Doval Bravo, un ufficiale della Guardia Civil che fu nominato delegato del Ministero della Guerra per l'ordine pubblico nelle province delle Asturie e del León. La sua missione era la "persecuzione degli elementi responsabili dei crimini perpetrati nella rivolta". Il governo ha permesso che le sue azioni rimanessero al di fuori del controllo giudiziario, in quanto gli è stato consegnato un documento che gli concedeva l'autonomia e la giurisdizione speciale necessarie per poter svolgere i suoi compiti senza ostacoli. All'inizio di dicembre fu licenziato, non per aver oltrepassato i suoi poteri, ma per aver mostrato copia degli ordini ricevuti dai leader monarchici per trattenersi dalla repressione.

In *The Spanish Holocaust*, Paul Preston riporta una conversazione tra il generale López Ochoa e il socialista Juan -Simeón Vidarte, due fratelli massoni, in cui il primo spiega di aver ordinato la fucilazione di legionari che decapitavano e impiccavano prigionieri con cui erano furiosi, cosa che portò a un alterco con il colonnello Yagüe. Nella stessa conversazione riprodotta da Paul Preston, López Ochoa spiega di aver ordinato la fucilazione di sei mori che erano stati saccheggiati, violentati e uccisi, cosa che gli causò problemi con il Ministro della Guerra, che gli chiese spiegazioni: "Come osi fucilare qualcuno senza la formazione di un Consiglio di Guerra?". Al che lui rispose: "Li ho sottoposti alla stessa corte marziale a cui hanno sottoposto le loro vittime". Forse la differenza tra una brutalità e l'altra sta nel fatto che le autorità di solito cercavano o perseguitavano coloro che avevano precedentemente commesso dei crimini.

Poi c'era la violenza anticlericale assolutamente gratuita, che si ripeteva nelle azioni dei rivoluzionari fino a sfociare nell'indicibile orgia di sangue e di odio che ebbe luogo durante la guerra civile. Fin dai primi giorni dell'insurrezione nelle Asturie, furono uccisi senza motivo religiosi di ogni tipo: il 5 furono uccisi i sacerdoti di Rebollada e Valdecuna, il primo a colpi di pistola. Lo stesso giorno, a Mieres, i rivoluzionari uccisero due studenti e due novizi passionisti. Il 5 a Mieres viene ucciso anche un parroco. Un altro parroco di Mieres, il parroco di San Esteban, viene arrestato e fucilato il giorno 6. Lo stesso giorno, sempre a Mieres, fu attaccato e incendiato il convento dei Padri Passionisti, due dei quali morirono per mano dei miliziani. I crimini di Mieres non erano ancora finiti, perché il 7 fu incendiato il monastero di Santo Domingo, che era stato occupato il giorno precedente. Sei seminaristi che erano fuggiti dall'incendio e si erano nascosti furono scoperti e fucilati. L'8, a Turón, vengono uccisi sei frati che erano stati rapiti. Lo stesso giorno, i miliziani uccisero il vicario generale, Juan Puertas, e il segretario di camera del vescovato, Aurelio Gago. A Santullano, l'8 vengono uccisi anche un gesuita e un altro frate. L'elenco del 9 inizia con i cosiddetti martiri di Turón, la principale roccaforte comunista delle Asturie dove fu proclamata la Repubblica dei Lavoratori e dei Contadini, basata sulla dittatura del proletariato. Lì, nove sacerdoti di La Salle furono fucilati vicino al cimitero e un altro passionista fu ucciso. Il 9 furono uccisi anche il parroco di Santa María la Real e altri tre religiosi di Santullano, uno dei quali gesuita. Il 10 fu ucciso il parroco di Olloniego. Il 12 fu ucciso il superiore del convento carmelitano di Oviedo. In totale, nelle Asturie sono morti trentaquattro sacerdoti e religiosi, ma a questi vanno aggiunti quelli uccisi altrove durante la rivolta di ottobre. Nella provincia di Palencia, per dare un'altra informazione in merito, il 6 ottobre un confratello marista è stato accoltellato a Barruelo; a Muñecas è stato ucciso il parroco. Tutti questi religiosi sono stati identificati, ma i loro nomi sono stati omessi per non stancare il lettore.

Le vittime del colpo di Stato e della guerra che ne seguì furono molto numerose in tutto il Paese. Mesi dopo, il governo rese pubbliche le cifre ufficiali delle Asturie, che sono state riviste e leggermente modificate da vari storici. Il bilancio è il seguente: 1.335 persone persero la vita, di cui 1.051 civili, 100 ufficiali e membri della Guardia Civil, 98 soldati e 86 poliziotti. I feriti furono 2.961, due terzi dei quali civili. 730 edifici pubblici e privati furono distrutti o gravemente danneggiati, a cui vanno aggiunti 58 chiese e 58 ponti. Per quanto riguarda le armi catturate, le cifre sono le seguenti: 89.354 fucili, 33.211 rivoltelle, 41 cannoni, 10.824 kg. di dinamite, 31.345 bombe, 97.322 cartucce, 50.585 cartucce di dinamite, 255.375 cartucce per revolver. La cifra di trentamila detenuti dà una buona idea del massiccio sostegno alla rivolta. Le carceri si riempirono fino a traboccare e, poiché era impossibile ospitare così tanti prigionieri, furono costruiti dei campi di internamento.

Per concludere questo nefasto episodio della storia della Seconda Repubblica, diamo la parola al repubblicano Salvador de Madariaga, le cui parole, scritte nella sua opera *España. Ensayo de historia contemporánea*, le sottoscriviamo in toto:

> "La rivolta del 1934 è imperdonabile. La decisione presidenziale di chiamare al potere la CEDA era inattaccabile, inevitabile e persino attesa da tempo. L'argomentazione secondo cui José Mª Gil Robles stava cercando di distruggere la Costituzione per instaurare il fascismo era ipocrita e falsa. Ipocrita perché tutti sapevano che i socialisti di Largo Caballero stavano trascinando gli altri in una ribellione contro la Costituzione del 1931 senza alcuna considerazione per ciò che Gil Robles aveva o non aveva intenzione di fare; e d'altra parte, è ovvio che anche il Presidente Companys e l'intera Generalitat hanno violato la Costituzione. Con quale fede dobbiamo accettare come eroici difensori della Repubblica del 1931, contro i suoi più o meno illusori nemici di destra, coloro che per difenderla la distrussero? (...) Con la ribellione del 1934 la sinistra spagnola perse anche l'ombra di autorità morale per condannare la ribellione del 1936".

Di crisi in crisi verso il Fronte Popolare

È innegabile che il PSOE e l'ERC abbiano cercato di prendere il potere con un colpo di Stato e utilizzando le masse. Si potrebbe obiettare che non tutti i socialisti condividevano la strategia di Largo Caballero, il che è vero. Indalecio Prieto, la cui posizione era piuttosto oscura, riconobbe in Messico nel 1942 la sua parte di responsabilità: "Mi dichiaro colpevole davanti alla mia coscienza, davanti al Partito Socialista e davanti a tutta la

Spagna, per la mia partecipazione al movimento rivoluzionario dell'ottobre". Nel PSOE c'era anche un settore sensibile e legalista, personificato nella figura di Julián Besteiro, che accusava i suoi compagni di "avvelenare i lavoratori con una propaganda falsa e piena di odio". Ma i fatti parlano più delle parole e dimostrano che era stato tentato un colpo di Stato contro la Repubblica, anche se le persone coinvolte negarono ignominiosamente la loro responsabilità e attribuirono la rivolta alle masse, che erano scoppiate "spontaneamente".

Largo Caballero, Companys, Azaña e gli altri leader coinvolti nel golpe furono arrestati. Per due mesi la Spagna rimase sotto la legge marziale. La Catalogna perse temporaneamente i poteri che le erano stati concessi dallo Statuto. L'inverno trascorse con un'insolita calma: gli scioperi diminuirono in modo significativo e una sorta di stanchezza si stabilì nell'atmosfera. Il primo degli arrestati ad essere messo a piede libero fu Azaña, poiché il suo coinvolgimento nell'organizzazione della ribellione non poté essere provato. Poco dopo fu nuovamente arrestato, ma fu nuovamente rilasciato. Anche Largo Caballero, che aveva preso la precauzione di rimanere tranquillamente a casa mentre nelle strade di Madrid si combatteva, fu successivamente assolto. Quando nel febbraio 1935 si svolsero le corti marziali contro Ramón González Peña e Teodomiro Menéndez, la campagna internazionale era già iniziata e i socialisti massoni francesi si recarono dal loro fratello massone Alejandro Lerroux, Presidente del Governo, per presentargli migliaia di firme raccolte in tutta Europa che chiedevano la grazia per gli imputati. Il 16 febbraio i tribunali militari condannarono a morte Peña e Menéndez, e nei giorni successivi altri diciassette membri dei Comitati rivoluzionari ricevettero la stessa condanna.

Il giorno prima della sentenza, il 15 febbraio, il deputato del Partito Repubblicano Conservatore Dionisio Cano López aveva presentato alle Cortes una proposta di legge, sostenuta da venti parlamentari, tra cui Calvo Sotelo, Fuentes Pila, Sainz Rodríguez, Ramiro de Maeztu e altri, in cui si chiedeva al Governo di adottare misure per impedire ai membri delle forze armate di appartenere alla Massoneria. Fu una seduta burrascosa che il visconte Léon de Poncins trascrisse integralmente nel suo libro *Histoire secrète de la révolution espagnole*. Cano Lopez sostenne che se ai militari era vietato appartenere a un partito politico legalmente costituito, tanto meno doveva essere loro consentito di aderire a una società segreta le cui direttive erano incompatibili con gli interessi della patria a cui avevano giurato fedeltà. Il deputato attaccò coraggiosamente la Massoneria, accusandola di essere un partito politico e un'organizzazione internazionale segreta che vincolava i suoi membri con un giuramento di obbedienza. La proposta fu votata a favore, ma in pratica rimase lettera morta a causa della vittoria del Fronte Popolare. Nonostante l'indubbia rilevanza della proposta, dato che molti membri dell'esercito appartenevano alla Massoneria, che li aveva attratti come una calamita fin dall'inizio del XIX secolo, Leandro Álvarez

Rey, professore di Storia contemporanea all'Università di Siviglia e autore, tra le altre opere, di *Los diputados por Andalucía de la Segunda República 1931-1939, ha* squalificato coloro che hanno prestato attenzione al discorso di Cano López, bollandoli come fanatici di estrema destra o "pseudo-storici revisionisti".

I ministri del PRR di Lerroux si dichiararono favorevoli alla commutazione delle pene. La CEDA, il Partito Agrario e il Partito Repubblicano Liberale Democratico (PRLD) di Melquiades Álvarez si opposero e annunciarono che non avrebbero più sostenuto il governo. Nonostante ciò, Lerroux raccomandò la cancellazione al Presidente della Repubblica e provocò la crisi. Alcalá Zamora commutò le sentenze di ventuno condannati e solo due furono giustiziati: Diego Vázquez, che aveva fatto esplodere un camion con trentadue guardie civili, e Jesús Argüelles, alias "Pichalatu", che aveva sparato a otto civili. A nulla servì che "Pichalatu" confessasse al processo di aver preso ordini dal Comitato rivoluzionario. I veri responsabili della rivoluzione d'ottobre sarebbero presto usciti di prigione, poiché l'amnistia per tutti gli arrestati era la principale promessa del Fronte Popolare durante la campagna elettorale del febbraio 1936.

Ancora una volta, Ordóñez Márquez fornisce informazioni rilevanti sulla situazione del socialista González Peña nel carcere di Burgos. Secondo questo autore, il direttore del carcere di Burgos era il massone Julián Peñalver, incaricato dalle logge di formare un "triangolo" di protezione attorno al prigioniero, anch'egli massone. Non appena la sua condanna a morte fu condonata, González Peña fu comodamente trasferito in auto dal carcere di Chinchilla a Burgos, perché il clima di Chinchilla non gli si addiceva. Allora, il poliziotto Mauricio Carlavilla era abbastanza vicino a lui da sentire dalla sua bocca il seguente commento: "Entro gennaio sarò libero; sarò liberato da un ponte governativo presieduto da Portela". Con lo pseudonimo di Mauricio Karl, Carlavilla cita queste parole nel suo libro *Tecnica del Komintern in Spagna.*

Il Presidente Alcalá Zamora propose gentilmente la formazione di un "Governo di concentrazione e concordia"; ma non trovò nessuno in grado di realizzare questa impresa. Dopo una settimana di incertezze, si trovò una soluzione originale: "Don Ale" si incaricò di formare un governo di tredici ministri, membri del suo stesso partito, nessuno dei quali era deputato. Il fatto di essere stato ministro dava diritto a un vitalizio di 10.000 pesetas. Il nuovo governo non aveva alcuna possibilità di sopravvivere, poiché era in minoranza e nessuno era disposto a sostenerlo. Tutti i partiti iniziarono quindi a parlare di nuove elezioni generali. Quando il governo cadde il 6 maggio 1935, appena un mese dopo il suo insediamento, Alcalá Zamora si trovò per l'ennesima volta di fronte all'evidenza che l'unica soluzione ragionevole era Gil Robles. Dal fallimento del golpe di ottobre, la CEDA aveva aumentato il suo prestigio e il suo sostegno popolare, e i suoi membri erano in costante crescita. Cominciava a circolare il dilemma: "Gil Robles o elezioni"; anche se alcuni, premonitori, avvertivano: "Gil Robles o caos". Imperturbabile, Alcalá Zamora evitò di affidare a Gil Robles la formazione del governo. Il suo solito burlone, "Don Ale", riuscì a presiedere un altro gabinetto di centro-destra in cui la CEDA ottenne cinque portafogli, compreso quello della Guerra, che andò a Gil Robles. Tra le priorità di questo governo ci sono la stesura di un bilancio, che non esisteva dal 1932, e una riforma della Costituzione. Il ministro delle Finanze, l'indipendente Joaquín Chapaprieta, annunciò che avrebbe presentato un bilancio in pareggio in ottobre. Alla fine di luglio le Cortes si prendono due mesi di vacanza.

Nello stesso mese di luglio si svolse a Mosca il VII Congresso dell'Internazionale Comunista, dove la strategia del fronte unito comprendente la sinistra borghese fu pienamente confermata e incoraggiata. Wilhelm Pieck, segretario generale del KPD (Partito Comunista di Germania) tenne il discorso di apertura nella grande sala del Palágyi, la sala dei sindacati, il 25 luglio. Pieck, nel contesto della sua relazione sugli eventi dell'ottobre spagnolo, ha citato il nome di Largo Caballero, accolto da un fragoroso e interminabile applauso. Questo comunista tedesco rivendicò la gloria dell'operazione asturiana e "i combattimenti dell'ottobre 1934". Sul quotidiano *Pravda* apparve un articolo che salutava Largo Caballero, acclamato come il Lenin spagnolo. I comunisti di tutto il mondo sapevano che in Spagna era nato un nuovo leader del comunismo internazionale. Il Settimo Congresso dell'Internazionale (Comintern) non si limitò a chiedere la formazione di un Fronte Popolare in Spagna, ma delineò addirittura il programma da applicare dopo la conquista del potere.

Inesorabilmente, mentre l'estate volgeva al termine, in Spagna continuavano i passi verso questo Fronte Popolare annunciato alla riunione dell'Internazionale. A settembre si aprì una nuova crisi: Alejandro Lerroux divenne Ministro di Stato e cedette la presidenza del governo a Chapaprieta che, pur non avendo l'appoggio del Parlamento, accettò l'incarico senza rinunciare al portafoglio del Tesoro. Questo governo di soli otto membri, in cui Gil Robles mantenne il Ministero della Guerra, fu formato il 25 settembre e durò fino al 29 ottobre. A questo punto, Gil Robles aveva cessato di essere interessato alla presidenza del governo e i suoi sostenitori di strada erano giunti alla conclusione che finché Alcalá Zamora fosse stato presidente della Repubblica non ci sarebbe stata alcuna possibilità per il loro leader. Il secondo governo di Chapaprieta (l'unico Presidente del Consiglio dei Ministri non massone) durò fino a metà dicembre. Le sue dimissioni aumentarono la sensazione che il Paese si stesse avviando verso nuove elezioni. Non si parlava più di bilancio. Il Presidente della Repubblica iniziò allora a manovrare per imporre un governo senza l'appoggio del partito di maggioranza. L'11 dicembre convocò Gil Robles e gli disse che non gli avrebbe affidato la formazione del governo; ma cercò anche di intimidirlo con la minaccia di utilizzare la Guardia Civil per reprimere qualsiasi reazione contraria dei suoi seguaci.

Mentre la demoralizzazione del Paese cresceva, Alcalá Zamora cercò assurdamente un governo centrista che non avesse alcun appoggio parlamentare. Nonostante il fallimento fosse certo, Manuel Portela Valladares, massone delle logge Fénix e Liberazione di Barcellona e Gran Maestro del 33° grado, accettò sfacciatamente la sfida e presentò il suo governo il 14 dicembre. Questo Fratello Venerabile era stato scelto per preparare le elezioni generali. Il governo durò esattamente due settimane. Sembra che la farsa sia stata scoperta e che sia scoppiata una rissa con insulti e squalifiche tra il presidente e i suoi ministri, che ha portato allo scioglimento del primo governo Portela. Il secondo governo è stato formato il 30 dicembre ed è stato, di fatto, incaricato di organizzare le elezioni. A tal fine, Portela Valladares assunse anche la direzione del Ministero degli Interni. Il Presidente della Repubblica sciolse le Cortes e indisse le elezioni generali per il 16 febbraio 1936.

Alcalá Zamora e Portela Valladares hanno portato alla sconfitta della destra e al trionfo del Fronte Popolare attraverso una strategia suicida che è impossibile credere fosse involontaria. Portela, presidente del governo e ministro degli Interni, creò dal nulla il Partito di Centro Democratico, noto anche come Partito di Centro Nazionale Repubblicano. Finanziare un secondo candidato dello stesso partito per dividere i voti e favorire la vittoria del candidato avversario era, come abbiamo visto, lo stratagemma preferito dalla lobby ebraica negli Stati Uniti.. Nelle elezioni del 1936, il partito di Portela, borghese, moderato e ufficiale, poteva solo sottrarre voti alla destra, poiché i pochi voti ottenuti sarebbero sempre stati sottratti ai partiti di destra. La manovra di Portela favorì palesemente il Fronte Popolare perché il sistema elettorale dava un premio dell'80% alla candidatura maggioritaria. In altre parole, la lista che otteneva un voto in più otteneva otto deputati, mentre quella che otteneva un voto in meno ne otteneva solo due. Era quindi il metodo migliore per sottrarre voti alla destra. Fu così che i voti ottenuti dal partito di Portela decisero la maggioranza a favore dei candidati del Fronte Popolare in diverse province e ne facilitarono il trionfo assoluto. È irragionevole pensare che Portela Valladares e Alcalá Zamora fossero così stupidi da ignorare le conseguenze disastrose della loro manovra. Per questo alcuni storici accusano il Gran Maestro Portela Valladares di aver obbedito a ordini superiori e di aver organizzato la sconfitta dei partiti di destra.

PARTE 4
FRONTE POPOLARE, RIVOLUZIONE E GUERRA CIVILE

Il risultato elettorale è stato molto vicino. A febbraio furono assegnati 265 seggi al Fronte Popolare, che ottenne il 47,03% dei voti, e 185 seggi alla destra, con il 46,48% dei voti. Successivamente, a maggio, dopo revisioni e ripetizioni, è stato dato il risultato finale, secondo il quale il Fronte Popolare ha aumentato i suoi seggi a 285, mentre la destra è rimasta con 166. Il Partito di Centro Nazionale Repubblicano di Portela Valladares ha infine ottenuto 17 seggi. Gli elettori sono stati 13.553.710, di cui 9.864.783 (72,9%) hanno partecipato alle elezioni. I partiti con il maggior numero di seggi nel Fronte Popolare furono i socialisti, che ottennero 99 seggi, la Sinistra Repubblicana di Azaña, con 87, e l'Unione Repubblicana di Martínez Barrio, con 37. Il Partito Comunista, grazie alla partecipazione alla coalizione, passò da 1 deputato nel 1933 a 17 nel 1936. I partiti più rappresentati a destra furono la CEDA, che ottenne 88 deputati, la Renovación Española di Calvo Sotelo, con 12 seggi, e la Comunión Tradicionalista di Manuel Fal Conde, con 9. Come si può notare, con praticamente lo stesso numero di voti, il Frente Popular ottenne una vittoria schiacciante e quasi raddoppiò il numero di seggi dei suoi avversari. Il colpo finale alla sconfitta della destra fu inferto dalla Commissione per la registrazione dei voti, presieduta da Indalecio Prieto, i cui "pucherazos" impedirono a trenta candidati eletti della destra di ottenere i loro seggi. Nelle sue *Memorie* Alcalá Zamora scrisse: "Nella storia parlamentare della Spagna non si ricorda nulla di paragonabile alla Commissione dei Verbali del 1936".

Sebbene né la FAI né la CNT fossero rappresentate nel Fronte Popolare, la maggioranza degli anarcosindacalisti votò a favore, il che fu decisivo. Il motivo per cui gli anarchici non si astennero come nelle elezioni del 1933 fu la promessa di amnistia, che era stata la principale propaganda del Fronte Popolare. Le elezioni si svolsero normalmente; ma una volta terminate, iniziò la pressione nelle strade e fin dall'inizio si creò una situazione rivoluzionaria. Gruppi si presentarono davanti alla prigione del Modelo, alzando i pugni per proclamare la vittoria del Fronte Popolare. Nelle prime ore del mattino del 17 il Ministro degli Interni apprese che gli agitatori delle province stavano guidando le masse in rivolta che dominavano le strade e cercavano di assaltare le prigioni per liberare i prigionieri. In molti luoghi le prigioni furono aperte senza che le autorità locali facessero nulla per impedirlo, e migliaia di prigionieri scesero in strada in tutta la Spagna. A Valencia, ad esempio, una folla della CNT prese d'assalto la prigione per far uscire i detenuti del 1934. Nelle prime ore della stessa mattina, giunsero notizie di chiese e conventi in fiamme nelle città di Murcia, Malaga, Siviglia, Cordova, Cadice e Caceres. A Elche, le tre chiese della città e il convento delle suore Clarisse sono stati distrutti in giorni successivi. Ad Alicante, il sindaco, un pazzo, aveva proposto: "Il 16 non fate votare le suore o i beatas; quando vedete qualcuno che tiene in mano una candidatura di destra, tagliategli la mano e rompetegliela in faccia e fategliela mangiare". Lì, nel pomeriggio del 20, la folla incendiò le chiese di Santa María e Nuestra Señora de la Misericordia, il convento delle Suore del Sangue, l'asilo di Nuestra Señora del Remedio e la sede della congregazione di San Luis. Tre giornali: *Mas*, della destra agraria, *El Día* e *Diario de Alicante* furono completamente distrutti. Nella stessa zona del Levante, a Yecla, le chiese sono state incendiate e i loro ornamenti profanati.

È incomprensibile la fretta con cui Portela Valladares, Ministro degli Interni e Presidente del Governo, ha abbandonato i suoi incarichi mentre gli giungevano notizie di gravi disordini, tra cui assalti ad alcune audiencias e deputazioni e furti di registri elettorali. Il generale Franco, che era stato nominato Capo di Stato Maggiore da Gil Robles, nelle prime ore del 17 febbraio era in contatto con l'Ispettore Generale della Guardia Civile, il generale massone Sebastián Pozas Perea, al quale chiese di prendere in considerazione la possibilità di dichiarare lo Stato di Guerra per evitare che i disordini degenerassero. Di fronte all'indifferenza di Pozas, Franco arrivò a svegliare il Ministro della Guerra, il generale Nicolás Molero Lobo, anch'egli massone, e gli chiese di proporre al Presidente del Consiglio la dichiarazione dello Stato di Guerra. Alle dieci del mattino si riunì il Consiglio dei Ministri e il generale Molero presentò la proposta. Portela Valladares inizialmente accettò, ma alla fine Alcalá Zamora gli chiese di annullare la misura. Alcuni storici ritengono che con queste richieste Franco e Gil Robles stessero in realtà cercando di organizzare un colpo di Stato. Quando la Spagna era già sprofondata nella tragedia della guerra civile, il 17 febbraio 1936 Alcalá Zamora riconobbe pubblicamente ciò che aveva rifiutato di accettare. Nell'articolo intitolato "Les débuts du Front Populaire", pubblicato il 17 gennaio 1937 sul *Journal de Géneve*, scrisse quanto segue:

> "Dal 17 febbraio, e addirittura dalla notte del 16, il Fronte Popolare, senza aspettare la fine dello spoglio dei voti e la proclamazione dei risultati, che avrebbe dovuto avvenire davanti alle Commissioni censuarie provinciali giovedì 20, scatenò l'offensiva del disordine nelle strade: rivendicò il potere con la violenza. Alcuni governatori civili si sono dimessi. Su istigazione di leader irresponsabili, la folla ha sequestrato i documenti elettorali; in molte località i risultati potrebbero essere stati falsificati".

È difficile capire come un governatore civile possa dimettersi e lasciare il suo posto nel momento di maggiore responsabilità. Tuttavia, se si considera che lo stesso Ministro degli Interni ha dato l'esempio e ha abbandonato la nave nel bel mezzo di una tempesta, le cose possono essere comprese un po' meglio da. Josep Pla, scrittore e giornalista catalano inviato a Madrid da *La Veu de Catalunya*, organo della Lliga di Cambó, fu dal 1931 al 1936 il miglior cronista della vita della Repubblica. Nella *Historia de la*

Segunda República española, un'opera di quasi duemila pagine in quattro volumi, dà la seguente valutazione di ciò che accadde all'indomani delle elezioni: "Si è detto che il 17 febbraio era il 14 aprile. Non è esattamente così. Il 17 febbraio fu un 14 aprile aggravato dalla ripetizione dell'11 maggio". Come sappiamo, l'11 maggio furono bruciati più di duecento edifici religiosi in tutta la Spagna.

Il 18 scoppiarono violenti disordini e in molte province continuarono gli assalti, i saccheggi e gli incendi dolosi. Vista la gravità degli eventi, il generale Franco si recò dal Presidente del Governo all'Hotel Palace, dove risiedeva, e gli chiese di prendere misure urgenti per affrontare la situazione; ma questi rispose che non aveva le forze e che stava pensando di dimettersi immediatamente. Prima della fine della giornata, Calvo Sotelo, accompagnato da Joaquín Bau, si recò all'hotel e chiese al Presidente del Governo di non abbandonare il potere, ma di utilizzare le opportune misure legali di eccezione. Il 19 Portela Valladares chiamò il generale Franco per confermargli che non era più presidente del governo.

La cerimonia di consegna si è svolta il 19 febbraio, prima che i Consigli provinciali confermassero i risultati delle elezioni. Il Direttore generale della Polizia, il generale massone Miguel Núñez de Prado, ha partecipato alla cerimonia. Secondo i suoi commenti, "sembrava una cerimonia massonica". Núñez del Prado conosceva bene i protagonisti: Portela Valladares, Gran Maestro della Gran Loggia, stava cedendo la carica al suo successore, il massone Azaña, davanti al Gran Maestro del Grande Oriente Spagnolo e futuro Presidente delle Cortes, Martínez Barrio. Come testimoni oculari, due generali massoni, lo stesso Núñez de Prado e l'ispettore generale della Guardia Civile, Pozas Perea. Nel primo governo del Fronte Popolare, formato frettolosamente da Azaña senza la partecipazione dei socialisti, c'erano altri sette ministri massoni. "Il governo sembrava essere nato sotto i nostri auspici", scrive Juan -Simeón Vidarte in *Todos fuimos culpables*.

Il primo provvedimento di Azaña fu la firma del decreto di amnistia. Il presidente Companys e sei dei suoi ministri tornarono a Barcellona in odore di folla. La prima cosa che il Parlamento catalano fece fu quella di riaffermare la Legge sulla Coltivazione. Nonostante la buona volontà del governo, lo stesso giorno del 19 cominciarono gli scioperi in tutto il Paese, con la richiesta di reintegrare al lavoro i condannati o i licenziati, di pagare i salari a tutti i lavoratori arrestati nei due anni precedenti e di aumentare i salari. Oltre a questi scioperi aziendali, furono proclamati altri scioperi generali, regionali o locali di natura politica o di solidarietà. La situazione è immediatamente peggiorata. I datori di lavoro hanno reagito in molti casi chiudendo le imprese. Anche nelle campagne la situazione divenne rivoluzionaria, poiché dalla fine di febbraio i contadini iniziarono a occupare le fattorie in Estremadura, Andalusia e Castiglia, perché non invano il Fronte Popolare aveva promesso loro la terra. Alla fine di marzo fu pubblicato un decreto che autorizzava l'Istituto Agrario a procedere più rapidamente alla distribuzione delle terre. D'altra parte, i primi bersagli della violenza popolare continuarono ad essere, come sempre, i centri religiosi. A Madrid furono incendiate le chiese di San Ignacio e San Luis e la sede de *La Nación*. A Logroño furono bruciate due chiese e quattro conventi. Alla violenza anticlericale si aggiunse presto un'ondata di omicidi di politici e uomini d'affari.

La politica del Fronte Popolare era stata ufficialmente adottata nelle risoluzioni del Settimo Congresso Mondiale dell'Internazionale Comunista, così il PCE aveva progettato metodicamente la sua strategia, che gli avrebbe permesso di passare dai trentamila membri della vigilia della guerra civile ai duecentomila dell'inizio del 1937. La Pasionaria, Dolores Ibárruri, già alla fine del 1933, come riportato nel 13° Rapporto del Plenum del Comitato Esecutivo dell'Internazionale Comunista, aveva dichiarato: "Il nostro compito è quello di attirare la maggioranza del proletariato e prepararlo alla presa del potere. Ciò significa che dobbiamo concentrare i nostri sforzi sull'organizzazione dei comitati operai e contadini e sulla creazione dei soviet..... Lo sviluppo del movimento rivoluzionario è estremamente favorevole. Stiamo avanzando lungo la strada che ci è stata indicata dall'Internazionale Comunista e che porta all'instaurazione di un governo sovietico in Spagna, un governo operaio e contadino". Il lavoro di infiltrazione delle sue cellule nelle organizzazioni operaie e nei sindacati è essenziale.

Un uomo chiave sarebbe stato Julio Álvarez del Vayo, tornato dalla Russia nell'aprile del 1936. Pur rimanendo un membro del Partito Socialista, Álvarez del Vayo era pronto a seguire la guida dei comunisti. Fu lui a convincere Largo Caballero ad accettare la fusione della Gioventù socialista con la Gioventù comunista, che ebbe luogo non appena iniziò la guerra civile. La Gioventù Socialista Unita (JSU), il cui segretario era Santiago Carrillo, aderì in blocco al Partito Comunista. Così, leader come Largo Caballero, La Pasionaria e Álvarez del Vayo, pur sapendo cosa stava accadendo in Russia, insistettero nel proporre il modello sovietico come panacea universale per tutti i mali. D'altra parte, la propaganda inondava le librerie, dove proliferavano traduzioni di Lenin e libri o opuscoli che esaltavano le eccellenze della vita nel paradiso comunista. Purtroppo, gli operai spagnoli non sapevano che il terrore, il saccheggio, la fame e l'ingiustizia erano il risultato della dittatura imposta al popolo russo da agenti stranieri.

Il 7 aprile, dopo l'apertura delle Cortes, si verificò un evento sconcertante: la deposizione di Alcalá Zamora come Presidente della Repubblica, nonostante il suo mandato scadesse nel 1937. Don Niceto, "el Botas", ottenne l'appoggio di soli cinque deputati sui 473 che componevano la Camera. In breve, accadde quanto segue: la Costituzione prevedeva che il presidente dovesse dimettersi se avesse sciolto per due volte le Cortes. Alcalá

Zamora era sicuro che lo scioglimento dell'Assemblea Costituente non contasse, in quanto erano stati eletti prima dell'inizio del suo mandato. In effetti, Martínez Barrio, Largo Caballero e lo stesso Azaña lo avevano lasciato intendere in dichiarazioni e scritti. Alcalá Zamora era convinto di avere i giorni contati come Presidente della Repubblica in caso di vittoria delle destre; tuttavia, confidava che i repubblicani e i socialisti avrebbero giudicato necessaria e giusta la seconda dissoluzione, soprattutto perché grazie ad essa avevano riconquistato il potere, e gli avrebbero quindi permesso di terminare il suo mandato. Si sbagliava: fu giudicato colpevole di aver sciolto inutilmente le Cortes e fu costituzionalmente destituito. La sinistra lo ringraziò così per la sua manovra politica. Naturalmente la destra, che lo detestava, si astenne dal voto. La ricerca di un successore iniziò immediatamente e, con sorpresa generale, Manuel Azaña permise di proporre il suo nome. In un momento in cui i partiti repubblicani mancavano di uomini di prestigio in grado di gestire la situazione che si era creata, Azaña era pronto ad abbandonare le sue responsabilità di leader del Fronte Popolare e di Presidente del Governo.

Prima dello scoppio della guerra civile, la cosiddetta "primavera tragica" mostrò che l'odio tra gli spagnoli aveva raggiunto estremi insopportabili: gli omicidi nelle strade erano all'ordine del giorno e l'atmosfera al Congresso dei Deputati era insopportabile. La seduta del 15 aprile 1936, in cui Azaña chiese di votare la fiducia al secondo governo del Fronte Popolare, che sarebbe durato fino al 10 maggio, data in cui Azaña divenne Presidente della Repubblica, è passata alla storia del Parlamento. Nel suo discorso Azaña ha detto di essere calmo, di personificare la calma. José Calvo Sotelo ha risposto che parlare di calma quando non c'è sicurezza per la vita delle persone è una prova di negligenza. "Se uno Stato non sa garantire l'ordine, la pace, i diritti di tutti i cittadini", disse Calvo Sotelo, "che i rappresentanti di questo Stato si dimettano!". Ecco un paragrafo significativo del suo discorso riprodotto *dal Diario de Sesiones de Cortes*:

"Guardiamo alla Russia e all'Ungheria, leggiamo e rivediamo le pagine della loro storia recente e, poiché sappiamo che si è trattato di una tragedia, breve per l'Ungheria, permanente per la Russia, vogliamo che questa tragedia sia evitata in Spagna, e diciamo al Governo che questa missione è una sua responsabilità, e che per compierla non gli mancheranno certo né i voti né l'opinione di quelli di noi che sono qui. Ah, ma se il Governo mostra debolezza, se esita.... dobbiamo alzarci in piedi e gridare che siamo pronti ad opporci con tutti i mezzi, dicendo che l'esempio di sterminio, la tragica distruzione che hanno vissuto le classi conservatrici e borghesi della Russia, non si ripeterà in Spagna".

Tra gli insulti e le minacce tollerate da Martínez Barrio, Presidente del Congresso, Calvo Sotelo ha continuato il suo vibrante discorso in cui ha fornito le cifre di quanto accaduto in Spagna nel mese e mezzo fino al 2 aprile. Quando ha fornito la cifra di 345 feriti e 74 morti, è stato interrotto da Dolores Ibárruri, La Pasionaria, che gli ha chiesto: "Quanto denaro avete avuto per pagare gli assassini?". Poi Margarita Nelken, ebrea di origine tedesca, famosa per i suoi appelli alla violenza, aggiunse: "Porteremo qui tutti coloro che sono stati resi inutili nelle Asturie". Calvo Sotelo rispose che finché la Presidenza avesse tutelato il suo diritto, avrebbe detto ciò che doveva dire. Ci furono altre proteste e, tra l'altro, Calvo Sotelo fu accusato di essere un cinico, poiché le azioni violente che denunciava provenivano dalle sue stesse file.

Infine, il 10 maggio, Manuel Azaña si è dimesso da primo ministro ed è diventato il secondo presidente della Repubblica. È stato eletto con una maggioranza schiacciante, anche se la destra ha votato in bianco. Azaña divenne così una sorta di Buddha ieratico e beatifico dal sorriso gelido che, dalla presidenza della Repubblica, guardava impassibile la rovina della Spagna. Il 10 si formò una sorta di governo provvisorio sotto Augusto Barcia, che durò tre giorni, fino alla formazione, il 13 maggio, del quarto governo monocolore del Fronte Popolare, il cui presidente era Santiago Casares Quiroga. I socialisti continuarono a non collaborare. Se per i non addetti ai lavori quello che era successo era inaspettato, non lo era per Largo Caballero, a giudicare da alcune sorprendenti dichiarazioni rilasciate mentre era in carcere per il suo ruolo nella rivolta di ottobre. Edward Knoblaugh, corrispondente americano in Spagna per l'*Associated Press*, una delle principali agenzie di stampa del mondo, gli fece visita nella sua cella per intervistarlo. Un estratto dell'intervista appare nel libro *Correspondent in Spain* (1937). Knoblaugh, il cui lavoro fu tradotto in spagnolo trent'anni dopo, confessa di aver quasi riso quando Largo Caballero gli disse questo:

"Vinceremo almeno duecentosessantacinque seggi. L'intero ordine esistente sarà trasformato. Azaña sarà per me quello che Kerensky fu per Lenin. Tra cinque anni la Repubblica sarà così organizzata che sarà facile per il mio partito usarla come trampolino per raggiungere il nostro obiettivo. Il nostro obiettivo è un'Unione delle Repubbliche Sovietiche Iberiche. La penisola iberica tornerà ad essere un unico Paese. Il Portogallo aderirà, confidiamo pacificamente, ma useremo la forza se necessario. Dietro queste sbarre avete il futuro padrone della Spagna! Lenin dichiarò che la Spagna sarebbe stata la seconda Repubblica Sovietica d'Europa, e la sua profezia si avvererà. Io sarò il secondo Lenin che la realizzerà".

Knoblaugh aggiunge che, di fronte a una dichiarazione così sensazionale, voleva essere sicuro che Largo Caballero non l'avrebbe smentita. Prima di inviarla a New York, gli mostrò il testo in presenza di Máximo Fernández, uno dei suoi luogotenenti che parlava correntemente l'inglese, e "Largo lo approvò di buon grado". Il titolo dell'intervista apparve sulla prima pagina de *La Prensa*, un giornale di New York in lingua spagnola.

Pochi giorni prima dell'ascesa di Azaña alla Presidenza della Repubblica, si erano tenute le celebrazioni del Primo Maggio, alle quali Largo Caballero si presentò come l'uomo della rivoluzione. Egli guidò la manifestazione di Madrid, dove gli operai gridarono "Viva l'Armata Rossa!" e le immagini dei leader della destra, Calvo Sotelo, Gil Robles, Antonio Goicoechea e altri, furono trascinate o esposte appese alle forche. "La rivoluzione che vogliamo può essere fatta solo con la violenza", proclamò apertamente Largo Caballero, che dal 6 aprile aveva il suo giornale, *Claridad*, un foglio serale ben redatto in cui veniva spesso annunciato l'inevitabile trionfo del socialismo. Nei suoi articoli e nelle sue dichiarazioni Largo ripeteva instancabilmente i suoi slogan. In aprile era apparsa su *Claridad* la risoluzione del gruppo socialista di Madrid: "Il proletariato non deve limitarsi a difendere la democrazia borghese, ma deve assicurarsi con tutti i mezzi la conquista del potere politico, per realizzare da lì la propria rivoluzione sociale. Nel periodo di transizione dalla società capitalista alla società socialista, la forma di governo sarà la dittatura del proletariato". Mentre il Lenin spagnolo si preparava a rimuovere i borghesi repubblicani dal potere, l'altro leader socialista, Indalecio Prieto, lo accusava di praticare un "rivoluzionarismo infantile" e di collaborare con i repubblicani. Prieto tenne un discorso a Cuenca che fu accolto molto bene dal giornale repubblicano *El Sol*, che lo considerava il vero statista di cui la Repubblica aveva bisogno; tuttavia, il discorso fu respinto sul posto dalla gioventù socialista, che minacciò lui, González Peña e Belarmino Tomás, che lo accompagnavano. A Ecija furono accolti a colpi di arma da fuoco e quasi uccisi. Questa era l'atmosfera in Spagna.

L'accusa che la Falange di José Antonio Primo de Rivera praticasse un "terrorismo controrivoluzionario" viene spesso mossa dagli storici marxisti. Certo, la Falange, che non riuscì a ottenere una rappresentanza parlamentare nel 1936, si arricchì di giovani provenienti da partiti di destra che, stanchi della moderazione dei loro partiti, erano pronti a rispondere nelle strade ai loro nemici marxisti e anarchici: era la pericolosa "dialettica dei pugni e delle armi". Ora, è indiscutibile che dall'aprile 1931 le strade erano state prese ripetutamente d'assalto da piromani, teppisti e altri radicali rivoluzionari. Stanley G. Payne chiarisce chi e come iniziò la violenza e gli omicidi degli oppositori politici.

In *Falange. A History of Spanish Fascism*, Payne osserva che quando nel dicembre 1933 apparve il primo numero di *F.E.*, il settimanale della Falange, i socialisti minacciarono i venditori e la pubblicazione scomparve dalle strade, tanto che gli studenti della SEU dovettero venderla protetti da squadre di attivisti. Prima di queste vessazioni, il 2 novembre 1933 era stato commesso il primo omicidio: un funzionario statale sostenitore delle JONS era stato pugnalato a morte a Daimiel. Un mese dopo, l'auto su cui viaggiava

Ruiz de Alda, pioniere dell'aviazione spagnola e cofondatore della Falange, fu fermata e incendiata mentre passava per Tudela: Ruiz de Alda riuscì a salvarsi. L'11 gennaio 1934, il giovane falangista Francisco de Paula Sampol fu ucciso durante la vendita del quinto numero del settimanale. Altri quattro falangisti vengono uccisi prima della fine del mese. Il 9 febbraio 1934, Matías Montero, uno studente ventenne che era stato uno dei tre fondatori del Sindicato Español Universitario, fu ucciso con cinque colpi di pistola mentre tornava a casa dopo aver aiutato a vendere *F.E.*. Francisco Tello, un operaio affiliato al PSOE e alla Gioventù Socialista, fu arrestato mentre aveva ancora l'arma del delitto e condannato a ventitré anni; ma nel febbraio 1936 fu rilasciato con l'amnistia del Fronte Popolare. Nessuno di questi omicidi contro l'incipiente movimento fascista ebbe risposta, tanto che alcuni diedero alla Falange il soprannome di "Funeraria Española" e al suo leader quello di "Juan Simón el Enterrador". Il giornale *ABC* scrisse che il nuovo partito assomigliava più al francescanesimo che al fascismo. L'unica risposta di José Antonio all'assassinio del suo amico fu un comunicato stampa in cui si leggeva: "La Falange Española non assomiglia affatto a un'organizzazione di criminali, né intende copiare i metodi di tali organizzazioni, per quanto riceva incoraggiamenti non ufficiali". Gli omicidi continuano e nel marzo 1936 altri due falangisti vengono uccisi a Madrid. Lo stesso mese José Antonio fu oggetto di un attentato: una bomba fu lanciata attraverso il parabrezza della sua auto nel centro di Madrid, ma gli occupanti rimasero illesi. La necessità di rispondere agli attentati divenne un clamore. Uno studente della SEU scrisse una lettera a José Antonio dicendogli che se *F.E.* continuava con il suo tono intellettuale e letterario non valeva la pena rischiare la vita per venderlo. A questo punto si organizzarono le rappresaglie ed entrarono in scena i pistoleri falangisti.

L'impunità era stata comune per i violenti di sinistra, di solito investiti di un'iperlegittimità morale. Tuttavia, José Antonio Primo de Rivera fu "arrestato come fascista", secondo il verbale del suo arresto, e fu rinchiuso il 14 marzo 1936 nel carcere Modelo di Madrid. Sei settimane dopo la sua incarcerazione, fu effettuata una perquisizione nella sua casa e furono trovate due pistole cariche. Durante il processo del 28 maggio, José Antonio dichiarò con indignazione che l'intera faccenda era una farsa e che le pistole erano state messe lì di proposito dalla polizia. Nonostante tutto puzzasse di montatura, José Antonio fu condannato per possesso illegale di armi. Il 5 giugno fu trasferito ad Alicante, dove sarebbe stato giustiziato il 20 novembre. Oltre a José Antonio, furono arrestati numerosi leader della Falange, l'unico partito ferocemente perseguitato dalle autorità repubblicane. A seguito di questi arresti, a marzo si moltiplicarono le azioni violente dei falangisti contro i leader repubblicani e socialisti. Il primo attacco è stato al deputato del PSOE Luis Jiménez de Asúa, che è stato colpito da un proiettile fuori dalla sua abitazione: è rimasto illeso, ma una delle sue guardie del corpo, Jesús Gisbert, è stata uccisa. Il 15 marzo, il giorno dopo l'entrata in carcere del leader falangista, la casa di Largo Caballero è stata colpita da ignoti. Il 7 aprile, a casa di Eduardo Ortega y Gasset viene consegnato un cesto contenente una bomba, la cui esplosione non provoca vittime ma danneggia la casa. Il 13 aprile, Manuel Pedregal, il giudice della Corte Suprema che aveva indagato sul caso dell'attentato a Jiménez de Asúa, fu assassinato fuori dalla sua abitazione. Il 7 maggio, il capitano Carlos Faraudo, istruttore delle milizie della Gioventù socialista, è stato assassinato a Madrid. Sei persone, presumibilmente falangisti, sono state arrestate in relazione al crimine.

Accanto a questa violenza, gli storici marxisti omettono di menzionare gli omicidi di giovani falangisti avvenuti in tutto il Paese da marzo a luglio 1936. Poiché le cifre dei morti e dei feriti presentate da Calvo Sotelo al Congresso arrivavano fino al 2 aprile, riportiamo alcuni dati solo fino a questa data. Il 6 marzo, quattro muratori membri della Falange furono uccisi a Madrid per non aver aderito allo sciopero e aver lavorato alla demolizione della vecchia arena. Per rappresaglia, i falangisti uccisero alcuni comunisti riuniti in una taverna. Lo stesso giorno, il 6, a Puebla de Almoradiel (Toledo), fu assassinato l'esponente della destra Miguel Sepúlveda, ucciso con un colpo di pistola. Il sindaco vietò la sua sepoltura cattolica il giorno successivo e i falangisti si recarono a casa sua per chiedere il permesso, ma furono colpiti da un proiettile. Due di loro, Ramón Perea e Tomás Villanueva, furono uccisi e altri sette furono feriti. Lo stesso giorno è stato ucciso un membro del SEU che era stato colpito dalla polizia qualche giorno prima. Il 9 marzo Jesús Álvarez è morto a Palencia: si è difeso con una pistola quando si è rifiutato di essere perquisito dai miliziani ed è stato ucciso da una guardia d'assalto. L'11 marzo uomini armati marxisti uccidono due studenti di legge a Madrid. Il giorno successivo, il 12 marzo, l'azione si è ripetuta: i miliziani della Gioventù socialista hanno perquisito i passanti con le pistole e hanno ucciso due studenti, José Olano e Enrique Valdovel, che si erano identificati ed erano considerati fascisti. Quello che è successo a Jumilla il 16 merita qualche riga: un lavoratore socialista che aveva avuto alterchi con persone di destra è stato trovato morto. Tutte le persone identificate come falangiste e di destra sono state arrestate. La prigione è stata presa d'assalto da una folla che chiedeva la consegna dei detenuti. Due di loro sono stati accoltellati a morte e una guardia è stata uccisa. Altri due falangisti, Pedro Cutillas e Jesús Martínez, furono attaccati con machete presi dalla Guardia Civil, poi picchiati e trascinati via. Il 18 si sono verificati tre eventi in tre luoghi diversi: a Mendavía (Navarra) i miliziani guidati dal sindaco hanno sparato a due falangisti e ucciso Martín Martínez de Espronceda; a Boñar (León) Manuel Montiel è stato picchiato perché considerato falangista; a Mula (Murcia) il sindaco di Acción Popular, José Martínez, è stato trovato assassinato. Il 19 ad Avila venti persone hanno picchiato il giovane falangista Ramón Ferrer, che è stato gravemente ferito. Lo stesso giorno a Cordoba altri tre falangisti sono stati picchiati da un gruppo socialista. In questo elenco si potrebbero citare altri tipi di omicidi e azioni violente, che completerebbero il quadro di una vera e propria guerra civile.

Poi ci furono gli omicidi tra gli stessi rivoluzionari. Tra i più importanti, in aprile, ci furono quelli dei fratelli Badia. Miquel, il "capità collons", e suo fratello Josep furono assassinati in Carrer Muntaner a Barcellona da membri della FAI. Sembra che gli anarchici li odiassero per i loro metodi a capo della polizia della Generalitat. Un altro esempio paradigmatico si verificò poco prima dello scoppio della guerra. Settantamila lavoratori edili di Madrid iniziarono uno sciopero a tempo indeterminato, deciso in assemblea dalla CNT e dall'UGT. Gli scioperanti armati costrinsero i negozianti a servirli, occuparono i ristoranti e mangiarono senza pagare. La socialista Clara Campoamor, in *La revolución española vista por una republicana*, descrive così questi eventi:

> "Da metà maggio fino allo scoppio della guerra civile, Madrid ha vissuto nel caos. Gli operai mangiavano in alberghi, ristoranti e caffè, si rifiutavano di pagare i conti e minacciavano i proprietari.... Le mogli degli operai facevano le loro ordinazioni nelle drogherie senza pagare, perché erano accompagnate da un uomo coraggioso con una rivoltella. In pieno giorno, alla periferia della città e anche nel centro, i piccoli negozi sono stati saccheggiati e le merci sono state prese sotto la minaccia delle armi".

I problemi sorsero tra gli scioperanti quando l'UGT accettò l'arbitrato del Ministro del Lavoro, mentre la CNT decise di continuare. Gli anarchici accusarono i comunisti e i socialisti di essere dei "rompiscatole". Scoppiarono rivolte tra le due parti. Il 9 luglio cinque persone furono uccise alle porte dei luoghi di lavoro, tre della CNT e due dell'UGT. In questo clima, la CNT ha mitragliato un caffè che fungeva da quartier generale della Falange e tre falangisti sono stati uccisi. Il conflitto tra UGT e CNT si ripeté contemporaneamente a Malaga, dove il 10 luglio gli anarchici assassinarono il comunista Andrés Rodríguez, capo dell'UGT. La risposta fu un attentato contro Ortiz Acevedo, leader cenetista, ma il morto era uno dei suoi figli. L'11, prima dei funerali del comunista Rodríguez, fu assassinato il socialista Ramón Reina. La violenza continuò fino al 15 e il governatore ordinò la chiusura dei locali dei due centri operai.

L'assassinio di Calvo Sotelo

L'eliminazione, il 13 luglio 1936, di José Calvo Sotelo, leader dell'opposizione parlamentare, fu un atto scandaloso e gravissimo, poiché si trattava di una provocazione dietro la quale c'era il Partito Socialista. Alcune versioni tentano di falsificare la storia e di giustificare l'evento come una vendetta per l'assassinio, avvenuto il 12, in realtà solo cinque ore prima, del tenente José del Castillo, un massone che addestrava le milizie illegali della Gioventù Socialista. Si tratta di un'interpretazione inammissibile. *Il Diccionario de uso del español* di María Moliner offre questa definizione di vengar: "Fare del male a una persona in risposta a un'altra (daño) o a una lamentela ricevuta da essa". Coloro che uccisero Calvo Sotelo non avevano ricevuto alcun danno da lui. L'assassinio del tenente Castillo, invece, potrebbe essere descritto come una vendetta, poiché i suoi uomini avevano ucciso Andrés Sáenz de Heredia, un cugino del fondatore della Falange. Lo stesso tenente Castillo aveva personalmente ferito gravemente José Llaguno Acha, un giovane militante carlista. Da quel momento Castillo fu nel mirino sia dei carlisti che dei falangisti. Da qui le discrepanze sull'identità dei suoi assassini. Secondo Paul Preston, fu ucciso dai falangisti, ma Ian Gibson indica come esecutori i membri del Tercio de Requetés di Madrid. Non è quindi valido sostenere che i compagni del tenente si siano vendicati di un innocente che non aveva nulla a che fare con i fatti citati. In realtà, approfittando della situazione, sono stati usati gli assassini. Il tenente Castillo, Andrés Saénz de Heredia e José Llaguno erano pedine che si sacrificarono tra loro; ma José Calvo Sotelo era una delle torri che la destra aveva nella partita che si stava giocando in Spagna, che poteva essere abbattuta solo con l'appoggio di altri pezzi importanti.

José Calvo Sotelo merita di essere ricordato non solo per la sua tragica morte. Ancora molto giovane, dimostrò il suo valore e il suo status di statista. Nel 1924, ad esempio, elaborò uno Statuto municipale che, secondo il professor Alfonso Bullón, autore dell'opera *José Calvo Sotelo*, "è la norma di governo più libera che i comuni abbiano avuto in Spagna, quella che ha dato loro più poteri, in cui si contemplò per la prima volta il suffragio femminile". Ministro delle Finanze nel 1925, a soli 32 anni, fu l'autore di un tentativo di riforma fiscale che prevedeva l'imposizione progressiva. La sua politica, volta a combattere le frodi fiscali e a cercare di garantire che i privilegiati fossero tassati in base al loro patrimonio, gli valse l'inimicizia dei settori più immobilisti, che lo chiamarono "il ministro bolscevico". Una reazione contro di lui lo costrinse a desistere e denunciò "l'ostinato quietismo delle classi conservatrici". Calvo Sotelo promosse un'attività bancaria pubblica specializzata e sotto il suo mandato fu creato il Banco de Crédito Local (Banco di Credito Locale). Creò anche il Banco Exterior de España e promosse un'importante riforma del Banco Hipotecario e del Banco de Crédito Industrial. Una misura di grande interesse che gli procurò potenti nemici all'estero fu la creazione del monopolio petrolifero CAMPSA (Compañía Arrendataria del Monopolio de Petróleos S. A.), che provocò uno scontro tra il regime e le grandi compagnie petrolifere. Questi trust internazionali stavano cercando di impadronirsi del monopolio petrolifero in Europa e non potevano assolutamente accettare un monopolio petrolifero in Spagna. Nella caduta di Primo de Rivera, la compagnia anglo-olandese Royal Dutch-Shell giocò un ruolo importante. Henri Deterding, direttore del trust, si incontrò con il dittatore e con lo stesso Calvo Sotelo, al quale rivolse un monito: "Ecco, il monopolio può nascere, vivrà per uno o due anni, perché non mancheranno le forniture; ma dopo non ci sarà più nessuno a rifornirvi". In *Política económica de la Dictadura*, opera da cui sono tratte alcune delle informazioni sopra riportate, il professor Juan Velarde ritiene che Calvo Sotelo sia stato un magnifico ministro delle Finanze.

Il 15 aprile 1931, José Calvo Sotelo andò in esilio in Portogallo; ma fu eletto per Orense nelle elezioni di giugno. Sperava che con il suo seggio di deputato sarebbe potuto tornare in Spagna senza il pericolo di essere imprigionato, come era accaduto ai ministri del PRI che non avevano lasciato il Paese. Quando seppe che non avrebbe potuto prendere il suo posto, ma sarebbe andato in prigione, decise di rimanere in esilio. Nel settembre 1933 Calvo Sotelo fu eletto membro del Tribunale delle Garanzie Costituzionali dagli Ordini degli Avvocati, ma ancora una volta non gli fu permesso di tornare. Non poté partecipare personalmente alle elezioni del novembre 1933, ma inviò una registrazione che fu trasmessa durante l'evento al cinema Royalty di Madrid e poté essere ascoltata alla radio in tutta la Spagna: "Spagnoli, madrileni! - disse Calvo Sotelo, "ascoltate la voce lontana di un compatriota esiliato, al quale gli stessi che negano alla Spagna il suo onore, la sua storia e la sua fede stanno cercando di negare tutti i diritti politici. Lontano da voi geograficamente, ma vicino a voi spiritualmente, sono un povero esule, nonostante il suffragio due volte favorevole, due volte negato. Per costruire un popolo occorrono secoli ed eroi, per disfarlo bastano due anni e un mostro qualsiasi al timone". Calvo Sotelo fu nuovamente eletto in Parlamento, ma prima di rientrare dovette attendere ancora qualche mese per poter usufruire di un'amnistia.

La prima cosa che fece al suo arrivo a Madrid, il 4 maggio 1934, fu visitare suo padre. Dopo le elezioni del febbraio 1936, Calvo Sotelo dovette di nuovo lottare strenuamente per farsi consegnare il seggio di deputato che aveva conquistato, poiché la famigerata Commissione dei Verbali tentò di sottrarglielo. Per protestare contro l'arbitrarietà della Commissione, i deputati di destra decisero di abbandonarla per non legittimarla con la loro presenza; ma Calvo Sotelo si presentò alle Cortes per difendere il suo seggio, e lo fece con una tale brillantezza che i repubblicani non osarono annullarlo, nonostante le proteste di socialisti e comunisti. Infine, nelle prime ore del 3 aprile, Calvo Sotelo conquistò il suo seggio "e con esso - secondo le parole del professor Bullón - il suo passaporto per la morte". In effetti, diversi deputati del Fronte Popolare lo avevano minacciato in diverse occasioni prima di essere assassinati.

Caos fu la parola più volte usata dai giornalisti europei che riferivano sulla situazione spagnola; ma, a causa della censura sulla stampa imposta dal governo, gli spagnoli non erano informati di ciò che stava accadendo. Solo attraverso le denunce di Calvo Sotelo e Gil Robles si conobbero le cifre della disastrosa realtà, perché la censura non poteva essere esercitata sui discorsi dei deputati. Fu nella seduta del 16 giugno 1936 che sia Gil Robles che Calvo Sotelo denunciarono il malgoverno imperante e fornirono nuovi dati. Secondo il primo, tra il 16 febbraio e il 15 giugno si erano verificati in Spagna 113 scioperi generali e 228 scioperi parziali; 160 chiese erano state distrutte e 251 incendi erano stati spenti in edifici religiosi. Gil Robles fornì una cifra di 269 morti e 1.287 feriti; ma lo storico Juan Blázquez offre oggi cifre verificate con nomi e cognomi che indicano il numero di persone uccise e ferite durante i cinque mesi del Fronte Popolare in 454 e 1.638, rispettivamente.

Calvo Sotelo ha sottolineato l'obbligo del governo di garantire l'ordine pubblico e ha denunciato la sua parzialità nel far rispettare la legge. Ha accusato alcuni partiti di incoraggiare la violenza con una "propaganda insensata" e ha citato in particolare Largo Caballero, che due giorni prima aveva dichiarato in un discorso che la politica del Fronte Popolare era per loro ammissibile solo finché serviva al programma della rivoluzione d'ottobre. Seguì Dolores Ibárruri, che chiese l'incarcerazione di coloro che si opponevano alla politica rivoluzionaria e "di coloro che con un cinismo senza pari, pieni di sangue per la repressione di ottobre, vengono a chiedere responsabilità". È stato nel contesto delle repliche che la Pasionaria, senza avere un turno di parola, ha gridato: "Questo è il tuo ultimo discorso", parole che non sono registrate nel diario della sessione, ma che sono state ratificate da numerosi partecipanti.

Peggiori furono le parole pronunciate contro Calvo Sotelo nella seduta parlamentare del 1° luglio. Ángel Galarza, un socialista massone che frequentava la loggia Luis Simarro di Madrid, alzò il tono della minaccia della Pasionaria e disse esattamente quanto segue: "Pensando a sua signoria, trovo tutto giustificato, compreso l'attentato che lo priverà della vita". Va ricordato che a giustificare l'assassinio di un deputato non era un personaggio insignificante, ma uno specialista di diritto penale che era stato procuratore generale dello Stato. In seguito, come Ministro degli Interni, Galarza sarebbe diventato uno dei principali responsabili dei massacri di Paracuellos. Naturalmente, questa inqualificabile minaccia scatenò uno scandalo, durante il quale si sentì Dolores Ibárruri dire: "Devono essere trascinati dentro". Martínez Barrio intervenne per dire che le parole del deputato non sarebbero apparse nel diario delle sedute; ma Ángel Galarza rispose: "Queste parole, che non appariranno nel diario delle sedute, saranno note al Paese e diranno a tutti noi se la violenza è legittima o meno".

Dopo questa palese dimostrazione di mancanza di principi e di infame legittimazione dell'assassinio e della violenza in generale, sembra chiaro che coloro che cercarono di togliere la vita a Calvo Sotelo non erano pedine qualsiasi. Un autore insospettabile di simpatie di destra come Gerald Brenan scrive: "C'era solo una possibilità che Largo Caballero prendesse il potere, e cioè che i militari si sollevassero, che il governo desse le armi al popolo per sedare la rivolta e che il popolo vincesse la lotta. Consapevolmente o meno, lui e il suo partito stavano calcolando il loro gioco sulla possibilità di un'insurrezione militare". In altre parole, con l'assassinio di Calvo Sotelo i capitolini del PSOE intendevano provocare l'insurrezione militare e approfittarne per prendere il potere. Se la valutazione di Brenan è corretta, si tratterebbe ancora una volta della strategia della guerra civile, più volte proclamata da Trotsky e Lenin come il mezzo ideale per sbarazzarsi dei nemici di classe.

Una serie di fatti dimostrano che gli assassini materiali di Calvo Sotelo erano solo gli esecutori di un piano che era stato considerato da più in alto. Alla fine di giugno, il Direttore Generale della Sicurezza, José Alonso Mallol, cerimoniere della loggia Constante Alona che aveva messo fuori legge la Falange e ordinato l'arresto di José Antonio Primo de Rivera, ordinò di cambiare i due poliziotti che erano le guardie del corpo di Calvo Sotelo. Il 29 giugno Rodolfo Serrano de la Parte, amico di Casares Quiroga, e un massone di nome José Garriga Pato furono nominati nuove guardie del corpo. Giorni dopo, ricevettero istruzioni dal capo del personale della Direzione Generale della Sicurezza, Lorenzo Aguirre Sánchez, che ordinò loro di simulare la protezione in caso di attentato a Calvo Sotelo se questo fosse avvenuto in un luogo centrale, ma di finirlo se fosse avvenuto in un luogo poco frequentato, nel caso in cui l'attentato fosse fallito. Da tutto ciò si può dedurre che l'idea di uccidere Cavo Sotelo esisteva già prima dell'assassinio del tenente Castillo. Ciò è stato confermato dal massone Urbano Orad de la Torre, l'ufficiale militare che diresse il bombardamento del Cuartel de la Montaña dopo il 18 luglio, che nel settembre 1978 confessò a *El País* che la massoneria aveva preso la decisione di assassinare Calvo Sotelo il 9 maggio 1936.

Il poliziotto Rodolfo Serrano fu respinto dall'ordine ricevuto e prese contatto nei corridoi del Parlamento con il deputato carlista Joaquín Bau Nolla, amico intimo di Calvo Sotelo. Serrano aveva accesso al Congresso come guardia del corpo. Il deputato convocò il poliziotto in un caffè di Calle Alcalá, dove Serrano specificò le sue informazioni. Dopo aver riferito a Calvo Sotelo ciò che sapeva, Bau si recò dal Ministro degli Interni, Juan Moles Ormellla, che era anche massone, e gli riferì ciò che aveva scoperto senza menzionare la fonte delle informazioni. La mattina dell'8 luglio, Calvo Sotelo e Bau si recarono insieme dal Ministro Moles, che non prestò loro molta attenzione, così Calvo Sotelo, che riuscì a farsi assegnare una nuova scorta, lo rese responsabile di qualsiasi cosa potesse accadergli.

Il tenente Castillo fu assassinato alle nove e mezza della notte del 12. Ne *La Masonería en la España del siglo* XX, opera coordinata da J. A. Ferrer Benimeli, si conferma che la partita fu giocata da massoni, poiché, oltre al tenente Castillo, erano presenti: Juan Moles Ormella, ministro dell'Interno, e José Alonso Mallol, direttore generale della Sicurezza. Lorenzo Aguirre Sánchez, capo di stato maggiore della Direzione Generale della Sicurezza, aveva chiesto di entrare nella Massoneria e dopo lo scoppio della guerra si era iscritto al Partito Comunista. L'opera citata riferisce della riunione di una dozzina di ufficiali delle Forze d'Assalto, in cui si parlò di vendetta senza precisare in cosa sarebbe consistita. Mallol fu presente per circa un quarto d'ora, ascoltando senza dire una parola. Tutto lascia pensare che Mallol abbia contattato il Ministro degli Interni, Moles Ormella, che ha autorizzato gli arresti nelle case di esponenti di spicco della destra.

Verso le due del mattino del 13, diversi furgoni con guardie d'assalto e militanti del PSOE con liste di attivisti della Falange lasciarono la caserma di Pontejos. L'ultimo furgone, il numero 17, non era comandato da un ufficiale d'assalto, ma da un capitano della Guardia Civil, Fernando Condés Romero, un altro massone che era a capo de La Motorizada, il nome di un gruppo armato di socialisti che faceva da scorta a Indalecio Prieto. Questo furgone fu quello che si diresse verso l'abitazione di Calvo Sotelo in Calle Velázquez. In seguito si scoprì che un altro furgone era andato a casa di Gil Robles, ma non lo trovarono perché si trovava in Francia. Dopo essersi identificati con le guardie incaricate della sorveglianza notturna, Condés e alcuni uomini salirono alla casa.

Erano le due e mezza del mattino. La famiglia fu svegliata di soprassalto dal suono del campanello e dalle voci che chiedevano alla polizia di aprire la porta. Dopo essere entrato in casa, il capitano Condés, che era in abiti civili, disse che doveva perquisire l'abitazione e annunciò immediatamente a Calvo Sotelo che la Direzione Generale della Sicurezza aveva ordinato il suo arresto. Calvo Sotelo cercò di telefonare per sapere chi avesse dato l'ordine, ma Condés non glielo permise. A nulla è servito che il capo del Blocco Nazionale sostenesse di avere l'immunità parlamentare. Gli è stato promesso che avrebbe potuto difendere il suo caso presso la Direzione generale, così ha finalmente accettato di lasciare la sua casa. Sua moglie gli ha chiesto ripetutamente di non andarsene. Prima di andarsene, Calvo Sotelo, che sospettava il peggio, le disse: "Tra cinque minuti ti chiamo dalla Direzione Generale della Sicurezza se questi signori non mi portano via e non mi sparano quattro volte". All'arresto parteciparono una ventina di persone, metà delle quali erano membri della Guardia d'Assalto, vedi. Tra i socialisti che accompagnarono Condés c'erano Santiago Garcés e Francisco Ordóñez, che avevano ricoperto incarichi di grande responsabilità durante la guerra, e José del Rey Hernández, che era stato reintegrato nel corpo dopo la sua espulsione per aver preso parte all'insurrezione dell'ottobre 1934. Del Rey era una delle guardie del corpo della socialista Margarita Nelken.

Il racconto di ciò che accadde nel furgone numero 17 proviene da un testimone oculare, la guardia d'assalto Aniceto Castro Piñeiro, che era in servizio nella caserma di Pontejos quando a mezzanotte vide arrivare il capitano Fernando Condés in abiti civili insieme a diverse guardie del corpo abituali di Indalecio Prieto. Questa guardia è salita sul veicolo, ma non è salita in casa. Secondo la sua versione, il capitano Condés e José del Rey si sedettero davanti accanto all'autista, Orencio Bayo. Calvo Sotelo era sul terzo banco, tra Aniceto Castro e un'altra guardia. L'assassino, Victoriano Cuenca, un altro socialista che era la guardia del corpo di Indalecio Prieto, si sedette dietro di lui e quando raggiunsero l'incrocio tra le vie Ayala e Velázquez, prese una pistola e gli sparò due volte alla nuca. Calvo Sotelo cadde a faccia in giù tra i sedili. Nessuno disse nulla e quelli davanti non si preoccuparono di guardare indietro. Il furgone proseguì fino al Cimitero Est, dove ai dipendenti fu ordinato di aprire i cancelli. Una volta entrati nel cimitero, hanno lasciato il corpo a terra, in un luogo vicino all'obitorio. Sulla via del ritorno, l'autista, preoccupato per ciò che avevano visto i dipendenti in servizio al cimitero, disse: "Suppongo che non ci tradiranno", al che Condés rispose: "Non si preoccupi, non succederà nulla". José del Rey aggiunse: "Chiunque dica qualcosa si suicida, lo uccideremo come quel cane".

Ore prima che l'omicidio fosse reso pubblico, i media socialisti erano ben consapevoli dell'accaduto. Alle otto del mattino, il killer Victoriano Cuenca ha parlato con Julián Zugazagoitia, "Zuga", deputato del PSOE e redattore di *El Socialista*, che ha informato dell'accaduto. Il capitano Condés, da parte sua, ha contattato il deputato socialista Juan -Simeón Vidarte e lo ha informato del crimine commesso. Invece di fare il loro dovere e denunciare i fatti alle autorità, i socialisti rimasero in silenzio e complici. Vidarte consigliò a Condés di trovare un posto dove nascondersi e lui lo fece a casa della deputata socialista Margarita Nelken.

Il Governo negò il permesso di installare la cappella funeraria di Calvo Sotelo nell'Accademia di Giurisprudenza, di cui era presidente, per cui la sepoltura si tenne direttamente nel cimitero dove il corpo era stato deposto. Alle cinque del pomeriggio la bara, accompagnata da una folla di persone e personalità di destra, è stata tumulata. Davanti alla folla, Antonio Goicoechea, uno dei leader di Renovación Española, ha pronunciato alcune parole per la storia: "Davanti a questa bandiera posta come una croce sul tuo petto, davanti a Dio che ci ascolta e ci vede, facciamo un giuramento solenne per consacrare la nostra vita a questo triplice compito: imitare il tuo esempio, vendicare la tua morte e salvare la Spagna, che sono la stessa cosa, perché salvare la Spagna sarà vendicare la tua morte e imitare il tuo esempio sarà il modo più sicuro per salvare la Spagna". Nessun membro del governo ha avuto la decenza di partecipare alla cerimonia funebre. Dopo il funerale, alcuni dei presenti tentarono di manifestare, ma furono interrotti dagli spari delle Guardie d'Assalto, che uccisero cinque persone e ne ferirono una trentina.

Il 14 Martínez Barrio ha sospeso la sessione programmata delle Cortes. Il 15 si è tenuta una riunione del Comitato permanente e la destra ha espresso il desiderio di lasciare il Parlamento. Indalecio Prieto, che conosceva la verità fin dal primo momento, si è limitato a descrivere gli eventi come "un oltraggio delle forze di sicurezza". Tuttavia, l'assassinio del leader dell'opposizione da parte di membri del PSOE, il più importante dei partiti che componevano il Fronte Popolare, era impensabile in qualsiasi regime democratico. L'uso della forza pubblica per proteggere i criminali rendeva ancora più inaccettabile l'accaduto. Invece di prendere provvedimenti contro le organizzazioni socialiste, il governo procedette a chiudere la sede di Renovación Española, cioè la sede del partito a cui apparteneva la vittima. Il discredito della Repubblica, che aveva generato tante illusioni e aspettative tra gli spagnoli, aveva raggiunto il suo apice. Le indagini sull'assassinio di Calvo Sotelo portarono inevitabilmente all'arresto del capitano Condés, identificato dalla vedova in una fotografia; ma il 25 luglio alcuni membri del movimento giovanile socialista si presentarono alla Corte Suprema e presero i documenti del caso.

Golpe fallito

È noto che l'assassinio di Calvo Sotelo fu l'innesco, la scintilla che fece divampare l'incendio che bruciò la Spagna per quasi tre anni. È vero che i piani per la rivolta esistevano già da prima, ma quel crimine fece precipitare tutto. Forse fu proprio questo precipitare a portare al fallimento iniziale e, di conseguenza, alla guerra civile. L'insurrezione militare voluta da Largo Caballero per prendere il potere era avvenuta e, inoltre, come aveva previsto il Lenin spagnolo, avrebbe scatenato la rivoluzione operaia. Si trattava quindi di approfittarne per sconfiggere i ribelli e imporre la dittatura del proletariato così spesso annunciata. Dopo il fallimento iniziale dell'insurrezione militare, tutto lasciava presagire che i leader repubblicani avrebbero sedato la ribellione in breve tempo, il che avrebbe facilitato una profonda epurazione dell'esercito e della società civile. Tuttavia, la disorganizzazione, l'incapacità di coordinare le forze eterogenee che componevano il Fronte Popolare e, in breve, le lotte intestine, portarono ancora una volta al caos, che prese la forma di un doppio potere nella Spagna repubblicana. Durante le prime settimane, il governo repubblicano, che aveva aspettato il colpo di Stato, ebbe a portata di mano una rapida vittoria . Se fosse stato in grado di agire rapidamente e in modo coordinato, la rivolta militare sarebbe stata di breve durata: la maggior parte dei generali, dell'aviazione e della Guardia de Asalto erano rimasti fedeli. La flotta rimase nelle mani del governo dopo il fallimento iniziale dei ribelli. Le risorse industriali erano loro e le riserve auree del Banco de España, le quarte più grandi del mondo, erano disponibili come garanzia per gestire i costi economici della guerra.

La prima misura di Casares Quiroga fu quella di dimettersi da presidente del governo. Immediatamente, nelle prime ore del 18-19 luglio, Azaña chiese a Martínez Barrio di cercare di formare un governo che garantisse la lealtà dei vertici militari ed evitasse la guerra civile. Si tratta del cosiddetto "governo lampo", composto solo da ministri repubblicani, che, di fronte all'ostilità di socialisti e comunisti, che chiedevano armi per combattere i militari, crollò nel giro di poche ore e non entrò nemmeno in carica. Il 19 luglio José Giral Pereira, terzo presidente massone in meno di ventiquattro ore, riuscì a formare il governo senza la partecipazione dei socialisti; ma su pressione dei sindacati e dei partiti di sinistra, decise di distribuire armi alle milizie operaie e decretò lo scioglimento dell'esercito e della polizia per procedere il 4 agosto alla creazione dei "battaglioni volontari". In questo modo, secondo gli storici marxisti P. Broué e E. Témime in *La revolución y la guerra de España*, "la legalità svanì di fronte allo scontro delle forze sociali". Questo governo durerà fino al 4 settembre 1936, quando Largo Caballero diventerà finalmente presidente.

Gli storiografi nazionalisti confermano che la sera del 20 luglio il generale Mola, "il direttore", vedeva la causa dei ribelli come persa, e che se continuava era grazie alla spinta dei requetés e dei falangisti, la cui determinazione a combattere era inarrestabile. Il pessimismo era giustificato se si considera la situazione. L'esercito proveniente dall'Africa, che doveva sbarcare in massa nelle ore successive al colpo di Stato, non poté attraversare lo Stretto di Gibilterra, poiché i marinai e i sottufficiali avevano sparato ai comandanti e agli ufficiali ribelli, e le navi che dovevano trasportare gli uomini di Franco sulla terraferma erano state poste sotto il controllo del governo. In Andalusia, dove la forza dei sindacati e dei partiti di sinistra era schiacciante, Queipo de Llano aveva momentaneamente ottenuto il controllo di Siviglia con 180 uomini, il che era quasi un miracolo; ma le sue possibilità di resistere erano molto scarse senza aiuto. Nelle regioni più importanti, più industriali, dove si concentravano gli scambi e il commercio e la maggior parte della popolazione e delle risorse, la rivolta era stata schiacciata: Madrid, le Asturie, la Cantabria, i Paesi Baschi, la Catalogna, Valencia e l'intera costa orientale erano stati persi. Le forze insurrezionali erano state tagliate in due e le loro possibilità di contatto erano nulle, poiché la flotta ancorata a Tangeri dominava lo stretto di Gibilterra e impediva l'arrivo di rinforzi dall'esercito marocchino. A completare la situazione disastrosa per i ribelli, il generale Sanjurjo, che secondo i piani avrebbe dovuto essere il capo dello Stato in caso di successo del colpo di Stato, morì il 20 luglio in Portogallo quando l'aereo che doveva portarlo a Burgos si schiantò al decollo. Il governo aveva quindi in mano i pezzi migliori per vincere la partita.

Le possibilità di sopravvivenza dei leader del colpo di Stato furono decise tra il 18 e il 25 luglio. I leader nazionalisti ne diedero atto a Harold Cardozo, corrispondente del *Daily Mail*, giornale britannico che sosteneva i nazionalisti. Nel 1937 Cardozo pubblicò *The March of a Nation,* in cui raccontava le sue esperienze di giornalista durante il primo anno di guerra civile. Tre fatti erano considerati vitali per mantenere viva la rivolta: il controllo della base navale di Ferrol, le comunicazioni ferroviarie nel territorio ribelle, il possesso di Siviglia e dei porti di Cadice e Algeciras. Il fatto che il generale Mola riuscisse a mantenere la base di Ferrol era di vitale importanza per i ribelli. Il viceammiraglio Indalecio Núñez Quijano appoggiò la rivolta dopo i dubbi iniziali, per cui fu destituito e sostituito dal contrammiraglio Antonio Azarola, secondo in comando alla base, che era stato ministro della Marina sotto Portela Valladares. Dopo il trionfo, gli ammutinati lo deferirono alla corte marziale e lo fucilarono per aver aperto l'arsenale alle "masse marxiste".

I combattimenti alla base e in città furono estremamente duri, al punto che la città passò di mano una mezza dozzina di volte. Nei dintorni e nel centro di Ferrol scoppiarono numerose battaglie tra lealisti e volontari falangisti e carlisti. All'interno della base la confusione era ancora maggiore. Sia sull'incrociatore *Almirante Cervera*, che era in bacino di carenaggio, sia sulla corazzata *España*, gli equipaggi ingaggiarono combattimenti all'interno delle navi. Sulla terza nave importante, il cacciatorpediniere *Velasco*, l'equipaggio non si ammutinò: circa 30 furono fucilati dopo la vittoria dei ribelli. I nazionalisti si impadronirono infine della base. Franco ebbe così un nucleo della Marina che contribuì a togliere il blocco dello Stretto di Gibilterra e partecipò dal mare al bombardamento di Irún, la cui cattura alla fine di agosto fu essenziale per tagliare i collegamenti con la Francia per le province del nord.

Il funzionamento delle linee ferroviarie nelle province in cui la cospirazione aveva trionfato era cruciale per Mola. Lo sciopero generale indetto dai sindacati era seguito in massa dai lavoratori e i treni erano fermi. La chiave per mantenere operative le forze ribelli era assicurare il trasporto di carburante da Vigo e Ferrol a Burgos, Pamplona e alle altre capitali ribelli, le più orientali delle quali erano Huesca, Saragozza e Teruel. Il generale Mola firmò un decreto che minacciava di pena di morte, secondo la legge marziale, coloro che non fossero tornati immediatamente al lavoro. Il suo secondo provvedimento fu quello di istituire un comitato tecnico di ingegneri ferroviari, al quale conferì poteri e gradi militari. Contemporaneamente, in tutto il territorio sotto il controllo nazionalista, la Guardia Civil fu incaricata di far uscire i lavoratori dalle loro case e di ordinare loro di tornare al lavoro senza indugio. La misura fu efficace e nel giro di ventiquattro ore lunghi treni con cisterne di benzina percorrevano tutta la zona controllata dal generale Mola.

Su come Queipo de Llano prese Siviglia, "la Roja", e i porti di Algeciras e Cadice, Harold Cardozo fornì la versione dei protagonisti, che intervistò giorni dopo per inviare la sua cronaca al *Daily Mail*. Secondo questo corrispondente, Queipo, che aveva 180 soldati al suo comando, catturò la Maestranza de Artillería per controllare le armi, ordinò di occupare i punti strategici e riuscì a intimidire la popolazione sivigliana. In risposta alla richiesta di sciopero generale, numerosi lavoratori comunisti e anarchici armati avevano eretto barricate e incendiato chiese e case nobiliari. Il bluff di Queipo poteva essere mantenuto solo per poco tempo, quindi l'arrivo dell'esercito dall'Africa era fondamentale. Ben presto giunsero messaggi da

Cadice e da altre parti del mondo su concentrazioni di sindacalisti armati. Dai sobborghi di Siviglia e da Cadice, la Guardia Civil chiese aiuto telefonicamente, poiché era oggetto di molestie.

Quando Queipo seppe che la rivolta nella flotta era fallita e che le navi che dovevano portare le truppe di Franco stavano pattugliando lo Stretto di Gibilterra, spostò continuamente la sua guarnigione per far credere di avere più truppe di quante ne avesse in realtà e piazzò mitragliatrici nei punti chiave. Cardozo racconta che era l'alba quando Franco riuscì a inviare a Siviglia un aereo con undici legionari al comando del capitano Luis Meléndez. Appena sceso dall'aereo, il capitano montò la mitragliatrice che aveva portato con sé nella cabina di un grosso camion a sei ruote, ordinò ai suoi uomini di salire e si diresse verso la Capitaneria. Lì gli furono indicati i quartieri dove si trovavano i rossi. Chiese una mappa e si diresse ad alta velocità verso i punti di concentrazione. Il veicolo divenne un turbine di fuoco passando da un luogo all'altro, sparando sulle concentrazioni di sindacalisti. Più volte il colore del camion fu cambiato, dando l'impressione che ci fossero molti attaccanti. Si diffuse la notizia dell'arrivo della Legione e gli uomini armati scomparvero dalle strade. La Guardia Civil e la Polizia d'Assalto, approfittando del panico creatosi, sequestrarono grandi quantità di armi e munizioni dalla sede del sindacato, che furono distribuite tra i volontari Requesetes e Falangisti. Tre legionari furono uccisi e due gravemente feriti. Anche Meléndez fu ferito alla mano sinistra. Prima di sera atterrarono altri aerei. Nei giorni successivi arrivarono circa 100 soldati al giorno e la posizione dei ribelli nell'Andalusia occidentale si rafforzò, anche se il trionfo della rivolta si consolidò nei giorni successivi anche a Granada. Come sa, lì iniziò subito una spietata repressione, di cui si parlerà alla fine di questo capitolo.

La rivoluzione

Mentre la Spagna era divisa dall'esito del colpo di Stato, il potere statale nelle province in cui la rivolta era stata sconfitta passò alla strada. Burnett Bolloten spiega in dettaglio in *The Great Deception. The Left and its Struggle for Power in the Republican Zone* in che misura le forze rivoluzionarie strapparono allo Stato tutte le leve dell'autorità. Il controllo dei porti e delle frontiere, solitamente nelle mani di carabinieri, guardie e doganieri, fu assunto dai comitati operai. Nella marina, il 70% degli ufficiali fu giustiziato dai propri uomini e l'autorità fu lasciata nelle mani dei comitati dei marinai. Anche in vari settori dell'amministrazione statale furono imposti comitati guidati da anarcosindacalisti e socialisti. Le corti di giustizia furono sostituite da tribunali rivoluzionari e in molti luoghi gli archivi dei tribunali furono bruciati. Le carceri e i penitenziari furono saccheggiati e i prigionieri furono liberati. A causa di tutto ciò, si può dire che il governo, presieduto da Giral, possedeva solo un potere nominale, poiché il potere reale ed effettivo era diviso in molteplici frammenti e disperso nelle città e nei paesi dove i comitati rivoluzionari esercitavano il controllo. I servizi essenziali come le poste e i telegrafi, le stazioni radio, le centrali telefoniche passarono sotto il controllo dei comitati operai. Gli operai dell'UGT e della CNT iniziarono a espropriare e a collettivizzare. Gli archivi notarili furono distrutti in molti luoghi. I mezzi di trasporto: ferrovie, tram, autobus, navi; i servizi di acqua, elettricità e gas; le fabbriche, le industrie e le miniere; i cinema e i teatri; i giornali e le tipografie; gli alberghi, i bar e i ristoranti, ecc. furono sequestrati o controllati dai comitati operai.

La piccola borghesia non fu risparmiata dal cataclisma provocato dalla rivoluzione: anche i negozianti, gli artigiani e i piccoli produttori furono espropriati dagli anarcosindacalisti della CNT e spesso della UGT. A Madrid i sindacati rilevarono i locali e gli attrezzi di falegnami e calzolai, collettivizzarono parrucchieri e saloni di bellezza e stabilirono la parità salariale tra proprietari e dipendenti. A Barcellona la riorganizzazione di barbieri e parrucchieri fu ancora più drastica. In *The Spanish Civil War: Revolution and Counterrevolution,* un'imponente opera di milleduecento pagine che copre un periodo di tre anni, Burnett Bolloten scrive che "novecentocinque parrucchieri e barbieri furono chiusi e il loro personale e le loro attrezzature furono concentrati in duecentododici stabilimenti più grandi, dove i proprietari espropriati lavoravano con gli stessi diritti e doveri dei loro ex dipendenti". L'anarcosindacalista collettivizzò il commercio all'ingrosso di pesce e uova. Nel macello imposero un comitato di controllo che eliminò gli intermediari. L'industria lattiero-casearia fu collettivizzata, così come il mercato centrale di frutta e verdura. Si può dire che i sindacati interferirono in quasi tutti i settori solitamente borghesi. Alcuni membri della classe media, temendo di perdere definitivamente il controllo delle loro attività, accettarono la nuova situazione in un modo o nell'altro, nella speranza di poter recuperare le loro proprietà una volta passato il terremoto rivoluzionario. Bolloten definisce così la frustrazione della classe media: "La classe media non aveva fatto progetti e risparmi per anni, non aveva lottato per sopravvivere alla concorrenza delle grandi imprese, per vedere le proprie speranze di indipendenza rovinate in un solo giorno. Se si aspettavano qualcosa dalla rivoluzione, sarebbe stata la libertà dalla concorrenza e una quota maggiore della ricchezza del Paese, ma non l'espropriazione e il salario operaio". Anche nelle campagne, i fittavoli e gli umili proprietari terrieri provavano lo stesso sconforto dei piccoli produttori e negozianti.

Catalogna, punta di diamante della rivoluzione

Fu in queste circostanze che il Partito Comunista, nonostante la sua scarsa rappresentanza alle Cortes e i suoi pochi iscritti, riuscì a suscitare in pochi mesi le simpatie e le speranze delle classi medie. Sia in città che in campagna, migliaia di piccoli borghesi si misero sotto la sua protezione senza mai aderire al partito. La penetrazione comunista in Spagna era stata oggetto di particolare attenzione da parte dell'Internazionale (Comintern) nella sessione del 27 febbraio 1936. Una delle principali misure adottate a questo scopo fu l'invio in Spagna di due comunisti ebrei, Bela Kun e Solomon Abramovitch Losovsky. Del primo abbiamo già scritto molto. Il secondo era un leader del Sindacato Rosso Internazionale e un membro del Comitato Ebraico Antifascista. Salomon Losovsky fu uno dei sionisti che fecero pressione su Roosevelt affinché entrasse in guerra. Alla fine, come si vedrà, fu giustiziato da Stalin nel 1952. A marzo questi due uomini arrivarono a Barcellona in compagnia di Heinz Neumann, un altro ebreo che, accusato di trotskismo, fu liquidato da Stalin nel 1937. La loro missione era quella di preparare la creazione di un comitato militare rivoluzionario e la formazione di cellule che sarebbero servite come base della futura Armata Rossa. Il frutto del suo lavoro sarebbe stato raccolto mezzo anno dopo, quando con l'arrivo di Moses Rosenberg, l'ambasciatore sovietico di origine ebraica inviato da Stalin, il PCE divenne decisivo. Prima che ciò fosse possibile, la rivoluzione libertaria doveva farsi strada.

Quando, il 19 luglio, una combinazione di guardie civili, truppe d'assalto e lavoratori di tutte le convinzioni sconfisse i militari golpisti, la rivoluzione ebbe inizio a Barcellona. I generali Goded, Fernández Burriel e altri alti ufficiali militari furono fucilati il 12 agosto davanti a circa cinquecento persone che gridavano "Viva la Repubblica!"; ma a quel punto il potere e la giustizia erano già rivoluzionati e in Catalogna non c'era altra autorità che quella dei vari comitati sorti in tutto il Paese, la cui massima espressione sarebbe stata il Comitato Centrale delle Milizie Antifasciste della Catalogna, creato pochi giorni dopo. Nel pomeriggio del 20 luglio, Juan García Oliver, Buenaventura Durruti e altri leader anarchici si recarono al palazzo della Generalitat con le armi in mano e senza aver dormito per due giorni. Il presidente della Catalogna, come scrive Juan García Oliver in *Dans la tourmente. Un an de guerre en Espagne*, disse loro: "Avete vinto e tutto è in vostro potere. Se non avete bisogno di me, se non mi volete come presidente, ditelo subito e io diventerò solo un altro soldato nella lotta antifascista". Secondo Miquel Serra Pàmies, Companys si dava a scenate teatrali: "Gli davano delle botte, si tirava i capelli, lanciava oggetti, si toglieva la giacca, si strappava la cravatta, si apriva la camicia". Tuttavia, in quei giorni fu molto prudente e il suo governo accettò tutte le decisioni del Comitato della Milizia Antifascista. Più tardi, Companys si rivolse ai catalani alla radio e annunciò che il governo avrebbe "imposto la disciplina con la collaborazione e l'aiuto delle organizzazioni operaie e dei partiti politici antifascisti con i quali aveva raggiunto un accordo". Da quel momento in poi, si limitò a non fare nulla che potesse alterare l'inquietante ordine rivoluzionario.

In *Perché abbiamo perso la guerra*, il leader della FAI Diego Abad de Santillán riconosce che hanno optato per mantenere un presidente fantoccio: "Avremmo potuto restare da soli, imporre la nostra volontà assoluta, dichiarare decaduta la Generalitat e mettere al suo posto il vero potere del popolo". In realtà, la loro intenzione era quella di liquidare gradualmente i repubblicani in Catalogna e in Aragona. Se mantennero Companys, fu per prudenza, perché erano momentaneamente interessati alla presenza della piccola borghesia nei nuovi organi di potere rivoluzionari fino alla caduta di Saragozza. In questo modo, Esquerra Republicana inserì tre delegati nel Comitato Centrale, i rabassaires uno e Acció Catalana un altro. Il POUM (il partito trotskista di Andreu Nin) e il PSUC (i comunisti stalinisti catalani) avevano un rappresentante ciascuno. Santillán e Aurelio Fernández erano entrambi membri della FAI. Per la CNT, García Oliver, Durruti e Asens erano membri del Comitato centrale. Anche l'UGT aveva tre rappresentanti. Pertanto, sebbene la Generalitat continuasse a esistere, il vero governo della Catalogna era il Comitato Centrale, l'unico potere effettivo. Nel suo discorso alla radio Companys aveva promesso che avrebbe "imposto la disciplina". Poiché il suo partito faceva parte del Comitato, doveva quindi essere ritenuto responsabile della "disciplina rivoluzionaria" imposta alla popolazione.

In applicazione dell'ordine rivoluzionario, nei primi giorni furono bruciate la maggior parte delle chiese della Catalogna. A Barcellona, nel pomeriggio del 19, fu bruciata la magnifica chiesa di Santa Maria del Mar, seguita dalla chiesa gotica di Santa Anna, da Santa Maria del Pi, da La Merced e dalla chiesa barocca di Belen. Si può dire che, ad eccezione della cattedrale, che si salvò grazie all'intervento della Generalitat, tutte le chiese della città furono bruciate. Anche il Cristo che incoronava il monte Tibidabo fu demolito. Furono distrutti più o meno completamente anche conventi, monasteri, seminari, case editrici, librerie e sedi di partiti conservatori. Lo stesso accadde in tutta la Catalogna, ad eccezione della Cattedrale di Tarragona. A Vic, una delle città catalane più tradizionali, sono state bruciate almeno quaranta chiese ed edifici religiosi, tra cui la cattedrale. A Sitges, a Sabadell, a Puigcerdà tutte le chiese furono distrutte. I metodi di distruzione erano simili ovunque: auto o camion guidati dai rivoluzionari andavano da un posto all'altro, uccidevano il parroco o il sacerdote se lo trovavano, versavano benzina su tutto l'edificio e gli davano fuoco. Se qualcuno osava obiettare o protestare, di solito veniva fucilato sul posto. Il 22 luglio 1936 *La Vanguardia* pubblicò un decreto del presidente Companys in cui si sottolineava l'importanza di "completare l'annientamento dei nuclei fascisti in tutta la Catalogna". Già nel 1931 Azaña aveva espresso quanto poco contassero questi atti di vandalismo: "Tutti i conventi di Madrid non valgono la vita di un repubblicano".

La distruzione è stata accompagnata da ogni sorta di barbarie. I piromani e gli spettatori che li incoraggiavano spesso inscenavano vergognose manifestazioni di giubilo. Si divertivano a vestire le statue di Cristo e della Vergine con costumi da milizia o si adornavano con abiti sacri.

La profanazione di tombe e nicchie nei pavimenti di molte chiese era una costante. I corpi mummificati di suore e frati venivano rimossi. Tra le altre macabre oscenità, si giocava a calcio con i teschi. Una dozzina di scheletri di suore e frati furono collocati sui gradini della chiesa carmelitana e lasciati esposti davanti alle porte della chiesa, alcuni in piedi, altri reclinati. Il professor Allison Peers, che, come già detto, ammirava profondamente la Catalogna e i catalani, racconta con rabbia trattenuta in *Catalogna Infelix* l'assassinio di amici, studiosi come lui di una cultura alla quale avevano dedicato parte della loro vita. Tra questi ricorda i vescovi di Lérida e Barcellona. Deplora in particolare l'assassinio del direttore del coro di Montserrat, un uomo di ottantadue anni, eminente musicista, specialista di patristica, che non è riuscito a fuggire in Italia con altri membri della comunità.

La violenza che ha colpito la Catalogna nei primi due mesi successivi alla rivolta ha sconvolto gli abitanti del luogo e i forestieri. Sebbene i portavoce ufficiali dichiarassero che tutto era normale e che le autorità esercitavano un controllo assoluto, per due lunghi mesi il regno del terrore prevalse ovunque. Gli operai giravano per le strade tutto il giorno con fucili e pistole. Grazie al sequestro delle caserme, le armi furono distribuite a tutti coloro che volevano averle. Decine di migliaia di fucili furono distribuiti a Barcellona, Madrid, Malaga e nelle città dove il colpo di Stato era fallito. I prigionieri politici e comuni si ritrovarono per le strade e con le armi in mano non appena furono rilasciati. Broué e Témime parlano di "un movimento spontaneo, un vero e proprio 'terrorismo di massa' sia per il numero di carnefici che per il numero di vittime". Questi autori, in accordo con l'argomentazione marxista secondo cui solo il proletariato è il popolo, ritengono che il potere "fosse passato al popolo" e su questa base giustificano ideologicamente la violenza, cioè "l'immediata liquidazione senza processo dei nemici di classe bollati come 'fascisti' in quelle circostanze". In questo modo tutti i tipi di "fascisti" venivano uccisi sul posto se non c'era un militante con l'autorità per impedirlo. Ecco un estratto del lavoro di questi autori trotskisti:

"La corsa si svolgeva quasi sempre secondo la stessa sinistra trama. La vittima, designata da un comitato di "vigilanza" o di "difesa" di un partito o di un sindacato, veniva arrestata di notte in casa sua da uomini armati, portata in auto fuori città e gettata in un angolo isolato. In questo modo sono morti, vittime di veri e propri accordi di conti politici, preti, padroni, piccoli e grandi, uomini politici, borghesi o reazionari, tutti coloro che, in un momento o nell'altro, hanno contestato un'organizzazione operaia: giudici, poliziotti, guardie carcerarie, informatori, aguzzini, pistoleri, o, più semplicemente, tutti coloro che una reputazione politica o una situazione sociale hanno segnato in anticipo come vittime. La "frontiera di classe", inoltre, non era sempre una protezione sufficiente: così, a Barcellona, furono assassinati anche militanti operai: il segretario dei lavoratori portuali dell'UGT, il comunista Desiderio Trillas, denunciato dalla CNT come "cacique del porto", il capo della sezione UGT della fabbrica Hispano-Suiza".

Questo testo conferma l'esistenza della malavita mafiosa: vendette personali, saccheggi e omicidi senza ritegno erano legittimati in nome dell'ordine rivoluzionario imposto a tutta la popolazione. G. Brenan ricorda che Juan Peiró, segretario generale della CNT in due periodi e ministro dell'Industria spagnolo dal novembre 1936 al maggio 1937, denunciò gli eccessi su *Llibertat*, il giornale che dirigeva, dal quale invocava la necessità di organizzare la repressione. "In nome dell'onore rivoluzionario", Peiró chiedeva di porre fine alla "danza macabra di ogni notte" e descriveva coloro che "uccidono per il gusto di uccidere" come "vampiri moderni", "fascisti allo stato latente".

Il 1° agosto il corrispondente del *Times* scriveva: "Dietro la superficie si nasconde a Barcellona la terribile storia delle perquisizioni delle case da parte delle squadre di purificazione, del rapimento di individui e di intere famiglie e della loro successiva uccisione in luoghi solitari, dell'assassinio di suore e sacerdoti". Un testimone acuto e intelligente della rivoluzione fu Franz Borkenau, un austriaco di origine ebraica, membro del Partito Comunista Tedesco e agente del Comintern, che entrò in Catalogna da Port Bou il 5 agosto[22]. Su *El reñidero español* Borkenau pubblicò il suo "Diario revolucionario", in cui riportò l'impressione avuta al suo arrivo a Barcellona di notte, con le strade occupate da uomini armati, molti dei quali camminavano con una ragazza al braccio sinistro: "Poca gente sul Passeig de Colón. E poi, quando abbiamo girato l'angolo delle Ramblas, si è presentata una sorpresa tremenda: davanti ai nostri occhi, come un lampo, si è dispiegata la rivoluzione. È stato travolgente. Come se fossimo entrati in un altro continente...". Una volta superato il primo shock, Borkenau si rese conto che per strada i miliziani potevano arrestare chiunque e pretendere che dimostrasse di non essere fascista se non voleva essere arrestato o addirittura giustiziato. Portare con sé libri di destra, giornali conservatori o prove di essere stati in Italia o in Germania poteva avere conseguenze terribili. Secondo osservatori imparziali, il numero di morti trovati per strada ogni alba si aggirava intorno al centinaio. La socialista Clara Campoamor scrisse in *La revolución española vista por una republicana* che i corpi venivano

---

[22] Franz Borkenau, disilluso dal comunismo e dal marxismo, si dedica alla sociologia. Compì due viaggi in Spagna. Nel secondo ebbe problemi con i membri del PCE. Nel gennaio 1937 fu sospettato e denunciato come trotzkista. Arrestato e torturato, fu infine rilasciato. L'opera di cui parliamo fu pubblicata nel 1937, dopo il suo secondo viaggio, con il titolo *The Spanish Cockpit*. Gerald Brenan, autore della prefazione all'edizione americana, considera l'opera di Borkenau "un modello di quello che dovrebbe essere lo studio di una rivoluzione e uno dei migliori libri mai pubblicati sulla Spagna". Borkenau morì nel 1957.

portati all'Hospital Clínico, che fungeva da obitorio della città. Secondo Campoamor, il numero di cadaveri raccolti in cinquantadue giorni fu di seimila. Secondo il corrispondente del *Times*, nell'ultima settimana di luglio, solo sulla strada di La Rabassada venivano trovati ogni giorno una dozzina o più di corpi.

Per come stavano le cose nella retroguardia, la risposta necessaria contro i ribelli tardava ad arrivare. Forse, se si fosse agito immediatamente, si sarebbe potuta prendere Saragozza, il cui possesso era vitale per mantenere le comunicazioni tra Madrid e Barcellona; ma ciò non avvenne per tutta la durata della guerra. Mentre nella zona nazionalista i treni circolarono quasi subito e l'ordine e la disciplina furono imposti immediatamente, nella zona rossa lo sciopero durò più di una settimana. Non essendoci un esercito professionale, fu necessario organizzare una milizia. Quasi fin dall'inizio, le divergenze di vedute tra i comunisti del PSUC, favorevoli al "sistema esercito", e gli anarchici, favorevoli al "sistema milizia", divennero evidenti. L'idea era quella di organizzare colonne composte da membri e simpatizzanti della CNT, controllate dalle organizzazioni anarchiche e guidate da commissari politici eletti. All'interno delle colonne si formarono centurie di 100 uomini. Per marciare verso Saragozza, la Colonna Durruti, composta da circa tremila miliziani, fu organizzata in fretta e furia e lasciò Barcellona tra l'entusiasmo generale la mattina del 24 luglio 1936. L'unico ufficiale militare di professione era il massone Enrique Pérez Farràs, comandante dell'esercito spagnolo che nel 1931 era stato nominato capo dei Mozos de Escuadra da Macià, il quale mostrò fin dall'inizio il suo pessimismo. Nei giorni successivi il Comitato Centrale formò altre colonne, ma non fu un compito facile, perché ben presto sorsero contrasti di parte e rivalità per il possesso delle armi.

Borkenau scrive pagine molto interessanti sulla marcia di Durruti verso il fronte d'Aragona. Il 10 agosto ottenne i documenti che gli permisero di partire da Barcellona con un'auto del Comitato Centrale di Milizia, accompagnato da un autista e da una scorta armata, all'inseguimento della colonna anarchica. Attraversando i villaggi, scoprì che le chiese erano state bruciate senza eccezioni e che i comitati politici operavano al loro interno, imponendo il terrore. Non si trattava di un fatto esclusivo della Catalogna: in tutte le città e i paesi della Spagna, come si è detto, proliferavano comitati di ogni tipo, che operavano con nomi diversi: comitati di guerra popolare, comitati di salute pubblica, comitati di difesa, comitati esecutivi, comitati rivoluzionari o antifascisti, comitati operai... Borkenau notò che il POUM era il partito più forte a Lérida, grazie al fatto che Maurín, uno dei suoi leader, era originario di questa provincia. Arrivati a Fraga, dove l'intervento di Farràs li aiutò a ottenere una stanza e un letto, Borkenau scoprì che Durruti aveva ordinato l'arresto di tutti i sospettati di attività reazionarie, che furono portati in prigione e fucilati. Gli abitanti del villaggio, per lo più anarchici, gli raccontano nell'osteria quello che è successo: "Facendo il significativo gesto di incrociare la gola con le dita, un uomo ci dice che in paese sono stati giustiziati trentotto fascisti; è evidente che ne hanno goduto immensamente. Non hanno ucciso né donne né bambini, solo il prete, i suoi più attivi sostenitori, l'avvocato e suo figlio, il giudice e alcuni ricchi contadini". Borkenau aggiunge che, a seguito del massacro, i ricchi e i cattolici del villaggio vicino si ribellarono, così una colonna di miliziani si recò lì e giustiziò altre ventiquattro persone.

Durruti insediò il suo Comitato di Guerra a Bujaraloz, dove attese l'arrivo delle colonne *Rossa e Nera* e *Karl Marx* prima di attaccare Saragozza. Il suo ritardo permise solo al nemico di rafforzare le proprie posizioni. Ogni giorno che passava rendeva più difficile la conquista della città. Alla fine, né la Colonna Durruti né altre raggiunsero mai Saragozza, per cui i loro risultati più notevoli furono le collettivizzazioni. L'11 agosto Durruti emanò a Bujaraloz un proclama che aboliva completamente la proprietà. Tutte le proprietà, senza eccezioni, dovevano essere distribuite da due Comitati, il Comitato di Guerra e il Comitato del Popolo. A Sariñena, a nord di Bujaraloz, i regolari, compreso il notaio, furono giustiziati come al solito. Nella sua casa e negli uffici accanto alla piazza erano conservati i documenti della proprietà rurale e di altre questioni finanziarie. Furono tutti bruciati in un falò al centro della piazza, in modo che non rimanesse traccia dei diritti di proprietà. Questo atto simbolico, che fu ripetuto in altre località, significava l'abolizione della proprietà e la liquidazione del precedente ordine sociale ed economico.

La collettivizzazione delle terre incoraggiata da Durruti e dalla sua colonna iniziò con il massacro dei grandi proprietari terrieri. In molte zone dell'Aragona fu instaurato il comunismo libertario e fu abolito il denaro. Le collettivizzazioni coinvolsero fino a mezzo milione di persone. Si è molto discusso se la collettivizzazione rurale fosse volontaria o forzata. Gli anarchici sostengono che si trattò di un movimento di collettivizzazione volontaria, mentre i comunisti e i repubblicani affermano che nella maggior parte dei casi fu imposta con la forza. Tra gli osservatori neutrali ci sono opinioni per tutti i gusti. Franz Borkenau ritiene che, tranne che nella Mancia, la collettivizzazione fu imposta ai contadini con il terrore, nonostante le organizzazioni sindacali contadine dell'UGT e della CNT si fossero espresse a favore del carattere volontario della collettivizzazione agraria. In ogni caso, in Catalogna i rabassaires, molti dei quali possedevano terre grazie alla Legge di Coltivazione, si opposero con decisione alla collettivizzazione.

Proprio in quei giorni di agosto, a Barbastro, nei pressi di Sariñena, si consumò uno sconvolgente massacro, istigato da Durruti, che si era recato nella cittadina all'inizio del mese per l'errata uccisione di tre anarchici di Barcellona. Durruti, infuriato per la morte dei catalani, rimproverò il Comitato locale, pretese che si mettesse fine alla tonaca e puntò il dito contro il vescovo. Recentemente i fatti sono stati resi pubblici grazie al film *Un Dios prohibido (Un Dio proibito).* Tutto è iniziato il 20 luglio, quando la casa della comunità clarettiana di Barbastro è stata attaccata dai miliziani della CNT. Vi abitavano sessanta persone: nove sacerdoti, dodici fratelli e trentanove studenti. I tre padri superiori furono portati via e fucilati il 2 agosto. Gli altri furono trasferiti alle Scuole Pie, dove furono imprigionati insieme a nove piaristi e diciannove benedettini. I carcerieri portarono loro delle prostitute per provocare l'apostasia dei giovani seminaristi, ai quali era stato proibito di pregare. Nel frattempo, il vescovo, monsignor Florentino Asensio, fu arrestato. Rinchiuso l'8 agosto in una cella del Municipio, fu crudelmente torturato. È stato massacrato: gli sono state inferte ferite multiple e amputazioni per dissanguarlo lentamente. Tra scherno e risate, gli tagliarono i genitali. Il 9 agosto, quando fu giustiziato con un gruppo nel cimitero, benedisse coloro che lo avevano fucilato. Il 12 agosto furono fucilati i sei professori clarettiani. Il seminarista Faustino Pérez lasciò queste parole scritte su un involucro di cioccolato: "Sei dei nostri compagni sono già martiri. Presto speriamo di essere martiri anche noi. Ma prima vogliamo dichiarare per la cronaca che moriamo perdonando coloro che ci tolgono la vita e offrendola per l'ordinazione cristiana del mondo del lavoro...". Gli altri furono giustiziati il 13, 15 e 18 agosto.

Insieme ai tre superiori, il 2 agosto è morto anche un gitano, Ceferino Giménez Malla, detto "El Pelé", arrestato per aver rimproverato alcuni miliziani che stavano picchiando un sacerdote con il sedere. Poiché gli hanno trovato addosso un rosario, è stato portato in prigione e condannato. Gli fu offerto di essere risparmiato se avesse lasciato il rosario, ma rifiutò. Morì coerentemente con il rosario in mano, gridando "Viva Cristo Re". Si può parlare senza esagerare dello sterminio del clero di Barbastro durante la guerra civile, poiché l'ottantotto per cento dei sacerdoti fu martirizzato. I fedeli laici non sfuggirono all'odio anticlericale: circa ottocento morirono in tutta la diocesi per il semplice fatto di essere cattolici. In totale, durante la guerra civile spagnola furono uccisi dodici vescovi e un amministratore apostolico, 4.184 sacerdoti secolari e seminaristi, 2.365 religiosi e 296 suore.

Companys aveva chiesto "il completo annientamento dei nuclei fascisti in tutta la Catalogna". Non si sa se considerasse i cattolici tra questi, anche se per gli anarchici non faceva differenza. D'altra parte, c'era solo la giustizia imposta dalla dinamica della rivoluzione, dalla quale chi non era considerato parte del "popolo" poteva aspettarsi ben poco. Le corti di giustizia erano chiuse e i magistrati erano stati uccisi o erano fuggiti. A Barcellona, i miliziani guidati dall'avvocato massone Angel Samblancat saccheggiarono il Palazzo di Giustizia e gettarono dalle finestre fascicoli e crocifissi. Fu istituito un Comitato di Giustizia, composto da avvocati di sinistra, che licenziò tutti i funzionari e si costituì come Tribunale Rivoluzionario. I giudici, i procuratori e il presidente del Tribunale furono nominati dai partiti e dai sindacati. Per lo meno, si trattava di un passo avanti nell'obiettivo di abolire la pratica del passeggio.

La situazione a Madrid

Il 18 luglio Sebastián Pozas Perea, generale massone della Guardia Civile, ordinò l'arresto immediato di qualsiasi soldato che avesse abbandonato il proprio posto. Pozas, che passò la notte nella Gobernación a controllare le guarnigioni, fu fondamentale per il fallimento del colpo di Stato. Nel pomeriggio, Dolores Ibárruri, deputata comunista delle Asturie, si rivolse al popolo di Madrid e di tutta la Spagna a nome del PCE da uno studio radiofonico improvvisato nel Ministero degli Interni, esortandolo a difendere la Repubblica. Poco dopo il governo Casares Quiroga si dimise. Il 19 la formazione del governo di Martínez Barrio divenne nota e la parola "tradimento" si diffuse di bocca in bocca. Migliaia di persone nelle strade chiedevano armi al governo.

Verso le dodici e mezza del mattino, il generale Joaquín Fanjul, accompagnato dal figlio e comandante Mateo Castillo, arrivò in abiti civili al Cuartel de la Montaña per prendere il comando della rivolta nella capitale. Invece di uscire per conquistare i punti chiave, si fece forza lì in attesa dell'arrivo di rinforzi da Burgos e Valladolid, dato che la ribellione fallì nelle guarnigioni di Campamento, Getafe e Cuatro Vientos. All'alba del 20 la caserma cominciò ad essere bombardata da aerei e artiglieria. Verso le 11 del mattino avvenne la resa. Secondo le fonti, il numero dei morti variava da 500 a 900, molti dei quali furono giustiziati sul posto. Il generale Fanjul, suo figlio e il colonnello Fernández de la Quintana furono fatti prigionieri. Il 18 agosto il generale e il comandante furono fucilati. Il figlio di Fanjul, José Ignacio, fu ucciso quattro giorni dopo nella prigione di Modelo dai miliziani.

La prima campagna militare della guerra civile si svolse nella Sierra de Guadarrama durante l'ultima settimana di luglio e l'inizio di agosto. I generali golpisti pensavano inizialmente che la conquista della capitale avrebbe dato loro la vittoria. Il generale Mola cercò di sfondare i valichi montani per attaccare Madrid da nord, ma fallì a causa della rapida reazione delle truppe del Fronte Popolare: una combinazione di unità militari sciolte, miliziani anarchici e comunisti, guardie civili e truppe d'assalto. I ribelli non riuscirono ad avanzare e il fronte a nord di Madrid si stabilizzò fino alla fine della guerra. Entrambe le parti fucilarono i loro prigionieri. I combattimenti furono feroci negli Altos del León e nella Somosierra, dove persero la vita migliaia di combattenti, tra cui Fernando Condés e Victoriano Cuenca, due degli assassini di Calvo Sotelo. Anche il leader falangista Onésimo Redondo morì il 24 luglio nel villaggio segoviano di Labajos, dove fu crivellato di colpi da un gruppo di anarchici dopo essere arrivato in auto, pensando che fosse una zona nazionalista.

Il governo Giral, formato dopo l'effimero "governo lampo", mostrò la sua debolezza fin dall'inizio. Come in Catalogna, la divisione dei poteri lo rese inoperante, così il ruolo di Giral fu simile a quello di Companys. Anche a Madrid furono saccheggiate caserme e armerie. Donne e uomini con i fucili in spalla si impadronirono delle strade, anche se non così completamente come a Barcellona. Come ovunque, le porte delle prigioni furono aperte, permettendo ai prigionieri politici e comuni di essere liberi. Le folle iniziarono la loro furia il 19 luglio. Nel quartiere di Torrijos, davanti alla chiesa dei Domenicani, i fedeli furono colpiti mentre uscivano dalla chiesa e diverse persone furono uccise e ferite. Ben presto il fumo denso degli incendi si alzò nel cielo in diverse zone della capitale: le chiese di San Nicolás, San Cayetano, San Lorenzo, San Andrés, le Escuelas Pía de San Fernando, furono le prime a bruciare. Il 20 i falò si riaccesero e la cattedrale di San Isidro finì per diventare un grande braciere in cui si consumarono tele e preziose opere d'arte.

La cosa peggiore, tuttavia, furono ancora una volta le uccisioni a sangue freddo nelle strade. Ogni mattina venivano raccolti i corpi delle persone prelevate dalle loro case. Il cimitero di Aravaca, a una decina di chilometri da Madrid, divenne uno dei luoghi preferiti dai carnefici. In pochi giorni, solo lì furono uccisi più di trecento madrileni. Nella distribuzione del potere a Madrid, ogni partito o sindacato rivendicava una parte. Tutti avevano le loro checas, le loro prigioni, i loro "eserciti" indipendenti. Nei quartieri funzionavano atenei libertari, dove si organizzavano azioni criminali di ogni tipo. I miliziani si erano impossessati di auto grandi e potenti con le quali andavano a cercare le loro vittime e facevano giri. Due settimane dopo che gli omicidi erano stati compiuti impunemente, il Direttore Generale della Sicurezza, Manuel Muñoz Martínez, massone di 33° grado che aveva sostituito il fratello massone José Alonso Mallol, convocò una riunione all'inizio di agosto presso il Círculo de Bellas Artes, alla quale parteciparono tutti i partiti e i sindacati che componevano il Fronte Popolare. Fu istituito un Comitato Provinciale di Inchiesta Pubblica per dirigere la politica repressiva e fu concordato che questo Comitato avrebbe potuto "eseguire" senza limitazioni o formalità ogni volta che lo avesse ritenuto opportuno. Successivamente, questo Comitato Provinciale fu organizzato in sezioni o tribunali e funzionò fino al novembre 1936 nelle cantine di Bellas Artes.

Tra i crimini autorizzati da Manuel Muñoz, il venerabile fratello a capo della Direzione Generale della Sicurezza, c'è la prima fucilazione di massa della Guerra Civile, studiata dallo storico Santiago Mata, che in *El tren de la muerte: investigación de la primera masacre de la guerra civil* (2011) racconta gli eventi e analizza l'impatto internazionale che provocarono. Il crimine ebbe luogo il 12 agosto 1936, giorno in cui quasi duecento persone furono mitragliate. Provenivano da Jaén, dove le carceri erano sovraffollate e circa 800 prigionieri erano rinchiusi nella cattedrale. Per alleviare la situazione, la notte dell'11 agosto un treno con 250 prigionieri partì per Alcalá de Henares, sorvegliato da guardie civili. Nelle stazioni di passaggio, la folla prese a sassate il treno e insultò i passeggeri. Arrivato il 12 agosto alla stazione di Santa Catalina, il treno fu fermato dai miliziani che pretendevano la consegna dei prigionieri. Era circa mezzogiorno quando, dopo una lunga comunicazione con il Ministero degli Interni, il capo della forza che sorvegliava il treno ritirò la guardia e gli occupanti furono lasciati nelle mani della folla.

Il convoglio fu portato in una diramazione della circonvallazione vicino a una località chiamata El Pozo del Tío Raimundo, i prigionieri furono fatti scendere in gruppi e, collocati accanto a un terrapieno davanti a tre mitragliatrici, furono uccisi. Tra le vittime ci furono il vescovo di Jaén, Manuel Basulto Jiménez, il vicario generale della diocesi, Félix Pérez Portela, e la sorella del vescovo, Teresa Basulto, l'unica donna della spedizione. "È un'infamia! -Sono una povera donna", esclamò. Poi le fu detto: "Non avere fretta, sarai uccisa da una donna". Una miliziana di nome Josefa Coso, "La Pecosa", si fece avanti e la giustiziò sul posto. Duecento uomini erano già stati mitragliati quando un giovane di diciannove anni, Leocadio Moreno, riuscì miracolosamente a fermare l'esecuzione. Lui e una quarantina di altri furono risparmiati. Santiago Mata ha rintracciato Leocadio quando aveva già novantaquattro anni. Secondo Mata, la documentazione diplomatica ha rivelato che il massacro screditò gravemente la Repubblica, poiché molti diplomatici smisero di considerarla uno Stato di diritto e iniziarono a proteggere i cittadini spagnoli nelle loro ambasciate.

La sconfitta dei ribelli in Estremadura lasciò Franco e Mola senza collegamenti. Dopo il fallimento a Guadarrama, la cattura di Badajoz era un obiettivo prioritario, poiché si pensava ancora di conquistare Madrid. Dall'inizio di agosto, gli aerei dei ribelli bombardarono la città, dove la caccia ai destri era stata la norma. Sapendo che i nazionalisti si stavano avvicinando, i miliziani volevano assaltare la prigione e uccidere i prigionieri, ma le guardie glielo impedirono. Il 6 agosto, le guardie civili e d'assalto insorsero. Le truppe del colonnello Puigdengolas e i miliziani sedarono la ribellione e imprigionarono i ribelli. Lo stesso giorno furono fucilate undici persone: sacerdoti, falangisti e alcuni soldati in pensione.

Il 7 Zafra, Almendralejo e Villafranca de los Barros caddero nelle mani dell'Armata d'Africa e l'11 le truppe entrarono a Mérida. In questi luoghi fu praticata una severa repressione e centinaia di persone furono giustiziate. La caduta di Mérida scatenò un'ondata di rappresaglie in tutta la provincia: tra il 7 e il 13 agosto centinaia di persone di destra furono a loro volta fucilate nella zona repubblicana. Il 13 agosto, le truppe di Yagüe raggiunsero le mura di Badajoz e la popolazione iniziò a fuggire in massa. Puigdengolas si reca in Portogallo e abbandona la lotta. Il 14, l'assalto alle mura fu feroce. Al grido di "Viva la morte!", i legionari avanzarono con le baionette sguainate. Una volta entrati in città, i combattimenti furono spietati. L'ultimo punto di resistenza fu la cattedrale, dove una mitragliatrice sparò dalla torre fino all'esaurimento delle munizioni. Arrivati in cima, i legionari ignorarono la resa del miliziano e lo gettarono nel vuoto. I mori non vollero entrare nella cattedrale, ma fuori inscenarono scene dantesche di estrema crudeltà: spararono a coloro che si erano rifugiati nel tempio sui gradini e li finirono a colpi di fucile o li sgozzarono con i loro coltelli. Allertati dagli spari, il capitano González Pérez-Caballero e un altro capitano si recarono sul posto e ordinarono di fermare il massacro. Ubriachi di sangue, i marocchini ignorarono gli ordini, così entrambi i capitani estrassero le pistole. I mori si dispersero e iniziarono a saccheggiare negozi e aziende.

Prima del tramonto, la città era stata conquistata. Non ci furono prigionieri: quelli che si erano arresi furono fucilati senza tanti complimenti. Circa millecinquecento persone riuscirono a fuggire attraverso la porta di Palmas e ad entrare in Portogallo. I militari non riuscirono a fermare la loro avanzata e la repressione passò presto nelle mani dei falangisti, il cui leader era Arcadio Carrasco, e delle Guardie Civili. La propaganda repubblicana sull'entità della repressione ha origine da René Brut, che il 16 agosto si trovava ancora a Siviglia e il 17 arrivò a Badajoz, dove catturò le immagini di numerosi corpi dei giustiziati nel cimitero, molti dei quali erano già stati bruciati e incendiati. Secondo recenti ricerche, il numero di corpi portati al cimitero tra il 13 e il 18 agosto è di circa 500, tra cui 44 soldati nazionalisti e 220 repubblicani, 70 carabineros e 180 miliziani. Durante il mese di agosto, tuttavia, le sparatorie sono continuate, per cui si devono aggiungere altri 300 morti vittime della repressione. Ora sono state fornite cifre sul numero di persone represse a Badajoz tra il 1936 e il 1945: si stima che in questi nove anni siano state fucilate circa mille persone a seguito di condanne in processi sommari.

Il massacro di Badajoz ebbe ripercussioni a livello mondiale grazie a Jay Allen, un giornalista americano amico di Negrín e Álvarez del Vayo. Fu lui a inventare la menzogna del massacro nell'arena di Badajoz senza essersi mai recato in città. Questo corrispondente ha fornito una cifra di quattromila morti, che è stata accettata da molti storici. La verità è che Allen scrisse i suoi articoli da Tetuan e arrivò a Madrid in ottobre, quando la città poteva cadere nelle mani dei nazionalisti. Allora il governo di Largo Caballero sfruttò nuovamente la cattura di Badajoz a fini propagandistici e inventò una corrida con prigionieri al posto dei tori, alla quale avrebbero partecipato dignitari ecclesiastici, suore in abito bianco e frati. La campagna di propaganda internazionale servì alla Repubblica per coprire quanto stava accadendo a Barcellona, Madrid e in altre città come Malaga e Valencia. Borkenau, arrivato a Madrid il 24 agosto da Valencia, scrisse che in città si era diffusa la notizia che gli insorti di Badajoz avevano mitragliato 1.500 prigionieri nell'arena.

A seguito dell'atmosfera creatasi, una folla radunata davanti al carcere aveva chiesto l'immediata esecuzione di tutti i detenuti del Modelo. Il Ministro degli Interni, Pozas Perea, ha permesso agli agenti della Direzione Generale della Sicurezza e ai miliziani comandati da Elviro Ferrer Obrador di entrare nel Modelo per perquisire i detenuti più importanti. Il 21 agosto è stata ordinata una nuova perquisizione nel carcere di Fomento. Felipe Emilio

Sandoval, alias "dottor Muñiz", entrò alla testa di una quarantina di miliziani della CNT. La perquisizione fu interrotta, quindi fu ripresa il 22, giorno in cui entrarono in servizio i relativi funzionari.. Cosa sia successo non è molto chiaro, ma sembra che un incendio nelle cantine della prigione abbia provocato il caos e abbia portato all'arrivo di nuovi gruppi di miliziani. Intorno alle 19.00 fu organizzato un tribunale popolare che riuscì a giustiziare personalità di destra, tra cui i seguenti: Il leader repubblicano Melquíades Álvarez; José Mª Albiñana, capo del Partito Nazionalista Spagnolo; Manuel Rico Avelló e José Martínez de Velasco, entrambi ex ministri della Repubblica; Julio Ruiz de Alda, falangista e pilota del volo Madrid-Buenos Aires del "Plus Ultra"; i generali Osvaldo Capaz e Rafael Villegas; un fratello di José Antonio Primo de Rivera... Un totale di trenta prigionieri furono "giustiziati" da questo tribunale.

C'è uno schema che si ripete inesorabilmente nella storia contemporanea. Quando i prigionieri nelle carceri sono rivoluzionari condannati durante il governo conservatore, scendono in piazza non appena un governo "democratico" o di sinistra sale al potere. La presa della Bastiglia ha creato il primo precedente, che si è poi ripetuto nelle rivoluzioni del 1848 e in Russia durante la Rivoluzione bolscevica. In Spagna, come abbiamo visto, nel 1931 la Repubblica concesse l'amnistia agli arrestati per la rivolta di Jaca e nel 1936 il Fronte Popolare vinse con la promessa di liberare gli arrestati per la rivolta delle Asturie. D'altra parte, la situazione era diversa quando i prigionieri non erano rivoluzionari, ma di destra o conservatori. In questo caso, la giustizia rivoluzionaria richiedeva il loro sterminio. Nel settembre 1792, durante il famoso massacro delle prigioni, circa seicento persone furono uccise a Parigi. All'epoca, i criminali fecero segni massonici sulle loro vittime per salvare le vite dei confratelli della setta. In Spagna, ciò che accadde nella prigione del Modelo fu solo il preambolo di ciò che sarebbe accaduto poco dopo, quando a Paracuellos fu organizzato il più grande massacro di tutta la guerra.

L'unione delle forze in Africa con quelle del nord fu seguita dall'offensiva finale su Irún, che si concluse il 4 settembre. L'occupazione di Fuenterrabía e Irún, incendiata dai difensori e trasformata in un cumulo di rovine fumanti, interruppe il legame con la Francia e significò il crollo del fronte guipuzcoano. Questi eventi fecero capire a Madrid che lo sforzo bellico doveva porre fine al doppio potere. I sostenitori della restaurazione dello Stato repubblicano chiedevano un governo solido, sostenuto da un esercito forte. Il 26 agosto il corrispondente *della Pravda* Mikhail Koltsov, un ebreo il cui vero nome era Mikhail Efimovich Fridlyand, intervistò Indalecio Prieto, uno dei primi a rendersi conto della gravità del momento. Alla fine di agosto, Prieto, che era favorevole all'ingresso dei socialisti nel governo, era deciso persino a sostenere il suo avversario, Largo Caballero, perché riteneva che fosse l'unico uomo rispettato dalle masse lavoratrici in grado di formare un governo. Nel *Diario de la Guerra de España* Koltsov riproduce un estratto dell'intervista: "L'opinione che ho di lui (Largo) è nota a tutti. È un imbecille che vuole fingere di essere intelligente. È un disorganizzatore e un pasticcione che vuole spacciarsi per un burocrate metodico. È un uomo capace di portare tutto e tutti alla rovina. Eppure, oggi, è l'unico uomo, o almeno l'unico uomo utile da mettere a capo di un nuovo governo". Prieto era disposto a collaborare e lavorare con Largo Caballero, perché riteneva che fosse l'ultima carta: "Non c'è altra via d'uscita per il Paese. E non c'è altra via d'uscita nemmeno per me, se voglio essere utile al Paese".

Il PCE e il PSUC condividevano l'approccio di Prieto, poiché era anche quello di Stalin, che allora era nel bel mezzo di un'epurazione dei trotskisti dopo il primo dei processi di Mosca. Per essere il jolly, Largo Caballero dovette rinunciare per il momento alla sua annunciata "dittatura del proletariato". Da *Claridad* aveva criticato i decreti di mobilitazione di Giral e aveva difeso la tesi leninista del "popolo in armi". Non condivideva le opinioni di coloro che volevano mettere da parte la rivoluzione per vincere la guerra, anche se la dura realtà delle sconfitte lo avrebbe fatto riflettere. Tuttavia, il 27 agosto Largo Caballero presentò le sue opinioni a Koltsov e, oltre a criticare aspramente Giral, espresse la convinzione che le forze popolari unite intorno ai sindacati anarchici e socialisti avrebbero alla fine preso il potere. Koltsov interpretò che, a differenza di Prieto, il Lenin spagnolo pensava ancora a un "governo dei lavoratori".

Il 27 agosto, quattro giorni dopo l'esecuzione di Zinoviev e Kamenev, arrivò in Spagna Moses Rosenberg, l'ambasciatore sovietico noto come Marcel Rosenberg. Secondo Nahum Goldmann, presidente del Congresso ebraico mondiale, Rosenberg, che sarà liquidato da Stalin nel 1937, era un ebreo sionista che criticava gli ebrei comunisti non sionisti. Tra il 1920 e il 1930 fu consigliere dell'ambasciata sovietica a Parigi e poi segretario della Società delle Nazioni a Ginevra, dove, con uno stipendio di oltre 25.000 dollari, possedeva una lussuosa villa, due limousine, una collezione di segretarie e una giovane sposa. Nel periodo in cui Stalin si fidò di lui, Rosenberg esercitò così tanto potere che, pur essendo solo un ambasciatore, partecipò alle riunioni del Consiglio dei ministri, una rarità nella storia delle relazioni internazionali. L'influenza di Rosenberg si fece sentire fin dall'inizio.

Pierre Broué conferma in *La revolución y la guerra en España* che Largo Caballero era determinato a prendere il potere. Secondo questo autore, un'assemblea di dirigenti dell'UGT e della CNT "culminò nella creazione di un Comitato Provvisorio incaricato di realizzare il colpo di Stato e l'insediamento di una Giunta presieduta da Largo Caballero", dalla quale i repubblicani sarebbero stati esclusi. Clara Campoamor lo conferma e aggiunge che Álvarez del Vayo, portavoce del Comitato, avvertì Azaña, che minacciò di dimettersi. Broué sostiene che l'intervento di Rosenberg scongiurò la crisi e fermò il Comitato provvisorio, deciso a fare a meno di

Azaña. L'ambasciatore sovietico, scrive Broué, avvertì delle conseguenze internazionali di un'azione che "toglieva agli amici della Spagna repubblicana l'argomento della "legalità" e sembrava dare ragione alla propaganda dei ribelli presentando agli occhi del mondo un governo di "rossi" che non sarebbe stato più coperto da alcuna finzione repubblicana e parlamentare". Fu quindi Rosenberg che, al posto del "governo dei lavoratori", propose in quella prima fase della guerra un governo del Fronte Popolare con ministri repubblicani, presieduto da Largo Caballero.

Il 4 settembre nacque il primo governo di Largo Caballero, che sarebbe durato esattamente due mesi, fino al 4 novembre 1936. Il segretario generale dell'UGT, oltre alla presidenza, assunse il portafoglio della guerra. Altri cinque socialisti entrarono nel governo, che comprendeva anche due comunisti, cinque repubblicani e un membro del PNV. Gli anarchici non vollero partecipare, perché, secondo *Solidaridad Obrera*, "le masse sarebbero frustrate se continuassimo a convivere in istituzioni la cui struttura è di tipo borghese". Così Largo Caballero presiedette il governo richiesto da Indalecio Prieto e fu messo a capo del Ministero della Marina e dell'Aeronautica.

Largo Caballero e Negrín regalano oro a Stalin

Sull'intervento straniero nella guerra civile spagnola è stato detto quasi tutto. I nazionalisti ricevettero un aiuto massiccio dall'Italia fascista, sia in armi che in uomini. Va notato, tuttavia, che quando arrivarono i primi italiani del CTV, i brigatisti internazionali erano già in Spagna da due mesi. L'assistenza della Germania nazionalsocialista si concentrò sugli armamenti, anche se arrivarono anche consiglieri e gli aviatori della famosa Legione Condor. Il Portogallo inviò un gruppo di volontari, i Viriatos, ma il suo contributo principale fu di tipo logistico: l'uso del suo territorio all'inizio della guerra era essenziale per i nazionalisti. Salazar sapeva che una vittoria del Fronte Popolare avrebbe potuto portare a una federazione di repubbliche iberiche sotto la bandiera rossa del comunismo internazionale. Da parte sua, la Repubblica ricevette un aiuto massiccio dall'URSS e, in misura minore, dalla Francia, che aiutò il Fronte Popolare fin dall'inizio: all'inizio del settembre 1936 la Francia aveva già inviato una quarantina di aerei e altri armamenti. Anche il Messico inviò armi alla Repubblica. Poco noto è il tentativo del governo repubblicano di acquistare armi dalla Germania. Tra il 1° e il 4 agosto 1936 Augusto Barcia, "Lasalle", massone di 33° grado, si trova a Berlino; ma se i massoni repubblicani antifascisti non si fanno scrupoli a negoziare con i nazisti, Hitler sì, e rifiuta di vendere loro qualcosa.

Per quanto riguarda gli aspetti economici dell'aiuto straniero, la prima cosa da notare è che la Spagna nazionale mancava di risorse finanziarie. Il 25 luglio due tedeschi residenti nel Marocco spagnolo, A. P. Langenheim e E. F. Bernhardt, arrivarono a Bayreuth con una richiesta di aiuto. F.

Bernhardt, arrivò a Bayreuth con una richiesta di aiuto. Quando dissero a Hitler che Franco aveva a disposizione solo l'oro depositato nella Banca di Tetouan, egli rispose che era meglio tenerlo. Da questo primo momento, il Führer tedesco si fidò di lui e accettò di concedere un primo credito ai nazionalisti. Anche Mussolini concesse crediti ai ribelli con la sola garanzia di una vittoria finale che all'epoca era molto incerta. Altri aiuti vennero da Juan March e da altri banchieri spagnoli, sebbene anche società americane e britanniche concessero prestiti con l'appoggio dei cattolici dei loro Paesi. In settembre il fronte nazionale creò un proprio Banco de España a Burgos. Per quanto riguarda le risorse del Fronte Popolare, si è già detto che erano molto importanti, poiché erano in possesso di tutte le riserve di valuta estera, oro e argento della Banca di Spagna. La loro gestione fu deplorevole, disastrosa, perché pagarono tutti i loro acquisti in anticipo, in oro e in contanti, fino a esaurire tutti i loro fondi. Mentre i governi repubblicani si consegnarono completamente nelle braccia di Stalin, il governo di Franco riuscì sempre a mantenere la propria indipendenza.

Forse l'unica questione dell'intervento straniero in Spagna che rimane poco chiara è quella dell'eliminazione dei trotskisti, avvenuta contemporaneamente ai processi e alle purghe in Russia. Si tratta di un episodio oscuro, generalmente poco studiato e poco compreso. Il prolungarsi in Spagna della lotta interna tra i comunisti sovietici ebbe un'influenza perversa sulla politica della parte repubblicana e sulla guerra. Fu una questione cruciale che condizionò il coinvolgimento dell'URSS a favore della Repubblica. Quando il comunismo nazionale stava sconfiggendo l'internazionalismo e in Russia Stalin stava vincendo la partita contro i suoi nemici, la Spagna divenne un pezzo che tutti volevano raccogliere e nessuno voleva perdere. Nel settembre 1936 i trotskisti videro nella Spagna la possibilità di opporsi subdolamente al loro nemico, l'ultima possibilità, forse, di ottenere una base di resistenza internazionale. Le opzioni erano scarse, ma sia attraverso le Brigate Internazionali, sia prendendo il controllo del governo della Repubblica, sia provocando una guerra mondiale, gli agenti trotskisti, e ce n'erano molti, potevano provarci. L'idea di creare uno Stato comunista trotskista in Spagna esisteva ed era accolta con favore dalle forze segrete che sostenevano Trotsky.

Stalin, che conosceva le ramificazioni della cospirazione che stava combattendo attraverso le purghe, non perse mai di vista gli uomini che operavano in Spagna. Quasi tutti erano ebrei, come al solito, dimostrando ancora una volta che la rivoluzione mondiale fu fin dall'inizio un'impresa controllata e guidata da agenti internazionali ebrei. Come la storiografia ufficiale ha nascosto il significato storico dei processi di Mosca e il moralismo dei trotzkisti, così tace sulla vera natura dell'episodio spagnolo. Stalin ambiva alla Spagna da un punto di vista "imperialista". La penisola costituiva geopoliticamente una posizione strategica di prim'ordine. Proprio per questo la Gran Bretagna non poteva accettare il controllo di Stalin.

Gibilterra, "Gib" come dicono gli inglesi, il simbolo della potenza britannica, insieme a Suez una delle due chiavi del Mediterraneo, era troppo importante. Prima di essere assassinato per ordine di Stalin nel 1941, Krivitsky (Samuel Ginsberg), l'ebreo trotzkista che nel 1936 era a capo del servizio segreto militare sovietico, scrisse: "La storia dell'intervento sovietico rimane il mistero più epocale della guerra civile spagnola".

Con la formazione del governo di Largo Caballero, l'intervento di Stalin in Spagna subì una forte accelerazione. Krivitsky dedica un capitolo del suo libro a commentare e spiegare come ciò avvenne. Poiché si tratta di una fonte di grande interesse, essendo stato per anni in stretto contatto con la politica dell'URSS in Europa, trarremo importanti informazioni dalle sue pagine, tenendo sempre presente che egli odiava profondamente Stalin. Krivitsky non rivela mai chi fossero gli agenti trotskisti in Spagna e presenta i suoi colleghi come idealisti che mirano alla liberazione del proletariato internazionale. Afferma con enfasi che Stalin voleva fare della Spagna una repubblica sovietica federata con l'URSS e si rammarica che tanti ingenui abbiano pensato che la sua politica fosse legata alla rivoluzione mondiale. Tra questi ingenui c'erano migliaia di comunisti stranieri che, espulsi dai loro Paesi, vivevano come rifugiati in Unione Sovietica. Stalin colse l'occasione per liberarsi di questi vecchi rivoluzionari e inviarli in Spagna, dove arrivarono convinti che la guerra civile spagnola avrebbe potuto scatenare la rivoluzione mondiale.

Grazie a Krivitsky, si sa che alla fine di agosto tre funzionari spagnoli si recarono in Russia per acquistare armi, ma non furono portati immediatamente a Mosca, bensì trattenuti nel loro albergo di Odessa. Nel frattempo si riunì il Politburo, dove Stalin presentò finalmente il suo piano di intervento, che doveva avvenire in modo occulto per evitare di essere coinvolti in una guerra. Un corriere speciale si recò in Olanda, dove risiedeva travestito da antiquario, Walter Krivitsky, che ricevette queste istruzioni: "Estendete immediatamente le vostre operazioni per coprire la guerra civile spagnola. Mobilitate tutti gli agenti e tutte le strutture disponibili per organizzare rapidamente un sistema di acquisto di armi e di trasporto in Spagna". Un agente speciale è inviato a Parigi per assistervi in questo lavoro. Lì sarà presentato a voi e lavorerà sotto la vostra supervisione".

Il 14 settembre 1936, Yagoda, i cui legami con i trotskisti non erano ancora stati scoperti, convocò una conferenza alla Lubyanka su ordine di Stalin. Si decise quindi di coordinare le attività del PCE con i servizi segreti sovietici. Alla riunione parteciparono Mikhail Frinovsky, allora al comando delle forze militari dell'OGPU, che faceva parte dell'NKVD; Abraham Aronovich Slutsky, capo della divisione estera dell'OGPU; e Semene Petrovich Uritsky, generale dello Stato Maggiore dell'Armata Rossa e nipote di Moisei Salomonovich Uritsky, assassinato nel 1918 nel contesto della lotta intestina tra Lenin e Trotsky. Tutti e quattro erano ebrei e alla fine furono epurati come trotskisti e giustiziati da Stalin. Fu a questa conferenza alla Lubyanka che venne nominato l'uomo che avrebbe organizzato l'OGPU in Spagna, un veterano del dipartimento di Slutsky che Krivitsky indica come "Nikolsky, alias Schwed, alias Lyova, alias Orlov", un altro ebreo che in Spagna era conosciuto come Alexander Mikhailovich Orlov, anche se il suo vero nome era Leiba Lazarevich Felbing. Lo storico Burnet Bolloten fa notare che Stanley G. Payne gli ha fornito una copia di una nota firmata dallo stesso Orlov nel 1968, secondo la quale la sua nomina da parte dell'Ufficio Politico era avvenuta il 26 agosto 1936, per cui la data del 14 settembre riportata da Krivitsky non è corretta per quanto riguarda questa nomina. Infatti, Orlov era già partito per Parigi con la moglie, Maria Roznetski, anch'essa agente dell'NKVD, e la figlia, che lasciò nella capitale francese. Il 15 settembre era già in Spagna. Burnett Bolloten osserva che Orlov potrebbe essere stato uno degli ufficiali sovietici che accompagnarono l'ambasciatore Rosenberg nelle sue visite a Largo Caballero.

Due giorni prima dell'arrivo di Orlov, si era verificato un evento sorprendente: il ministro delle Finanze, Juan Negrín, aveva ordinato per decreto il trasferimento della maggior parte delle riserve auree del Banco de España all'URSS. Secondo Krivistsky, l'ebreo Arthur Stashevsky, che si faceva passare per un semplice addetto commerciale in Spagna, stava lavorando "per mettere il controllo delle finanze della Repubblica in mani sovietiche". Stashevsky, scrive Krivitsky, "scoprì in Juan Negrín un sincero collaboratore nei suoi piani finanziari". Fu lui, quindi, a convincere Negrín a consegnargli l'oro. Juan Negrín era sposato con una donna ebrea di origine ucraina, Maria Fidelman Brodsky Mijailova, figlia di un ricco uomo d'affari che viveva in Germania dalla fine del XIX secolo. Per nascondere la sua origine ebraica, Negrín e la moglie decisero di registrare i loro figli con il cognome materno di Mikhailov anziché Brodsky. Dopo la fuga dalla Spagna, Negrín andò in esilio a Bovingdon, vicino a Londra, dove riceveva spesso la visita dell'ambasciatore sovietico Ivan Maisky, un ebreo di origine polacca che lo frequentava regolarmente. Negrín invitava Maisky e sua moglie a trascorrere i fine settimana a casa sua. [23]

Poiché la credibilità di Krivitsky era stata denunciata dagli stalinisti, Burnett Bolloten, storico inglese di origine ebraica, volle verificare l'attendibilità delle affermazioni di Krivitsky. In *The Spanish Civil War: Revolution and Counter-Revolution*, Bolloten dimostra, sulla base di quattro fonti diverse, che Negrín era effettivamente un amico intimo di Stashevsky ed era sposato con l'ebrea Maria Fidelman Brodsky, dalla quale ebbe cinque figli. Louis Fischer riferisce che Stashevsky era un amico di Negrín che lo

---

[23] Nelle sue memorie Maysky scrive: "Da quel momento Bovingdon divenne il nostro luogo di riposo abituale nei fine settimana". Nel febbraio 1953 Maisky fu arrestato. Accusato di spionaggio, tradimento e coinvolgimento nella cospirazione sionista, sfuggì all'esecuzione grazie all'assassinio di Stalin. Beria, che stava cercando di prendere il potere, aveva pensato a lui come futuro commissario degli esteri. Nel 1955 Maisky fu rilasciato e scagionato dalle accuse.

consigliava su questioni economiche. Álvarez del Vayo conferma che Negrín e Stashevsky avevano una "vera amicizia". Santiago Garcés Arroyo, che Negrín mise a capo del SIM (Servizio Informazioni Militari) nell'aprile del 1938, riconosce che Negrín andava molto d'accordo con i russi, soprattutto con Stashevsky, "con il quale faceva colazione e pranzava ogni giorno". Mariano Ansó, ministro di Negrín, osserva che Stashevsky apprezzava il suo "talento e fascino irresistibili". Arthur Karlovich Stashevsky, nato a Mitau, era in realtà un ebreo lettone di nome Girshfeld o Hirshfeld, che con lo pseudonimo di "Verkhovsky" gettò le basi per la fondazione delle brigate bolsceviche internazionali. Nel 1920, durante la guerra civile, fu a capo dei servizi segreti sul fronte occidentale e in tempo di pace organizzò la rete di intelligence in Europa occidentale su ordine del Presidium ceco, per il quale fu insignito del titolo di "cekista onorario". Con questo curriculum, ci sono pochi dubbi sulla sua affiliazione trotskista. Stalin lo giustiziò nel 1937.

Il dirigente di Largo Caballero non informò il Presidente della Repubblica del trasferimento dell'oro. Lo stesso Largo giustificò la sua decisione con il pretesto che Manuel Azaña "era in uno stato spirituale veramente deplorevole". Sebbene l'articolo 2 del decreto stabilisse che le Cortes sarebbero state informate, non lo furono mai. Il Decreto, datato 13 settembre 1936, affermava che l'anormalità prodotta dall'insurrezione militare rendeva opportuna l'adozione di misure per "salvaguardare le riserve metalliche del Banco de España, base del credito pubblico". L'articolo 1 del decreto recitava: "Il Ministero delle Finanze è autorizzato, nel momento che riterrà opportuno, a ordinare il trasporto, con le massime garanzie, nel luogo che riterrà più sicuro, delle scorte d'oro, d'argento e di banconote detenute in quel momento nello stabilimento centrale del Banco de España". In altre parole, quando le truppe nazionaliste non si erano nemmeno avvicinate a Madrid - l'assedio all'Alcázar di Toledo era terminato il 27 settembre - si ritenne che il luogo più sicuro per depositare l'oro fosse Mosca. Il 14 le forze dei carabinieri si presentarono al Banco de España, con la collaborazione del direttore generale del Tesoro, Francisco Méndez Aspe, un uomo di fiducia di Negrín. I direttori Martínez Fresneda e Álvarez Guerra denunciarono l'illegalità di quanto si stava facendo e si dimisero. Secondo varie fonti, il cassiere capo del Banco de España si suicidò nel suo ufficio.

Le riserve spagnole di 707 tonnellate d'oro erano allora le quarte al mondo. Di queste, 510 tonnellate furono consegnate all'Unione Sovietica e il resto fu depositato in banche francesi per garantire il pagamento degli acquisti di armamenti. Prima che l'oro lasciasse la Spagna, Stalin inviò a Orlov un radiogramma in codice a Mosca: "Insieme all'ambasciatore Rosenberg, ho concordato con il capo del governo spagnolo, Largo Caballero, l'invio delle riserve auree della Spagna all'Unione Sovietica su un piroscafo russo. Tutto deve essere fatto con la massima segretezza. Se gli spagnoli chiedono una ricevuta per la spedizione, rifiutate, ripeto, rifiutate di firmarla e dite che una ricevuta ufficiale vi sarà data a Mosca dalla Banca di

Stato. Vi ritengo personalmente responsabili dell'operazione. Trascorsero quasi due mesi prima che l'oro arrivasse a Mosca. La procedura iniziò alle 23.30 del 15 settembre con il trasporto di 7.800 casse alla base navale di Cartagena. Ogni cassa conteneva circa 65 chili di oro puro. Il carico fu depositato nella polveriera di La Algameca e vi rimase per un mese, fino al 22 ottobre. Considerando che Cartagena fu sotto il controllo del governo della Repubblica fino alla fine della guerra, è ovvio che le riserve sarebbero state perfettamente conservate lì.

Stalin aveva pensato che "un piroscafo russo" sarebbe stato sufficiente per il trasporto, ma Orlov scoprì che sarebbero state necessarie più navi, quindi si trasferì a Cartagena e ordinò all'addetto navale sovietico di confiscare le navi in arrivo. Ordinò di scaricarle rapidamente e di tenersi pronti. Nelle notti del 22, 23 e 24 ottobre 1936, le petroliere sovietiche della base di Archena, comandate da un comandante ebreo di nome Semion Moiseyevich Krivoshéin, caricarono l'oro sulle navi *Kim*, *Krusciov*, *Neva* e *Volgoles*. Il Ministro della Marina, Indalecio Prieto, responsabile della base navale, doveva necessariamente essere al corrente di quanto stava accadendo. Alle 10 del 25 ottobre loperazione era terminata. Méndez Aspe chiese una ricevuta, ma Orlov rispose che sarebbe stata rilasciata a Mosca una volta pesato l'oro. Per rassicurare il direttore generale del Tesoro, Orlov gli disse che avrebbe potuto inviare un rappresentante del Tesoro su ogni nave.

Mesi dopo, nel 1937, Krivitsky parlò con i quattro funzionari spagnoli, che si trovavano ancora a Mosca, alloggiati all'Hotel Metropol con i passaporti negati. Se se ne andranno da qui quando la guerra sarà finita", gli disse Slutsky, "potranno ritenersi fortunati. Per ora devono rimanere nelle nostre mani". Le navi salparono da Cartagena per Odessa, dove arrivarono il 2 novembre con il tesoro spagnolo nelle stive. Il molo dove sono attraccate è stato isolato da truppe speciali. Per giorni, i funzionari dell'OGPU trasportarono le casse sui binari e riempirono i vagoni di diversi convogli armati che portarono il carico a Mosca. Nel marzo 1937 Slutsky e Krivitsky stavano passeggiando sulla Piazza Rossa e Krivitsky gli raccontò dell'arrivo dell'oro. Per dargli un'idea della quantità, gli disse: "Se tutte le casse accatastate sul molo di Odessa fossero state messe una accanto all'altra qui nella Piazza Rossa, l'avrebbero coperta completamente da un capo all'altro". Stalin diede un banchetto al Cremlino per celebrare il successo dell'operazione. Poi dichiarò: "Gli spagnoli non vedranno l'oro più di quanto chiunque possa vedere le proprie orecchie". L'URSS, quindi, non concesse alcun credito ai repubblicani e riscosse in anticipo tutti gli aiuti inviati alla Spagna.

In *Armi per la Spagna. The Untold Story of the Spanish Civil War*, Gerald Howson fa definitivamente luce su come Stalin abbia truffato la Repubblica per centinaia di milioni di dollari attraverso la vendita di armi. Howson dimostra come i sovietici falsificarono i libri contabili e i prezzi delle armi, poiché il dollaro era allora scambiato a 5,3 rubli e loro fissarono il tasso di cambio per gli spagnoli a 2,5 rubli per dollaro. Così il governo repubblicano pagò le armi il doppio del loro valore. Nelle parole di Howson, "di tutte le truffe, gli imbrogli, i furti e i tradimenti che i repubblicani dovettero sopportare, la condotta senza scrupoli di Stalin e degli alti funzionari della nomenklatura sovietica è sicuramente la più sordida, la più infida e la più indifendibile".

Fuga del governo e uccisione di massa dei prigionieri

L'intervento sovietico diede ai comunisti una forza e un potere che prima non avevano. Il legame del PCE con i servizi segreti di Stalin gli diede ulteriori vantaggi rispetto agli altri partiti. Inoltre, si può affermare che avevano tre ministri in più, dato che Rosenberg agiva nei Consigli dei ministri come una sorta di vicepresidente, e i socialisti Negrín e Álvarez del Vayo agivano in armonia con loro. Non appena cominciarono ad arrivare i consiglieri militari, il suo dominio aumentò ancora di più. Su Rosenberg, Luis Araquistáin conferma che si comportò come un viceré che dava istruzioni quotidiane a Largo Caballero su cosa fare e su chi nominare o licenziare. Burnett Bolloten cita un testo molto significativo di Ginés Ganga, un deputato socialista di sinistra: "Questo signore (Rosenberg) aveva l'abitudine di portare in tasca una collezione di foglietti concepiti in questi termini o in termini simili: X, capo di tale e tale divisione, dovrebbe essere licenziato e Z nominato come sostituto; così e così, un impiegato del Ministero A, non si sta comportando bene, dovrebbe essere sostituito da B; M dovrebbe essere imprigionato e perseguito per disaffezione; e così via in continuazione". In totale il personale tecnico militare in Spagna contava circa duemila uomini, di cui solo i piloti e gli ufficiali dei carri armati andavano in combattimento. I russi erano membri dello Stato Maggiore, istruttori, ingegneri, esperti di guerra chimica, meccanici di aerei, operatori radio o esperti di artiglieria. Tutti loro erano strettamente sorvegliati dall'NKVD.

La Brigata Internazionale, il vero esercito del Comintern, fu reclutata dai partiti comunisti locali, integrati nell'Internazionale Comunista, dove molti internazionalisti seguaci di Trotsky cercavano ancora di influire, nonostante Stalin avesse avviato dal 1930 diverse purghe. Inoltre, il Servizio Segreto Militare, ancora infiltrato nel 1936 da numerosi trotskisti, disponeva di posti di blocco segreti in Europa, dove i comunisti stranieri arruolati venivano sottoposti a nuove indagini. Va sottolineato che l'epurazione dell'Armata Rossa a Mosca avvenne nella tarda primavera del 1937 e che a settembre la cospirazione contro Stalin era al suo apice. I trotskisti erano impegnati in una battaglia di vita o di morte per spodestare Stalin dal potere e naturalmente intendevano imporsi sugli eventi in Spagna, che sarebbe diventata un'altra arena per il loro scontro.

Il controllo dei volontari della brigata, molti dei quali erano venuti a combattere per la Repubblica e la rivoluzione mondiale, continuò in Spagna, dove venivano spiati dai commissari politici. Secondo Krivitsky, i loro passaporti venivano ritirati e raramente restituiti, poiché i passaporti stranieri, soprattutto quelli americani, erano molto apprezzati dall'NKVD. Un documento del Comitato esecutivo del Comintern dell'autunno 1937, quando l'epurazione dei trotzkisti in Spagna era già avvenuta, indicava la necessità di "sorvegliare la selezione dei volontari per evitare l'introduzione nelle Brigate di agenti dei servizi di informazione e spie fasciste e trotzkiste". In Spagna c'erano due prigioni riservate ai brigatisti, una nel quartiere Horta di Barcellona, dove nel 1937 c'erano seicentoventicinque prigionieri, e un'altra a Castellón de la Plana. La base di addestramento fu stabilita ad Albacete, dove il francese André Marty, soprannominato "il macellaio di Albacete", era incaricato di garantire l'ortodossia dei volontari comunisti. Egli stesso ammette in un rapporto al Comitato Centrale del Partito Comunista Francese di non aver esitato e di aver ordinato le esecuzioni necessarie: circa cinquecento.

Dopo la liberazione dell'Alcázar di Toledo, le truppe nazionaliste iniziarono ad avvicinarsi a Madrid. Nel frattempo, i volontari comunisti internazionali sbarcavano nei porti del Mediterraneo e dalla Francia entravano in Catalogna, dove la rivoluzione aveva raggiunto il suo apice e cominciava a indebolirsi. Lì, dopo la formazione del primo governo di Largo Caballero, anche la Generalitat stava cercando di porre fine al doppio potere, il che richiedeva lo scioglimento del Comitato Centrale delle Milizie. Il 26 settembre gli anarchici si accordarono finalmente e, pur essendo rimasti ai margini del governo di Madrid, accettarono di entrare nel governo della Generalitat, il cui "conseller en cap" era Josep Tarradellas. In questo "Consell de Govern", formato il 28 settembre, erano rappresentati tutti i partiti e i sindacati, compreso il POUM, il partito trotzkista di Andreu Nin, a cui fu assegnato il portafoglio della Giustizia. Il POUM aveva osato criticare il processo dell'agosto 1936 a Mosca, il primo dei tre processi, ed era intervenuto pubblicamente in difesa delle vittime. Gli anarchici, da parte loro, riuscirono a ottenere il controllo dell'economia, degli approvvigionamenti e della sanità. La formazione del nuovo governo della Generalitat significava in teoria la fine degli organismi del potere rivoluzionario. Il 1° ottobre fu sciolto il Comitato Centrale delle Milizie che, in un manifesto, aderì alla politica della Generalitat. Il 9 ottobre un decreto approvato da Nin e dai "consiglieri" della CNT pose fine ai comitati locali in tutta la Catalogna.

Dopo il passo compiuto in Catalogna, sarebbe stato incoerente per gli anarchici rifiutare di entrare nel governo di Madrid. L'UGT, il PSOE e il PCE lo richiedono, così in ottobre, in coincidenza con l'arrivo dei primi ufficiali e aerei russi, iniziano i negoziati. I giornali della CNT chiesero la formazione di un Consiglio di Difesa Nazionale. Le sconfitte militari e la minaccia alla capitale decisero infine i leader della CNT e della FAI, che accettarono di entrare nel governo, nonostante il clamore che la loro decisione suscitò nel movimento libertario. All'inizio chiesero sei portafogli ministeriali. Largo Caballero ne offrì infine quattro: Giustizia (García Oliver), Sanità (Federica Montseny), Commercio (Juan López) e Industria (Juan Peiró). La restaurazione dello Stato fu così completata con l'approvazione degli anarchici.

Il secondo governo di Largo Caballero e il ventiquattresimo della Seconda Repubblica si formarono il 4 novembre 1936, quando le truppe ribelli erano già nei pressi di Madrid. Negrín aveva il portafoglio del Tesoro e Prieto quello della Marina e dell'Aeronautica. Largo Caballero, oltre alla Presidenza, mantenne anche il portafoglio della Guerra. Manuel de Irujo e Jaume Aiguader rappresentavano i nazionalisti baschi e catalani. Tutti i partiti erano presenti nel governo, tranne il POUM, la cui partecipazione fu oggetto di veto da parte del PCE, che seguiva le istruzioni di Mosca. Un mese dopo, le pressioni degli stalinisti catalani del PSUC e dei consiglieri sovietici portarono alla destituzione di Andreu Nin da Ministro della Giustizia della Generalitat. Per alcuni storici, questa misura diede inizio al processo controrivoluzionario.

La sera del 6 novembre, nelle prime ore dell'attacco a Madrid, Largo Caballero e i suoi ministri fuggirono vergognosamente senza annunciarlo alla popolazione. Mentre si dirigevano verso Valencia, la carovana ufficiale fu fermata a Tarancón da un centinaio di miliziani anarchici, che insultarono e minacciarono i ministri e l'ambasciatore Rosenberg, che stava fuggendo con loro. Le spiegazioni dei ministri anarchici furono inutili: il seguito fu costretto a ritirarsi. Alla fine riuscirono a fare una deviazione a sud di Madrid e poterono continuare la loro fuga. Quando raggiunsero la capitale del Turia, la CNT-FAI di Valencia li bollò come "codardi e fuggitivi". Due giorni dopo, i giornali furono autorizzati a dare la notizia del trasferimento del Governo della Repubblica a Valencia "per organizzare la vittoria definitiva ". Il comunicato del governo annunciava che, prima di partire, era stata formata la Giunta di Difesa di Madrid, presieduta dal generale Miaja.

Con l'arrivo dei primi soviet, un decreto del 6 ottobre aveva creato il Commissariato Generale di Guerra, che istituiva la figura del commissario, rappresentante del governo nell'esercito, definito il braccio destro del comando, "la sentinella, l'occhio vigile", l'educatore politico dei soldati e degli ufficiali, "il compagno e il modello". I commissari dovevano essere, secondo il PCE, "il nervo e l'anima dell'esercito popolare", anche se i loro avversari li chiamavano "cappellani rossi". I comunisti assunsero la metà dei posti nella Giunta di Difesa, costituita il 7 novembre, e divennero così i padroni di Madrid.

La sera del 9 novembre, la città sembrava persa. Inoltre, la fame stava diventando un altro nemico da sconfiggere: per accaparrarsi un tozzo di pane, a volte si faceva la fila da mezzanotte a mezzogiorno. Il panico era diffuso e le strade erano piene di fuggiaschi. Da ovest e da sud, le forze di Franco arrivarono senza incontrare resistenza. Secondo Edward Knoblaugh, corrispondente dell'Associated Press a Madrid. Franco avrebbe potuto prendere la città quel pomeriggio, ma non lo fece, l'entrata non avvenne, forse perché si ritenne che fossero necessarie più truppe. Secondo gli osservatori militari stranieri, erano necessari circa 150.000 uomini per conquistare una città come Madrid, e Franco non voleva portare al fronte le quinte truppe appena mobilitate, che non avevano completato il periodo di addestramento. Quando decise di entrare in azione, tre giorni dopo, era troppo tardi, perché migliaia di brigatisti che avevano ricevuto l'addestramento ad Albacete stavano arrivando nella capitale.

Con il controllo della città nelle mani del Partito Comunista e dei sovietici e nel timore che i prigionieri potessero essere liberati, le prigioni furono svuotate e a Paracuellos del Jarama, Torrejón e Aravaca fu commesso il più grande genocidio organizzato della storia spagnola. Sebbene secondo alcune stime il numero delle vittime giustiziate durante i massacri raggiunga le 12.000 unità, la maggior parte degli studiosi si attesta intorno alle 8.000 unità. Fu il diplomatico tedesco Felix Schlayer, che operava come console norvegese e incaricato d'affari in Spagna a Madrid, a scoprire gli eventi e a denunciarli. Schlayer, un duro sessantatreenne che aveva vissuto gli orrori della Prima guerra mondiale come ufficiale tedesco, sfoggiava elaborati baffi ottocenteschi che gli davano l'aspetto di un "Junker" prussiano. La sua coraggiosa determinazione e il suo portamento imponente spesso intimidivano i suoi interlocutori. Sebbene Schlayer possa essere stato screditato per le sue simpatie verso i nazionalisti, la sua opera *Diplomat im roten Madrid*, pubblicata nel 1938 su Germania dopo la sua espulsione dalla Spagna, fu una testimonianza indiscutibile che rivelò in Europa il massacro perpetrato dal governo della Repubblica. Santiago Carrillo, uno dei principali responsabili dei crimini contro l'umanità a Paracuellos, lo definì "quel nazista".

Solo a Madrid erano attive circa duecento checas. Alcune erano ufficiali, ma la maggior parte era controllata da partiti politici, sindacati e comitati. Si può dire che qualsiasi gruppo di milizia organizzata, anarchica, socialista o comunista, si considerava autorizzato a detenere, interrogare e, se necessario, giustiziare chi era sospettato di antirepubblicanesimo. Di conseguenza, la sede diplomatica divenne presto un rifugio per migliaia di persone in cerca di protezione. In ottobre, Schlayer aveva ospitato nel "manicomio" norvegese novecento persone. Aurelio Núñez Morgado, ambasciatore cileno e decano del corpo diplomatico, aveva più spazio negli edifici dell'ambasciata e superò di diverse centinaia la cifra precedente. Anche il capo della missione argentina, Edgardo Pérez Quesada, svolse un ruolo di primo piano. Quando ebbe la certezza di ciò che stava accadendo, Pérez Quesada inviò a Buenos Aires un rapporto forte, di cui diede una copia all'incaricato d'affari britannico, che lo inoltrò al Foreign Office.

In questo clima, Schlayer iniziò a interessarsi ai prigionieri alla fine di settembre e decise di fare visite regolari alle carceri dove erano ammassati i detenuti. Il fatto che l'avvocato della sua legazione, Ricardo de la Cierva, fosse imprigionato era uno dei motivi della sua preoccupazione. Il suo esempio fu seguito dai rappresentanti di Cile, Argentina, Gran Bretagna, Austria e Ungheria, il che rappresentò una tregua e un sollievo per i detenuti. Mentre il governo era ancora a Madrid, alla fine di ottobre è iniziato il prelievo dei prigionieri dalle carceri. Il Direttore Generale della Sicurezza, Manuel Muñoz, massone di 33° grado le cui mani erano già macchiate del sangue delle vittime del "treno della morte", firmò l'ordine di giustiziare trentadue prigionieri del carcere di Ventas il 28 ottobre nel cimitero di Aravaca, Tra loro c'erano il falangista Ramiro Ledesma e l'intellettuale della Generazione del '98 Ramiro de Maeztu, autore tra l'altro di *Defensa de la Hispanidad* e di *Don Chisciotte, Don Juan y la Celestina*, un eccellente saggio letterario sulle tre figure universali della letteratura spagnola. Arrestato a luglio, Maeztu scrisse durante la prigionia *Defensa del Espíritu*, un'opera postuma di cui sono andati perduti alcuni frammenti. Lo stesso giorno, altri 29 prigionieri del Modelo furono fucilati ad Aravaca. Il 29, altri cinquanta furono presi dalla famosa checa de Fomento e giustiziati sulla strada per Boadilla.

Il 1° novembre, l'ebreo Koltsov (Efimovich Fridlyand), alias Miguel Martinez, apparentemente corrispondente della *Pravda*, ma in realtà consigliere delle autorità rosse e della Giunta di Difesa, discusse il destino dei prigionieri con i commissari politici. Koltsov propose di fucilarli. Sempre su ordine di Manuel Muñoz, settantanove prigionieri furono prelevati dalla prigione di Ventas e fucilati ad Aravaca. Giorni dopo, il 3 novembre, altri sessantasei prigionieri furono giustiziati a Carabanchel Alto. Nelle prime ore del mattino del 5, due camion carichi di prigionieri lasciarono la prigione di San Antón, un altro la prigione di Porlier e una grande spedizione dalla prigione di Modelo. Ian Gibson, autore di *The Assassination of García Lorca*, nella sua opera *Paracuellos: How it happened*, sostiene che Koltsov fu l'istigatore e il responsabile dei massacri di Paracuellos. Koltsov era considerato un uomo di massima fiducia di Stalin, ma nonostante questo, alla fine del 1937 fu denunciato da André Marty, la massima autorità delle Brigate Internazionali, che accusò Koltsov di contatti con i trotzkisti del POUM e sua moglie, Maria Osten, di essere un'agente dei servizi segreti tedeschi. Costretto a tornare in URSS, Koltsov fu eliminato il 2 febbraio 1940.

Le esecuzioni ad Aravaca dovettero essere sospese a causa della vicinanza delle truppe nazionaliste. Torrejón e Paracuellos furono quindi scelti come luoghi per continuare le esecuzioni. Quando il governo fuggì, la Giunta di Difesa nominò il comunista Santiago Carrillo, leader della JSU e figlio del socialista Wenceslao Carrillo, come consigliere per l'Ordine Pubblico. Segundo Serrano Poncela fu nominato suo vice. Il pomeriggio del

6 novembre, poco prima dell'insediamento di Carrillo, vennero eseguiti saccheggi su larga scala dalle carceri del Modelo e del Porlier. I prigionieri furono giustiziati ai piedi del Cerro de San Miguel, in cima al quale si trova il villaggio di Paracuellos, vicino al fiume Jarama. Nelle prime ore del mattino del 7, si svolse il più grande rastrellamento: 1.600 persone lasciarono la prigione di Modelo, di cui 300 furono portate ad Alcalá de Henares e il resto fu massacrato in massa a Paracuellos. Lo stesso giorno, il 7, ci furono altri due massacri: uno molto grande dalla prigione di San Antón e uno più piccolo dalla prigione di Porlier. Le vittime di quest'ultimo furono fucilate tra le mura del cimitero dell'Almudena. Dopo la guerra questi corpi furono riesumati e portati nel cimitero di Paracuellos. I massacri continuarono nella notte tra il 7 e l'8 novembre: le spedizioni dalle prigioni di Modelo e Porlier furono ricondotte a Paracuellos. L'entità dei massacri precedenti superò le previsioni, tanto che non furono preparate abbastanza tombe e i fucilati del giorno prima rimasero senza sepoltura. Gli abitanti del villaggio furono costretti a scavare nuove trincee, nelle quali i corpi furono trascinati con ganci e corde tirate da cavalli e muli. A causa dell'accumulo di cadaveri a Paracuellos, i carichi successivi furono inviati a Soto de Aldovea, nel comune di Torrejón de Ardoz, dove un vecchio canale di irrigazione lungo centocinquanta metri fu utilizzato per seppellire i morti. A guerra finita, quattrocentoquattordici corpi furono esumati e trasferiti in bare individuali al cimitero di Paracuellos. Di questi, solo alcuni sono stati identificati.

Félix Schlayer scrive in *Diplomat in Red Madrid* di essersi recato al Modelo la mattina del 7, accompagnato da delegati del Comitato Internazionale della Croce Rossa. Trovò la prigione circondata da barricate di ciottoli e guardie e miliziani con le baionette sguainate agli ingressi. All'interno vide un gran numero di autobus. Voleva parlare con il direttore, ma questi era al Ministero. Il vicedirettore gli disse che gli autobus erano lì per prelevare gli ufficiali e portarli a Valencia. Si recò immediatamente alla Direzione Generale della Sicurezza, ma il venerabile Fratello Manuel Muñoz era fuggito con il governo. Chiese chi fosse il nuovo responsabile e gli fu detto che Margarita Nelken, deputata socialista di origine ebraica, si era insediata nell'ufficio del direttore generale fin dal mattino. Chiese un colloquio con lei, ma gli fu risposto che non era presente. Schlayer capì che non voleva vederlo.

Di fronte all'impossibilità di vedere Nelken, i diplomatici, che non erano stati informati dal governo della sua partenza da Madrid, organizzarono una riunione all'ambasciata cilena e decisero di recarsi al Ministero della Guerra per incontrare José Miaja, generale in capo della Giunta di Difesa. Questi li ricevette alle 17.30 e promise che "non avrebbe permesso che i prigionieri venissero minimamente toccati". Schlayer chiese del suo avvocato, Ricardo de la Cierva, ucciso due ore prima, e Miaja gli assicurò che avrebbe fatto tutto il possibile per lui. Il diplomatico tornò al Modelo alle sei di sera e apprese dal direttore, con cui aveva un buon rapporto, che Ricardo de la Cierva era stato consegnato a un comunista di nome Ángel Rivera, che aveva l'ordine di trasferire centinaia di prigionieri a Valencia. Prima che la lunga giornata finisse, Schlayer riprese i delegati della Croce Rossa, che erano riusciti a ottenere un colloquio con il nuovo capo dell'Ordine Pubblico, Santiago Carrillo, con il quale ebbero una lunga conversazione. Carrillo disse loro che non sapeva nulla della liberazione dei prigionieri dal carcere del Modelo e manifestò la volontà di proteggere i detenuti. Schlayer afferma di essere certo che Carrillo stesse mentendo, tanto che durante la notte gli vennero in mente i più terribili presagi. Il giorno dopo si recò nuovamente al Modelo e il direttore cercò di giustificarsi personalmente mostrandogli una lettera della Direzione Generale della Sicurezza che gli ordinava di consegnare 970 prigionieri, selezionati dalle sue guardie, per il trasferimento a Valencia. Schlayer scrive: "Cominciava a prendere forma in me la possibilità di un crimine orribile al quale fino ad allora non avevo potuto credere".

Con grande difficoltà, l'incaricato d'affari norvegese riuscì a mettersi in contatto telefonico con i direttori del carcere di San Miguel de los Reyes (Valencia) e del carcere di Chinchilla (Albacete). Venne quindi a sapere che negli ultimi quattordici giorni non avevano ricevuto alcun prigioniero da Madrid. Nei giorni successivi, Schlayer cercò di individuare il luogo del delitto e le sue indagini lo portarono inizialmente a Torrejón, in particolare a Soto de Aldovea, dove si trova una fortezza del XVIII secolo, il castello di Aldovea. Vi si recò in compagnia dell'argentino Edgardo Pérez Quesada, con cui aveva condiviso le sue indagini e con cui aveva accettato di accompagnarlo. Arrivato al castello, Schlayer chiese al miliziano di turno dove fossero stati sepolti i fucilati. L'uomo, che doveva essere un beato, iniziò a indicare la strada, ma i diplomatici gli chiesero di accompagnarli. Prese il fucile e li condusse alla vecchia roggia, dove c'era un forte odore di decomposizione. In alcuni punti si vedevano arti che sporgevano o stivali che spuntavano. Schlayer e Pérez Quesada stimarono che vi fossero tra i cinque e i seicento cadaveri.

Qualche giorno dopo, il diplomatico tedesco si recò con il suo autista a Paracuellos. Quando, dopo varie ricerche, riuscì ad avvicinarsi al luogo delle esecuzioni, incontrò un giovane che veniva dall'aratura con due muli. Allora usò la stessa tattica di Soto de Aldovea e, come se fosse un fatto noto, chiese: "Dove hanno seppellito tutte le persone giustiziate la domenica? Il giovane rispose: "Lì, sotto i Quattro Pini, ma non era domenica, era sabato". Schlayer insistette: "Quanti erano? Il contadino rispose che erano molti. "Erano circa seicento?", chiese ancora. "Di più", rispose il giovane, "sono arrivati autobus per tutto il giorno, e per tutto il giorno si sono sentite le mitragliatrici". Il diplomatico voleva avvicinarsi ai Quattro Pini, ma tre uomini con i fucili sorvegliavano il posto. Schlayer scrive: "Vidi chiaramente due colline parallele di terra appena erette, che correvano dalla strada alla riva del fiume, ciascuna lunga circa duecento metri".

In breve, Schlayer non solo provocò un intervento diplomatico, ma cercò anche il sostegno del dottor Henry, delegato della Croce Rossa Internazionale. Insieme scattarono fotografie, cercarono testimonianze, intervistarono persone che erano state costrette a scavare tombe, visitarono le prigioni e parlarono con i membri del Consiglio di Difesa. Temendo uno scandalo internazionale, le esecuzioni e le condanne a morte furono temporaneamente interrotte. Le migliaia di prigionieri ancora presenti nel Modelo furono trasferiti nelle carceri di Porlier, San Antón e Ventas. Un altro evento che portò alla temporanea cessazione delle uccisioni fu la comparsa sulla scena dell'anarchico sivigliano Melchor Rodríguez, che il 10 novembre fu nominato delegato delle carceri. Schlayer, che lo incontrò in diverse occasioni, nel suo libro ha parole molto gentili per Melchor Rodríguez e gli dedica una piccola sezione intitolata "Anarchico o apostolo? Questo anarchico, uno dei tanti idealisti che si scontrarono con una realtà atroce, al momento di assumere la carica rinunciò al suo stipendio mensile di millecinquecento pesetas, "pur non avendo altre fonti di reddito", scrive il console, "e vivendo della carità dei suoi amici". Il nuovo delegato tagliò radicalmente i sacchi; ma gli bastarono quattro giorni per apprendere che i comunisti avevano nuovamente giustiziato i prigionieri prelevati dalle carceri senza la sua autorizzazione. Chiese una punizione esemplare, ma il ministro della Giustizia, l'anarchico García Oliver, non lo appoggiò, così Melchor Rodríguez si dimise dal suo incarico.

Dal 17 novembre ripresero i saccheggi a Paracuellos. Il Comitato Rosso della Guardia Civile aveva imprigionato i membri scontenti dell'Istituto in una cella chiamata "Spartaco", situata in un convento in via Santa Engracia. Il pomeriggio del 19 novembre, presumibilmente per essere trasferiti a Guadalajara, circa duecento guardie di tutti i gradi partirono per i cimiteri di Almudena e Vicálvaro, dove furono giustiziati. Il 22, un numero minore di prigionieri fu prelevato dalla prigione di San Antón. Il 24, centinaia di prigionieri di tutte le età e professioni lasciarono Porlier per Paracuellos. Il 25, 26, 28 e 29, centinaia di nuove vittime furono prelevate da questa stessa prigione, tra cui un'intera famiglia, quella del noto notaio Alejandro Arizcún Moreno. Dei suoi quattro figli fucilati, il più giovane era uno studente e aveva solo 17 anni. Sempre dal carcere di San Antón ci furono grandi rastrellamenti il 27 e 28.

Il drammaturgo Pedro Muñoz Seca fu rilasciato ammanettato alle otto del mattino del 28 insieme a padre Guillermo Llop, priore dei Fratelli di San Juan de Dios a Ciempozuelos. Sebbene la Repubblica fosse apparentemente un regime di libertà, Muñoz Seca, per essere monarchico, amico del re e per aver scritto contro la Repubblica, era stato arrestato il 29 luglio a Barcellona, dove il 17 si era tenuta la prima de *La tonta del rizo* al teatro Poliorama. Ricoverato nel carcere di San Antón il 6 agosto, vi rimase per quasi quattro mesi. Il 26 novembre si costituì un tribunale popolare nella prigione stessa, che lo condannò a morte per essere monarchico, antirepubblicano e cattolico;

tre reati davvero molto gravi. All'una di notte del 28 si confessò dal sacerdote Ruiz del Rey, che morì con lui, e alle 4 del mattino scrisse una lettera alla moglie, nel cui paragrafo finale lasciò queste parole: "Mi dispiace darti il dispiacere di questa separazione; ma se tutti dobbiamo soffrire per la salvezza della Spagna, e questa è la parte che mi è toccata, benedette siano queste sofferenze". Nel post scriptum accennava alla sua recente confessione: "Come capirete, sono molto preparato e pulito dalla colpa".

Più di duecentocinquanta persone, tra cui un centinaio di religiosi e una ventina di professori universitari, furono fucilati il secondo giorno. Sempre lo stesso giorno, il 30, un numero molto elevato di persone fu portato fuori dalla prigione di Ventas. Questi furono gli ultimi massacri del mese di novembre, ma il macabro rituale delle esecuzioni continuò nei primi quattro giorni di dicembre. I prigionieri furono prelevati da San Antón in tutti e quattro i giorni. Sessantaquattro persone lasciarono la prigione di Ventas verso la morte il 2 e altre sessanta il 3. Nuove spedizioni dirette a Paracuellos partirono da Porlier l'1, il 2, il 3 e il 4 dicembre. Fortunatamente il cosiddetto "angelo rosso" fu nuovamente richiesto dal Ministro della Giustizia. Melchor Rodríguez accettò per la seconda volta l'incarico di delegato governativo per le carceri a condizione che nessun prigioniero potesse lasciare il carcere senza il suo consenso scritto. Da quel momento in poi gli omicidi cessarono.

Nella ricerca delle responsabilità, gli storici fanno diversi nomi. Se accettiamo la tesi di Ian Gibson, la proposta di sterminare la popolazione carceraria venne dall'ebreo Koltsov, che sarebbe stato il diretto istigatore, anche se gli ordini provenivano dai responsabili. Un altro possibile ideologo dei massacri fu l'argentino Victorio Codovilla, uno stalinista che era il massimo rappresentante dell'Internazionale a Madrid. L'ordine iniziale che autorizzava i primi licenziamenti prima che il governo lasciasse Madrid proveniva dal Ministro degli Interni, Ángel Galarza, il socialista massone che aveva pubblicamente giustificato l'assassinio di Calvo Sotelo alle Cortes. Una volta istituita la Giunta di Difesa, gli ordini vennero dal nuovo Ministro dell'Ordine Pubblico, Santiago Carrillo, politicamente responsabile, anche se l'idea non era stata sua.

Secondo i *verbali delle riunioni della Giunta di Difesa di Madrid*, nella seduta del 15 novembre Carrillo affermò di avere la responsabilità totale e assoluta di tutto ciò che riguardava i prigionieri. Gli ordini, tuttavia, erano solitamente firmati da Segundo Serrano Poncela, suo collaboratore e braccio destro, che visitò personalmente la prigione del Modelo il 7 novembre e ordinò, nel più puro stile leninista, che venissero selezionati "militari, uomini di carriera e aristocratici". Sullo sfondo c'erano coloro che, pur avendo responsabilità, non avevano la decenza o il coraggio di affrontare i comunisti che, in sintonia con gli scagnozzi sovietici, dirigevano l'intera operazione. Tra questi c'era il ministro della Giustizia, Juan García Oliver. Infine, non si può ignorare che il Presidente del Governo era Francisco Largo

Caballero, il quale, che ne fosse a conoscenza o meno, aveva la responsabilità ultima delle azioni dei suoi ministri.

L'8 dicembre Georges Henry, delegato svizzero della Croce Rossa Internazionale, decolla da Madrid con un aereo dell'ambasciata francese che effettua il volo settimanale da Tolosa a Madrid. La sua destinazione finale, tuttavia, era Ginevra, dove intendeva presentare un documento contenente le prove fornite da Edgardo Pérez Quesada e Félix Schlayer sui massacri di prigionieri. Con lui viaggiavano i giornalisti Louis Delaprée del quotidiano *Paris-Soir* e André Chateau. Tra i passeggeri c'erano anche due bambine di età inferiore ai dodici anni. L'aereo, un Potez 54, decollò nel primo pomeriggio. Oltre alla bandiera francese sul timone di coda, la fusoliera recava chiaramente la scritta "Ambassade de France". All'altezza di Guadalajara, un aereo da guerra apparve improvvisamente e si avvicinò all'aereo per una ricognizione. Sembrava che si stesse allontanando, ma presto tornò e bombardò il Potez 54, che fu gravemente danneggiato su un'ala e sulla fusoliera. Nonostante tutto, il pilota riuscì a far atterrare l'aereo in un campo di grano a Pastrana, dove rimase capovolto con le ruote in aria e una trentina di impatti. Le due ragazze se la cavarono meglio. Il dottor Henry fu ferito a una gamba, Chateau si salvò con l'amputazione di una gamba, Delaprée morì il 31 dicembre dopo una lenta e dolorosa agonia. Il pilota rimase illeso e, naturalmente, fu interrogato dal diplomatico norvegese, che fornì questa versione dei fatti nel suo libro:

"... All'altezza di Guadalajara si incrociò frontalmente con un altro aereo che all'inizio lo superò a notevole distanza. Portava le insegne del Governo Rosso. Il francese lo salutò come al solito agitando le ali, cioè muovendole su e giù due volte per farsi riconoscere, nonostante avesse grandi insegne francesi. L'aereo rosso passò, si allontanò, girò in tondo, tornò indietro e si avvicinò al francese. Questi sparò dal basso con la sua mitragliatrice. Poi è fuggito velocemente. Il pilota francese, spaventato, mi ha fornito personalmente questo resoconto".

Mikhail Koltsov visitò i feriti negli ospedali il 9 dicembre. Nel suo *Diario della guerra di Spagna* scrisse la versione fornitagli dallo stesso Delaprée prima di morire:

"Non eravamo in volo da più di dieci minuti. Improvvisamente un caccia apparve sopra di noi. Ha girato intorno a noi, apparentemente osservandoci a suo piacimento. È impossibile che non abbia visto i segni distintivi. Scomparve per qualche minuto e poi improvvisamente, dal basso, attraverso il pavimento della cabina di pilotaggio, i proiettili cominciarono a penetrare. Siamo stati colpiti dai primi colpi. Il pilota era illeso. Fece un atterraggio brusco. L'aereo colpì il suolo molto duramente, finì in piedi sulla prua. Feriti gravemente, sanguinanti, siamo caduti l'uno sull'altro. Mi sembrò che fosse scoppiato un incendio, non riuscivo più a capire nulla. Pochi minuti dopo apparvero alcuni contadini, ruppero il portellone e ci tirarono fuori con cautela.

Già nel 1938, William Foss e Cecil Gerahty denunciarono gli autori dell'attentato in *L'Arena spagnola*. Nei loro libri contemporanei, E. Knoblaugh e F. Schlayer suggerirono anche che si era trattato di un'operazione dei servizi segreti dell'Unione Sovietica. In Francia, l'evento sconvolse l'opinione pubblica, ma la verità non fu conosciuta perché la stampa repubblicana affermò che si trattava di "una nuova ferocia dell'aviazione di Franco" e lanciò una campagna propagandistica accusando i nazionalisti di un attacco contro la Croce Rossa Internazionale e la Francia. Oggi si sa che i piloti che hanno compiuto l'attacco erano G. Zakharov e N. Shimelkov. Un amico di Delaprée, il giornalista Sefton Delmer, sostenne negli anni Sessanta che Alexander Orlov, il capo dell'NKVD, aveva ordinato l'abbattimento dell'aereo per evitare che le notizie sulle uccisioni di massa a Paracuellos del Jarama arrivassero al Comitato Internazionale della Croce Rossa, in quanto la Repubblica avrebbe potuto essere accusata di crimini contro l'umanità. Il ministro degli Esteri socialista Julio Álvarez del Vayo doveva essere particolarmente interessato a nascondere i massacri: l'11 dicembre, alle Nazioni Unite di Ginevra, tenne un famoso discorso in cui accusò la Germania e l'Italia di bombardamenti indiscriminati che avevano causato la morte di migliaia di bambini e donne in Spagna. Nel momento in cui cercava di conquistare l'opinione pubblica internazionale, sarebbe stato un grave passo indietro per Álvarez del Vayo, che, come Negrín, era sposato con un'ebrea di origine russa, se il dottor Henry avesse consegnato nella città svizzera i documenti che avrebbero screditato il suo governo agli occhi dell'opinione pubblica mondiale.

Prima della fine dell'anno, un altro incidente causò uno scandalo internazionale che mise in imbarazzo il governo di Largo Caballero. Il 20 dicembre, il barone di Borchgrave, diplomatico in qualità di incaricato d'affari del Belgio in Spagna, lasciò l'ambasciata con l'auto di servizio e scomparve. La moglie, di nazionalità americana, chiama preoccupata tutti i giornalisti che conosce e tutti iniziano a cercarlo. Alla fine, il 28, in una fossa comune a Fuencarral, fu trovato il suo corpo insieme a quello di altre quindici vittime. Il diplomatico era stato ucciso con tre colpi di pistola a distanza ravvicinata, due alla schiena e uno alla testa. Il cadavere, orrendamente mutilato, è stato identificato grazie al nome del sarto belga sul suo abito. In un primo momento il governo ha detto che era stato ucciso in un bombardamento. In una seconda versione, incolpò le brigate internazionali, che lo avevano giustiziato per essere una spia franchista. Il governo belga, indignato, protestò duramente e minacciò di rompere le relazioni diplomatiche, chiedendo scuse ufficiali, onori militari al funerale, un forte risarcimento per la famiglia e la punizione dei colpevoli. Il governo repubblicano respinse ogni responsabilità e Largo Caballero sottopose la questione al Tribunale dell'Aia. In Belgio l'assassinio fu paragonato a quello di Calvo Sotelo e portò alle dimissioni del socialista Émile Vandervelde, ministro della Sanità e vicepresidente del governo. Infine, nel gennaio 1938 Negrín accettò di pagare un risarcimento di un milione di franchi belgi.

A proposito della propaganda e della mancanza di scrupoli di Álvarez del Vayo, va detto che nei primi anni della guerra un personaggio molto noto, Otto Katz, l'ebreo comunista e sionista che nel 1933 aveva organizzato l'intera campagna per incastrare i nazisti per l'incendio del Reichstag, era responsabile della propaganda della Repubblica. Katz arrivò a Madrid alla fine di giugno del 1936 e tre giorni prima della rivolta militare si recò a Barcellona, dove visse l'inizio della guerra civile, durante la quale entrò e uscì dalla Spagna in numerose occasioni. Parigi e Londra erano le città da cui controllava l'Agencia España, che dirigeva in stretta collaborazione con Julio Álvarez del Vayo, ministro degli Esteri della Repubblica, che lo considerava un genio della propaganda.

Inizialmente, l'Agenzia Spagna era legata a Willi Münzenberg, "il milionario rosso", ma nel 1937 Stalin perse la fiducia in Münzenberg a causa dei suoi rapporti con il trotskismo e Katz divenne il direttore ombra. L'Agenzia spagnola, con uffici e contatti in tutta Europa, manteneva una rete di informazione e disinformazione e svolgeva altri compiti segreti. Katz aveva sede nell'ufficio di Parigi, ma aveva il solido sostegno dell'Agenzia spagnola di notizie a Londra, da cui derivavano i suoi frequenti spostamenti. Non tutti accettavano come Álvarez del Vayo il modo in cui Katz gestiva l'Agenzia di stampa spagnola. Jonathan Miles riporta in *The Nine Lives of Otto Katz* che Andrés de Irujo, segretario del Ministero della Giustizia quando era ministro suo fratello Manuel, denunciò la mancanza di scrupoli di una persona "con la quale non si dovrebbero fare affari". Irujo, non sapendo chi fosse Katz e chi stesse servendo, riteneva che si dovesse evitare qualsiasi transazione con un personaggio che, dal suo punto di vista, non rappresentava in modo credibile "nessun partito o organizzazione politica e che ignorava il problema della Spagna e del popolo spagnolo". Irujo avrebbe in seguito denunciato Agencia España come una fabbrica di propaganda senza alcun rigore informativo.

Verso il governo stalinista della Repubblica

Il 21 dicembre 1936 Stalin scrisse una lettera a Largo Caballero, pubblicata il 4 giugno 1939 sul *New York Times* e citata da Gerald Brenan e Burnett Bolloten. In essa raccomandava di conquistare i contadini risolvendo le questioni agrarie e riducendo le tasse. Per quanto riguarda la piccola borghesia, gli consigliava di conquistarla evitando le confische, sostenendo i suoi interessi e introducendo nel governo leader repubblicani per rassicurare il capitale straniero. Stalin perseguiva quindi una politica moderata, cercando l'appoggio delle classi medie e il sostegno di Francia e

Gran Bretagna, una politica che non aveva nulla a che vedere con la rivoluzione auspicata dai trotzkisti e dagli anarchici, tante volte annunciata dallo stesso Largo Caballero. Il PCE, passato dai trentamila iscritti dell'inizio della guerra ai duecentocinquantamila del marzo 1937, sarà il grande beneficiario di questa linea d'azione. La battaglia di Madrid fu la circostanza che permise ai comunisti di diventare gradualmente più forti, più indispensabili. Non bisogna però dimenticare il ruolo degli anarchici nella difesa della capitale e il potere che detenevano sia a Madrid che a Barcellona e in altre città. Essi sarebbero diventati il principale ostacolo che prima o poi doveva essere eliminato, poiché, inoltre, costituivano per i trotskisti l'unico punto di appoggio possibile. Solo con loro si sarebbe potuto formare il partito rivoluzionario che Trotsky chiedeva nei suoi scritti sulla situazione in Spagna.

Bisogna tenere presente, e questo è il grande mistero che resta da svelare, che dietro le quinte c'era la lotta interna tra i comunisti provenienti da tutta Europa, che Stalin controllava attraverso i suoi agenti. L'inestricabile rete di tradimenti, spie, agenti provocatori, criminali professionisti, sparizioni e assassinii è molto difficile da dipanare. Gli storici in genere criticano Stalin, il grande traditore del proletariato internazionale; ma gli intellettuali dogmatici della sinistra non dicono una parola su chi fosse Trotsky, il cui rapporto con i Baruchs, i Morgan, gli Schiff, i Givotovsky e i Warburg è sempre trascurato e mai rivelato. Trotsky rappresenta per loro la purezza rivoluzionaria. Il suo tradimento, ancora più grande di quello di Stalin, viene ignorato e l'enigma delle oscure manovre dei suoi agenti in Spagna non è mai stato svelato.

Sul campo, il Partito Comunista, oltre a dimostrare la sua capacità organizzativa e la sua padronanza della tecnica della propaganda, aveva il potere di distribuire le armi che arrivavano da Mosca, il che gli permise di creare dal nulla un magnifico esercito, il famoso Quinto Reggimento, che fu vitale durante i quasi tre mesi di assedio di Madrid. Alla fine del 1936 il Quinto Reggimento contava sessantamila uomini nelle sue file. Tra i suoi fondatori c'erano lo stalinista italiano Vittorio Vidali, noto come Carlos Contreras, il famoso Maggiore Carlos, commissario politico del Reggimento, ed Enrique Castro, il suo primo comandante militare.

La battaglia frontale si svolse durante il mese di novembre e la prima metà di dicembre. Le offensive e le controffensive furono combattute fino al parossismo in feroci combattimenti corpo a corpo. Prima di morire, a dicembre, dopo l'abbattimento del suo aereo, il giornalista Louis Delaprée raccontò la durezza dei combattimenti, combattuti di casa in casa e di piano in piano: "Si sparavano a bruciapelo, si sgozzavano di atterraggio in atterraggio...". Alla fine i nazionalisti furono fermati grazie all'arrivo delle brigate internazionali, dei carri armati T-26, dell'artiglieria e degli aerei russi, che diedero ai difensori della capitale la forza supplementare di cui avevano bisogno. "No pasarán", il famoso slogan coniato dalla Pasionaria, fu lo slogan che divenne realtà. Nel gennaio 1937 il fallimento dell'attacco a Madrid era irreversibile e il fronte si stabilizzò fino alla fine della guerra.

I militari spagnoli incaricati dal governo della difesa di Madrid erano José Miaja e Vicente Rojo, e accanto a loro c'era il massimo rappresentante del GRU (Servizio segreto militare sovietico), un generale di brigata arrivato come addetto militare che si faceva chiamare Vladimir Efimovich Gorev, alias "Sancho", il cui vero nome era Woldemar Roze. Secondo Pierre Broué, era il vero direttore dello Stato Maggiore e organizzatore della difesa di Madrid. Gorev doveva essere nell'orbita di Trotsky fin dall'inizio: oltre a servire nell'Armata Rossa durante la guerra civile russa, aveva lavorato in Germania come organizzatore militare, ma era anche responsabile di atti terroristici. Quando fu arrestato nel 1923 per essere uno degli organizzatori dell'"Ottobre tedesco", disse di chiamarsi Alexander Skoblewsky. In Germania aveva un nome diverso in ogni città. A Berlino si faceva chiamare Generale Wolf. Secondo la polizia tedesca, Gorev-Roze-Skoblewsky era mezzo ebreo.

Prima di essere processato a Lipsia, il capo della GPU Felix Dzerjinsky cercò di negoziare il suo rilascio attraverso Heinz Neumann. Alla fine Skoblewsky, che era stato condannato a dodici anni, fu rilasciato nel 1925 grazie a uno scambio di prigionieri. La sua prossima destinazione fu la Cina, un'altra delle priorità di Trotsky. Lì avrebbe dovuto organizzare i soviet e accelerare la rivoluzione. Fino alla fine del 1929 rimase in Cina, dove si faceva chiamare Vysokogorets, ma aveva anche altri due pseudonimi, "Nikitin" e "Gordon". In *Das Rotbuch über Spanien (Il libro rosso sulla Spagna)* è accusato di terrorismo di massa e incolpato della morte di oltre mezzo milione di persone nella regione del Sinkiang, nel nord-ovest del Paese. Tra il 1930 e il 1933, con lo pseudonimo di "Herbert", lavora come spia militare a New York. Stalin, nel processo di epurazione dell'Armata Rossa, ordinò il suo arresto nel gennaio 1938 e nello stesso anno fu condannato a morte[24]. Altri due militari ebrei che ottennero fama nella

---

[24] Vladimir Efimovich Gorev (Woldemar Roze) era circondato da agenti ebrei. Uno di loro, Sergei Ginzburg, compare con lo pseudonimo di "Sierra Charriba" nelle cronache della battaglia di Madrid. Le ricerche nel RGASPI (Archivio di Storia Socio-Politica dello Stato Russo) hanno portato alla luce un taccuino di Sergei Ginzburg intitolato *Missione a Madrid*. In esso viene riportata una riunione nei pressi dell'ambasciata sovietica in cui il generale Gorev, accompagnato dalla sua interprete e amante Emma Wolf, convocò una dozzina di personalità internazionali e spagnole per annunciare di averle integrate in un'unità speciale: il Battaglione mobile d'assalto. Wolf tradusse le parole di Gorev in inglese e spagnolo, assicurando che l'entrata in azione del Battaglione avrebbe significato "un nuovo modo di fare la guerra, finora sconosciuto". Solo i membri della nuova unità, tra cui Ginzburg, avrebbero saputo della sua esistenza. Erano soldati selezionati per la loro abilità nel combattimento e per la loro grande resistenza fisica e intellettuale. Ginzburg spiega che il Battaglione mobile d'assalto, con sede a Madrid, avrebbe riferito direttamente a Gorev, cioè all'Intelligence militare, e avrebbe operato ovunque in Spagna, poiché sarebbe stato trasportato via terra o via aerea. Gorev annunciò che le missioni del

battaglia di Madrid furono Semion Moiseyevich Krivoshein, alias "Mele", che comandava i carri armati dell'esercito repubblicano, e Yakov Vladimirovich Smushkevich, che comandava l'aviazione sovietica ed era noto come "Generale Douglas". Anche quest'ultimo fu arrestato nel giugno 1941 e giustiziato nell'ottobre dello stesso anno.

Uno dei comunisti più famosi al mondo durante la difesa di Madrid fu il leggendario generale Emilio Kléber. Si spacciava per un austriaco naturalizzato canadese, ma era un ebreo di origine tedesca di nome Manfred Zalmonovich Stern, sebbene fosse conosciuto anche come Lazar Stern, Manfred Stern e Moishe Stern. Stern/Kléber era stato nel 1929, sotto lo pseudonimo di Mark Zilbert, capo dello spionaggio sovietico a New York, dove coincideva con Gorev. Una campagna di stampa internazionale lo dipingeva come il grande eroe delle brigate internazionali. Krivitsky sostiene che apparteneva allo Stato Maggiore dell'Armata Rossa. Kleber comandava l'11a Brigata Internazionale, che combatté nelle battaglie di Casa de Campo e della Città Universitaria. La propaganda lo catapultò in fama descrivendolo come il "salvatore di Madrid". Tuttavia, Vicente Rojo, in una lettera a Miaja del 26 novembre 1936, denunciò la pubblicità "esagerata" ricevuta da Kléber, la sua popolarità "artificiosa" e le sue "false" capacità di comando. Burnett Bolloten cita alcuni stralci della lettera di Rojo nella sua monumentale opera sulla guerra civile: "È vero che i tuoi uomini combattono bene", diceva, "ma niente di più, e questo è fatto da molti che non sono comandati da Kleber". Rojo accusava Kleber di falsificare la situazione militare nei suoi rapporti, di insubordinazione, di ambizioni politiche, e metteva in guardia Miaja da una "bassa manovra che potrebbe spostarti dalla funzione che tutti i tuoi subordinati ti vedono svolgere con entusiasmo".

La notte di Capodanno del 1936, al posto di comando di Kléber si tenne una cena alla quale egli invitò, tra gli altri: Máté Zalka, noto come Generale Luckacs, un ebreo di origine ungherese che era comandante in capo della 12ª Brigata e che in realtà si chiamava Béla Frankl; il poeta Rafael Alberti; la sua compagna María Teresa León e la sorella di quest'ultima, che alla fine sposò Kléber[25]; il colonnello Gustavo Durán, membro della Generazione del '27; e un ospite speciale, il maggiore Juan Perea Capulino,

---

Battaglione sarebbero state principalmente dietro le linee nemiche, motivo per cui doveva essere letale ed efficace. Sarebbe stato equipaggiato con i mezzi più avanzati e le armi più moderne. I nomi di alcuni dei membri internazionali del Battaglione citati da Ginzburg indicano la loro origine ebraica. Tra questi spiccano Livshits, Ratner ("John "), Lvovich (questi ultimi due erano colonnelli fucilati con Gorev) e altri due ragazzi seduti alla destra del generale, vecchie conoscenze di Ginzburg: Rosencrantz e Guildenstern, che Gorev presentò come "due rivoluzionari che sarebbero stati impegnati in vari compiti legati alla loro comprovata esperienza di agenti internazionali". Ginzburg conclude dicendo che, in ogni caso, "non si fiderebbe di loro".

[25] Questa sorella di María Teresa León era l'enigmatica spagnola che anni dopo si presentò a Mosca con due bambini e affermò di essere la moglie di Manfred Stern/Emilio Kléber.

un ufficiale militare spagnolo che divenne generale. Nella sua opera *Los culpables: recuerdos de la guerra 1936-1939*, Perea racconta che Kleber gli disse che il PCE doveva controllare la direzione della guerra e creare un proprio caudillo, un uomo con una storia politica rivoluzionaria che avesse la fiducia del popolo, che potesse diventare generalissimo degli eserciti della Repubblica. Lei può essere quell'uomo", propose Kléber. So, e glielo dico con il massimo riserbo, che in questi giorni lei sarà promosso generale di divisione e che le sarà affidato il comando di una grande unità in un settore molto importante del fronte di Madrid. Osate. Il Partito Comunista sarà molto contento di vederla entrare nelle sue file. Ci pensi bene. Non mi risponda ora". Maria Teresa Leon, seduta alla destra del soldato spagnolo, gli appuntò le insegne del partito sul petto; tuttavia, Perea rifiutò in seguito l'offerta tra la sorpresa generale.

Gerald Brenan scrive in *The Spanish Labyrinth* che nel gennaio 1937 "la pressione comunista sul governo era grande e per un momento si pensò che un colpo di Stato fosse imminente e che le Brigate Internazionali avrebbero marciato su Valencia". Se così fosse, ci si potrebbe porre un paio di domande: i generali Kleber e Luckacs erano fedeli a Stalin e al PCE o stavano cercando di organizzare un colpo di Stato? Kleber stava cercando di ottenere l'appoggio di Perea e c'erano altri motivi nella sua proposta? Il 4 febbraio 1937 Kleber fu improvvisamente rimosso dal comando dell'11ª Brigata e nell'autunno dello stesso anno fu richiamato a Mosca e scomparve. Krivitsky, che aveva lavorato con lui per anni e conosceva tutta la sua famiglia, collega la sua caduta con l'epurazione dell'Armata Rossa. In seguito emerse che Kleber era stato arrestato e condannato a 15 anni di reclusione con l'accusa di tradimento commesso in Spagna. Morì il 18 febbraio 1954 nel campo di lavoro di Sosnovka.

Il 21 febbraio 1937 si verificò un altro evento che non è stato adeguatamente chiarito: il ritiro dell'ambasciatore Moses Rosenberg, che era stato richiamato a Mosca ed eliminato lo stesso anno nel contesto delle purghe antitrotskiste. A sostituirlo fu un altro ebreo, Leon Yakovlevich Khaikis, che aveva svolto il ruolo di segretario dell'Ambasciata. Era stato uno dei funzionari della Ceca di Pietrogrado nei primi giorni della rivoluzione. Nei primi anni Venti divenne capo della propaganda del Comintern in Europa centrale. Sotto Karl Rádek, lavorò a fianco di Bela Kun. In seguito fu assegnato all'ambasciata sovietica in Messico e da allora diresse le attività della GPU in America centrale e meridionale. Khaikis presentò le sue credenziali ad Azaña il 16 marzo, ma il suo incarico fu di breve durata: nel maggio 1937 fu richiamato a Mosca e fu anche giustiziato nel 1938. Non è chiaro chi abbia preso il suo posto.

Secondo il socialista Luis Araquistáin non ci furono più ambasciatori. Il trotskista Pierre Broué e altri storici cercano di spiegare il licenziamento di Rosenberg sulla base di una presunta denuncia di Largo Caballero sull'ingerenza dell'ambasciatore negli affari spagnoli; ma questa spiegazione non regge se si considera che agli occhi di Mosca il Lenin spagnolo era diventato un ostacolo per i comunisti stalinisti che non volevano la rivoluzione sociale. Difficilmente Stalin avrebbe dato ascolto al rimprovero di Largo Caballero se Rosenberg avesse agito su sua indicazione. Tutti i documenti dimostrano che i consiglieri sovietici, i ministri comunisti e i socialisti Alvarez del Vayo e Negrin stavano cercando di ottenere il controllo del governo. Se gli sforzi di Rosenberg fossero andati nella stessa direzione, non avrebbero dovuto portare al suo licenziamento e alla successiva esecuzione.

Stalin aveva ricevuto rapporti negativi dai suoi agenti sulla condotta dell'ambasciatore Rosenberg, per cui nella lettera del 21 dicembre citata sopra chiese a Largo Caballero una valutazione dei consiglieri sovietici e in particolare la sua opinione su Rosenberg. Nella lettera di risposta, datata 12 gennaio 1937 e pubblicata in *Guerra y Revolución* da Dolores Ibárruri e altri, Largo Caballero scriveva:

"I compagni che sono venuti ad aiutarci su nostra richiesta ci stanno rendendo un grande servizio. La loro notevole esperienza ci è molto utile e contribuisce efficacemente alla difesa della Spagna...... Posso assicurarvi che stanno svolgendo il loro compito con vero entusiasmo e straordinario coraggio. Per quanto riguarda il compagno Rosenberg, posso sinceramente informarvi che siamo soddisfatti del suo comportamento e delle sue attività in mezzo a noi. Tutti noi lo apprezziamo qui. Lavora molto duramente, anzi eccessivamente duramente, perché espone la sua delicata salute...".

Questa risposta dimostrerebbe che non furono le lamentele o i presunti litigi tra Rosenberg e Largo Caballero a consigliare la sostituzione dell'ambasciatore. L'interesse di Stalin per l'atteggiamento della missione diplomatica indicherebbe piuttosto che la sua condotta non era in linea con la direzione non rivoluzionaria disegnata da Mosca. Ne è prova il fatto che il 2 febbraio 1937 l'ambasciatore spagnolo in URSS, Marcelino Pascua, ebbe un incontro al Cremlino con Stalin, Voroshilov e Molotov. Nel bel mezzo del colloquio, Stalin sorprese l'ambasciatore criticando i suoi principali rappresentanti in Spagna. Gli appunti di Marcelino Pascua sull'incontro sono conservati nell'Archivio Storico Nazionale (AHN). Secondo questi documenti, Stalin disse all'ambasciatore che avrebbero mandato qualcuno meno "enfant terrible", qualcuno più "ufficiale". Per quanto riguarda Antonov-Ovseyenko, gli fu fatto capire che sarebbe stato sostituito da "qualcuno meno rivoluzionario".

Krivitsky riconosce che la principale preoccupazione di Mosca alla fine del 1936 era quella di ottenere il controllo della Brigata Internazionale. Quanto al secondo governo di Largo Caballero, lo definisce "una coalizione precaria di partiti politici antagonisti". Krivitsky si recò a Barcellona in novembre e apprese dal suo collega Stashevsky che Stalin aveva già pensato a Negrín per sostituire il Lenin spagnolo. All'inizio di novembre il PCE e l'OGPU sostenevano Largo Caballero; anche se non lo controllavano a piacimento, quindi avevano già pensato a un sostituto fin dall'inizio. La priorità di vincere la battaglia di Madrid mise da parte le numerose divergenze all'interno della coalizione di governo; ma a dicembre la Giunta di Difesa ritirò per decreto tutti i poteri che i comitati avevano potuto mantenere nel decisivo mese di novembre. Il Partito Comunista iniziò a lavorare nei distretti per indurli ad abbandonare le iniziative rivoluzionarie e a sottomettersi all'amministrazione unica della Giunta. Pierre Broué parla di "violenti scontri tra le truppe della CNT e gli uomini del Partito Comunista".

Il 12 dicembre la giunta decise di militarizzare tutte le unità della milizia sotto l'autorità di Miaja e dei comunisti della giunta. In questa data i tram cessarono di essere gratuiti e furono ristabiliti gli affitti. Il 24 fu vietato il porto d'armi nella capitale e la sicurezza fu affidata alle agenzie governative. Il 26 dicembre, l'assessore alle forniture della Giunta, Pablo Yagüe, fu gravemente ferito da miliziani della CNT che cercavano di verificare l'identità degli occupanti del suo veicolo. Questo attacco", scrive Broué, "provocò l'indignazione della stampa comunista, socialista e repubblicana. Il giornale della CNT, che voleva rispondere, fu censurato; ma i colpevoli, arrestati, furono assolti dal tribunale del popolo. La stampa della CNT accusò gli uomini del PC di aver ucciso tre dei loro, per rappresaglia, in un quartiere di Madrid". Per quanto riguarda il POUM, si scatenò un'offensiva contro di esso che comportò la chiusura dei suoi locali, della sua radio e della sua stampa.

Nel gennaio 1937 i comunisti stalinisti stavano già preparando la lotta per il potere nel governo di Largo Caballero, che avrebbe portato agli eventi del maggio 1937 a Barcellona. La rivoluzione era stata fermata e si stava preparando la controrivoluzione, alla quale Largo Caballero faceva da ostacolo. Il Lenin spagnolo aveva proposto nel marzo 1936 la fusione dei partiti socialista e comunista, accolta con entusiasmo da José Díaz, leader dei comunisti. Un passo in questa direzione era stata l'unione, nell'aprile 1936, della Gioventù socialista e della Gioventù comunista, il cui iniziatore era Álvarez del Vayo. Questa fusione fu fatta in fretta, senza un precedente congresso, e i grandi vincitori furono i comunisti. Largo Caballero deve aver pensato che i tremila giovani comunisti si sarebbero diluiti tra i cinquantamila socialisti, ma accadde esattamente il contrario, perché dopo lo scoppio della guerra, Santiago Carrillo, il segretario generale della JSU, che Largo chiamava Santiaguito, passò al Partito Comunista insieme ad altri dirigenti della Federazione della Gioventù Socialista. In questo modo la JSU divenne una delle forze trainanti del dominio del PCE.

Invece del Congresso di unificazione nazionale, Carrillo convocò nel gennaio 1937 una Conferenza nazionale dominata dai suoi delegati, che riuscirono a creare un Comitato nazionale pieno di comunisti. Solo allora Largo Caballero si rese conto del suo errore. Jesús Hernández (Istruzione

Pubblica e Belle Arti) e Vicente Uribe (Agricoltura), i ministri comunisti del governo, detenevano portafogli di scarso peso politico per poter dominare l'esecutivo. La collaborazione di due socialisti, Álvarez del Vayo (Esteri) e Negrín (Finanze), fu quindi decisiva. Il primo, che passò per il braccio destro del primo ministro, si dimostrò un comunista convinto, sostenitore dell'URSS e della sua politica internazionale. Le azioni del secondo sono già state discusse.

I quattro ministri anarchici, rappresentanti teorici dell'avanguardia rivoluzionaria, erano un'altra cosa. Mentre in Russia gli anarchici erano un piccolo gruppo che poteva essere eliminato senza difficoltà da Trotsky e Lenin, in Spagna costituivano gli elementi più militanti del proletariato ed erano indispensabili per il consolidamento della rivoluzione. Trotsky aveva capito che in linea di principio era necessario contare sulle masse anarchiche per prendere il potere. In un articolo del 1931 intitolato *La rivoluzione spagnola e la tattica comunista* aveva scritto a proposito della CNT: "Rafforzare questa confederazione e trasformarla in una vera organizzazione di massa è un dovere per ogni lavoratore avanzato e, soprattutto, per i comunisti". Trotsky prevedeva quindi una lotta su due fronti all'interno del movimento operaio: contro il "cretinismo parlamentare" dei socialisti e contro il "cretinismo antiparlamentare" degli anarchici. A causa del suo disprezzo per l'anarcosindacalismo come dottrina e come metodo rivoluzionario, non vedeva altra soluzione che quella di strappare le masse all'influenza degli anarchici e dei socialisti: "Gli anarcosindacalisti", disse Trotsky, "possono essere alla testa della rivoluzione solo se rinunciano ai loro pregiudizi anarchici. È nostro dovere aiutarli in questo senso. Si deve presumere che alcuni dei leader sindacalisti passeranno ai socialisti o rimarranno ai margini della rivoluzione. I veri rivoluzionari saranno con noi; le masse andranno con i comunisti, così come la maggioranza dei lavoratori socialisti". Cinque anni dopo la pubblicazione dell'articolo, Trotsky poteva contare in Spagna solo sul partito di Andreu Nin, il POUM, e gli anarchici rimanevano l'unica carta possibile da giocare per opporsi al comunismo di Stalin.

La situazione di Largo Caballero come primo ministro era in un certo senso simile, poiché solo appoggiandosi agli anarchici poteva sopravvivere all'offensiva di coloro che non volevano una rivoluzione sociale. La sua situazione divenne insostenibile quando anche il settore di Indalecio Prieto si avvicinò ai comunisti. Mentre nel 1936 Largo aveva sostenuto l'unione con i comunisti e Indalecio Prieto l'aveva respinta, all'inizio del 1937 i ruoli si erano invertiti: ora era Prieto a chiedere una fusione immediata e Largo Caballero a opporsi. Socialisti e comunisti erano d'accordo nel porre fine alla rivoluzione, nel porre fine alle collettivizzazioni, nel ripristinare lo Stato e nel formare un esercito regolare che potesse vincere la guerra. Nel gennaio 1937 Santiago Carrillo propose a Valencia di combattere contro tre nemici: Franco, i trotzkisti e gli estremisti incontrollati. La caduta di Malaga l'8 febbraio, dove prevalsero la mancanza di disciplina, le lotte tra fazioni e il caos, portò all'inizio della campagna pubblica contro il Primo Ministro e alla ripresa delle ostilità tra il PCE e la CNT, che si accusavano a vicenda di aver causato la sconfitta. I comunisti sfruttarono al massimo il disastro di Malaga.

Le lotte tra comunisti e anarchici erano un dato di fatto. Largo Caballero si accorse, durante il mese di marzo, che uomini di sua fiducia, tra cui Álvarez del Vayo, il ministro degli Esteri, lo stavano tradendo. Ne informò Azaña. Il Presidente della Repubblica autorizzò il licenziamento del ministro; tuttavia il Primo Ministro, consapevole della sua debolezza e del fatto che il licenziamento di Álvarez del Vayo avrebbe portato a una crisi di governo, optò per il suo mantenimento. Tuttavia, il 14 aprile Largo passò all'offensiva e firmò un ordine esecutivo che limitava i poteri del Commissariato di Guerra, un organo vitale di cui avrebbe deciso personalmente le nomine.

D'altra parte, nelle checas di Madrid, in un circolo vizioso di azione e reazione, avevano cominciato ad assassinarsi a vicenda. Melchor Rodríguez, l'"angelo rosso", accusò il comunista José Cazorla, consigliere della Giunta per l'Ordine Pubblico, di aver permesso ai comunisti di interrogare, torturare e uccidere i militanti della CNT nelle prigioni private. Gli anarchici accusarono Cazorla di essere "un provocatore al servizio del fascismo" e ne chiesero il licenziamento. Lo scandalo crebbe e Largo Caballero approfittò della situazione per procedere, il 23 aprile, allo scioglimento della Giunta di Madrid, che sarebbe stata sostituita da un Consiglio Comunale. Questa fu la sua definitiva dichiarazione di guerra al PCE, poiché numerosi commissari cessarono le loro funzioni.

Largo Caballero cercò quindi di prendere l'iniziativa per riprendere il controllo della situazione. Essendo ancora ministro della Guerra, propose un attacco in direzione dell'Estremadura per dividere nuovamente la zona di Franco: il piano prevedeva di tagliare le comunicazioni dei ribelli con il sud e alleggerire così la situazione sul fronte settentrionale. Sia Miaja che i consiglieri russi si opposero sostenendo che Madrid non poteva essere tagliata fuori. Quando a Miaja fu ordinato di inviare parte delle truppe da Madrid al settore dell'Estremadura, i comunisti gli chiesero di rifiutare. Di fronte a questa indisciplina, il Ministro della Guerra adottò un atteggiamento di forza e costrinse Miaja a eseguire gli ordini.

Allo stesso tempo, in Catalogna, il POUM, che nel dicembre 1936 era stato espulso dal governo della Generalitat su pressione degli stalinisti del PSUC, si orientava chiaramente a favore di una politica rivoluzionaria. Attraverso il suo giornale *La Batalla* denunciò l'arretramento della rivoluzione e le "macchinazioni controrivoluzionarie del PC e del PSUC". Il 21 marzo Andreu Nin tenne a Barcellona un discorso che fu riprodotto il giorno successivo su *La Batalla*. Secondo l'oratore, il processo controrivoluzionario è dovuto al "ruolo politico svolto dal riformismo all'interno della rivoluzione, sostenuto da quell'organizzazione internazionale che ha il cinismo di definirsi comunista". Nin si appellò ai dirigenti della CNT e concluse dicendo che per la vittoria era necessario "un'unica bandiera, la bandiera rossa della rivoluzione proletaria. Un unico governo, il governo degli operai e dei contadini, il governo della classe operaia".

I giovani del POUM, la JCI (Gioventù Comunista Iberica), erano favorevoli allo scioglimento del Parlamento e a un'assemblea costituente eletta sulla base di comitati di fabbrica e assemblee di contadini e combattenti. La CNT aveva anche una corrente di opposizione rivoluzionaria che non accettava la militarizzazione delle milizie. Si chiamavano "gli amici di Durruti" e pubblicavano il giornale *El amigo del pueblo*. La loro posizione coincideva con quella del POUM e della JCI. Andreu Nin e i dirigenti del partito cercarono di avvicinarsi alla direzione e ai militanti della CNT per organizzare la difesa del movimento operaio e delle conquiste della rivoluzione. La sua proposta, illustrata in un altro discorso del 25 aprile, era la formazione di un fronte unito rivoluzionario. A tal fine, chiese che "l'istinto rivoluzionario della CNT si trasformasse in coscienza rivoluzionaria e l'eroismo delle sue masse in una politica coerente".

Queste erano infatti le aspirazioni di Trotsky, che dal Messico, non sospettando che gli agenti di Stalin lo avessero nel mirino, pontificava sulla stessa linea con una verbosità vuota, lontana dalla realtà come le proposte dell'amico spagnolo. Trotsky aveva criticato l'ingresso degli anarchici nel governo del Fronte Popolare e quello di Nin come ministro della Giustizia nel governo della Generalitat. Ancora una volta, "il vecchio" predicava una guerra civile nella guerra civile. In un articolo sotto lo pseudonimo di Crux, scritto nell'aprile del 1937 e pubblicato in ritardo su *La Lutte Ouvriére*, la sua ricetta era la seguente:

> "È necessario mobilitare le masse in modo aperto e coraggioso contro il governo del Fronte Popolare. Il tradimento di questi signori che si spacciano per anarchici mentre in realtà non sono altro che liberali deve essere esposto ai lavoratori sindacalisti e anarchici. Stalin deve essere denunciato come il peggior agente della borghesia. Dobbiamo sentirci i leader delle masse rivoluzionarie e non i consiglieri del governo borghese".

La sfacciataggine e il cinismo di Trotsky, essendo egli stesso il principale agente del capitalismo ebraico internazionale, gli permisero di scrivere nello stesso articolo:

> "... La vittoria dell'esercito repubblicano del capitale sull'esercito fascista significherà necessariamente l'esplosione di una guerra civile all'interno del campo repubblicano. In questa nuova guerra civile, il proletariato non potrà vincere se alla sua testa non ci sarà un partito

rivoluzionario che sia riuscito a conquistare la fiducia della maggioranza degli operai e dei contadini semiproletari".

Mentre il compiaciuto guru del proletariato internazionale dogmatizzava a distanza, comodamente seduto nella sua residenza messicana, gli spagnoli continuavano a lottare ferocemente gli uni contro gli altri. Le sue proposte e le critiche di Nin al PCE e a Stalin, tuttavia, non passarono inosservate.

Guerra civile da parte repubblicana e rovesciamento di Largo Caballero

La Catalogna, dove la rivoluzione aveva raggiunto il suo punto più alto, era ancora il bastione in cui permanevano le strutture rivoluzionarie e i lavoratori armati erano riluttanti a rinunciare alla loro parte di potere. Il 3 aprile Companys formò un Consell de Govern (Consiglio di Governo Provvisorio) presieduto da Josep Tarradellas, che era anche Conseller en Cap (Ministro delle Finanze e dell'Istruzione). Artemi Aiguader (ERC), Joan Comorera (PSUC), Josep Calvet (Unió de Rabassaires), Francisco Isgleas (CNT) e Joan J. Domènech (CNT) completarono il governo. Il 7 aprile PSUC e UGT presentarono un "Piano di Vittoria " per la Catalogna che si scontrava con gli obiettivi rivoluzionari della CNT e concentrava tutte le armi, la sicurezza e il potere nelle mani del governo. Il 16 aprile Companys aumentò il numero dei membri del Consell de Govern a dieci, senza alterare l'equilibrio delle forze politiche.

Il 17 aprile, i carabinieri inviati da Negrín si presentarono a Puigcerdà e Figueras con l'intenzione di prendere il controllo degli uffici doganali, che erano nelle mani dei miliziani della CNT dal luglio 1936. Di fronte al loro rifiuto di ritirarsi, la situazione divenne tesa e si raggiunse una situazione di stallo, per cui il Comitato Regionale della CNT cercò di negoziare. Il 24 aprile, il Commissario per l'Ordine Pubblico, Eusebio Rodríguez Salas, alias "el manco", ex militante anarchico e poumista passato al PSUC, subì un attentato dal quale uscì illeso. Il 25, Roldán Cortada, dirigente dell'UGT e membro del PSUC, fu assassinato a Molins de Rey. Il PSUC organizzò un funerale di massa che si trasformò in una protesta contro il POUM e la CNT: per tre ore i comunisti stalinisti catalani sfilarono con le armi in spalla. I leader del POUM accusarono i comunisti catalani di aver organizzato una "manifestazione controrivoluzionaria".

Il giorno successivo la Generalitat inviò la polizia a Molins de Rey. I leader anarchici locali, accusati di aver partecipato all'assassinio, furono arrestati. In questo clima scoppiò infine la scintilla a Bellver de Cerdanya (Lérida), dove i carabineros si scontrarono con i militanti anarchici. Antonio Martín, alias "el cojo de Málaga", cadde nella battaglia insieme ad altri sette miliziani. Martín, presidente del Comitato rivoluzionario di Puigcerdà e principale promotore della collettivizzazione nella regione, era un ex contrabbandiere che era diventato capo dei doganieri nel luglio 1936. Di fronte alla voce che il Ministero degli Interni avrebbe ordinato il disarmo di tutti i gruppi di lavoratori, il 29 aprile gruppi della CNT-FAI armati di fucili e bombe a mano apparvero nelle strade di Barcellona. Temendo lo scoppio di un conflitto, la Generalitat annullò le celebrazioni del Primo Maggio. Sia *La Batalla* che *Solidaridad Obrera,* il giornale della CNT, invitano i lavoratori a non lasciarsi disarmare e a vegliare "con le armi in mano".

Il 1° maggio si tenne a Valencia una riunione congiunta della CNT e dell'UGT. Largo Caballero si rese finalmente conto di essere stato lasciato solo, per cui i suoi più convinti sostenitori cercarono comunque di fare appello all'unità dei due sindacati. Carlos Baráibar, uno dei fondatori di *Claridad* insieme a Luis Araquistáin, criticò velatamente il PCE e l'URSS ed esaltò l'azione comune di un utopico "governo sindacale". Largo Caballero, che a causa della sua collaborazione con Primo de Rivera non fu mai ben visto dalle masse libertarie, sapeva che gli anarcosindacalisti non potevano accettare un esercito regolare senza violare i loro principi antiautoritari, quindi, per conquistarli e cercare la riconciliazione, non aveva proceduto a una completa militarizzazione delle sue milizie, nonostante fosse una delle richieste costanti dei comunisti.

La situazione era esplosiva e l'esplosione avvenne il 3 maggio. Intorno alle tre del pomeriggio, tre camion con guardie d'assalto della Polizia dell'Ordine Pubblico sotto il comando di Eusebio Rodríguez Salas, un membro del PSUC che ricopriva la carica di Commissario dell'Ordine Pubblico della Generalitat, arrivarono all'edificio di Telefónica con un ordine di sequestro firmato da Artemi Aiguader, membro del CER e consigliere per la Sicurezza Interna. Telefónica apparteneva al trust americano "American Telegraph and Telephon". La centrale, che secondo un decreto del governo catalano sulle collettivizzazioni era nelle mani della CNT-FAI dall'inizio della guerra, esemplificava perfettamente la dualità dei poteri. Tutte le comunicazioni furono ascoltate dagli anarchici, che scoprirono tutto ciò che li interessava. Azaña e Companys non potevano parlare liberamente, poiché le loro conversazioni venivano talvolta interrotte dal Comitato di Controllo della CNT. Arthur Koestler, corrispondente del quotidiano *londinese News Chronicle*[26], rivela che Luis Araquistáin, ambasciatore a Parigi, e Álvarez del Vayo comunicavano attraverso le loro

---

[26] Arthur Koestler, il cui *La tredicesima tribù* ha occupato un posto importante in questo lavoro, lavorò a Parigi negli uffici del Comintern di Willi Münzenberg, il grande propagandista del Partito Comunista di Germania, e fu inviato in Spagna come spia. Il suo lavoro di giornalista gli fornì una copertura. A Parigi Koestler fu l'assistente di Otto Katz, alias André Simone, il comunista ebreo di origine ceca che era stato nominato da Alvarez del Vayo direttore dell'Agenzia Española, l'ufficio di propaganda estera della Repubblica. Sia Katz che Koestler ricevettero istruzioni da Münzenberg.

mogli, due sorelle ebree di origine tedesca che parlavano yiddish, in modo che nessuno potesse capirli.

Una volta entrati, le guardie disarmarono i miliziani al piano terra, ma gli operai ai piani superiori bloccarono loro la strada a colpi di mitragliatrice. Poiché la CNT faceva parte del governo della Generalitat, Rodríguez Salas chiese aiuto e due dirigenti anarchici delle pattuglie di controllo del Commissariato Generale per l'Ordine Pubblico della Generalitat, Dionisio Eroles e José Asens, si presentarono immediatamente. Eroles aveva diretto le azioni delle pattuglie di controllo del Comitato Centrale delle Milizie Antifasciste dopo il colpo di Stato ed era responsabile dell'assassinio di migliaia di persone. Il 22 ottobre 1936 era stato uno dei firmatari del patto di unità d'azione tra CNT, UGT, FAI e PSUC, per cui da quel momento fu il capo servizio del Commissariato Generale della Generalitat. Secondo l'edizione del 4 maggio di *Solidaridad Obrera*, Eroles e Asens "intervennero tempestivamente affinché i nostri compagni, che si erano opposti all'azione delle guardie all'interno dell'edificio, rinunciassero al loro giusto atteggiamento". Altre fonti affermano che hanno convinto le Guardie d'assalto a lasciare l'edificio assediato.

Venuti a conoscenza dell'aggressione, i consiglieri della CNT Isgleas, Capdevila e Fernández chiesero il licenziamento di Rodríguez Salas e Aiguader, ma la loro richiesta non fu accolta, poiché gli altri partiti e il presidente Companys si opposero. Ciò portò allo sciopero generale e all'interruzione delle ostilità. Migliaia di persone si erano radunate in Plaça de Catalunya e gli eventi della Telefónica furono immediatamente conosciuti in tutta la città. Il POUM, gli Amici di Durruti, la Gioventù Libertaria e altre organizzazioni presero le armi e iniziarono a costruire centinaia di barricate. George Orwell, che fu testimone degli eventi, descrive in *Omaggio alla Catalogna* come furono erette le barricate:

> "La costruzione di quelle barricate era uno spettacolo strano e meraviglioso. Con quell'energia appassionata che gli spagnoli dimostrano quando decidono di intraprendere un'impresa a fin di bene, lunghe file di uomini, donne e bambini piccoli tiravano su i sampietrini, li spostavano con una carriola che avevano trovato da qualche parte e barcollavano da un posto all'altro sotto pesanti sacchi di sabbia".

Al calar della notte, fabbriche, officine, magazzini e altri stabilimenti avevano cessato la loro attività. Barcellona era in armi e la guerra era scoppiata. Gli anarcosindacalisti dominarono la situazione nei quartieri popolari che circondavano la città: nei sobborghi di Sarrià, Hostafrancs, Sans e Barceloneta molte guardie si arresero o si chiusero impotenti nelle loro caserme. Nella zona commerciale e nel Barrio Gotico le forze erano più equilibrate. Il presidente Azaña, che abitava vicino al Parlamento catalano, alle 20.00, spaventato dagli spari intermittenti che si sentivano nei dintorni, ordinò al suo segretario Cándido Bolívar di chiedere a Largo Caballero rinforzi per la sua guardia personale. Poco dopo, fu lo stesso Aiguader a chiedere al Ministro degli Interni Galarza di inviare urgentemente 1.500 uomini per sedare la ribellione. Su ordine di Companys, Tarradellas si recò alle 23.00 da Azaña per scusarsi. Impiegò un'ora e mezza per compiere un viaggio che avrebbe potuto essere fatto in pochi minuti. Lo racconta lo stesso Azaña nelle sue memorie:

> "Lo costrinsero a scendere dall'auto in tutte le barricate... e a parlare a lungo, umiliandolo. Quando volle iniziare a parlare di scuse, sottolineando che si vergognava come catalano, lo fermai ripetendo le osservazioni già fatte a Bolívar per il presidente del Consiglio: 'Non c'è spazio per le scuse, ma per controllare l'ammutinamento; e per quanto mi riguarda, per garantire la mia sicurezza e libertà di movimento'".

I comitati regionali della CNT, della FAI, della Gioventù Libertaria e il Comitato esecutivo del POUM si riunirono durante la notte e i poumisti cercarono di convincere gli anarchici che era giunto il momento di allearsi contro i comunisti e il governo. Diverse fonti riportano i testi di ciò che fu detto in quella storica notte. Bolloten riproduce le parole del poumista Julián Gorkín: "Né voi, né noi abbiamo gettato le masse di Barcellona in questo movimento. È stata una risposta spontanea a una provocazione stalinista. Questo è il momento decisivo per la rivoluzione. O prendiamo la guida del movimento per distruggere il nemico interno o il movimento fallirà e questo sarà la nostra distruzione. La scelta deve essere fatta: rivoluzione o controrivoluzione". I leader della CNT e della FAI rifiutarono e proposero di lavorare per calmare le acque. Sembra che la loro richiesta principale fosse il licenziamento del commissario che aveva causato la provocazione.

Il giorno successivo, martedì 4 maggio, Aiguader chiese nuovamente a Galarza di inviare 1.500 guardie d'assalto, ma Largo Caballero, che stava combattendo una battaglia politica contro i comunisti, non voleva inimicarsi la CNT e la FAI e dare più potere ai suoi avversari in Catalogna. Il Ministro degli Interni rispose ad Aiguader che il Presidente del Governo avrebbe aspettato fino al pomeriggio, nella speranza che la Generalitat potesse controllare la situazione con le proprie forze. Nel frattempo, appoggiati dal POUM, dalla Gioventù Libertaria e dagli Amici di Durruti, gli operai, armati di mitragliatrici e fucili, presero il controllo della città. Attaccarono le caserme della Guardia de Asalto e gli edifici governativi. Un volantino scritto dall'ebreo tedesco Hans David Freund fu distribuito sulle barricate. All'inizio della guerra, Freund era entrato in Spagna per partecipare alla costruzione del movimento trotskista. A tal fine era arrivato a Madrid in agosto, dove aveva contribuito alle trasmissioni radiofoniche in lingua tedesca del POUM. Dalla fine del 1936 lavorava su a Barcellona con gli Amici di Durruti sotto lo pseudonimo di "Moulin". Ha avuto un ruolo di primo piano nell'insurrezione ed è stato arrestato all'inizio di agosto e, come Andreu Nin e altri trotskisti, è scomparso.

Il contrattacco dei comunisti e delle forze governative non tardò ad arrivare e Barcellona sprofondò in una guerra civile nella guerra civile. Companys si rivolse alla popolazione via radio invitando alla calma, ma senza successo. Nel frattempo, Largo Caballero aveva convocato i ministri della CNT del suo governo a Valencia, dove disse loro che temeva che i comunisti avrebbero sfruttato la lotta per rovesciarlo. Confessò loro che non poteva inviare le forze richieste da Aiguader. Questo non poteva essere fatto dal governo", disse, "perché avrebbe significato consegnare forze che avrebbero operato al servizio di colui che forse aveva provocato il conflitto. Prima di accettare, il governo dovrebbe procedere al sequestro dei servizi di ordine pubblico, come la Costituzione lo autorizza a fare". Largo Caballero propose che i rappresentanti del Comitato nazionale della CNT e del Comitato esecutivo dell'UGT si recassero a Barcellona per cercare di fermare le ostilità. Alle undici del mattino si tenne a Valencia una riunione del Consiglio dei Ministri. Sostenuti da Indalecio Prieto e dai ministri repubblicani di sinistra, i comunisti fecero pressione sul Presidente del Governo affinché inviasse rinforzi e assumesse il controllo dell'ordine pubblico e degli affari militari nella regione. Di fronte alla minaccia di una crisi di governo, Largo Caballero promise di prendere queste misure se la situazione non fosse migliorata entro il pomeriggio.

García Oliver e Federica Montseny, i ministri anarchici che avevano sostenuto la posizione del presidente durante la riunione del governo, arrivarono in aereo a Barcellona alle 17.00 in compagnia dell'ugetista Hernández Zancajo, amico personale di Largo Caballero. Tutti loro lessero alla radio un appello ai loro seguaci a deporre le armi e a tornare al lavoro, ma queste istruzioni indignarono molti libertari, che si sentirono traditi dai loro leader. Più o meno contemporaneamente all'arrivo dei leader cenetisti, il POUM si dichiarò pubblicamente a favore della resistenza. Nel frattempo, unità della 26ª Divisione anarchica, l'ex Colonna Durruti, si riunirono a Barbastro sotto il comando di Gregorio Jover con l'intenzione di marciare su Barcellona.

Alle nove e mezza di quella sera Prieto comunicò con Azaña che i cacciatorpediniere *Lepanto* e *Sánchez Barcaiztegui,* che dovevano evacuare il Presidente della Repubblica, erano partiti da Cartagena alle due del pomeriggio e che cinque compagnie dell'aviazione sarebbero arrivate a Valencia alle tre del mattino dirette a Barcellona. Il libero accesso al porto da parte del Parlamento era la principale preoccupazione di Azaña. Burnett Bolloten riporta la testimonianza di Constancia de la Mora, moglie del capo della Forza Aerea, Hidalgo de Cisneros. Secondo la donna, fin dall'inizio del conflitto Azaña aveva chiesto al governo con "insistenza isterica" di prendere misure per la sua protezione personale, ma solo Prieto ascoltò le sue suppliche. In seguito Azaña si lamentò nei suoi scritti che il presidente Largo Caballero non aveva nemmeno provato a parlargli.

Mentre Prieto cercava di rassicurare Azaña, emissari di Valencia si incontrarono con il governo catalano sotto la presidenza del presidente della Generalitat. Per sostituire Aiguader e Rodríguez Salas, si decise di formare un Consell de Govern provvisorio con quattro rappresentanti: Esquerra, CNT, UGT e Unió de Rabassaires; ma quando la CNT propose di costituire immediatamente il nuovo governo, i comunisti sostennero che "prima doveva cessare completamente l'incendio nelle strade". Esquerra e i Rabassaires appoggiarono i comunisti, così alle 2 del mattino di mercoledì 5 si decise di parlare di nuovo via radio. Fu invano, perché per tutte le prime ore del mattino gli scontri nelle strade continuarono ferocemente.

La mattina presto del 5 maggio, i leader della CNT raddoppiarono gli sforzi per controllare i loro sostenitori. Il leader anarchico Diego Abad de Santillán ricordò in seguito di aver sentito i compagni libertari piangere al telefono quando gli fu ordinato di non sparare mentre venivano mitragliati. Così, nonostante questi tentativi, le battaglie infuriarono ovunque. I quartieri proletari erano tutti a favore della rivolta e sotto il controllo degli operai, che continuavano a occupare le barricate. Nella città vecchia, dove si concentravano le forze governative, gli scontri erano particolarmente intensi: le strade strette e tortuose favorivano i combattimenti sulle barricate. In tutta la città si sentivano colpi di mitragliatrice e di fucile e coloro che rischiavano di uscire dai loro rifugi venivano abbattuti per strada. In Plaça de Catalunya, nelle strade adiacenti e intorno alla Generalitat ci sono stati numerosi morti e feriti. *Solidaridad Obrera* denunciò il giorno seguente l'esistenza di "agenti provocatori, i cosiddetti cecchini 'pacos', che dai tetti delle case erano impegnati a sparare con le armi in loro possesso per dare l'allarme nei quartieri dove era tutto tranquillo". I leader della CNT, consapevoli che Largo Caballero non avrebbe resistito a lungo alle pressioni dei suoi avversari, tornarono alla Generalitat e insistettero affinché il nuovo governo fosse formato senza perdere tempo. La radio trasmise gli accordi tra la CNT e la Generalitat, chiedendo il ritiro simultaneo della polizia e dei civili armati, ma la verità era che i comunisti continuavano a ritardare la costituzione del nuovo Consell de Govern. Mentre si riunivano, arrivò la notizia che il governo di Valencia aveva deciso di sequestrare i servizi di ordine pubblico e di difesa.

Mentre i negoziati proseguivano nel palazzo della Generalitat, Azaña espresse a Indalecio Prieto, in una comunicazione telegrafica, la sua sfiducia nei confronti del suo salvataggio, poiché non vedeva come il comandante *della Lepanto* potesse presentarsi a lui quando le comunicazioni con il porto erano interrotte. In *The Spanish Civil War: Revolution and Counterrevolution*, Bolloten riproduce la lunga conversazione. Ecco un estratto delle parole di Azaña:

"Che io mi trasferisca a Valencia è un'ottima idea, ma assolutamente irrealistica, e questa è una delle caratteristiche più gravi della situazione, perché è impossibile varcare i cancelli del parco della mia residenza, intorno al quale vengono sparate mitragliatrici, fucili e bombe. A questo proposito, devo dirvi che il problema è duplice. Una è l'insurrezione anarchica, con tutte le gravi conseguenze e i deplorevoli effetti che non è necessario che vi indichi. L'altro è la mancanza di libertà in cui si trova il Capo dello Stato, non solo per muoversi liberamente, ma anche per esercitare la sua funzione. Il primo sarebbe già grave e richiederebbe decisioni urgenti ed energiche. Il secondo è ancora più grave e potrebbe avere conseguenze incalcolabili. Da lunedì pomeriggio, ho atteso ciò che potevo ragionevolmente aspettarmi, fino a quando il Governo non avesse raccolto un numero sufficiente di elementi repressivi per controllare la situazione e liberare il Presidente della Repubblica dal suo sequestro.... Tutte queste considerazioni mi inducono a farle sapere che non posso più sopportare il ritardo dell'intervento decisivo del Governo in uno dei due aspetti del problema, e poiché il Presidente della Repubblica non può sedare l'insurrezione con i sessanta soldati male armati della sua guardia, dovrà occuparsi personalmente di risolvere l'altro aspetto della questione. Lei ha sufficiente perspicacia e sensibilità politica per capire che né il mio decoro personale, né la dignità della mia funzione, né lo scandalo che si sta verificando in tutto il mondo permettono al capo dello Stato di rimanere nella situazione in cui si trova...".

Ha poi minacciato di informare il presidente delle Cortes, Martínez Barrio, che gli sarebbe succeduto nella carica in caso di dimissioni. L'insinuazione non passò inosservata a Prieto che, dopo aver deplorato la situazione, chiese ancora qualche ora di calma. Prieto fu informato da Largo Caballero che non c'era spazio per ulteriori ritardi, perché avrebbero comportato una gravissima responsabilità, e propose quindi di pubblicare in un numero straordinario della *Gaceta* i decreti che avrebbero permesso ai ministri della Guerra e degli Interni di prendere le misure per ristabilire l'ordine. Prieto si affrettò a ricontattare Azaña, il quale gli ricordò che le circostanze potevano costringerlo a prendere decisioni irreparabili: "solo un'azione rapida e schiacciante del Governo può impedirle". Bolloten, citando le informazioni fornite da Hidalgo de Cisneros in Messico nel 1940, scrive che Prieto aveva assistito alla pusillanimità del Presidente Azaña in diverse occasioni. Ecco le parole di Burnett Bolloten: "Nel 1936, mentre il Presidente esortava il Governo a lasciare Madrid in considerazione del crescente pericolo in cui si trovava la capitale, chiese a Prieto: "Il Governo vuole che i fascisti mi prendano qui?" Irritato dalla fretta di Azaña e dalla sua preoccupazione per l'incolumità personale, Prieto osservò al capo dell'Aviazione, Hidalgo de Cisneros: "Quel frocio codardo si sta comportando come una puttana isterica". Per giustificare l'uso di termini così duri, lo storico britannico aggiunge: "Conosciuto come uno dei più eloquenti oratori della Repubblica, Prieto aveva anche la reputazione di usare un linguaggio scurrile nelle sue conversazioni private". La verità è che Azaña temeva di essere assassinato a Barcellona, poiché sapeva che gli anarcosindacalisti non avevano dimenticato il massacro di Casas Viejas del gennaio 1933.

Gli scontri si estendono ad altre città catalane. La Guardia de Asalto procedette allo sgombero delle sedi di Telefónica a Tarragona, Tortosa e Vich. Più di trenta anarchici morirono a Tarragona e altri trenta furono uccisi a Tortosa. Elementi dell'ex Colonna Durruti, affiancati da miliziani della 29ª Divisione del POUM, si fermarono a Binéfar, a quaranta chilometri da Lérida, dove i delegati del Comitato regionale della CNT cercarono di convincere Gregorio Jover a non continuare la marcia, cosa che riuscirono a fare nonostante le notizie provenienti da Barcellona di un attacco di elementi del PSUC all'auto di Federica Montseny, che era stata colpita da una barricata.

Infine, a Barcellona si forma il nuovo Consell Provisional. Il consigliere del PSUC-UGT, Antonio Sesé, segretario dell'UGT catalana, il cui ingresso nel governo della Generalitat era stato appena annunciato alla radio, fu ucciso con un colpo di pistola in via Caspe, di fronte al Sindacato dello Spettacolo Pubblico della CNT, mentre si recava con un'auto ufficiale a prendere servizio. I comunisti accusarono dell'assassinio "provocatori trotzkisti al servizio del fascismo". Un'ora dopo, Domingo Ascaso, fratello di Francisco, uno dei leader dell'anarchismo spagnolo insieme a Durruti e García Oliver, fu ucciso in combattimento. Gli scontri si intensificarono e le forze comuniste attaccarono violentemente la stazione di Francia, difesa dai ferrovieri della CNT. Gli Amici di Durruti si rifiutarono di obbedire ai dirigenti della CNT-FAI e scelsero di continuare la lotta. In serata il filosofo anarchico Camillo Berneri e il suo compagno Francesco Barbieri furono trovati assassinati sulle Ramblas. Quindici uomini con la fascia dell'UGT, guidati da uno squadrista in abiti civili, li avevano prelevati dalla loro casa intorno alle 18. Erano stati portati via dall'UGT. Alla fine della giornata Companys e Largo Caballero si parlarono per telefono e il primo accettò di cedere l'Ordine Pubblico al governo di Madrid, così le forze del fronte di Jarama furono inviate a Barcellona. Le unità da guerra inviate da Prieto, il Ministro della Marina, erano già posizionate davanti al porto di Barcellona, dove anche le navi da guerra francesi e britanniche erano pronte a prendere posizione.

Giovedì 6 maggio, la CNT era pronta per un accordo: entrambe le parti dovevano abbandonare le barricate e rilasciare gli ostaggi. Companys proclamò che non c'erano "né vincitori né vinti". La popolazione iniziò a scendere in strada per cercare di rifornirsi di provviste o con l'intenzione di riprendere le faccende quotidiane; ma gli spari non cessarono e non ci fu modo per i belligeranti di abbandonare contemporaneamente le loro trincee. Al mattino, durante una pausa dei combattimenti, il comandante *della Lepanto* si presentò in Parlamento accompagnato da un gruppo di marinai; ma Azaña ritenne che sarebbe stato avventato tentare di lasciare l'edificio.

Lo stesso Azaña scrisse in seguito: "Prieto continuava a esortarmi a uscire nel porto, approfittando di dieci minuti di calma". Zugazagoitia, che era al fianco di Prieto mentre cercava di convincere il Presidente Azaña, raccontò anni dopo: "Sul volto di Prieto c'era un lieve sorriso scettico". Alla fine il Presidente della Repubblica decise di partire, ma quando stavano per lasciare l'edificio del Parlamento gli scontri, spiega Azaña, "divamparono più violenti che mai". Questo lo costrinse a rimandare la partenza per Valencia al giorno successivo.

Nel pomeriggio ripresero i combattimenti e un pezzo di artiglieria da 75 mm., manovrato dai giovani libertari, fece diversi morti aprendo il fuoco su un cinema occupato dalle guardie repubblicane. Infine, nella Casa della CNT-FAI, a metà pomeriggio giunse la notizia dell'arrivo a Tortosa di millecinquecento Guardie d'Assalto, che spinse i dirigenti anarchici a lavorare tutta la notte per organizzare la tregua. Ai compagni fu ordinato di essere pronti a ritirarsi alle sei del mattino di venerdì 7 maggio. Esausti e ritenendo inutile continuare a combattere contro la volontà dei loro capi, gli uomini lasciarono le barricate nelle prime ore del mattino e scomparvero nell'oscurità. All'alba i comitati locali della CNT e dell'UGT lanciano il seguente appello. "Mettiamoci al lavoro, compagni!

Nel frattempo, Sebastián Pozas, il generale della Guardia Civil che si era unito al PCE, prese possesso della Capitaneria Generale e gli fu affidato il comando delle truppe in Catalogna. Contemporaneamente, una carovana di 120 camion trasportava 5.000 uomini inviati da Madrid, che entrarono a Barcellona il 7 maggio. Al comando della spedizione c'era il tenente colonnello Emilio Torres Iglesias, ex leader della colonna anarchica *Tierra y Libertad*, arrivato in aereo. Sembra che la stessa CNT avesse chiesto che la forza fosse comandata da questo vecchio amico, per facilitare le cose ed evitare rappresaglie. Tuttavia, il passaggio della spedizione attraverso le città della Catalogna provocò una rivolta della polizia, dei militari e dei civili della parte governativa contro i rivoluzionari. A Tortosa, i militanti della CNT-FAI, che si erano imposti sui comunisti, ricevettero l'ordine di non opporsi a questi ultimi. I membri dell'UGT occuparono immediatamente i centri nevralgici della città e imprigionarono gli anarchici. I collettivi contadini intorno a Tortosa furono invasi e la repressione si estese ai villaggi della regione. I corpi di alcuni detenuti che dovevano essere trasferiti a Tarragona furono poi ritrovati con proiettili in testa. A Tarragona, dove gli scontri sono stati altrettanto feroci che nella capitale, molti detenuti sono stati uccisi e i loro corpi gettati fuori dalla città. Anche nelle regioni settentrionali della Catalogna, di tradizione carlista e conservatrice, si verificarono azioni di vendetta.

Dopo qualche giorno si cominciò a conoscere la sorte di alcune persone importanti che erano scomparse. Attraverso *Solidaridad Obrera* si venne a sapere, ad esempio, che dodici giovani libertari prelevati dalle loro case nel quartiere di San Andrés erano stati assassinati. I loro corpi erano stati gettati da un'ambulanza nel cimitero di Cerdanyola-Ripollet, dove furono trovati completamente sfigurati. Tra loro c'era anche Alfredo Martínez, segretario del Fronte della Gioventù Rivoluzionaria. Una volta sedata la rivoluzione, la Generalitat fornì il bilancio ufficiale delle vittime della guerra scatenata in Catalogna durante i giorni di maggio. Secondo le sue cifre, circa 500 persone furono uccise e quasi mille ferite.

Una delle condizioni dell'armistizio era il rilascio di tutti i prigionieri politici. Il fatto che l'OGPU, il servizio segreto sovietico, avesse le sue prigioni clandestine, poneva un problema insolubile. Gli elementi della CNT-FAI e del POUM detenuti nei centri ufficiali furono perseguiti per il reato di ribellione militare. Gli altri che non venivano rilasciati continuavano a essere imprigionati come prigionieri del governo. Lo stesso non avvenne per gli anarchici e i trotzkisti che erano finiti nelle prigioni controllate dagli scagnozzi di Stalin. La maggior parte di loro fu torturata e uccisa. Questo tema merita maggiore attenzione e sarà trattato nella prossima sezione.

I comunisti, approfittando dell'accaduto, si affrettarono a chiedere la soppressione del Partido Obrero de Unificación Marxista (Partito Operaio di Unificazione Marxista), antistalinista, ritenuto responsabile dello spargimento di sangue. Il segretario generale del PCE, José Díaz, riproduce in *Tre anni di lotta* il discorso tenuto in un incontro pubblico il 9 maggio 1937. Dall'opera di Burnett Bolloten sono stati estratti alcuni brani molto interessanti:

"Tutti i lavoratori devono conoscere il processo in corso in URSS contro i trotskisti. È Trotsky stesso che ha guidato questa banda di fuorilegge che fa deragliare i treni in URSS, pratica il sabotaggio nelle grandi fabbriche e fa di tutto per scoprire segreti militari per consegnarli a Hitler e agli imperialisti del Giappone. E quando questo è stato scoperto nel corso del processo e i trotskisti hanno dichiarato che stavano facendo questo in combinazione con Hitler, con gli imperialisti giapponesi, sotto la guida di Trotsky, chiedo: non è abbastanza chiaro che non si tratta di un'organizzazione politica o sociale con una certa tendenza, come gli anarchici, i socialisti o i repubblicani, ma di una banda di spie e provocatori al servizio del fascismo internazionale? I provocatori trotskisti devono essere spazzati via!
Per questo motivo, nel mio discorso al Plenum del Comitato Centrale recentemente tenutosi, ho affermato che non solo in Spagna questa organizzazione dovrebbe essere sciolta, la sua stampa sospesa e liquidata in quanto tale, ma che il trotskismo dovrebbe essere spazzato via da tutti i Paesi civilizzati, se si vogliono davvero liquidare quei parassiti che, inseriti nel movimento operaio, fanno così tanto male ai lavoratori che dicono di difendere. È necessario porre fine a questa situazione.
In Spagna, chi se non i trotskisti sono stati gli ispiratori del putsch criminale in Catalogna? *La battaglia del* Primo Maggio è piena di palesi incitazioni al colpo di stato putschista... Questo giornale viene ancora

cacciato in Catalogna... Perché? Perché il governo non ha deciso di metterci le mani sopra, come chiedono tutti gli antifascisti.

Se, a dieci mesi dall'inizio della guerra, non c'è una politica decisa per portare la retroguardia al livello in cui si collocano alcuni fronti, io, e sono sicuro che tutti gli antifascisti la pensano come me, comincio a pensare: o questo governo mette in ordine la retroguardia, o se non lo fa, dovrà farlo un altro governo del Fronte Popolare".

José Díaz non riusciva a capire nel 1937 che Trotsky non era "al servizio del fascismo internazionale", ma voleva usarlo per riconquistare il potere in URSS. Questa era la nuova missione di Trotsky, che ancora oggi non viene compresa nel XXI secolo grazie all'opera di falsificazione della realtà e di occultamento della verità storica. In questo lavoro si è visto che lo stesso Hitler era sostenuto finanziariamente dagli stessi banchieri ebrei che avevano finanziato la rivoluzione ebraico-bolscevica. Attraverso una guerra con la Germania, questi cospiratori aspiravano a rimettere i loro agenti al comando dell'URSS per continuare ad appropriarsi delle sue enormi risorse, come avevano fatto per i primi sette anni con Lenin e Trotsky. Quando nel 1932-33 aiutarono Hitler a prendere il potere, intendevano lanciarlo contro Stalin, un nazionalcomunista che stava procedendo all'eliminazione fisica di molti agenti ebrei del comunismo internazionale. Ottenere il controllo della Spagna avrebbe rafforzato enormemente la posizione internazionale del trotskismo che, non va dimenticato, nello stesso maggio cercò di prendere il potere in URSS con un colpo di stato militare. Le analisi allucinate di Leon Trotsky sugli eventi del maggio dimostrano che, per quanto riguarda la Spagna, aveva perso il senso della realtà, se mai lo aveva avuto. Il testo che segue è tratto dai suoi scritti sulla rivoluzione spagnola:

> "Se il proletariato della Catalogna avesse preso il potere nel maggio 1937, avrebbe trovato sostegno in tutta la Spagna. La reazione borghese-stalinista non sarebbe stata in grado di radunare due reggimenti per schiacciare i lavoratori catalani. Nel territorio occupato da Franco, non solo gli operai ma anche i contadini si sarebbero schierati con il proletariato catalano: avrebbero isolato l'esercito fascista e innescato in esso un processo di disgregazione irreversibile. In queste circostanze, è dubbio che qualsiasi governo straniero avrebbe rischiato di inviare i propri reggimenti nell'infiammato territorio spagnolo. L'intervento sarebbe stato materialmente impossibile o, almeno, estremamente pericoloso".

In una riunione del Gabinetto di Largo Caballero del 13 maggio, i due ministri comunisti, Jesús Hernández e Vicente Uribe, chiesero lo scioglimento del POUM. Il Presidente del Consiglio negò con veemenza che questo partito fosse un'organizzazione fascista come sostenevano i comunisti e si rifiutò di prendere provvedimenti contro di esso. Aggiunse che non avrebbe sciolto alcun partito o sindacato, poiché non presiedeva il Consiglio dei ministri per servire gli interessi di nessuno dei partiti che lo componevano. Naturalmente Largo Caballero aveva ragione: il POUM non era un'organizzazione fascista. Nei processi di Mosca, dove era stata provata l'esistenza di un piano per rovesciare Stalin attraverso un colpo di Stato sostenuto dall'Armata Rossa, l'accusa poteva essere giustificata, dal momento che, inoltre, erano esistiti contatti trotskisti con i nazisti. In Spagna, tuttavia, ciò non valeva per il POUM, i cui dirigenti erano incapaci di svelare l'abominevole gioco di Trotsky, un incorreggibile fatuo che, senza accettare la sua sconfitta e i suoi limiti, si preparava a creare la Quarta Internazionale.

I due ministri comunisti si alzarono e lasciarono il Consiglio dei ministri. Prieto, che sedeva alla destra di Largo Caballero, dopo la guerra spiegò che il Presidente del Governo intendeva continuare la riunione, ma gli disse: "Senta, Caballero, qui è appena successa una cosa grave, e cioè che la coalizione ministeriale si è rotta, poiché uno dei partiti che componevano il Governo è uscito. Di conseguenza, credo sia suo dovere, senza continuare i lavori del Consiglio, riferire al Presidente della Repubblica e risolvere con lui la situazione". Largo Caballero comunicò l'accaduto ad Azaña, al quale fece capire che non aveva intenzione di dimettersi, ma che intendeva sostituire i due ministri comunisti. A proposito di questo colloquio, Azaña scrive in *Memorias políticas y de guerra*, quarto volume delle sue *Obras completas*: "Largo mi disse quanto fosse inopportuna la crisi, perché c'erano ragioni di interesse nazionale che rendevano consigliabile la continuazione del suo governo, per portare a termine piani molto importanti la cui sospensione sarebbe stata una catastrofe". Il più decisivo di questi piani era l'offensiva su larga scala in Estremadura.

Da due mesi il presidente del governo e il ministro della Guerra stavano pianificando un'offensiva militare in Estremadura, che sarebbe dovuta iniziare a metà maggio. La crisi era quindi sorta proprio quando l'operazione stava per iniziare. Azaña accettò le argomentazioni del Primo Ministro e suggerì di rimandare qualsiasi cambio di governo. Non erano solo i sostenitori di Largo a essere convinti che l'operazione avrebbe potuto essere decisiva, ma anche lo storico militare nazionalista Ramón Salas Larrazábal. Burnett Bolloten riporta le opinioni di Salas Larrazábal, che conferma che circa 100.000 uomini sarebbero stati coinvolti nell'operazione, che era il più grande dispiegamento di truppe mai realizzato. Secondo Salas Larrazábal, la schiacciante superiorità iniziale dei repubblicani avrebbe permesso loro di raggiungere Badajoz e il confine portoghese.

Venuti a conoscenza dell'incontro del Presidente del Governo con Azaña, Negrín e Álvarez del Vayo, i due ministri socialisti sposati con donne ebree, si recarono a Largo Caballero e, sostenendo che in queste circostanze non si poteva fare a meno dei comunisti, lo informarono che anche loro e Prieto si sarebbero dimessi. Questo passo non solo eliminò Largo Caballero, ma impedì anche l'operazione Extremadura. Il 15 maggio Azaña incaricò

Largo Caballero di formare un nuovo governo, ma il fallimento era scontato. Il 17 maggio presentò la sua lista di ministri al Presidente della Repubblica. Oltre alla Presidenza del Governo e al Ministero della Guerra, prese i portafogli della Marina e dell'Aeronautica. Largo", scrive Azaña, "non voleva lasciare il governo in alcun modo". Solo gli anarchici potevano accettare che Largo Caballero mantenesse la Presidenza e la Guerra. L'opposizione dei comunisti, sostenuti dai socialisti e dalla sinistra repubblicana, costrinse Largo Caballero ad abbandonare i suoi sforzi per mantenere il potere. Il Presidente della Repubblica affidò allora a Juan Negrín, l'uomo che era stato scelto da Mosca mesi prima, l'incarico di formare un nuovo governo.

Il 17 maggio giurarono i ministri del quinto governo della Guerra Civile e del venticinquesimo della Repubblica. A differenza del precedente esecutivo, composto da 18 membri, Negrín presentò quello che sarebbe stato il "Governo della Vittoria ", un gabinetto compresso con soli nove ministri, in cui mantenne il Tesoro. Comunisti, socialisti, nazionalisti baschi e catalani e i repubblicani di Azaña si spartirono i portafogli. Gli anarchici lasciarono il potere. Il Ministero della Guerra fu rinominato Ministero della Difesa Nazionale e fu assunto da Indalecio Prieto. Anche in Catalogna la CNT finì per uscire dal nuovo governo della Generalitat, formato a giugno e composto da quattro consiglieri dell'ERC, tre del PSUC, uno dell'Unió de Rabassaires e uno di Acció Catalana. Il primo governo di Negrín durò fino al 18 agosto, quando Jaume Aiguader, ministro di Esquerra Republicana a Madrid, che deteneva il Ministero del Lavoro e della Previdenza Sociale, provocò una crisi per protestare contro il ritiro della responsabilità della Generalitat in materia di industria. In solidarietà con lui, Manuel de Irujo del PNV si dimise. Un militante del PSUC entrò così nel governo, cosicché da quel momento in poi i comunisti ebbero tre ministri.

Ebrei trotzkisti ed ebrei stalinisti

Prima di parlare della repressione che i comunisti attuarono contro il POUM e gli anarchici, è necessario insistere sulla lotta sotterranea che si stava svolgendo in Spagna e nel mondo tra gli agenti ebrei di Stalin e Trotsky. Bisogna sempre tenere presente che se la guerra civile spagnola non avesse coinciso contemporaneamente con la lotta per il potere in URSS tra trotskisti e stalinisti e con i processi di Mosca, svoltisi tra il 1936 e il 1938, l'intervento di Stalin in Spagna sarebbe stato sicuramente diverso. L'esposizione di alcuni retroscena e di una serie di fatti complementari aiuterà a comprendere gli eventi nel loro complesso.

Il 3 ottobre 1936, Vladimir Antov-Ovseyenko, il rivoluzionario ebreo che aveva guidato l'assalto al Palazzo d'Inverno nel 1917 e che era stato il braccio destro di Trotsky nell'Armata Rossa, presentò le sue credenziali a Companys come console generale dell'URSS a Barcellona. Il Politburo lo aveva nominato a tale incarico il 21 settembre. In precedenza, Ilya Ehrenburg, un ebreo di origine ucraina che si faceva passare per corrispondente di *Izvestia*, era stato incaricato di osservare il processo rivoluzionario in Catalogna e di riferire all'ambasciatore Rosenberg. Il miglior biglietto da visita di Ehrenburg, di cui si parlerà nel prossimo capitolo, è l'arringa selvaggia e criminale che rivolse nel 1945 ai soldati dell'Armata Rossa che invadevano la Germania. Stampata nell'opuscolo intitolato "Uccidere", è un ottimo esempio di odio razziale antitedesco: "Uccidete, uccidete! - chiedeva Ehrenburg - Non ci sono innocenti tra i tedeschi, né tra i vivi, né tra i non nati. Eseguite le istruzioni del compagno Stalin e schiacciate la bestia fascista nella sua tana per sempre. Strappate con forza l'orgoglio razziale delle donne germaniche. Prendetele come legittimo bottino. Uccidete, coraggiosi e battaglieri soldati dell'Armata Rossa!".

Questo ripugnante personaggio, arrivato a Barcellona a metà agosto, riportò persino i discorsi di Companys. Particolarmente importanti sono i rapporti del 17 e 18 settembre, in cui mette in guardia da due crisi simultanee: quella del governo di Madrid con la Generalitat e quella del governo catalano con la FAI. Nei suoi rapporti, riprodotti in *Spain Betrayed: The Soviet Union in the Spanish Civil War (Annals of Communism) (*2001), un'opera curata da diversi autori sulla base di documenti estratti dal RGASPI (Archivio di Storia Socio-Politica dello Stato Russo), denunciò l'intransigenza degli anarchici che, a suo avviso, minacciava lo sforzo bellico e ritardava la produzione delle industrie catalane. Fu Ehrenburg a chiedere, a nome di Companys, l'istituzione di un consolato sovietico a Barcellona. Antonov-Ovseyenko, arrivato accompagnato da consiglieri sovietici, stabilì presto ottimi rapporti con il presidente Companys e cercò un compromesso tra i comunisti e gli anarco-sindacalisti della CNT. Dalle carte dell'ambasciatore di Marcelino Pascua, sappiamo che quattro mesi dopo il suo arrivo a Barcellona, Antonov-Ovseyenko aveva già perso la fiducia di Stalin, che lo considerava un trotskista. Dopo gli eventi di maggio, gli fu ordinato di tornare a Mosca nell'agosto 1937. Il 10 febbraio 1939, accusato di spionaggio e trotskismo, morì nella prigione di Butyrka.

Il 14 ottobre 1936 Antonov-Ovseyenko scrisse una lettera a Krestisnky, che non era ancora stato accusato di essere un trotskista, in cui, in linea con le direttive di Trotsky, esprimeva i suoi piani per "addomesticare" gli anarchici. Il testo (documento 22) appare nell'opera citata. Si tratta di una lunga lettera, di cui riportiamo quattro punti. Il Console generale a Barcellona aveva infiltrato tra gli anarchici un agente, che egli chiama "X", con il quale concordava la seguente strategia:

"1. Rafforzeremo insieme, con tutti i mezzi, la commissione permanente di conciliazione con gli anarcosindacalisti".

2. Sosterremo l'autorità del governo Companys-Tarradellas, gradualmente, adottando sistematicamente una serie di misure che porranno fine all'ostinazione degli anarchici.

3. Finché non saranno prese misure per disarmare gli elementi informali, lanceremo una campagna politica sulla minaccia che Franco rappresenta per la rivoluzione, e tutto il resto".

4. Ci impegneremo al più presto nell'organizzazione di una divisione unificata, selezionando accuratamente i suoi comandanti ed equipaggiandola con armi e uniformi. Le armi che arriveranno dall'estero saranno destinate in via prioritaria a questa divisione".

La lettera si concludeva osservando che le relazioni tra l'UGT e la CNT stavano migliorando, ma deplorava che il comitato di collegamento lavorasse con difficoltà "a causa dell'intransigenza di Comorera" (segretario generale del PSUC). I comunisti di questo partito, come sappiamo, erano il principale punto di appoggio della politica di Stalin in Catalogna.

È ovvio che Stalin non poteva condividere questi piani e nemmeno le critiche del PSUC. La politica ufficiale dell'URSS fu annunciata il 17 dicembre sulla *Pravda* con queste parole: "In Catalogna, l'eliminazione dei trotskisti e degli anarcosindacalisti è già iniziata. Sarà portata avanti con la stessa energia dell'URSS". Questo alludeva all'inizio delle azioni della polizia segreta sovietica, che aveva le sue prigioni e agiva al di fuori del governo della Repubblica. Due trotskisti che operavano in Spagna, il generale Walter Krivitsky (Ginsberg) e Arthur Stashevsky (Girshfeld), amico di Negrin, furono chiamati in Unione Sovietica nel marzo 1937 per riferire sulla situazione. Entrambi si incontrarono a Mosca, dove appresero della rivoluzione di maggio in Catalogna. Il primo era convinto che sospettassero di lui e che non sarebbe tornato nei Paesi Bassi; tuttavia, il 22 maggio gli fu inaspettatamente ordinato di tornare al suo incarico. Il secondo, secondo il racconto di Krivitsky, ebbe un incontro personale con Stalin in aprile e ne uscì fiducioso, tanto da osare incontrare il maresciallo Tukhachevsky, già nell'occhio del ciclone. Infine, anche a Stashevsky fu permesso di tornare a Barcellona, ma a giugno gli fu ordinato di rientrare in Russia, cosa che fece in compagnia del generale Ian Berzin, il massimo consigliere militare sovietico in Spagna, il cui nome di battaglia era "Grishin". All'inizio di agosto Stashevsky scrisse una breve nota dalla prigione alla moglie, che viveva a Parigi, chiedendole di recarsi in URSS. Stashevsky fu giustiziato nel 1937. Quanto a Berzin, un lettone il cui vero nome era Peteris Kuzis, fu arrestato il 13 maggio 1938 e fucilato nelle cantine della Lubyanka il 29 luglio 1938.[27]

---

[27] Il lettone era già stato coinvolto nella rivoluzione del 1905, i cui protagonisti erano Parvus e Trotsky. Secondo lo storico Victor Suvorov, Berzin fu il principale organizzatore del terrore durante la guerra civile russa. Suvorov gli attribuisce la paternità del sistema di cattura e fucilazione degli ostaggi per sedare le ribellioni contadine e recuperare i

Mentre Stashevsky e Krivitsky si trovavano a Mosca, gli agenti dei servizi segreti sovietici effettuarono un rapimento in Spagna che sarebbe stato il precursore delle sparizioni e degli omicidi di poumisti e anarchici che seguirono gli eventi del maggio. Il 9 aprile 1937 il giovane ebreo Marc Rafailovich Rein scomparve dall'Hotel Continental di Barcellona, dove aveva una stanza, e non se ne seppe più nulla. Marc Rein lavorava come corrispondente per diverse pubblicazioni antistaliniste, tra cui il quotidiano ebraico *Forward* di New York. Era figlio del leader menscevico Rafael Abramovich, uno dei capi del Bund ebraico prima della Rivoluzione d'Ottobre. Abramovich, leader della Seconda Internazionale in esilio a Parigi, era un fidato confidente di Leon Blum, il presidente ebreo del governo francese, e quindi una persona influente. Di conseguenza, sia Largo Caballero che Companys furono costretti a fornire spiegazioni e ad avviare un'indagine. Sembra che il rapimento fosse collegato al terzo processo di Mosca, i cui principali imputati erano Bukharin e Rykov. Le indagini del governo spagnolo portarono al cosiddetto "Gruppo di Informazione", e in particolare al servizio di Alfredo Hertz, che, secondo Julián Gorkín, era "uno dei grandi maestri degli interrogatori e delle esecuzioni". Hertz eseguiva con un colpo alla nuca quando riceveva il permesso, ma la sua specialità era la tortura notturna.

Di Hertz si è scritto poco. Quello che abbiamo scoperto su di lui merita la sezione seguente. L'unica fonte di informazioni che fornisce dati interessanti su questo personaggio è Jan Valtin, pseudonimo di Richard Krebs. In *Out of the Night*, un'ampia opera autobiografica pubblicata nel 1941 e tradotta in inglese con il titolo *La noche quedó atrás (La notte è stata lasciata alle spalle)*. Valtin rivela che Hertz era un ebreo di nome George Mink, che nel 1926 si era iscritto al Partito Comunista a Filadelfia, dove lavorava come tassista mentre saccheggiava sui moli. I suoi amici lo chiamavano "Mink, il pirata del porto". Jan Valtin non sapeva che il suo vero nome era Godi Minkovsky, come rivelato in *The Venona Secrets*, e che era arrivato negli Stati Uniti nel 1911 all'età di dodici anni. Nel 1927 si stabilì a New York, da dove, di sua iniziativa, iniziò a inviare rapporti a Solomon Abramovitch Losovsky e gli offrì i suoi servizi.

Come si ricorderà, Losovsky, leader dell'Internazionale sindacale rossa e sionista, si recò a Barcellona nel febbraio 1936 in compagnia di Bela Kun e Heinz Neumann. Nel 1928 Losovsky chiamò Mink a Mosca e gli fornì un passaporto falso, denaro e procure speciali. Dal 1930 in poi Mink entrò a far parte dell'apparato di controspionaggio della GPU e si spostò tra Berlino e Amburgo. Secondo Jan Valtin, che conosceva personalmente Mink, ad

---

disertori. Su ordine di Trotsky, fu incaricato di eliminare i marinai coinvolti nella ribellione di Kronstadt nel marzo 1921. Prima di essere inviato in Spagna, era stato capo del Servizio segreto militare. Quando fu richiamato a Mosca nel 1937, fu nuovamente nominato capo dell'intelligence militare, incarico che mantenne fino al suo arresto nel maggio 1938.

Amburgo, dove era considerato un gangster senza scrupoli, uccise il disertore Hans Wissinger. Quando Valtin gli fece notare che forse avevano commesso un errore, la sua risposta fu: "Non commettiamo mai errori! Non eliminiamo mai uomini innocenti!" Valtin descrive Mink nel 1931 come segue: "Un tipo insolito, giovane, elegante, con lievi tratti ebraici, cinicamente arrogante, di bassa statura, ma robusto. La sua bocca era piccola e crudele, i suoi denti frastagliati, e i suoi occhi, di colore marrone-verdastro, avevano un vago riflesso di animale selvatico".

Alla fine di maggio del 1935, il personale del Nordland Hotel di Copenaghen fece irruzione nella stanza di Mink quando sentì una cameriera gridare aiuto: Mink la stava violentando. La polizia danese perquisì la sua stanza e trovò codici segreti, passaporti falsi, indirizzi cifrati e migliaia di dollari. Il 30 luglio 1935, accusato di spionaggio, fu condannato a diciotto mesi. Una volta rilasciato, si recò a Mosca, dove solo la potente influenza di Losovsky lo salvò dall'ostracismo per il suo comportamento sconsiderato. L'OGPU gli fornisce quindi un passaporto con il nome di Alfred Hertz e lo spedisce a Barcellona, dove prende alloggio all'Hotel Continental, lo stesso dove alloggiava Marc Rein. Hertz/Mink/Minkovsky fu per un certo periodo commissario politico del battaglione Thaelmann, il battaglione Kléber/Stern, presumibilmente incaricato di sorvegliare eventuali trotzkisti tra i brigatisti tedeschi. Deve aver fatto qualcosa di sbagliato, forse anche lui era un trotzkista, dato che lo stalinista Vittorio Vidali, alias Carlos Contreras, il Maggiore Carlos, nel suo libro *Diario del XX Congresso del Partito Comunista dell'Unione Sovietica* riferisce che alla fine fu eliminato da Stalin.

Stéphane Courtois e Jean-Louis Panné ne *Il libro nero del comunismo* affermano che la lotta sul caso Rein tra il governo spagnolo e l'NKVD giunse a tal punto che il 9 luglio 1937 il Segretario di Stato, che dipendeva dal Ministero degli Interni sotto il socialista Zugazagoitia, provocò uno scontro tra il suo agente (SSI 29) e i compagni Hertz e Mariano Gómez Emperador davanti a testimoni. Quest'ultimo era un uomo dei servizi segreti catalani, che funzionava come una delegazione camuffata dell'NKVD. La sfacciataggine di Hertz/Mink/Minkovsky arrivò a tal punto che il giorno dopo procedette all'arresto dell'agente governativo SSI 29, che dovette rilasciare su ordine del suo superiore, Alexander Orlov (Leiba Lazarevich Felbing), capo dell'NKVD.

Altri due ebrei lavorarono con Alfredo Hertz: Georg Scheyer, alias Sanja Kindermann, inviato a Valencia per gestire il quartiere ceco di Santa Úrsula, e Moritz Bressler, alias Hubert von Ranke, sposato con Seppl Hermann, vedova di Rafael Campalans, un importante socialista catalano annegato sulla spiaggia di Torredembarra nel 1933. Seppl Hermann divenne Seppl Kapalanz, un'evidente germanizzazione del cognome Campalans. Ci sono testimonianze sugli orrori della prigione di Santa Ursula, da parte di prigionieri del gruppo DAS, anarco-consideratori tedeschi. Helmut

Kirschey, uno di loro, spiega che il personale di guardia del convento era composto da spagnoli; tuttavia, aggiunge, "gli uomini dell'NKVD-GPU che ci interrogavano erano tutti ebrei russi. Parlavano yiddish tra di loro e, poiché questa lingua contiene molte parole tedesche, potevamo capirli senza grossi problemi". Secondo Kirschey gli interrogatori avvenivano di notte: "Ci svegliavano tra le dodici e le due, quando si è più stanchi e meno svegli"[28]. Moritz Bressler era stato assunto nel 1930 da Ernö Gerö, alias "Peter ", ai cui ordini lavoravano tutti.

Ernö Gerö, noto anche come Ernst Singer, era un altro ebreo di nome Ernst Moritsovich Gere, capo dell'NKVD in Catalogna, a sua volta subordinato a Orlov. Gerö fu evacuato in URSS nel 1939 e dopo la fine della guerra mondiale divenne uno dei leader comunisti in Ungheria. Gerö e Hertz, che crearono un archivio di tutti gli stranieri residenti in Catalogna, furono i principali artefici del rapimento di Erwin Wolf, segretario di Trotsky, che entrò incautamente in Spagna. Secondo gli autori del *Libro nero del comunismo*, Alfredo Hertz era entrato a far parte del Corpo di Investigazione e Sorveglianza della Generalitat e controllava il reparto passaporti, esaminando così le entrate e le uscite in Catalogna. Erwin Wolf, il cui pseudonimo politico era "Kiff", nato da una ricca famiglia tedesca di origine ebraica, si unì a Trotsky prima di recarsi in Norvegia. Le sue capacità personali e le sue competenze linguistiche gli permisero di sostituire Jan Frankel come segretario di Trotsky nel novembre 1935. Frankel, ovviamente anch'egli ebreo, fu uno dei segretari di Trotsky tra il 1930 e il 1933 e dal febbraio all'ottobre 1937 visse con lui a Coyoacán.

Il Comitato Centrale del Partito Socialista Rivoluzionario Belga discusse il rapporto di Erwin Wolf con il POUM nel novembre 1936. Alla fine di aprile del 1937, Wolf si offrì di recarsi in Spagna per assistere alla riorganizzazione e al riorientamento del partito di Andreu Nin. Il suo arrivo a Barcellona avvenne subito dopo le Giornate di Maggio. Come si è visto nel capitolo precedente, Stalin si servì di agenti ebrei per infiltrarsi nell'entourage di Trotsky, che tendeva ad affidarsi a persone della sua stessa etnia. Il più famoso è Mark Zborowski, "Etienne", che divenne segretario di Leon Sedov e che era necessariamente a conoscenza dei piani di Wolf. Diversi autori concordano sul fatto che fu lui a passare all'OGPU le informazioni sul suo ingresso in Spagna. Nel luglio 1937

---

[28] Ángel Galarza, il responsabile dei primi saccheggi a Paracuellos, istituì il DEDIDE (Dipartimento Speciale di Informazione dello Stato) a Valencia. Due dei suoi uomini, il commissario Juan Cobo e il comandante Justiniano García, capo della sua guardia del corpo, torturavano nei posti di blocco di Baylia e Santa Úrsula. La Fondazione Anselmo Lorenzo ha raccolto rapporti sui loro metodi. In uno di essi si legge: "Justin García era coinvolto in questi atti bestiali. La sua specialità consisteva nello stringere il collo con entrambe le mani, interrompendo la respirazione. Era uno strangolamento lento. Le vene della gola si gonfiavano e il viso cambiava colore da rosso a bianco cadaverico. Numerosi detenuti sottoposti a questa tortura alla fine sono svenuti per attacchi di cuore.

Hertz/Mink/Minkovsky arrestarono Erwin Wolf su ordine di Ernö Gerö. Il segretario di Trotsky fu visto per l'ultima volta il 13 settembre 1937 nella prigione centrale di Barcellona, al numero 24 di Puerta del Angel. Poi scomparve. Forse fu portato segretamente a Mosca per essere interrogato. In ogni caso, a Mosca o a Barcellona, fu giustiziato. Zborowski sarebbe stato determinante anche per l'assassinio di Trotsky in Messico. Il tutto si svolse in Spagna e in particolare in Catalogna, dove il "lavoro" degli agenti ebrei di Stalin contro gli ebrei trotskisti fu brutale e implacabile.

Lo scontro tra agenti ebrei trotskisti e stalinisti non avvenne solo in Spagna e in Unione Sovietica. La mano di Stalin arrivò fino alle Americhe, come dimostra il fatto che Trotsky fu assassinato in Messico e Krivitsky negli Stati Uniti. Il capo dei servizi segreti militari in Europa occidentale, Krivitsky, fu messo alla prova non appena assunse il suo incarico all'Aia. Il suo collega e amico Ignace Reiss, soprannominato "Ludwig", un ebreo come lui il cui vero nome era Nathan Markovic Poretsky, si reca da Parigi nella capitale olandese il 29 maggio 1937 per annunciargli la sua intenzione di lasciare il servizio. Krivitsky annota il consiglio che gli diede: "L'Unione Sovietica è ancora l'unica speranza dei lavoratori di tutto il mondo. Stalin può sbagliarsi. Gli Stalin vanno e vengono. Ma l'Unione Sovietica durerà. Il nostro dovere è di non staccarci dai nostri posti". In altre parole, se avessero ripreso il potere, tutto sarebbe andato di nuovo bene.

Krivitisky racconta che il 17 luglio Isaac Spiegelglass, un altro ebreo arrivato da Mosca con pieni poteri per epurare i servizi esteri, gli mostrò due lettere che compromettevano seriamente il compagno Reiss. "Lei sa di essere responsabile di Reiss", gli disse Spiegelglass, "lo ha introdotto nel Partito Comunista e ha sostenuto la sua adesione alla nostra organizzazione". L'invito a partecipare all'assassinio di Reiss mise Krivitsky tra l'incudine e il martello. Rispose che non voleva "avere nulla a che fare con un'impresa del genere", scavandosi così la fossa. Avvertì anche il suo amico, che riuscì a fuggire temporaneamente. Il 10 agosto Krivitsky ricevette l'ordine di tornare a Mosca e due settimane dopo, la notte del 4 settembre 1937, il corpo di Reiss fu trovato in un fosso fuori Losanna con cinque proiettili di mitragliatrice nella testa e sette nel corpo. Nelle sue tasche fu trovato un passaporto falso a nome di Hans Eberhardt. Candidamente, Krivistky pretende di convincere il lettore della superiorità morale dei suoi amici trotzkisti, che "avevano dedicato la loro vita a rendere il mondo un posto migliore". Pur avendo sempre negato di essere un trotskista, Krivitsky confessa che nel novembre 1937 contattò il figlio di Trotsky attraverso l'avvocato di Reiss. Ammette anche che il ministro degli Interni francese del governo di Léon Blum, l'ebreo Marx Dormoy, gli fornì documenti d'identità e protezione da parte della polizia finché non riuscì a fuggire negli Stati Uniti.

Repressione contro poumisti e anarchici. L'assassinio di Andreu Nin

Sapendo tutte queste cose, siamo in una posizione migliore per affrontare ciò che è accaduto in Spagna dopo la tragica settimana di maggio. Un'ondata di terrore investì la Catalogna, dove arresti e sequestri di POUMisti e anarchici portarono a torture e omicidi, il più noto dei quali fu quello di Andreu Nin. Quando si formò il governo di Negrín, la repressione contro il POUM iniziò con la soppressione *de La Batalla* il 28 maggio. Si cercò di arrestare Julián Gorkín, autore dell'editoriale del 1° maggio che proponeva alla CNT la formazione di un fronte unito rivoluzionario e invitava gli operai a non abbandonare le armi; ma la polizia non trovò né lui né Juan Andrade, un altro dei promotori del giornale. L'11 giugno, lo stesso giorno in cui i generali trotskisti dell'Armata Rossa comparvero davanti alla Corte Suprema dell'URSS, fu formulata un'accusa formale contro il POUM, secondo la quale "la linea generale della propaganda di questo partito era la soppressione della Repubblica e del suo governo democratico con la violenza e l'instaurazione di una dittatura del proletariato". Più avanti, l'atto d'accusa faceva riferimento al POUM che aveva "calunniato un Paese amico il cui sostegno morale e materiale aveva permesso al popolo spagnolo di difendere la propria indipendenza". Si fa inoltre riferimento all'attacco alla giustizia sovietica in relazione alle critiche ai processi di Mosca e ai contatti con i trotzkisti.

La notte del 16 giugno tutti i leader del POUM furono arrestati nelle loro case, ma Nin fu arrestato nel suo ufficio. Poiché Gorkín e Andrade erano ancora irrintracciabili, furono arrestate le loro mogli. Il 23 giugno fu pubblicato un decreto che annunciava la creazione di Tribunali per lo spionaggio e l'alto tradimento, composti da tre magistrati civili e due militari. Questi tribunali erano nominati dal governo e potevano tenere udienze a porte chiuse. Il 29 giugno, una nota del Ministro della Giustizia, Manuel de Irujo, annunciò che Julián Gorkín, Juan Andrade, Pere Bonet, Jordi Arquer e altri sei leader poumisti erano stati accusati di alto tradimento. Alla fine avranno salva la vita grazie all'intervento di diverse delegazioni internazionali giunte in Spagna per interessarsi a loro e garantire un giusto processo. Processati tra l'11 e il 22 ottobre 1938, furono condannati a quindici anni di reclusione. Ma Andreu Nin, che era stato consegnato ai poliziotti comunisti, non era tra loro.

"Cosa ne avete fatto di Nin?" è stata la domanda di Federica Montseny, la prima persona a chiedere pubblicamente notizie di lui. Il governo si è limitato a dire che era stato arrestato ed era in custodia. Il Ministro degli Interni Zugazagoitia ammise che si trovava a Madrid in una prigione privata comunista. Secondo P. Broué, "in una riunione del Consiglio dei ministri, Negrín interrogò i ministri. Si dichiarò pronto a coprire ciò che doveva essere coperto, ma pretese di essere aggiornato". Poiché Nin, ex segretario della CNT e dell'Internazionale sindacale rossa, era noto in tutto il mondo nel movimento operaio e sindacale, la vicenda ebbe ripercussioni internazionali. Il Ministro della Giustizia, Manuel de Irujo, non riuscendo a rintracciare Nin in nessuna delle prigioni governative, nominò un giudice istruttore speciale per indagare sulla scomparsa. Ordinò l'arresto dei poliziotti sospetti, alcuni dei quali si erano rifugiati nell'ambasciata sovietica. Giorni dopo, una brigata speciale di polizia tentò di arrestare il giudice stesso, spingendo un indignato ministro Irujo a minacciare le dimissioni in un burrascoso consiglio dei ministri in cui i comunisti, che difendevano la presenza di tecnici e consulenti sovietici come espressione di "aiuto disinteressato", furono smascherati. Di conseguenza, non ebbero altra scelta che scendere a compromessi sul licenziamento del direttore generale della Sicurezza, il tenente colonnello comunista Antonio Ortega, che era stato offerto come capro espiatorio. L'8 agosto 1937, il corrispondente *del New York Times* scrisse: "Sebbene sia stato fatto di tutto per insabbiare l'affare, tutti ora sanno che è stato trovato morto fuori Madrid, assassinato".

Alcune cose su quanto accadde sono note dagli scritti dei diversi protagonisti. Ad esempio, in *Yo fui ministro de Stalin* Jesús Hernández si dissocia dall'arresto di Nin e sottolinea che la decisione fu presa in una riunione tra Orlov, la Pasionaria e il segretario organizzativo del PCE, Pedro Checa, che lavorava per i servizi dell'NKVD, motivo per cui diversi storici lo indicano come uno dei responsabili dei massacri di Paracuellos. Il rapimento e il successivo assassinio di Andreu Nin sono passati alla storia come "Operazione Nikolai". Nin fu arrestato da agenti della polizia catalana della Brigata Speciale. Dopo alcune ore nella stazione di polizia di Barcellona, fu trasferito a Madrid su ordine di Orlov. Fu subito portato ad Alcalá de Henares, dove tra il 18 e il 21 giugno fu interrogato: avrebbe dovuto firmare un falso documento che implicava il POUM in atti di tradimento e spionaggio. Da questo momento in poi, gli inquirenti offrirono molteplici versioni dell'accaduto.

È opinione comune che il 22 giugno Andreu Nin sia stato confinato in uno chalet dove è stato lasciato nelle mani di Orlov e di altri due agenti sovietici, che hanno cercato di sottometterlo per un mese. Poiché Orlov lo conosciamo già, presentiamo i suoi complici. Uno di loro era Iósif Romuáldovich Griguliévich, un ebreo nato a Vilna da una famiglia karaita di Crimea. La giornalista costaricana Marjorie Ross in *El secreto encanto de la KGB: Las cinco vidas de Iosif Grigulievich* (*Il fascino segreto del KGB: le cinque vite di Iosif Grigulievich*) fornisce fatti sorprendenti su questo personaggio che, sotto il nome di Teodoro B. Castro, divenne ambasciatore del Costa Rica in Italia e in Jugoslavia, dove avrebbe assassinato Josip Broz Tito. Curiosamente, fu Tito che, in qualità di delegato serbo all'Internazionale, gli diede il passaporto falso che gli permise di entrare in Spagna nel 1936, dove divenne noto come "Júzik" e "Miguel ". Nel corso della sua carriera ebbe altri soprannomi: "José Ocampo", "Padre", "Artur",

"Maks", "Daks" e "Felipe". Grigulievich è stato identificato come il probabile autore dell'omicidio di Nin.

Per quanto riguarda l'identità del secondo agente, alcuni indicano Ernö Gerö, anche se la maggior parte degli storici, tra cui Ángel Viñas, propende per Leonid Eitingon, luogotenente di Orlov, un altro ebreo il cui vero nome era Nahum Isaakovich Eitingon, soprannominato "Kotov", "Leonido" e "Pierre". Robert Conquest, Hugh Thomas e Julian Gorkin sostengono che Eitingon fosse l'amante di Charity Mercader, la madre dell'assassino di Trotsky, sebbene un altro amante riconosciuto di Charity, Pavel Sudoplatov, lo neghi. Che lo fosse o meno, Nahum Isaakovich Eitingon reclutò lei e i suoi amici Africa de las Heras e Carmen Brufau, i tre famosi agenti spagnoli dell'NKVD, e organizzò l'attentato alla vita di Trotsky il 20 agosto 1940. Furono quindi questi tre uomini a torturare presumibilmente Nin, che rimase ferma e si rifiutò di collaborare con gli agenti stalinisti. Non è chiaro se sia morto durante le sedute o se sia stato ucciso perché le sue condizioni non permettevano di liberarlo. Tutto indica che Orlov decise di eliminarlo[29]. Esiste un telegramma inviato da "Júzik", probabilmente da Parigi, intestato alla lettera "N", chiara allusione a Nin, che parla dell'assassinio di Nin a metà della strada che da Alcalá de Henares porta a Perales de Tajuña. Ángel Viñas ritiene che la data più probabile dell'assassinio sia il 21 luglio 1937.

Nel settembre del 1937, Emma Goldmann, la famosa anarchica lituana di origine ebraica, visitò la Spagna per informarsi sulla repressione contro gli anarchici. Si recò direttamente a Valencia. "Ho scoperto", dichiarò in seguito la Goldmann, "che quindici centinaia di membri della CNT,

---

[29] Nel 2013 è apparso in Spagna *El caso Orlov. Los servicios secretos soviéticos en la guerra civil española* (2013), un'opera di Boris Volodarsky di cui siamo venuti a conoscenza troppo tardi. Sembra che questo autore confermi che l'ordine di uccidere Andreu Nin venne da Orlov e che Grigulievich gli sparò, anche se dubita che sia stato torturato. Non sappiamo se quest'opera chiarisca la defezione di Orlov, un mistero indecifrabile, dato che tutto indica che stava servendo bene Stalin. Tuttavia, sia Eitingon che Gerö furono in grado di informare Stalin su aspetti sconosciuti delle attività di Orlov in Spagna. Nel giugno 1938, Orlov ricevette l'ordine di incontrarsi ad Anversa con un capo dell'NKVD, probabilmente Isaac Spiegelglass. In seguito rubò 60.000 dollari dalla cassetta delle operazioni dell'NKVD e fuggì con la moglie e la figlia in Canada. Nel 1939 inviò una lettera non firmata a Trotsky per informarlo che un agente di nome "Mark", probabilmente Zborowski, si era infiltrato nella sua organizzazione a Parigi. Trotsky pensò che si trattasse di uno stratagemma di Stalin e non diede credito all'avvertimento. Nel settembre 1938, alla conferenza per la creazione della Quarta Internazionale a Parigi, "Etienne" (Zborowski) presentò Ramon Mercader, il futuro assassino di Trotsky, alla trotskista Sylvia Ageloff, una donna poco attraente che fu sedotta da Mercader. Innamoratasi appassionatamente di lui, lo seguì in Messico e lo introdusse nella casa di Trotsky a Coyoacán. Orlov, per quanto ne sappiamo, dopo essere stato il boia di Stalin, ebbe il coraggio di pubblicare nel 1953 *La storia segreta dei crimini di Stalin*. Sia Orlov che Krivistsky utilizzano nelle loro opere le informazioni fornite all'epoca dal loro collega Abram Slutsky.

compagni della FAI e della Gioventù Libertaria, centinaia del POUM e persino membri delle Brigate Internazionali riempivano le carceri di Valencia". In novembre *Solidaridad Obrera* fornì la cifra di quindicimila prigionieri nelle carceri di Catalogna, Valencia e altre regioni della zona repubblicana.

Il 17 ottobre 1937 Largo Caballero tenne il suo ultimo discorso in Spagna al Teatro Pardiñas di Madrid. In quel famoso discorso, Largo colse l'occasione per denunciare il danno che il caso Nin aveva arrecato alla causa della Repubblica all'estero: "Voi tutti sapete che ci sono stati casi veramente incresciosi, che non sono ancora stati chiariti, di persone fatte sparire da elementi che non sono il Governo, e che hanno costituito uno Stato dentro un altro Stato". Questa fu la prima denuncia pubblica da parte di un leader repubblicano della massima importanza del fatto che la Repubblica spagnola era caduta nelle mani di persone che non erano al servizio dello Stato spagnolo. Largo Caballero organizzò una serie di comizi, ma non gli fu permesso di parlare di nuovo in pubblico sul sito. Il primo doveva tenersi ad Alicante, ma mentre si recava in città in compagnia di Luis Araquistán, Rodolfo Llopis, Wenceslao Carrillo e altri collaboratori, fu arrestato sotto la minaccia delle armi. In *Todos fuimos culpables* Vidarte ricorda di aver chiesto al ministro degli Interni Julián Zugazagoitia, "Zuga", se era vero che Caballero era sotto sorveglianza della polizia, al che Zuga, normalmente contenuto nelle sue espressioni, rispose: "Non è niente, perché metterò Largo Caballero e i suoi amici in prigione.... I miei ordini non si discutono".

Il 2 novembre 1937 Trotsky fece riferimento alla battaglia persa in Spagna in una lettera a tutte le organizzazioni operaie. Essa iniziava con queste parole:

> "Il movimento socialista mondiale è distrutto da una terribile malattia. La fonte del contagio è il Comintern o, per meglio dire, la GPU, per la quale l'apparato del Comintern funge solo da copertura legale. Gli eventi degli ultimi mesi in Spagna hanno mostrato di quali crimini è capace la burocrazia sfrenata e completamente degenerata di Mosca, insieme ai suoi scagnozzi della feccia internazionale. Non si tratta di assassinii secondari o di montature di poco conto. Si tratta di una cospirazione contro il movimento operaio internazionale".

Questo testo dimostra quanto Trotsky riconoscesse di aver perso completamente la sua influenza, un tempo potente, all'interno dell'Internazionale Comunista, il cui Comitato esecutivo era stato nelle mani dei trotskisti Zinoviev e Bukharin. Quando Stalin mise il bulgaro Georgi Dimitrov a capo dell'Internazionale nel 1934, la sottomissione ideologica dei partiti comunisti a Mosca, la cui linea politica sosteneva i fronti popolari, era già indiscutibilmente imposta. Al contrario, come abbiamo visto, i movimenti trotskisti continuarono a servire la rivoluzione mondiale, inizialmente pianificata dagli Illuminati e delineata da Adam Weishaupt. Nel luglio 1938 Rudolf Klement, uno dei cui pseudonimi era "Frederic", un altro segretario di Trotsky che si stava preparando a Parigi per la conferenza di fondazione della Quarta Internazionale, fu rapito e decapitato. Tuttavia, contro ogni previsione, la Quarta Internazionale fu fondata nel settembre 1938.

La situazione nella Spagna di Franco

Mentre il governo della Repubblica arrancava dietro Mosca e le lotte tra comunisti e anarchici avevano provocato il caos e la guerra intestina in Catalogna, i nazionalisti si preparavano a conquistare il nord, che avrebbe creato le condizioni necessarie per la vittoria finale. È stato detto che la guerra civile spagnola è stata l'ultima guerra combattuta per la difesa degli ideali, il che deve essere vero, poiché gli spagnoli di entrambe le parti la pensavano così e sono morti per essi. Tuttavia, abbiamo visto in questo lavoro che la Rivoluzione Mondiale è stata fin dall'inizio il progetto di cospiratori che, dopo la pubblicazione del *Manifesto Comunista*, hanno ampliato la teoria della dittatura del proletariato e hanno pianificato di utilizzare le masse per raggiungere i loro obiettivi. Da lontano, qualsiasi osservatore obiettivo ammetterà che gli ideali e i valori per i quali metà della Spagna aveva combattuto erano una chimera. Anarchici e internazionalisti disprezzavano i concetti di Dio, patria, famiglia e proprietà, sostenevano un mondo nuovo e coraggioso in cui non ci sarebbero state né nazioni né classi sociali. Allo stesso tempo, la Spagna repubblicana aveva adottato il grido "Viva la Russia" e innalzato la bandiera rossa di Rothschild con la falce e il martello, simbolo delle rivolte maccabee. Nella Puerta de Alcalá erano esposte immagini degli dei dell'ateismo. Per contro, gli spagnoli dall'altra parte gridavano viva España e si aggrappavano ai valori tradizionali, tra cui predominavano la religione, la patria e la famiglia. Si possono condividere o meno questi ideali, ma nella pratica si dimostrarono molto più coerenti e servirono a realizzare un'unione senza soluzione di continuità.

La correlazione delle forze nella Spagna nazionale mostrava alcune differenze ideologiche, che furono neutralizzate dal Decreto di unificazione del 19 aprile 1937. Con questo decreto Franco riuscì a sciogliere i vecchi partiti di destra, la cui influenza era andata scemando. L'Acción Popular di Gil Robles, che non aveva avuto alcun ruolo dall'inizio della rivolta, scomparve quando lo stesso Gil Robles annunciò la sua rinuncia all'azione politica. Anche l'altro partito monarchico, Renovación Española, non diede segni di vita e anche Goicoechea, il suo leader, accettò di sciogliersi. Tuttavia, le differenze tra la Falange spagnola e la Comunione tradizionalista erano abbastanza grandi da costituire un ostacolo alla creazione del partito unico. I falangisti non ebbero inizialmente problemi con Franco, ma le loro divergenze con le forze conservatrici, la Chiesa e i monarchici comportarono un allontanamento dottrinale dai carlisti, i cui battaglioni requetés erano stati decisivi per il trionfo dell'insurrezione. Vediamolo brevemente.

È stato detto che i requetés erano soldati di un altro secolo. Combattevano "per Dio, per la patria e per il re", in quest'ordine, come proclamato nell'*Oriamendi*, l'inno del carlismo, un'ideologia che aveva resistito in misura sorprendente e che nel 1936 era la più antica forza politica d'Europa. Questi valori erano gli stessi che avevano difeso per tutto il XIX secolo, quando si erano ripetutamente opposti al liberalismo e alla massoneria internazionale. Il pretendente carlista, don Jaime, aveva pubblicato il 23 aprile un manifesto che esprimeva la volontà dei carlisti di collaborare con la Repubblica; tuttavia, i gravi disordini anticlericali del maggio 1931 furono un segno inequivocabile che dietro l'avvento del nuovo regime c'erano l'ateismo e il comunismo internazionale, forze considerate disumane e di origine straniera. Non appena videro la deriva della Repubblica massonica, decine di migliaia di volontari carlisti, incuranti dell'operato dei militari, furono pronti a prendere le armi, come avevano fatto i loro antenati. Dopo la morte di Don Jaime, il 2 ottobre 1931, Don Alfonso Carlos, suo zio, divenne il nuovo pretendente. Il carlismo aveva i suoi organi di espressione, molto combattivi in quasi tutte le province. Tra questi, *El Siglo Futuro* di Madrid, *El Correo Catalán* e *El Pensamiento Navarro*, che furono più volte censurati o sospesi nonostante la libertà di stampa garantita dalla Costituzione.

Il 31 marzo 1934, una commissione di monarchici carlisti e alfonsiani incontrò a Roma Benito Mussolini, al quale confessarono di voler rovesciare la Repubblica e sostituirla con una monarchia corporativa. Il Duce ordinò al maresciallo Balbo di consegnare loro 10.000 fucili, 200 mitragliatrici e 1,5 milioni di pesetas. Fu anche deciso che i giovani carlisti avrebbero ricevuto un addestramento in Italia. Il 3 maggio 1934 Manuel Fal Conde, che era riuscito a organizzare il carlismo in Andalusia e a creare un gruppo entusiasta di centinaia di requetés, fu nominato segretario generale della Comunione Tradizionalista. In Navarra e nel resto della Spagna, i requetés iniziarono a ricevere l'istruzione militare. Il carlismo aveva anche un ramo femminile, le "Margaritas", che già prima della guerra contavano circa trentamila persone. A San Juan de Luz fu istituita una giunta militare carlista e il generale Sanjurjo fu ritenuto il capo del movimento.

Nel maggio 1936 Fal Conde, Sanjurjo e Javier de Borbón, che fungeva da reggente, si incontrarono a Lisbona. Sostennero un'insurrezione dell'esercito, ma decisero che se questa non avesse avuto luogo si sarebbero sollevati da soli e Sanjurjo ne avrebbe preso la guida. Poiché Mola aveva iniziato a organizzare la cospirazione militare, i carlisti lo incontrarono all'inizio di giugno e gli offrirono 8.400 requetés nella sola Navarra. Il problema era che Mola voleva instaurare una repubblica a suffragio universale, mentre i carlisti volevano una monarchia cattolica e corporativa. Tali divergenze impedivano un accordo e Mola scrisse a Fal Conde in questi termini: "Il prezzo che avete posto alla vostra collaborazione non può essere accettato da noi. Ci rivolgiamo a voi perché nelle caserme abbiamo solo uomini in uniforme, che non possono essere chiamati soldati. Se li avessimo avuti, saremmo stati da soli. Il tradizionalismo contribuirà con la sua intransigenza al disastro spagnolo con la stessa efficacia del Fronte Popolare". Fal Conde cercò la mediazione di Sanjurjo, che in una lettera chiese a Mola di lasciare che i carlisti combattessero sotto la bandiera bicolore, poiché non erano disposti a sollevarsi sotto la bandiera repubblicana. Il 12 luglio ruppero le relazioni con Mola; ma l'assassinio di Calvo Sotelo costrinse il generale ad accettare le direttive della lettera di Sanjurjo e quelle che avrebbe potuto dare in seguito come presidente del Governo. Dopo aver appianato le divergenze in extremis, i requetés diedero l'ordine di mobilitazione il 15 luglio. Con la morte di Sanjurjo, avvenuta cinque giorni dopo, ogni patto politico fu rimandato.

Secondo un rapporto del 28 febbraio 1936, il numero di requetés disposti a unirsi alla ribellione in tutta la Spagna era di oltre 25.000 unità. Alcune fonti stimano che il 18 luglio il numero dei berretti rossi si avvicinasse a trentacinquemila, la metà dei quali si trovava in zone in cui l'insurrezione non ebbe successo e fu quindi neutralizzata, come nel caso di Catalogna, Valencia, Vizcaya e Guipúzcoa. Si stima che tra i cinquantamila e i sessantamila volontari si siano uniti alle file legittimiste durante la guerra. Nel febbraio 1939, 23.000 stavano ancora combattendo. La mattina del 19 luglio 1936, migliaia di requetés si riunirono nella Plaza del Castillo di Pamplona. La maggior parte di loro erano persone semplici provenienti dalle campagne. Il loro contributo fu fondamentale per tenere la Navarra e rinforzare La Rioja e Saragozza. In seguito marciarono verso Guadarrama e nel settembre 1936 parteciparono alla presa di San Sebastián e alla liberazione di Guipúzcoa. I tercios de requetés erano il meglio dei volontari: erano disciplinati, entusiasti, abnegati e coraggiosi. Costituirono una risoluta forza d'urto militare che fu costantemente utilizzata, tanto che durante la guerra ne furono uccisi seimila e feriti circa trentamila. Quando parteciparono alla campagna del nord, il 19 giugno 1937 i carlisti realizzarono un sogno secolare: conquistare Bilbao, la città davanti alla quale Zumalacárregui, il migliore dei loro generali, era caduto nel 1835. L'ingresso a Bilbao ebbe una grande connotazione psicologica negli ambienti carlisti.

La Comunione Tradizionalista aveva ottenuto nove deputati alle elezioni del febbraio 1936; la Falange spagnola, invece, aveva ottenuto solo 6.800 voti e non aveva alcuna rappresentanza parlamentare. Nei mesi precedenti l'insurrezione militare, tuttavia, i suoi membri aumentarono notevolmente e durante la guerra la Falange spagnola divenne una potente organizzazione politica. Alcune fonti stimano che i suoi membri siano diventati oltre un milione, mentre altre parlano di due milioni. Molti vedevano la Falange, che si opponeva alla restaurazione monarchica, come una forza di progresso contro l'immobilismo dei tradizionalisti. Molti falangisti avevano origini repubblicane e/o sindacali, e quindi possedevano una sensibilità sociale che li avvicinava agli alleati italiani e tedeschi. Inoltre, crearono anche forze militari organizzate in milizie che crebbero di dimensioni in Castiglia, Estremadura e Andalusia. Se José Antonio Primo de Rivera, arrestato e giustiziato ad Alicante il 20 novembre 1936, fosse stato presente, forse le cose sarebbero andate diversamente. Ramón Serrano Suñer arrivò a dire che se si fosse presentato vivo a Salamanca l'unico "Caudillo" sarebbe stato lui. Ma nell'aprile del 1937 ai falangisti mancava un leader capace di unire tutti intorno a sé. C'erano divisioni anche tra i tradizionalisti, poiché il 29 settembre 1936 era morto a Vienna l'ultimo dei re carlisti, don Alfonso Carlos, che non aveva designato un successore e si era limitato a nominare un reggente.

In queste circostanze, il generale Franco, divenuto generalissimo e capo dello Stato il 1° ottobre 1936, decise di compiere il passo necessario per creare il partito unico, come era avvenuto in Italia e in Germania, al fine di evitare le liti interne e mantenere un potere forte che gli permettesse di concentrarsi sulla guerra. L'obiettivo era quello di conciliare le idee dei falangisti, che volevano una profonda revisione dello Stato, con le tendenze conservatrici dei tradizionalisti. Franco, che era stato considerato un monarchico, era in realtà un pragmatico e un realista, per cui rimandò qualsiasi decisione a favore o contro la monarchia che potesse dividere i suoi sostenitori. Così, quando nel febbraio 1937 Fal Conde cercò di precipitare un'immediata restaurazione della monarchia, Franco lo considerò un tradimento e il leader tradizionalista dovette fuggire in Portogallo. La resistenza sorse anche sul versante falangista, dove ci furono alti e bassi su cui non è il caso di soffermarsi. Manuel Hedilla, divenuto segretario generale della Falange, cercò di opporsi all'unificazione, ma non riuscì a controllare i diversi gruppi e le sue manovre portarono al suo arresto e a quello di numerosi falangisti. Tutti furono processati e quattro furono condannati a morte, tra cui Hedilla, anche se alla fine la pena fu commutata in ergastolo. A Hedilla furono poi concessi altri indulti.

Il decreto di unificazione fu promulgato il 20 aprile 1937. La sera prima, il Generalissimo aveva pronunciato un discorso dal balcone del Quartier Generale di Salamanca in cui giustificava la decisione del partito unico. Il Decreto era composto da un preambolo e da tre articoli. Il primo iniziava così: "La Falange Española e i Requetés, con i loro attuali servizi ed elementi, si integrano, sotto la mia guida, in un'unica entità politica di carattere nazionale che, per il momento, si chiamerà Falange Española Tradicionalista y de las JONS. Questa organizzazione, intermedia tra la società e lo Stato, ha la missione principale di comunicare allo Stato il respiro del popolo e di portare a quest'ultimo il pensiero del primo attraverso le virtù politico-morali del servizio, della gerarchia e della fratellanza". Il secondo articolo stabiliva che "il Capo dello Stato, un Segretariato o Consiglio politico e il Consiglio nazionale" sarebbero stati gli organi direttivi del partito. Il Generalissimo nominò personalmente tutti i membri del primo Consiglio Nazionale, che era composto da cinquanta membri: metà erano falangisti, un quarto carlisti, cinque monarchici e otto militari. Questa composizione dimostra che la Falange era diventata l'organizzazione più favorita. L'articolo 3 recitava: "La Falange spagnola e la Requetés sono fuse in un'unica Milizia Nazionale, mantenendo i loro emblemi e segni esteriori. La Milizia Nazionale è ausiliaria dell'Esercito. Il Capo dello Stato è il Comandante Supremo della Milizia. Un generale dell'esercito sarà il capo diretto...". Un esempio simbolico dell'unione fu l'imposizione ai falangisti del berretto rosso dei requetés come complemento alla loro camicia blu. Venivano così escluse le situazioni che si erano create da parte repubblicana, dove partiti, sindacati e comitati avevano le loro milizie armate. Una volta organizzata l'unità del Movimento e garantita dalla creazione del partito unico, che preannunciava una struttura dittatoriale per l'eventuale nuovo Stato, tutti gli sforzi si concentrarono sulla conquista del nord.

Sul mito di Guernica e della Campagna del Nord

La Biscaglia fu il primo obiettivo della campagna del nord, che fu condotta in più parti. La prima si concluse alla fine di aprile con l'occupazione di Durango, Eibar e Guernica. Il bombardamento di quest'ultima città da parte della legione Condor ha portato alla creazione di un mito che si è mantenuto fino ad oggi. I fatti avvennero il 26 aprile e la campagna di propaganda fu responsabile di scatenare una reazione internazionale. Il massimo esponente dell'operazione propagandistica fu il famoso *Guernica* di Picasso, un dipinto che, purtroppo, è diventato un pamphlet pittorico a causa dell'abuso politico a cui è stato sottoposto. Tra le tante bugie, si diceva che il bombardamento era durato tre ore e si parlava di migliaia di vittime. La falsità di queste affermazioni è stata ora dimostrata: gli aerei passarono tre volte e le bombe caddero per pochi minuti. L'argomento avanzato dai sostenitori di Franco sull'incendio della città da parte delle "orde rosse" prima di evacuarla è stato considerato irrilevante; tuttavia, questo è ciò che i miliziani facevano abitualmente: lo fecero a Irún e continuarono a farlo in altre città della Cantabria e delle Asturie. Il corrispondente *del New York Times* scrisse: "Gli asturiani in ritirata sembrano decisi a non lasciare dietro di sé altro che rovine fumanti e desolazione, e quando alla fine sono costretti ad abbandonare una città o un villaggio..., i ribelli li trovano fatti saltare in aria e bruciati".

Mentre la questione veniva discussa alla Camera dei Comuni, dove veniva interrogato Anthony Eden, segretario del Ministero degli Esteri, i nazionalisti invitarono una commissione internazionale. La delegazione, guidata da un architetto inglese specializzato in distruzioni, visitò la città e scoprì che non era stata solo bombardata, ma anche bruciata e dinamitata. Gran parte dei danni alle strade erano stati causati da esplosioni sotterranee in nove punti diversi. In ogni caso, le esplosioni si erano verificate in prossimità delle coperture di collegamento al sistema fognario principale. La stampa britannica continuò a interessarsi alla vicenda dell'attentato di Guernica. Un anno dopo, il 19 aprile 1938, due quotidiani britannici, *The Daily Telegraph* e *The Morning Post*, pubblicarono una lettera di A. W. H. James, comandante dell'aviazione e membro del Parlamento. Un frammento del testo pubblicato su questi giornali fu riprodotto *in La Renaissance de l'Espagne* (1938), un'opera del conte di Saint-Aulaire, ambasciatore francese a Madrid e a Londra, che rivelò, tra l'altro, che dopo la cattura di Bilbao, le sue insegne massoniche furono trovate nei cassetti del lehendakari Aguirre. Il comandante James visitò due volte la città e la esaminò attentamente. Secondo lui, le versioni che affermano che la città fu distrutta dall'aria "provengono da giovani inesperti, nessuno dei quali è stato testimone.... Non hanno cercato di verificare, attraverso un esame critico sul terreno, le storie che hanno diffuso. Ho verificato che Guernica fu bombardata, ma che la maggior parte della distruzione, circa il 95%, poteva essere dovuta solo al fuoco. Non c'è niente di più facile da distinguere che gli effetti sporadici di un bombardamento e la distruzione sistematica, casa per casa, dei piromani".

Due storici dell'associazione *Gernikazarra*, Vicente del Palacio e José Ángel Etxaniz, hanno recentemente realizzato uno studio esaustivo, in cui stabiliscono che a Guernica sono morte 126 persone a causa del bombardamento. A Dresda, una città bombardata da quasi tremila bombardieri pesanti per tre giorni, più di 200.000 persone furono massacrate a causa del bombardamento a saturazione. Tuttavia, lo storico marxista E. Témime non cita nemmeno questa città tedesca in *La rivoluzione e la guerra in Spagna*, dove paragona il bombardamento di Guernica ad altri effettuati nella Seconda Guerra Mondiale su città inglesi e olandesi. Per più di vent'anni ho lavorato come insegnante con migliaia di studenti. Quasi tutti sapevano che Guernica era stata bombardata e conoscevano il dipinto di Picasso, ma non ne ho mai trovato uno che sapesse cosa era successo a Dresda.

Nel bel mezzo della campagna per la conquista di Bilbao, il generale Mola morì inaspettatamente il 3 giugno 1937, quando il suo aereo precipitò mentre tornava a Vitoria. Il 12 giugno la famosa "cintura di ferro" che difendeva la città fu spezzata e iniziò l'attacco definitivo a Bilbao, che cadde il 19. Gran parte dell'esercito che difendeva la città si ritirò. Gran parte dell'esercito che difendeva la città si ritirò verso ovest ed entrò in Cantabria. Per cercare di fermare l'avanzata nazionalista a nord, i comandanti repubblicani progettarono un'offensiva su Brunete, nel settore di Madrid. Quasi 50.000 uomini furono messi a disposizione dello Stato Maggiore repubblicano. Nella notte tra il 5 e il 6 luglio fu sferrato un massiccio attacco e Líster occupò Brunete; ma i nazionalisti si ripresero presto e nel giro di pochi giorni furono in grado di contrattaccare, tanto che il 12 l'offensiva era stata fermata e i repubblicani difendevano le posizioni.

Alla fine del mese, una parte delle truppe di Franco poté tornare a nord per prepararsi alla campagna contro Santander. L'ingresso dei soldati navarresi e italiani nella città di avvenne il 26 agosto e fu festeggiato con entusiasmo dalla popolazione, prevalentemente conservatrice. Le truppe nazionaliste catturarono circa 17.000 prigionieri, molti dei quali furono fucilati. Il 31 agosto, nella loro ritirata verso le Asturie, i miliziani repubblicani, fedeli alle loro abitudini, fecero esplodere e incendiare Potes. Il 17 settembre, con la presa di Tresviso, l'ultima città della Cantabria, si conclusero le operazioni in questa provincia. Infine, le brigate navarresi entrarono a Gijón il 21 ottobre 1937. Si può dire che la caduta di questa città significò la scomparsa del fronte settentrionale, anche se la resistenza non cessò del tutto e le operazioni di sgombero si protrassero per qualche tempo, impedendo a Franco di spostare immediatamente tutte le truppe che avevano operato nelle Asturie.

Man mano che le risorse passavano nelle loro mani, la situazione economica dei ribelli migliorava sempre di più e gli osservatori neutrali cominciarono a credere che il loro trionfo fosse solo una questione di tempo. Le miniere e l'industria del nord completavano le risorse agricole e zootecniche. Franco aveva gli allevamenti di pecore e maiali dell'Estremadura, gli ortaggi della Galizia, i cereali della Castiglia e i prodotti delle grandi aziende agricole andaluse. Nella zona nazionale, i negozi erano ben forniti e non solo era assicurato l'approvvigionamento dell'esercito e della popolazione, ma era anche possibile esportare parte della produzione. D'altra parte, il governo repubblicano aveva seri problemi a garantire il cibo per i milioni di persone che vivevano nelle grandi città che controllava. Alla fine della guerra, però, iniziarono le difficoltà per il governo di Franco, che dovette rifornire le masse denutrite di Madrid, Barcellona e Valencia, che da mesi soffrivano per la mancanza di cibo.

Due battaglie decisive per vincere la guerra

Data la lunghezza di questo lavoro, è necessario riassumere gli eventi che portarono alla vittoria dei nazionalisti. Nel novembre 1937 Negrín aveva trasferito la sede del governo a Barcellona. In questo modo, la Generalitat rinunciava a malincuore alle sue prerogative e, allo stesso tempo, gli anarcosindacalisti potevano essere strettamente controllati dal SIM (Servizio Investigativo Militare), una terrificante forza di polizia temuta da tutti e sotto l'influenza di Orlov fino alla sua defezione nel luglio 1938. Negrín e i suoi amici si erano consolidati a tal punto da riuscire a prendere il comando dell'UGT. Fu allora che il Consiglio superiore di guerra decise di prendere l'iniziativa e scelse Teruel come obiettivo. Alla fine del 1937, l'esercito repubblicano contava 575.000 uomini in centocinquantadue brigate. Se questa offensiva non avesse avuto luogo, è quasi certo che Franco avrebbe optato nuovamente per un attacco a Madrid. Il 15 dicembre iniziarono le operazioni e 40.000 uomini avanzarono verso la città aragonese, che fu circondata mentre il grosso delle forze continuava la sua avanzata. L'ingresso a Teruel avvenne il 22 dicembre, ma all'interno della città si combatté casa per casa fino al giorno di Natale.

Franco decise di accettare la sfida e inviò sul posto un gran numero di truppe, che riuscirono a fermare i repubblicani. La battaglia fu feroce ed entrambe le parti dovettero inviare rinforzi e materiali per mantenere le loro posizioni. Quasi 180.000 uomini furono concentrati in un'area molto piccola, combattendo in condizioni terribili mentre l'inverno cominciava a farsi sentire. Chiunque sia stato a Teruel sa che è una delle zone più fredde della Spagna. I soldati trincerati dovevano essere riforniti ogni quarto d'ora. La neve, il vento e le strade ghiacciate portavano le operazioni quasi a un punto morto. Il 15 gennaio 1938 le condizioni meteorologiche migliorarono e i nazionalisti prepararono una controffensiva, ma non poterono iniziarla perché i repubblicani passarono nuovamente all'attacco. Finalmente, il 5 febbraio, le truppe del generale Yagüe sfondarono il fronte e conquistarono le posizioni nemiche. Infine, il 22 febbraio, i repubblicani evacuarono Teruel, si ritirarono sulle posizioni iniziali e diedero per persa la battaglia. Vicente Rojo offrì il posto a Negrín, che non accettò di sostituirlo. Il coraggio e l'audacia con cui entrambe le parti combatterono portarono il generale Rojo ad affermare che a Teruel "si era rivelata la grandezza morale del combattente spagnolo".

In seguito all'accumulo di truppe nel sud dell'Aragona, la dinamica stessa delle operazioni spinse l'esercito di Franco a continuare l'avanzata verso il Mediterraneo. Il 9 marzo riprese l'attacco e le truppe repubblicane, che avevano avuto appena il tempo di riorganizzarsi, dovettero ritirarsi sull'altra sponda dell'Ebro. Il ministro della Difesa Prieto avvertì il Consiglio dei ministri allarmato: "Se i ribelli raggiungono il Mediterraneo, quattro quinti dell'esercito si troveranno nella zona sud". Si decise quindi di spostare parte delle forze in Catalogna, che era a corto di truppe per poter organizzare un'offensiva. Per rendere possibile la marcia delle truppe verso Tortosa lungo la strada costiera, la resistenza repubblicana fu organizzata lungo la linea Caspe-Alcañiz. Lérida cadde il 3 aprile. Ancora una volta, le parole di Azaña servono a illustrare quanto fosse compromessa la situazione: "Nessuno ha ancora spiegato perché non raggiunsero Barcellona quando presero Lérida nel marzo 1938. Non c'era forza tra le due capitali".

La disfatta intensificò la campagna contro il ministro della Difesa, che già prima dell'offensiva nazionale del 9 marzo era stato licenziato. In *Yo fui un ministro de Stalin* Jesús Hernández, all'epoca uno dei due comunisti del governo, fornisce informazioni sostanziali per capire come si arrivò al licenziamento di Prieto. Secondo lui, Ernö Gerö (Ernst Morisovich), alias Pedro, uno dei coinvolti nell'assassinio di Nin come capo dell'NKVD in

Catalogna, dichiarò in una riunione dell'ufficio politico che era necessario "usare la perdita di Teruel per liquidare Prieto". Sulla cospirazione contro Prieto, Hernandez dà notizia di un viaggio a Mosca di Boris Stefanov, alias "Moreno", un delegato antitrotskista dell'Internazionale che godeva della fiducia di Stalin:

"Stefanov, che aveva appena fatto un viaggio molto rapido a Mosca, portò con sé istruzioni precise e sostenne Pedro con queste parole: 'I compagni della Casa consigliano di alimentare l'esercito con nuove riserve che renderanno possibile una resistenza prolungata per mantenere la lotta in vista di una possibile conflagrazione mondiale, che cambierebbe l'intera prospettiva della guerra in Spagna'. Resistere, resistere e resistere, questa è la direttiva della Casa (di Mosca)..... Credete che con Prieto a capo del Ministero della Difesa questo sia possibile?".

Prieto, come Azaña, era sempre più favorevole alla ricerca di una soluzione negoziale del conflitto. Il 27 febbraio, cinque giorni dopo l'evacuazione di Teruel, Dolores Ibárruri, la Pasionaria, aveva già scatenato un'offensiva contro il Ministro della Difesa che, senza nominarlo, accusava di essere disfattista, incapace e vigliacco. Il 16 marzo 1938, data la sensazione generale che la guerra fosse persa, l'ambasciatore francese Eilrick Labonne offrì a Negrín la mediazione della Francia. Il Presidente del Governo convocò il Consiglio dei Ministri, che si riunì al Palazzo Pedralbes di Barcellona sotto la direzione del Presidente della Repubblica per studiare la proposta. Azaña suggerì che sarebbe stato opportuno accettare la mediazione e iniziare i negoziati di pace. Sapendo che Prieto era pessimista quanto lui, gli chiese di informare il Consiglio sulla situazione militare. Il ministro della Difesa ammise la demoralizzazione dell'esercito, che "stava fuggendo in tutte le direzioni, abbandonando armi e munizioni".

A Barcellona si diffondono voci di capitolazione, così il PCE, con l'appoggio del segretario del Comitato nazionale della CNT, Mariano Vázquez, organizza una manifestazione che sfila per le strade di Barcellona e si dirige verso il Palazzo Pedralbes. "Il Partito Comunista", scrive La Pasionaria nelle sue memorie, "mobilitò il popolo di Barcellona per chiedere al governo di continuare la resistenza". I dimostranti entrarono nei giardini del palazzo in un clima di tumulto. "Abbasso i ministri capitolanti!" e "Fuori il ministro della Difesa!" furono le grida udite durante la riunione del Consiglio. Zugazagoitia e Vidarte, che erano stati incaricati dall'Esecutivo socialista di rappresentare il partito alla manifestazione, confermano nei loro scritti che Negrín ne era a conoscenza in anticipo, ed è addirittura possibile che egli stesso avesse consigliato ai comunisti di organizzare la marcia per costringere il Presidente della Repubblica.

Il 23 marzo 1938, sia il giornale comunista *Frente Rojo* che *La Vanguardia* pubblicarono un articolo di Jesús Hernández, Ministro dell'Istruzione Pubblica, intitolato "Pessimista impenitente". L'articolo, che conteneva duri attacchi al Ministro della Difesa, era firmato con lo pseudonimo di Juan Ventura, ma l'identità dell'autore non sfuggiva a nessuno, tanto meno a Prieto, che il 29 marzo definì davanti al Consiglio dei Ministri "inammissibile il comportamento del Ministro della Pubblica Istruzione nell'attaccarmi nel modo in cui ha fatto". Il Ministro della Difesa ha annunciato che non si sarebbe dimesso per responsabilità, anche se interiormente doveva sapere con certezza che i suoi giorni come Ministro erano contati. Grazie ancora una volta all'esauriente lavoro di Bolloten, possiamo trascrivere le parole che Negrín gli scrisse nella lettera in cui gli annunciava l'intenzione di licenziarlo:

> "La mia decisione di sostituirlo come Ministro della Difesa è stata esclusivamente e sinceramente personale. Mi è arrivata nella notte tra il 29 e il 30 marzo dopo una dolorosa e violenta lotta interiore. È seguita alla riunione dei ministri nella notte di martedì 29, quando lei, con la sua suggestiva eloquenza, il suo solito pathos e l'autorità del suo ufficio e della sua persona, ha completamente demoralizzato i nostri colleghi di governo stilizzando gli eventi con tinte di cupa disperazione e presentandoli come fatali".

Palmiro Togliatti, il capo dell'Internazionale in Spagna la cui principale missione era quella di assicurare che il PCE eseguisse fedelmente le istruzioni di Stalin, informò Mosca che Negrín aveva convocato una riunione della dirigenza socialista, in cui dichiarò che Prieto non avrebbe continuato a ricoprire la carica di Ministro della Difesa perché era "un disfattista, degno di essere fucilato".

Così, di fronte ai comunisti e senza l'appoggio del suo partito, Indalecio Prieto fu destituito. Il 5 aprile 1938 si formò il nuovo governo di Negrín, che sarebbe stato il penultimo della Repubblica, perché in agosto, nel bel mezzo della Battaglia dell'Ebro, una crisi con i nazionalisti catalani e baschi, che abbandonarono il governo, costrinse Negrín a rimpastare il suo gabinetto. Oltre alla presidenza, Negrín assunse il portafoglio della Difesa. Il 30 aprile formulò il suo programma politico in un documento in tredici punti che definiva gli obiettivi per i quali la guerra sarebbe continuata e sui quali si sarebbe potuto raggiungere un accordo di massima con i ribelli. Il programma fu ampiamente diffuso in Spagna e all'estero. Sia Negrín che il suo ministro degli Esteri, Álvarez del Vayo, tornato al ministero per sostituire Giral, erano convinti che sarebbe scoppiato un conflitto in Europa e che, se fossero riusciti a resistere, c'era ancora speranza di salvezza. Gli accordi di Monaco furono una battuta d'arresto per tutti coloro che, come loro, auspicavano una guerra generale in Europa. Poiché la crisi dei Sudeti e le conseguenze dell'accordo sono di fondamentale importanza per la comprensione degli eventi successivi, si rimanda il lettore al capitolo successivo, dove verranno discussi.

Il 15 aprile 1938, l'esercito di Franco raggiunse il mare a Vinaroz, dividendo in due il territorio della Repubblica. Il crollo del fronte aragonese provocò sconforto tra la popolazione e profonda demoralizzazione tra i soldati dell'Esercito Popolare, molti dei quali iniziarono a passare dall'altra parte. Il 2 giugno 1938, il Ministero della Difesa decise di imporre la pena della diserzione ai parenti dei fuggitivi, nel più puro stile sovietico. Per guadagnare tempo e cercare di impedire all'Esercito Nazionale di marciare su Valencia, il generale Rojo pianificò nuovamente un'offensiva. L'obiettivo era anche quello di dimostrare all'Europa e al mondo che la Repubblica spagnola non era ancora stata sconfitta. Già a giugno si iniziò a pianificare l'attraversamento dell'Ebro, un'operazione ad alto rischio che richiedeva lunghi preparativi, dal momento che bisognava assemblare barche e costruire ponti per permettere alle truppe di attraversare.

Nella notte tra il 24 e il 25 luglio ebbe inizio l'operazione. I primi commando attraversarono il fiume su barche e crearono teste di ponte che permisero agli ingegneri di lavorare in relativa sicurezza alla costruzione di ponti e passerelle. L'avanzata fu abbastanza rapida: Mora del Ebro e Corbera furono occupate subito e la testa di ponte raggiunse una profondità di venti chilometri e una lunghezza di trenta, coprendo tutto il grande meandro che il fiume traccia tra Fayón e Gandesa. Nonostante le spie avessero segnalato i concentramenti di truppe, l'attraversamento dell'Ebro sorprese i comandanti nazionalisti. L'immediato invio dell'aviazione non fu sufficiente a impedire a circa cinquantamila uomini di attraversare l'Ebro. I nazionalisti si ritirarono su Villalba e Gandesa e riuscirono a resistere. Quando i carri armati T-24 riuscirono ad attraversare il fiume e ad entrare nel campo di battaglia, i soccorsi di Franco erano già al fronte. Iniziò una battaglia di logoramento che durò fino al 15 novembre. Solo tre giorni dopo l'inizio dell'offensiva, Azaña, di nascosto da Negrín, tenne un incontro segreto a Vic con il rappresentante britannico a Barcellona, John Leche, al quale chiese di proporre al suo governo un piano di pace che prevedeva il ritiro dei combattenti stranieri da entrambe le parti e la formazione di un governo di consenso senza i comunisti.

Fu durante la battaglia dell'Ebro che il 29 settembre fu raggiunto il Patto di Monaco, che pose fine alle speranze repubblicane di una guerra in Europa e di un intervento straniero in Spagna. Anche Franco seguì con grande preoccupazione l'incontro nella capitale bavarese, consapevole che tutto poteva essere in gioco. Durante i mesi di agosto e settembre i nazionalisti sferrarono un attacco dopo l'altro; ma la ferocia della resistenza era al suo apice e ogni punto conteso poteva essere catturato e riconquistato più volte. Le perdite in uomini e materiali furono enormi: tra i sessanta e i settantamila combattenti furono uccisi o feriti. Alla fine di ottobre, mentre la parte nazionalista si preparava a inviare rinforzi, i soldati repubblicani raggiunsero il limite delle loro forze. Il 1° novembre iniziò un attacco che permise di conquistare le posizioni repubblicane sulle alture della Sierra de

Cavalls, il che significò che tutta la parte sud-orientale della zona conquistata dopo l'attraversamento dell'Ebro passò nuovamente di mano. Anche se il fronte si stabilizzò nuovamente il 15 novembre, il 15 dicembre 1938 la Repubblica aveva perso la battaglia e la guerra.

L'offensiva sulla Catalogna non si fece attendere e iniziò il 23 dicembre 1938. La Repubblica non disponeva più di riserve e aveva solo circa novantamila uomini per difendere il territorio catalano. Il crollo avvenne nei primi giorni di gennaio. La disperazione era tale che il governo di Barcellona decise di mobilitare tutti gli uomini in età da combattimento, ma non ebbe il tempo di farlo. Mentre Barcellona veniva bombardata, si arrivò persino a mobilitare i vigili del fuoco, il cui lavoro era essenziale in città. Alla fine del gennaio 1939, in città regnavano il disordine e il caos. A sud, la perdita di Tarragona provocò la fuga di migliaia di profughi verso nord, che confluirono a Barcellona e si affollarono nelle stazioni della metropolitana, che fungevano da rifugio e dormitorio. La sopravvivenza in città, dove i sostenitori di Franco desideravano la fine dell'incubo, era quasi impossibile, perché non c'era cibo nei negozi, né carbone, né elettricità. Anche molti repubblicani, già stanchi e senza speranza, preferivano che tutto finisse una volta per tutte.

Il 23 gennaio il Presidente Negrín e il suo governo lasciarono Barcellona. Poiché era impossibile portare con sé tutti i documenti, una parte degli archivi fu distrutta. Il 6 febbraio più di 100.000 persone erano entrate in Francia e centinaia di migliaia, compresi i soldati in fuga con la popolazione civile, erano ammassati vicino ai posti di dogana di Perthus e Boulou. Molti di questi uomini armati usarono la forza e si impadronirono di veicoli sotto la minaccia delle armi, che poi abbandonarono vicino al confine. Le autorità francesi, sopraffatte, avevano vietato l'ingresso di uomini normodotati a partire dal 30 gennaio, consentendo l'ingresso solo a donne e bambini. Questa decisione ha scatenato il panico e molti fuggitivi hanno optato per il ritorno. Tra il 5 e il 9 febbraio, la frontiera fu ufficialmente riaperta ai soldati, il cui materiale bellico fu confiscato. Tra i leader repubblicani in fuga c'è il Presidente della Repubblica Azaña, che passa in Francia il 5 febbraio. Tre giorni dopo, anche Negrín e gli ultimi ministri del governo. I membri dello Stato Maggiore, guidati dal generale Rojo, lasciarono la Spagna il 9 febbraio, poche ore prima che le truppe di Franco raggiungessero il confine a Perthus.

Secondo informazioni apparse nel giugno 2009 sulla *Revista de Catalunya*, Miquel Serra Pàmies, uno dei fondatori del PSUC il 23 luglio 1936 e ministro della Generalitat durante la guerra, riuscì a impedire la distruzione di Barcellona prima della ritirata. In un ampio rapporto di venti pagine, la pubblicazione rivela che l'URSS e l'Internazionale Comunista avevano un piano per distruggere Barcellona con migliaia di tonnellate di trilite e grandi quantità di munizioni d'artiglieria, con cui intendevano dinamitare le fabbriche e le infrastrutture della città catalana.

Colpo di stato di Casado e nuova guerra civile sul versante repubblicano

Con il governo di Negrín in Francia, la situazione nella zona repubblicana peggiorò pericolosamente, poiché nessuno aveva l'autorità sufficiente per dirigere la politica e la guerra. Al consolato spagnolo di Tolosa, dove il governo si era rifugiato, Azaña e Negrín non riuscirono a trovare un accordo. Negrín voleva che il Presidente della Repubblica tornasse con lui in Spagna per riprendere il potere. Non c'era modo di convincerlo. Anche il generale Rojo aveva detto al Primo Ministro che non vedeva cosa si potesse fare per resistere e perché la resistenza dovesse continuare. Negrín, Álvarez del Vayo, Segundo Blanco, un sindacalista della CNT che era ministro dell'Istruzione pubblica e della Sanità, e i comunisti imposero il loro punto di vista e decisero di tornare immediatamente in Spagna, con o senza Azaña. La loro idea era di resistere fino alla fine piuttosto che accettare la capitolazione incondizionata richiesta da Franco. Ritenevano che le forze armate ancora presenti nella zona Centro-Sud fossero sufficienti a prolungare la lotta per diversi mesi, in attesa di ciò che sarebbe potuto accadere in Europa.

Il 10 febbraio 1939 Negrín atterrò ad Alicante accompagnato da Julio Álvarez del Vayo, ministro degli Esteri, e da Santiago Garcés Arroyo, capo del SIM (Servizio Investigativo Militare). Negrín si recò immediatamente a Valencia. Lì incontrò José Miaja, capo dell'esercito, che era favorevole alla cessazione delle ostilità. Due giorni dopo si stabilì a Madrid nel palazzo della Presidenza, dove convocò il colonnello Segismundo Casado, capo dell'Esercito Centrale, che gli disse chiaramente che le sue forze non avevano alcuna possibilità di resistere alla prevedibile offensiva di Franco sulla capitale. Negrín scoprì che, a parte gli ufficiali del PCE, pochi capi appoggiavano la politica di resistenza. Temendo che Azaña, che si era insediato nell'ambasciata spagnola a Parigi, si dimettesse e che Gran Bretagna e Francia riconoscessero immediatamente il generale Franco, il 12 febbraio Negrín inviò Álvarez del Vayo nella capitale francese per dire al Presidente della Repubblica che il governo considerava "essenziale" la sua presenza in Spagna. Azaña si rifiutò di prolungare una "lotta inutile".

Il 16 Negrín convocò una riunione dei capi militari nella base aerea di Los Llanos (Albacete). Tutti, tranne Miaja, gli dissero che condividevano l'opinione del colonnello Casado, che riferì quanto detto in questa riunione ad *Así cayó Madrid*. La verità è che Casado era già in contatto con agenti franchisti e sapeva che Franco non avrebbe negoziato finché i comunisti fossero stati al potere. Per questo motivo disse a Negrín che era necessario il ritorno di Azaña e la formazione di un nuovo governo di repubblicani e socialisti in cui non ci fossero comunisti. Tra gli anarchici, Casado aveva l'appoggio di Cipriano Mera, che comandava un corpo d'armata, e di José García Pradas, leader della CNT castigliana. Per quanto riguarda i socialisti,

Julián Besteiro e Wenceslao Carrillo erano a conoscenza dei piani del colonnello e li approvavano. Wenceslao Carrillo e altri socialisti cercarono persino di strappare il controllo del partito e dell'UGT ai sostenitori di Negrín. Casado mantenne i contatti con il Ministero degli Esteri attraverso Denys Cowan, che operava dal consolato britannico a Madrid.

Il 27 febbraio Francia e Regno Unito riconobbero "de jure" il governo di Burgos come governo legittimo della Spagna, nonostante il 13 febbraio 1939 il BOE avesse pubblicato la Legge delle Responsabilità Politiche, che doveva servire a "regolare le colpe commesse da coloro che hanno contribuito con gravi azioni o omissioni a forgiare la sovversione rossa". Questa legge specificava che i rappresentanti dell'esercito, della magistratura e della Falange avrebbero formato i tribunali responsabili dell'imposizione delle sanzioni. Secondo il suo primo articolo, le responsabilità risalivano al 1° ottobre 1934. Con l'abbandono della Seconda Repubblica così consumato, il presidente Azaña annunciò le proprie dimissioni in Francia il 28. Nonostante gli eventi dimostrassero giorno dopo giorno l'inutilità della resistenza, il 2 marzo Negrín effettuò una serie di cambiamenti e promozioni che misero le risorse del potere nelle mani dei suoi amici comunisti. Il colonnello Casado fu promosso generale, ma allo stesso tempo Negrín lo sostituì al comando dell'Esercito Centrale con il comunista Modesto, anch'egli promosso generale. Furono create le "unità mobili d'urto" e i comunisti Líster, Galán e Márquez furono nominati colonnelli. Al comando del porto di Cartagena, sede della flotta, nominò Francisco Galán. Altri due comunisti, Etelvino Vega e Manuel Tagüeña, furono nominati governatori civili di Alicante e Murcia. Il 3 marzo 1939, la Deputazione permanente delle Cortes si riunì a Parigi e nominò presidente ad interim il Gran Maestro Diego Martínez Barrio, che si trovava anch'egli in Francia.

I militari, i sindacalisti e i quadri di altri partiti considerarono queste manovre di Negrín come un colpo di Stato comunista. L'indignazione si diffuse e la notte del 4 marzo si verificò una rivolta nella base di Cartagena, guidata dal capitano di marina Fernando Oliva, appoggiata dalla guarnigione della città, sotto il comando del colonnello di artiglieria Gerardo Armentía, che finì per suicidarsi dopo essere stato arrestato. Era l'inizio di una nuova guerra civile da parte repubblicana, che in una settimana avrebbe provocato migliaia di morti e feriti. In mezzo al caos e alla confusione, il 5 marzo l'ammiraglio Miguel Buiza ordinò la partenza della flotta di da Cartagena. Tre incrociatori, otto cacciatorpediniere e altre unità minori fecero rotta verso Biserta, dove si arresero alle autorità militari francesi. Anche se le forze comandate dal comunista Alonso Rodríguez ripresero in seguito il controllo della base, la perdita della flotta significò la scomparsa del miglior mezzo di evacuazione a disposizione del governo di Negrín.

Mentre il politburo del PCE si riuniva a Elda, nella cosiddetta "posizione di Dakar", il colonnello Casado si insediò alle 19 del 5 marzo nel

Ministero delle Finanze. Un'ora dopo arrivò il resto dei cospiratori e si costituì il Consiglio di Difesa Nazionale, che Casado accettò di presiedere provvisoriamente fino all'arrivo a Valencia del generale Miaja, che dopo qualche esitazione e tentennamento si era unito alla ribellione. La figura più importante e prestigiosa fu quella del socialista Julián Besteiro, che fu assegnato agli Affari Esteri. Il socialista Wenceslao Carrillo assunse la direzione degli Interni. Il Consiglio comprendeva due uomini della CNT, Eduardo Val e José González Marín, un rappresentante dell'UGT, Antonio Pérez, oltre ad altri due repubblicani e un sindacalista. Alle undici e mezza di quella notte, la 70ª Brigata, comandata dall'anarcosindacalista Bernabé López, occupò i posti strategici di Madrid: i ministeri della Difesa, degli Interni e delle Comunicazioni, Telefónica, la Banca di Spagna e la Direzione Generale della Sicurezza. Iniziò così il colpo di Stato.

Una volta che la capitale fu sotto controllo, nelle prime ore del mattino del 6 marzo, fu trasmesso alla radio un comunicato del Consiglio. Parlò allora Julián Besteiro, affermando che con le dimissioni di Azaña la Repubblica era stata decapitata e il governo di Negrín era privo di legittimità. L'Esercito della Repubblica", ha detto, "esiste con un'autorità indiscutibile; prende nelle proprie mani la soluzione di un problema molto serio, essenzialmente militare". Besteiro invitò Negrín a ritirarsi e lo accusò di guadagnare tempo "nella morbosa convinzione che la crescente complicazione degli eventi internazionali avrebbe portato a una catastrofe di proporzioni universali". Negrín, che aveva sentito il discorso, chiamò Casado e, riservandogli il trattamento del generale, gli chiese cosa stesse succedendo. Casado rispose che non era un generale, ma un colonnello, poiché non accettava la nomina di un governo che non aveva alcuna legittimità. La mattina del 6 marzo tutte le forze del Fronte Popolare fecero dichiarazioni pubbliche di sostegno al golpe. Solo il PCE rimase fedele a Negrín, che si trovava a Elda dal 27 febbraio, protetto nella cosiddetta "posizione di Yuste" da una guardia d'élite.

Mentre i comunisti di Madrid si preparavano a combattere i putschisti, nelle prime ore del 6 marzo Negrín, Álvarez del Vayo e i dirigenti del PCE iniziarono a preparare la partenza dalla Spagna. Negrín visitò la sede del PCE nella "posizione di Dakar", dove scoprì che Palmiro Togliatti, delegato dell'Internazionale in Spagna, stava organizzando la partenza dei dirigenti comunisti. Cinque ore prima che il Presidente del Governo fuggisse, gli aerei cominciarono a decollare dalla base di Monóvar, vicino a Elda. I primi a lasciare il Paese per Orano furono Dolores Ibárruri, Jesús Monzón, Stefanov, alias "Moreno", e il deputato comunista francese Jean Cattelas. Togliatti organizzò poi la partenza di altri comunisti, tra cui Uribe, Líster, Modesto, Hidalgo de Cisneros e altri leader politici e militari del PCE. Più tardi, alle 14.30, il governo di Negrín lasciò la Spagna per Tolosa.

I comunisti di Madrid, a causa dell'interruzione delle comunicazioni, non erano a conoscenza delle decisioni prese a Elda dall'Ufficio Politico, né della fuga del governo di Negrín. Tuttavia, Togliatti, la cui attendibilità è molto scarsa, scrisse in seguito che avevano ricevuto l'ordine di rovesciare la Giunta con le armi. Con o senza ordini, il controgolpe comunista fu guidato da Guillermo Ascanio, che comandava una divisione schierata nella zona di El Pardo, che iniziò l'attacco alle truppe casadiste. Il centro di Madrid divenne un campo di battaglia in cui i soldati del Fronte Popolare si affrontarono, come era accaduto in Catalogna nei giorni di maggio. Carri armati e artiglieria spararono sulla Castellana, su Recoletos e su altre strade del cuore della capitale, che divenne teatro di uno spettacolo delirante. Per i primi due giorni sembrava che il contrattacco stesse per trionfare. Fu necessario che le brigate del IV Corpo d'Armata, comandate dall'anarchico Cipriano Mera, lasciassero il fronte di Guadalajara il 9 per entrare a Madrid. I combattimenti nella capitale durarono fino al 13 marzo. A Valencia e in altre province i comunisti non avevano un piano d'azione e combatterono fondamentalmente per difendersi. Gli storici non concordano sul numero di morti di questa seconda guerra civile all'interno della guerra civile. Julián Casanova sostiene che ci furono duemila morti tra le due parti; ma Ángel Bahamonde e Javier Cervera Gil fanno salire il numero totale delle vittime dei combattimenti a cifre scandalose e sostengono che il numero dei morti si avvicinò a ventimila, il che sembra incredibile.

Una volta terminata la guerra intestina, il colonnello Casado cercò di negoziare una pace onorevole, ma la base che presentò per le trattative non era realistica e il 15 marzo Franco, che non aveva mai pensato di fare grandi concessioni, chiese la resa incondizionata. Infine, il 26 marzo i negoziati si interruppero, così il 27 marzo Casado e la sua Giunta di Difesa si trasferirono a Valencia, da dove lasciarono la Spagna nel pomeriggio del 29 a bordo di un incrociatore britannico. Solo Julián Besteiro rimase a Madrid come massima autorità repubblicana, aspettando nei sotterranei del Ministero delle Finanze, dove si trovava la Giunta di Difesa Nazionale, l'arrivo dei vincitori.

Sulla repressione nella Spagna nazionale

Come è noto, l'odio genera odio e la violenza genera violenza. Questi semi sono stati seminati abbondantemente in Spagna per anni. Non per niente il marxismo, come abbiamo visto, predica l'odio e la lotta tra le classi per imporre la dittatura del proletariato. La guerra civile è stata la massima espressione dell'odio di fondo della società spagnola. Entrambe le parti cercarono di giustificare i propri crimini come risposta a crimini ben peggiori commessi dagli avversari. Poiché abbiamo descritto fin dall'inizio gli atti abominevoli e la barbarie scatenata nella Spagna repubblicana, prima di concludere questo capitolo è necessario considerare la repressione nella Spagna di Franco. Una repressione che si concretizzò in esecuzioni e omicidi, molti dei quali potevano essere evitati. Infatti, quando il 2 settembre 1936 Manuel Hedilla si insediò a capo della Giunta di Comando Provvisoria della Falange Española de las JONS, scrisse alcune chiare indicazioni: "È necessario evitare", consigliò, "che si commettano oltraggi a causa di sentimenti personali, spesso inconfessabili". Hedilla affermava che era necessario garantire che il controllo venisse effettuato in modo tale che non ci fossero "vittime innocenti nelle retrovie delle nostre linee.... Nessuno sarà punito senza un controllo e senza un ordine dell'autorità competente". Mesi dopo, la vigilia di Natale del 1936, Hedilla tenne un discorso in cui insistette sulla necessità di agire con rettitudine:

> "E mi rivolgo ai falangisti che si occupano delle indagini politiche e giudiziarie nelle città e soprattutto nei villaggi. La vostra missione deve essere quella di epurare i capi, i capibanda e gli assassini. Ma impedite con tutte le vostre forze che qualcuno si lasci andare agli odi personali e che chi, per fame o disperazione, ha votato per la sinistra, venga punito o umiliato. Sappiamo tutti che in molti villaggi c'erano - e forse ci sono - persone di destra peggiori dei rossi. Voglio che arresti di questo tipo cessino e, laddove si sono verificati, dovete diventare una garanzia per i perseguitati ingiustamente. E ovunque vi troviate, siate risolutamente pronti a opporvi ai procedimenti contro gli umili. La Falange deve stare ovunque a testa alta, per potersi difendere dai suoi numerosi nemici. Vogliamo la salvezza e non la morte di coloro che nella loro grande maggioranza avevano fame di pane e di giustizia".

Ancora nella primavera del 1937 Hedilla espresse il suo desiderio di riconciliazione tra gli spagnoli in dichiarazioni al giornale *Il Regime Fascista*. Sebbene mutilate dalla censura militare, in *El Adelanto* del 17 aprile 1937 si poteva leggere questa idea essenziale: "...Per i nostri lavoratori ingannati, il nostro più cordiale e cristiano perdono; perdono che significa obbligo e amicizia...". Per noi che guardiamo ai fatti da un punto di vista cristiano, queste parole e quelle citate sopra sono un modello di comportamento che avrebbe dovuto essere seguito da coloro che fecero della croce il simbolo della loro lotta contro il comunismo ateo. Invece di essere guidati dall'odio e dall'intolleranza, avrebbero dovuto mettere al primo posto la temperanza, la comprensione e, naturalmente, la carità e il perdono; ma il più delle volte non lo fecero.

D'altra parte, bisogna considerare che la repressione franchista si esercitò in un arco di tempo molto più lungo, poiché alla vittoria seguirono anni molto duri per gli sconfitti rimasti in Spagna. Inoltre, il fatto che fino alla fine della guerra Barcellona, Madrid e Valencia, le principali città, fossero in mano alla Repubblica, significava necessariamente che la persecuzione degli oppositori politici fu attuata dopo la vittoria. Poiché fu in queste città che i popolar-frontisti commisero il maggior numero di omicidi contro i civili, furono inevitabili le denunce e le delazioni da parte di coloro che anelavano alla vendetta.

Un'altra circostanza da tenere in considerazione è che anche importanti centri urbani come Bilbao, Malaga, Santander, Gijón, San Sebastián... furono conquistati dopo essere stati oggetto di precedenti repressioni da parte delle forze repubblicane. furono prese in consegna dopo essere state oggetto di una precedente repressione da parte delle forze repubblicane. Il revanscismo portò anche a persecuzioni e rappresaglie in queste città dopo l'ingresso dei nazionalisti. A San Sebastián, ad esempio, molti detenuti furono fucilati senza preavviso. José Herrera, colonnello della requeté a Siviglia, ricorda nella sua apparizione nel documentario *Violenza nella retroguardia* che quando arrivarono nella città malaghegna di Almargen, gruppi di donne si riversarono in piazza per le strade gridando: "Uccideteli, uccideteli! Giustificavano la loro sete di sangue con il fatto che avevano ucciso una persona cara: il figlio, il marito o il fratello. Questo aneddoto è significativo, perché dimostra che il sangue chiama sangue e che i sentimenti di odio e vendetta erano incontenibili. Nella provincia di Malaga, dove i repubblicani avevano ucciso più di 2.500 oppositori politici, la repressione fu spietata e migliaia di persone furono fucilate.

Tuttavia, Émile Témime, storico marxista, riconosce quanto segue: "Una volta passati i primi momenti di agitazione e pittoreschi, gli osservatori concordano sul fatto che la Spagna nazionalista aveva un aspetto di calma e persino, in alcune regioni, di pace, inimmaginabile nella zona repubblicana nello stesso periodo". Certamente, il macabro spettacolo degli omicidi e dei morti che giacevano a decine nelle strade delle città non si verificò da parte nazionalista, o, se si vuole, fu meno sinistro a causa della direzione delle esecuzioni esercitata dalle autorità. Il controllo repressivo fu raggiunto prima e più completamente nella zona nazionalista che nell'altra. Tuttavia, durante i primi mesi ci fu una mancanza di controllo anche da parte dei ribelli, e fu allora che vennero portate avanti vendette personali ed eliminati arbitrariamente degli innocenti. Dalle esecuzioni per fucilazione ordinate da chiunque si ritenesse autorizzato a uccidere, si passò alla beffa della giustizia attraverso "l'istruzione sommaria" e, a partire dall'inizio del 1937, attraverso le corti marziali. Da entrambe le parti, il maggior numero di vittime della retroguardia si verificò durante i mesi del 1936. Il 13 febbraio 1939, come già accennato, entrò in vigore la Legge sulle Responsabilità Politiche che, appena finita la guerra, permise di perseguire coloro che avevano organizzato la sovversione dall'ottobre 1934. Le pene comminate andavano dalla reclusione o dalla confisca dei beni alla pena di morte. La legge fu modificata nel 1942 e abrogata nel 1945. Il 1° marzo 1940 entrò in vigore la Legge per la soppressione della massoneria e del comunismo, che rimase in vigore fino al 1964.

In ogni caso, massacri di massa come quelli organizzati a Paracuellos del Jarama e in altri luoghi di infame memoria vicino a Madrid non si verificarono in Spagna. Non ci fu nemmeno un caso simile a quello del treno di Jaén, quando duecento persone che venivano trasportate ad Alcalá de

Henares furono indiscriminatamente mitragliate sul posto. Forse un caso analogo si verificò a Cáceres, dove nel dicembre 1937 fu scoperta la presenza del comandante comunista Máximo Calvo. Si concluse che era in atto un complotto per mettere la città nelle mani del nemico. Circa 200 persone furono coinvolte nella vicenda e, dopo un processo sommario, furono tutte fucilate. Tuttavia, non ci fu un'esecuzione collettiva delle 200 persone condannate. Le esecuzioni iniziarono il 25 dicembre 1937, quando furono giustiziate 35 persone. Le condanne a morte continuarono a essere eseguite in date successive, fino a terminare il 20 gennaio 1938.

Come ispanisti, siamo costretti a concludere questo capitolo con un'analisi del vile assassinio di Federico García Lorca. Un crimine spregevole, come tutti i crimini, che ha screditato la Spagna nazionale fin dall'inizio e ha privato la letteratura spagnola di una figura incomparabile, la cui opera, se non fosse stata assassinata, prometteva di essere tra le più prolifiche della nostra letteratura, poiché a soli trentotto anni la sua produzione letteraria era già immensa. La morte di García Lorca ebbe ripercussioni in tutto il mondo, poiché la qualità di opere come *El romancero gitano* e *Bodas de sangre* lo aveva consacrato in Europa e in America. L'ispanista Ian Gibson scrisse la sua tesi di dottorato, *Granada, 1936. The Murder of García Lorca*, su quanto accadde nella città dell'Alhambra. Questo lavoro fornisce dati precisi sulla repressione a Granada, nel cui cimitero furono fucilate 2.012 persone dal luglio 1936 al marzo 1939. La metà di queste morti avvenne in due mesi: solo nell'agosto del 1936 furono giustiziate nel cimitero 562 persone, e altre 499 furono fucilate in settembre. In un solo giorno del secondo mese, il 22, furono uccise settanta persone. Queste cifre confermano, come già detto, che fu nei mesi immediatamente successivi allo scoppio della guerra fratricida che venne ucciso il maggior numero di persone.

Federico García Lorca arrivò a Granada il 14 luglio per trascorrere alcuni giorni con i genitori e la sorella nella Huerta de San Vicente, una proprietà di famiglia. Tutti lo sapevano perché *El Defensor de Granada*, il cui direttore era un buon amico del poeta, diede la notizia in prima pagina il giorno 15. Giorni dopo iniziò la guerra civile. Il 20 luglio i ribelli presero il controllo del centro della città, ma nel quartiere popolare dell'Albaicín si organizzò la resistenza e iniziarono le sparatorie. Il 22 Radio Granada lanciò un ultimatum. Donne e bambini percorsero le strade strette in direzione dei punti di raccolta indicati; ma gli uomini rifiutarono di arrendersi e i combattimenti ripresero. I pezzi di artiglieria furono usati per cannoneggiare l'Albaicín, così gli operai cominciarono ad alzare bandiere bianche. Entro il 24 la resistenza fu schiacciata; ma Granada era inizialmente un'isola in una zona dove la ribellione era fallita. Il 29 luglio l'aviazione repubblicana effettuò il primo di una serie di bombardamenti sulla città, che non solo causarono vittime tra i civili, ma provocarono anche danni all'Alhambra. Il

30, numerosi miliziani lanciarono un attacco per cercare di riprendere il controllo della città. Furono respinti dai ribelli e iniziò un assedio di un mese.

Dopo aver subito minacce nella Huerta de San Vicente, i genitori di Federico gli consigliarono di cercare un luogo più sicuro. Chiamarono Luis Rosales, un altro poeta di Granada, amico di famiglia. Alcuni dei fratelli Rosales erano "vecchie camicie" della Falange. Luis Rosales offrì tre alternative al suo collega: trasferirlo nella zona rossa, portarlo a casa dell'eminente compositore Manuel de Falla o ospitarlo nella sua casa di Calle de Angulo. Quando i nemici di Lorca tornarono alla Huerta, non lo trovarono più; ma la famiglia, intimorita, non ebbe altra scelta che rivelare che viveva a casa dei Rosales[30]. García Lorca fu sconvolto dalla notizia che nelle prime ore del 16 agosto suo cognato, Manuel Fernández-Montesinos Lustau, era stato ucciso. La sua angoscia era giustificata, poiché nel pomeriggio dello stesso giorno fu arrestato.

A capo di una scorta sproporzionata, Ramón Ruiz Alonso, ex deputato della CEDA che ha presentato la denuncia, si è presentato a casa dei Rosales con un mandato d'arresto timbrato con il sigillo del Governo Civile. Nessuno dei fratelli era in casa. Scrive Ian Gibson: "La signora Rosales, costernata e temendo che Federico venisse ucciso proprio lì in strada, insistette che non avrebbe permesso a García Lorca di lasciare la sua casa senza che suo marito o uno dei suoi figli fossero presenti all'indirizzo ". Chiamò immediatamente Miguel, il figlio maggiore che era in servizio nella caserma della Falange, e parlò anche con il marito. Miguel si presentò a casa e decise di andare con il poeta dal Governo Civile, ma Valdés Guzmán, il governatore civile, stava ispezionando le trincee sul fronte di Jaén e non si poteva fare nulla fino al suo arrivo, così Lorca fu rinchiuso nelle pertinenze dell'edificio. Quando gli altri fratelli Rosales vennero a conoscenza dell'accaduto, marciarono immediatamente verso il Governo Civile accompagnati da altri falangisti con l'intenzione di affrontare il governatore.

Il 17 agosto, Angelina Cordobilla, la bambinaia dei Fernández-Montesinos, fu inviata dalla madre di Federico al Governo Civile con del cibo per il figlio, ma Valdés Guzmán le disse che non era più lì. Mentiva, perché è quasi certo che rimase lì dal pomeriggio del 16 alla sera del 18. Gibson ritiene che Valdés esitasse sul da farsi con lo scrittore, dato che non ignorava il suo prestigio. Contattò quindi il generale Queipo de Llano, capo supremo dei ribelli in Andalusia, i cui eccessi verbali tradirono ripetutamente il suo comportamento deplorevole e la sua spavalderia. Nel corso delle sue ricerche, Ian Gibson ha appreso che uno dei compagni di Valdés Guzmán nella peña di Bar Jandilla, Germán Fernández Ramos, riportò le esatte parole

---

[30] Il capofamiglia, Miguel Rosales Vallecillos, rischiò la vita e la fortuna accogliendo nella sua casa Lorca e altri perseguitati da José Valdés Guzmán, comandante della Falange che aveva assunto il comando del Governo Civile.

di Queipo de Llano in risposta alla domanda del governatore civile: "Dategli caffè, molto caffè", che equivaleva a dire che doveva essere ucciso.

Con queste istruzioni, Lorca fu prelevato dal Governo Civile la notte del 18 agosto e portato a Víznar, un villaggio a nove chilometri da Granada. Nelle vicinanze si trovava un edificio chiamato "La Colonia", che servì come residenza estiva per gruppi di scolari fino a quando non fu trasformato in prigione. È lì che García Lorca trascorse i suoi ultimi momenti. Sembra, secondo Gibson, che oltre alle guardie d'assalto che, forse per punizione, erano state costrette a partecipare alle sparatorie, i criminali fossero volontari che "uccidevano per il piacere di uccidere". Il poeta fu assassinato nelle prime ore del 19 agosto a Fuente Grande, una località situata tra i villaggi di Alfacar e Víznar, vicino al famigerato burrone di Víznar, dove avvennero molteplici esecuzioni. Insieme a lui morirono altre tre persone: Dióscoro Galindo González, un insegnante di Pulianas, e i banderilleros Joaquín Arcollas Cabezas e Francisco Galadí Mercal.

Il primo giornale a rivelare la morte di Lorca fu il *Diario de Albacete*, che nell'edizione del 30 agosto riportò in prima pagina la notizia della "possibile esecuzione del grande poeta Federico García Lorca". Nei giorni successivi la notizia si diffuse a macchia d'olio in tutto il mondo. *Il Times* di Londra riportò il caso per diversi giorni a settembre. Nel 1940, Dámaso Alonso, poeta e insegnante di ispanisti, dedicò all'amico assassinato il poema elegiaco *La Fuente Grande o de las Lágrimas (La grande fontana o la fontana delle lacrime)*. Rafael Alberti, Miguel Hernández, Emilio Prados, poeti della sua generazione, composero poesie in memoria di Lorca. Anche Antonio Machado scrisse il poema *El crimen fue en Granada: A Federico García Lorca*. Con il frammento intitolato *El crimen* vorremmo concludere questo capitolo sulla tragedia della Spagna:

"È stato visto camminare tra i fucili,
in una lunga strada,
uscire nella fredda campagna,
anche con le stelle del primo mattino.
Federico è stato ucciso
quando la luce stava arrivando.
La squadra del boia
non osava guardarlo in faccia.
Tutti hanno chiuso gli occhi;
hanno pregato: nemmeno Dio vi salva!
Il morto è caduto Frederick
-Sangue sulla fronte e piombo nelle budella.
... Qual è stato il crimine a Granada
Sappiate -povera Granada-, nella vostra Granada".

ALTRI LIBRI

OMNIA VERITAS
Omnia Veritas Ltd presenta:
EUSTACE MULLINS
I SEGRETI DELLA RISERVA FEDERALE
Ecco i semplici fatti del grande tradimento...
I SEGRETI DELLA RISERVA FEDERALE
da
EUSTACE MULLINS
Continueremo ad essere schiavi del sistema monetario babilonese del debito?

OMNIA VERITAS
Omnia Veritas Ltd presenta:
EUSTACE MULLINS
un'esclusiva mai pubblicata prima da
EUSTACE MULLINS
Il CFR, fondato da internazionalisti e interessi bancari, ha svolto un ruolo significativo nella definizione della politica estera degli Stati Uniti.
Le rivoluzioni non sono fatte dalla classe media, ma dall'oligarchia al vertice

OMNIA VERITAS
MK ULTRA
Abuso rituale e controllo mentale
Strumenti di dominazione della religione senza nome
ALEXANDRE LEBRETON
MK ULTRA
Per la prima volta, un libro tenta di esplorare la complessa questione dell'abuso rituale traumatico e del conseguente controllo mentale....
Come è possibile programmare mentalmente un essere umano?